资助单位：
北京市社会科学界联合会
北京市哲学社会科学规划办公室

经济体制改革与国家治理体系的现代化

北京外国经济学说研究会　编
苏剑　主编

中国经济出版社
CHINA ECONOMIC PUBLISHING HOUSE
·北 京·

图书在版编目（CIP）数据

经济体制改革与国家治理体系的现代化 / 苏剑主编
. -- 北京：中国经济出版社，2021.11（2025.4 重印）
ISBN 978 - 7 - 5136 - 6711 - 1

Ⅰ. ①经… Ⅱ. ①苏… Ⅲ. ①中国经济 - 经济体制改革 - 文集②国家 - 行政管理 - 现代化管理 - 中国 - 文集 Ⅳ. ①F121 - 53②D630.1 - 53

中国版本图书馆 CIP 数据核字（2021）第 215120 号

责任编辑 严 莉
责任印制 李 伟
封面设计 任燕飞

出版发行 中国经济出版社
印 刷 者 三河市同力彩印有限公司
经 销 者 各地新华书店
开　　本 787mm × 1092mm 1/16
印　　张 29
字　　数 561 千字
版　　次 2021 年 11 月第 1 版
印　　次 2025 年 4 月第 3 次
定　　价 128.00 元
广告经营许可证 京西工商广字第 8179 号

中国经济出版社 **网址** http://epc.sinopec.com/epc/ **社址** 北京市东城区安定门外大街 58 号 **邮编** 100011
本版图书如存在印装质量问题，请与本社销售中心联系调换（联系电话：010 - 57512564）

序 言

北京外国经济学说研究会是一个历史悠久的学术团体，为加强西方经济学在中国的传播和应用，起到了应有的作用。该研究会积极开展对外国经济学说尤其是西方经济学说的研究，为中国的现代化建设和改革开放事业做出了贡献。

本论文集是在北京市社会科学界联合会、北京市哲学社会科学规划办公室的资助下，在北京外国经济学说研究会全体成员的共同努力下完成的，由该会会长、北京大学经济学院苏剑教授担任主编。出版本论文集的目的是希望为本会内外的专家、学者搭建一座相互沟通和学习的桥梁，为本会会员提供一个将理论与实践相结合、展示自身研究成果的平台，并为总结中国的历史发展经验、回应时代主题、探索未来发展提供一定的参考。

我们牢牢把握为中国宏观经济建言献策的基本方向，精选一些理论价值高、实践意义大的文章汇集成册，以期对国内外经济理论、中国经济现实问题以及国家宏观调控政策相关领域的研究成果加以推广，结合相关理论在深刻分析国内外发展大势的基础上为中国宏观经济建言献策。

论文集由六篇构成，分别为中国特色的国家治理、中国的新发展格局、创新驱动与中国经济发展、要素市场改革与开放、经济增长和货币金融。

中国特色的国家治理部分，以中国特色社会主义基本经济制度为分析基础，就中国特色社会主义经济的一些制度性问题做了分析和探讨。在货币政策方面，分析了中国特色社会主义市场经济货币政策体系的形成机制及演变过程；在国家政策制定方面，分析了中国政府规划管理成功现象背后的理论逻辑，并讨论了中国国家治理体系现代化与中国政治经济学理论构建的关系；在扶贫实践方面，探讨了中国扶贫的实践模式及其借鉴意义；在社会信用体系建设方面，分析了社会信用体系建设在国家治理过程中的可行性及现实意义；在外交政策方面，分别从经济外交、贸易外交、投资外交、金融外交四个角度对中国外交政策进行了梳理和论述。

中国的新发展格局部分，以探讨中国未来新发展趋势为主线。在消费方面，指出中国最终消费率和居民消费率均偏低，未来需要通过提高居民可支配收入来提高居民消费，同时还指出当前收入分配领域的文献仍存在一些基础问题，未来研究应进一步深入剖析和梳理清楚三次分配对收入差距的复杂影响机制；提出在振兴乡村的过程中，要认识到激活内需空间的重要性，并指出农村要留住人才、留住资源，形成强大的内生发展动力，这是未来农业发展的必然趋势；在国家未来发展战略方面，分析了内循环为主体“新发展格局”的重要性以及习近平新时代中国特色社会主义经济思想的理论特征和逻辑框架。

创新驱动与中国经济发展部分，以研究创新问题为主线，从创新的影响因素方面分析了个人、企业和政府三种主体的创新活动对中国创新模式的影响，探讨分析了进入规制如何影响创业质量，并以成渝地区双城经济圈为例，分析了科技创新能力提升的路径；在构建创新指数方面，以创新过程中投入、驱动、产出等活动环节的能力及水平作为评测指标和设计基础，构建网络创新指数；在创新如何影响经济增长方面，根据“干中学”模型分析了中国经济的增长路径，并分析了创新对区域产业集群发展的影响。

要素市场改革与开放部分，就中国要素市场改革与开放的总体思路进行了探讨。认为当前要集中力量解决各个要素市场存在的共性问题，按照各个要素市场化配置改革的难易程度有序推进改革，积极推进要素市场主体培育和配置方式创新。本篇对能源、劳动力、人力资本等生产要素改革分别提出政策建议，同时还从独特视角探讨了如何培育适应新时代经济社会发展的企业家精神这一问题。

经济增长部分，从中国政治经济学理论的根本立场出发，探讨了中国经济增长的原因，同时分析了各种因素是如何促进经济增长的，认为拥有强大执行力的政府、工业化的成功、土地制度安排、人力资本等都是中国经济增长奇迹背后的原因。本篇还分别从财政支出、天津港的带动作用、长三角绿色发展、现代制造业体系等方面论述其在中国经济增长中发挥的重要作用。

货币金融部分，从理论和实践层面论述宏观金融市场上国家治理体系的建设。在现代货币理论体系的基础上，通过探究影响 M2/GDP 的基本因素，解释了 M2/GDP 的跨国差异；通过分析财政与金融的关系揭示现代货币理论对于国家治理的重要意义。在对外开放方面，为促进对外直接投资，构建开放型经济新体制，助力国家治理体系现代化提出政策建议。在金融监管与农村金融方面，分别梳理和回顾了金融监管与农村金融改革的演化历程，并针对当前存在的问题提出相关建议。本篇的最后部分以房地产调控为例，探究了中国房地产市场波动根源以及房地产市场与宏观经济波动之间的传导机制，在此基础上更好地理解房地产市场与宏观经济的联动机制，助力房地产市场调控与健康发展。

目　录

/第一篇/　中国特色的国家治理

/第二篇/　中国的新发展格局

/第三篇/　创新驱动与中国经济发展

/第四篇/ 要素市场改革与开放

/第五篇/ 经济增长

/第六篇/ 货币金融

/第一篇/

中国特色的国家治理

本篇由六篇文章构成。

《中国特色社会主义市场经济货币政策体系的形成及演变》讨论了改革开放以来中国货币政策体系的形成和演变过程及其特点。文章指出，伴随中国特色社会主义基本经济制度的发展，与之相适应的宏观调控机制不断完善。货币政策体系作为其中重要组成部分，在持续深化改革的进程中逐步演进，成为构建更加系统完备、更加成熟定型的高水平社会主义市场经济体制的重要内容。在货币政策最终目标及中间目标、货币政策工具、货币政策传导机制等方面逐渐形成与中国特色社会主义基本经济制度相适应的政策体系，并且具有鲜明的中国特色。

《中国计划（规划）绩效及其转型评价研究》对中国政府规划管理的成功现象进行了研究。文章的研究内容选择中国历史上 12 个五年中期计划（规划）目标值与实际值的数据，采用统计方法进行比较描述，评估中国中期计划（规划）有效性问题。为了简化对历史细节的模糊描述，作者采用了自行开发出来的目标偏离系数，通过数据收集和处理，计算出历次中期规划的实现绩效。最后文章指出，市场成分多一些或计划成分多一些并不是问题的关键，关键在于市场与计划的有机结合之中使两者优劣势互补。优劣势互补会从整体上产生一个比单一优势更加明显的综合效应。

《论中国国家治理体系现代化与中国政治经济学理论构建的关系》提出要在马克思政治经济学基础上综合西方经济学，与时俱进地创建中国政治经济学理论，为中国国家治理体系和治理能力现代化提供话语体系的支撑。文章从中国实际国情出发，通过梳理马克思主义中国化与中国现代化国家治理体系的形成发展过程探讨两者的关系，并在此基础上提出构建中国特色的政治经济学理论。

《扶贫脱贫的中国之路》探讨了中国扶贫的实践模式及其借鉴意义，并对未来扶贫方向提出了建议。中国对扶贫模式的不断探索，实现了世界上最大规模和最快速度的减贫，不仅对于中国的现代化进程具有重大的现实意义，而且对于世界上久未见效的消除贫困的努力也贡献了宝贵的中国经验。文章还指出，相对贫困问题、脆弱人群的生存问题和激进扶贫后的返贫问题，将是今后中国面临的更为复杂和持久的挑战，需要全社会各方参与者毫不松懈地继续努力。

《社会信用体系建设助力国家治理》从社会信用体系出发，论证其在国家治理过程中的可行性及现实意义。文章首先阐明了社会信用体系对国家治理的支撑作用，同时从金融领域、经济领域及广义角度对其进行了清晰的界定，还提供了人民银行的征信体系建设的宝贵经验，进而研究分析互联网时代社会信用体系应如何更好地应用到国家治理中去。当然，社会信用体系建设不可能一蹴而就，是一项长期而持续的系统工程，在体系建设过程中也存在着一些问题，这就需要社会各界携手，促进政务诚信、商务诚信、社会诚信和司法诚信，建设“信用中国”。

《论中国特色大国经济外交》分别从经济外交、贸易外交、投资外交、金融外交四个角度对中国外交政策进行梳理论述，展示了中国特色大国经济外交的蓬勃发展。文章指出，在逆经济全球化背景下，利用好经济外交，发挥政府作为“有形之手”的作用，发展平衡的对外经济关系，是世界各国发挥各自比较优势、实现共同发展的途径和手段，也是构建人类命运共同体的必然要求。

中国特色社会主义市场经济货币政策体系的形成及演变

刘伟　苏剑[①]

【摘要】伴随中国特色社会主义基本经济制度的发展，与之相适应的宏观调控机制不断完善。货币政策体系作为其中重要组成部分，在持续深化改革的进程中逐步演进，成为构建更加系统完备、更加成熟定型的高水平社会主义市场经济体制的重要内容。在货币政策最终目标及中间目标、货币政策工具、货币政策传导机制等方面逐渐形成与中国特色社会主义基本经济制度相适应的政策体系，并且具有鲜明的中国特色。本文讨论改革开放以来中国货币政策体系的形成和演变过程及其特点。

【关键词】货币政策体系；货币政策目标；货币政策工具；货币政策传导机制

货币政策是由国家中央银行为主体制定并实施的宏观经济政策。货币政策体系是有关货币政策目标、工具和传导机制的政策系统，是央行运用政策工具，通过传导机制，进而实现政策调控目标的有机整体。1949 年新中国成立后，长期实行的是大一统的银行制度，人民银行同时负有中央银行和商业银行的职能，在机制、功能上都是与集中计划经济体制相适应的，因此从一定意义上来说，并不存在真正的“中央银行”。1978 年我国进入改革开放新的历史时期之后，人民银行逐步将工商信贷和储蓄业务等商业银行职能剥离出来，1983 年开始专门行使中央银行职能，主要负责实施宏观金融政策。随着改革开放的深入，中国经济体制逐步从计划经济转向中国特色社会主义市场经济。中央银行与商业银行职能的界定、央行的独立性与货币政策的宏观性的明确、货币政策的直接调控与间接调控的厘清，等等，都在不断地深化（易纲，2018）。伴随中国特色社会主义基本经济制度的逐渐成熟和定型，与中国特色社会主义市场经济相适应的货币政策体系也在不断完善并逐渐形

---

① 刘伟，中国人民大学校长、教授、博士生导师；苏剑，北京大学经济学院教授、北京大学国民经济研究中心主任，博士生导师。本文是教育部哲学社会科学研究重大课题攻关项目“建设现代化经济体系的路径与策略研究”（课题号：18JZD029）的阶段性成果，首发于《经济理论与经济管理》2020 年第 8 期。

成自身的特点。

货币政策倾向是指货币政策的目标导向及政策力度。它服从于宏观经济目标，如经济增长率、失业率、通货膨胀率等政策控制目标的要求，其制定的基础在于对宏观经济运行失衡的方向和程度，以及失衡过程中的主要矛盾和主要矛盾方面的判断。我国进入改革开放新的历史时期以来，在经济持续高速增长的过程中，宏观经济运行失衡的方向和动因发生着深刻的变化。特别是经济发展进入新常态之后，宏观经济失衡便具有了一系列新的复杂性和矛盾的特殊性，需要在完善货币政策体系的基础上不断适时适度地调整货币政策倾向，以适应经济发展中新的历史变化，推动经济均衡增长、协调发展。

本文旨在分析中国货币政策体系的演变过程及其特征。

一、我国央行的独立性与货币政策的自主性

中央银行的独立性是指中央银行在履行通货管理职能、制定与实施货币政策时的自主性，包括确定目标的独立性、运用工具的独立性和金融监管上的独立性。问题在于，这种独立性不是绝对的，而是具有相对性。不同国家制度和经济社会发展水平不同，经济失衡和内在矛盾运动特点不同，使得不同国家不同发展阶段中央行的独立性及其实现方式和程度都有很大差异。

一方面，货币政策只是一国经济运行和发展政策体系中的一个组成部分，货币政策本身要适应国民经济社会发展要求，其政策独立性是在服从国民经济多元发展目标体系之内的，而不是绝对的独立存在。货币政策是宏观调控政策的重要构成部分，宏观调控之所以必要，前提是存在各类市场失灵，因此宏观调控的任务首先在于克服或缓解市场失灵。对于我国这样一个处于经济体制转轨和改革深化历史进程中的发展中国家来说，市场失灵的程度更为严重。宏观调控不仅要针对通常所说的价格刚性等失灵，还要针对其他多方面市场失灵加以调整，即全面深化社会主义市场经济改革，进而不断完善市场功能，使之切实能够在资源配置中发挥决定性作用。但事实上，市场失灵是不可能完全消除的，因此市场不可能充分有效，政府的宏观调控便成为不可或缺。而政府的宏观调控就政策类型和调控方式又可以划分为供给管理政策和需求管理政策。在我国，由于基本经济制度等方面的特征和经济发展阶段进入新常态后经济失衡的主要矛盾和矛盾的主要方面集中在供给侧，因而在运用总需求政策的同时，有可能也有必要在更大程度上运用总供给政策，从而不同于欧美主要资本主义发达国家。① 因而，我国宏观调控政策体系包括市场化改革的系统举措和政策、需求管理政策和供给管理政策等三大类政策（刘伟、苏剑，2018）。市场化改革

---

① 刘伟.我国供给侧结构性改革与西方“供给革命”的根本区别[J].中共中央党校学报,2017(6).

包括完善市场主体秩序（企业产权制度）和市场竞争秩序（价格决定制度），即界定谁在竞争、怎样竞争的市场经济内在竞争制度；也包括对市场（包括商品市场和资本等要素市场）的多类监管法规和政策，等等。总需求管理政策主要包括财政政策和货币政策。不同国家不同时期在宏观经济理论和政策主导上对财政和货币政策的强调有所不同，但都承认其政策的需求效应，尤其是在短期调节中，需求效应更为显著和敏感。总供给管理政策也包含财政政策与货币政策，或者说财政政策与货币政策同样具有供给效应。只是由于供给效应显现的长期累积性等使人们容易忽略其供给效应。同时，供给管理政策还包括产业政策、区域政策以及国民经济发展规划等。货币政策在这三大类宏观政策体系中实现其功能和政策目标，自然需要与财政政策、产业政策、规划政策、区域政策等多方面协调。因此，货币政策的独立性只能是在多方面宏观政策相互协调中的相对独立。正如《中共中央、国务院关于新时代加快完善社会主义市场经济体制的意见》所概括的：构建有效协调的宏观调控新机制。加快建立与高质量发展要求相适应，体现新发展理念的宏观调控目标体系、政策体系、决策体系、监督考评体系和保障体系。健全以国家发展规划为战略导向，以财政政策、货币政策和就业优先政策为主要手段，投资、消费、产业、区域等政策协同发力的宏观调控制度体系，增强宏观调控前瞻性、针对性、协同性。①

另一方面，若央行实行单一目标制，其独立性相对容易实现；但若央行本身追求的就是多目标制，就难以摆脱社会政治、经济、文化等多方面发展目标要求的约束。我国进入经济新常态，贯彻新发展理念，推进“五位一体”总体布局（政治建设、经济建设、文化建设、社会建设、生态文明建设），央行和货币政策必须兼顾多方面发展目标要求。因此，我国央行和货币政策面对的是一个多目标的优化和结构问题，即通过选择合理的政策变量，来优化货币政策的目标函数。与之相适应，货币政策追求多目标，央行在货币政策的决策和实施过程中就必须与多部门协调，从而不仅增大了货币政策抉择的复杂性，而且限制了央行货币政策决策的自主性。事实上，我国货币政策决策在经济机制上是央行与财政部的财政政策，在国资委的大企业诉求，工信部、建设部、农业部等产业部门利益，银保监会的监管要求，特别是国家发展改革委发展规划及投资战略等方面政策的博弈中形成的。这种复杂的博弈关系使我国央行的独立性及相应货币政策的自主性更具相对性。由于中国特色社会主义制度的性质，尤其是由于中国特色社会主义社会根本政治制度和基本经济制度的特征，使得社会主义市场经济具有这样一种优势：在运行上宏观经济与微观经济之间，在调控上央行与国家发展改革委、财政部及其他相关经济部门之间，在发展上经济与政治、文化、社会、生态文明各方面建设之间，虽然存在差异和矛盾，但并不存在根

① 中共中央、国务院关于新时代加快完善社会主义市场经济体制的意见[N]. 人民日报，2020-05-19(6).

本的对立和冲突。就根本政治制度而言，中国共产党对国民经济发展的统一领导，使各方面利益博弈能够收敛于党的决策；就基本经济制度而言，以公有制为主体多种所有制经济共同发展的所有制结构以及以按劳分配为主多种分配方式并存的分配制度，能够从根本上缓解市场经济微观主体利益的局限性和竞争的自发性与现代化大生产的社会性之间的矛盾，从而使央行货币政策的独立性与多部门多目标约束下货币政策独立的相对性之间的矛盾，在制度上存在统一的可能性。在决策机制上，由中共中央统一领导（政治局、中央财经委员会），由国务院贯彻协调（国家发展改革委、财政部等），由央行制定并实施货币政策，① 从而实现在政策效应上，货币政策与宏观经济调控目标、与财政政策等其他宏观经济政策相互协调，以提高政策协同效应的持续性（陈小亮、马啸，2016）。当然，多方利益和目标诉求的博弈，就意味着存在复杂的矛盾冲突，缓解这种矛盾和冲突，完善协调相关方面的利益和诉求机制，是央行货币政策制定和实施过程中面临的长期的理论与实践的课题。不同于一般市场经济制度的是，中国特色社会主义制度在根本政治制度和基本经济制度上为更加有效地处理这种矛盾创造了基础条件。

二、我国货币政策最终目标与中间目标的特点及其变化

货币政策目标包括货币政策的最终目标和中间目标。

货币政策最终目标是指货币政策所要达到的宏观调控目标。自 1984 年中国人民银行开始专门行使中央银行的职能以来，我国货币政策最终目标经历了从“发展经济、稳定货币，提高社会经济效益”向“保持货币的稳定，并以此促进经济增长”的转变，再进一步明确为“保持货币币值的稳定，并以此促进经济增长”的过程。1986 年的《中华人民共和国银行管理条例》把金融机构的职责界定为“发展经济、稳定货币，提高社会经济效益”。与之相适应，这一时期中国人民银行作为央行的货币政策最终目标逐渐明确为“稳定货币、发展经济”的双重货币政策目标。到 1993 年，《国务院关于金融体制改革的决定》指出，中国货币政策改革的目标是“保持货币的稳定，并以此促进经济增长”。在此基础上，到 1995 年《中国人民银行法》正式明确“货币政策目标是保持货币币值的稳定，并以此促进经济增长”。即对内要保持物价稳定，对外要保持人民币汇率在合理均衡水平上的总体稳定。并且，在此基础上，结合国内外宏观经济环境，使货币政策与宏观审慎政

① 1997 年 7 月成立的中国人民银行货币政策委员会，实际上就是各部门间的沟通议事咨询机构。货币政策委员会由国务院有关领导，央行、国家发展改革委、财政部、统计局、外汇局、银保监会、证监会、银行业协会等方面的主要领导，相关领域中有代表性的学者等组成，三年一届。1997 年 4 月国务院发布的《中国人民银行货币政策委员会条例》明确规定其职责是：依据国家宏观调控目标，讨论货币政策的制定和调整、一定时期内的货币政策控制目标、货币政策工具的运用、有关货币政策的重要措施、货币政策与其他宏观经济政策的协调等涉及货币政策的重大事项，并提出建议。

策相互促进、相互补充，最终在货币稳定的基础上，促进经济增长。在实践过程中，中国货币政策追求的最终目标较为多元化，包含维护价格稳定、促进经济增长、促进就业、保持国际收支大体平衡以及推动改革开放和金融市场发展等①（周小川，2016）。在具体指标的统计和运用中，我国货币政策最终多元目标体现在一系列具体指标上。比如经济增长目标对应着 GDP 增长速度、工业增加值增速、固定资产投资增速等；就业目标对应于城镇调查（登记）失业率、新增就业量等；通胀目标对应于 CPI、PPI、GDP 平减指数等；汇率目标对应于人民币对美元的汇率和 CFETS 人民币汇率指数等；外汇储备目标对应于外汇储备余额及其变化量等。虽然我国货币政策最终目标包含多方面的目标追求，但在经济发展不同时期出现不同失衡时，中国人民银行对不同目标的重视程度会做出不同的调整。比如当经济面临较为严重的“下行”压力时，央行会更加重视稳定经济增长及相应的就业目标，同时可能降低对通胀目标的管控；当经济“过热”面临较大通胀压力时，央行则会调高货币政策目标体系中稳定物价的权重；等等。

不同的货币政策最终目标对货币政策取向的要求可能不一致，甚至可能存在矛盾，从而增大了货币政策实施的困难，这就需要央行在不同最终目标之间做出权衡，恰当地把握好各目标之间的平衡（何德旭、冯明，2019）。例如经济增长与物价稳定之间的关系就极为复杂，虽然促进经济增长与稳定物价之间可能出现对立，需求上涨可能拉动物价上升，但经济增长和发展也能够为保持物价稳定提供物质基础，两者在根本上也可能是统一的，关键在于以怎样的方式实现经济增长。如果忽视通货膨胀目标，通过超发货币强烈刺激需求以拉动经济增长，在短期可能会产生一定效果，但最终会对经济产生严重负面冲击。一方面会形成严重的通货膨胀，不仅严重冲击市场秩序进而影响民生，而且会迫使政府采取强有力的反通胀政策，进而降低经济增长率；另一方面以超发货币来刺激需求会刺激大量低效率的项目，超发货币条件下的低利率会使低效率的投资项目成为有利可图的可行项目（相对于低利率而言，存在经济上可行的内部收益率），而以低效率投资带动的经济增长本质上是“泡沫”，不具竞争力和可持续性。与之相联系，充分就业目标与稳定物价目标也存在矛盾。根据菲利普斯曲线，失业率与物价上涨率在一定条件下存在着此消彼长的关系。失业率增加并达到警戒水平时，政府需要增加信用供给、扩张市场需求来刺激增长降低失业率，但货币供给量的增加、总需求的扩张又不利于稳定物价。总之，宏观经济目标本身相互之间存在多种矛盾，中央银行最终货币政策目标在适应宏观经济目标要求的同

① 即时任央行行长周小川概括的中国货币政策“4+2”的最终目标（参见周小川．把握好多目标货币政策：转型的中国经济的视角[N]．金融时报，2016-06-25）。也有学者把中国货币政策多元化最终目标概括为七大目标：经济增长、就业、通胀、汇率、外汇储备、金融稳定、结构调整（参见马骏，管涛．利率市场化与货币政策框架转型[M]．北京：中国金融出版社，2018）。

时，多元目标之间也必然产生冲突，央行的货币政策目标需要在复杂矛盾关系运动中，构建适度的目标间的组合，央行同时追求多个最终货币政策目标，面对的便是多目标的优化问题，由于约束变量的多元化及相互间的冲突，货币政策最终目标函数的最优化成为一个难题。对于处于农业现代化、现代工业化和经济社会信息化快速成长期，同时又处于改革开放进入"深水区"的我国而言，解决这一难题要处理的矛盾更为深刻复杂。

货币政策中间目标是指为实现最终目标而选择的可调节变量。自1984年中国人民银行开始专门行使央行职能以来，中国货币政策的中间目标主要经历了以下三个阶段的变化：第一阶段是1984—1993年，中国货币政策的中间目标是人民币信贷总量和现金发行量；第二阶段是1994—1997年，中国货币政策的中间目标是货币供应量；第三阶段是1998年之后，中国货币政策以货币供应量为中间目标，同时以人民币信贷规模作为经常性的监测指标。经济进入新常态以来，我国货币政策中间目标开始逐渐由数量型目标向价格型目标过渡。1984年中国人民银行开始行使央行职能时，采取了国际上通行的准备金制度，不过在方式上主要是采取直接调控。因而准备金制度的建立主要是出于央行管控信贷资金并进行结构调整的需要。1992年中共十四大确立中国特色社会主义市场经济体制改革目标之后，中国人民银行开始尝试以间接方式实施货币政策，把信贷总量和现金发行量作为中间目标。从1994年起，中国人民银行逐渐缩小了信贷规模控制范围，引入了外汇公开市场操作，并向社会公布货币供应量监测目标，以观察基础货币的变动。1995年开始，中国人民银行尝试把货币供应量纳入中间目标体系。1996年，央行正式将货币供应量作为中间目标。随着中国货币政策体系的逐渐完善，中国人民银行逐步缩小了直接干预的范围，1998年取消信贷规模管理，同时重启人民币公开市场操作。1998年之后，中国人民银行逐步形成了以货币供应量为中间目标、以社会融资规模作为经常性监测指标的管控体系（盛松成、谢洁玉，2016；陈雨露，2019）。

之所以有必要选择货币政策的中间目标，重要的原因在于货币政策的最终目标实现和显现过程存在时滞，从而影响货币政策的有效性。为使货币政策的中间目标能够有效地体现并影响货币政策最终目标，货币政策中间目标的选择需具备以下条件：一是可控性。指中央银行通过各种货币政策工具的运用，能够对货币政策的中间目标进行有效的调节和控制。二是可测性。指央行选择的货币政策中间目标，能够较敏感地反映货币政策变化。三是相关性。指货币政策的中间目标必须与货币政策的最终目标有密切的联动关系，中央银行通过对中间目标的调控能够促进货币政策最终目标的实现。四是抗干扰性。指中央银行所选择的中间目标应尽可能地避免外来因素和非政策因素等的干扰。现实中，央行货币政策的作用机制十分复杂，要求充当中间目标的金融变量同时具备这四个方面的条件是十分困难的。因此，货币政策的中间目标往往是由若干金融变量组成的中间目标体系。

现阶段，我国货币政策中间目标正由数量型目标向价格型目标过渡。随着中国经济结构和金融结构日趋复杂，中国人民银行检测、调控货币信贷数量的难度不断增大。同时，货币信贷数量与经济增长速度、币值稳定、金融稳定之间的相关性也在减弱，等等。这些都促使货币政策中间目标由数量型向价格型转变。

为适应社会主义市场经济发展要求，中国人民银行逐渐深化改革。首先改革信贷规模计划管理模式，取消了信贷规模限额控制（1998 年），确立了以货币供应量作为货币政策调控的中间目标。随着金融市场发展和金融产品的丰富，货币需求函数的稳定性逐渐减弱，数量型中间目标与货币政策最终目标之间的稳定关系渐趋弱化，精准调控货币供应量的难度增大。为此，2012 年中国人民银行创立并优化了社会融资规模指标，作为制定货币政策的重要参考。调控机制逐渐由直接调控为主向间接调控为主转变。在存贷款利率上下限管制放开之前，央行关注的价格型中间目标主要是商业银行存贷款基准利率。利率管制放开之后，由于一般贷款加权平均利率的实效性和可靠性存在不足，因而目前充当货币政策中间目标的主要是货币市场利率，如银行间同业拆放利率、正逆回购利率等指标。2017 年以来，我国央行指导全国银行间同业拆借中心推出了银银间回购定盘利率（FDR）和以 7 天银银间回购定盘利率（FDR007）为参考利率的利率互换产品，同时深入完善银行间市场基准利率体系。2019 年，中国人民银行进一步推动利率市场化改革，决定改革贷款市场报价利率（LPR）形成机制。

三、我国货币政策工具及传导机制的特点

货币政策工具是指在调节方向、调节力度、调节重点等确定之后，可采取的货币政策。中国人民银行所使用的货币政策工具主要包括完善存款准备金、再贷款、再贴现、公开市场操作等政策手段。同时，根据经济金融运行实际需要，陆续创设了公开市场短期流动性调节工具等货币政策工具。

中央银行的货币政策工具可以区分为两大类：一是通过放松和收紧银行体系的准备金和货币乘数，达到改变货币供应量的目的，进而影响货币信用的总量。这类工具属于一般性货币政策工具。二是通过干预信贷市场的资金配置，有目的地调整某些部门的货币信贷供应量，从而引起货币结构变化。一般性货币政策工具包括再贴现政策、存款准备金政策和公开市场政策等三大政策。其特点是，对金融体系的影响是普遍的、总体性的，而非选择性的、差异性的；作用对象是国民经济总量，而非个别微观单位。选择性政策工具是中央银行针对个别部门、企业或特殊用途的信贷而采取的政策工具，这些政策工具可以影响商业银行体系的资金运用方向、结构以及不同信用方式的资金利率。例如消费者信用控制、证券市场信用控制和不动产信用控制等。

我国央行运用的货币政策工具在改革开放进程中逐渐丰富，其功能和方式不断变化，但总体上是适应中国特色社会主义市场经济深化改革的要求，以适应有效提升宏观调控能力的要求，特别是适应不断完善宏观调控方式及宏观经济治理体系的历史需要。

就一般性传统的货币政策工具的运用和演变而言，其一，在公开市场操作方面，我国于 1994 年 3 月启动外汇公开市场操作，并于 1998 年 5 月恢复人民币公开市场操作。公开市场操作的规模自 1999 年以来逐步扩大，发展速度较快，已成为中国人民银行货币政策日常操作的主要工具之一，对于调节银行体系流动性水平、引导货币市场利率走势、促进货币供应量合理增长发挥着积极作用。其二，1984 年，中国人民银行建立了存款准备金制度，该资金是指金融机构为保证客户提取存款和资金清算需要而准备的资金。1998 年 3 月对存款准备金制度加以改革，改革内容包括：将法定准备金存款和备付金存款两个账户合并，称为“准备金存款”账户；法定存款准备金率从 13% 下调至 8%，准备金存款账户超额部分的总量及分布由金融机构自行决定；对各金融机构的法定存款准备金按法人统一考核等。2014 年以后，创设了定向降准工具。其三，作为体制改革重要内容的利率政策工具，也是我国货币政策的重要组成部分。1993 年中共十四大提出，中国利率改革的长远目标是建立以市场资金供求为基础、以央行基准利率为调控核心，由市场资金供求决定各种利率水平的市场利率管理体系。其四，在再贷款、再贴现工具方面，自 1984 年中国人民银行专门行使央行职能以来，再贷款，即中央银行对金融机构的贷款，一直是央行的重要货币政策工具，是央行调控基础货币的重要渠道。2014 年以后，为充分发挥央行流动性管理和引导金融机构优化信贷结构的功能，对再贷款进行了分类调整。再贴现是央行对金融机构持有的未到期已贴现商业汇票予以贴现的行为。自 1986 年中国人民银行在上海等中心城市开始试办再贴现业务以来，再贴现业务经历了试点、推广到规范发展的过程。2008 年以来，为有效发挥再贴现促进结构调整、引导资金流向的作用，中国人民银行采取了进一步完善再贴现政策的一系列措施。其五，进入经济新常态以来，央行还先后创设了多种货币政策工具，例如短期流动性调节工具、常备借贷便利、中期借贷便利和贷款基础利率等。

2013 年后，为适应经济新常态变化的要求，央行先后创设的多种货币政策工具总体上具有结构性特征。其一，就短期流动性调节工具而言，中国人民银行从 2013 年 1 月 18 日起，启用公开市场短期流动性调节工具。该操作在银行体系流动性出现临时性波动时相机使用，并以 7 天期以内短期回购为主，采用市场化利率招标方式操作。其二，2013 年初，中国人民银行创设了常备借贷便利。其主要功能是为了满足金融机构期限较长而产生的大额流动性需求，其利率水平需要依据货币政策调控的力度与引导市场利率的需要来综合确定。其三，2014 年 9 月，中国人民银行创设了中期借贷便利。该货币政策工具是中央银行提供中期基础货币的工具。该货币政策工具通过调节向金融机构中期融资的成本对金融机构的资产负债表和市场预期产生影响，从而对社会融资成本产生影响。其四，贷款基础利率集中报价和发布机制在 2013 年 10 月 25 日正式运行。贷款基础利率的集中报价和发布机制是在报价行自主报出本行贷款基础利率的基础上，指定发布人对报价进行加权平均计算，形成报价行的贷款基础利率报价平均利率，并对外公布。中国人民银行于 2019 年对贷款市场报价利率（LPR）形成机制进行改革，同时将贷款市场报价利率由初期的 1 年期一个期限品种扩大到 1 年期和 5 年期以上两个期限品种。

中央银行明确了货币政策目标，运用货币政策工具，还需要通过传导机制贯彻政策并实现政策效应。主要是通过金融机构的经营活动和金融市场传导，影响企业和居民的生产、投资和消费行为及其预期，最终对总供求关系产生影响。

改革开放之前，中国人民银行总行通过其分支机构向企业和居民传导，传导过程简单、直接。进入改革开放新时期之后，随着中央银行制度的建立和金融机构的发展，货币政策逐渐形成了从中央银行到金融机构再到企业（居民）的传导机制。但在 20 世纪 80 年代，我国货币政策体系尚未完全进入传导过程。20 世纪 90 年代以后，我国货币政策传导机制逐步完善，从中央银行到最终目标的间接传导机制不断完善健全。伴随着金融宏观调控方式逐步转化，货币市场化进一步发展，利率市场化逐渐推进，逐步形成从中央银行到货币市场，再到金融机构，之后到企业（居民）的传导体系。货币政策的作用过程先是通过货币供应量的变动影响利率水平，再经利率水平的变动改变投资活动水平，最后引起产出与收入水平的变动。货币政策对产出与收入水平影响的程度取决于：货币政策对货币供应量的影响、货币供应量对利率的影响、利率对投资水平的影响、投资水平对产出与收入的影响。在这一传导机制中，核心变量是利率（实际利率）。①

进入经济新常态以来，中国人民银行推进利率调控机制构建，完善利率走廊，加快市场基准利率体系建设，更加注重价格信号及其传导，不断完善市场化的利率传导机制。特别是央行以银行作为货币政策传导中枢，采取多方面措施缓解银行货币创造所面临的流动性、资本、利率“三大约束”，努力疏通货币政策传导机制，包括：构建和完善利率走廊机制、建立公开市场每日操作常态化机制；提高操作利率对贷款利率与债券利率的传导效率、逐渐形成人民币对美元汇率中间价的市场化机制；打破贷款利率隐性下限，将银行永续债作为补充资本的突破口等。总之，随着贷款基准利率改革的深入，市场利率向贷款利率的传导效率逐渐提升。

总体而言，从 20 世纪 80 年代初中国人民银行开始专门行使央行职能以来，到现阶

① 这也是凯恩斯主义的基本观点，即强调利率在经济中的作用。

段，已基本形成了与中国特色社会主义市场经济相适应的现代金融体系及相应的货币政策体系。在促进经济持续高速增长的同时，实现了物价的基本稳定（易纲，2018）。在货币政策体系上，一是在深化金融改革、发展金融市场的基础上，疏通货币政策传导机制。货币政策多目标制的我国央行，在党中央统一领导下，在与包括财政部、国家发展改革委等在内的多部门统筹协调过程中，有效推动并保证宏观经济金融目标的实现。特别是在经济进入新常态以来，适应新的变化，创新货币政策工具，提升了货币政策体系对新常态的适应性和货币政策调控的针对性及有效性（易纲，2019）。二是探索建立适合中国国情的宏观审慎政策框架，在多方面长期探索的基础上，于 2015 年形成宏观审慎评估体系，从资本和杠杆、资产负债、流动性、定价行为、资产质量、跨境融资风险以及信贷政策执行情况等 7 个方面引导银行业金融机构加强自我约束，并在 2016 年将表外理财纳入宏观审慎评估（陈雨露，2019）。三是建立资本和流动性双重约束。2011 年在外汇占款投放流动性增速放缓的情况下，央行通过下调存款准备金率、完善差别准备金动态调整机制和灵活开展公开市场双向操作等方式及时增加流动性供应。2013—2016 年，中国人民银行货币政策的优先目标转为稳增长，并采取了定向降准、降息、增设中央银行流动性便利、增加再贴现额度等方式来稳定经济增长。2016 年，为进一步强化资本约束机制，中国人民银行将差别准备金动态调整和合意贷款管理机制升级为宏观审慎评估体系。2018 年以来，广义货币 M2 增速回落，与名义 GDP 增速基本一致。与此同时，保持了人民币币值的稳定（孙国峰，2019）。[①] 需要说明的是，建立资本和流动性双重约束机制的目的是使货币政策的调整与整个宏观经济调控目标相适应，使其在机制上能够与宏观经济逆周期调节相吻合。因此，并不是将 M2 供给量固定在与名义 GDP 增速基本一致的水平上，宏观经济运行处于基本均衡状态，或者说没有出现严重失衡的条件下，M2 与名义 GDP 增速大体一致有其必要性。但若经济严重失衡，则需配合宏观经济逆周期调节的需要采取相应的调整措施。比如，我国现阶段经济增长下行压力加大，增长速度持续下滑，潜在经济增长率呈现趋势性下降，加之世界经济低迷，对我国经济增长产生深刻影响。特别是 2020 年初又逢新冠肺炎疫情，经济自然增长率大幅下滑，如果继续采取盯住名义 GDP 增速的货币政策，就难以实现宏观经济逆周期调节的目标，相反会顺应和加剧经济下滑的态势。因此，2020 年《政府工作报告》中特别指出，“稳健的货币政策要更加灵活适度，综合运用降准降息再贷款等手段，引导广义货币供应量和社会融资规模增速明显高于去年”。实现这种货币政策与宏观调控相统一的政策协调效应，关键在于体制机制上的保障，在制度上强化货币政策、宏观审慎政策和金融监管三者之间的协调。就货币政策体系而言，要使货币政策目标

① 孙国峰. 货币创造的逻辑形成和历史演进——对传统货币理论的批判[J]. 经济研究，2019，54(4)：182－198.

体系、政策手段工具体系和政策传导机制体系等各方面形成一致，并且统一到中国特色社会主义市场经济宏观调控的要求上来。就现阶段而言，重要的任务在于进一步推动“建设现代化中央银行制度，健全中央银行货币政策决策机制，完善基础货币投放机制，推动货币政策从数量型调控为主向价格型调控为主转变”。①

参考文献

[1] 陈雨露.四十年来中央银行的研究进展及中国的实践[J].金融研究,2019(2).

[2] 陈小亮,马啸.“债务—通缩”风险与货币政策财政政策协调[J].经济研究,2016(8).

[3] 何德旭,冯明.新中国货币政策框架70年:变迁与转型[J].财贸经济,2019(9).

[4] 刘伟.我国供给侧结构性改革与西方“供给革命”的根本区别[J].中共中央党校学报,2017(6).

[5] 刘伟,苏剑.中国特色宏观调控体系与宏观调控政策——2018年中国宏观经济展望[J].经济学动态,2018(3).

[6] 马骏,管涛.利率市场化与货币政策框架转型[M].北京:中国金融出版社,2018.

[7] 孙国峰.货币创造的逻辑形成和历史演进——对传统货币理论的批判[J].经济研究,2019(4).

[8] 盛松成,谢洁玉.社会融资规模与货币政策传导——基于信用渠道的中介目标选择[J].中国社会科学,2016(12).

[9] 易纲.在全面深化改革开放中开创金融事业新局面——纪念改革开放40周年暨中国人民银行成立70周年[J].中国金融,2018(23).

[10] 易纲.新中国成立70年金融事业取得辉煌成就[J].中国金融,2019(19).

[11] 周小川.把握好多目标货币政策:转型的中国经济的视角[N].金融时报,2016-06-25.

[12] 中共中央、国务院关于新时代加快完善社会主义市场经济体制的意见[N].人民日报,2020-05-19(6).

① 中共中央、国务院关于新时代加快完善社会主义市场经济体制的意见[N].人民日报,2020-05-19(6).

中国计划（规划）绩效及其转型评价研究

刘瑞[1]

【摘要】 中国持续不断的五年计划（规划）在现代社会为一种罕见的国家发展治理现象，学界对这一现象也有着肯定与否定的认识。为此，我们需要探索评价五年计划（规划）的方法，才能正确认识五年计划（规划）在中国现代化国家治理体系构建与治理能力形成与发展中的意义。政府计划（规划）如同其他政府行为一样，是一项大规模的集体管理行动。成功的规划管理是一个系统性的体系活动，同时还需要具备外界条件并与相关因素配合。因此，若要完整地评价规划绩效，需要把所有的规划环节、规划内容、规划因素和规划条件纳入分析评价框架中，这是一项巨大的分析评价工程。但是复杂问题也有简单的处理办法，因为但凡管理行动都有一个基本关系：目标—手段关系。我们可以简化对政府规划绩效的评价，而将政府规划目标的实现状况作为分析规划绩效的第一步工作，由此探索评估五年计划的方法。

【关键词】 五年计划；计划与规划；绩效评价；治理方式转型

一、引论

自 1952 年开始实行五年一期的计划管理以来，到 2016 年正式实施最新一期的五年规划，我国已经编制和实施了十三个五年中期规划。这种连续编制和实施中期规划、时间长达半个世纪以上的国家发展治理现象，这种跨越计划经济和市场经济两种不同运行机制而延续至今的经济社会运行过程，以及这种以周期性的规划管理使一个经济弱国发展为世界第二大经济体的成功实践，世上罕见。迄今只有苏联等少数国家有此先例，然而这些国家短暂的成功之后却是失败，而中国成功坚持到了今天。

---

① 刘瑞，中国人民大学应用经济学院教授。

近年来，中国政府规划管理成功现象已经引发各方关注。2013 年《开放时代》第 6 期组织多位国内外专家专门讨论中国规划现象，形成了不同的观点。有的对中国规划成功持充分肯定态度，认为“中国当前采用的规划体系并非传统的计划工具，而是在其基础上进行创新与转型。五年计划已从单纯的经济计划转型为公共事务治理规划，涵盖经济社会运行的主要领域”。①这种机制更加适应以社会主义市场经济体制为核心的经济社会运行模式。有的充分肯定中国规划的实践意义和理论价值，认为“规划在中国远远超出一个政策文本或一个封闭的政策过程，而是中央和地方多层次、多主体之间通过各种互动模式，不断协商、起草、试验、评估、调整政策的循环过程。通过规划机制引导或干预经济主体活动，塑造或制约各级政府的行为。规划依附行政层级体系运行，但决定其效率的却是党的干部考核制度。这个特点使得中国与其他东亚开发型国家有了本质区别”。② 与上述肯定性意见相反的观点则认为，要想理解规划的过程，就必须明确它的目标、手段，以及参与其中的政府机构，这些规划是否提高了中国整体经济的灵活性和高度？是否有助于其走向理想的发展道路？③ 他们对中国规划管理本身起到的作用提出了各种质疑。

政府规划如同其他政府行为一样，是一项大规模的集体管理行动。规划要取得成效，从决策、编制、审批、实施、评估等各个环节都需要政府个人与政府机构环节的配合。因此，评价这项大规模集体行动的合理性和有效性实际上是一个十分困难和复杂的认知活动。正如人们所看到的，成功的规划管理是一个系统性的体系活动，同时还需要具备外界条件并与相关因素配合。因此，若要完整地评价规划绩效，需要把所有的规划环节、规划内容、规划因素和规划条件纳入分析评价框架中，这是一项巨大的分析评价工程。但是复杂问题也有简单的处理办法，因为但凡管理行动都有一个基本关系：目标—手段关系。管理行动是奔着实现目标来的，尽量采用各种手段达成目标是管理的核心任务。手段以及运作机制都是为实现目标而提出并使用的；在特定情况下，为达成目标可以变通手段，尽管这会引发对手段使用的价值判断，但是目标的达成无疑是最核心和最现实的需求。按照此逻辑，我们可以简化对政府规划绩效评价，可以首先将政府规划目标的实现状况作为分析规划绩效的第一步工作。

二、研究方法与内容

首先，规划评估需要明确评估任务和目的。尽管编制了如此多的计划或规划，但几十年来一直对其鲜有评估，只是从“十五”计划时期开始强调规划评估的重要性，“十一五”规

① 胡鞍钢. 中国独特的五年计划转型[J]. 开放时代,2013(6):32.

② 韩博天,奥利佛 · 麦尔敦. 规划:中国政策过程的核心机制[J]. 开放时代,2013(6):9.

③ 巴里 · 诺顿. 经济发展计划体系在中国的回归:论韩博天、麦尔敦和胡鞍钢的研究[J]. 开放时代,2013(6):38.

划时期正式启动中期规划评估工作，规划评估才成为规划管理过程中的重要一环。但是在规划评估的实践中，依然存在着理解上的差异：是对规划工作自身做评估，还是对规划绩效做评估？如果是前者，即对规划工作进行评估，那么评估考察的便主要是规划的合规、合法和规划落实等规划程序性问题；如果是后者，即对规划绩效进行评估，那么评估考察的便主要是规划目标和重点实现情况、规划目标与手段匹配情况以及规划编制（投入）与实现（产出）关系等规划实质性问题。实际上，目前在谈到规划评估任务和目的时，评估实际是游离于这两者之间的。规划机构比较强调对规划工作自身的评估，上级决策机构比较关注规划的落实结果，研究机构比较关注规划的效率。由于评估对象不同，制定评估方案和指标及评估方法都有很大区别，对评估结论的使用也有所不同。作为一种折中方案，现实中的规划评估，同时需要兼顾上述三方面的需要。为了集中讨论问题，本文的研究工作选择我国历史上 12 个五年中期计划（规划）期间数据，评估我国中期计划（规划）有效性问题。

其次，规划评估需要找到合适的方法。方法服从任务和目的。如果评估的是规划的合规性，基本方法是比较法，依据流程文件规定对比规划实际编制和实施行动，得出评估结论。如果评估的是规划的有效性，主要方法也是比较法，但是比较的内容和指标有所改变，最主要的是目标值与实际值的比较，次要的是重要规划项目、重要政策的实施进展时间表比较。另外，还有社会公众满意度问卷调查法、指标体系法。如果评估的是规划的效率，方法就比较多，如投入产出方法、成本—收益核算法。为了集中和简化对问题的讨论，本文的研究内容选择我国历史上 12 个五年中期计划（规划）目标值与实际值的数据，采用统计方法进行比较描述，评估我国中期计划（规划）有效性问题。

（一）目标绩效指标体系构建

任何一个五年中期计划（规划）都给出了一系列计划（规划）目标，这自然就形成了一个目标指标体系。将单纯分散的目标指标排列在一起并不能构成严谨的目标指标体系，只有将经过精心挑选的目标指标组合在一起，才能构建成一个目标指标有机体系。目标指标有机体系的意义在于：①实现规划的综合有效性。一个目标值的实现，也许是十分重要的，比如经济增长率，但是如果没有其他目标的配合实现，经济增长率目标的达成就体现不出更多的价值。只有当整个目标指标体系目标值实现了，计划（规划）的有效性才能充分展现出来。②避免规划目标之间的冲突性。不同的规划目标有不同的价值含义和内容，规划多目标难免会出现目标之间的冲突和排斥等困境。因此，一个有机构成的目标指标体系将大大减缓目标之间的内部冲突，实现规划目标的协调和谐。③保证每一个目标指标的代表性。实际经济活动中，由于统计指标体系和统计制度的完善，可作为规划目标的指标数量很多，因此，需要慎重选择代表性指标作为目标指标，使纳入目标指标体系中的每一个指标都具有不可替代性，减少重复性。多一个指标就会多产生一系列的规划行动，相应增加更多的规划管理负担和难度。但过多减少指标数量，也会使总体性和综合性规划的有效性降低，因此需要找到合理的目标指标数量。从后面的分析可以看到，随着我国计划（规划）管理经验的积累和水平提高，我国的计划（规划）目标指标体系也日趋完善：从“一五”计划时期的上千个计划指标逐步简化到现在的20个左右目标指标。

构建了合理的目标指标体系之后，就为构建用于规划评估的目标绩效指标体系奠定了基础。用于规划评估的目标绩效指标体系不同于规划目标指标体系，它是一个基于各个目标值与实际值相比较的指标体系，即目标绩效指标体系。这个体系因为按照目标绩效考核进行了技术处理，因而才具有了评估价值，才能依据计算数据对规划的有效性做出最有价值的判断结论。

这里讨论的是规划目标绩效评估指标体系，不涉及其他评估内容。但是一般而言，评估其他内容也需要先构建指标体系，然后再进行方法构建，最后实施评估，所以原则上，构建评估指标体系是开展规划评估都需要做的事情。离开评估指标体系做评估，是无法量化的评估，也是不科学的评估。

（二）统计描述方法构建

为了简化对历史细节的模糊描述，作者采用了自行开发出来的目标偏离系数，通过数据收集和处理，计算出历次中期规划的实现绩效。计算方法如下：

1. 规划期初目标值与规划期末实际值的偏离程度（A）

设目标值 $=G$，实际值 $=S$，偏离程度 $=A$，各个规划期目标值 $=i$。则有：

$$A_i = (S_i - G_i) / G_i \tag{1}$$

式（1）的经济含义是：以0为轴，实际值偏离目标值的结果数据可能分布于两端。其中，$A=0$ 即为完成规划目标，$A<0$ 即为未达成规划目标，$A>0$ 即为超额完成规划目标。与常识理解有所不同的是：不能设定超额完成规划越多越好，或完不成规划目标越少越坏。因为，无论是大幅度超额完成规划目标值还是大幅度完不成规划目标值，均会暴露出以下三个严重问题：其一，规划目标值选择过于保守，或者过于激进；其二，对于规划实施的未来条件情况严重低估，或者严重高估；其三，单一规划目标值的超额完成或大幅落空，将会引发与此相关联的其他目标值及其任务完成的关系严重紧张乃至对立。因此，恰当而合理的要求是 A 值尽量趋向于0，而不是相反。

2. 规划目标值与实际值的离散程度（B）

通过求解偏离程度 A 的标准差，直接可得离散程度值 B。设：Ai = 各个指标偏离程度，A = 各个指标的偏离程度平均值，j = 各个规划期的指标数量。则有：

$$B = \sqrt[n]{\sum_{j=1}^{n} (Ai - A)^2 \Big/ n - 1} \tag{2}$$

式（2）的经济含义是：在五年期中，各个规划目标值/实际值偏差程度的平均分布离散情况。值越小，说明总体上偏离程度越小；值越大，说明总体上偏差程度越大。通过这个数据可以看到在规划期指标体系中各项指标完成的总体情况。

3. 偏离系数（R）

将各个规划期的标准差值与偏离平均值相比，可得偏离系数。由于作者假设目标值与实际值差距（A）越小以至趋近于0，代表规划绩效越有效，因此按照通常的离散系数计算方法：$R = B / A$，因 A 有可能为0将会导致 R 无解，也意味着会出现偏离程度越小而离散系数越大的可能。为避免此种情况，将 $R = B/A$ 颠倒为：

$$R = A/B \tag{3}$$

因为式（3）从数学形式看不可能为0，这样就保证了计算结果可以得到合理的解释。通过计算偏离系数，可以从总体上综合显示出规划目标值与实际值的偏离状况。

（三）研究内容简介

依据历史数据以及分段研究，作者将“一五”计划到“十二五”规划的绩效分析做了整理，列出了12个五年中期计划（规划）的绩效分析。为了增强可比性，对计划经济时期过多的目标指标进行了个别调整，主要是把变异比较大的指标做了屏蔽，同时对区间值进行了平均化处理。如果把我国规划绩效与日本在20世纪60年代的国民收入倍增规划绩效做一对比，就更可以看出我国规划绩效的差异。自“十五”计划以来我国规划管理臻于成熟，而且指标的选取也越来越科学和精练。从“一五”计划百余条指令性指标减少到“十二五”规划的22个指标数量，计划成分越来越少，市场成分越来越多，且不再是“眉毛胡子一把抓”，而是有重点、有步骤地科学实施五年中期规划。规划任务及主要指标已经分成了经济发展、科技教育、资源环境和人民生活四个方面，其针对性更强，灵活性也大大提高。

回过头来看过去，难免有一种事后诸葛的感觉，但是对于我国计划管理而言，从国民经济和社会发展“计划”到“规划”的转变，似乎也无法先验性地设定改革路径。因为我国的经济转型是在渐进过程中采取“摸着石头过河”的办法推进的。因而国家计划

（规划）改革也只能是实践与理论互动的结果：先是根据计划管理实践中暴露出来的弊端对维护这种管理模式的流行理论提出质疑，然后再修改计划理论并付诸计划实践，最后再根据计划实践修正计划理论，这样就逐步完成了国家计划体系的转型。按照历史沿革与逻辑起始点，我国改革开放时期计划管理的改革可以分成两个阶段：1978—1991 年的探索阶段和 1992 年至今的逐步成熟阶段。

三、中国计划（规划）的主要特点分析

在经过了 40 年的渐进式转型之后，我国基本上完成了从计划经济体制向市场经济体制的转型，目前已经进入定型阶段。尽管还需要有不断的体制创新，但是这些体制创新相对而言将是技术性的和完善性的。大规模的制度创新或体制转型任务已经基本上完成。与此相适应的是，在经历了两个阶段的实践与理论的互动过程之后，我国也逐步完成了国民经济管理从总体上的计划管理向规划管理以及宏观调控的转变。中国特色的国民经济管理体系初步形成。

从这个时候起，探索和完善社会主义市场经济的规划理论和规划体系成为下一步理论与实践的重大任务。概括起来，这些任务大致有 14 项：转变规划编制理念；树立空间均衡原则；界定编制规划领域；理顺规划间的关系；充实总体规划；做实专项规划；简化地区规划；灵活确定规划期；扩大民主参与；强化规划衔接；明确决策主体；加强规划评估；创新实施机制；加快法制化进程。① 而在实践中不断完善的国家中期规划，已经成为全社会共同的行动纲领、引领资源配置的工具、政府履行职责的依据、约束市场和政府行为的第二准则。②

在进一步探索社会主义市场经济制度条件下的国家规划理论与实践任务时，应当始终清醒地认识到：我国 40 年来所取得的国家计划管理改革成就，始终离不开理论与实践相结合的互动过程。我们不单单是从书本上去设计国民经济管理，而是更加注重从实际中去摸索符合我国国情的国民经济管理；我们不是单单从国外的市场经济管理经验中去学习如何管理市场经济，而是更加注重从中国的市场经济形成和发展过程中去学会管理市场经济。

总结 40 年来国家计划管理变宏观调控、计划变规划的演化过程，需要注意以下几点：

第一，我国依然具备实施有计划地管理国民经济的基本条件，因此保持一定形式和内容的国家计划与规划管理仍有其必要性和可行性。传统计划经济理论认为，国家计划管理

---

① 杨伟民. 规划体制改革的理论探索[M]. 北京：中国物价出版社，2003：2－14.

② 杨伟民. 在中国人民大学经济学院第二届“中国发展理论”国际年会上的发言[EB/OL]. 中国人民大学经济学院官网，2020－10－24.

必须具备三个条件：社会化大生产、生产资料公有制特别是国有经济、无产阶级专政特别是共产党执政。[①] 经过40多年的改革开放，我国实现了从计划经济向市场经济的转变，其中国家计划管理实施的条件也有所变化。但是从总体上说，我国的社会主义市场经济还是在社会化大生产进一步深化，公有制经济继续保持主体、主导和主控地位，无产阶级民主专政特别是共产党始终保持领导地位下运行的。这就使得国家计划或规划依然具备实施的基础和条件，就使得国家计划或规划具有可行性。同时，市场经济固有缺陷的存在也使得国家计划或规划成为一种必要。这一点是与资本主义市场经济国家有所区别的。曾经在一段时期里，一些资本主义市场经济国家如日本、韩国、法国等都大力推行国民经济计划化，成立国家计划管理部门，负责连续编制定期的中长期规划或计划。但是在新自由主义思想冲击下，这些国家都陆续减少或放弃了常规的国家计划管理，尤其是不再编制总体性、综合性的中期规划或计划。放弃国家规划或计划的消极结果是使得市场经济缺陷失去了一种制衡机制，这可以从一些国家随后发生经济衰退或危机中得到佐证。因此，除非市场经济机制在我国完善到极致程度，否则在较长时期里，我国应当继续坚持和完善必要的国家规划和计划管理，决不轻言放弃乃至取消国家规划或计划管理。

第二，国家规划和计划在宏观调控体系中起牵头作用。40年来经济体制转型的结果是宏观调控取代计划管理而成为国民经济管理的主要形式，相应的，在宏观调控体系中货币政策和财政政策担当调控重任。学习借鉴美国模式的宏观经济管理经验后，一些学者和官员更加信奉宏观经济政策的神力，而轻视规划和计划。但是实践表明，通过模仿得来的宏观经济政策效应并不尽如人意。形成这种状况的原因自然很多，但是遵循40年来中国改革开放的基本教义即理论联系实际、实践是检验真理的唯一标准，既然宏观经济政策效应有限而国民经济规划和计划作用依然存在，为何偏好宏观经济政策而置规划与计划于不顾呢？

进一步地，在实践过程中，国家规划或计划的实际作用已经发生了重大变化，与计划经济时期的那种行政命令式的，单调、僵硬、机械、笨重的计划相去甚远。国家规划和计划实际上发挥着经济宪章的作用，它有助于实现经济和社会的协调发展，同时也是解决市场和政府双重失灵的必要手段，此外，它还具有经济伦理的作用。[②] 因此，规划和计划在宏观调控体系中不是可有可无，相反它在其中发挥龙头或牵头作用。宏观经济政策以及其他各项具体政策的发布和出台，都需要依据规划和计划的相关内容。应当注意的是，市场经济下的规划和计划具有了政策性属性。政策性计划实际上就是一系列相关政策的集合和

---

① 李震中. 计划经济学[M]. 北京：中国人民大学出版社，1983：7－12.

② 刘瑞，等. 社会经济发展战略与规划：理论、实践、案例[M]. 北京：中国人民大学出版社，2006：146－164.

协调，我们需要做的是如何发挥好政策性计划的这个特点。

第三，应当继续强调和发挥综合平衡原则及其方法在规划管理中的作用。综合平衡原则及其方法源自陈云的计划理论，其计划理论曾对我国的经济计划工作产生过较大的影响。从陈云的计划理论可以看出，他始终坚持社会主义经济的计划性，认为计划经济必须占有我国国民经济的主要部分。而坚持社会主义经济的计划性，不等于搞无所不包的计划，要注意市场调节的作用。他还认为根据我国生产力水平的实际和具体国情，计划体制总的格局应是计划经济为主、市场调节为辅，指令性计划与指导性计划都要按经济规律的要求办事。以今天的眼光审视，陈云的综合平衡理论是更具有中国特色的宏观调控理论。这些思想的光辉并没有随着体制转型而消失，陈云的社会主义计划理论对于进一步研究我国的计划理论和当前的计划工作仍具有启发意义。

第四，在经济规划的编制过程中，必须充分重视经济预测的作用，从而将经济规划建立在对未来科学预测的基础上。马克思经济理论认为，经济计划的作用表现在可以合理地安排劳动力，使劳动力得到科学的使用这一方面；还可以表现在节约时间、提高效率、增加社会财富等方面。但是从发达市场经济国家的计划管理实践对经济计划的理解上可以发现，经济规划和计划的作用还体现在可以用来消除不确定性和提供稳定的预期上，认为经济规划和计划是一种可以避免财政政策和货币政策的负面作用，从而达到稳定增长和有效率投资的较好方法。由于市场经济条件下，参与市场活动的企业和个人具有独立的人格并承担各自的责任，政府则越来越注重扮演市场秩序维护者的角色。因此，国家规划和计划实际上是为市场主体提供了一个对未来较为稳定的预期，帮助市场主体了解市场环境变化及其未来发展方向，从而可以对市场主体的行为理性地产生促进作用。

因此，这就要求我们在经济规划的编制过程中要重视其预测性。经济规划不仅是对未来的一个展望，还应该是建立在对未来准确预测的基础之上的。尤其在经济全球化进程不断深入和拓展的时代，影响经济和社会发展的因素越来越复杂，不确定性因素不断增加，经济规划中的预测性也就变得越来越重要。过去我们讥笑市场经济国家的国家规划和计划是天气预报式的，没有实际影响力，今天看来，无论资本主义市场经济还是社会主义市场经济，都需要重视国家规划和计划所起的天气预报式的作用。

第五，中国特色的宏观调控已经开始形成自己的范式。进入市场经济之后，国民经济管理总的方式已经不再是计划管理而是宏观调控。但是宏观调控尚未完全替代规划管理和计划管理。一方面，由于国家的中长期规划管理和短期计划继续存在，所以始终存在着宏观调控与规划或计划之间的关系认识问题；另一方面，随着宏观调控实践的展开与深入，对宏观调控的认识尚处在动态式的进行之中。从宏观调控实践看，我国改革开放 40 多年来集中实行过 9 次宏观调控，即 1979—1981 年的国民经济调整、1986 年的第一次经济

"软着陆"、1989—1992 年的治理整顿、1994—1996 年的第二次经济"软着陆"、1998—2000 年的预防经济疲软、2003—2004 年应对"非典"疫情、2008—2009 年应对国际金融危机、2016 年应对经济新常态的供给侧结构性改革、2020 年应对中美贸易摩擦以及新冠肺炎疫情。每次的宏观调控都有新特点和创新。而这些特点和创新经过集中概括和抽象，已经开始形成宏观调控的中国范式。

目前，世界上各国通行的宏观调控做法或宏观调控模式有多种，但大多不外乎以下两个基本范式：一是宏观调控的美国范式，可以表述为公式 = 多元调控主体 ＋ 法制化决策机制 ＋ 一元调控目标 ＋ 二元调控手段。二是宏观调控的中国范式，可以表述为公式 = 一元调控主体 ＋ 集中决策机制 ＋ 多元调控目标 ＋ 综合调控手段。① 在中国范式中，政府规划成为宏观调控的重要手段之一。

四、讨论与反思

在对我国的计划与规划进行反思之前，首先需要达成几点前提性的认识，也就是三个不容怀疑：第一个不容怀疑的是，经过 40 年的市场经济体制打造，市场机制已经扎根在我国经济土壤之中，这是有目共睹的事实。尽管目前美国和欧盟等主要西方国家依然不承认我国市场经济地位，但是任何持有客观态度的人都不会否认中国的市场经济现实，而且这种不承认更多的是有意想利用国际游戏话语权来牵制迅猛发展的中国国民经济，我们不能为迎合这种态度而放弃经过实践反复检验得来的经验和做法。承认与不承认均挡不住中国国民经济借助市场经济机制发展壮大的趋势。第二个不容怀疑的是，市场经济给我国国民经济带来了空前的繁荣。依照历史数据分析，新中国成立之后实行 30 年的计划经济体制，虽然也取得了一些成就，但是国民经济并未达到空前的繁荣，年均经济增长维持在 6% 左右。而中国经济增长真正又快又稳的时期是在 20 世纪 90 年代中期全面推进市场机制之后。20 世纪 80 年代至 90 年代中期，我国处于新旧运行机制交替阶段，国民经济大起大落，20 世纪 90 年代中期明确了我国建立市场经济体制目标之后，国民经济发展才进入快车道，年均增长速度超过 10%，并在 15 年后取代日本，成为世界第二大经济体。第三个不容怀疑的是，这种中国式的经济奇迹并不是市场经济机制独自创造的，而是在中国特定的政治和社会环境下，计划机制与市场机制有机结合、国企与民企和外企相互补充共同努力所创造出来的。标准的西方经济学教科书或传统的苏联政治经济学教科书都无法解释这种混合经济的成功。由于经济理论成熟总是要在经济发展成功之后才能出现，因此在这个档口每遇到经济运行出现问题时，人们就会在常识性的问题上争论不休，比如有关产业

---

① 刘瑞. 中国特色的宏观调控体系研究[M]. 北京：中国人民大学出版社，2016：152.

政策有效性的争议，部分激进的政策主张涌动而出。长期关注中国经济转型的邹至庄教授早就指出中国经济转型成功对西方主流经济理论提出了多种挑战。①

接下来要讨论的是：中国经济过去 40 年的转型成功是否意味着我们已经建立起了趋向完美的经济运行机制？或许有是、否、未必三种答案。最通常的对立理论逻辑是，要么趋向市场，要么趋向政府。其实在经过 20 世纪 80 年代的讨论之后，我们就已经告别了要么计划经济、要么市场经济的思维逻辑，而是确立了将两者优势相互结合起来的思维逻辑。市场成分多一些或计划成分多一些并不是问题的关键，关键在于市场与计划的有机结合之中使两者优劣势互补。优劣势互补从整体上产生一个比单一优势更加明显的综合效应。这是今天当面对更加错综复杂的现实局面时需要牢记的。既然人类历史上已经有过建立单纯的计划经济的失败经历，又有了完全市场化导致经济危机不断周期性呈现的惨痛教训，为何还要执迷不悟地推行单一的经济发展机制呢？

（一）信息技术不足以重建计划经济

当代信息技术的突飞猛进，极大地创造了人类改善自身环境生活的物质技术基础。由此引起了建立所谓新计划经济的看法和争议，引发这个争议的是当今互联网技术的业界精英。这个看法和争议其实是以往看法和争议的继续。在过去的 20 世纪，至少有三次对后来的经济理论产生持久影响的争议：第一次是关于计算机的使用会不会带来计算社会主义（实际上就是计划经济）实现的争议；第二次是关于政府干预市场究竟是通向奴役之路还是繁荣之路的争议；第三次是人类的理性究竟是无限的还是有限的争议。三次争议其实并不是限于特定的人物之间，比如兰格与米塞斯，凯恩斯与哈耶克，霍桑小组、西蒙与古典理论追随者之间。争议均是在当时的物质技术基础有了进步的条件下产生的。这充分说明，科学技术进步是第一生产力，它不仅改变人们生活的物质存在环境，同时也改变人们生活的精神理念认识。然而，争议的结局依然是：似乎并没有建立起一种完全替代和背离人类需求的机制，而只是对现成的社会经济机制进行了持续的改进。

说到底，一切社会经济机制都是为了满足人们的需要而建立和改进的。这个基本常识来自生物界的自然规律，也是历史唯物主义的基本常识。人们的需要林林总总、千差万别，但是根据积累起来的经验认知，这些需要还是有一定规律可循的。因此，当具有了经验认知的工具和条件时，后人总会比先人对人类的需要知道得更多、更详尽，并为此做出必要的生产经营安排。但是人们永远不可能穷尽人类的需求，这种人类需求的不可知来自以下的限制：其一，人类的需求随着时间的推移是动态的，此一时彼一时的需要差别很

① 邹至庄. 中国经济转型[M]. 黄卫平，等，译. 北京：中国人民大学出版社，2005：296.

大；其二，人类的需求随着空间的转换是善变的，靠山吃山，靠水吃水；其三，人们总是在给定的生产经营条件下获得满足，不可能超越这个时空条件。因此，我们可以依据经验积累认知做出分析，大致预测出人类需求的变化趋势，并依据当时当地给定的条件去满足人类需要并尽可能地达到充分，但是永远不能精准地预见到动态的和善变的人类需要，并完全达到满足水平。

进入 21 世纪，借助于信息技术的应用如大数据和人工智能，人们的确对自身需求和社会经济规律有了更广、更深的了解，但由此认为可以诞生新计划经济，这只是从生产力要素变化方面的解释。任何经济运行机制和制度，总是离不开生产力要素和生产关系要素两个方面的发展与结合。

信息技术中的数据挖掘和大数据分析有助于决策的进一步完善，但是依然代替不了决策。经济理论承认信息的不对称现象普遍存在，而这常常是困扰经济决策准确性的难题之一。因此随着大数据时代的降临，似乎改变了对信息不对称性的看法。大数据通俗的说法是样本等于总体的数据。换言之，没有多余的数据，但是达成这样的情况很令人怀疑。即使技术上实现了全体样本，但也只是对历史记录数据而言，并不代表未来数据。况且，瞬息万变的数据收集是有时间差和成本的，依据大数据做出决策还需要将时间差、收集成本和数据遗漏等因素考虑在内。借助大数据，可以更广、更深地了解事物现象，但在现象与本质之间要建立联系，仅仅依靠大数据是不够的，这需要更多的逻辑知识和分析工具。

信息技术与其他科技结合而形成的人工智能对于模拟和掌控经济行为有明显改进，但是不可能完全替代经济行为自身。21 世纪发生的最具有人工智能里程碑意义的事件，是国际象棋的人机大战，机器人战胜了当今国际象棋头号大师。的确，在许多微观领域，人工智能的卓越表现已经屡屡令人称奇，可以替代人类劳动，甚至比人类做得更为出色。然而，令人恐惧的也是这一点：人类自己的劳动由机械系统和计算系统替代之后，人类还能不能掌控后续行动？人脑无与伦比的创造性想象力和智慧还有没有？回答这样的问题不是经济学或其他社会科学所能够做到的，要解释清楚的可能是人类学。目前所看到的人工智能，绝大多数是在复制已有的人类事件和数据，并将这些事件和数据逻辑化和模型化。其实，经济学一直在持续不断地努力推出各种经济行为方程和模型来精准模拟人类行为。自从人们充分分析了经济危机的起源和发生机理之后，人们曾满怀信心地认为可以准确预测和掌控经济周期性波动。可是到 2008 年，人们依然避免不了堪比 20 世纪 20—30 年代的经济大萧条危机。目前来看，人工智能将得到越来越广泛的应用，进入家庭，进入企业，甚至进入政府机构，但是成功的希望大概会集中在微观领域。在宏观领域，尚不能依靠人工智能做预测以掌控未来。

说到底，大数据和人工智能只是在物质技术手段方面的进步，属于社会生产力领域生产工具的历史性改进，但是要在社会生产关系领域做出相应改变，需要更多的努力和转变。提出建立新计划经济，或者重建计划经济只是一种主张、一种选项。即使同意这个主张或选项，也要考虑如何对已经形成的生产关系做出调整，如何改造已经植根在经济土壤的市场机制。严格来说，我们的理论准备并不十分充分。

中国在改革开放的40多年中，不断调整生产关系，渐进地把整个国民经济从计划机制轨道转换到市场机制轨道上来，而没有引发社会剧烈的波动，实现了世上迄今为止最成功的巨大经济体转型。依照中国转型经验的概念分析，计划经济至少有三种含义的解读：其一，一个经济体中存在着上下一体的政府计划体系，从中央政府计划到地方计划。客观上来说，企业内部历来都是有计划安排的，但是企业内部有计划并不等于计划经济。只有政府编制了计划，与企业计划相衔接，计划经济才能出现。从这个意义上说，中国自实行五年为一期的国家计划管理以来，直到现在，政府已经连续编制了13个五年规划和60个以上的年度计划。从第10个五年计划期起不叫“计划”改叫“规划”，最重要的变化就是这种计划总体上是指导性的，并不取代企业和个人做出独立安排。计划起到的作用是引领性的，并不是包罗万象和包办一切。今天世界上依然还有不少国家政府也在编制类似的指导性计划。这是一种指导性的计划经济。其二，一个经济体中政府利用计划形式去配置和管控社会经济资源。计划依然具有工具性特点，但是计划实施依照行政命令推行，并严格要求企业和个人依照政府计划安排开展经济活动。这种计划因为具有强制性和命令性的特点而被称为指令性计划。中国从20世纪50年代至80年代初实行的就是这种指令性的计划经济，到20世纪90年代初转型为指导性的计划经济。其三，一个经济体完全依照行政命令配置和管控社会经济资源。在这个经济体系之中，政府计划有无其实都不重要，重要的是政府直接掌控和分配所有的资源。计划管理最起码还需要依照一定的程序并按部就班地实施，而在这种一切由行政当局安排的经济中，政府随时发布行政指令，可以直接决定微观领域的资源配置和插手相应的经济活动。严格来说，这种经济体是超计划的命令经济，只有战时才得以建立和实行。

显然，中国既不需要恢复指导性的计划经济，也没必要重新建立一个指令性经济。从经济学角度观之，市场经济是属于商品经济的高级形式，是发达的商品经济。那么，目前中国运行着的是一种带有规划引导性的商品经济。这种规划引导性的商品经济也就是有计划的市场经济，它与过去指令性计划或指导性计划的商品经济不同。如果非要将规划引导性质的商品经济重新改造为指令性/指导性计划性质的商品经济，绝大多数人应该是不会赞成的。这是开历史的倒车，将会引发不必要的争议。由于信息技术进步导致了更加有利于计划管理的因素涌现，但这还不足以说明建立计划经济的充分性和必要性。因此，新计划经济的提法需要谨慎对待。

（二）在市场与计划相结合道路上前行

我国历经40年转型为指导性计划的市场经济，在创造出高速增长和经济繁荣之后，也开始显示出市场经济的固有缺陷：收入分配不均，社会贫富分化严重；经济外部性效应突出，环境污染后果严重；资本力量染指广泛的其他领域；市场引导的盲目性加深，产能过剩现象严重等。这些乱象说到底，是马克思在分析商品经济世界时给出的图景：商品的使用价值与价值的分离与异化，具体劳动与抽象劳动的分离与对立。商品经济的内在矛盾发展到它的高级形式即市场经济，不是消失了，而是扩大了、深化了。我们面对的是如何妥善解决这种矛盾。从根本上说，消除这些矛盾目前尚不具备各方面的条件。

回顾过去，改革的初衷是力图把市场的长处同计划的长处结合起来，40年的高速增长与经济繁荣也表明这种结合还是有可能和有效的，但是同时也把市场的短处一并带入，这当然不符合改革设计想法，也不是十分简单。市场机制固然是目前配置资源最有效率的机制，但是这种高效机制如果用得不好，也会变成对资源利用最有害的机制。迄今为止，主流经济理论依靠数学逻辑和经济逻辑证明了市场均衡的存在及其有效性，但这种逻辑证明依赖于严格的假设条件，而与现实条件相去甚远。人们可以假设理想生活的条件，但却无法选择现实生活的条件，而只能依赖这些现实条件去选择性地生活。因此，不能盲目地把现实中出现的问题都简单归结为是市场化不彻底，从而引出继续推进市场化改革的逻辑。不能一条路走到黑。将市场与计划结合起来的逻辑，自然是结合各自的长处而不是结合各自的短处，这个逻辑在改革之初就是明确的。40年之后，当市场机制的缺陷暴露无遗时，更应坚持这个逻辑。

现在人们习惯于用市场与政府的关系来同等表述市场与计划的关系。原则上讲，两者还是有差异的，对分析和解决问题有不同逻辑。市场的含义本质上讲是交换场所及其交换关系总和，它在配置资源时的作用特点就是自发性和趋利避害。计划的含义本质上讲是人类理性设计，它在配置资源时的作用特点就是自觉性和按部就班。政府的含义本质上讲是社会组织的一种形式，它可以成为管理社会经济活动的主体，具有广泛性和强制性。因此，政府相对于市场，是管理主体与管理客体的关系，政府相对于计划，是管理者与管理工具的关系。讨论政府与市场的关系，首先是政府要不要管理市场的问题，这已经是常识性命题，毋庸置疑，因为在所有的社会经济场合都存在着一定形式的政府管理或干预市场现象。其次是政府如何管理市场的问题，这自然就衍生出管理工具的运用命题，而这才是关键，因为管理工具使用的种类、形式、方式、力度和效果，对市场有效性高下立见。讨论市场与计划的关系，是如何将自发性与自觉性、趋利避害与按部就班结合在一起，这是高度复杂的命题，但又是问题的核心。对所有这些关系的探索都归结为一个基本命题：在满足人类自身需要时，社会如何在趋利避害地自发实现与按部就班地自觉实现之间达成平衡。

中国社会主义制度发展至今，已经积累了丰富的经验，拥有了更多的化解问题与矛盾的工具和手段。这些工具和手段至少包括：正在做大做强做优的国有企业，日益创新进取的民营企业，产权保护制度，政府周期性规划，高效有力的产业政策，积极的财政政策，稳健的货币政策，统一普惠的社会保障制度，日益健全的市场体系，政府、企业和个人的信用征信制度，上下协调的央地政府关系，等等。应当继续借助于上述基本制度和工具化解多年积累的矛盾与问题。

现在比较明确的是，市场机制在应对微观经济领域方面是比计划机制更加灵活和有效的，而计划机制在应对宏观经济领域方面则比市场机制更加有效。对于中观层次的经济活动，市场机制和计划机制各有所长、长短互见。因而，市场与计划的进一步结合，可能是在微观领域继续加强市场的作用，在宏观领域继续强化计划的作用，在中观领域则结合市场和计划的共同性作用。比如，在微观领域加强反垄断，进一步放开竞争；在中观领域加强行业协会的协调和组织作用；在宏观领域强化规划引领和调控作用。借助于信息技术进步，在微观、中观、宏观三个国民经济层次上，可以更充分地利用大数据以减少信息不对称性，可以利用人工智能以降低市场非理性。

经过了疾风暴雨式的改革历程之后，健全的思维逻辑应当形成。这种思维就是不走极端，在计划与市场的相互结合上寻求平衡。极端的思维逻辑，即要么市场，要么计划，是不可取的，需要摈弃。然而值得警惕的是，在大力推进政府简政放权继续深化改革的过程中，有一种潜在的企图或者说有意的导向是把市场深化当作深化改革的目标。当年邓小平提出的两个不等式逻辑（社会主义不等于计划经济，资本主义不等于市场经济）在深化改革的今天依然有必要强调和坚持。依照这个逻辑，市场和计划都是工具，都是服务于社会主义经济发展的需要。面对当前复杂的社会经济问题，一定要保持清醒的头脑，明确是什么性质的问题就采用什么样的工具加以解决。若是市场不足就大力发展市场，若是计划不足就一定强化计划，而不要抬高或者贬低其中某个工具，拘泥于某个观念。显而易见，只把市场化当成深化改革的方向或目标是片面的认识。从根本上讲，今天所有的深化改革的目标，是继续健全和完善 70 年来经历无数次磨难建立起来的社会主义经济制度，其保障了人民生活水平的持续提升和国家实力的不断壮大，实现公平正义。计划还是市场，多一些或少一些，本身都不是价值判断，都是可以采用的工具和手段。

参考文献

[1] 巴里·诺顿. 经济发展计划体系在中国的回归:论韩博天、麦尔敦和胡鞍钢的研究[J]. 开放时代,2013(6).

［2］胡鞍钢. 中国独特的五年计划转型［J］. 开放时代,2013(6).

［3］韩博天,奥利佛·麦尔敦. 规划:中国政策过程的核心机制［J］. 开放时代,2013(6).

［4］刘瑞,等. 社会经济发展战略与规划:理论、实践、案例［M］. 北京:中国人民大学出版社,2006.

［5］刘瑞. 中国特色的宏观调控体系研究［M］. 北京:中国人民大学出版社,2016.

［6］李震中. 计划经济学［M］. 北京:中国人民大学出版社,1983.

［7］杨伟民. 规划体制改革的理论探索［M］. 北京:中国物价出版社,2003.

［8］杨伟民. 在中国人民大学经济学院第二届“中国发展理论”国际年会上的发言［EB/OL］. 中国人民大学经济学院官网,2020-10-24.

［9］邹至庄. 中国经济转型［M］. 黄卫平,等,译. 北京:中国人民大学出版社,2005.

论中国国家治理体系现代化与中国政治经济学理论构建的关系

黄淳[①]

【摘要】 中国国家治理体系和治理能力现代化是中国特色社会主义制度及其执行能力的集中体现。这一集中体现需要有中国特色哲学社会科学的学科体系、学术体系与话语体系的支撑，中国特色社会主义政治经济学则是这一话语体系的基础。今天，我们不仅需要从马克思主义和马克思政治经济学中国化的角度，认识中国国家治理体系和治理能力现代化与中国政治经济学理论构建的关系，还需要在马克思政治经济学基础上综合西方经济学，构建中国政治经济学理论，为中国国家治理体系和治理能力现代化提供话语体系支撑。

【关键词】 马克思政治经济学的中国化；西方经济学的中国化；现代化的合法性与合理性

2015 年的中央经济工作会议提出中国特色社会主义政治经济学概念。在 2016 年 5 月 17 日的哲学社会科学工作座谈会上，习近平总书记指出："这是一个需要理论而且一定能够产生理论的时代，这是一个需要思想而且一定能够产生思想的时代。"他期望中国学者在传承性与民族性、原创性与时代性、专业性与系统性方面，加快构建中国特色哲学社会科学的学科体系、学术体系与话语体系。2019 年，党的十九届四中全会审议通过了《中共中央关于坚持和完善中国特色社会主义制度　推进国家治理体系和治理能力现代化的若干重大问题的决定》（以下简称《决定》）。《决定》从 15 个方面全面论述了如何坚持和完善中国特色社会主义制度，推进中国国家治理体系和治理能力现代化。党中央的这一系列论述表明，我国国家治理体系和治理能力的现代化，还要有相应的学科体系、学术体系和

---

① 黄淳，中国人民大学经济学院副教授。本成果受北京高校"双一流"建设资金支持。

话语体系为条件，而中国特色社会主义政治经济学则是这一话语体系条件的基础。本文将对中国国家治理体系和治理能力现代化与中国政治经济学理论构建的关系进行一些探讨。

一、中国国家治理体系和治理能力现代化的思想与话语条件

一切社会生活、社会现象与社会存在总是人的活动及其相互关系的表现，人的活动可区分为思言行，个体与社会的关系表现为个体的思言行与社会思想体系、话语体系与文明体系的关系，以及个体思言行与社会经济、政治、文化制度的关系上。社会发展表现为这一关系的演变，社会治理就是解决这一关系演变发展中的矛盾。人们的思想观念（思）不仅需要通过文明事物的创造呈现（行），也需要通过语言交流和表达（言）。社会思想体系的构建不能脱离话语体系的构建。《中共中央关于坚持和完善中国特色社会主义制度推进国家治理体系和治理能力现代化的若干重大问题的决定》指出，我国国家治理体系和治理能力是中国特色社会主义制度及其执行能力的集中体现。这一集中体现需要体现在个体的思言行与社会的思想体系、话语体系与文明体系的关系上，体现在个体的思言行与社会的经济、政治、文化制度的关系上。

无论《旧约》的通天塔故事，还是孔子对“名不正，言不顺，言不顺，事不成”的认识，寓意中西方对社会发展与社会治理话语条件的自觉。中国社会主义建设不仅是经济和政治体制的建设，即是文明体系的建设，还需要文化建设，即需要思想体系与话语体系建设。人类社会有着不同的话语体系、思维方式与思想观念。思想需要在交流中发展。我们构建中国政治经济学话语体系，一方面，需要能够满足国内外不同思想观念交流与争论的功能，不能成为自话自说的封闭体系，要具有开放性；另一方面，中国政治经济学话语体系要有立场与话语权，要能表达中国人民对现代化性质、目的与原因的认识，能够阐释中国特色社会主义市场经济运行机制的科学性，体现社会主义核心价值观追求，体现中国共产党的领导地位。西方经济学与马克思政治经济学构建了不同的治国理政学说。我们既要与西方资本主义社会交流往来，也要发展中国社会主义事业，这就要求我们在马克思政治经济学的基础上综合西方经济学，构建中国特色社会主义政治经济学，为中国国家治理体系和治理能力现代化，为中国特色社会主义的科学与民主、法治与自由提供思想与话语条件。

西方的现代化不仅是一个通过法律制度为其社会变革与发展提供合法性的过程，也是一个通过思想体系与话语体系的构建为其社会变革与发展提供合理性的过程。在西方经济思想史上我们不难看到，无论是重商主义还是重农学派，无论是古典政治经济学、庸俗经济学、马克思政治经济学，还是在边际革命基础上所构建的新古典经济学，以及历史学派的非主流经济学，西方学者都会在认识论上自觉阐释对科学性质的不同认识，将通过分析

市场经济运行所遵循的规律，认识社会治理以及相应的法律制度转变发展的合理性作为基本问题，由此贡献着不同的经济思想和理论。西方通过分析语言认识思维规律的学术传统，使得西方学者高度重视在概念与逻辑上阐释自己对科学性质的认识。西方资本主义文明体系表现为市场经济运行与资本主义体制的关系，而西方经济学和马克思政治经济学是分析这一关系的不同的思想体系和话语体系。对社会发展的理性、逻辑与真理的认识不同，形成的社会治理思想不同。

自甲骨文起始，汉字延绵不绝发展三千多年，作为承载中国文化的载体，凝聚着中华民族对社会生活的性质、目的与原因的博大精深的认识。中国文化体现着中华民族在社会发展与社会治理上的思维方式、思想观念与价值追求。中国现代化是中国人思言行与中国思想体系、话语体系与文明体系关系的重构，也是中国经济体系与政治体制，即中国文明体系的重构，是中国思想体系与话语体系，即中国文化的重构。文明与文化是在流动和交流中嬗变的。例如，发端于意大利的现代金融经由安特卫普和英国，成就了今天美国的金融霸权；佛学传入中国后，成为中国文化的有机组成部分。西方的现代思想、话语与文明，及其经济、政治与文化对中国的影响，还取决于中国人在自身历史条件下如何学习西方，实现中国现代化。我们需要在中国共产党与中国人民、中国与世界思言行的交流互动中，认识中国相应的思想、话语与文明体系，以及经济、政治与文化的转变与发展。

中国现代化是中国人的思言行与中国思想体系、话语体系与文明体系关系的重构，这一重构在文明体系上表现为市场经济运行与中国特色社会主义体制关系的形成与发展。在思想体系与话语体系上，表现为中国共产党治国理政经世济民学说，也就是中国政治经济学的形成与发展，而中国政治经济学的实质是马克思主义中国化的成果。我国是在马克思主义的指导下走向社会主义的现代化道路，改革开放后，随着中国特色社会主义市场经济的发展，西方经济学也逐步成为我国经济学教育的主要内容，成为我国经济学者分析中国经济问题的主要方法。然而，马克思政治经济学和西方经济学是不同的思想体系和话语体系。这就涉及我们如何认识马克思主义中国化与中国现代化国家治理体系和治理能力现代化的关系问题，以及我们如何在马克思政治经济学基础上，综合西方经济学，与时俱进地创建与中国国家治理体系和治理能力现代化相适应的中国政治经济学理论。

二、马克思主义中国化与中国现代化国家治理体系的形成与发展

《中共中央关于坚持和完善中国特色社会主义制度　推进国家治理体系和治理能力现代化的若干重大问题的决定》突出强调了中国共产党的领导地位。中国现代史的基本内容是中国共产党领导中国人民进行革命、建设与改革的历史。我们需要从这一历史事实出发，认识中国现代化国家治理体系与治理能力的形成与发展过程，以及中国治国理政的经世济

民学说，也就是中国政治经济学的形成与发展过程。我们需要通过马克思主义中国化的两次历史性飞跃，认识两者之间的历史关系，[①] 认识中国现代化的历史逻辑、实践逻辑与理论逻辑之间的关系。

中国作为后发现代化国家，需要学习西方，探索中国现代化道路。1840 年后，面对工业化的欧洲骑士和日本武士的冲击，中国士人在“体用之争”中认识中西方关系。中学为体、西学为用的观点反映出中国士人力图保留中国文化传统、学习西方工业文明的愿望。中国士人挽救传统中国的努力失败了，孙中山先生构想中国工业化的宏伟蓝图，力图用西方文化改造中国文化，提出三民主义。在知行关系上，孙中山先生鼓励人民勇于实践，敢于革命，领导旧民主主义革命，推翻了清王朝。旧民主主义革命是不彻底的，中国新青年在五四运动中登上历史舞台，力图通过学习西方的科学与民主，争取民族独立，实现中国现代化。面对自由主义与共产主义、资本主义与社会主义的矛盾，新青年之间发生问题与主义之争。如何传承中国传统文化，新青年与旧士人之间发生“科玄之争”。这些论争表明，作为一个有着悠久历史的民族，当古代中国治国理政经世济民学说的道统、政统与学统瓦解后，中国向何处去？何谓新中国？如何重构现代中国治国理政的经世济民学说？就是中国人需要回答的问题。中国向何处去、何谓新中国？不是学者们在书斋里分析出来的，而是中国共产党领导中国人民在革命、建设与改革中，通过流血牺牲和艰苦奋斗干出来的。正如麦克法夸尔和费正清指出的：“研究中国社会的任何方面，如果不从中国共产党努力改造中国社会这一背景出发，那简直毫无意义。”[②]

中国共产党领导的中国革命起始是世界无产阶级革命与社会主义运动的组成部分，毛泽东在这个大前提基础上，更进一步用马克思主义中国化的观念解放思想，批判教条主义，使得中国共产党从中国实际出发，独立自主地探索中国革命的性质、目的与原因。毛泽东强调，要用马克思主义的世界观与方法论解决中国革命实践与理论关系的认识论问题，并用“实事求是”概括对科学性质的认识：“‘实事’就是客观存在着的一切事物，‘是’是指事物的内部联系，即规律性，‘求’就是我们去研究。”[③]新民主主义在经济、政治与文化上系统地阐释了中国现代化的性质、目的和原因，奠定了中国现代思想体系的基础。[④]实现了马克思主义中国化第一次历史性的飞跃。在新民主主义革命思想指导下建立的新中国为中国现代化发展奠定坚实的政治基础。中国社会主义建设时期是马克思主义中国

① 石仲泉. 中国共产党与马克思主义中国化[M]. 北京：中国人民大学出版社，2011.

② [美]麦克法夸尔，费正清. 剑桥中华人民共和国史（上卷）[M]. 谢亮生，等，译. 北京：中国社会科学出版社，1990：第 14 卷序.

③ 毛泽东. 改造我们的学习[M]//毛泽东选集（第三卷）. 北京：人民出版社，1991：801.

④ 毛泽东. 新民主主义论[M]//毛泽东选集（第二卷）. 北京：人民出版社，1991.

化的第一次历史性飞跃的延续。中国学习苏联的计划经济模式实现现代化。毛泽东的《论十大关系》以及《关于正确处理人民内部矛盾的问题》是运用马克思主义方法指导中国社会主义建设与治国理政的典范，进一步发展了中国共产党实事求是的思想路线。① 新中国建设时期，中国人民通过艰苦奋斗，为现代化发展奠定了工业基础。然而，在这一时期，对社会主义经济体制所应遵循的价值规律缺乏系统性理论认识，马克思主义阶级性被绝对化和极端化，以阶级斗争为纲的理念导致极"左"思想盛行，对中国现代化政治、经济与文化建设造成极大损害。

1978 年标志中国共产党对实事求是科学性质的认识进入新阶段，开启了马克思主义中国化的第二次历史性飞跃。1978 年 3 月 18—31 日，中共中央、国务院在北京隆重召开全国科学大会，邓小平在开幕式的讲话中阐述了科学技术是生产力的著名论断。② 3 月 24 日，华国锋发表了题为《提高整个中华民族科学文化水平》的讲话。1978 年 5 月，《光明日报》发表了特约评论员文章《实践是检验真理的唯一标准》，引发真理标准问题的大讨论。在同年 12 月中央工作会议的闭幕式上，邓小平发表了题为《解放思想，实事求是，团结一致向前看》的讲话，总结与弘扬了中国共产党的思想路线，为随后召开的党的十一届三中全会做了充分的思想准备，开启了改革开放。此后，中国共产党通过"三个代表"思想、科学发展观、习近平新时代中国特色社会主义思想，继续发展着马克思主义中国化的第二次历史性飞跃。习近平总书记在党的十九大报告中指出："中国特色社会主义进入新时代，在中华人民共和国发展史上、中华民族发展史上具有重大意义，在世界社会主义发展史上，人类社会发展史上也具有重大意义。"今天，中国学者需要在传承性与民族性、原创性与时代性、专业性与系统性方面，继续发展实事求是的思想路线，加快构建中国特色哲学社会科学的学科体系、学术体系与话语体系，体现中国现代化发展道路的历史意义，为中国国家治理体系和治理能力的现代化提供思想和话语条件。

三、马克思主义中国化与中国政治经济学的理论构建

在中国革命时期，中国的一批马克思主义学者运用马克思政治经济学分析中国社会性质，例如，陈翰笙等为中国共产党新民主主义革命的科学性提供理论支撑。③ 1942 年，毛泽东指出："特别是在经济理论方面，中国资本主义的发展，从鸦片战争到现在，已经

① 毛泽东. 论十大关系，正确处理人民内部矛盾[M]//毛泽东选集(第五卷). 北京：人民出版社，1977.

② 邓小平. 在全国科学大会开幕式上的讲话[M]//邓小平文选(第二卷). 北京：人民出版社，1993.

③ 陈翰笙，薛暮桥，冯和法. 解放前的中国农村[M]. 北京：中国展望出版社，1985；范世涛. 陈翰笙与国立中央研究院无锡农村经济调查[J]. 中国经济史研究，2020(5).

一百年了，但是还没有产生一本合乎中国经济发展实际的，真正科学的理论书。”①在中国社会主义建设时期，许多中国经济学者对社会主义经济体制所应遵循的价值规律、对商品经济在现代化中的必要性，进行了勇敢的理论探索。② 1955 年，党中央宣传部交给薛暮桥、于光远和孙冶方写一本政治经济学教科书的任务。1959 年 12 月到 1960 年 2 月，针对苏联政治经济学教科书，毛泽东同志指出：“写出一本社会主义共产主义政治经济学教科书，现在说来，还是一件困难的事情。……还受到社会实践的一定限制。”“规律自身不能说明自身，规律存在于历史发展的过程中。应当从历史发展过程的分析中来发现和证明规律。不从历史发展过程的分析下手，规律是说不清楚的。”“没有哲学家头脑的作家，要写出好的经济学来是不可能的。马克思能够写出《资本论》，列宁能够写出《帝国主义论》，因为他们同时是哲学家，有哲学家的头脑，有辩证法这个武器。”③ 1960 年，周恩来同志将编写《中国资本主义发展史》的任务交给许涤新，并指出：“政治经济学中国化，是我们必须解决的问题。政治经济学中国化就是马克思主义普遍真理同中国实际结合。”④ 改革开放后，西方经济学逐步成为中国经济学者研究中国问题的主要方法。习近平总书记在 2001 年的一篇论文中指出，中国经济学者需要在《资本论》的基础上综合西方经济学创建中国社会主义市场经济理论，这一理论创建不能脱离中国的现代化实践，不能脱离中国历史、哲学与文化传统。⑤

今天，如何在马克思政治经济学基础上综合西方经济学，构建中国政治经济学理论，为中国国家治理体系和治理能力的现代化提供思想体系和话语体系的条件，就成为中国经济学界需要完成的历史任务。面对中国特色社会主义市场经济这一伟大创举，中国经济学者既不能用马克思主义经典作家的个别论述，或者用西方经济学的观点否认这一伟大创举的科学性，也不能用这一伟大创举替代自身未完成的理论任务。中国经济学者若要完成这一理论任务，就要让理论研究追随中国现代化自身实践与理论辩证发展的历史过程。杨奎松、萧冬连等历史学者指出，中国共产党在革命、建设与改革中是如何制定与实施政策的，要有思想与理论上的支撑，然而，历史现实条件对政策实践具有重要影响。⑥ 马克思

---

① 毛泽东. 整顿党的作风[M]//毛泽东选集(第三卷). 北京:人民出版社,1991:813.

② 孙冶方. 社会主义经济论稿[M]. 北京:商务印书馆,2015;于光远. 中国理论经济学史(1949—1989)[M]. 郑州:河南人民出版社,1996.

③ 毛泽东. 读苏联《政治经济学教科书》的谈话(节选)[M]//毛泽东文集(第八卷). 北京:人民出版社,1999.

④ 许涤新. 中国资本主义发展史(总序)[M]//许涤新,吴承明. 中国资本主义发展史(第一卷). 北京:人民出版社,2003.

⑤ 习近平. 对发展社会主义市场经济的再认识[J]. 东南学术,2001(4).

⑥ 杨奎松. 杨奎松作品集:革命(1～4卷)[M]. 桂林:广西师范大学出版社,2012;萧冬连. 筚路维艰:中国社会主义路径的五次选择[M]. 北京:社会科学文献出版社,2014;萧冬连. 探路之役:1978—1992 年的中国经济改革[M]. 北京:社会科学文献出版社,2019.

主义中国化的核心就是实事求是，中国政治经济学的理论发展需要实事求是地反映中国现代化自身的历史逻辑、实践逻辑与理论逻辑。我们还需要由此反思中国理论经济学的发展存在的问题，探索中国理论经济学发展途径。

首先，我国的经济思想史研究成果表明，马克思主义是由马克思主义哲学、马克思政治经济学和科学社会主义组成的。辩证唯物主义是剩余价值理论的方法论，剩余价值理论是论证社会主义科学性的理论基础，社会主义价值观是共产主义。西方经济学作为一个完成的思想体系，效用价值理论发端于西方经济学者对资本主义市场经济科学性的辩护，其方法论是功利主义，论证的价值观是自由主义。①中国政治经济学的理论发展不能无视两种经济理论在价值观、方法论与价值理论上的区别。然而，许多中国经济学者运用西方经济学对中国实际问题的研究，在实证的名义下，将西方经济学退化为对经济数据因果关系的经验归纳，并直接依据经验归纳提出政策建议，经济理论似乎只是经济学者认可这种经验归纳合理的学术范式或规则。这种倾向虽然可以使中国经济学界通过建立简单明确的学术规则繁荣学术活动，然而，这种倾向既没有在西方经济学功利主义方法、效用价值理论、自由主义价值观的思想体系上，真正理解西方经济学基于对科学性质的认识和对资本主义市场经济运行机制的理论阐述，也没有反思这种理论阐述对科学性质认识的局限性。

其次，如何在生产力、生产关系、生产方式的概念上理解马克思政治经济学，是我国经济学界长期争论的话题。②受苏联影响，我国许多经济学者常常通过生产力与生产关系的矛盾，阐述社会主义替代资本主义的历史必然性。然而，现代化是人与自然关系的工业化，人际关系的商品、货币与资本化，以及人思维方式理性化的过程，中国现代化也要具有这些性质。科学是人思维方式理性化的根本原因，我们不能将人与自然关系工业化，人际关系商品、货币与资本化与人思维方式的理性转变割裂开来。我们需要在认识与实践、实践与理论的关系上，辨识西方经济学与马克思政治经济学对现代化自然、社会与思维属性及其三者之间关系的不同认识，在认识论上自觉坚持中国特色社会主义市场经济的科学创造性。我们对共产党实事求是思想路线的理解，通常是强调政策实践不能脱离实际情况，强调理论研究要以事实为依据，这还不是对中国共产党实事求是思想路线认识论内涵的全面理解。③ 这一理解没有涉及如何在事实中寻求真理，创造理论，进而在实践上检验

---

①　陈岱孙. 从古典经济学派到马克思——若干主要学说发展论略[M]. 北京：商务印书馆，2014；吴易风. 英国古典政治经济学[M]. 北京：商务印书馆，1988；吴易风. 西方经济学与马克思主义政治经济学比较研究（三卷本）[M]. 北京：中国人民大学出版社，2009；顾海良. 马克思主义经济思想史论[M]. 北京：经济科学出版社，2015.

②　于光远. 中国理论经济学史 1949—1989[M]. 郑州：河南人民出版社，1996；吴易风. 马克思的生产力—生产方式—生产关系原理[J]. 马克思主义研究，1997(2).

③　张定鑫. 实事求是哲学系统：当代中国逻辑[M]. 北京：人民日报出版社，2009.

理论。思想观念总是通过思维创造，没有思想观念上的理论创造，人的活动还不是推动社会发展的实践。中国现代化不仅是生产力与生产关系的变化发展，也是思维方式与思想观念的转变与发展。与将马克思主义经典作家对社会生产力与生产关系发展趋势的一些论断教条化的斗争，一直是中国共产党实事求是思想路线的重要内容。我们需要看到，马克思主义首先是中国共产党领导中国人民改造旧中国、创造新中国先进的世界观、方法论与思想武器。在中国革命、建设与改革的不同历史阶段，中国共产党与中国人民对中国现代化的性质、目的与原因有着不同的认识与实践。当中国共产党与中国人民在历史发展过程中"实事求是"时，所面对的"事实"，他们的"求索"，他们的"所是"不断变化，他们对"实事求是"科学性质的认识也在发生变化。我们需要通过"实事求是"的概念，认识中国共产党对马克思辩证唯物主义与历史唯物主义科学性的把握，①认识中国共产党治国理政学说对马克思主义与时俱进的发展。

最后，毛泽东在《新民主主义论》中指出："我们共产党人，多年以来，不但为中国的政治革命和经济革命而奋斗，而且为中国的文化革命而奋斗；一切这些的目的，在于建设一个中华民族的新社会和新国家。在这个新社会和新国家中，不但有新政治、新经济，而且还有新文化。""一定的文化（当作观念形态的文化）是一定社会的政治和经济的反映，有给予伟大的影响和作用于一定社会的政治和经济；而经济是基础，政治则是经济的集中表现。这是我们对文化和政治、经济关系及政治和经济关系的基本观点。"②在市场经济条件下，每一个社会成员都会在乎物价、工资、租金、利润、利息是如何决定的，对经济活动与社会体制关系有自己的认识。不同国家也有自身主流的经济理论。中国文化的现代发展需要以中国治国理政经世济民学说的形式呈现，并且一定是"民族的、科学的与大众的"。③我们需要通过中国政治经济学创建，在经济观念上体现中国人对现代化性质、目的与原因的探索，呈现中国人思维方式与思想观念的现代转变与发展。我国的一些经济学者根据自身对科学性质的理解，质疑中国特色社会主义政治经济学的科学性，④ 一个重要原因是自身缺乏在认识论上对实事求是科学性质的自觉反思，缺乏在实事求是思想路线上对中国现代化历史、实践与理论关系辩证发展的认识，因此而缺乏将中国现代化历史实践上升为理论创造的自觉。

---

① 毛泽东. 实践论，矛盾论[M]//毛泽东选集(第一卷). 北京：人民出版社，1991.

② 毛泽东. 新民主主义论[M]//毛泽东选集(第二卷). 北京：人民出版社，1991：663－664.

③ 毛泽东. 新民主主义论[M]//毛泽东选集(第二卷). 北京：人民出版社，1991：706－709.

④ 邱海平. 中国特色社会主义政治经济学的理论属性[J]. 中国社会科学院研究生院学报，2017(5).

近年来，中国经济学界对中国特色社会主义政治经济学的研究也取得了丰硕成果。[①]需要指出的是，中国经济学者对马克思政治经济学中国化的理论有着持续不断的探索。例如，20 世纪 40 年代，王亚南以中国人的立场写作了《中国经济原论》；[②] 刘永佶（2010）认为，任何经济理论都有其自身的主体、主义、主题和主张，我们需要由此认识中国政治经济学构建的内容；[③] 20 世纪 40 年代末至 50 年代初，许涤新写作了《广义政治经济学》；[④]姚开建认为，中国社会主义现代化实践必然产生与之相应的经济理论，我们需要在马克思的资本、地产、雇佣劳动、国家、国际贸易、世界市场"六册计划"的体系下，将马克思政治经济学剩余价值理论与西方经济学效用价值理论的比较研究，扩展为对中国与世界的历史、哲学、经济学的比较研究，由此通过分析经济范畴的演变把握历史发展规律，创造性地发展马克思广义政治经济学，构建中国政治经济学理论。[⑤] 高德步（2016）指出，我们还需要在中华民族的文化自觉上认识中国现代化的性质、目的与原因；作为一个有着悠久文明与文化历史的国家，中国只要不愿放弃自身历史传统，就要走向融合中西方文明与文化，将古代中国治国理政的经世济民学说扬弃发展为现代中国治国理政的经世济民学说，为人类创造新理性与新科学、新文明与新文化的发展道路；中国在现代化历史发展过程中如何解决自由主义与共产主义价值观、资本主义与社会主义体制的矛盾，未必没有中国哲学的支撑，中国传统文化也未必没有在这些矛盾的解决中，完成自身的现代转变，我们未必不能用中国话语体系阐述中国特色社会主义发展道路。[⑥]

今天，中国现代化国家治理体系和治理能力的现代化需要体现在世界治理体系与治理能力的参与上，我们需要运用西方经济学的话语体系分析经济问题。高鸿业强调，马克思政治经济学和西方经济学，都具有科学性与意识形态的二重属性，西方经济学在一定程度上是对市场经济管理经验的总结，但也具有意识形态属性，中国不仅需要对西方经济学讲政治，还要着重在体制改革与经济管理的操作与实践上发展马克思主义，探寻中国经济学的发展途径。[⑦] 方福前指出，西方经济学也需要中国化，我们需要探索改造西方经济学的方法，使得

① 张宇，等. 中国特色社会主义政治经济学[M]. 北京：高等教育出版社，2017；顾海良. 中国特色社会主义政治经济学史纲[M]. 北京：高等教育出版社，2019；李家祥. 中国特色社会主义政治经济学史论[M]. 北京：中国社会科学出版社，2019.

② 王亚南. 中国经济原论[M]. 广州：广东经济出版社，1998.

③ 刘永佶. 中国政治经济学：主体 · 主义 · 主题 · 主张[M]. 北京：中国经济出版社，2010.

④ 许涤新. 广义政治经济学[M]. 北京：生活 · 读书 · 新知三联书店，1953.

⑤ 姚开建. 马克思主义经济学说史[M]. 北京：中国人民大学出版社，2010；姚开建. 广义政治经济学——资本主义以前的社会生产方式[M]. 北京：中国人民大学出版社，2019.

⑥ 高德步. 中国价值的革命[M]. 北京：人民出版社，2016.

⑦ 高鸿业. 中国经济学应该遵循的道路[M]//中国经济学的发展途径，对西方经济学必须讲政治[M]//高鸿业自选集. 北京：中国人民大学出版社，2007.

我们能够在马克思政治经济学基础上借鉴西方经济学，推动中国特色社会主义政治经济学的建设。①如何在马克思政治经济学的基础上综合西方经济学，创建中国政治经济学理论，为中国国家治理体系与治理能力现代化提供思想和话语条件的支撑，是我们需要探索的问题。

参考文献

[1] 陈岱孙. 从古典经济学派到马克思——若干主要学说发展论略[M]. 北京:商务印书馆,2014.

[2] 陈翰笙,薛暮桥,冯和法. 解放前的中国农村[M]. 北京:中国展望出版社,1985.

[3] 邓小平. 在全国科学大会开幕式上的讲话[M]//邓小平文选(第二卷). 北京:人民出版社,1993.

[4] 方福前. 论建设中国特色社会主义政治经济学为何和如何借用西方经济学[J]. 经济研究,2019(5).

[5] 方福前. 新时代借用西方经济学的几个重大理论问题[J]. 管理世界,2020(9).

[6] 范世涛. 陈翰笙与国立中央研究院无锡农村经济调查[J]. 中国经济史研究,2020(5).

[7] 高德步. 中国价值的革命[M]. 北京:人民出版社,2016.

[8] 高鸿业. 中国经济学应该遵循的道路[M]//中国经济学的发展途径,对西方经济学必须讲政治[M]//高鸿业自选集. 北京:中国人民大学出版社,2007.

[9] 顾海良 . 马克思主义经济思想史论[M]. 北京:经济科学出版社,2015.

[10] 顾海良. 中国特色社会主义政治经济学史纲[M]. 北京:高等教育出版社,2019.

[11] 李家祥. 中国特色社会主义政治经济学史论[M]. 北京:中国社会科学出版社,2019.

[12] 刘永佶. 中国政治经济学:主体 · 主义 · 主题 · 主张[M]. 北京:中国经济出版社,2010.

[13] 毛泽东. 改造我们的学习[M]//毛泽东选集(第三卷). 北京:人民出版社,1991.

[14] 毛泽东. 新民主主义论[M]//毛泽东选集(第二卷). 北京:人民出版社,1991.

[15] 毛泽东. 论十大关系,正确处理人民内部矛盾[M]//毛泽东选集(第五卷). 北京:人民出版社,1977.

[16] 毛泽东. 整顿党的作风[M]//毛泽东选集(第三卷). 北京:人民出版社,1991.

[17] 毛泽东. 读苏联《政治经济学教科书》的谈话(节选)[M]//毛泽东文集(第八卷). 北京:人民出版社,1999.

① 方福前. 论建设中国特色社会主义政治经济学为何和如何借用西方经济学[J]. 经济研究,2019(5);方福前. 新时代借用西方经济学的几个重大理论问题[J]. 管理世界,2020(9).

[18] 毛泽东. 实践论,矛盾论[M]//毛泽东选集(第一卷). 北京:人民出版社,1991.

[19] [美]麦克法夸尔,费正清. 剑桥中华人民共和国史(上卷)[M]. 谢亮生,等,译. 北京:中国社会科学出版社,1990.

[20] 邱海平. 中国特色社会主义政治经济学的理论属性[J]. 中国社会科学院研究生院学报,2017(5).

[21] 孙冶方. 社会主义经济论稿[M]. 北京:商务印书馆,2015.

[22] 石仲泉. 中国共产党与马克思主义中国化[M]. 北京:中国人民大学出版社,2011.

[23] 吴易风. 英国古典政治经济学[M]. 北京:商务印书馆,1988.

[24] 吴易风. 西方经济学与马克思主义政治经济学比较研究(三卷本)[M]. 北京:中国人民大学出版社,2009.

[25] 吴易风. 马克思的生产力—生产方式—生产关系原理[J]. 马克思主义研究,1997(2).

[26] 王亚南. 中国经济原论[M]. 广州:广东经济出版社,1998.

[27] 萧冬连. 筚路维艰:中国社会主义路径的五次选择[M]. 北京:社会科学文献出版社,2014.

[28] 萧冬连. 探路之役:1978—1992 年的中国经济改革[M]. 北京:社会科学文献出版社,2019.

[29] 习近平. 对发展社会主义市场经济的再认识[J]. 东南学术,2001(4).

[30] 许涤新 . 中国资本主义发展史[M]. 北京:人民出版社,2003.

[31] 许涤新,吴承明 . 中国资本主义发展史(第一卷)[M]. 北京:人民出版社,2004.

[32] 许涤新. 广义政治经济学[M]. 北京:生活 · 读书 · 新知三联书店,1953.

[33] 于光远. 中国理论经济学史 1949—1989[M]. 郑州:河南人民出版社,1996.

[34] 姚开建. 马克思主义经济学说史[M]. 北京:中国人民大学出版社,2010.

[35] 姚开建. 广义政治经济学——资本主义以前的社会生产方式[M]. 北京:中国人民大学出版社,2019.

[36] 杨奎松. 杨奎松作品集:革命(1 ~ 4 卷)[M]. 桂林:广西师范大学出版社,2012.

[37] 张定鑫. 实事求是哲学系统:当代中国逻辑[M]. 北京:人民日报出版社,2009.

[38] 张宇,等. 中国特色社会主义政治经济学[M]. 北京:高等教育出版社,2017.

扶贫脱贫的中国之路

杨万东①

【摘要】 中国的扶贫脱贫模式是通过政府及众多参与者70年的艰辛探索，对社会贫困群体从一般性救济演进到精准扶贫，实现了从大水漫灌的救济式扶贫到赋能与保障同时并举，赋能为本，保障保底线的中国特色社会主义反贫困新模式，这是中国制度优势的充分体现，并对国际反贫困实践贡献了中国经验。2020年中国全面建成小康社会，实现全面脱贫，将作为历史性功绩载入史册，但相对贫困问题、脆弱人群的生存问题和激进扶贫后的返贫问题将是今后面对的更为复杂和持久的挑战，需要全社会各方参与者毫不松懈地继续努力。

【关键词】 扶贫脱贫；实践；演进

经济学致力于解决成本与收益的问题，无形中提高了效率，但加大了失衡。目前在全世界各类经济体中，都存在严重的两极分化，而且通过资本收益的最大化和财富占有的马太效应，这种趋势还没有改变的迹象。中国在整体经济实力有了巨大发展之后，收入差距和贫富悬殊问题就成为中国社会的突出问题。这种趋势如果不加以扭转，不仅投资与消费的比例会越来越失衡，社会矛盾会越来越尖锐，从而难以跨越中等收入陷阱，而且也有违社会主义的本质和宗旨，无法让广大人民群众从中国经济奇迹般的发展中获得生活水平的根本改善，更违背中国共产党领导改革开放和推动经济发展的初心和初衷。要缩小收入差距和改善贫富悬殊的状况，加大力度减贫扶贫就是一项重要的历史使命，也是中国经济转向高质量发展的必修课。

贫困问题形成的原因多种多样，总体上可以分为自然条件禀赋性贫困、生态环境性贫困、不均衡发展相关的相对贫困、社会经济结构性贫困和特殊个体性贫困等。② 对于贫困

---

① 杨万东，中国人民大学应用经济学院教授，《经济理论与经济管理》副主编。本文主要内容曾以《中国扶贫脱贫的实践模式、现实效果和演进方向》为题刊于《四川大学学报》(哲学社会科学版)2020年第1期，现做了适当修订。

② 王琳. 中国扶贫开发的理论演进、实践发展与思路创新[J]. 宏观经济研究，2018(1)：75－81.

个体而言，既有个体的自然属性等方面的原因，也可能包含自然生态环境方面的原因，还有可能是社会资本的缺乏。大部分贫困现象通常情况下可以通过外部力量的加入，改善其人力资本状态，增加其生产要素的提供，增强其经济内在的生存和发展能力，从而减贫脱贫。但要实现普遍性脱贫，显然靠自然演化是完全不够的。在激烈的市场竞争中虽然会有一些个体会通过自身的努力和特定的机会摆脱贫困，但市场竞争的分化机制会出现越来越严重的“马太效应”，即贫者愈贫而富者愈富。因此，中国共产党领导中国人民在成功地建设社会主义市场经济的过程中，不仅社会财富总量极大地增长，而且实现了世界上最大规模和最快速度的减贫，这不仅对于中国的现代化进程具有重大的现实意义，而且对于世界上久未见效的反贫困努力，也贡献了宝贵的中国经验。

一、中国扶贫的实践模式

新中国是从一个积贫积弱的发展中大国开始进行独立自主的经济和社会建设的。在计划经济时期，中国长时期存在的有限的扶贫主要是救急救灾式扶贫。1978 年开始，中国扶贫经历了几次大的调整。一是从目标看，从不含具体扶贫目标的经济增长引致减贫的战略转向目标瞄准型开发扶贫战略；二是从方式看，从救济性扶贫向开发式扶贫转变，慢慢向社会保障扶贫与开发式扶贫相结合的方式转变；三是从扶贫对象看，从扶持成片贫困大区转向扶持特定贫困县，继而转向重点扶持贫困村，近几年转向对贫困大区域开发与扶贫进村到户相结合；四是从扶贫内容看，从单个项目扶贫转向综合、多维、全面深入的扶贫的战略；五是从扶贫细致度看，从原来的一般性模糊扶贫转向根据贫困户的不同致贫原因有针对性地精准扶贫。① 显然，这些扶贫目标、方式、支持对象、内容和要求，与中国国家财政实力的不断增强有着高度相关性，更与中国共产党特别是党的最高领导者对扶贫问题的认识越来越深刻、越来越重视有着必然的关系。

习近平总书记指出：“消除贫困、改善民生、逐步实现共同富裕，是社会主义的本质要求，是我们党的重要使命。”“要坚持精准扶贫、精准脱贫，重在提高脱贫攻坚成效。关键是要找准路子、构建好的体制机制，在精准施策上出实招、在精准推进上下实功、在精准落地上见实效。”② 这给中国扶贫的历史新阶段指出了明确的方向。贺立龙和朱方明从经济学角度对精准扶贫做了解读，认为这不仅是一种战略理念，更是一种经济学思想，是通过制度供给、政策帮扶和物质支援，推动贫困者主动脱贫，从而跳出“异质性贫困陷

① 吴国宝，等. 中国减贫与发展：1978—2018［M］. 北京：社会科学文献出版社，2018：7 - 8.

② 习近平. 坚持精准扶贫、精准脱贫，坚决打赢脱贫攻坚战［M］//习近平谈治国理政（第二卷）. 北京：外文出版社，2017：83 - 84.

阱”。[①] 党的十八大之后，中国的扶贫事业就是认准精准扶贫的路子，一步一个脚印，取得了显著成效，形成了许多足以作为人类减贫事业标杆的典型案例。

由于中国的贫困地区主要集中于交通通信不便的边远山区及少数民族地区，中国扶贫脱贫的很多生动案例也主要由这些民族地区的干部群众创造出来。由于各地致贫原因不一，扶贫重点也差别很大。例如，四川省凉山彝族自治州发现教育缺失是该地区深度贫困的主要原因，扶贫重点就放到教育扶贫上；贵州省虽然地处边远地区，但贵阳市因某种机缘和地理条件建成了中国大数据中心，所以贵州的扶贫就充分利用这一比较优势发展成“精准扶贫云”的大数据扶贫机制；湖南省以黄岩为代表创造了旅游扶贫的“黄岩模式”；云南省的河边村创立了河边村助贫中心的公益扶贫模式，红河州创立了林业扶贫的红河模式，江城县创立了农垦特色产业扶贫的“江城模式”，羊拉乡创立了交通扶贫的范例；内蒙古乌兰浩特创立了产业扶贫的“菜单式扶贫”模式，喀拉沁旗则创造了资产收益扶贫的“喀拉沁模式”；甘肃创立以外力注入为主的外促内生型“东乡模式”；青海创立拉面产业脱贫的拉面经济；宁夏创立健康脱贫的“盐池模式”。[②]

当然，实践中的扶贫并不限于少数民族地区，其他地区和行业、企业也有很多精准扶贫的创新实践。比较普遍的是干部驻村帮扶，具有较好旅游资源的地区则较为流行通过发展旅游业扶贫，东部配对帮扶西部地区则流行东西部扶贫协作，全国工商联策划“万企帮万村”的企业扶贫，中国人寿进行保险扶贫，哈电集团实行产业基金扶贫，康恩贝集团探索产业链扶贫等。此外，还有通过科技、民宿、危房改造、小额信贷、特色产业、职业教育、易地搬迁、电商、光伏、构树、低保、龙头企业带动、贫困村创业致富带头人培训扶贫等。[③]

在扶贫脱贫的具体路径上，总体都是采取综合施力，坚持中央与地方相结合，形成一体化的扶贫方针；坚持政府与社会相结合，形成系统化的扶贫体系；坚持“扶志”与“扶智”相结合，形成多元化的扶贫动力。[④] 当然，经济性扶贫也并非万能，现实中仍然存在用任何经济办法都无法解决的贫困问题，如因病致贫、因灾致贫、失能失智致贫、经营失败致贫等，这就需要社会政策托底，以福利体系保障，为这些特别的贫困人群提供基本的生存条件。

金融对于精准扶贫具有重要作用，其有五种不同模式：金融 + 龙头特色产业，金融 + 个体经营，金融 + 风险保障，金融 + 教育、技术和金融 + 农业订单。[⑤]

---

① 贺立龙，朱方明. 精准扶贫的一个经济学解释[J]. 经济研究参考，2019(15)：17 – 21.

② 张丽君，吴本健，王飞，等. 中国少数民族地区扶贫进展报告(2018)[M]. 北京：中国经济出版社，2019：15 – 293.

③ 程冠军. 精准脱贫中国方案[M]. 北京：中央编译出版社，2017：100 – 138.

④ 李先伦，李建民，房晓军. 习近平精准扶贫思想的战略创新[J]. 现代经济探讨，2017(3)：35 – 39.

⑤ 陈清，张海军. 基于财政金融支持角度的全面实施精准扶贫——以福建省宁德市为例[J]. 经济研究参考，2017(33)：15 – 20.

创新扶贫模式，将资产端转化为扶贫的经济赋能要素。2015 年 11 月 29 日《中共中央、国务院关于打赢脱贫攻坚战的决议》明确指出，在不改变指定用途的条件下，财政专项扶贫资金及其他涉农资金投入设施农业、乡村旅游、养殖、光伏、水电等项目形成的资产，根据相关条件可折股量化给贫困村和贫困户。2016 年国务院通知进一步明确，鼓励和引导贫困户将已确权登记的土地承包经营权入股家庭农（林）场、新型经营主体、企业、合作社等，形成利益共同体，分享资产经营收益。①

一些地区在扶贫实践中还创造出了一种共享经济模式，即通过农村生产者和城市消费者直接对接的精准扶贫方式——巢状市场，它是特定人群之间所形成的有限又相对闭合的产品、资金、信息、服务等的流通圈和交往圈，同时也是特殊市场形态和食物供需网络的一种隐喻，形成一种信任和互动的相关各方较易参与的共享社会参与网络。②

中国的扶贫减贫事业充分发挥了中国共产党强大的组织动员能力优势并将脱贫责任层层落实到贫困地区和具体贫困人群。中央出台减贫政策，各部门和各地区则具体落实：扶贫工作由中央统筹，省级负总责，市县级具体落实，省市县乡村五级党的负责人依次层层签订扶贫脱贫责任书，对县级干部则进行更细致的扶贫责任考核，直到驻村帮扶和村级扶贫，对贫困人口进行精准识别和建档立卡，分析不同贫困户的致贫原因，因人因户由扶贫工作者采取具有针对性的帮扶措施，对帮扶对象进行动态化管理，按贫困标准有进有出。通过解决“两不愁、三保障”，保证让所有建档立卡的贫困户收入都能稳定超过当地贫困线。这不仅体现在组织体系和具体措施上，还体现在财政的巨额投入上。1978 年以来，中央财政专项投入资金达 6000 多亿元，其中 2013—2017 年该项投入达到 2822 亿元，省级及以下财政扶贫资金也有大幅增长。2016 年中央和地方对贫困地区专项扶贫资金达 2958.6 亿元。此外，用于扶贫的资金还包括扶贫贴息贷款、专项退耕还林还草工程补助、低保资金、国际扶贫资金等。③

二、中国扶贫的现实效果

贫困问题是一个世界性难题。即使像美国这样的发达国家，也存在大量按其发展水平和生活水平确定的贫困人口。世界上大量的处于绝对贫困状态的贫困人口存在于广大发展中国家。20 世纪，世界上的贫富差距不断扩大，绝对贫困人口数量在总体上也不断增加。1900 年，世界上最富裕的 10 个国家的财富是最贫穷的 10 个国家的 9 倍，1960 年这一差距扩大至 30 倍，1999 年扩大至 65 倍。1999 年，全世界仍有 23% 的人口生活在极端贫困之

---

① 金锦花. 广西资产收益扶贫模式探究[J]. 经济研究参考，2018(17)：25.

② 叶敬忠，贺聪志. 基于小农户生产的扶贫实践与理论探索——以巢状市场小农扶贫试验为例[J]. 中国社会科学，2019(2)：137－140.

③ 汪三贵. 中国 40 年大规模减贫：推动力量与制度基础[J]. 中国人民大学学报，2018(6)：5－6.

中，每天的生活费不足1美元，尽管这一水平比1990已下降了30%。到2002年，全球仍有8.4亿人营养不良，这一数字超过了42个欧洲国家的人口总和。①

新中国成立之前，我国是世界上发展水平最低的国家之一。新中国成立之后，通过发展经济，改善医疗、卫生、教育等条件，我国人均预期寿命由1949年前的35岁提高到1978年的67岁，婴儿死亡率下降90%，小学、中学和高等学校在校学生数分别增长6倍、62倍和7倍，② 充分体现了我国社会在此期间的巨大进步和民生改善。但即使到1978年，中国按当年价366元的年人均标准，贫困发生率仍高达97.5%，贫困人口规模高达77039万人。1978年中国在农村实行家庭联产承包责任制的同时，就对贫困帮扶、对口支援做出安排。1978—1985年农村贫困人口平均每年减少1786万人，1985年贫困发生率按当年价482元的年人均标准仍达78.3%。③ 1994年我国颁布《国家八七扶贫攻坚计划（1994—2000年）》，实行政府主导、社会参与、区域协作的扶贫新模式，到2000年贫困发生率按当年价1528元的人均标准降为49.8%。2000年之后，中国将扶贫开发与城镇化建设相结合，社会主义新农村建设与严格生态保护相结合，在农村分步实行最低生活保障制度，不断增加对贫困地区特别是集中连片深度贫困的民族地区、生态脆弱地区、边远山区、革命老区的财政转移支付和专项扶贫支持，在全国全面取消农业税，增加多种农业补贴，加大农村公共基础设施建设，对贫困地区实行消除贫困村的整村推进式扶贫。到2012年，我国的贫困人口按当年价贫困标准2625元统计首次降到1亿人以下，即9899万人，贫困发生率降至10.2%。2012年以后，习近平总书记高度重视扶贫减贫事业，提出精准扶贫理念，通过产业赋能、精神激励、易地搬迁、劳务输出、教育培训、医疗保障、金融支持、生态建设、榜样示范、低保保障等扶贫路径，通过对扶贫对象确定、项目选择安排、资金使用落实、具体措施到户、因村选人派人、脱贫成效考核等方面的全面细致的设计和安排，确保到2020年，我国以现行标准统计的农村贫困人口全面实现脱贫，贫困县全部实现摘帽，从而全面解决区域性整体贫困问题。这种巨大的财政投入和广泛的社会动员成效显著。到2017年，按当年价2952元，我国贫困人口还有3046万人，贫困发生率为3.1%。④ 按照联合国的统计，中国极端贫困人口比例1990年为61%、2002年降到30%以下、2014年降到4.2%，中国对全球减贫的贡献率超过70%。⑤

---

① ［美］史蒂芬·M.博杜安.世界历史上的贫困［M］.杜鹃，译.北京：商务印书馆，2015：111－112.

② 侯波.中国扶贫减贫事业70年：历史回顾、基本经验和世界意义［J］.经济研究参考，2019（9）：6.

③ 侯波.中国扶贫减贫事业70年：历史回顾、基本经验和世界意义［J］.经济研究参考，2019（9）：8－9.

④ 侯波.中国扶贫减贫事业70年：历史回顾、基本经验和世界意义［J］.经济研究参考，2019（9）：9.

⑤ 侯波.中国扶贫减贫事业70年：历史回顾、基本经验和世界意义［J］.经济研究参考，2019（9）：12－13.

三、扶贫减贫的社会意义

贫困是经济不发达的表现，社会的两极分化则不仅减少社会的公正性和部分人群发展的自由度，而且提高全社会的安全风险，影响贫困人群的教育、健康，甚至提高全社会的犯罪率，对儿童的影响更为深远和严重。

卢洪友和杜亦欢对发达国家和发展中国家的财政再分配效应进行了比较研究，平均来看，发达国家的财政再分配效应更为明显，发达国家的财政再分配使基尼系数下降了35.17%，发展中国家则为13.35%。中国以2012年数据测算的财政再分配使基尼系数当年下降了4.06%。在中国居民收入分配差距已呈现固化、制度化和代际传递刚性特征的情况下，继续加大中国的财政再分配力度显然非常必要，并且有较大调节空间。①

扶贫减贫本质上是一种共享式发展。在中国改革和社会转型中，劳资差距、城乡差距、地区差距和贫富差距有拉大的趋势。一部分社会成员在整体生活水平明显提高的同时，相对剥夺感却有增强的趋势。通过政府支持的扶贫减贫事业，可以纠正市场失灵和社会失灵，对经济生活领域的差别化、非平衡性、非可持续性进行校正纠偏；通过创造机会、提供机会、提供外部经济和知识要素补充，注重程序正义、结果正义、补偿正义和矫正正义，对资本逻辑和丛林法则造成的非均衡结果进行修正，实行不同社会阶层与群体间的成本分担、活动交流和成果共享，提高政策普惠性，减轻贫富悬殊程度，增强人民大众的获得感和制度认同；通过知识、信息、基础设施的共享和经济要素的注入，充分开发弱势社会成员的经济社会潜能，增强其参与市场竞争和应对经济风险的能力，实现人的全面发展。这样既借鉴了西方福利主义的合理要素，提升社会的正义性和经济自由度，又通过中国特色社会主义的成功实践，将马克思主义关于人的全面发展理念在现实中具体呈现出来。②

习近平总书记指出："贫穷不是社会主义。如果贫困地区长期贫困，面貌长期得不到改变，群众生活长期得不到提高，那就没有体现我国社会主义制度的优越性，那也不是社会主义。"③ 中国坚持加大力度扶贫攻坚，是中国社会主义制度的本质要求所决定的。新中国从开国领导人毛泽东开始，历任党和国家领导人都高度重视共同发展，只是不同发展阶段的侧重点有一定差异。党的十八大之后，党和政府把公平放到更加重要的地位，特别关注革命老区、贫困山区、民族地区的脱贫解困问题，使我国社会发展和社会保障建设进入了一个新的历史阶段。

---

① 卢洪友，杜亦欢. 中国财政再分配与减贫效应的数量测度[J]. 经济研究，2019(2)：10－18.

② 余敏江. 共享发展与共享型政府构建[J]. 毛泽东研究，2018(4)：21－31.

③ 习近平. 在党的十八届二中全会第二次全体会议上的讲话(2013年2月28日)[M]//习近平扶贫论述摘编. 北京：中央文献出版社，2018：5.

精准扶贫是外部世界对贫困地区和贫困人群经济要素的一种定向植入，既符合目标人群的期待，能够解决他们现实的民生困难，又有机会将贫困地区和贫困人群经济增长和发展的潜力充分地发掘出来，这种活动就形成民众脱困去贫的期待与脱贫攻坚的政策驱动的合力。在这个过程中，政府是主动领导和参与者，企业和社会组织形成积极跟随的力量，企业通过产业投资、价值投资和责任投资，有效地助力政府发动的扶贫活动。2015 年全国工商联等单位联合启动的“万企帮万村”活动，帮扶 6.28 万个村，帮助 755.98 万贫困人口，产业投入 597.52 亿元，公益投入 115.65 亿元，安置就业 54.92 万人。[①] 这样大规模社会力量的参与，对于缩小中国实际存在的收入差距、对于培养各类企业的社会责任感、对于增强中国本土的消费力和拓展市场空间，特别是对于中国社会的和谐稳定和使大多数群众特别是困难群众都能参与到中国的现代化进程中和共享中国经济发展的成果，都具有极其重大的意义。2020 年中国的城市化水平已超过 60%。从世界城市化发展的历史规律看，中国城市化水平上升的加速时期已基本结束。中国农村和农民在中国工业化积累初期，即计划经济时期以农产品价格“剪刀差”方式为中国工业奠定了基础并做出了巨大牺牲和贡献，奉献了数以千亿计的价值差；在中国城市化转型升级与对外开放时期，农村实行联产承包责任制之后向中国沿海开放地区和大中城市建设输出了累计 3 亿以上的农村剩余劳动力，支撑了中国沿海地区经济的高速增长、中国制造业的繁荣和大中城市的发展。中国在几十年的发展过程中，采取了工业和城市优先发展的政策，由此中国自 1978 年以来保持了远高于世界平均水平的高速增长，迅速成为整体经济规模仅次于美国的世界第二大经济体。但同时存在的问题也很明显，即二元经济特征明显、发达的城市与落后的乡村并存、先进的制造业与发展滞后的农业的矛盾尖锐，并明显地体现在非常明显的城乡差距和工农差距上。

中国农村发展的滞后和农民的贫困，使得中国人口规模虽然很大，但社会消费水平和消费空间严重不足。中国通过大规模扶贫特别是精准扶贫提高农村贫困群体的经济购买力和消费力，可以将中国的人口规模优势切实转化为消费市场优势，为中国工业品消费形成新的本土化的稳定市场，保证工业的正常发展并能够通过税收增长等途径形成更强的财政积累能力，从而更有条件进一步支持中国农业和农村的发展。

改革开放以来进行了大规模的覆盖城乡的通电通路建设，包括有条件地区通气、通自来水的基础设施建设。中国的公共产品供给已经有了很大的改善，电商、超市、快递等现代营商模式在广大农村地区都有了运用条件，一些地区也有了乡村旅游、民宿、园艺、生态农业、家庭农场、庭院经济等新型产业业态。但整体上看，不少地区已经形成的良好的基础设施条件并没有与农村其他生产要素形成有机的配置，城市化减速后农二代也需要乡村有足够

① 李先军，黄速建. 新中国 70 年企业扶贫历程回顾及其启示[J]. 改革，2019(7)：19 – 20.

的产业吸引力和环境吸引力，才能使他们有动力和热情回归乡村，维持中华民族的主体农产品供给。中国实行的精准扶贫政策，就是对中国新时期乡村建设的重要的制度保障和支撑。

对于生态脆弱地区和生产生活条件不适合居民生产生活地区农民的易地安置扶贫，有助于在中国房地产业发展进入瓶颈期后为既有原材料生产能力和项目建设能力找到消化空间和产业转型缓冲期，有助于延长中国建筑业的产业生命周期，同时也是中国城市化的主动性拓展，移民搬迁地区都通过科学规划和整体设计，很多都集中安排在县城、集镇、工业园区和旅游景区附近，有助于移入群众择新业、增收入、求发展，以强制性制度变迁方式植入现代准城市生产生活条件，活化当地产业、增强当地吸引力，从而实现振兴乡村发展的目标。

四、后扶贫时代的努力方向

贫困人口主要是中国社会治理中对需要提供经济帮助人群流行的一种政策话语，国际上特别是在发达国家，更加强调社会脆弱群体的概念。① 中国在2020年全面实现小康社会后，随着脱贫攻坚阶段的结束，由于社会脆弱群体始终存在，中国的贫困问题以及进一步的脱贫解困任务并不会随之结束，而是需要进一步转向弱有所扶的政策体系建设。贫困问题的发生，都有其复杂的经济社会原因，特别是生态型贫困、素质性贫困和社会发育性贫困，属于历史上长期存在且难以从根本上解决的，必须采取有针对性的脱贫方式。在中国反贫困过程中，还应重视相关风险的外溢。

一是金融风险。由于将扶贫脱贫作为全党全国工作的大事，中国银行监管部门和相关银行特别是地方性中小银行放宽了精准扶贫贷款的安全标准，增加了贷款收回的风险。并且，多数扶贫贷款期限长、无抵押、无担保，由财政贴息。而贫困地区地方财政多数都是主要依赖各级政府的转移支付，扶贫贷款笔数多，人口流动性强，农村相关收入项目又很分散且波动性大，这些都增加了相关风险。特别是由地方政府担保发放的针对生态脆弱地区的易地搬迁扶贫贷款和贫困地区公共基础设施贷款，由于贫困地区和贫困户的偿还能力有限，很多都存在到期无法偿付的风险，并成为新增的地方债务和银行的不良债权。

二是财政风险。由于多项扶贫贷款均由地方政府担保，地方政府财政汲取能力有限，多数贫困地区很难因为扶贫脱贫就出现财力的大幅增长，特别是地方政府在为贷款担保时都是杠杆式参与，担保倍数从五倍甚至到十几倍，因而有可能透支甚或拖垮地方财政。

三是社会风险。帮扶机制作为一种外来的力量，总体肯定存在信息不对称问题。由于贫困是对一定时期经济状态的认定，存在动态性强、跟踪难度大的问题，也可能存在对贫困户和贫困村加码甚至超标准供给问题，形成贫困户与准贫困户的收入反差、贫困村与准

① 左停，金菁．“弱有所扶”的国际经验比较及其对我国社会帮扶政策的启示[J]．山东社会科学，2018(8)：59－65.

贫困村的发展反差、贫困县与准贫困县的可支配财力与公共设施建设反差，并引起居民之间、村组之间甚至不同县份之间的社会矛盾和冲突。

四是返贫风险。运动式扶贫本身就存在来时多方参与、去时各不相关的情况。产业扶贫需要持久的、充分和合格的经济要素供给和相对稳定的产品市场。只要贫困户在脱贫之后的生产生活条件没有根本性改变，人力资本没有根本性更新，扶贫之手一去，返贫之势易成。

五是负向激励风险。现实中存在一些长期吃救济的“穷人”，从无愿望改变贫困面貌，满足于外来的救助，甚至担心摘去了“贫困户”的帽子后无法继续轻松获得外来物质和资金的支持。

基于以上原因，需要从以下方面进一步加强扶贫脱困相关工作：

第一，必须进一步创新扶贫脱困方式。将“扶智”与创新创业精神的培养即“扶志”进一步紧密结合起来，将树立主动脱贫精神和自力更生精神落实到具体扶贫实践中。通过文化再造、宣传推广、榜样示范、技能培训、机会创造等方式，让贫困户感到只要有决心、有信心、有能力，彻底脱贫就有希望。

第二，根据不同致贫原因进行环境打造和基础设施建设。一些贫困地区交通偏远、信息闭塞，饮水、用电、上学、求医存在诸多不便，一些地区生态脆弱，自然灾害频发，对于这些地区如果进行环境改造，则投入过大而效果不明显，甚至这些地区根本就不适于人类居住，而应根据居民意愿整体移民搬迁从而从根本上消除贫困的根源。对于多数地区而言，需要加大对贫困地区的基础设施建设投入，在这方面，要充分考虑地方政府的财力和资金的保障情况，避免出现烂尾项目和恶性债务。

第三，建立常态化贫困地区和贫困户与政府和外部世界的联结机制。贫困地区和贫困户不能仅仅依赖政府脱贫，还需要与城市形成合作互动链接，实现农产品与工业品的双向流动，实现城市智力资源、资金资源和技术资源的外溢，促进农村自然资源、生态农产品、农村劳动力和社会服务向城市的融入，特别是发展共享经济、城乡互助、股权化参与、信用性合作、保险化保障、契约性安排等。

第四，发挥产业扶贫的根本性支撑作用。一部分贫困地区主要是通过扶智扶技，开发其人力资源优势，或外出务工，或组建成团队型劳务企业。通过培养专长特色，在整体社会发展中找到自身的成长点和生根点，并通过收入的提升，改变家乡贫穷落后的面貌。多数贫困地区都可通过科学规划和专业论证找到适合种植或生产的产品，需要根据资源禀赋引进资金、技术、管理等生产要素，培训合格的劳动者和经营者，打造技术链，形成产业链，提升价值链。核心问题是形成一批具有企业家精神的本地企业家，他们的初级形态是脱贫带头人、产业大户、创业能手。再升级就会联户发展、以村带乡、以镇带县，慢慢形成成片带面的集群效应。

第五，扶贫脱贫组织体系的建设应科学化、常态化。贫困问题作为一项世界性难题，不可能因为取得了这些标志性成果就一劳永逸，还会因为各种致贫原因的发生而有可能返贫。而且绝对贫困即使消除了，相对贫困还会长期存在。特别是随着我国经济社会发展水平的提高，贫困的标准还会有所提升。因此，急风暴雨式的脱贫攻坚结束之后，和风细雨式的扶贫脱贫工作还会继续。应总结提炼我国长期以来特别是党的十八大以来扶贫工作的成功经验，规范流程、简化方式、强化激励、科学考核，形成常态化机制。

参考文献

[1] 程冠军. 精准脱贫中国方案[M]. 北京:中央编译出版社,2017.

[2] 陈清,张海军. 基于财政金融支持角度的全面实施精准扶贫——以福建省宁德市为例[J]. 经济研究参考,2017(33).

[3] 侯波. 中国扶贫减贫事业 70 年:历史回顾、基本经验和世界意义[J]. 经济研究参考,2019(9).

[4] 贺立龙,朱方明. 精准扶贫的一个经济学解释[J]. 经济研究参考,2019(15).

[5] 金锦花. 广西资产收益扶贫模式探究[J]. 经济研究参考,2018(17).

[6] 卢洪友,杜亦欢. 中国财政再分配与减贫效应的数量测度[J]. 经济研究,2019(2).

[7] 李先伦,李建民,房晓军. 习近平精准扶贫思想的战略创新[J]. 现代经济探讨,2017(3).

[8] 李先军,黄速建. 新中国 70 年企业扶贫历程回顾及其启示[J]. 改革,2019(7).

[9] [美]史蒂芬·M. 博杜安. 世界历史上的贫困[M]. 杜鹃,译. 北京:商务印书馆,2015.

[10] 吴国宝,等. 中国减贫与发展:1978—2018[M]. 北京:社会科学文献出版社,2018.

[11] 王琳. 中国扶贫开发的理论演进、实践发展与思路创新[J]. 宏观经济研究,2018(1).

[12] 汪三贵. 中国 40 年大规模减贫:推动力量与制度基础[J]. 中国人民大学学报,2018(6).

[13] 习近平. 坚持精准扶贫、精准脱贫,坚决打赢脱贫攻坚战[M]//习近平谈治国理政(第二卷). 北京:外文出版社,2017.

[14] 习近平. 在党的十八届二中全会第二次全体会议上的讲话(2013 年 2 月 28 日)[M]//习近平扶贫论述摘编. 北京:中央文献出版社,2018.

[15] 叶敬忠,贺聪志. 基于小农户生产的扶贫实践与理论探索——以巢状市场小农扶贫试验为例[J]. 中国社会科学,2019(2).

[16] 余敏江. 共享发展与共享型政府构建[J]. 毛泽东研究,2018(4).

[17] 张丽君,吴本健,王飞,等. 中国少数民族地区扶贫进展报告(2018)[M]. 北京:中国经济出版社,2019.

[18] 左停,金菁. “弱有所扶”的国际经验比较及其对我国社会帮扶政策的启示[J]. 山东社会科学,2018(8).

社会信用体系建设助力国家治理

丁安平①

【摘要】社会信用体系是社会主义市场经济体制和社会治理体制的重要组成部分。它以法律、法规、标准和契约为依据，以健全覆盖社会成员的信用记录和信用基础设施网络为基础，以信用信息合规应用和信用服务体系为支撑，以树立诚信文化理念、弘扬诚信传统美德为内在要求，以守信激励和失信约束为奖惩机制，目的是提高全社会的诚信意识和信用水平。社会信用体系建设是整顿和规范市场经济秩序、强大国内市场、扩大国内消费的治本之策，也是激发市场活力、新旧动能转换、实现高质量发展的必然选择，是从市场经济向信用经济转变的必然要求。

【关键词】社会信用体系；国家治理；征信系统

一、社会信用体系与国家治理的关系

国家治理体系和国家治理能力是指一个国家制度设计与安排和用制度管理社会各方面的能力。社会信用体系建设关系到市场秩序规范、营商环境优化和城乡的高质量发展，是实现国家治理体系和治理能力现代化的内在要求和重要体现，是国家治理体系和治理能力现代化的重要内涵之一，是国家治理体系和治理能力现代化的重要文化支撑。

近年来，恶意拖欠和逃废银行债务、逃税漏税、商业欺诈、制假售假、非法集资等现象屡禁不止。信用普遍缺失，这是我国发展不平衡不充分的一个突出表现，也是推进国家治理体系和治理能力现代化建设需要着力解决的一个问题。加快建设社会信用体系，对于打击失信行为，防范和化解金融风险，促进金融稳定和发展，维护正常的社会经济秩序，保护群众合法权益，推进政府更好地履行经济调节、市场监管、社会管理和公共服务的职

---

① 丁安平，中国人民银行征信中心研究员。

能，具有重要的现实意义。[①] 推进社会信用体系建设，对于我国创新社会治理方式、转变政府职能、加强事中事后监管都非常重要，能够起到重要的支撑作用。

二、社会信用体系的含义与范畴

社会信用体系是指为促进社会各方信用承诺而进行的一系列安排的总称，最终目标是形成良好的社会信用环境。社会信用体系作为一套完整的信用建设系统，包括四个部分：①政务诚信，主要针对行政机关和公职人员；②商务诚信，主要针对企业；③社会诚信，主要针对自然人；④法院的司法公信。社会信用体系是中国在国家治理当中聚焦于信用缺失或诚信缺失的社会问题而采用的一套系统工程。社会信用体系建设的含义与范畴见图 1。

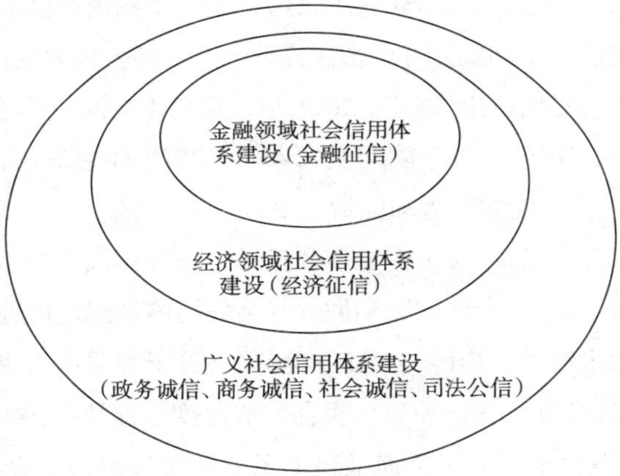

图 1　社会信用体系建设的含义与范畴

资料来源：中国人民银行征信管理局．现代征信学［M］．北京：中国金融出版社，2015.

中国社会信用体系建设起源于金融领域，起始于信贷征信，经过 20 多年的辛勤摸索与实践，范围和内涵不断扩充。从金融领域信用体系建设（金融征信），扩大到经济领域信用体系建设（经济征信），最后扩大到包括政务诚信、商务诚信、社会诚信和司法公信领域的信用体系建设。社会信用体系是社会主义市场经济体制和社会治理体制的重要组成部分，它以法律、法规、标准和契约为依据，以健全覆盖社会成员的信用记录和信用基础设施网络为基础，以信用信息合规应用和信用服务体系为支撑，以树立诚信文化理念、弘扬诚信传统美德为内在要求，以守信激励和失信约束为奖惩机制，目的是提高全社会的诚信意识和信用水平。社会信用体系建设是整顿和规范市场经济秩序、强大国内市场、扩大国内消费的治本之策，也是激发市场活力、新旧动能转换、实现高质量发展的必然选择，

① 张纵华. 以信用体系建设助推社会治理[N]. 人民法院报,2019 - 09 - 06.

是从市场经济向信用经济转变的必然要求。

2003 年 3 月，十届全国人大一次会议审议通过的《政府工作报告》强调“加快建立社会信用体系”。2003 年 10 月，党的十六届三中全会指出，建立健全社会信用体系，形成以道德为支撑、产权为基础、法律为保障的社会信用制度。按照完善法规、特许经营、商业运作、专业服务的方向，加快建设企业和个人信用服务体系。2004 年 3 月，十届全国人大二次会议审议通过的《政府工作报告》指出，“要加快社会信用体系建设，抓紧建立企业和个人信用信息征集体系、信用市场监督管理体系和失信惩戒制度”。2005 年，国务院《关于 2005 年深化经济体制改革的意见》明确要求出台并组织实施《社会信用体系建设总体方案》，探索建立政府监管信息共享机制。2007 年，国务院印发《关于社会信用体系建设的若干指导意见》（国办发〔2007〕17 号），指明了我国社会信用体系建设的方向，提出“培育和发展种类齐全、功能互补、依法经营、有市场公信力的信用服务机构，依法自主收集、整理、加工、提供信用信息”。2011 年，党的十七届六中全会对社会信用体系建设提出了更高的要求。2014 年国务院印发《2014—2020 社会信用体系建设规划纲要》及信用体系建设“十三五”规划，为加强政务诚信、商务诚信、社会诚信和司法公信建设，向各部门、各地区提出了 84 项工作要求和任务，并为落实这些要求和任务明确了牵头负责和参与的部门和地区。“十四五”期间，社会信用体系建设将进入法制化、科学化、制度化、标准化和智能化轨道。2016 年国务院发布《关于加强个人诚信体系建设的指导意见》《关于建立完善守信联合激励和失信联合惩戒制度　加快推进社会诚信建设的指导意见》，国家发展改革委发布《关于全面加强电子商务领域诚信建设的指导意见》。2019 年国务院发布《关于加快推进社会信用体系建设构建以信用为基础的新型监管机制的指导意见》，提出建立健全贯穿市场主体全生命周期，衔接事前、事中、事后全监管环节的新型监管机制，不断提升监管能力和水平，进一步规范市场秩序、优化营商环境、推动高质量发展。该意见将在相当长一段时间内对强化社会信用体系建设产生强大助推力。这不仅有助于深入推进“放管服”改革，进一步发挥信用在创新监管机制、提高监管能力和水平方面的基础性作用，而且有望更好地激发市场主体活力，在推动高质量发展方面发挥重要作用，可以带动各方社会治理资源重组，推动在互联网时代的社会治理中形成新的进路。党的十九届四中全会审议通过的《中共中央关于坚持和完善中国特色社会主义制度　推进国家治理体系和治理能力现代化若干重大问题的决定》进一步对我国社会信用体系建设提出要求。

社会信用体系包括城市信用体系和农村信用体系两大范畴。城市信用体系和农村信用体系又各自涵盖两大系统，即征信服务系统和信用监管系统。其中包括 6 个子系统，即征信数据整合系统、机构组织（企业）征信系统、个人征信系统、信用投放工具系统（担保、保理、保险系统）、失信惩戒机制（黑名单、红名单）以及征信服务和产品提供系统。体系得到有效运转需要两大保障机制，一是有法可依和完善的法律法规制度安排，二是政府诚信和司法公信。应该看到，社会信用体系的基础在于信用信息的归集与应用。[①]在政务信息方面，依赖于政务信息的公开；在非政务信息方面，主要依靠征信体系的完善。因此，征信作为社会信用体系建设的重要组成部分，具有巨大的发展空间和潜力。

三、央行征信系统与地方信用信息平台建设

根据随机波动理论，股价波动遵循随机波动，呈现典型的马尔科夫性质，股价过去的历史和从过去到现在的演变方式与股价的未来变动不相关。但是，对于单一个体而言，人类行为在很大程度上具有路径依赖的特点，预测一个人未来行为的最好方法是看其过去的表现，这一点成为社会信用体系建设的理论基础。通过征信活动，查阅被征信人以前的历史记录，商业银行就能够比较方便地了解企业和个人的信用状况，采取相对灵活的信贷政策，扩大信贷范围，特别是对缺少抵押品的中小企业、中低收入者等边缘借款人。

中国人民银行组织金融机构建成的全国集中统一的企业和个人征信系统（金融基础信用信息数据库），是全球规模最大的征信系统，在防范金融风险、维护金融稳定、促进金融业发展等方面发挥了不可替代的作用。据统计，近年来，金融机构通过查询个人征信系统而拒绝贷款的客户，约占申请客户的47%。并且，使原来需要20天的审贷时间缩短为3天，提高了商业银行贷款审批的效率。

我国征信系统建设在短时间内走完了发达国家征信机构近百年的历程。2003年，国务院赋予中国人民银行“管理信贷征信业，推动建立社会信用体系”职责，批准设立征信管理局。同年，上海、北京、广东等地率先启动区域社会征信业发展试点，一批地方性征信机构设立并迅速发展。2004年，中国人民银行建成全国集中统一的个人信用信息基础数据库，2005年银行信贷登记咨询系统升级为全国集中统一的企业信用信息基础数据库。2006年1月16日，中国人民银行宣布个人信用信息基础数据库正式运行。2006年8月，中国人民银行在部分省市开展中小企业信用体系建设工作试点。2007年开始，中国人民银行联合涉农部门、金融机构在农村地区推进农村信用体系建设工作，并在全国推广中小企业信用体系建设工作。

2008年，国务院将中国人民银行征信管理职责调整为“管理征信业”并牵头社会信用体系建设部际联席会议。2009年4月发布《中国人民银行关于推进农村信用体系建设工作的指导意见》。2010年中国人民银行印发《中小企业信用体系试验区建设指导意见》。

---

① 季晓南. 在治理体系和治理能力现代化建设中不断提高信用水平[EB/OL]. 人民论坛网,2018-01-09.

2011 年 6 月，中国人民银行组织开展了《征信之歌》征集活动，开始探索征信文化建设。2011 年 7 月，国务院法制办会同中国人民银行修改形成的《征信业管理条例（第二次征求意见稿）》及其说明全文公布，再次征求社会各界意见。2011 年 8 月，中国人民银行开展以中小企业和农村信用体系建设为主要内容的“征信专题宣传月”活动。2011 年 10 月，党的十七届六中全会提出，“把诚信建设摆在突出位置，大力推进政务诚信、商务诚信、社会诚信和司法公信建设，抓紧建立健全覆盖全社会的征信系统，加大对失信行为惩戒力度，在全社会广泛形成守信光荣、失信可耻的氛围”。2012 年 7 月，国务院调整社会信用体系建设部际联席成员单位和主要职责。联席会议牵头单位为国家发展改革委和中国人民银行，增加了 17 个政府部门为成员单位。2013 年 1 月 21 日，中华人民共和国国务院令第 631 号签发，3 月 15 日起《征信业管理条例》正式实施，征信业步入有法可依的轨道。2013 年 3 月，中国人民银行印发《中小企业信用体系建设基本数据项指引》和《农村信用体系建设基本数据项指引》，进一步完善小微企业、农户的信用记录，建立健全小微企业、农户信用档案，进一步推进小微企业和农村信用体系及其试验区建设。2013 年 5 月，国家发展改革委、中国人民银行、中编办发布《关于在行政管理事项中使用信用记录和信用报告的若干意见》（发改财金〔2013〕920 号）。2013 年 7 月全国小微企业金融服务经验交流电视电话会议召开，会上指出，中国人民银行要加快建立小微企业信用征集体系、评级发布制度和信息通报制度，进一步优化小微企业金融服务生态环境，抓紧建立覆盖全社会的征信体系。2014 年国家发展改革委和中国人民银行牵头 43 个部委建立部委联席制度，以加快全国社会信用体系建设步伐，推进共治模式，即政府监督、行业自治、企业自律。政府监督主要从政府采购、PPP、招投标、招商引资、政府的地方债务等 5 个方面加强诚信建设。① 经过这些年的努力，一方面，各地区依托征信应用数据，积极搭建行业平台资源信息库。基于平台小微企业在平台业务操作场景所产生的数据，根据中国人民银行金融信用信息基础数据库征信采集数据信息，通过整合资源和搭建平台数据库等方式，快速完成目标客户定位、客户筛选以及融资业务申请，实现有效客户的信用支持和精准拓展。另一方面，突出征信应用场景刚性嵌入业务流程，引入客户贷后风险模型画像。将征信应用场景刚性嵌入贷后风险监测流程，对企业及法人代表征信劣向迁徙变化、未结清逾期贷款、不良贷款记录以及企业对外担保情况建立贷后监测模型和风险画像，通过线上化、系统化、流程化的方式发挥征信应用在全流程风险管控中的作用，高效实现平台小微企业的快贷业务。

中国人民银行征信中心数据处理流程见图 2。

---

① 中国人民银行征信中心年报。

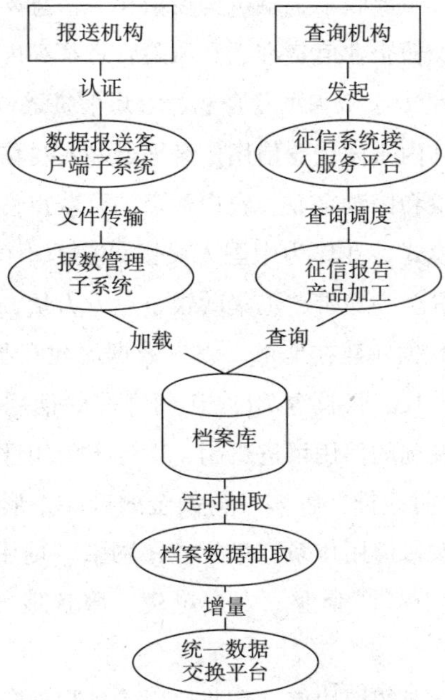

图 2　中国人民银行征信中心数据处理流程

资料来源：作者绘制。

中国人民银行征信中心二代征信系统自 2020 年 1 月 19 日整体上线运行以来，运行状况良好。5 月 4 日，二代征信系统已经具备了全流程对外服务能力，顺利实现整体切换上线运行。相比一代征信，二代征信中对信贷提供了更多更强的决策，主要包括：

（1）二代征信直接显示近 5 年内客户每期还款记录，可以更全面、准确地反映个人信用状况。

（2）二代征信中会显示信用卡大额分期信息，以便更清楚地了解客户的负债情况。

（3）二代征信已明确列出后付费信息还款状态的标识，报告信息更全面。

（4）更多的非银行（P2P 网贷机构）已经接入二代征信，借款人在网贷平台的信用记录也会显示。

（5）二代征信中共同借款人也会显示在征信记录中。这个细节的增加，在一定程度上遏制了通过“假离婚”实现买房的行为。

（6）新版征信要求采用 T+1 模式，这种模式当日采集，下一日向征信中心报送。

2020 年 1 月 19 日至 5 月 26 日，征信系统提供的个人和企业信用报告查询分别为 1.03 亿笔和 2274 万笔。5 月 26 日当日，各机构查询二代格式个人和企业信用报告的数量占比已经分别提升至 99.9% 和 97.6%。

中国人民银行征信系统主要收集金融机构授信相关信息，对非银行信用信息未进行完全有效覆盖，而中小微和民营企业信贷准入和风险管理都高度依赖非银行信息。“缺信息”和“缺信用”长期以来都是中小微和民营企业、农户信贷融资的难点。近年来，中国人民银行各地区分行积极推动辖内小微企业信用信息平台和农村信用体系建设，建立信用信息征集共享机制，提高中小微和民营企业、农户融资的可获得性和便利性，探索形成了具有当地特色的信用体系建设模式，并作为中国人民银行全国小微企业信用体系建设试验区。试验区以区内企业信用促进会为纽带，汇集政银企三方力量，建设“一库一网”信息共享平台。按照“中小微企业数据库建在地市，农户数据库建在县区”的原则，整合了工商、税务、财政、海关、知识产权、科技等 20 个部门掌握的信用信息，建立起以政府财政贴息及贷款风险补偿机制为基础的信用增进机制，设计了信用评价指标体系，推动各银行业机构开发保证保险贷款、“萌芽贷”等多种科技金融产品，形成了利益共享、风险共担的发展模式。中小微企业和农村信用体系“数据库 + 网络”信用信息平台建设，在解决信用信息不对称、支持民营和中小微企业、农户融资、服务地方经济发展方面发挥了较大作用。

通过有效整合社会各行业的信用信息和非信用信息基础资源，设立标准化的手段来助力社会治理，同时注意严格保护个人隐私和商业秘密，在充分考量和尊重社会现实需求与经济发展规律的基础上，通过不断丰富惠民便企措施，优化对社会主体的服务与管理，为社会各界查询使用公共信用信息、参与社会信用监督提供服务和支持。

四、互联网时代信用体系建设与国家治理

伴随着大数据、云计算、区块链等现代信息技术的运用，共享经济、众创经济、数字经济等新经济、新业态不断涌现，社会进入数据资源驱动新阶段，传统的社会治理方式很难完全满足互联网社会的发展需要，而大数据时代带来的新生活模式又将人们的社会行为进一步透明化、数字化和多维化。因此，在保障数据安全和用户隐私的前提下，构建更加标准化、规范化、法治化的社会信用体系势在必行。

社会信用体系建设涉及社会各行业、各地区，能够全方位统筹关联互联网生态体系的线上行为与线下行为，是助推国家治理体系和治理能力现代化的有效方式。从企业间交易实践来看，掌握海量数据资源的互联网主体通过开放数据平台等方式，可以推动数据要素的有效流通。未来大数据也将给整个社会信用体系建设带来一次革命性的改变。随着信息化的发展，各个信用主体都留下了数据脚印。当我们把这些数据“脚印”串联起来的时候，就会为每一个信用主体勾画出他们的信用“画像”，基于这些信用“画像”，我们可以进行授信，可以评价其信用资产。信用是一种资本，但是需要量化，而量化的基础就是

数据。[①] 近年来，微信、支付宝、抖音等移动应用平台发展非常迅速，聚集了庞大的客户群和流量。接下来，需要做好做实的事情可能就是如何更好地运用好这些数据流量，在与政府公共数据建立共享的同时，保障数据的合法性和安全性，通过成熟的数据分析挖掘手段，让海量庞大的数据更好地服务于社会发展的需要；在制度设置上，如何在更大程度上提高失信成本，在更大力度上为守信者提供方便，推动形成并固化良好的社会风尚；同时，如何在更广的范围内为失信者提供修复机会，从而推动各类主体遵纪守法、守信崇德的行为选择过程，实现由被动到自觉的演进。

五、当前社会信用体系建设存在的问题

经过这些年社会各行业不懈的努力，我国社会信用体系建设已经取得了明显的成效，但是仍然存在一些问题：一是信用法律法规不健全；二是信用人才和信用理论缺乏；三是信用的服务市场不规范。

随着我国经济由高速增长转向高质量发展，信用要素已成为市场资源配置的重要基础，征信业在促进共享信用数据、盘活信用资产、释放信用红利等方面日益发挥出更重要的作用。作为社会信用体系建设的核心内容，征信业率先发展、规范利用，有利于统筹行政资源、经济资源和社会资源，为推动社会信用体系共建共治和协同发展提供有益的制度方面经验，有利于整体上形成守信联合激励和失信联合惩戒的社会格局。[②]

我国社会信用体系建设的发展方向逐步明确，涵盖内容也越发明晰，但信用信息数据分散问题仍然突出。近年来，各职能部门不断加强信息化建设，大数据应用的质量和水平也不断提升。然而信用领域的数字孤岛现象仍然存在，数据应用的质量和效率有待提升[③]。如何依法归集必要信息，在此基础上精准共享、有效运用，是下一阶段社会信用体系建设关注的问题。

近几年来，从互联网金融到移动通信等领域，从行业到地区，“信用分”逐步推广。但由于信息种类、评价体系、应用场景的设定不同，不同行业或地区难以进行高效合理的折算。杭州、南京、武汉、苏州、郑州已率先签署个人守信联合激励城市合作框架协议，在一定范围内实现了跨区域信用分互认和应用场景互通，但信用积分在地域、行业间的界限还没有被整体打破，信用体系建设还需统筹推进。[④] 社会信用体系建设是长期而持续的系统工程，不可能一蹴而就。这是一项基础工程，也是一项灵魂工程，事关每个人和每个

① 丁安平. 互联网金融时代的征信与信用评级[J]. 清华金融评论,2014(2).

② 中国人民银行征信中心. 中国征信业发展报告(2003—2013)[R]. 2013.

③ 陈昌盛. 把握数据时代趋势,创新宏观治理模式[N]. 经济日报,2020-09-02.

④ 王锡锌. 社会信用体系的概念地图及实践展开[J]. 中国法律评论,2020(2).

组织的切身利益。这项工作只要真抓实干，就一定会有成效，抓的力度越大，收到的成效就越好。这也需要社会各界携手，共建共享诚信的社会。

社会治理是国家治理的重要方面。近年来，依托信用体系加强和创新社会治理工作，给群众带来获得感和幸福感。以城市和乡村治理为重点，以社会信用体系建设为抓手，进一步创新管理模式和服务模式，构建起完备、规范、高效的基层治理体系。

建设社会信用体系，是完善我国社会主义市场经济体制的客观需要，是整顿和规范市场经济秩序的治本之策。以信用体系建设助推社会治理，就是以信用信息产生、归集、共享、公开、评价、应用和修复的全过程为载体，带动社会治理的服务措施与监管手段覆盖事前、事中、事后全流程，直至贯通社会主体的全生命周期。政府部门通过征信体系建设，优化地区营商环境。征信体系建设有助于政府创新社会管理手段，通过市场手段引导信息主体提高自身信用意识，促进形成诚实守信的社会氛围。今后应该进一步加快建立覆盖全社会的征信系统，完善信用信息记录、归集、共享和应用机制，建立失信惩戒和信用修复机制，将有违公序良俗行为和违法行为纳入个人信用档案，营造不敢失信、不能失信、不愿失信的良好社会环境和氛围。促进政务诚信、商务诚信、社会诚信和司法公信，建设“信用中国”。

参考文献

[1] 陈昌盛. 把握数据时代趋势,创新宏观治理模式[N]. 经济日报,2020-09-02.

[2] 丁安平. 互联网金融时代的征信与信用评级[J]. 清华金融评论,2014(2).

[3] 季晓南. 在治理体系和治理能力现代化建设中不断提高信用水平[EB/OL]. 人民论坛网,2018-01-09.

[4] 万存知. 征信业的探索与发展[M]. 北京:中国金融出版社,2018.

[5] 王锡锌. 社会信用体系的概念地图及实践展开[J]. 中国法律评论,2020(2).

[6] 王晓明. 征信体系构建制度选择与发展路径[M]. 北京:中国金融出版社,2015.

[7] 中国人民银行征信管理局. 现代征信学[M]. 北京:中国金融出版社,2015.

[8] 张纵华. 以信用体系建设助推社会治理[N]. 人民法院报,2019-09-06.

[9] 张钦坤,朱开鑫. 关于数据要素交易流通模式的新思考[Z]. 腾讯研究院,2020.

[10] 中国人民银行征信中心. 中国征信业发展报告(2003—2013)[R]. 2013.

论中国特色大国经济外交

崔绍忠[①]

【摘要】改革开放以来，中国特色大国经济外交蓬勃发展。贸易外交使国内和国际两个市场和两种资源得到充分利用，从而使中国的比较优势得以充分发挥，经济腾飞成为既定现实，并带动了世界经济增长；投资外交使中国接过了国际产业转移的“接力棒”，解决了经济建设资金不足、缺乏先进管理经验等问题，为产业升级、绕开国际市场障碍提供了条件；金融外交为中国经济发展创造了稳定的国际金融环境，提升了中国的国际地位，维护了中国的战略利益。“一带一路”经济合作倡议是中国特色大国经济外交的升华和深化，是各领域经济外交的深度融合与协调，是中国构建人类命运共同体价值理念的具体表现，为新时代中国特色社会主义建设提供了强劲动力。

【关键词】经济外交；出口导向；对外直接投资；自贸区；“一带一路”

一、引言与文献综述

现代经济学的研究表明，对外开放对于一国经济发展具有非常重要的意义。在现代社会，任何国家都不可能在封闭的状态下获得长期、快速的经济发展。对外经济关系已经是一国经济发展不可或缺的组成部分，经济外交对于国家和地区经济发展的促进作用越来越重要。特别是逆经济全球化思潮涌动的背景下，利用好经济外交，发挥政府作为“有形之手”的作用，发展平衡的对外经济关系，是世界各国发挥各自比较优势、实现共同发展的途径和手段，也是构建人类命运共同体的必然要求。

关于中国特色大国经济外交，很多学者从多个角度进行了阐述。李巍（2014）[②] 重点

① 崔绍忠，经济学博士，外交学院国际经济学院副教授，主要从事中国对外经济关系与经济外交研究。

② 李巍. 理解中国经济外交[J]. 外交评论，2014(1).

分析了中国经济外交的制度结构，指出中国已经形成了一个复杂的经济外交决策与执行体系，大致分为五个层次：第一层次是国家主席和国务院总理；第二层次是作为政府首脑副手的部分副总理和国务委员；第三层次是国务院下辖主要的涉外经济的部委；第四层次是从事对外经济活动的国务院直属机构，主要包括中国投资有限责任公司、国家开发银行和中国进出口银行等；第五层次是中国的国有企业。徐占忱、陈文玲（2014）[①] 对新时期中国的大国经济外交方略进行了分析，认为新时期应从战略高度和更长周期认识我国与主要大国经济外交，形成既有总体协调又有国别针对性的经济外交政策；要努力寻求与大国利益汇合点，实施大国外交与周边外交联动，推进经济外交与政治、安全和军事外交相互促进；夯实与中等强国经济外交的战略基础。王喆、夏保泉（2020）[②] 从指导思想、双边、地区和全球等方面，分析了逆全球化背景下的中国特色经济外交。

二、中国特色大国经济外交的兴起

党的十一届三中全会以前，中国在对外经济关系方面经历了曲折的过程，没有取得很大发展，经济外交几近于无，即便是有，也是从属于政治外交或者安全外交，没有经济外交自身的独立地位。因此，有评论指出，“从总体上看，在新中国成立后的很长历史时期，中国外交始终是以政治和安全为主体的，经济外交基本处于附属和边缘地位，以致无论在观念上还是在现实中，外交就成了单纯的政治外交或安全外交。这种状况一直延续到 20 世纪 70 年代末中国开始改革开放前后”。[③]

在党的十一届三中全会上，党中央在提出全党工作重点转移到社会主义现代化建设上来的同时，把实行对外开放确定为中国在新的历史时期的一项长期基本国策。根据对外开放的战略决策，党中央号召全国人民，要在自力更生的基础上，把视野从国内范围扩展到国际范围，明确提出了我国的社会主义现代化建设，要利用两种资源，即国内资源和国外资源；要打开两个市场，即国内市场和国际市场；要学会两种本领，即组织国内建设的本领和发展对外经济关系的本领。1978 年是中国对外开放“元年”，也是中国真正意义上的对外经济关系和经济外交“元年”，经济外交从此成为中国外交体系中拥有独立身份和地位的一员。

如果说从 1978 年到 1991 年，中国的对外开放仅仅是基本国策，中国的经济外交更多地具有国家政策层面的含义，那么，到作为中国市场经济“元年”的 1992 年，中国的对外开放超越了基本国策的内涵，因为“市场经济”成为一种制度被写进党章和《宪法》。

---

① 徐占忱，陈文玲. 论新时期中国的大国经济外交方略[J]. 全球化，2014(7).

② 王喆，夏保泉. 逆全球化背景下的中国特色经济外交[J]. 公关世界(理论版)，2020(3).

③ 赵进军，江瑞平，刘曙光. 中国经济外交年度报告(2010)[M]. 北京：经济科学出版社，2010.

开放是市场经济的基本属性，开放与否是计划经济与市场经济的分水岭。把建立社会主义市场经济体制写进党章和《宪法》，无疑把中国对外经济关系和经济外交推向了制度化和机制化发展的轨道。

三、中国特色大国贸易外交

一般情况下，政府最好不要过多插手国内的贸易，应充分发挥市场机制的作用。但是，在国际贸易中，政府起着举足轻重的作用。政府的对外贸易政策直接关系到国家的经济利益，政府在国际贸易领域的经济外交非常重要。

第一，“出口导向”贸易战略的实施，充分发挥了中国的比较优势，为经济腾飞创造了有利条件。

经济学家凯恩斯指出，有效需求是经济发展的拉动力量，它是提供就业的先决条件，而就业是国民收入最根本的来源。通过就业获得的收入，一部分用于消费，再次成为经济发展的有效需求。剩余部分成为储蓄，而储蓄通过金融机制最后形成资本，构成经济发展的另一部分有效需求。对发展中国家来说，根本问题在于贫穷，所以，如何利用好本国的比较优势，为民众创造就业机会，获得经济发展的原始资本，是迫在眉睫的任务。而传统的“进口替代”贸易战略，即采用贸易保护措施来发展本土工业并以当地工业品代替进口工业品的贸易发展战略，虽然在特定历史背景下做出了重要贡献，但是随着时代的发展，它已无法深度和充分发挥中国的比较优势。

改革开放之初，中国开始转向“出口导向”型贸易战略。1979 年 8 月 13 日，国务院颁发《关于大力发展对外贸易增加外汇收入若干问题的规定》，主要内容是扩大地方和企业的外贸权限，鼓励增加出口，办好出口特区。1994 年 1 月 11 日，国务院做出《关于进一步深化对外贸易体制改革的决定》，提出我国对外贸易体制改革的目标：统一政策、开放经营、平等竞争、自负盈亏、工贸结合、推行代理制，建立适应国际经济通行规则的运行机制。“出口导向”战略的实施，利用世界范围内的有效需求，使中国的比较优势得以充分发挥。

第二，恢复关贸总协定缔约国的地位以及加入世界贸易组织，使中国和世界各国站在平等的地位上竞争，使出口产品免遭歧视性待遇，增强了本国企业的竞争能力。

中国在实施了“出口导向”型贸易战略之后，面临的一个重要问题就是如何为中国的产品提供公平竞争的环境。为此，1986 年 7 月，中国正式提出申请，要求恢复中国在关贸总协定中的缔约国地位。关贸总协定是世界贸易组织的前身，其宗旨是通过彼此削减关税和其他贸易壁垒，充分利用世界资源，扩大商品生产和交换，保证就业，增加收入，提高生活水平。加入关贸总协定，可以使中国产品享受多边的无条件的最惠国待遇，使中国和世界各国站在平等的地位上竞争，使出口产品不受歧视性待遇，增强企业的竞争能力；建立正常的解决国际贸易争端的渠道，减少贸易纠纷和贸易损失；及时获得世界经贸信息，加速外贸体制改革；促进市场经济发育等。①

为了尽早地恢复中国作为关贸总协定缔约国的地位，1992 年党的十四大明确提出了建立社会主义市场经济体制的改革目标。由于关贸总协定把市场经济奉为这个国际经济组织及其制定的一整套国际经济贸易规则的最高标准，因此党的十四大不仅打破了传统中国经济体制的精神枷锁，而且还为中国在恢复关贸总协定缔约国的地位乃至以后加入世界贸易组织的经济外交努力提供了强有力的思想和政治保证。

1995 年 1 月 1 日，世界贸易组织正式成立，取代了长达 47 年之久的关贸总协定。中国恢复关贸总协定缔约国地位的努力因此而被加入世界贸易组织的经济外交所代替。世界贸易组织的管辖范围变得更加广泛。在原有货物贸易的基础上又增加了知识产权、服务贸易和投资措施，这就意味着中国为争取公平贸易平台的谈判之路变得更加复杂和艰难。为此，中国政府主动采取了一系列措施，大量削减关税、取消进口调节税、取消大部分进口许可证，等等，为中国加入世界贸易组织做出积极的准备。2001 年 7 月，世界贸易组织成员就中国于 2011 年 11 月正式加入世界贸易组织问题达成一致，中国在提出申请 15 年后终于实现“入世”。加入世界贸易组织以来，中国的进出口贸易量从 2001 年的 4. 7 万亿元上升为 2018 年的 34. 3 万亿元，外向型经济带来的税收约占全国的 1/3，中国的外贸直接带动就业人数超过 8000 万人，其中 60% 来自农村转移劳动力，有效地促进了社会稳定和城乡统筹发展。②

第三，自贸区贸易战略的推行，进一步拓展了中国和世界的经济发展空间。

20 世纪 90 年代以来，区域经济一体化迅猛发展，各种区域经济合作机制和以自由贸易区为代表的区域贸易安排不断涌现。事实表明，在区域经济一体化进程中，主动融入较之被动卷入要有利得多，以部分经济主权约束和让渡，换取巨大的经济利益也是明智的选择。游离于区域经济合作之外，不仅不能得到区域经济一体化的利益，而且还可能受到不同程度的排斥。

2014 年 12 月 5 日中共中央政治局就加快自由贸易区建设进行第十九次集体学习。习近平总书记在主持学习时强调指出，站在新的历史起点上，实现“两个一百年”奋斗目标、实现中华民族伟大复兴的中国梦，必须适应经济全球化新趋势、准确判断国际形势新变化、深刻把握国内改革发展新要求，以更加积极有为的行动，推进更高水平的对外开

---

① 徐滇庆，李瑞. 政府在经济发展中的作用[M]. 上海：上海人民出版社，1999：379.

② 联合国经社理事会统计司国民经济核算数据库，https://unstats. un. org/unsd/snaama/dnlList. asp，2020 - 10 - 29.

放，加快实施自由贸易区战略，加快构建开放型经济新体制，以对外开放的主动赢得经济发展的主动，赢得国际竞争的主动。截至2020年9月，中国已签协议的自贸区20个，正在谈判的自贸区12个，正在研究的自贸区8个。①

以自贸区为核心的贸易战略，以更加紧密的经贸关系为纽带，以优势互补、共同发展为目标，不仅符合中国政治、外交和安全上的利益，为中国的经济现代化创造了良好的国际环境，而且还拓展了中国对外贸易和经济增长的空间，是中国引进先进技术和管理经验、发挥比较优势、加快经济发展的重要措施。

四、中国特色大国投资外交

中国特色大国投资外交包括引进外资和对外投资等方面的内容。在现代社会，一国的经济发展离不开国际投资。国际直接投资，也称为外国直接投资，是一国投资者为实现持久利益而对本国之外的企业进行投资，并对该国外企业的经营管理实施有效影响和控制的经济活动。引进外国直接投资会创造就业机会，培育新产业，从而促进经济增长。对外直接投资，能够促进当地产业的发展。

第一，中国在引进外资方面的经济外交，使中国有效地解决了搞经济建设面临的资金不足问题，接过了国际产业转移的"接力棒"，并不断推动中国产业升级。

"文化大革命"结束后，中国经济已经走到了破产的边缘。结束以"阶级斗争"为纲、搞经济建设已经成为全党共识，是民心所向。然而，如何筹措到经济建设所需要的资金，成为迫在眉睫的问题。这就涉及中国经济外交的另一个层面，即利用外资。

为了解决搞经济建设而资金不足问题，1978年7月15日国务院颁布了《开展对外加工装配业务试行办法》，鼓励开展"三来一补"的业务。这是中国在利用外资方面的重要决策，为中国在利用外资方面的经济外交开了先河。1979年9月3日，国务院颁发了《开展对外加工装配和中小型补偿贸易办法》，对中国在利用外资方面的经济外交进行了完善和改进。党的十一届三中全会之后，中国国家领导人邓小平提出了其利用外资的思想，指出"现在搞建设，门路要多一点，可以利用外国的资金和技术，华侨、华裔也可以回来办工厂。吸收外资可以采取补偿贸易的方法，也可以搞合营，先选择资金周转快的行业做起。当然，利用外资一定要考虑偿还能力"。②在邓小平利用外资思想的指导下，中国在利用外资方面的经济外交日臻完善和成熟。1980年中共中央和国务院正式决定在广东深圳、珠海、汕头三个城市和福建厦门设立经济特区，全力引进外来资本，实行特殊的经济政

① 中国自由贸易区服务网，http://fta.mofcom.gov.cn，2020-10-28.

② 邓小平．搞建设要利用外资和发挥原工商业者的作用[M]//邓小平文选（第二卷）．北京：人民出版社，1994：156.

策。特区的建立，是中国在利用外资领域的经济外交步入正轨的标志。之后，党中央和国务院在利用外资方面又做出了重大决策部署，在全国形成了经济特区—沿海开放城市—沿海经济开放区—内地开放省市的全方位、有重点的从沿海、边疆到内地的对外开放和利用外资的新格局。

党的十八大以来，在以习近平同志为核心的党中央坚强领导下，按照党中央、国务院的部署，在吸收外资方面，着力深化外资管理体制改革，不断放宽外资准入，加快国家级经济技术开发区和边境经济合作区的发展，取得明显的成效。据统计，2019 年全年，全国新设立外商投资企业约 4. 1 万家，实际使用外资 9415. 2 亿元，同比增长 5. 8%（折合 1381. 4 亿美元，增长 2. 4%；此统计未含银行、证券、保险领域数据）。服务业吸收外资 6817. 7 亿元，增长 12. 5%。其中，信息传输、软件和信息技术服务业，租赁和商业服务业吸收外资分别增长 29. 4% 和 20. 6%。制造业中，医药制造业、电器机械和器材制造业、仪器仪表制造业吸收利用外资分别增长 61. 3%、41. 2% 和 48. 2%。

高技术产业吸收外资增长 25. 6%，其中高技术服务业增长 44. 3%。如科学研究和技术服务业增长了 68. 4%。①

中国在利用直接投资方面的经济外交使中国接过了“劳动密集型”产业转移的“接力棒”，给普通民众提供了就业机会，让亿万民众亲身参与到变革社会的伟大实践中来，从根本上改变了中国的贫穷面貌。在新的历史形势下，中国放宽外资准入，深化服务业开放，促进产业升级，引导中国经济迈向高质量发展。吸收外资对中国经济社会发展的积极作用日益凸显，成为经济高质量发展、技术进步、扩大就业、国际收支平衡和深化改革等方面的重要推动力。外商投资企业贡献了全国近两成的税收、近半的外贸进出口、1/10 的城镇就业人数，持续助力法治化、透明化和国际化的投资环境建设。②

第二，中国在对外投资领域的经济外交，为中国调整产业结构、绕开国际市场障碍提供了条件，在促进本国经济高质量发展的同时，也带动了世界经济的发展。

资本在国家之间的流动主要有三种形式：商品输出、贷款和海外直接投资。在经济发展史上也体现为三个不同阶段。“二战”后，资本输出进入第三阶段：大量海外投资。事实证明，单纯的商品贸易不可能充分利用参与贸易各方所具有的比较优势（例如区位优势、资源优势等）。当贸易量达到一定程度的时候，很可能遭遇到当地政府所设置的关税或非关税壁垒的限制。大规模信贷又遇到了发展中国家债务负担过重甚至无力归还的问题。于是，为了充分发挥双方的比较优势，或者为了绕开市场障碍，跨国投资成了合乎逻

① 国家发展和改革委员会网站，https://www.ndrc.gov.cn/fggz/lywzjw/wstz/202003/t20200312_1223000.html.

② 中国外商投资报告 2019［EB/OL］. 商务部网站，http://wzs.mofcom.gov.cn/article/ztxx/202008/20200802993674.shtml.

辑的选择，大量事实已经证明，跨国投资是当今不可阻挡、不可逆转的潮流。中国的经济已经到了海外直接投资阶段。因此有计划、大规模地向那些和中国发展水平比较接近的国家和地区增加直接投资，发展经济合作，成为经济发展的必然选择。①

在这种情况下，中国在对外投资方面的部署全面展开。2000 年 3 月的全国人大九届三次会议期间，“走出去”战略被正式提出。“走出去”战略的最终明确，是在 2000 年 10 月召开的党的十五届五中全会上，全会审议并通过了《中共中央关于制定国民经济和社会发展第十个五年计划的建议》，首次明确提出了“走出去”战略。2001 年 3 月，朱镕基总理在九届全国人大四次会议上所做的《关于国民经济和社会发展第十个五年计划纲要的报告》中提出，适应经济全球化趋势，进一步提高对外开放水平，实施“走出去”战略，鼓励有比较优势的企业到境外投资。2002 年 11 月，江泽民在《全面建设小康社会，开创中国特色社会主义事业新局面》报告中再次明确提出，要“坚持‘引进来’和‘走出去’相结合，全面提高对外开放水平”。

党的十八大以来，中国在对外投资方面，深化管理体制改革，创新管理服务和保障方式，扎实推进境外经贸合作区的建设，深化国际产能合作，推动重大项目落地，加强事中事后监管，完善风险防控体系，对外投资实现了健康有序的发展。2019 年中国对外直接投资 1369.1 亿美元，流量规模仅次于日本（2266.5 亿美元）。2019 年末，中国对外直接投资存量达 2.2 万亿美元，低于美国（7.7 万亿美元）和荷兰（2.6 万亿美元）。中国在全球对外直接投资中的影响力不断扩大，流量占全球比重连续 4 年超过一成。②

中国的对外投资，为中国调整产业结构、应对反倾销和反补贴等“双反”调查挑战、促进中国经济高质量发展做出了贡献。中国的对外投资，也是全球有效需求的重要组成部分，促进了东道主国家的就业和资本形成，为世界经济发展提供了动力。

五、中国特色大国金融外交

改革开放以来，中国在不断推进和深化金融体制改革的过程中，实现了金融外交工作的飞跃式发展，基本完成了重返国际货币金融组织和全面参与国际货币金融合作的战略目标，形成了全方位、宽领域和深层次的金融外交格局，支持了我国经济的持续快速增长。

第一，重返和加入国际货币金融组织，参与国际货币、金融规则的制定与改革，为本国经济发展争取良好的国际环境。

国际货币基金组织和世界银行集团等布雷顿森林体系是国际货币金融合作的产物，也

① 徐滇庆. 中国的资本输出[J]. 中国投资，2000(11).

② 2019 年度中国对外直接投资统计公报[EB/OL]. http://www.fdi.gov.cn/CorpSvc/Temp/T3/Product.aspx? idInfo=10000499&idCorp=1800000121&iproject=33&record=13785.

是国际货币金融合作的重要平台和机制，只有加入这些机构才能真正参与国际货币金融合作。国际货币基金组织的宗旨包括：促进国际贸易的平衡增长和汇率稳定；帮助建立多边支付体系；提供资金帮助成员体纠正国际收支失衡；促进全球货币合作；为国际货币问题的协商提供论坛等。世界银行通过提供技术和资金支持（包括帮助各国改革特定部门或实施具体项目，如修建学校和医疗中心、供水和供电、防治疾病和保护环境），促进长期经济发展和减贫。1980 年 4 月和 5 月，我国先后恢复了在国际货币基金组织和世界银行集团的合法席位，标志着我国金融外交工作进入了一个崭新的阶段。国际清算银行（BIS）被称为“中央银行的银行”，在促进各国中央银行业务合作与信息交流、金融稳定与政策协调等方面发挥着重要的作用。中国人民银行先后与国际清算银行建立了外汇储备管理等业务联系，并以观察员身份出席该行的年会。中国于 1988 年正式提出加入国际清算银行的申请，于 1996 年认缴了股本金，成为正式成员。

第二，2007—2008 年国际金融危机爆发后，中国全面参与国际金融体系改革，提高了中国在国际金融领域的话语权，有力地推动了国际经济治理的民主化进程。

21 世纪以来，“二战”之后所形成的国际货币金融体系已经无法反映变化了的国际经济格局，但强大的路径依赖和被体制所固化的利益使改革进展缓慢。发端于美国次贷危机的国际金融危机充分反映了以美元为本位的货币制度、金融监管制度和全球金融治理架构的缺陷。

为了减少现行的国际金融体系给中国造成的不利影响，中国先后在 20 国集团华盛顿峰会、伦敦峰会、匹兹堡峰会、多伦多峰会和首尔峰会上，对危机应对和国际金融体系改革提出了一揽子政策建议方案，就进一步改革国际货币体系、改进国际货币基金组织治理结构、提高发展中国家的代表性和发言权等问题提出了一系列主张。根据伦敦峰会共识，我国成为金融稳定理事会、巴塞尔银行监管委员会等国际金融标准制定机构的新成员，增强了我国在国际金融领域的制度性权力。此外，中国在国际货币基金组织和世界银行集团所持有份额均跃居全球第三，仅次于美国和日本。中国以 20 国集团（G20）机制为主要平台，全面参与全球经济治理，积极推动国际金融体系改革，努力创造有利于我国发展的良好国际环境，有力地维护了我国的战略利益。

六、新时代中国特色大国经济外交——“一带一路”

2013 年 9 月 7 日，中国国家主席习近平访问哈萨克斯坦期间，在纳扎尔巴耶夫大学发表讲话，提出了构建“新丝绸之路经济带”的倡议。同年 10 月 3 日，习近平主席又在印度尼西亚国会提出了共同建设“21 世纪海上丝绸之路”的倡议。这两个倡议被概括为“一带一路”经济合作倡议。而通过经济合作促进共同发展则是“一带一路”倡议的首要宗旨，因此开展广泛的经济合作必将成为“一带一路”建设的主要内容。“一带一路”是新时期中国对外开放、构建人类命运共同体、实现共同发展的路线图，是新时代中国特色大国经济外交的具体表现。“一带一路”经济合作倡议是经济外交的“一揽子”方案，它对贸易、投资和金融等领域的经济外交进行了整合，具体包括政策沟通、贸易畅通、设施联通、资金融通和民心相通等五个方面的内容。

“一带一路”作为中国高水平对外开放的经济合作倡议，是中国引领全球经济治理、促进世界经济充分发展的中国方案。通过政策沟通，中国愿意分享经济体制改革的经验，加强与“一带一路”沿线国家的发展战略对接，促进中国与世界经济良性互动、共同发展。在贸易畅通方面，中国不断创新贸易合作机制，举办中国国际进口博览会以及以降低进口汽车整车、汽车零部件和日用品等产品的关税为重要抓手，主动增加进口，促进国际收支中的经常项目更加平衡。深入推进贸易畅通，从而带动多边贸易体制中相关国家的贸易和经济增长，减少贸易保护主义的冲击，引领多边贸易谈判。中国已经对最不发达国家97%税目的产品给予零关税待遇，以提高这些国家的贸易能力。设施联通作为“一带一路”的优先领域，能够切实弥补沿线国家的短板，带动相关国家的贸易，推动当地经济发展，有利于协助解决这些国家交通基础设施等公共品提供不足的问题。资金融通是“一带一路”经济合作的重要支撑，通过与国际货币基金组织、世界银行、亚洲开发银行、亚洲基础设施投资银行、丝路基金等金融机构的合作，为“一带一路”沿线国家乃至世界范围内的基础设施建设提供资金支持，真正促进贸易，带动相关国家的经济增长。民心相通是“一带一路”建设的社会根基。传承和弘扬丝绸之路友好合作精神，广泛开展文化交流、学术往来、人才交流合作、媒体合作、青年交往和妇女交往、志愿者服务等，为推动“一带一路”建设奠定坚实的民意基础。

参考文献

[1] 邓小平. 搞建设要利用外资和发挥原工商业者的作用[M]//邓小平文选(第二卷). 北京:人民出版社,1994.

[2] 李巍. 理解中国经济外交[J]. 外交评论,2014(1).

[3] 王喆,夏保泉. 逆全球化背景下的中国特色经济外交[J]. 公关世界(理论版),2020(3).

[4] 徐滇庆,李瑞. 政府在经济发展中的作用[M]. 上海:上海人民出版社,1999.

[5] 徐滇庆. 中国的资本输出[J]. 中国投资,2000(11).

[6] 徐占忱,陈文玲. 新时期中国的大国经济外交方略论[J]. 全球化,2014(7).

[7] 赵进军,江瑞平,刘曙光. 中国经济外交年度报告[M]. 北京:经济科学出版社,2010.

[8] https://unstats. un. org/unsd/snaama/dnlList. asp,2020 - 10 - 29.

［9］中国自由贸易区服务网，http://fta.mofcom.gov.cn，2020-10-28.

［10］国家发展和改革委员会网站，https://www.ndrc.gov.cn/fggz/lywzjw/wstz/202003/t20200312_1223000.html.

［11］中国外商投资报告2019［EB/OL］．商务部网站，http://wzs.mofcom.gov.cn/article/ztxx/202008/20200802993674.shtml.

［12］2019年度中国对外直接投资统计公报［EB/OL］. http://www.fdi.gov.cn/CorpSvc/Temp/T3/Product.aspx？idInfo=10000499&idCorp=1800000121&iproject=33&record=13785.

/第二篇/

中国的新发展格局

第二章

[illegible]

本篇由五篇文章构成。

《从消费率看中国消费潜力与实现路径》一文研究发现，中国最终消费率和居民消费率均偏低，纵向上看还呈现长期走低的趋势，但偏低的消费率可能意味着中国居民消费需求增长还有较大的潜力或空间。通过分析中国低消费率的原因，文章指出要促进居民消费增长，把消费率提高到应有的水平，需要不断提高居民可支配收入在GNI中所占的比重，特别是要提高劳动者报酬在GNI中所占的比重。要秉承国强民富的理念，完善分配制度以提高居民消费。

《中国收入分配格局的研究综述与未来展望》以收入分配格局所形成的三个阶段为大框架，梳理国内近年来关于收入分配的研究文献，并对当前研究现状、贡献、问题及未来展望进行评述和总结。文章指出，当前收入分配领域的文献仍存在一些基础问题，应注重概念体系的构建和理论研究，未来研究应更深入地剖析和理清三次分配对收入差距的复杂的影响机制。

《乡村振兴激活庞大内需空间——基于浙江安吉“茶二代”的观察视角》以浙江安吉的茶业发展为例，展示其运用文化、创意、设计赋予了安吉白茶更大价值空间，把传统的安吉白茶种植变为具有生活休闲、生态保护、旅游度假、文明传承和休闲养生等多重功能的活动，辐射带动了地区产业发展。从安吉“茶二代”，我们看到了乡村振兴过程中激活内需空间的重要性。农村要留住人才，留住资源，形成强大的内生发展动力，这也是未来农业发展的必然趋势。

《正确理解内循环为主体的“新发展格局”》指出，构建内循环为主体的“新发展格局”是当前建设现代化强国，解决社会主要矛盾、供需结构矛盾的必然要求，是在当前国际秩序加速重构、全球化进程受阻的背景下的必然选择。面对百年未有之大变局，要求以畅通国民经济内循环为主，抓住扩大内需这个战略基点，多措并举，高效畅通国民经济循环，培育新形势下中国参与国际合作和竞争的新优势，促进中国经济转危为机、行稳致远。

《习近平新时代中国特色社会主义经济思想的理论特征与逻辑框架研究》分析概括了习近平新时代中国特色社会主义经济思想的理论特征和逻辑框架，提出了该思想的“四元框架”，即形成党对经济工作集中统一领导的体制机制、形成以新发展理念为指导的经济政策体系、形成以供给侧结构性改革为主线的经济发展思路、形成稳中求进的经济工作方法论，并以此为指导，推动中国经济从高速增长阶段转向高质量发展阶段。

从消费率看中国消费潜力与实现路径

方福前①

【摘要】 无论是进行同期比较，还是在相同的人均GDP水平上进行比较，中国最终消费率和居民消费率都是偏低的，既大大低于发达国家，也明显低于中国周边的代表性国家。重要的是，从2004年开始中国消费率呈现下降趋势，21世纪第二个10年中国居民消费率低于第一个10年，其峰值降低了2.23个百分点。这也从侧面说明中国消费市场特别是居民消费需求增长还有较大的潜力或潜能。从宏观经济学视角分析，要促进居民消费增长，把消费率提高到应有的水平，需要不断提高居民可支配收入在GNI中所占的比重，特别是要提高劳动者报酬在GNI中所占的比重，这两个比重对提高居民消费率是重要的。这也提示我们，需要从进一步改革和完善收入分配制度入手，不断提高居民收入水平特别是低收入者和困难群体的收入水平，促进居民消费稳步增长。

【关键词】 消费率；消费潜力；劳动者报酬；收入分配

新冠肺炎疫情对中国和全球经济造成了严重冲击，经济的供给侧和需求侧同时遭受打击和压制，经济衰退的烈度和深度超过了2008年国际金融危机。在严峻的形势下，“扩大内需”再次作为拯救经济的重点政策手段出现在国务院的《政府工作报告》中。并且，2020年的《政府工作报告》强调“坚定实施扩大内需战略”，明确提出“推动消费回升。通过稳就业促增收保民生，提高居民的消费意愿和能力”②。

从党的十九大提出的2035年中国将要基本实现社会主义现代化这一目标来看，也需

① 方福前，中国人民大学经济学院教授，博士生导师，经济学博士，中国人民大学中国经济改革与发展研究院（教育部重点研究基地）、中国人民大学国家发展与战略研究院（国家高端智库）研究员。本文是国家社会科学基金重大专项项目“到2035年中国经济发展潜能与新动能分析”（批准号：8VBN009）阶段性成果。本文原载《经济学家》2020年第8期。因杂志版面限制，原发时文章有删减，本次刊发恢复了全文。

② 李克强．在十三届三次人大会议上的政府工作报告[N]．人民日报，2020－05－30(1－2)．

要未来 15 年中国消费特别是居民消费稳步增长，消费率提高到应有的水平，以支持基本实现现代化目标所需要的经济增长速度和人民生活水平提高的幅度。

扩大内需，特别是扩大居民消费需求涉及的关键问题是，中国居民消费还有多大潜力？如何把居民消费潜力转化成消费能力或实际消费需求？本文就上述问题进行分析。

一、文献综述

中国学术界对中国经济中的最终消费率（简称消费率）和居民消费率的关注始于 1997 年东南亚金融危机爆发以后。在那次危机冲击下，中国经济首次出现内需不足。20 多年来，围绕中国消费不足和消费率偏低问题，经济学界发表了大量的研究成果。

范剑平（1999）发现[①]，改革开放后，中国居民消费率经历了一个先升后降的过程，1981 年达到最大值（53.1%），此后开始下降，1997 年下降到 47.5%，低于 1978 年的 50.5%。该文认为，改革开放后出现的居民消费率走低不再是低收入分配政策的结果，而是城乡居民消费倾向下降的结果。张清平（2003）通过统计数据分析发现[②]，1978—2001 年，中国居民消费率呈现持续走低的基本走势，从 1978 年的 48.8% 下降到 2001 年的 46.6%，下降了 2.2 个百分点。在这 24 年里，中国居民消费率年平均为 49.2%。该文认为，与 H. 钱纳里等的实证研究结果相比，中国居民消费率大约偏低 14.4 个百分点；与不同收入水平的国家相比，中国居民消费率比低收入国家低 11～16 个百分点，比中等收入国家低 14 个百分点左右，比高收入国家低 10～16 个百分点，比南亚国家低 20 个百分点以上。该文把中国居民消费率偏低的原因概括如下：制度变迁提高了居民的储蓄倾向，降低了即期消费；城乡人口二元结构抑制了居民消费率的提高；居民收入增长缓慢；城乡居民收入差距扩大；消费政策不合理；消费环境不完善等。陈斌开（2012）通过实证分析发现[③]，中国居民消费率走低主要是由收入水平提高和城乡收入差距扩大导致的。因为根据生命周期理论，收入水平越高，居民平均消费倾向和边际消费倾向越低；收入差距越大，居民消费需求越低。韩雷和彭家欣（2019）发现[④]，中国居民消费率从 1992 年的 46.8% 下降至 2016 年的 39.5%。从国际比较来看，中国居民消费率是处于低位的。该文认为，中国居民消费率受收入、金融体制和社会保障、产品供给和社会文化等系统性因素影响。王宋涛（2014）发现[⑤]，自 1997 年开始，中国居民消费率出现下降趋势，除了 2000 年因

---

① 范剑平．我国居民消费率偏低的原因分析与开拓城镇市场的对策选择[J]．宏观经济研究，1999(6)．

② 张清平．70 年代末以来中国居民消费率变动实证研究[J]．经济纵横，2003(9)．

③ 陈斌开．收入分配与中国居民消费[J]．南开经济研究，2012(1)．

④ 韩雷，彭家欣．提升中国居民消费率：系统工程而非重点工程[J]．经济科学，2019(3)．

⑤ 王宋涛．中国居民消费率缘何下降[J]．财经研究，2014(6)．

政策刺激而导致短暂上升外，其他年份以将近1个百分点的速度持续下降，其原因可以通过宏观消费函数分解为居民收入比重下降、经济增长、居民消费倾向下降、城乡内部基尼系数增大以及城镇化提高和城乡收入差距扩大等。刘子兰和李晨（2017）发现①，中国居民消费率从2000年的46.7%一直下降到2012年的36.7%，2013年与2014年才略有增加，比同期相同收入水平国家的居民消费率低约15个百分点。该文通过分析中国居民消费率与城镇化率的解析方程，发现城镇化率和居民消费率之间呈"U"形关系。该文认为中国现阶段处于这条"U"形曲线的左边。陈昌兵（2010）进一步把城市化区分为城市规模化和市民化两个阶段。该文认为在城市规模化阶段，投资率随着城市化率的提高而上升，消费率随着城市化率的提高而下降；在市民化阶段，投资率随着城市化率的提高而下降，消费率随着城市化率的提高而上升。中国目前正处于城市规模化阶段向市民化阶段转变的过程中，因而消费率与城市化率之间存在着"U"形关系并且处在"U"形曲线左侧②。雷潇雨和龚六堂（2014）对中国176个城市2001—2010年的数据进行实证分析发现③，城镇化水平提高能够推动城市消费率的增长，但城镇化速度过快则会阻碍消费率增长。这个结果与陈昌兵、刘子兰和李晨的研究有明显分歧。高帆（2014）通过实证分析发现④，中国居民消费率主要受收入差距、人口结构以及财政格局等因素影响。其中，劳动者报酬占比提高1个百分点，会使居民消费率提高0.27个百分点；城乡收入差距提高1个百分点，会引起居民消费率下降0.06个百分点。傅程远（2016）根据中国1999—2012年省际面板数据分析发现⑤，导致中国消费率偏低的主要因素是居民可支配收入水平、税收负担的轻重、物价指数和区域产业结构等，因为这些因素直接或间接影响到消费支出规模及支出结构。张涛和刘洁（2016）运用SVAR模型对中国居民消费率的变动进行了因素分解，结果发现⑥，短期内中国居民消费率变动主要与前期消费有关，中长期影响居民消费率变动的主要因素是居民收入和税收负担。中国居民消费率不断下降主要是由于居民收入增长速度落后于经济增长速度。臧旭恒（2017）发现⑦，21世纪以来，中国最终消费率和居民消费率是持续大幅度下降的，近几年一直处于一个较低的水平。居民消费率2010年最低时为35.56%，2015年略微回升，为38.01%，仍然低于40%；中国居民消费率不但远远低于发达国家的水平，而且还低于亚洲平均水平（亚洲均值约为50%），甚至低于一些

① 刘子兰，李晨．城镇化与中国居民消费率的变动[J]．湖南师范大学社会科学学报，2017(5)．
② 陈昌兵．城市化与投资率和消费率间的关系研究[J]．经济学动态，2010(9)．
③ 雷潇雨，龚六堂．城镇化对于居民消费率的影响：理论模型与实证分析[J]．经济研究，2014(6)．
④ 高帆．劳动者报酬占比、城乡收入分配与中国居民消费率[J]．学术月刊，2014(11)．
⑤ 傅程远．中国消费率下降成因的实证研究[J]．经济问题探索，2016(2)．
⑥ 张涛，刘洁．基于SVAR的中国居民消费率变动因素分解与动态分析[J]．黑龙江社会科学，2016(3)．
⑦ 臧旭恒．如何看待中国目前的消费形势和今后走势[J]．学术月刊，2017(9)．

经济发展水平不如中国的国家。该文认为，中国消费率过低的主要原因是在国民收入初次分配中居民所得偏低，深层次的原因则是体制问题和经济发展模式问题。

一些学者还估计了中国最优消费率，据此来判断中国消费率是否偏低。赵鑫铖（2019）基于储蓄—消费行为内生化的拉姆齐模型，把经济达到稳态时的消费率界定为最优消费率，通过模拟相关参数和校准，得出改革开放以来中国最优消费率为63.02%的结论①。该文的结论意味着，中国消费率是偏低的。毛中根等根据代表性家庭效用最大化来估算中国最优居民消费率②。实证结果表明，1978—1990年，中国居民消费率与最优居民消费率基本吻合；1991—2000年，平均来看，中国居民消费率低于最优居民消费率7.8个百分点；2001—2010年，平均来看，中国居民消费率低于最优居民消费率18.3个百分点。该文认为，中国城镇居民消费率偏低是导致整体居民消费率偏低的主要原因。

以上这些研究成果对于理解中国消费率的现状和发展变化以及如何扩大内需是极富价值的。不过，通过梳理这些文献，我们也发现，一些学者仅仅以H. 钱纳里在20世纪七八十年代的研究结果为参照来作为判断中国消费率偏低的依据。须知，H. 钱纳里当年研究的主要是一些中小规模的国家，而中国既是一个地理大国，也是一个人口大国，更是一个GDP规模大国，中国与H. 钱纳里研究中的样本国家不能简单比较对照，更何况H. 钱纳里依据的经验数据是半个世纪以前的。还有一些学者只是用中国人均收入水平和消费率与低、中、高收入国家进行横向比较，这种横向直接比较有其不恰当之处。因为在同一个时期，不同国家的人均收入水平是不同的，不同的收入水平会有不同的消费倾向，因而消费率会不同，这种直接的横向比较如同在同一个季节拿新笋与旧竹进行比较。关于中国消费率和居民消费率偏低的原因，学者们由于分析视角和关注点不同，得出的结果莫衷一是。因此，中国消费率和居民消费率偏低的主要原因是什么？中国消费潜力还有多大？我们如何有针对性地提出对策建议？这些问题还需要进一步研究。

中国学术界的主流观点认为中国消费率和居民消费率偏低，但是也有一部分学者持相反的观点，这部分学者认为，由于统计口径不合理和一些数据不真实或遗漏，中国消费率和居民消费率被低估，实际上，中国消费率和居民消费率并不低。由于这一观点与本文的观点相左，所以本文将另辟一节（第三小节）来讨论这一观点。

二、中国消费率、居民消费率与消费潜力

消费率是一个经济体在一定时期生产的最终产品和服务（GDP）用于最终消费的比

---

① 赵鑫铖．我国最优消费率测算及其影响因素研究[J]．工业技术经济，2019(3)．

② 毛中根，孙豪，黄容．中国最优居民消费率的估算及变动机制分析[J]．数量经济技术经济研究，2014(3)．

重，是衡量宏观经济中总需求结构的重要指标。它既反映了一个经济体的消费能力，也能反映消费在总产出规模结构以及在经济增长中的地位和作用。

改革开放以来，中国经济的总需求结构变化的一个特征事实是，1978—2003 年，除了 1993 年和 1994 年以外，消费率一直在 60% ~70%，同期资本形成率一直在 30% ~40%；但是自 2004 年开始，消费率下降到 50% ~60%，最低跌破 50%（2010 年为 49.3%），而资本形成率提高到 40% ~50%，最终消费和资本形成占 GDP 的比重此消彼长约 10 个百分点。虽然从 2011 年开始，最终消费率逐渐回升，但是一直没有突破 56%（见图 1）。

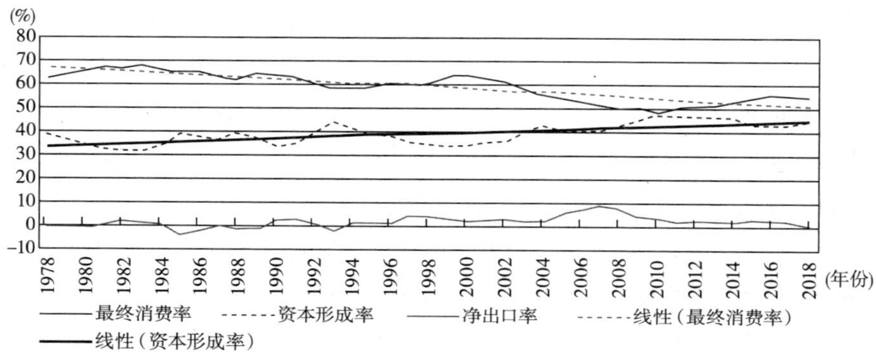

图 1　改革开放以来中国经济三大需求占比变化

资料来源：中国国家统计局（国家数据）。

一般来说，随着经济发展不断跃升到新台阶，人均 GDP 不断提高，经济增长越来越倚重消费增长，最终消费率不断上升，这是工业化进程中经济结构变化的特征之一（H. 钱纳里等，1975，1986）。例如，日本最终消费率在 20 世纪 70 年代初低于 60%（1970 年和 1971 年分别是 57.8% 和 59.69%），80 年代上升到 65% 上下，90 年代末进一步上升到 75% 上下并且一直保持到现在。在中国经济高速增长阶段最终消费率不升反降，似乎有些异常。

那么，中国目前的消费率是正常、偏高还是偏低呢？本文第一小节文献综述表明，中国学术界对这个问题的认识不一，甚至存在截然相反的论断。更重要的是，21 世纪前 20 年中国居民消费率进一步低于东南亚金融危机前的居民消费率（见图 1），这一变化趋势为我们重新探讨这个问题提供了很好的“问题导向”。

下面我们通过比较分析来对中国居民消费率状况做出判断。

表 1 选取的是七国集团（G7）2004—2018 年的最终消费率。在 G7 中，消费率最高的是英国（85% 上下），其次是美国（83% 上下）和意大利（80% 上下），其他四国均在 80% 以下。中国 2004 年以来的消费率比英美两国低 27 ~30 个百分点，比其他五国低 18 ~25 个百分点。

表1　G7 2004—2018 年的最终消费率 （%）

年份	加拿大	法国	英国	意大利	日本	美国	德国
2004	74.39	77.10	84.91	78.15	73.63	82.41	74.96
2005	73.62	77.46	84.57	78.93	73.74	82.15	75.31
2006	73.88	77.00	83.86	78.86	73.84	82.04	74.01
2007	74.17	76.55	83.43	78.09	73.62	82.38	71.85
2008	74.37	77.03	84.68	78.99	75.00	83.80	72.48
2009	79.74	79.46	86.66	81.11	78.13	84.94	76.43
2010	78.66	79.34	85.91	81.28	77.24	84.68	74.67
2011	77.23	78.73	85.25	80.93	78.44	84.62	73.46
2012	77.26	78.67	85.33	81.11	78.89	83.49	74.18
2013	76.86	78.75	84.98	80.71	79.13	82.51	74.19
2014	76.24	78.44	84.28	80.15	78.55	82.12	73.01
2015	78.87	77.85	83.97	79.88	76.40	81.78	72.44
2016	79.60	78.00	84.22	79.15	75.60	82.43	72.42
2017	78.81	77.69	83.68	79.11	75.16	82.47	72.15
2018	79.02	77.32	84.01	79.34	75.33	82.28	72.04

资料来源：World Bank Open Data。

G7 被认为是世界上最发达和现代化程度最高的国家，是最发达的市场经济体。这 7 个国家除了日本，都在西方文化圈内（但日本受西方文化染色较重），无论是经济所处的发展阶段、发展水平，还是消费观念，都与中国有很多不同。中国的消费率似乎与 G7 不可比。下面我们选取中国周边的亚洲七国——韩国、新加坡、印度、马来西亚、菲律宾、泰国和越南作为分析比较的参照系，这 7 个国家在文化和消费观念上与中国接近——当然它们在不同程度上受西方文化和消费观念浸染。在这 7 个国家中，新加坡和韩国的人均 GDP 高于中国，马来西亚的人均 GDP 略高于中国，其他四国人均 GDP 低于中国①。我们选取的时间段同样是 2004—2018 年，这一时期这 7 个国家的最终消费率见表 2。

如表 2 所示，除新加坡外，其他 6 个国家的消费率均明显高于中国的消费率，比中国人均 GDP 水平低的印度、菲律宾、泰国和越南四国的消费率也高于中国。其中，越南的消费率比中国同期高出约 18 个百分点，菲律宾甚至高出中国约 26 个百分点。

① 据世界银行数据，2018 年，中国人均 GDP 为 9770.85 美元；新加坡、韩国和马来西亚人均 GDP 分别为 64581.94 美元、31362.75 美元和 11373.23 美元；泰国、菲律宾、越南、印度人均 GDP 分别为 7273.56 美元、3102.71 美元、2566.60 美元和 2009.98 美元。

表 2　2004—2018 年亚洲七国最终消费率　（%）

年份	印度	韩国	马来西亚	菲律宾	新加坡	泰国	越南
2004	68. 76	64. 16	56. 58	83. 89	52. 32	68. 99	71. 47
2005	67. 74	65. 49	55. 66	84. 05	49. 75	69. 49	70. 95
2006	65. 91	66. 60	55. 50	83. 78	48. 01	67. 95	70. 62
2007	65. 62	66. 31	56. 72	82. 76	45. 90	66. 47	73. 66
2008	67. 22	67. 07	56. 21	83. 17	50. 06	67. 98	76. 50
2009	67. 42	66. 82	61. 89	84. 53	49. 03	69. 05	74. 27
2010	65. 73	64. 79	60. 70	81. 27	46. 03	67. 98	72. 55
2011	67. 29	65. 55	61. 24	83. 17	45. 85	69. 10	72. 26
2012	67. 14	66. 20	63. 49	85. 06	46. 16	69. 31	70. 43
2013	67. 94	65. 92	65. 53	84. 19	47. 08	68. 60	71. 61
2014	68. 57	65. 47	65. 75	83. 09	47. 22	69. 32	72. 07
2015	69. 44	64. 32	67. 05	84. 68	47. 35	68. 14	74. 29
2016	69. 64	63. 83	67. 35	84. 89	46. 76	66. 76	75. 05
2017	70. 01	63. 43	67. 57	84. 71	46. 05	65. 10	74. 54
2018	70. 62	64. 74	69. 37	85. 75	45. 48	64. 90	74. 04

资料来源：World Bank Open Data。

就 2018 年的相关数据来看，新加坡的人均 GDP 大约是中国的 6. 6 倍，但是其消费率却比中国低约 8 个百分点。高收入却低消费率，这是高收入国家和地区中少见的例外。仔细研究一下新加坡的国民收入支出结构会发现，其中的原因是新加坡的国民储蓄率很高。1988—2019 年，新加坡的国民储蓄率一直在 41% ~53%，比同期中国的储蓄率高很多。新加坡的高储蓄率可能与新加坡是一个袖珍小国、以汉文化为主的多元文化和高度国际化等因素有关。

我们再来分析中国居民消费率。

首先我们将中国居民消费率（居民消费支出占 GDP 的比例）与表 2 中的韩国等亚洲七国同期的居民消费率进行比较，如图 2 所示，在这 8 个国家中，中国居民消费率是垫底的。中国居民消费率仅仅和新加坡相当，明显低于其他六国，比菲律宾低 34 ~38 个百分点，比越南低 24 ~34 个百分点。前文说过，菲律宾、越南、泰国和印度的人均 GDP 均低于中国。其中，菲律宾的人均 GDP 大约是中国的 1/3，越南和印度的人均 GDP 分别是中国的 1/4 和 1/5。人均 GDP 略高于中国的马来西亚，其居民消费率比中国高出 3 ~18 个百分点。也就是说，不论人均 GDP 是高于还是低于中国，这 7 个国家除了新加坡的居民消费率与中国相当外，其他国家的居民消费率均大大高于中国。

当然，对于不同人均 GDP 水平的国家其居民消费率是不可比的，因为消费是收入水

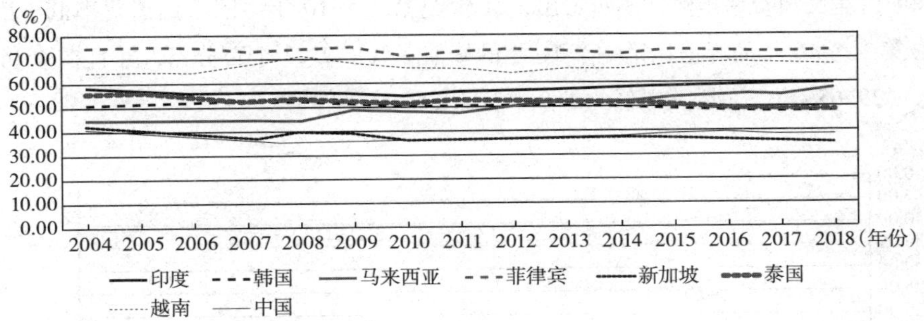

图 2　2004—2018 年中国与亚洲七国居民消费率比较

资料来源：根据 World Bank Open Data 相关数据计算得出。

平的增函数，处在不同经济发展阶段和人均 GDP 水平，居民消费倾向和消费率可能是不同的，甚至差异是很大的。下面我们再对相同的人均 GDP 水平的若干国家的居民消费率进行比较。

中国人均 GDP 是在 2019 年越过 10000 美元的，因此我们只能选择人均 GDP 水平为 3000 ~ 10000 美元作为比较的参照系。表 3 是我们根据世界银行提供的相关数据计算得出来的结果。

表 3　若干国家人均 GDP 在 3000 ~ 10000 美元时的居民消费率

国家	人均 GDP 为 3000 ~ 10000 美元所在的年份	居民消费率（%）
中国	2008—2018 年	35. 44 ~ 39. 65
韩国	1987—1993 年	48. 27 ~ 50. 44
日本	1973—1980 年	60. 18 ~ 67. 02
美国	1960—1977 年	59. 60 ~ 61. 26
英国	1972—1985 年	64. 90 ~ 68. 78
德国	1971—1978 年	53. 95 ~ 54. 59

注：美国的居民消费率是 1970—1977 年的数值。1960 年美国人均 GDP 就超过 3000 美元（为 3007. 12 美元），但是 1970 年以前美国政府消费率数据缺失，无法根据最终消费率推算出 1960—1969 年美国的居民消费率。

资料来源：根据 World Bank Open Data 相关数据计算得出。

表 3 表明，在相同的人均 GDP 水平上，中国居民消费率不但大大低于世界经济最发达的英美德三国的居民消费率，而且大大低于近邻的韩国和日本的居民消费率。图 2 又告诉我们，在同一时期（2004—2018 年）中国居民消费率甚至大大低于比中国人均 GDP 水平低得多的菲律宾、越南、泰国和印度。因此，无论怎么比较，都证明中国居民消费率偏低。

中国居民消费率不但偏低，而且从纵向上看其还呈现长期走低的趋势。图 3 是 21 世纪以来中国居民消费率走势，不难看出，21 世纪第二个 10 年中国居民消费率低于第一个 10 年，第二个 10 年的峰值比第一个 10 年的峰值降低了 2. 23 个百分点，并且在 2016 年达到高点（39. 65%），之后又走低约 1 个百分点。

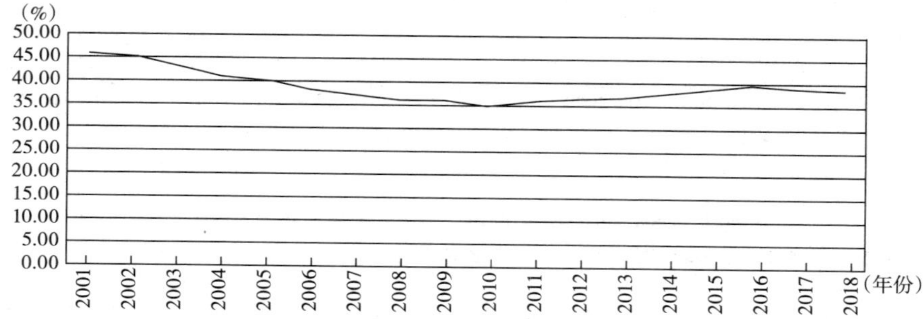

图 3　2001—2018 年中国居民消费率

资料来源：根据 World Bank Open Data 相关数据计算得出。

三、中国消费率和居民消费率被低估了吗

上述数据分析表明，不论是与发达国家，还是与发展中国家或我国的近邻国家比较，中国的消费率都是明显偏低的，并且自 2004 年以来一直如此。同时，中国居民消费率与相关国家或相同人均 GDP 国家相比，甚至更低。

为什么中国消费率和居民消费率长期偏低呢？会不会是中国消费率和居民消费率被低估了呢？

中国学界有一种观点就认为中国消费率和居民消费率被低估了，真实的消费率不是像官方统计数据所显示的那么低。据作者所接触到的文献，最早提出中国居民消费率被低估的似乎是王秋石和王一新在《经济学家》2013 年第 8 期上发表的《中国居民消费率真的这么低吗——中国真实居民消费率研究与估算》一文。该文重新估算的结果是，中国居民消费率更加接近与中国有相似经济结构的国家的水平。但是该文的估算思路和方法存在一定的问题，例如，该文用社会消费品零售总额替代居民商品消费支出，用第三产业增加值的增长速度替代居民服务消费支出增长率；用重新估算的居民消费支出直接除以国家统计局公布的 GDP，也就是在 GDP 数值不变的前提下直接调高居民消费率。已有学者对该文提出了商榷①，本文在此不再赘述。

本节要讨论的是另外两篇代表性论文，一篇是朱天和张军 2014 年发表的《中国的消

① 高敏雪. 隐性收入对当前中国居民消费率低估的影响机理[J]. 统计研究，2017(7)：3 - 11.

费率被低估了多少》一文（以下简称“朱文”），另一篇是何昀、毕波、张喆2017年发表的《我国居民消费率的重新估算》一文（以下简称“何文”）。

朱文系统研究了中国居民消费支出的相关数据后，对中国居民消费率进行了重新估算，发现“（中国）官方（国家统计局）数据大大低估了中国的消费水平，真实的消费率比官方公布的水平高出10个百分点以上，超过GDP的60%。从东亚高收入经济体的经验来看，这可能是一个快速增长的发展中国家正常的甚至是理想的比率”。[①]朱文认为导致中国居民消费率被低估的原因有三个：住房消费、企业公款支付的个人消费和高收入人群消费的低估或漏记[②]。朱文用使用者成本法重新估算了中国居民自有住房的虚拟租金（imputed rents），结论是：居住消费率在2004—2011年都超过了GDP的12%，与OECD国家公布的居住消费率非常接近。各年的居民消费占GDP的比重也因此提高了约4.5个百分点，总消费率提高了约4个百分点[③]。朱文认为中国企业普遍存在用公款支付的个人消费，例如公车私用、公款旅游、公款吃喝招待等，这些消费相当一部分属于私人消费，但是却计入了企业的经营成本。朱文估计，如果这部分支出计入私人消费的话，中国的总消费率又会提高1个百分点[④]。不过，朱文认为导致中国消费率被低估的最重要原因还是国家统计局住户收支调查中高收入人群代表性不足，从而大大低估了全体居民的实际收入和消费。我们知道，国家统计局是通过住户抽样调查来获取样本住户的消费数据，然后再用这个样本住户的人均消费支出乘以总人口数获得全国住户的消费支出总额的。朱文通过对中国国家统计局提供的资金流量表和住户调查数据进行比较发现，资金流量表中的住户可支配收入要远远大于住户调查得出的居民可支配收入，后者只占到前者的70%多，也就是说，住户调查得到的城乡居民总收入可能比实际收入水平低估了大约30%[⑤]。朱文认为这部分住户调查没有反映出来的收入来自高收入家庭，而高收入家庭的消费率要低于城乡居民平均消费率。因此朱文推断这部分高收入家庭的收入和消费被遗漏了。朱文估计，如果把这部分遗漏加上去，以2009年数据为例，中国消费率可以提高7.6个百分点。

朱文的研究是有价值的，分析和估算是细致的。但是朱文也有使人生疑之处：①关于中国居民的居住消费率。朱文认为中国居民的居住消费率与OECD国家非常接近，而朱文分析的数据是2004—2011年的数据。我们知道，OECD国家绝大多数都是发达国家和高收入经济体，它们的人均住房面积大大超过中国的人均住房面积。据《中国统计年鉴》

① 朱天，张军．中国的消费率被低估了多少[J]．经济学报，2014(2):63.（附带说明，朱文所说的“消费率”通常是指“居民消费率”）

② 朱天，张军．中国的消费率被低估了多少[J]．经济学报，2014(2):46.

③ 朱天，张军．中国的消费率被低估了多少[J]．经济学报，2014(2):54.

④ 朱天，张军．中国的消费率被低估了多少[J]．经济学报，2014(2):57.

⑤ 朱天，张军．中国的消费率被低估了多少[J]．经济学报，2014(2):59.（在该文第61页，作者又说低估了40%）

（2014）提供的数据，2004—2011 年中国城镇居民人均住房面积由 26.4 平方米提高到 32.7 平方米，同期中国农村居民人均住房面积由 27.9 平方米提高到 36.2 平方米。而 OECD 国家，除了西班牙等少数几个国家人均住房面积不到35 平方米以外，其他成员国的人均住房面积都在 35 ~ 70 平方米。并且更重要的是，OECD 国家居民大多（主要是高收入阶层和中产阶层）居住的是带有自家庭院的独栋私宅（house）或别墅——尽管这个私宅或别墅的房产权不一定都是居住者自有的——而中国居民除了少数富豪和高级别的高干，绝大多数居民居住的是公寓（apartment）。如果按照朱文所说的使用者成本测算的话，中国居民的住房消费率怎么可能与 OECD 国家相接近呢？②关于企业用公款支付个人消费。企业用公款支付个人消费是世界各国企业都存在的一种普遍现象，不是中国独有。在以私人企业为主的西方国家，这种现象可能更加普遍，在这些国家似乎也是一种正常现象。例如，美国企业的成本支出中就有差旅费和交际费支出，其中交际费就包括购物、吃喝、招待等。里根政府执政伊始实施减税，后来美国由于财政赤字扩大和结构性改革的需要，又于 1986 年颁发《税收改革法案》（*Tax Reform Act*），将企业差旅费和交际费支出由免税改为课税。所以，用企业公款支付个人消费并不是中国特有的做法。这方面的问题在于，中国是国有企业和民营企业共同发展的国家，国有企业不是私人企业，国有企业用公款支付个人消费从法理上和经济依据上看都是应该予以诟病的，这个问题也是这些年国有企业改革的内容之一。③关于中国居民收入被低估。朱文根据资金流量表中的住户可支配收入大于住户调查获得的居民可支配收入推断出城乡居民总收入可能比实际收入水平低估了 30%，进而又推断这部分被低估的收入主要是高收入家庭的收入，并据此进一步认为一部分高收入家庭的收入和消费被遗漏了，所以导致消费率被低估。这个推断是有疑问的。做过问卷调查的研究者都清楚，在对个人进行家庭经济状况的问卷调查时，个人一般都有“低报收入、高报（消费）支出”的倾向，只是不同收入阶层这种“低报”与“高报”的比例不同，高收入阶层因出于“怕露富”的心理低报收入的倾向可能更强。这也可以解释在一些通过问卷调查建立的数据库（例如 CFPS）中，为什么家庭消费支出有时会大于家庭可支配收入①。但是不能根据“低报收入、高报（消费）支出”的倾向就推断出消费率一定被低估，因为，如果住户调查获得的居民可支配总收入小于资金流量表中的住户可支配总收入是“低报收入、高报（消费）支出”的倾向产生的话，那么中国居民的消费

① 个别家庭出现这种情况可以用家庭负债消费（负储蓄）来解释。但是某一年或几年通过微观加总获得宏观数据出现这种情况就无法这样解释了。

率就不是被低估，而是被高估了！①

何文认为，从跨国数据看，同样经历过高储蓄、高投资的东亚一些国家和地区在经济增长最快的阶段，其最终消费率也很少有低于60%的情况，所以我们有理由怀疑中国的最终消费率是不是真的低到只有50%上下。

何文从四个方面重新估计了中国的居民消费和消费率：第一，利用等价租金法（Rental Equivalence Approach）重估城镇居民的住房消费。第二，选择用第三产业增加值增速代替服务性消费增加值增速重估服务消费。第三，将网络购物消费纳入居民消费中。第四，将企业购买和投资中的一部分纳入居民消费中②。何文重估的思路和方法有几点和朱文不同：①重估城镇居民的住房消费，何文使用的是等价租金法，而朱文使用的是使用者成本法（User Cost Approach）。何文用等价租金法重估后的居民消费率只提高了2个百分点，即在上限值下，2012年中国居民住房消费占GDP的比例由37.1%提高到39.1%③，而根据朱文的重估，仅这一项就使居民消费率提高了4.5个百分点。②何文用第三产业增加值增速代替服务性消费增加值增速重估居民服务消费支出。重估后，2010—2012年中国居民消费率只分别提高了0.4个、0.9个和0.8个百分点④⑤。③何文把网购消费纳入居民消费。经过重估，2009—2012年的中国居民消费率提高了0.4~1.5个百分点。

经过四个方面的重估，何文得出的结论是：2012年中国居民消费率由37.1%提高到43.2%，中国最终消费率由50.8%提高到53.8%，只分别提高6.1个和3个百分点。何文不无遗憾地说，经过他们重新估算，中国的消费率和居民消费率仍然偏低，仍然比OECD国家低10个百分点以上⑥。

仔细分析一下，何文有几点值得商榷：①用第三产业增加值增速代替服务性消费增加值增速是否合理？因为，第三产业提供的服务既包括生产性服务，也包括消费性服务，第三产业增加值增速应当是这两类服务增加值的综合增速，用“服务性消费增加值增速＝第三产业增加值增速”显然有一定的片面性。②国家统计局在进行住户消费支出抽样调查时并没有排除网购消费支出。③何文主要使用“中国家庭追踪调查”（CFPS）数据作为重估的依据，可是CFPS数据库中家庭问卷的样本量只有14000户上下，且有效样本通常只有

---

① 居民消费率＝居民消费支出/GDP，如果被调查居民普遍存在“低报收入、高报（消费）支出”的话，这个公式中的分子（即消费支出）会增大。而被调查者所报的收入并不是GDP或人均GDP，而是他的个人（或家庭）收入或可支配收入。因此，如果调查中普遍存在“低报收入、高报（消费）支出”的现象，加总的结果只会使居民消费率被高估而不会被低估。如果按照居民消费率＝居民消费支出/可支配总收入计算，居民消费率应当更被高估，因为可支配总收入 < GDP。

② 何昀，毕波，张喆．我国居民消费率的重新估算[J]．湖南大学学报（社会科学版），2017（2）：83.

③ 何昀，毕波，张喆．我国居民消费率的重新估算[J]．湖南大学学报（社会科学版），2017（2）：86.

④⑤ 何昀，毕波，张喆．我国居民消费率的重新估算[J]．湖南大学学报（社会科学版），2017（2）：87.

⑥ 何昀，毕波，张喆．我国居民消费率的重新估算[J]．湖南大学学报（社会科学版），2017（2）：89.

12000 个上下，而国家统计局的住户收入和消费支出抽样调查的样本量是十几万户家庭。这两个数据库所包含的信息量是不一样的，就分析消费率和居民消费率来说，使用 CFPS 数据的分析结果是否更稳健、更可靠还是值得研究的。

根据上述分析，我们认为，中国目前的收入与消费统计存在遗漏和不准确①可能会导致中国居民消费率乃至最终消费率被低估，但是很难认定像朱文所说的被低估了 10 个百分点以上。直观的事实是，中国居民的居住消费率目前不可能和 OECD 国家差不多，中国的最终消费率目前不可能和韩国一样高。中国仍然是一个消费率和居民消费率偏低的经济体。

如果官方的消费率统计数据可靠的话，那么中国消费率和居民消费率就还有相当大的提升空间。以表 2 所列的亚洲七国为参照系，中国的最终消费率还可以提升 10 ~ 18 个百分点；以表 3 所列的数据为参照系，中国居民消费率还有更大的提升空间，至少可以提升 13 ~ 28 个百分点。

四、为什么中国居民消费率偏低

一定时期居民消费率的高低由一系列微观因素和宏观因素决定。本文作者曾经分析过造成中国居民消费率偏低和居民消费增长缓慢的微观因素②，本文主要分析中国居民消费率偏低的宏观因素。

从宏观层次上看，决定或影响居民消费率的主要因素可以分为三大类：水平因素、结构因素和制度因素。水平因素包括人均 GDP 或人均 GNI、人均可支配收入、劳动者报酬或工资水平等。结构因素包括可支配总收入中政府收入与居民收入的比重以及两者的增速、在最终消费中政府消费与居民消费的比重、内需中的资本形成率与消费率以及两者的增速、居民消费需求结构与相应的商品和服务供给结构的匹配程度、财产收入在居民可支配收入中的占比、中产阶层人口在总人口中的占比、人口老龄化率等。由于中国是一个长期存在二元经济结构、区域经济发展不平衡的发展中国家，所以决定和影响中国居民消费率的结构因素还有城乡居民收入比以及城乡人口比、东中西部和东北地区居民收入差距以及区域人口结构、城市化等。这些结构因素会影响居民消费结构和居民消费倾向。制度因素包括涉及居民住房、教育、医疗、失业、贫困和伤残救济等方面支出的社会保障制度、税收制度、收入分配和再分配制度，提供消费信贷的金融制度，以及打击垄断和假冒伪劣产品的市场监管制度等。

① 这种统计上的遗漏和不准确在其他国家也存在，只是程度不同而已。

② 方福前. 中国居民消费需求不足原因研究——基于中国城乡分省数据[J]. 中国社会科学，2009(2)：68 - 82 + 205 - 206.

在上述诸多因素中，税收和政府支出如何影响中国居民消费和居民消费率，作者已有多篇文章发表①；城乡居民收入比及城乡人口比、东中西部和东北地区居民收入差距，以及区域人口结构、人口老龄化、城市化、消费需求结构与供给结构失衡如何影响中国居民消费率，作者已在另一篇文章中做了分析；本文接下来主要分析最终消费结构和国民收入分配对居民消费率的影响。

首先来看最终消费结构。最终消费包括居民消费和政府消费。如图 4 所示，改革开放以来，在中国经济总消费这块蛋糕中，政府所占的比重不断提高，由改革开放之初的 20% 上下提高到目前的 30% 上下，提高了 10 个百分点。而居民消费所占的比重不断降低，由改革开放之初的 80% 上下下降到目前的 70% 上下，降低了 10 个百分点。

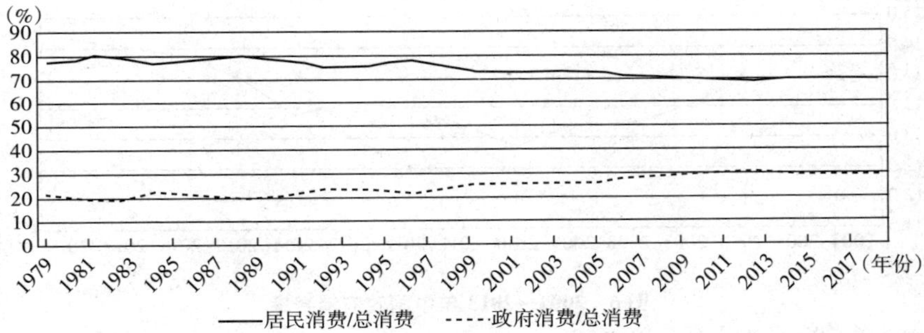

图 4 1979—2017 年中国居民消费与政府消费占总消费比重

资料来源：根据《中国统计年鉴》(2019) 相关数据计算得出。

从长期来看，中国政府消费率（政府消费占 GDP 的比重）在改革开放后的 40 年高于改革开放前的 30 年（见图 5）。近 10 年来，中国政府消费率的提高尤为明显，由 2010 年的 12.85% 提高到 2018 年的 14.68%，提高了近 2 个百分点（见图 6）。2018 年中国 GDP 为 91928.1 亿元，2 个百分点就是约 1838 亿元。

政府消费是指政府部门为全社会提供的公共服务的消费支出和免费或以较低的价格向居民住户提供的货物和服务的净支出。中国政府消费率持续上升，说明政府不断加大对公共产品、公共服务和民生工程支出，以此不断提高社会保障水平和民生福利水平。但是，与居民消费存在不合理消费一样，政府消费也存在不合理消费，甚至存在浪费性消费，前些年被诟病较多的过高并且增速较快的“三公消费”支出就是其中一例。

政府消费和居民消费虽然是由不同的因素决定和影响的，或者说政府消费函数和居民

① 方福前．政府支出结构对城乡居民消费需求的影响：基于中国数据的可加模型分析[J]．教学与研究，2014(10)；方福前，孙文凯．政府支出结构、居民消费与总消费：基于中国 2007—2012 年省级面板数据分析[J]．经济学家，2014(10)；方福前，曹欣玮．分税制、收入分配与居民消费：基于省级面板数据的经验证据[J]．当代经济研究，2014(10)．

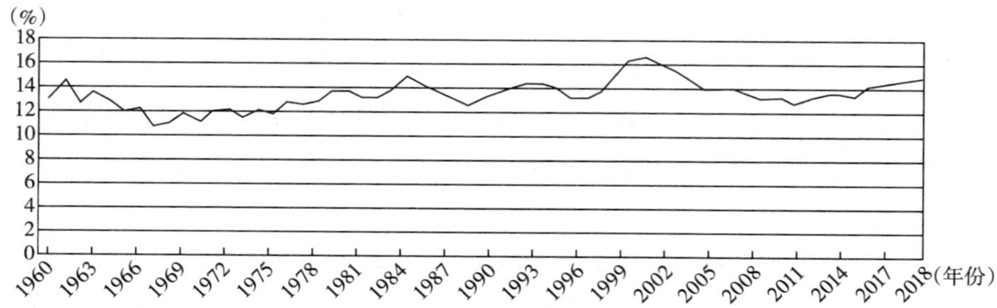

图 5　1960—2018 年中国政府消费率

资料来源：World Bank Open Data。

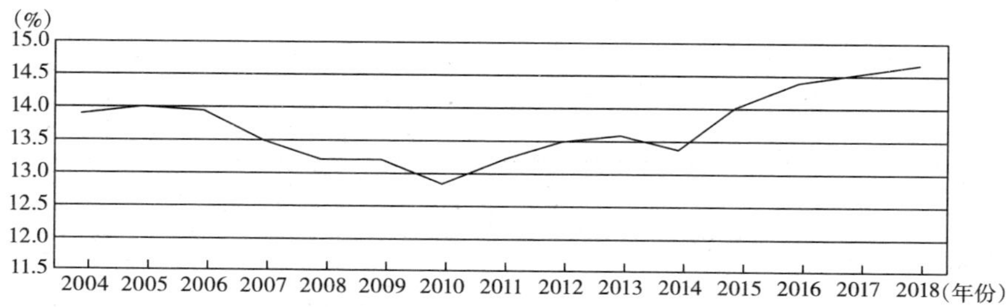

图 6　2004—2018 年中国政府消费率

资料来源：World Bank Open Data。

消费函数是两个不同的消费函数，但是政府消费和居民消费存在着一定的内生性关系，这就是政府消费对私人消费有挤出效应和替代效应。第一，在一定时期，一个经济体的国内生产总值（GDP）、国民总收入（GNI）和可支配总收入在一定的条件下，如果国民储蓄率（积累率）确定了，那么消费率和消费的规模就确定了，这时政府消费率提高，意味着政府消费在 GDP（或 GNI）和最终消费中占有的相对份额就扩大，相应地，居民消费的相对份额就缩小，政府消费对居民消费存在一定程度的挤出效应。第二，政府消费中有一部分支出可以替代私人消费支出，例如公款吃喝、公款旅游、公车私用、公费医疗自然会替代私人（或居民）消费支出，这些公款消费支出增加必然会相应减少私人（或居民）在这些项目上的消费支出。还需要指出的是，这些公款消费支出不会是等量地替代私人消费支出，而是前者增加量往往大于后者减少量。显而易见，公款吃喝会比私人掏腰包请客阔气得多、浪费得多，公费医疗中的 VIP 病房一天的使用费用可能超过普通病房一个月的使用费用。由此可以推论，公款消费虽然不会导致最终消费率降低，但是会造成居民消费率降低。由此可见，党的十八大以来，党中央和国务院加大力度反腐、压缩三公经费、限制公款吃喝、深化医疗制度改革是非常必要的，也是提高消费方面的资源配置效率的重要举措。

其次我们考察国民收入分配对居民消费率的影响。

居民消费受多种因素影响，但是其中最重要的因素则是收入（可支配收入）。如果说消费是块蛋糕的话，那么收入就是做蛋糕的面粉，消费和收入之间一般存在同向变化关系（凯恩斯，1936）。居民收入来自劳动报酬（工资性收入）、经营收入、财产收入和转移收入，也就是来自按劳分配收入、要素贡献收入和再分配收入。

通过分析21世纪以来的中国资金流量表我们似乎发现了居民消费需求增长缓慢和居民消费率偏低的宏观经济上的原因。

根据资金流量表的数据进行计算和分析发现，21世纪以来，中国住户部门通过初次分配获得的可支配总收入和通过再分配获得的全部可支配（总）收入在GNI中所占的比重都呈现走低的趋势（见图7）①。就初次分配来看，2000年住户部门初次分配总收入占GNI的比重最高，为66.43%，此后开始逐年降低，一直下降到2008年，达到最低点（57.71%）。2008年以后开始回升，但是最高的比重也只是回升到61.05%（2016年）。以2008年国际金融危机爆发为分界点，国际金融危机前，中国住户部门初次分配总收入占GNI的比重年均为62.27%；而在国际金融危机以后，这一比重年均为59.84%，降低了2.43个百分点。中国国民收入再分配的走势与初次分配大体一致（见图7）。国际金融危机前，中国住户部门获得的可支配（总）收入占GNI的比重年均为62.67%；而在国际金融危机以后，这一比重年均为60.28%，降低了2.39个百分点。这些变化说明，21世纪以来，中国居民收入在国民收入分配中的比重总体呈下降趋势，居民收入分配状况没有得到应有的改善，反而变差了，无论是初次分配还是再分配，收入分配都是向政府倾斜的。

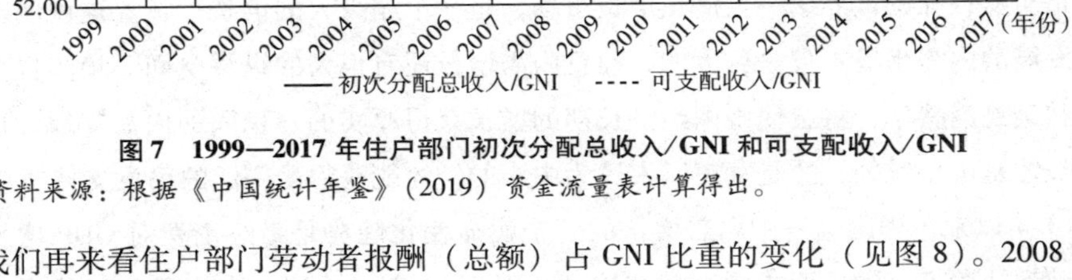

图7　1999—2017年住户部门初次分配总收入/GNI和可支配收入/GNI

资料来源：根据《中国统计年鉴》（2019）资金流量表计算得出。

我们再来看住户部门劳动者报酬（总额）占GNI比重的变化（见图8）。2008年国际

① 中国国家统计局发布的资金流量表目前只有2000—2017年的数据。

金融危机前，中国住户部门劳动者报酬占 GNI 的比重最高为 53.54%（2002 年），最低为 47.25%（2008 年），年均为 50.94%；而在国际金融危机以后，这一比重最高为 52.03%（2015 年），最低为 46.01%（2011 年），年均为 49.46%，年均数降低了 1.48 个百分点。这表明，在国民收入分配中，劳动者报酬也相对缩小了。

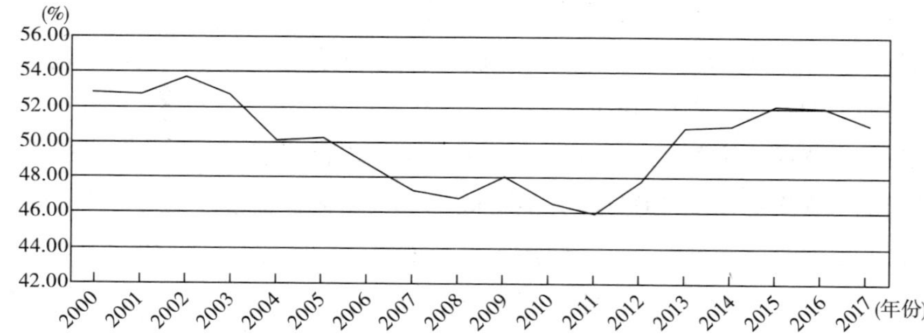

图 8　住户部门劳动者报酬（总额）占 GNI 比重

资料来源：根据《中国统计年鉴》(2019) 资金流量表计算得出。

五、结束语：通过完善分配制度提高居民消费率

本文研究发现，无论是进行同期比较，还是在相同的人均 GDP 水平上进行比较，中国居民消费率都是偏低的，既大大低于发达国家，也明显低于发展中国家。虽然由于数据采集和统计口径上的不完善，可能中国居民消费率在一定程度上被低估，但是无法推翻中国消费率和居民消费率偏低的事实。

事物总是具有两面性。中国居民消费率偏低的另一面，就是中国居民消费需求增长还有较大的潜力或空间。本文的分析显示，与我国的大多数邻国进行比较，中国消费率还有 9～27 个百分点的提升空间；与代表性国家相同的人均收入水平下的居民消费率进行比较，中国居民消费率还有 13～29 个百分点的提升潜力。建立在 14 亿人口基础上的中国消费市场是实实在在的世界第一大潜在消费市场，是一个超级大的消费市场。这说明支撑中国经济发展的内需市场不仅是巨大的，而且内需增长还有很大的纵深空间。稳步提高居民消费率和最终消费率，将会使中国经济长期的增长获得厚实的、稳固的内需支撑。这样的经济增长才是可持续的，才是真正以人民为中心的，才能获得最广泛的民意支持。

2013 年以来，中国经济中内需增长的一个明显变化趋势是最终消费对 GDP 增长的贡献和拉动都持续超过资本形成的贡献和拉动。而 2013 年以前这两大内需对经济增长的贡献和拉动的大小是交替变化的。以 2013 年为分界点，2001—2012 年，最终消费和资本形成对 GDP 增长的平均贡献率分别为 50.43% 和 53.28%，最终消费和资本形成对 GDP 增长

的平均拉动率分别为 5. 13% 和 5. 39%，两者的贡献率和拉动率都非常接近。2014—2019 年，最终消费和资本形成对 GDP 增长的平均贡献率分别为 62. 17% 和 37. 17%，两者相差 25 个百分点；最终消费和资本形成对 GDP 增长的平均拉动率分别为 4. 42% 和 2. 92%，两者相差 1. 5 个百分点。因此可以说，2013 年是两大内需对中国经济增长的贡献和拉动的转折点，此后中国经济增长转变到以消费为主要支柱的路径上。因此，从稳定和促进经济增长这个目标来看，提高消费率的必要性和重要性显而易见。

要稳步提高居民消费率和最终消费率，就要促进居民消费增长，使更多的居民消费需要（欲望）转化为消费需求（支出）。要使每一期的总产出用于最终消费，特别是用于居民消费的比例稳步提高，必须不断提高居民收入水平，不断提高居民可支配收入在 GNI 中所占的比重，特别是要提高劳动者报酬在国民总收入中所占的比重，也就是提高广大劳动者分享生产成果的比重。这就需要进一步改革和完善我国的收入分配制度，包括初次分配和再分配制度。初次分配要贯彻落实按劳分配和按要素贡献分配原则，再分配要贯彻落实公平原则，收入分配和财富持有要保持合理的、公正的差距，生产成果分配和再分配要向低收入者和生活困难者倾斜，使全体社会成员都能公平地享有改革开放和经济发展的成果。低收入者和生活困难者是消费潜力最大的群体，是消费倾向最高的群体。如果月收入 1000 元左右的 6 亿人口①的收入翻一番，按照 2013—2019 年农村居民这 7 年平均的消费倾向 0. 8138 计算，增加的这个 6000 亿元的收入将会增加 4882. 8 亿元的居民消费需求，通过乘数效应，它扩大的内需规模则会更大。

我国的分配制度的改革和完善，要秉承国强民富的理念。一方面，我们要确立国强才有民富的理念——国强是民富的保障；另一方面，我们又要确立民富才能国强的理念——广大人民富裕了，国家强大才有坚实的经济基础和群众基础。

参考文献

[1] H. 钱纳里,等. 发展的型式:1950—1970[M]. 李新华,等,译. 北京:经济科学出版社,1988.

[2] H. 钱纳里,等. 工业化和经济增长的比较研究[M]. 吴奇,等,译. 上海:三联书店上海分店,1989.

[3] J. M. 凯恩斯. 就业、利息和货币通论[M]. 高鸿业,译. 北京:商务印书馆,1999.

[4] 陈斌开. 收入分配与中国居民消费——理论和基于中国的实证研究[J]. 南开经济

① 2020 年 5 月 28 日李克强总理在第十三届全国人民代表大会第三次会议闭幕后出席记者会并回答中外记者提问时说:“我们人均年可支配收入是 3 万元人民币,但是有 6 亿中低收入及以下人群,他们平均每个月的收入也就 1000 元左右……”见《人民日报》2020 年 5 月 29 日第 3 版。

研究,2012(1).

[5] 陈昌兵. 城市化与投资率和消费率间的关系研究[J]. 经济学动态,2010(9).

[6] 范剑平. 我国居民消费率偏低的原因分析与开拓城镇市场的对策选择[J]. 宏观经济研究,1999(6).

[7] 傅程远. 中国消费率下降成因的实证研究——基于1999—2012年省际面板数据的分析[J]. 经济问题探索,2016(2).

[8] 高帆. 劳动者报酬占比、城乡收入分配与中国居民消费率——基于省际面板数据的实证研究[J]. 学术月刊,2014(11).

[9] 高敏雪. 隐性收入对当前中国居民消费率低估的影响机理[J]. 统计研究,2017(7).

[10] 韩雷,彭家欣. 提升中国居民消费率:系统工程而非重点工程——一个基于文献的述评[J]. 经济科学,2019(3).

[11] 何昀,毕波,张喆. 我国居民消费率的重新估算[J]. 湖南大学学报(社会科学版),2017(2).

[12] 李克强. 李克强总理出席记者会并回答中外记者提问[N]. 人民日报,2020-05-29(3).

[13]李克强. 在十三届三次人大会议上的政府工作报告[N]. 人民日报,2020-05-23.

[14] 雷潇雨,龚六堂. 城镇化对于居民消费率的影响:理论模型与实证分析[J]. 经济研究,2014(6).

[15] 刘子兰,李晨. 城镇化与中国居民消费率的变动:理论与实证分析[J]. 湖南师范大学(社会科学学报),2017(5).

[16] 毛中根,孙豪,黄容. 中国最优居民消费率的估算及变动机制分析[J]. 数量经济技术经济研究,2014(3).

[17] 王秋石,王一新. 中国居民消费率真的这么低么——中国真实居民消费率研究与估算[J]. 经济学家,2013(8).

[18] 王宋涛. 中国居民消费率缘何下降——基于宏观消费函数的多因素分解[J]. 财经研究,2014(6).

[19] 张清平. 70年代末以来中国居民消费率变动实证研究[J]. 经济纵横,2003(9).

[20] 张涛,刘洁. 基于SVAR的中国居民消费率变动因素分解与动态分析[J]. 黑龙江社会科学,2016(3).

[21] 朱天,张军. 中国的消费率被低估了多少[J]. 经济学报,2014(2).

[22] 臧旭恒. 如何看待中国目前的消费形势和今后走势[J]. 学术月刊,2017(9).

[23] 赵鑫铖. 我国最优消费率测算及其影响因素研究[J]. 工业技术经济,2019(3).

中国收入分配格局的研究综述与未来展望

易定红　赵心源①

【摘要】 收入分配问题一直是经济学家高度关注和重视的问题。当前中国收入分配格局是通过初次分配、再分配和第三次分配后逐渐确定的。其中，初次分配是市场遵循效率原则进行的；再分配是政府兼顾效率和公平的原则进行的；第三次分配是指个人或团体在道德力量推动下进行自愿捐赠的过程。本文的目的就是以收入分配格局形成的三个阶段为框架对当前国内收入分配研究现状进行梳理和评述。首先以收入分配格局形成的三个阶段为大框架，对已有的国内外收入分配理论进行梳理，形成本文的具体分析框架。其次基于此分析框架梳理国内近年来关于收入分配的研究文献，并对当前研究现状、贡献、问题及未来展望进行评述和总结。

【关键词】 收入分配格局；初次分配；再分配；第三次分配

收入分配问题会影响一国宏观经济的运行状况和整个社会的平稳发展，它一直是学界长期关注的重要问题。收入分配格局是一个直观描述收入分配状况的概念。目前，国内对收入分配格局的概念没有统一的界定。比如，常用的收入分配格局的概念是：一国国民收入在政府、企业和个人之间的分配状况。但是从现有文献来看，研究收入分配问题更多关注居民之间、城乡之间等的收入差距，这就导致收入分配格局的概念和研究内容不匹配，收入分配研究呈现一种零散的局面。除此之外，关于收入分配的形成过程也不甚清晰。为了厘清中国收入分配领域的研究现状，本文首先对收入分配格局的概念、分类及形成过程进行阐述。

收入分配格局是指一国国民收入在不同主体之间的分配布局。这里的主体包括宏观层面、中观层面和微观层面。从宏观层面，可以将收入分配格局定义为国民收入在政府部

① 易定红，中国人民大学劳动人事学院教授；赵心源，中国人民大学劳动人事学院博士研究生。

门、企业和个人之间的分配布局。从中观层面来看，收入分配格局为一国收入在区域之间、城乡之间、行业之间的分配布局，主要体现一国收入分配的结构状况。在微观层面，收入分配格局主要指微观个体之间的收入差距，常用的指标就是居民收入差距，居民收入差距同时受到宏观层面分配格局和中观层面分配结构的影响。合理的收入分配格局有助于提升经济运行效率，保证社会的平稳运行；不合理的收入分配格局则会导致严重的经济后果和社会难题。因此，收入分配格局的现状、趋势和对经济发展的影响，一直是学术界关注的热点问题。

收入分配格局的形成过程，是指参与收入分配的主体基于自身目标进行一系列经济行为，最终使得一国国民收入分别流向不同主体的过程。这一过程具体包括三个阶段，即初次分配、再分配和第三次分配。每一个阶段的分配过程都会形成这一阶段收入分配格局，并对最终的收入分配格局造成不同程度的影响。初次分配是市场主导的以追求效率为原则的分配过程，具体来说就是参与到生产过程的要素依据各自对产出的贡献获得相应的收入。再分配是政府以兼顾效率和公平为原则，通过税收、社会保障和转移支付等手段对初次分配的结果进行调节。而效率与公平的权衡就会涉及价值判断，不同的国家有不同的再分配理念和标准。大体而言，政府再分配往往是对初次分配形成的不合理分配格局进行调节和纠正。第三次分配主要是指个人或社会团体在道德力量的推动下自愿捐赠的行为，是对前两个分配阶段的补充。随着经济的发展，人们的精神生活和价值理念逐渐达到新的高度，这是慈善事业不断发展的精神根基，因此第三次分配过程在收入分配格局的形成中的作用逐渐显现。

以上主要是对收入分配格局的定义和形成过程进行阐述。关于收入分配的研究最早始于 18 世纪，Adam Smith 在《国富论》中研究劳动产品在社会各阶层之间的分配。之后，David Ricardo 基于政治经济学研究收入分配问题。以这些早期经济思想为基础，在之后的发展中逐渐形成两个比较成熟的理论框架：一是马克思提出的劳动价值理论，他强调收入分配中的阶级对立关系的作用。二是新古典学派，主要基于要素生产理论分析收入分配，认为在市场经济的运行下要素的边际产出就是收入分配的基础。总体来看，国外关于收入分配的理论研究比较成熟。

相对而言，国内关于收入分配问题的研究理论不太成熟。但是，众多国内学者对收入分配问题非常重视，这主要与中国制度变革和政策调整息息相关。改革开放以来，中国市场经济体制改革步伐不断加快，相应的收入分配制度也发生了巨大变化。进入 21 世纪，中国加入 WTO 之后，对外贸易和技术引进也影响着收入格局的形成。近几年，国家对税收制度的改革、社会保障体系的完善、精准扶贫和乡村振兴的稳步推进，塑造了新的收入分配格局。这为中国收入分配领域的学者提供了研究的沃土，因此近几年来国内有很多学者研究收入分配问题。然而，关于国内收入分配格局的现状及未来趋势、形成过程，以及不同阶段对收入分配格局的影响程度和影响机制等尚不清楚，此领域研究缺乏一个清晰的框架。因此本文目的就是以收入分配格局形成的三个过程为框架，对近几年国内收入分配的研究成果进行梳理，从中总结出收入分配格局的现状、三个分配阶段对收入分配格局的影响程度和作用机制，最后针对现有国内研究成果进行评述，并指出此领域未来的研究方向。

具体内容主要包括以下三个部分：第一部分，以初次分配、再分配和第三次分配为大框架，将国内外的相关理论归纳到三次分配框架中，进而形成本文文献综述的具体理论框架；第二部分，基于本文的理论框架，进一步梳理近几年国内收入分配研究的内容、观点和结论；第三部分，对当前此领域相关研究的进展、贡献和问题进行评述，并在此基础上预测未来的研究方向。

一、基于收入分配格局形成过程构建分析框架

（一）初次分配对收入分配格局的影响

初次分配是通过市场机制，以追求效率为原则，按要素贡献参与分配。按照古典经济增长理论，生产要素包括劳动、资本、土地和技术。每种要素之间的边际生产率的差别是收入分配格局形成的根本原因。因此，不同要素生产率的变化会导致收入分配格局的变化。随着经济社会的发展，参与生产的要素会逐渐多样化，一些要素的功能会弱化，而另一些要素在经济发展中的作用会增强，进而影响收入分配格局。当前，许多学者将知识、人力资本也作为生产要素进行研究。以下是各种生产要素在市场机制下按贡献参与分配，进而影响收入分配格局的相关理论基础。

1. *劳动力与人力资本投资对收入分配的影响*

劳动是创造财富的最重要要素之一。William Petty（1664）提出了著名的“土地是财富之母，劳动是财富之父”的观点。随后 Adam Smith 在《国富论》中肯定了专业分工与熟练劳动在生产中的作用。一直到现在，劳动仍然是最重要的生产要素之一。同时，劳动要素也会对收入分配产生非常重要的影响。由已有理论可知，劳动要素造成收入差距主要有以下三种情况：

第一，劳动力本身存在质的差别，这种差异对收入差距的形成起到了决定性的作用。许多研究者试图找到劳动力存在的质的差别的根源，于是出现了人力资本理论。这一理论的核心思想是个人通过人力资本投资提升自己的人力资本水平，进而提高劳动生产率。劳

动生产率的提高，则带来工资收入的提升。因此工资收入的差距归结为人力资本水平的差距（Mincer，1957；Schultz，1960；Becker，1964）。

第二，补偿性工资差别理论解释了劳动力素质相似的情况下依然存在收入差距这一现象。在假定劳动力是同质的前提下，一些劳动者能够忍受更差的工作环境和更加辛苦的工作负荷，这就使得他们能够得到更高的收入。

第三，权力分配不均带来收入差距。张屹山（2013）认为权力由资源决定。相同素质的劳动力可能拥有不同的资源，包括经济基础、社会资本、信息等。不同的资源禀赋会造成劳动者在收入分配过程中的谈判力差异，进而导致收入差距的产生。

2. 资本要素对收入分配的影响

关于资本要素对个体收入差距的影响，有很多相对成熟的理论。从已有的研究结果来看，初始资本分配不平等对收入差距不仅有直接影响，而且存在某些间接影响。直接影响就是资本要素的所有者能够获得资本参与生产后所得到的利润，因此资本水平的差异和边际生产率差异会直接影响个体间收入差距。间接影响主要有以下几种机制：一是初始财富影响职业选择进而影响收入差距（Maitreesh G. et al.，2002）；二是初始财富影响人力资本投资进而影响收入差距，这一机制是从资本要素转向劳动要素对收入分配格局的影响（Galor et al.，2004）。

3. 技术进步对收入分配的影响

关于技术进步对收入分配的影响目前虽然没有一致的结论，但是大部分学者认为技术进步会带来马太效应，造成收入差距的进一步扩大。例如，Aghion P. 等（1998）提出了"社会学习理论"，认为在一般技术革命之下，熟练劳动和原始劳动的收入差距会不断扩大。Dustmann C. 等（2009）认为技术进步、劳动力供给的冲击和制度变化共同作用，导致了低收入群体的收入分化。Dauth W. 等（2017）认为，人工智能和机器人的大量使用会因为降低中间技能劳动者的实际工资而扩大收入差距。

4. 经济体制对收入分配的影响

众多学者在研究各国收入分配格局中发现，处于经济转型的国家往往会有较高的基尼系数，这意味着经济转型很可能会导致收入差距的扩大。A. Lewis（1954）最早提出二元经济模型，该模型认为在农业部门停滞的同时，工业部门则在不断扩张，经济增长带来的财富主要在工业部门的资本和劳动要素之间进行分配。由于农村有大量剩余劳动力可以转移到城市，稀缺的资本和无限的劳动供给必然会加剧居民收入差距。Kuznets（1955）同样也发现，欠发达国家在经济转型、部门调整和城市化进程中，会面临更加严重的收入不平等问题。

5. 对外贸易对收入分配的影响

经济全球化无时无刻不在影响着世界各国的收入分配状况。此领域的研究最初从贸易入手，其中最为经典的理论是赫克歇尔—俄林—萨缪尔森（H－O－S）国际贸易模型。H－O－S 模型认为贸易的双方国家在进行生产时应该充分发挥自身相对优势，进行专业化生产，然后与其他国家进行交易。比如穷国有大量的低技能劳动力，那么就生产劳动密集型产品，然后用这些产品与富国的资本密集型和技术密集型产品进行交换。这就会导致穷国的收入差距缩小，而富国的收入差距拉大。

我们从以上几个方面梳理了初次分配中影响收入分配格局的因素，主要包括劳动、资本、技术、经济转型和贸易，这些因素都会通过参与生产过程和宏观经济运行，进而影响国民收入的分配格局。

（二）再分配对收入分配格局的影响

再分配是以政府为主体，以兼顾公平和效率为原则的分配方式。具体的分配工具主要包括税收、社会保障、政府转移支付、最低工资立法、员工培训补贴等。国外相关研究大部分是对政府宏观政策进行评估。Musgrave（1984）认为累进性税制能够有效缩小收入差距。Richard Burkhauser 等（1996）对最低工资立法进行效果评估，认为很多真正贫困的劳动者并不能从最低工资立法中获得更高的工资，而是由于工资提高、劳动需求减少而面临失业问题。André Decoster 等（2007）分析了税收结构变化对收入分配的影响，研究发现提高增值税比重对富人更有利，这会削弱税收的再分配效应。总体来看，再分配对收入分配格局的影响会因制度和机制的差异产生不同的结果。

（三）第三次分配对收入分配格局的影响

第三次分配是建立在志愿性的基础上，以自愿捐赠和自主性慈善公益方式对社会资源和社会财富进行的分配。随着西方慈善事业的发展，很多学者开始研究慈善、捐赠对收入差距的影响。Clotfelter（2002）认为慈善捐赠是对再分配的重要补充，并且政府税收改革会对慈善捐赠产生持久的影响。关于第三次分配的研究，国外研究比国内研究相对成熟一点，但是也未形成完整的理论框架。并且，目前国外的相关研究存在结论上的分歧。例如，Di Lorenzo F. 等（2019）认为企业慈善投资和慈善事业会降低收入不平等的程度。但是 Indraneel Dasgupta 等（2011）对这一结论提出了质疑，他们认为慈善事业在实施过程中可能会由于机制设计问题而加大绝对不平等，对相对不平等的影响并不清楚。总的来说，国内外有关第三次分配的相关理论基础还比较薄弱。

至此，我们将国内外相关理论和研究成果按照收入分配格局形成的三个阶段进行了梳理，形成收入分配格局的分析框架。接下来，本文基于这一分析框架，对中国近几年关于收入分配的研究成果进行梳理和总结。

二、当前研究现状

本部分基于上文的理论框架，对近几年国内关于收入分配的研究文献进行梳理，旨在对国内关于收入分配领域的研究现状和研究脉络有一个宏观的认识。

（一）初次分配对收入分配格局的影响

从理论基础来看，初次分配是最基本的一种分配方式，是财富分配的第一阶段，也是决定性阶段。国内很多学者研究了影响收入分配格局的市场因素，主要包括劳动力和人力资本、物质资本和技术进步。也有学者研究影响市场运行的因素对收入分配的影响，尤其是体制变迁和对外贸易等因素会通过影响市场运行进而影响收入分配格局，这也是初次分配的范畴。

1. 劳动力与人力资本要素对收入分配的影响

关于劳动力对收入分配影响的文献较多。总体来看，在要素市场上，学者普遍认为中国劳动收入份额处于低水平状态，并且有逐渐下降的趋势。[①] 其中劳动力影响收入分配格局的主要因素是教育、人力资本投资和劳动力流动。受教育程度提升和人力资本水平的提高能够提升个体收入，进而会带来收入差异。相对而言，劳动力的城乡流动和区域流动，在一定程度上会缩小城乡差距和地区差距。具体研究成果如下：

关于劳动要素占国民收入的份额被一些学者所关注。吕冰洋（2012）发现 1983 年以来，劳动要素占中国总收入的份额呈逐渐下降的趋势，这会在一定程度上拉大收入差距。刘盼等（2019）认为中国制造业的劳动报酬增长速度低于边际产出价值。

一些学者侧重研究了教育和人力资本对收入分配格局的影响。杜鹏（2005）研究发现，教育拓展和人力资本平均水平的提升会拉大收入差距，并且教育年限的均等化并不能抑制收入差距的扩大。邹薇等（2006）关注农村教育水平对收入的影响，研究发现，各地农民的受教育程度不同，导致了他们工资性收入存在差异。

一些学者关注劳动力流动对收入差距的影响。周鹏升等（2020）利用流动人口监测数据进行实证研究发现，省际和省内劳动力流动可以有效缩小相同群体的收入差距。李兰冰（2020）研究发现，农村劳动力流入非农部门能够缩小城乡收入差距。

---

① 臧旭恒、王勇、宋建在《中国收入分配中劳动份额问题高层研讨会》综述中提出。

还有一些学者从谈判力的角度研究要素贡献对个体收入的影响。杜玉申等（2018）认为，个人收入取决于自身拥有的要素和要素在市场运行中能够得到的份额，其中要素能够得到的份额进一步取决于它在生产中的相对稀缺性、要素所有者的谈判力和企业契约等因素。

2. 资本要素对收入分配的影响

关于资本要素对收入分配格局的影响主要体现在土地、房地产市场和金融市场等方面。从文献中可以发现，中国的资本要素相对于劳动要素所占国民收入的份额更高，主要是资本要素的稀缺性导致的。除此之外，随着地产和金融行业的发展，居民的财产性收入占总收入的份额越来越大，这就会导致更高的净财产极化程度（罗楚亮，2018）。

吕冰洋等（2012）认为，1983—1994 年税前和税后的资本占国民收入的份额呈长期上升趋势，这是导致收入差距扩大的重要原因之一。李实等（2005）认为中国城乡之间居民收入差距出现明显扩大的趋势，城镇公有住房私有化缩小城镇内部的收入差距，但是扩大了城乡之间的收入差距和全国居民收入的差距。相反，农村土地占国民收入的份额逐渐下降，不利于缩小城乡差距。因此，居民的投资性收入会进一步加剧收入的不平等。

3. 技术进步对收入分配的影响

近年来，技术革新的速度不断加快，直接影响了人们的生产方式和生活方式，进而给收入分配格局也带来一些影响。从现有文献来看，大部分学者不是将技术进步作为一种要素，而是重点研究技术进步对收入分配格局的间接影响。其间接影响主要分为两类：

第一类是资本和技能偏向型技术进步对资本拥有者、技能型人才和低技能劳动力在收入方面产生完全不同的影响，进而导致收入差距的拉大。例如，张莉等（2012）认为引进国外先进技术和设备的发展战略会导致技术进步偏向于资本，对资本相对需求增大，进而会加大收入差距。钟世川（2015）利用中国工业行业数据研究了行业技术进步与工资差距之间的关系，发现在工业化进程中，技术进步往往偏向高技能劳动和资本，这会加大收入差距。

第二类是随着人工智能的发展逐渐出现机器代替人的现象，这会直接阻碍低收入者和低技能者就业，进而造成收入分配格局两极分化现象。一些学者认为人工智能等技术进步会代替一部分就业岗位，其中低技能和低受教育程度的劳动者更容易被替代，这意味着只有少数人能够从技术进步和初次分配中获得大量财富（王君等，2017；乔晓楠等，2018）。

4. 经济体制对收入分配的影响

经济体制的变迁同样会影响市场的运行效率，进而通过市场运行影响初次分配状况。改革开放以来，中国从计划经济体制逐渐转向市场经济体制，相应的收入分配格局也发生了变化。一些学者研究了伴随着经济体制的变迁衍生出的影响收入分配格局的因素，主要包括腐败、寻租、垄断、国企改革过程中的问题等，这些问题扭曲了市场的正常运行，也拉大了收入差距。具体研究成果：陈刚等（2010）认为，腐败会导致城镇居民收入差距扩大；姜付秀等（2007）研究发现，行政性垄断不仅会破坏经济的正常运行，还会加大收入差距；陆铭等（2007）认为，1996 年国企改革是中国劳动力市场改革的分水岭，之后的收入差距不断扩大。

5. 对外贸易对收入分配的影响

现有一些研究关注对外贸易对收入分配格局的影响，主要分为两方面的影响机制：第一，将对外贸易和技术进步结合起来，认为对外贸易会扩大收入差距（赵莹，2003）。第二，对外贸易通过影响要素价格进而会影响收入分配格局。陈景华（2013）认为，中间投入品贸易通过影响收入分配、要素价格和工资差距进一步影响收入差距，并且这种影响主要是扩大收入差距，因为贸易会降低发达国家低技能劳动者的收入，提高高技能劳动者的收入。

以上我们对初次分配阶段的主要研究成果进行梳理和总结。从研究结论来看，目前许多文献关于收入分配格局达成一定的共识：劳动要素占国民收入份额较低，而资本要素占国民收入的份额较高，再加上技术进步、市场化改革和对外贸易等因素的影响，使得中国的收入分配格局不断发生变化，最明显的变化是居民收入差距的拉大。从研究成果来看，近几年关于劳动、资本的研究成果相对较少。相反，学者们更加关注技术进步和人工智能对收入分配格局的影响。

（二）再分配对收入分配格局的影响

政府主导的再分配原则是兼顾公平与效率，是对初次分配的一个补充和纠正。具体的手段主要包括税收、社会保障和公共转移支付等。近几年，中国在税收、扶贫等方面出台了一系列惠民政策。在此背景下，再分配问题和政策效果评估成为研究的热点问题，因此近几年国内学者研究再分配问题比较多。接下来，本文分别从税收、社会保障和公共转移支付三个方面对现有文献进行梳理。

1. 税收对收入分配的影响

近年来，伴随着国内税收制度的多次调整，许多学者纷纷评估税收制度改革的再分配效果，主要包括个人所得税、财产税、房产税等。大多数学者认为个人所得税改革虽然有明显的减税效应，但是再分配效果却不是很理想，主要是平均税率较低而造成的（张楠等，2018；李文，2017）。具体结论如下：王钰等（2019）研究发现，2018 年的个人所得税改革降低了中国个人所得税的收入再分配效应，MT 指数下降了 0.7 个百分点。周志莹（2015）认为个人所得税虽然对不同收入群体具有明显的累进性，但是对收入差距的调节作用效果较弱。

还有一些学者研究房产税对收入分配格局的影响，并肯定了房产税具有一定的再分配效应，能够在一程度上改善收入分配格局。何辉等（2016）研究表明，房产税降低了城镇居民的基尼系数，缩小了城镇居民的收入差距；随着高收入人群房产收入的增加，房产收入占可支配收入比重不断提升，房产税的收入再分配效应会增强。

目前关于税收对收入分配格局的影响主要是对政策的效果评估，使用的方法大多停留在测算方面，并且发现税收的再分配效应不理想。然而，税收的机制设计非常复杂，对收入分配的影响路径也多种多样，所以，对于产生这种不理想的再分配效应背后的原因还没有一些相对成熟的分析。

2. 社会保障对收入分配的影响

近年来，中国的社会保障制度不断健全，无论是城镇还是农村，社会保障体系的完善都取得了一定的成效。因此，国内很多学者纷纷关注社会保障制度的再分配效果。从现有文献的研究结果可以发现，大多数学者认为社会保障制度的收入再分配效应比较低，甚至会出现负效应，背后的原因，主要是农村的社保水平较低，社会保障机制设计存在问题；相反，城镇居民的社会保障体系相对完善，因此社会保障制度不能有效缩小收入差距，甚至会加大收入差距。例如，李实等（2017）认为，近年来，社会保障制度在缓解贫困和调节收入分配方面发挥了一定的作用，但是社会保障对收入再分配的作用在城市更加明显。詹长春等（2018）认为，由于目前农村居民医疗保障在制度设计上存在的某些缺陷，以及财政补助存在偏差，致使农村居民医疗保障呈现出逆向的收入再分配效应。

总的来说，社会保障体系的确是在不断完善中，在减少贫困和提升居民防御风险能力方面有成效。然而，社会保障实施过程中也暴露了一些机制设计的问题，这些问题阻碍了社会保障正常发挥收入再分配效应。因此，社会保障体系仍需进一步完善，才能有利于推动更加合理的收入分配布局的形成。

3. 公共转移支付对收入分配的影响

随着精准扶贫、乡村振兴战略的稳步推进，政府在转移支付方面的支出是有目共睹的。从现有文献的研究结果来看，政府转移支付对收入分配起到了一定程度的正向效应，尤其是在精准扶贫方面更是发挥了巨大的作用，具体研究成果如下：

解垩（2017）通过实证研究发现，中国九成以上的再分配效应是通过公共转移支付来实现的，而税收和社会保障缴费在再分配中的作用发挥不到 10%。卢盛峰等（2018）研究发现，在中国政府、企业和个人之间的转移支付体系中，政府性救助的"精准扶贫"效果相对来说是最好的。耿晋梅等（2015）认为，再分配规模与再分配的调节效果有显著的相关性。其中，政府的支出政策，主要是社会福利支出，对调节居民收入有显著的正效应。

相对于税收和社会保障，政府转移支付确实产生了较好的收入再分配效应，缩小了收入差距，优化了收入分配格局。然而，由于转移支付规模有限，所以对整体收入分配格局的影响也是非常有限的。

4. 关于再分配制度的研究

以上从三个方面分别阐述了税收、社会保障和转移支付的实施效果，以及对收入分配格局的影响。总体来看，以上三个方面的再分配方式对收入分配格局的改进作用非常有限。那么，背后的原因是什么呢？一些学者试图从制度层面来探析再分配对收入分配格局的影响，主要剖析了现有再分配制度存在的问题，以及这些问题对收入分配格局的不利影响，具体研究成果如下：

陆万军（2016）认为再分配领域中，税收制度的累退性、转移支付制度在地区和部门层面的分割等，造成了调节收入分配的低效问题。茂路（2014）分别从税收制度、转移支付制度和社会保障制度三个方面对中国再分配制度失衡问题进行了分析。具体制度问题主要体现在以下方面：第一，税收制度方面，增值税对再分配有逆向调节作用，营业税、消费税和个人所得税对收入分配的调节能力不足。第二，财政转移支付制度方面，转移支付形式单一且规模较小，并且对城市居民有明显的偏向性。第三，社会保障制度方面，社会保障基金规模有限，相关制度不健全，机制设计不合理，造成社会保障对收入分配的调节错位。

从现有研究可以发现，再分配总体对收入分配格局的影响比较弱。其中，影响最大的是公共转移支付。再分配总体上作用不突出的原因主要有以下几点：第一，再分配规模较小且方式单一；第二，很多再分配政策偏向城市居民；第三，再分配制度的实施存在机制设计方面的问题。

（三）第三次分配对收入分配格局的影响

第三次分配是对初次分配和再分配的补充和完善。一方面，随着人民物质财富的富足，人民精神财富有了极大提升；另一方面，互联网、大数据的发展加剧了信息的传播，有利于慈善事业蓬勃发展。党的十九届四中全会对第三次分配进行了界定①，并强调要重

① 刘鹤在学习贯彻党的十九届四中全会精神的文章《坚持和完善社会主义基本经济制度》中指出："第三次分配是在道德、文化、习惯等影响下，社会力量自愿通过民间捐赠、慈善事业、志愿行动等方式济困扶弱的行为，是对再分配的有益补充。"根据党的十九届四中全会精神，第三次分配和慈善事业已经成为国家基本经济制度的组成部分，是助力解决贫困问题、缩小收入差距、促进共同富裕的重要手段。

视发挥第三次分配的作用，大力发展慈善等公益事业。近几年，许多学者针对第三次分配这一主题进行研究，并取得了一些成果。

从现有的研究成果来看，第三次分配领域研究还处于初期阶段，大部分学者在此领域的贡献主要体现在相关概念界定上和对现状进行描述性分析及定性分析等方面。王名等（2020）认为，第三次分配对价值理念、精神力量、道德力量和文化因素有很强的依赖性，而不是由利益和权力所驱动。祝洪娇（2018）通过数据描述发现，近几年中国慈善事业的发展取得长足进步，志愿者贡献的经济价值达495.65亿元，社会捐赠总量达1346亿元。

从现有结论来看，第三次分配正在蓬勃发展，但是规模仍然非常有限。当前第三次分配过程中存在的突出问题主要是慈善基金规模小、捐赠存在无序问题和个人捐赠积极性较低等。造成这些问题的原因主要是慈善事业监督体系、税收激励机制等不够完善，相关法律不健全和政府职能错位等（祝洪娇，2018；张璐，2016）。

三、对中国收入分配格局研究的评述与展望

（一）收入分配格局现状

新中国成立以来，在计划经济体制下，我国居民的收入差距逐步缩小。改革开放以来，随着市场经济体制改革的不断深入，我国居民的收入差距逐渐拉大。2002—2007年，居民收入差距不断扩大；之后进入经济新常态，居民收入差距有所减小；近几年收入差距一直处于高位徘徊状态（罗楚亮，2018）。

从现有的研究成果来看，收入分配格局形成的三个阶段对最终的收入分配格局产生不同的作用。第一，初次分配对收入分配格局具有决定性的作用，人力资本水平的提高、资本偏向性和技能偏向性、技术进步等因素会导致收入差距扩大。而城乡和区域间的劳动力流动，在一定程度上会缩小城乡收入差距和地区收入差距。第二，近几年再分配政策对收入分配格局产生了一定的积极作用，尤其是公共转移支付确实在一定程度上缩小了收入差距，但是总体效果非常有限，主要是因为再分配规模小且机制设计存在问题。第三，第三次分配虽然逐渐发展起来，但目前以少数团体为主，个人参与积极性不高，因此对收入分配格局的影响微乎其微。总体来看，要想使中国收入分配格局更加完善，最根本的还是要充分发挥初次分配的作用，调整初次分配中不同要素占国民收入的份额。同时，也要不断完善再分配和第三次分配制度。

（二）对当前研究成果的评价

通过对近几年中国收入分配文献内容和贡献的梳理可以发现，所有文献基本涉及理论

框架的各个部分，这说明近几年国内学者在收入分配领域做的研究比较全面。然而当前研究在理论、方法和数据方面仍然存在很多问题。接下来，主要针对近几年国内关于收入分配格局的研究所存在的问题进行评述，并有针对性地进行未来展望。

1. 现有文献研究理论和方法概述

近年来关于初次分配和再分配领域的文献基本是通过理论和实证相结合的方式来论证收入分配问题。首先，初次分配文献的理论分析大多数基于 CES 生产函数来研究不同要素在总产出中所占份额的变化状况。关于收入差距的测算指标大多是基尼系数、泰尔指数和变异系数。实证分析部分主要使用宏观层面的时间序列数据或省份、城市层面的面板数据进行分析。实证方法的处理大多用的是最小二乘法（OLS）、固定效应模型（FE）、广义矩估计（GMM）等方法。这些方法是处理面板数据常用的方法，但都要求满足相应的前提假设，这是实证分析过程中应该非常注意但却又很容易被忽略的地方。

其次，再分配的文献最大的着力点是对政策效果的测算和评估。已有文献研究税收、社会保障、公共转移支付等政策的实施效果，数据选取主要来源于宏观年鉴数据和微观调查数据，这些数据库包含的变量信息比较适合研究收入分配的相关问题。① 研究方法方面，大部分学者通过测算 K 指数、MT 指数、基尼系数变化率等来测算再分配政策的实施效果。②

最后，第三次收入分配的文献在理论和研究方法上还不成熟，大多数文献都是定性研究。这样的分析很难说清楚第三次分配在收入分配格局中的贡献、作用和影响，因此对这方面还需要更深入地去挖掘和研究。

2. 现有研究存在的问题

结合文献梳理情况可以发现，关于初次分配、再分配和第三次分配对收入分配格局的影响的相关研究成果在理论、数据和研究方法等方面存在一些不足，具体体现在以下方面：

第一，此领域缺乏系统的概念体系。收入分配问题是值得经济学家持续关注的问题，但是从目前的国内研究状况来看，收入分配领域缺乏一套系统的概念体系。已有的文献对收入分配的研究包括个体收入分配、城乡差距、区域差距、工资收入不平等、财富不均等，但都是些零散的概念，没有统一的概念界定和分类体系，因而导致已有研究不免出现一些混乱和模糊的地方。

---

① 典型的微观数据库包括：中国家庭收入调查（CHIPS）、中国家庭追踪调查数据（CFPS）、中国综合社会调查（CGSS）、中国健康与养老追踪调查（CHARLS）等。

② Musgrave 和 Thin（1949）提出的 MT 指数用来衡量收入分配效应。MT 指数是用税前收入基尼系数减去税收收入基尼系数。Kakwani（1977）提出的 K 指数用来衡量税收的累进性。K 指数等于税负集中率减去税前收入基尼系数。

第二，国内现有研究成果没有很好地联系中国实际状况。初次分配、再分配的相关文献依据的理论基础基本上是从西方引进的理论模型，尚未针对中国的特殊体制和政策进行创新。收入不平等是世界各国都面临的问题，显然市场运行不能很好地解决这一问题。因此，政府在收入分配领域中便扮演着非常重要的角色。那么，不同的政体、法律、制度、经济体制对收入分配有何影响呢？中国的制度和体制对于优化收入分配格局的作用是什么？影响机制是什么？如何将这样的影响机制提炼到理论层面来解释政府决策对收入分配格局的影响？这是收入分配领域一个重大理论空缺。然而研究这方面的学者很少，虽然有的学者指出了税收、社会保障等机制设计问题，但主要停留在对现状的描述层面，并没有上升到理论层面。

第三，实证与理论失衡的问题。随着大量微观调查数据的涌现，很多学者一拥而上专注于对数据的处理和分析，导致实证研究泛滥，这就不可避免地会忽视理论的研究。同时，实证研究数量多，但实质性突破比较有限，从数据、方法、测算及结论中发现，许多实证研究都比较相似，但是问题也存在共性。

第四，实证研究数据处理方面的问题。实证研究方面的问题主要是数据来源的可靠性和计量方法的科学性。从已有文献使用数据的情况来看，这是一个从以宏观数据为主到以微观数据为主的研究过程。然而，关于收入分配的数据与核算仍然存在不完善的地方。收入分配的核算问题是一个基础性问题，但是目前国内文献仍然没有对此问题有一个清楚的认识。最主要的问题在于高收入人群的真实收入数据难以获得，调查数据中高收入群体往往会隐瞒自己的真实收入。因此，已有文献对高收入人群的收入数据基本处于一个低估状态，这会导致收入差距水平偏低。大多数学者只是基于居民的名义收入来测算收入差距，然而不同地区、不同城市的经济发展水平、生活成本、房价等存在较大的差距，因此需要用生活成本对名义收入进行折算，才可以得到更加准确的收入差距。根据经验，往往实际收入差距小于名义收入差距。第三个方面的问题与再分配调节作用的衡量有关。由于不同地区生活成本存在巨大差异，同样名义收入对应不同的实际收入，但却缴纳相同的税收或者得到相似水平的转移支付，这就会带来一种隐形再分配问题。弄清这些问题对于核算收入差距的大小都是非常关键的，并且也是基础性的。从目前国内已有研究来看，数据处理方面仍存在的这些不足，导致收入分配问题研究成果的可信度存疑。

（三）未来研究展望

我们根据以上的分析发现，收入分配领域的文献非常多，但是在概念体系的构建、理论研究、数据可信度的检验等方面尚存在较大的缺失。这些都是收入分配领域的基础性问题，不解决这些问题，仅盲目进行数据分析必然影响研究结果的可信度。接下来，根据目前存在的问题，对未来研究方向做出如下判断：

第一，注重此领域概念体系的构建和理论研究。从目前的研究状况来看，收入分配领域的相关概念不健全。不同学者根据自身研究目标对收入差距进行各自的界定，甚至一些学者不界定就直接用数据来测算收入差距，这导致收入分配领域的研究有些混乱，研究结果基本没有可比性。因此学术界急需弥补这方面的空缺。另外，需要注重理论研究，尤其是根据中国实际情况，将初次分配、再分配、第三次分配对收入不平等的影响机制提炼到理论层面。

第二，完善收入差距的测算方法。关于收入差距的测算问题，未来应该把更多的研究重点放在对高收入人群收入的挖掘或预测上。除此之外，需要对名义收入进行折算，基于实际收入来计算收入差距更加准确。这方面研究存在不足，且工作量大，是此领域非常重要的、不可忽视的基础性问题。

第三，收入分配格局形成的不同阶段是彼此联结，而非彼此分割的。未来研究应该更深入地剖析和厘清三次分配对收入差距的复杂的影响机制。无论是初次分配还是再分配，抑或第三次分配，对收入差距的影响都不是割裂的。比如税收政策、社会保障政策、扶贫政策的变迁会影响劳动力流动，这就会改变各地区原始的劳动力分布、劳动力集聚状况和人力资本溢出效应。这就会体现为二次分配不仅直接影响了收入差距，还会传导到初次分配，间接地影响收入分配格局。再比如说，税收制度对慈善事业会有一定的倾斜和鼓励作用，那么再分配和第三次分配会同时影响收入差距。因此，未来在分析收入分配格局问题时，可以进一步深入挖掘这些影响因素背后的作用机制。

第四，关于收入分配政策效果评估依然是未来研究的一个方向。目前，虽然已经有很多学者对收入分配政策进行效果评估，然而现实中有的政策是全国层面的，有的是地区层面的，不同政策对不同区域、行业的影响存在差异，对整个国家的经济运行也会产生连带影响。政策评估不能仅仅聚焦在一个局限的方面，否则可能导致对政策效果认识不充分。若把政策变更引起的经济运行变化考虑进来分析最终的政策效果，可以对政策效果有一个更清晰的把握和估计，可以更客观、更切合实际地分析政策是否合宜，这样的研究对政策的制定和完善有关键性的指导意义，也是未来收入分配研究的一个重要方向。

参考文献

[1] Aghion P. ,Howitt P. Market Structure and the Growth Process[J]. Review of Economic Dynamics,1998(1):276 – 305.

[2] André Decoster,Kris De Swerdt,Gerlinde Verbist. Indirect Taxes and Social Policy:Distributional Impact of Alternative Financing of Social Security[R]. Working Papers of Department

of Economics, Leuven ces0711, KU Leuven, Faculty of Economics and Business (FEB), Department of Economics, Leuven, 2007.

[3] Clotfelter, Charles, Auten, Gerald, Sieg, Holger. Charitable Giving, Income, and Taxes: An Analysis of Panel Data[J]. American Economic Review, 2002(92): 371 – 382.

[4] Di Lorenzo F., Scarlata M. Social Enterprises, Venture Philanthropy and the Alleviation of Income Inequality[J]. J Bus Ethics, 2019(159): 307 – 323.

[5] Dustmann C., Ludsteck J., Schonberg U. Revisiting the German Wage Structure [J]. Quarterly Journal of Economics, 2009, 124(2): 843 – 881.

[6] Indraneel Dasgupta, Ravi Kanbur. Does Philanthropy Reduce Inequality? [J]. Journal of Economic Inequality, 2011.

[7] Kuznets, Simon. Economic Growth and Income Inequality[J]. American Economic Review, 1995, 45(1): 1 – 28.

[8] Maitreesh Ghatak, Neville Nien – Huei Jiang. A Simple Model of Inequality, Occupational Choice, and Development[J]. Journal of Development Economics, 2002, 69(1).

[9] Oded Galor, Omer Moav. From Physical to Human Capital Accumulation: Inequality and the Process of Development[J]. The Review of Economic Studies, 2004, 71(4).

[10] Richard Burkhauser, Kenneth Couch, David Wittenburg. Who Gets What from Minimum Wage Hikes: Areplication and ReEstimation of Card and Krueger[J]. Industrial and Labor Relations Review, 1996.

[11] 陈刚，李树. 中国地方政府的社会性支出：效率及其决定因素[J]. 南方经济，2010(10).

[12] 陈景华. 中间投入品贸易对中国收入分配的影响：理论与实证[J]. 技术经济，2007(3).

[13] 杜鹏. 基于基尼系数对中国学校教育差距状况的研究[J]. 教育与经济，2005(3).

[14] 杜玉申，张屹山，王广亮. 要素禀赋和分配机制对初次分配的影响[J]. 学术月刊，2018(8).

[15] 耿晋梅，岳树民，岳希明. 政府再分配政策调节居民收入作用的比较分析[J]. 地方财政研究，2015(12).

[16] 哈里·兰德雷斯，大卫·C. 柯南德尔. 经济思想史[M]. 周文，译. 北京：人民邮电出版社，2014.

[17] 何辉，樊丽卓. 房产税的收入再分配效应研究[J]. 税务研究，2016(12).

[18] 姜付秀，余晖. 中国行政性垄断的危害——市场势力效应和收入分配效应的实证

研究[J]. 中国工业经济,2007(10).

[19] 解垩. 公共转移支付对再分配及贫困的影响研究[J]. 经济研究,2017(9).

[20] 陆铭,蒋仕卿. 重构"铁三角":中国的劳动力市场改革、收入分配和经济增长[J]. 管理世界,2007(6).

[21] 陆万军,张彬斌. 不公平抑或不均等?——中国收入分配问题的制度成因及治理[J]. 东南学术,2016(6).

[22] 卢盛峰,陈思霞,时良彦. 走向收入平衡增长:中国转移支付系统"精准扶贫"了吗?[J]. 经济研究,2018(11).

[23] 李兰冰. 中国区域协调发展的逻辑框架与理论解释[J]. 经济学动态,2020(1).

[24] 李实,魏众,丁赛. 中国居民财产分布不均等及其原因的经验分析[J]. 经济研究,2005(6).

[25] 李实,朱梦冰,詹鹏. 中国社会保障制度的收入再分配效应[J]. 社会保障评论,2017(4).

[26] 李文. 中国个人所得税的再分配效应与税率设置取向[J]. 税务研究,2017(2).

[27] 罗楚亮. 中国居民收入分布与财产分布的极化[J]. 统计研究,2018(11).

[28] 罗楚亮. 收入差距的长期变动特征及其政策启示[J]. 北京工商大学学报(社会科学版),2018(1).

[29] 罗纳德·G. 伊兰伯格,罗伯特·S. 史密斯. 现代劳动经济学:理论与公共政策[M]. 北京:中国人民大学出版社,2015.

[30] 吕冰洋,郭庆旺. 中国要素收入分配的测算[J]. 经济研究,2012(10).

[31] 刘盼,罗楚亮. 劳动边际产出与企业工资分布[J]. 经济学动态,2019(9).

[32] 茂路. 完善中国居民收入再分配制度的财税政策研究——基于差度理论基础的中国居民收入差距分层研究[J]. 中央财经大学学报,2014(10).

[33] 乔晓楠,郗艳萍. 人口红利渐行渐远 人工智能红利走来[J]. 中国经济报告,2018(10).

[34] 詹长春,郑珊珊. 农村居民医疗保障"逆向"收入再分配效应形成机制及克服——以江苏省为例[J]. 农业经济问题,2018(10).

[35] 王君,张于喆,张义博,洪群联. 人工智能等新技术进步影响就业的机理与对策[J]. 宏观经济研究,2017(10).

[36] 王钰,田志伟,王再堂. 2018 年个人所得税改革的收入再分配效应研究[J]. 财经论丛,2019(8).

[37] 王名,蓝煜昕,王玉宝,陶泽. 第三次分配:理论、实践与政策建议[J]. 中国行政管

理,2020(3).

[38] 亚当·斯密. 国富论[M]. 西安:陕西师范大学出版社,2006.

[39] 易定红,章彬. 中国收入分配格局问题研究综述[J]. 劳动经济与劳动关系,2005(3).

[40] 周鹏升,袁青川,张燕燕. 劳动人口省际流动与省内流动收入分配差距研究[J]. 统计与决策,2020(17).

[41] 周志莹. 收入税与社会保障对收入再分配的调节效应[J]. 首都经济贸易大学学报,2015(5).

[42] 邹薇,张芬. 农村地区收入差异与人力资本积累[J]. 中国社会科学,2006(2).

[43] 张楠,邹甘娜. 个人所得税的累进性与再分配效应测算——基于微观数据的分析[J]. 税务研究,2018(1).

[44] 张屹山,等. 资源、权力与经济利益分配通论[M]. 北京:社会科学文献出版社,2013.

[45] 张莉,李捷瑜,徐现祥. 国际贸易、偏向型技术进步与要素收入分配[J]. 经济学(季刊),2012(2).

[46] 张璐. 第三次分配中政府职能的转变和定位[J]. 人民论坛,2016(2).

[47] 钟世川. 收入差距与技术进步方向的经验研究[J]. 探索,2015(4).

[48] 赵莹. 中国的对外开放和收入差距[J]. 世界经济文汇,2003(4).

[49] 祝洪娇. 促进第三次分配以缩小收入分配差距[J]. 当代经济管理,2018(7).

乡村振兴激活庞大内需空间

——基于浙江安吉“茶二代”的观察视角

樊良树[①]

中国为历史悠久、光景常新的农业大国。农业、农村、农民问题简称“三农”问题，是关系国计民生的根本问题。没有农业的现代化，没有农村的富强美丽，没有农民的安居乐业，中国的现代化注定是不完整的。党的十九大报告提出，“实施乡村振兴战略”，“要坚持农业农村优先发展，按照产业兴旺、生态宜居、乡风文明、治理有效、生活富裕的总要求，建立健全城乡融合发展体制机制和政策体系”。[②] 这是中国共产党为解决“三农”问题、缩小城乡差距、建设美丽中国做出的重大决策。

广袤富饶的神州大地，农村占有绝大多数面积的土地。传统的中国乡村[③]是生物种类繁多的渊薮。燕子、蜻蜓、麻雀、黄雀、野兔等随处可见。古树参天，分布于农家院落、家族墓地和田间地头。小河弯弯，清澈见底。水里有鱼虾螃蟹，岸边有芦苇菖蒲。“七月核桃八月梨，九月的柿子乱赶集”，“桃花开，杏花败，李子开花再回来”。金秋时节，五谷丰登、瓜果飘香，人们其乐融融，共庆丰年。星罗棋布于华夏大地的乡村涵养我们的日常生活，也支撑着中国的环境容量和发展后劲。

中国特色社会主义进入新时代，我国社会主要矛盾已经转化为人民日益增长的美好生活需要和不平衡不充分的发展之间的矛盾。日益增长的美好生活需要为农村创造新的发展空间，为乡村振兴提供巨大机遇。中国要强，农业必须强；中国要富，农民必须富；中国要美，农村必须美。牢固树立和践行绿水青山就是金山银山的理念，统筹山水林田湖草系统治理，加快转变生产生活方式，建设生活环境优美、生态系统健康、人与自然和谐共生的美丽乡村，为美好生活抒写乡村华章。

---

① 樊良树，华北电力大学副教授，《生态经济》编委，硕士生导师。

② 习近平.决胜全面建成小康社会 夺取新时代中国特色社会主义伟大胜利——在中国共产党第十九次全国代表大会上的报告[M].北京：人民出版社，2017：32.

③ 文中“乡村”和“农村”通用，代表同一意义。

一、乡村与土地的韧性

“三农”向好，全局主动。改革开放以来，中国城镇化发展迅猛，城镇化率节节攀升，成为拉动中国经济社会发展的重要引擎。2018 年 9 月 10 日国家统计局发布的统计报告显示，2017 年末，我国城镇常住人口达到 8. 1 亿人，比 1978 年末增加 6. 4 亿人，年均增加 1644 万人；常住人口城镇化率达到 58. 52%，比 1978 年末提高 40. 6 个百分点，年均提高 1. 04 个百分点。

承接大量农村富余劳动力的城镇化是推动中国经济社会发展的重要动力，深刻塑造中国的面貌。原本和土地朝夕相处的农业人口离乡进城，向城镇和非农领域转移。在此空间转换过程中，不少人凭借自己的勤奋和才能崭露头角。人，活跃起来，周转开来，整个社会的发展活力大幅增加。蒸蒸日上的“流动的中国”巍然屹立在世界东方。

有人认为，城镇化是解决我国“三农”问题的灵丹妙药。只要中国农民都进了城、上了楼，“三农”问题就迎刃而解。解决我国“三农”问题，要靠城镇化，但不能只靠城镇化。对于我们这样一个人口众多、经济社会发展不平衡不充分的大国，城镇化率不可能无限提升，必须与经济社会发展水平匹配，和历史国情吻合。世界上没有放之四海而皆准的城镇化道路。一个国家的国土面积、历史传统、人口规模、发展路径对它的城镇化道路和人口城乡分布有很大影响。要坚持从国情出发、从实际出发，着眼解决中国的现实问题。著名学者吴景超先生在 1937 年出版的《第四种国家的出路》一书中分析过中国的城镇化。他把世界各国分为四大类：

（1）人多地少、农业发达、农业人口比重低的国家。英国、法国、荷兰等西欧国家，拥有富饶的土地和漫长的海岸线，坐拥优良气候和科技优势，这些国家发展精致农业有相当优势。

（2）人少地多、农业人口比重低的国家。美国、加拿大、澳大利亚等国，土地宽广，人口相对较少，这为发展规模化、机械化农业提供了便利。在美国，形成高度规模化经营且从事农业人口较少的五大农业带：①东北部和“新英格兰”牧草乳牛带。②中北部玉米带。③大平原小麦带。④南部棉花带。⑤太平洋沿岸的综合农业区。

（3）人少地多、农业人口比重较高的国家，如苏联。这类国家土地平坦肥沃，发展农业具有优越的地理条件。

（4）人多地少、农业人口比重很高的国家。如中国、印度以及部分亚洲国家，尤以东亚地区为最。这些国家的农耕文明历史悠久，农业在整个国家的经济中起着基础支撑作用。

吴景超先生认为，第四类国家要实现现代化，难度最大，非走自己独特的道路不可！世界上没有两片相同的树叶，也没有两个相同的国家。“中国有 960 多万平方公里土地、56 个民族，我们能照谁的模式办？”① 在中国推行城镇化，我们不可能亦步亦趋照搬他国模式，只有扎根本国土壤，找到一条适合自身国情的发展道路。中国城镇化率不是越高越好，必然有其合理区间。立足中国的文化传统，生于斯、聚族于斯、终老于斯的农村是农民的衣食之本、生存之源，不仅提供孕育生命的米面粮油等物质产品，也承担养老保障、家庭保险、文化凝聚等功能。在全球不稳定性、不确定性日益加剧的时代，守住脚下这片土地，青山常在，绿水长流，与这片土地相关的人们的生计就多了一重保障。

中国人常说，饭碗有金饭碗、铁饭碗、泥饭碗之分。金饭碗代表待遇优厚、前途光明的职业。铁饭碗，乃铁所铸、坚硬非常的饭碗，引申为相对稳定的工作。当下，科技更新迭代加速，人工智能势不可遏，社会面貌日新月异。一些在特定时间窗口成长性好、具有跳跃式发展态势的优势行业难以一劳永逸。发掘科技界“明日新星”的难度日益加大，要承担更大的投资风险，有时甚至面临投入巨大、“颗粒无收”的尴尬。这为一些高科技行业“金饭碗”的黯然失色埋下伏笔。

通过芯片、高速网络与现实世界联结在一起的机器人正在重新绘制人类社会的就业图景。充上电就一直工作且不会倦怠的机器人正大量替代可重复性的工作，过去，这些工作普遍被视为稳定的“铁饭碗”。机器人工作效果的信度、精度得到保证，在精密制造业，机器人的表现已经优于人工。伴随技术的加速迭代，机器人的能力将超出我们的现有认知，它将在未来替代越来越多的复杂工作。基于数据处理能力的人工智能大量取代金融业、证券业、财会业的实时处理、快速运转、精准反应等工作。智能化和数字化的加速叠加发生在过去的 20 年。在此过程中，我们曾经十分熟悉的许多行业定义被改写。2000 年顶峰时期，某知名金融机构在总部交易柜台雇用大量受过高等教育的交易员；如今，在智能化、数字化浪潮冲刷下，只剩下寥寥无几的交易员“留守空房”。

人是机器人和人工智能的创造者、运用者。机器人和人工智能必定大规模代替现有的劳动力。这是我们必须面对的现实。昨天的金饭碗、铁饭碗并非永恒的金饭碗、铁饭碗。2000 年以来，在亚洲一些金融业发达的繁华都会，受国际经济周期和技术革新等因素交织影响，部分高学历、高技能的金融业者无奈下岗，他们大多“上有老、下有小”，背负巨大的家庭责任和经济压力，失去原有的光鲜工作后只能从事代驾、开计程车等简单工作。有人追问，无人驾驶技术在不远的将来大范围取代人工驾驶，这些失业的白领、金领是否还有足够的缓冲空间抵御经济收入下行影响，这是我们必须思考的问题。

---

① 中共中央党史和文献研究院. 习近平关于总体国家安全观论述摘编[M]. 北京:中央文献出版社,2018:28.

农业于华夏而言，是伴随先民走过无数起起落落且生命力极强的古老行业。“在中国这个巨大的舞台上，各个角落的演员们以各自的声音唱出多变的旋律，有牧人的胡笳、猎夫的号角、高地的芦笙、船夫竞渡的鼓声、田间低沉的中音、山上高亢的唱腔，有时夹着狂风暴雨与波涛，有时则伴随着江南的和风细雨或山地的松涛瀑布，诸音杂陈，但最后却交织成一个最复杂、最丰富的交响乐。这个交响乐是这个地区‘人类喜剧’的一幕，这一台戏在这个舞台上已演出一万年了”。①

“重农固本是安民之基、治国之要”。② 同一些高科技产业“各领风骚三五年”甚至“各领风骚三五天”相比，“民以食为天”是永恒的需求，农业是永续的工作。农业受经济景气和高科技更新换代影响相对较小。有着“泥饭碗”之称的农业能较好地抗御经济景气波动，是经济社会发展的“压舱石”。农业的意义、乡村的价值之于农民、社会、国家均利害相关。“三百六十行，行行出状元”。只要经营有道、运营有方，这个古老的行业将绽放蓬勃的生命力。

二、解决“三农”问题不能仅靠城镇化

发展依靠人。人是生产力要素中最为活跃积极的要素。人口结构的变化对国家经济社会发展也会产生一定影响。在我国经济结构转型升级和人口结构变化的情况下，对劳动力的需求也出现明显变化。

20 世纪六七十年代是中国的一个生育高峰期。获益于这个生育高峰期，20 世纪 90 年代以来，层出不穷的“25～40 岁人口”既是购买住房的主力阵容，也到达一个人生产能力活跃、消费旺盛的黄金年龄段。大量的“25～40 岁人口”推动着中国劳动力资源飞速扩张，创造中国经济增长奇迹。安居方能乐业。“25～40 岁人口”先是形成安居的巨大刚性需求，又创造磅礴的住房改善需求、生活消费需求、子女教育需求、文化消费需求等。多重旺盛需求竞相迸发，又为大量农民工进城投入建筑业提供空间。据不完全统计，外出打工的农民工有 80% 左右集中在一个劳动密集型行业——建筑业。

房子是用来住的。一个国家的建筑业总有饱和空间，这不为人的意志所转移。20 世纪 80 年代初，我国实施计划生育，人口结构遭受人为干预，出生率下行。此后，我国人口增长持续维持在低位。2016 年国家实行“全面二孩”的政策放开后，适龄夫妇想生育二孩，但出于经济压力、生活成本、教育资源、抚养子女精力有限等考虑，原先设想的人口出生高峰姗姗来迟。中国的人口结构从“稳中有变”走到了“变中有忧”的时间窗口。

---

① 许倬云. 万古江河——中国历史文化的转折与开展[M]. 上海：上海文艺出版社，2007：6.

② 习近平向全国亿万农民祝贺中国农民丰收节[EB/OL]. http://www.xinhuanet.com/politics/2018-09/22/c_1123470893.htm，2018-09-22.

适龄劳动人口低速增长乃至负增长导致技术进步率、资本增长率下降，拖累中国的潜在经济增长率。近年来，建筑业需求几近饱和，与建筑业相关的行业难以扩张，挤压了与之相关的就业岗位。

解决我国“三农”问题，不能仅仅依靠城镇化。“独木不成林，单丝不成线”。诚然城镇化和整个国家的人口结构、经济增长周期息息相关，然而单独依靠城镇化的经济增长难以持久。从历史的维度看，我国的农业、农村、农民将长期存在。在人口城镇化问题上，我们要保持足够的耐心。城镇化率不是越高越好，即使将来城镇化水平到了一个相对高的阶段，还会有很多农民生活在农村。农村发展除了借助规模适度的城镇化，必须立足农村，最大限度地激发乡村发展的内生动力。

在农业人口向城镇人口转化过程中，不是所有农业人口都能顺利转化为城镇居民，始终存在一定区域、一定行业、一定时期转化不畅、发展失衡的问题。根据我国城镇人口统计口径，在城镇居住满 6 个月即被统计为城镇人口，约占城镇常住人口的 33%。出于种种原因，一些农民工进城工作，难以有效融入城镇，形成游离于城乡之间的“流动人口”或“暂住人口”。“两头都不靠”且难以精确统计的特定群体在城乡之间进退失据，进城难，返乡也难，成为游移不定的边缘群体、夹缝群体。

城乡二元结构在城镇与乡村之间构筑了一道隐形壁垒，产生与户籍、户口挂钩的所谓“市民权”问题。城乡二元结构形成的城乡二元户籍管理制度、土地管理制度、社会保障制度、城乡资产价格制度，造成城乡之间事实上的巨大差异。以户籍制度为基础的城乡壁垒，使城乡居民拥有两种不同的社会身份。部分农业人口不能融入城镇，“来之”而不得“安之”，形成城镇、乡村都难以顾及的“独立社会单元”。持有农村户籍的农民工很难享受城镇提供的公共服务。在一些城乡发展失衡地区，原先的城乡二元结构转化为城镇居民、农民工、农民构成的城乡三元结构。

“流水不腐，户枢不蠹”。合理的社会流动体制是促进社会良性运行的协调机制。包括农民工在内的大量流动人口是中国社会结构变迁的题中应有之义。社会稳定应该以这样一部分人口稳定下来、发展起来作为基础。不少农民工有文化、肯努力，可以逐步提高自身综合素质和职业适应能力，为社会做出更大贡献。由于社会保障的缺乏和隐性壁垒的存在，他们的发展空间较为逼仄，更多聚集在按件计酬、按时计酬的快递业、快餐业、运输业，以及技能简单、难以向上提升个人综合素质的低端制造业。受眼前生活所累，他们的时间、精力、日常计划更多聚焦于当下，难以拓展至更远更久的将来。许多城镇的国有企事业单位明确要求求职者拥有当地户籍，把没有当地户籍的优秀求职者拒之门外①，无形中降低了优秀农民工人生出彩的概率。

20 世纪 90 年代以来，向城镇转移的农业人口大多是学习能力较强的青壮年劳动力。从乡村进城的空间转换更多是“单枪匹马”的个人而非“拖家带口”的家庭。受知识匮乏、视野狭窄等因素掣肘，大多数妇女、老人、儿童留在农村。过度依赖劳动力个体的“候鸟式”异地转移而非“家庭式”迁移，以大量“留守妇女、留守老人、留守儿童”的单向累积为代价。旷日持久，所形成的负面效应不容小觑。有学者认为，“快速城镇化对原有农村社会组织体系和以地缘、血缘维系的乡村治理结构及道德价值体系造成巨大冲击，农村青年大规模流向城镇，大量农村家庭长期处于不完整状态，农村社会秩序、农民思想观念和行为取向等正在经历剧烈变革，农村社会风险因素增多”。②

依赖一定时期的“人口红利”和转化不彻底的“半城镇化”，背后蕴含的是“留守妇女、留守老人、留守儿童”这一庞大群体权益的缺失。据不完全统计，2014 年我国农村留守儿童数量已达 6102. 55 万，其中独居留守儿童达 205. 7 万，留守儿童问题十分严重。“大量农村家庭长期处于不完整状态”，农村留守儿童和其在城镇工作的父亲交往时，时间上时断时续，交往上非面对面，更多依赖电话、网络等通信工具。留守儿童难以得到健全的家庭教育，只能获得代监护人简单的温饱式照顾。长此以往，留守儿童心理呈现不健康状态，为他们日后发展乃至国家人力资本提升埋下隐忧。2017 年 12 月 30 日，《人民日报》刊发的社论《谱写新时代乡村振兴新篇章》指出：“我国发展不平衡不充分问题在乡村最为突出。‘三农’问题是关系国计民生的根本性问题，实现中华民族伟大复兴，绝不可以丢掉乡村仅顾城市。必须深入思考我国乡村的地位，必须更加重视乡村，让乡村尽快跟上国家发展步伐。农业强不强、农村美不美、农民富不富，决定着亿万农民的获得感和幸福感，决定着我国全面小康社会的底色和社会主义现代化的质量。”③

妥善解决留守儿童问题，唯有城乡协调发展，积极调动城镇、乡村的积极因素。发展质量较高且环境容量较大的城镇更多接纳有能力落地生根的农民工。留守儿童结束家庭分离，进城享受天伦之乐和相对优质的教育资源，为日后的人生出彩奠定基础。另外，培育

---

① 一定地方的企事业单位要求求职者拥有当地户籍是出于以下考虑：扩大本地户籍人口就业率，以维护当地户籍人口利益。为了保障特定工作岗位的安全性，要求一些工作者拥有本地户口。如公共汽车运营、地铁运营、燃气运营、自来水运营等涉及千家万户利益的公共事业岗位。一些执法岗位也明确要求执法者拥有当地户口。据作者所知，一些地方的企事业单位不仅要求求职者有当地户口，还要在当地有固定住处。这固然降低了工作人员流动率，但也为一些没有当地户口、在当地没有固定住处的求职者设置了隐形门槛，降低了农民工的求职成功概率和职业发展空间。更有甚者，一些单位还要求求职者必须是当地户籍、拥有当地住房且已婚已育。如此这般，给外来农民工设置了一系列更高的门槛。

② 朱泽. 大力实施乡村振兴战略[J]. 中国党政干部论坛，2017(12).

③ 《人民日报》社论：谱写新时代乡村振兴新篇章[N]. 人民日报，2017 - 12 - 30.

农业农村发展新动能，让农民成为有吸引力、有奔头的职业，让乡村成为产业兴旺、聚人聚财的美丽家园。

三、安吉“茶二代”：推动自然资本大量增值

在一个社会所有就业群体中，青年的就业至关重要。朝气蓬勃、拥有更多可能的青年充分就业能使其掌握谋生手段、提升专业技能、拓展个人视野、塑造集体自信，为社会稳定和长期繁荣奠定基石。反之，大量青年不能在人生最好的年华充分就业，将产生严重的“伤痕效应”，缩窄青年发展视野，破坏青年对美好生活的向往。

这些问题，不仅仅是简单的经济风险。与工作相关的规范是将社会结合在一起的隐形契约的重要组成部分。在全球经济变化加快和加剧的情况下，如果许多青年人与就业相关的期望遭遇挫折，会降低社会活跃度，拉低社会生产力水平，导致贫困代际传递和经济社会发展长期低迷，甚至酝酿严重的社会动荡。

当代中国，许多农业人口脱离农业，投身工业和第三产业，一些地方出现“无人务农”的空心村、空心乡。乡村衰败和城市拥挤形成鲜明对比。人们通常认为，“面朝黄土背朝天”的农业是老土的行业，抗御风险的能力较差。2018 年 4 月，作者在浙江安吉参观，当地一位种植白茶的茶农告诉作者，“农业的可持续发展能力更好，抗御风险的能力更高。现在，安吉的许多大学生毕业后不愿意在大城市工作，争先恐后回乡，成为经营安吉白茶的‘茶二代’”。

茶农的话别开生面，深深触动了作者。这位茶农在当地德高望重，拥有良好的社会口碑和广泛的人际网络。作者问茶农，“为什么安吉的大学生不愿意在大城市工作?”茶农答:“在大城市工作，一位刚大学毕业的青年每天往返于住宿地和工作地，少则 1 小时，多则三四个小时，身心疲惫。长时间下来，再好的身体也被掏空了。身体超负荷运转，容易诱发一些疾病。再者，大城市房租居高不下，挤压青年消费空间。回到安吉，自家的房子就在绿水青山之间，居住环境一流。近年来，安吉白茶的品牌美誉度和影响力不断提升。老主顾每年上门购买安吉白茶。自己在绿水青山间就能收获金山银山，为国家、社会创造更大价值，何乐而不为?”

作者想，安吉“茶二代”是观察中国乡村振兴的重要视角，也是中国未来农业发展的必然趋势。

在集聚较多资源的城市，有包括“富二代”“星二代”“学二代”等在内的“二代”。比如，北京、上海、成都、西安、武汉等地知名高校教授的子女从事教学科研轻车熟路，有更多的学术资源依靠。因为父辈的缘故，“二代”拥有各种优质资源，“近水楼台先得月”，占据天时、地利、人和。

但是，不是所有青年都能轻易拥有各种优质资源，大中城市提供的就业岗位终究有限，因此难以吸纳所有青年在大中城市就业。高科技产品更新换代，产品生命周期缩短，高科技从业者面临汹涌澎湃的技术浪潮，难免有力不从心之感。一些市场规模大、从业人口多、产业链长的科技企业，看上去“大到不能倒”，但受国际形势影响，很有可能面临风云突变、受制于人的尴尬。

图1　坐落于安吉白茶园的帐篷酒店

资料来源：2018 年 4 月作者用手机拍摄于浙江安吉。

安吉，“坐拥万顷竹海，西苕溪穿境而过”。坐落于安吉万亩白茶园的帐篷酒店，目之所及，全是沁人心脾的绿色、纯净的天空以及荡漾的碧波，宛如现代版的“富春山居图”。

穿衣吃饭、追求健康是人们永恒的需求。2018 年中央一号文件指出，将乡村生态优势转化为发展生态经济的优势，提供更多更好的绿色生态产品，促进生态和经济良性循环。加快发展森林草原旅游、河湖湿地观光、冰雪海上运动、野生动物驯养观赏等产业，积极开发观光农业、游憩休闲、健康养生、生态教育等服务。创建一批特色生态旅游示范村镇和精品线路，打造绿色生态环保的乡村生态旅游产业链。当经济社会发展到一定程度，让中国的广大农村活跃起来，推动自然资本大量增值。城镇居民有了休闲好去处，当地乡村也会增添磅礴的发展动力。

茶为国饮。几千年前，在匠心独运的中国人手里，茶成为苦尽甘来的健康饮品。相对于主要提供茶叶等单一农产品的传统农业，在见多识广且扎根本乡本土的安吉“茶二代”推动下，安吉的现代农业正向休闲农业、观光农业、旅游农业、养生农业、民宿农业、教育农业拓展，开拓了安吉茶农“就地就近就业”门路，活化了安吉的绿水青山提供更多就业岗位、承载更多功能的发展空间。

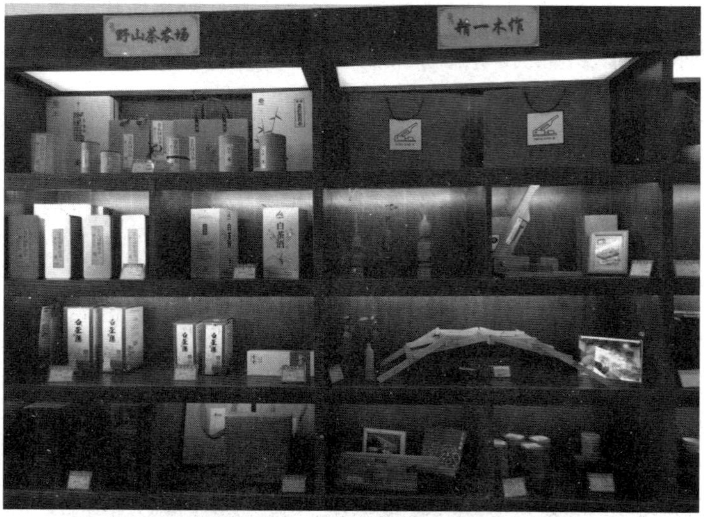

图2　建立在优良生态环境基础上的优质生态产品

资料来源：2018 年 4 月作者用手机拍摄于浙江安吉。

对美好生活的向往是我国城乡发展共同的基础性动力。安吉“茶二代”运用文化、创意、设计，赋予安吉优质生态产品更多的价值空间（见图 2）。各种优质生态产品供销两旺，为当地民众创造了更大价值，也在更高层面推动安吉的绿水青山等自然资本大量增值。

安吉“茶二代”顺应城乡居民消费升级趋势，结合安吉的绿水青山资源禀赋，深入发掘安吉白茶种植园的生态涵养、休闲观光、文化体验、健康养老、亲朋团聚和生态教育等价值，把传统的安吉白茶种植变为具有生活休闲、生态保护、旅游度假、文明传承、休闲养生等多重功能的田园观光、果蔬采摘、农事体验等活动，大幅提升安吉白茶的影响力和美誉度。许多安吉青年回乡创业，运用新的创意创造，如在茶园里开办帐篷酒店，在茶园里辟建茶叶博物馆，在茶园里开设自然教育课堂、自然观光路线，在茶园里开设养生工坊等，给安吉白茶园注入和赋予更多的价值。安吉的“绿水青山”孕育更多的“金山银山”。一位安吉茶农自豪地告诉作者，安吉茶农的收入普遍较高。茶农的年收入少则 10 多万元，多则几百万元。住在自家的房子不用付房租，每天都能吃到新鲜蔬菜，每年都能外出旅游，日子优哉游哉。

“30 年前的黄杜村，穷得叮当响。这个躲在浙西北群山旮旯里的村庄，除了山，还是山——人均不足 7 分耕地。而这些地，又多是零零散散的坡地，无论种麦还是种稻，产量都很低。1990 年宋昌美嫁过来时，丈夫家里买不起鱼，按照当地风俗，招待客人又不能没

人民日报

RENMIN RIBAO

2018年7月

15

就业稳中向好，劳动者更有奔头

浙江安吉黄杜村为贫困地区捐赠1500万株茶苗

“让他们像我们一样富起来！”

打赢脱贫攻坚战

饮水当思源　先富帮后富

经济形势年中看

“向阳红 03”科考船起航

法治活水精准滴灌四川贫困乡村——

“我们脱贫更有信心了”

上半年全社会用电量同比增长9.4%

图 3　“让他们像我们一样富起来！”

资料来源：王慧敏，方敏．“让他们像我们一样富起来！”[N]．人民日报，2018-07-15.

有鱼，就只好用木头刻一条鱼放在餐盆里，算个大菜，图个彩头。”一片叶子富了一方百姓。如今，“村里白茶产值超 4 亿元，人均年收入超过 3.6 万元，全村有小汽车 420 辆，141 户村民乡下有别墅、城里有洋房，有人还在海南买了过冬房……”

过去，安吉卖单一农产品——茶叶。如今，安吉“茶二代”在农户与市场之间架起一座便捷高效的桥梁。视野开阔、踏实肯干的安吉“茶二代”积极培育农业农村新产业新业态，打造农村产业融合发展新载体、新空间，推动要素跨界配置和产业融合，让安吉茶园在中国经济社会发展中同步升级、同步增值、同步受益。

中国乡村振兴的根本目的在于写好城镇、乡村融合发展的大文章，绝不能以农业萎缩、乡村衰败为代价。城镇乡村融合发展，要改变乡村人才、资金等要素向城镇流动聚集的格局。农村留住人才、留住资源，形成强大的内生发展动力，推动形成工农互促、城乡互补、全面融合、共同繁荣的新型工农城乡关系。城乡居民在城乡之间自由流动，共同携手实现对美好生活的向往。

可以预见，会有越来越多的安吉“茶二代”这样的新型青年农民高质量就业，打造美丽家园，让“绿水青山”带动产业发展的“金山银山”，促进农民增收，促进不同区域全面均衡发展，不仅激活中国庞大的内需市场，也将成为世界发展的“稳定器”。

参考文献

[1]《人民日报》社论:谱写新时代乡村振兴新篇章[N]. 人民日报,2017－12－30.

[2] 习近平. 决胜全面建成小康社会　夺取新时代中国特色社会主义伟大胜利——在中国共产党第十九次全国代表大会上的报告[M]. 北京:人民出版社,2017.

[3] 许倬云. 万古江河——中国历史文化的转折与开展[M]. 上海:上海文艺出版社,2007.

[4] 习近平向全国亿万农民祝贺中国农民丰收节[EB/OL]. http://www.xinhuanet.com/politics/2018－09/22/c_1123470893.htm,2018－09－22.

[5] 中共中央党史和文献研究院. 习近平关于总体国家安全观论述摘编[M]. 北京:中央文献出版社,2018.

[6] 朱泽. 大力实施乡村振兴战略[J]. 中国党政干部论坛,2017(12).

正确理解内循环为主体的“新发展格局”

邹士年[①]

【摘要】 面对百年未有之大变局，中国领导人审时度势，根据中国当前面临的处境及发展阶段，提出构建以国内大循环为主体、国内国际双循环相互促进的新发展格局。要真正构建好这一格局，中国需要以内需扩大为基点，大力提高居民收入，进一步加大改革力度，加大技术创新力度，继续积极扩大对外开放，通过改革、创新和开放更多地释放中国经济活力，促进中国经济行稳致远。

【关键词】 内循环新发展格局；双循环；国际秩序

面对百年未有之大变局，我国提出了“内循环为主”的新发展格局，成为国内外关注的焦点。实际上，这一表述最早源于2020年5月习近平总书记在看望参加政协会议的经济界委员时强调“面向未来，我们要把满足国内需求作为发展的出发点和落脚点，加快构建完整的内需体系。逐步形成以国内大循环为主体、国内国际双循环相互促进的新发展格局”。随后，中央领导人在多个场合都提到构建这一新的发展格局。党的十九届五中全会在提出中国未来五年规划的发展思路中也明确提出，“加快构建以国内大循环为主体、国内国际双循环相互促进的新发展格局”。实际上，构建以国内大循环为主体、国内国际双循环相互促进的新发展格局，是党中央面对当前保护主义上升、世界经济低迷、全球市场萎缩的外部环境，审时度势做出的重要决策。面对当今变化的世界，我们必须集中力量办好自己的事，充分发挥国内超大规模市场优势，逐步形成以国内大循环为主体、国内国际双循环相互促进的新发展格局。

---

① 邹士年，经济学博士，副研究员，国家信息中心经济预测部新动能（双创）研究室副主任，研究方向为宏观经济、房地产经济等。

一、内循环为主体是由我国当前发展阶段特征决定的

建设现代化强国的要求。按照习近平总书记的构想，中国在2020年全面建成小康社会后，将先用15年的时间基本实现社会主义现代化，然后在此基础上，再用15年，到2050年，建成富强民主文明和谐美丽的社会主义现代化强国。可见“十四五”时期是我国建设社会主义现代化强国的起始阶段。综观当今发达国家，没有一个是靠外向型经济成为强国的，而是立足于内需，强化国内的科技创新，构建高质量的国内大循环体系，吸引世界其他国家参与其中。所以，习近平总书记在参加全国政协十三届三次会议的经济界委员联组会时指出，面向未来，我们要把满足国内需求作为发展的出发点和落脚点，加快构建完整的内需体系，大力推进科技创新及其他各方面创新，加快推进数字经济、智能制造、生命健康、新材料等战略性新兴产业，形成更多新的增长点、增长极，着力打通生产、分配、流通、消费各个环节，逐步形成以国内大循环为主体、国内国际双循环相互促进的新发展格局，培育新形势下我国参与国际合作和竞争的新优势。

解决现阶段社会主要矛盾的需要。在改革中经过40多年的快速发展，我国社会生产力水平总体上显著提高，社会生产能力在很多方面进入世界前列，人民的收入和生活水平都得到了极大的改善，解决了十几亿人的温饱问题，中国社会主要矛盾也已经转化为人民日益增长的美好生活需要和不平衡不充分的发展之间的矛盾。“十三五”末我国也将全面建成小康社会，人民美好生活需要日益广泛，不仅对物质文化生活提出了更高要求，而且在民主、法治、公平、正义、安全和环境等方面的要求日益增长。现阶段的社会主要矛盾需要我们立足国内大循环，把满足人民需求作为解决社会主要矛盾的出发点。

解决现阶段供需结构矛盾的需要。改革开放以来，中国积极主动参与全球经济循环，在所谓的“两头在外”和“大进大出”的沿海发展战略引领下，逐步发展成为“世界制造工厂”，并带动了中国的产业升级和经济快速发展。但是，随着发达国家对我国技术上的封锁及其贸易保护主义抬头，我们必须清醒认识到，目前已经到了一个需要重新调整供给和需求匹配的阶段。一方面，我们在很多供给领域出现产能过剩，以前可以通过大量出口来消化，但是现在外部的需求可能会受到一定的影响，很多产能难以通过外部需求来消化。另一方面，大量需求无法从供给端得到很好的满足，国内消费者每年在海外有2万多亿元的消费，主要聚焦在旅游、文化、高端汽车、奢侈品、化妆品、运动服饰等重点可选消费品上，国内消费中的服务占比已超过65%，而国内供给中的服务占比还不到40%，国内供给不足的矛盾明显，在教育、医疗、养老和旅游等服务的供给上存在缺口，高端服务的供给缺口更大。以国内循环为主的发展格局强大起来后，这些高品质的需求都可以逐步回流到国内来。实际上，自2008年国际金融危机以后，中国进出口贸易顺差对GDP的

贡献已经降到很小的份额，事实上已经在逐步形成一个以国内循环为主的经济发展格局。

二、内循环为主是应对百年未有之大变局的必然选择

国际秩序加速重构。“二战”之后形成的“雅尔塔体系”确立了美苏争霸的国际格局。战后西方国家经济社会快速发展，科学技术突飞猛进，文化影响不断扩大，在各个领域完成了对亚非拉国家的超越。但是随着中国崛起并发展成为世界第二大经济体，以及其他近年来新兴发展中国家的强势崛起，使得世界格局正在发生前所未有的变化，全球力量的天平正在从西方向东方倾斜，发展中国家整体在国际舞台上的声音也越来越大。现行国际秩序和国际规则都是在“二战”以后逐步形成的，从联合国以及各类国际组织的成立，再到形形色色的国际协议、制度、议事决策规则的制定，一并构成了全球治理体系，总体上维持了世界和平与发展。但现行国际秩序也存在着诸多不公正、不合理的地方，与广大发展中国家所认可的、以国际关系准则为基础的国际秩序相去甚远。

全球化进程严重受阻。特朗普上台后，美国在“美国优先”和“让美国再次强大”的口号下开始在全球举起贸易保护的大旗，使得全球化进程严重受阻，对中国的遏制变得更加赤裸裸，从经济、技术等方面全面围堵中国，担忧中国崛起对其世界霸主地位的挑战，即使中国领导人一直声明“中国决不会以牺牲别国利益为代价来发展自己，中国发展不对任何国家构成威胁，中国永远不称霸，永远不搞扩张”。但是，霸权主义的思维是难以容忍中国的快速崛起。美国发动中美贸易战、技术战，甚至不时在中国领海、领空发起的挑衅行为，极大地增加了中美冲突的概率，给当前稳定的世界秩序带来很大的不确定性，中国发展的外部环境压力持续增大。所以，习近平总书记在 2020 年 7 月 21 日企业家座谈会上强调，“在当前保护主义上升、世界经济低迷、全球市场萎缩的外部环境下，我们必须充分发挥国内超大规模市场优势，通过繁荣国内经济、畅通国内大循环为我国经济发展增添动力，带动世界经济复苏”。

三、内循环为主不是关门搞封闭循环

一提到内循环为主，让很多人感到担忧，中国是不是要关起门来发展。其实在 2020 年的“两会”上习近平总书记就讲过，面向未来，我们要逐步形成以国内大循环为主体、国内国际双循环相互促进的新发展格局。因为中国拥有超大规模的消费市场，以及完整的生产产业链，具备形成内部大循环的条件。以国内大循环为主体，需要持续扩大内需，推动有效投资，维护、健全国内产业链与供应链。还需要推动自主创新，减少关键生产环节的对外依赖度。2020 年 7 月 21 日习近平总书记在企业家座谈会上再次强调，“以国内大循环为主体，绝不是关起门来封闭运行，是通过发挥内需潜力，使国内市场和国际市场更好联

通，更好利用国际国内两个市场、两种资源，实现更加强劲可持续的发展”。可见，中国提出的以内循环为主是一种基于中国进入经济以内需拉动为主的发展阶段，应对当前国际国内环境的策略，是做好最坏打算的一种准备。

事实上，党的十八大以来，中国对外开放的步伐不但没有停滞，反而有所加快，中国积极推动“一带一路”建设，得到160多个国家和地区以及国际组织的积极响应。2019年20国集团领导人第十四次峰会上，中国国家主席习近平郑重宣布，中国将进一步开放市场。从出台新版外商投资准入负面清单不断做“减法”，到出台2019年版鼓励外商投资产业目录不断做“加法”，中国开放的大门正越开越大。2020年在疫情影响和全球化受阻背景下，我们仍大力推动对外开放，公布《外商投资准入特别管理措施（负面清单）(2020年版)》和《自由贸易试验区外商投资准入特别管理措施（负面清单）（2020年版)》，外资营商环境持续改善。新发布的外商投资准入特别管理措施负面清单中金融业准入的负面清单已经正式清零。为了进一步促进服务业的开放，通过持续对外开放，与国际大循环相互促进、相互协调，2020年9月中国举办国际服务贸易交易会，是新冠肺炎疫情暴发以来我国在线下举办的第一场重大国际经贸活动。这次服贸会在推动中国服务业高质量发展的同时，也为世界提供了分享中国对外开放红利的机会，让较早克服新冠肺炎疫情冲击的中国为一些跨国企业提供“关键避难所”。

四、多措并举积极应对内循环为主的“新发展格局”

面对国内外环境深刻变化所带来的一系列新的机遇和挑战，要求以畅通国民经济内循环为主的新发展格局，抓住扩大内需这个战略基点，多措并举高效畅通国民经济循环，促进我国经济转危为机、行稳致远。

（一）大力提高居民收入水平

内循环能否盘活的关键是大幅激活内需，提升居民的消费能力。而消费能力的提升，关键在于提高居民收入水平。中国是一个拥有14亿人口、4亿中等收入群体的超大市场，庞大的消费人群是扩大内需和做强内循环的基石，但是只有有消费能力的有效需求才是真实需求，才能成为拉动经济增长的动力。要做强内循环，必须提升中低收入人群的工资水平和财产性收入，这部分人具有较高的消费倾向。目前我国有6亿人人均收入低于1000元。这样的收入水平难以扩大消费，4亿的中产阶层被高房价所累，不敢去消费。要深化收入分配体制改革，进一步降低个人所得税率，提高劳动报酬在国民收入中的一次分配比重，在未来若干年内让4亿中等收入人群实现收入倍增，将6亿低收入人群数量减半。在国家、企业和居民之间形成有利于居民的收入分配格局。

（二）进一步加大改革力度

内循环为主战略的实施，需要进一步加快各领域改革步伐，释放政策红利。第一，要加快要素市场改革。相对商品和服务市场，我国的土地、劳动力、资本、技术、数据等要素市场发育相对滞后，市场决定要素配置范围有限、要素流动存在体制机制障碍、新型要素市场规则建设滞后等因素，影响了市场对资源配置决定性作用的发挥，成为高标准市场体系建设的突出短板，要加快改革，形成促进内循环的有利环境。第二，要促进居民消费的配套政策改革，比如教育、医疗和养老这三大支出，是压制居民消费的几个关键因素，加快这几个基本公共服务领域的改革，提高它们财政支出的比例，能够提高居民的消费意愿。第三，一些税收制度改革也有利于促进消费，比如消费税的征收环节从生产阶段后移到消费阶段，降低中低收入者的流转税税负等。此外，限制垄断、鼓励竞争，加快组建国有资本运营公司，鼓励并推动民营经济发展，打通国有经济与民营经济的资金循环，推动混合所有制改革等政策措施，也对推动和形成内循环具有积极作用。

（三）加大技术创新力度

内循环做强的关键在于持续的技术创新，只有源源不断的技术创新才能真正实现供给侧改革。国内消费者的大量海外产品需求正是源于技术的因素。因此，要做强内循环，就必须牢牢抓住创新这个驱动发展的不竭动力，尽快打通支撑科技强国的全流程创新链条，以创新创业“引领”内循环。目前中国的研发费已经达到 GDP 的 2.2%，一年有 22000 亿元的投入，排名世界第二，但是投资到核心、高科技、基础性（以下简称“核商基”）的研发，只占 5%，约 1100 亿元，占比非常低。而美国投入“核高基”的研发费是我国的 20 倍。因此，我国要加大“核高基”方面的投入力度，要突破关键技术上的创新。习近平总书记在企业家座谈会上也强调，接下来中国要加大技术创新，争取在关键性的核心技术问题上取得突破。但是真正的创新不是简单地靠巨额投资就能够解决的，我们需要营造创新的环境，理顺国家技术创新中心的激励约束机制，全面落实科技成果转化奖励、股权分红激励、所得税延期纳税等政策措施，建立市场化的绩效评价与收入分配激励机制。尤其是要加强资本市场对创新的支持，当前注册制的科创板上线为广大科技型企业上市融资打开了一个快捷及时的渠道，要发挥科创板示范作用，为创新注入资本动能。

（四）继续积极扩大对外开放

全球新冠肺炎疫情冲击国际贸易。面对困难，我国坚持改善口岸营商环境，大力推进贸易便利，主动开放市场，积极扩大进口，不断培育外贸发展新优势，稳住外贸基本盘。

中国外贸的稳定发展，不仅惠及中国经济和中国人民，也带动所有贸易伙伴共同发展，惠及全球经济和世界各国人民。尤其是 2020 年中国在确保防疫安全的前提下，在上海如期举办第三届中国国际进口博览会，这一全球贸易盛会，体现了中国同世界分享市场机遇、推动世界经济复苏的真诚愿望。我们发展遭遇的形势越困难，就越要保持开放、扩大开放，因为中国不仅曾经是对外开放的受益者，也是对外开放的贡献者，我们要在百年未有之大变局中开新局，以更高水平的开放反制逆全球化，以实际行动来击溃打破一些遏制中国的喧嚣，以改善营商环境反制“撤资论”，以超大市场的吸引力反制“脱钩论”，加快形成于我国有利的国际经济大循环。据中国海关总署公布的数据，以美元计，2020 年 9 月中国出口同比增长 9. 9%，较上月小幅提高 0. 4 个百分点，高于预期，这也是我国出口连续第四个月同比增长；进口同比增长 13. 2%，较上月大幅反弹，远高于预期。中国率先从疫情影响中走出，凭借完善的供应链，出口恢复领先全球。世界离不开中国，中国在努力做好自己的事情的同时，也会以更加开放的姿态拥抱世界。

习近平新时代中国特色社会主义经济思想的理论特征与逻辑框架研究

周跃辉[①]

【摘要】党的十八大以来，以习近平同志为核心的党中央坚持观大势、谋全局、干实事，成功驾驭了我国经济发展大局，在实践中形成了以新发展理念为主要内容的习近平新时代中国特色社会主义经济思想。本文对习近平新时代中国特色社会主义经济思想的理论特征和逻辑框架进行了分析和概括，提出了该思想的“四元框架”，即形成党对经济工作集中统一领导的体制机制、形成以新发展理念为指导的经济政策体系、形成以供给侧结构性改革为主线的经济发展思路和形成稳中求进的经济工作方法论。当前和未来一个时期，抓好我国经济工作的关键就在于要以习近平新时代中国特色社会主义经济思想为指导，推动中国经济从高速增长阶段转向高质量发展阶段。

【关键词】习近平新时代中国特色社会主义经济思想；高质量发展；新发展理念

2017 年 12 月 20 日闭幕的中央经济工作会议明确提出了“习近平新时代中国特色社会主义经济思想”，并强调“习近平新时代中国特色社会主义经济思想，是 5 年来推动我国经济发展实践的理论结晶，是中国特色社会主义政治经济学的最新成果，是党和国家十分宝贵的精神财富，必须长期坚持、不断丰富发展”。“习近平新时代中国特色社会主义经济思想”作为党的十九大报告关于“习近平新时代中国特色社会主义思想”[②] 的重要有机组成部分，为我们有力有序做好经济工作提供了根本遵循和方向指南。

一、理论特征：马克思主义政治经济学的最新成果

我们认为，研究习近平新时代中国特色社会主义经济思想，首要的问题是要弄清楚这

---

① 周跃辉，中共中央党校经济学部研究员。

② 在 2017 年中央经济工作会议之前，学术界关于习近平新时代中国特色社会主义经济思想的研究文献已有不少，但“习近平新时代中国特色社会主义经济思想”这一范畴是在这次会议上首次提出来的。

一思想具有什么样的理论特征。2015 年 11 月，习近平总书记在主持中央政治局第二十八次集体学习时提出，马克思主义政治经济学是马克思主义的重要组成部分，也是我们坚持和发展马克思主义的必修课。2017 年 12 月，中央经济工作会议首次明确提出“中国特色社会主义政治经济学”的范畴，并提出了“三个坚持”的基本原则。[①] 整体上看，习近平新时代中国特色社会主义经济思想，既是马克思主义政治经济学的最新成果，也是中国特色社会主义政治经济学的最新“版本”。概括起来讲，这一思想具有以下几个方面的理论特征：

一是坚持马克思主义的基本立场、观点和方法论。概括地讲，所谓的立场，就是人们观察、认识和处理问题的立足点，而马克思主义的立场用一句话来概括，就是“坚持为无产阶级、为绝大多数劳动人民谋利益”的立场（习近平，2010）。这一点，在习近平总书记的思想体系中一以贯之。习近平总书记在党的十八大后的首次公开讲话中，就鲜明宣示：“人民对美好生活的向往，就是我们的奋斗目标。”他深情地说，“我们一定要始终与人民心心相印、与人民同甘共苦、与人民团结奋斗，夙夜在公，勤勉工作，努力向历史、向人民交出一份合格的答卷”。“必须促进社会公平正义、增进人民福祉，使改革发展成果更多更公平惠及全体人民”。“中央领导是人民的大勤务员”，“让人民共享人生出彩机会”（习近平，2017）。与此同时，习近平总书记提出，“以经济建设为中心是兴国之要，发展仍是解决我国所有问题的关键”（习近平，2013）。“经济体制改革仍然是全面深化改革的重点，经济体制改革的核心问题仍然是处理好政府和市场关系”（习近平，2014）。“我想特别强调的是，社会生产力发展和综合国力提高，最终取决于科技创新” （习近平，2016）。“中国要永远做一个学习大国，不论发展到什么水平都虚心向世界各国人民学习，以更加开放包容的姿态，加强同世界各国的互容、互鉴、互通，不断把对外开放提高到新的水平”（习近平，2016）。这些论述，无不深刻地体现了马克思主义辩证唯物主义和历史唯物主义的基本观点和方法论。

二是强调党对经济工作的领导。习近平总书记在党的十九大报告中提出的新时代中国特色社会主义“十四条基本方略”中，第一条方略就是“坚持党对一切工作的领导”，并强调“党政军民学，东西南北中，党是领导一切的”（习近平，2017）。事实上，习近平新时代中国特色社会主义经济思想，不是政策措施的简单组合，而是一套完整的决策机制、领导机制和协调机制（胡鞍钢、张新，2018）。历史经验表明，共产党不仅能够打天下，也能够治天下。党领导了新中国的经济建设，特别是领导了 30 多年改革开放，取得

① 这次中央经济工作会议提出的“中国特色社会主义政治经济学”的重大原则，即坚持解放和发展社会生产力；坚持社会主义市场经济改革方向；坚持调动各方面积极性，充分调动人的积极性。

了震惊世界的“中国奇迹”。当前，在“四个全面”的战略布局下，坚持和完善党的领导，是我们加快发展的关键。习近平总书记强调全党同志维护中央权威，要把思想和行动统一到中央重大决策部署上来，“正确处理中央和地方、全局和局部、当前和长远的关系，正确对待利益格局调整，充分发扬党内民主，坚决维护中央权威，保证政令畅通，坚定不移实现中央改革决策部署”（习近平，2017）。同时，他还强调，必须“提高党的领导能力和执政能力”。习近平总书记指出，经济发展进入新常态，党领导经济工作的观念、体制、方式方法也要与时俱进。要加强党领导经济工作制度化建设，提高党领导经济工作法治化水平，增强党领导经济工作专业化能力，强化舆论引导工作（习近平，2017）。在高度注重加强领导的同时，习近平总书记对如何发挥政府在经济社会发展中的作用，也有深刻阐释。

三是对经济规律的充分尊重。习近平总书记在党的十八届三中全会上指出，市场决定资源配置是市场经济的一般规律，市场经济本质上就是市场决定资源配置的经济。如何正确认识并处理好政府与市场的关系，始终是中国经济体制改革的核心问题。习近平总书记关于“市场决定论”① 的提出，体现了其尊重经济规律、注重运用规律的突出特点，在完善市场经济体制方面又坚定向前迈了一大步。做出这一论断，“有利于在全党全社会树立政府和市场关系的正确观念，有利于转变经济发展方式，有利于转变政府职能，有利于抑制消极腐败现象”（习近平，2013）。此外，习近平总书记指出，我国经济正在向形态更高级、分工更复杂、结构更合理的阶段演化，经济发展进入新常态，正从高速增长转向中高速增长，经济发展方式正从规模速度型粗放增长转向质量效率型集约增长，经济结构正从增量扩能为主转向调整存量、做优增量并存的深度调整，经济发展动力正从传统增长点转向新的增长点（习近平，2014）。他提出，发展必须是遵循经济规律的科学发展、必须是遵循自然规律的可持续发展、必须是遵循社会规律的包容性发展，这是我国经济发展必须遵循的三个规律。这一概括体现了习近平新时代中国特色社会主义经济思想对规律的充分尊重。

二、基本框架：习近平新时代中国特色社会主义经济思想的“四元结构”

如何概括和提炼习近平新时代中国特色社会主义经济思想的基本框架，这是理论界面临的一道难题。学者们针对这一问题提出了各自的研究观点，较有代表性的有：韩保江（2015）认为，可以从“发展是第一要务”“经济发展新常态”“经济增长多元动力”等角

---

① “市场决定论”的原话为：使市场在资源配置中起决定性作用和更好发挥政府作用。该论断由习近平总书记在党的十八届三中全会上首次提出。

度理解习近平新时代中国特色社会主义经济思想的基本内核。王立胜（2017）的研究指出，习近平新时代中国特色社会主义经济思想的理论框架体现在 8 个方面，即经济发展目标的新表述、经济发展趋势的新判断、发展理念理论的新集成、发展动力理论的新探索、发展道路理论的新概况、经济制度理论的新拓展、体制机制理论的新突破和国际经济理论的新倡议。杨承训（2017）则从生产目的、系统集成、规律体系、发展动力、阶段方略、国际经济等 6 个方面做了概括和分析。

2017 年的中央经济工作会议则提出，“5 年来，我们坚持观大势、谋全局、干实事，成功驾驭了我国经济发展大局，在实践中形成了以新发展理念为主要内容的习近平新时代中国特色社会主义经济思想”。这次会议明确提出了用“七个坚持”来概括习近平新时代中国特色社会主义经济思想的基本内容，并强调“必须长期坚持、不断丰富发展”。结合以上相关研究和论述，本文提出，可以用“四元框架”来理解习近平新时代中国特色社会主义经济思想。

第一，形成党对经济工作的集中统一领导的体制机制。党的十八大以来，在以人民为中心的发展思想指导下，不断加强和完善原中央财经领导小组工作的体制机制，在中央政治局常委会领导下开展工作，党领导经济工作取得显著成效。[①] 党中央每个季度都要分析研究经济形势，并定期研究部署重大战略问题。这一机制对推动我国经济健康可持续发展起到了重要指导作用。比如，供给侧结构性改革、发挥市场在资源配置中起决定性作用、完善宏观调控、推动京津冀协同发展、深入实施创新驱动发展战略等重大政策措施的推出，显著地改善和提高了党对经济工作的领导作用。每年年底召开的中央经济工作会议，通常由中共中央总书记做主旨报告，总结本年度经济发展情况，部署下一年度经济工作，并由中央政治局常委、国务院总理对下一年经济工作做出具体部署。这些体制机制，极大地加强了党中央对全国经济工作的统一领导，由此保证了中国经济巨轮不偏航、不失速（胡鞍钢、张新，2018）。习近平总书记强调，要“加强领导干部能力建设，提高领导经济工作科学化水平。善于做经济工作，是领导干部能力十分紧要的方面。面对前所未有的复杂形势和艰巨繁重的任务，我们必须拥有更多政策水平高、专业能力强、实践经验多、善于做经济工作的领导人才。各级领导干部特别是高级干部要围绕经济社会发展重大问题加强学习和调研，提高把握和运用市场经济规律、自然规律、社会发展规律能力，提高科学决策、民主决策能力，增强全球思维、战略思维能力，做到厚积薄发”（习近平，2012）。此外，各地方党委也不断加强对地方重大经济问题的研究和决策，有力地推动了区域经济发展。

---

① 原中央财经领导小组是中共中央政治局领导经济工作的议事协调机构，是中国经济的核心领导和决策部门。其成员由分管经济工作的中共中央政治局成员、国务院领导成员和部分综合经济管理机构的领导成员组成。

第二，形成以新发展理念为指导的经济政策体系。习近平总书记强调，“理念是行动的先导，一定的发展实践都是由一定的发展理念来引领的。发展理念是否对头，从根本上决定着发展成效乃至成败”（习近平，2012）。他提出，实现“十三五”时期发展目标，破解发展难题，厚植发展优势，必须牢固树立创新、协调、绿色、开放、共享的发展理念。这五大发展理念是习近平新时代中国特色社会主义经济思想的主要内容，反映了我们党对经济社会发展规律认识的深化，是我国发展理论的又一次重大创新。改革开放 30 多年来，我们党总是根据形势和任务的变化，适时提出相应的发展理念和战略，引领和指导发展实践。从以经济建设为中心、发展是硬道理，到发展是党执政兴国的第一要务，到坚持科学发展、全面协调可持续发展，到坚持五位一体总体布局，每一次发展理念、发展思路的创新和完善，都推动实现了发展的新跨越。五大发展理念中，坚持创新发展，就是要更加注重解决发展动力问题，推动经济保持中高速增长、迈向中高端水平；坚持协调发展，就是要更加注重解决发展不平衡问题，着力增强发展的整体性；坚持绿色发展，就是要更加注重解决人与自然和谐问题，建设天蓝地绿水清的美丽中国；坚持开放发展，就是要注重解决发展内外联动问题，进一步提升开放型经济水平；坚持共享发展，就是要注重解决社会公平正义问题，不断增进人民福祉（周跃辉，2017）。

第三，形成以供给侧结构性改革为主线的经济发展思路。供给侧结构性改革的提出，是以习近平同志为核心的党中央对我国经济发展思路的一个重大调整。习近平总书记指出，我国经济运行面临的突出矛盾和问题，虽然有周期性、总量性因素，但根源是重大结构性失衡，导致经济循环不畅，必须从供给侧结构性改革上想办法，努力实现供求关系新的动态均衡（习近平，2017）。当前和今后一个时期，制约我国经济发展的因素，供给和需求两侧都有，但矛盾的主要方面在供给侧。要加大供给侧结构性改革力度，重点是促进产能过剩有效化解，促进产业优化重组，降低企业成本，发展战略性新兴产业和现代服务业，增加公共产品和服务供给，着力提高供给体系质量和效益，更好满足人民需要，推动我国社会生产力水平实现整体跃升，增强经济持续增长动力（习近平，2016）。供给侧结构性改革，最终目的是满足需求，就是要深入研究市场变化，理解现实需求和潜在需求，在解放和发展社会生产力中更好满足人民日益增长的物质文化需要。供给侧结构性改革的主攻方向是提高供给质量，就是要减少无效供给、扩大有效供给，着力提升整个供给体系质量，提高供给结构对需求结构的适应性。供给侧结构性改革的根本途径是深化改革，就是要完善市场在资源配置中起决定性作用的体制机制，深化行政管理体制改革，打破垄断，健全要素市场，使价格机制真正引导资源配置。

第四，形成稳中求进的经济工作方法论。习近平总书记指出，稳中求进工作总基调是治国理政的重要原则，也是做好经济工作的方法论。他指出，抓经济工作要坚持稳中求进、改革创新。要稳扎稳打，步步为营，统筹稳增长、调结构、促改革，巩固稳中向好的发展态势，促进经济社会稳定，为全面深化改革创造条件。同时，要积极推动全面深化改革，坚持问题导向，勇于突破创新，以改革促发展、促转方式调结构、促民生改善。稳的重点要放在稳住经济运行上，进的重点是深化改革开放和调整结构。稳和进有机统一、相互促进。经济社会平稳才能为深化改革开放和经济结构调整创造稳定的宏观环境（习近平，2014）。当然，“稳”和“进”是辩证统一的，要作为一个整体来把握，把握好工作节奏和力度。坚持稳中求进总基调，要求统筹各项政策，加强政策协同，要求积极的财政政策取向不变，稳健的货币政策要保持中性，结构性政策要发挥更大作用，社会政策要注重解决突出民生问题。改革开放要加大力度，要求在经济体制改革上步子再快一些。要求进一步扩大对外开放，大幅放宽市场准入，加快形成全面开放新格局。同时，习近平总书记还强调，抓好经济工作要坚持问题导向，部署经济发展新战略，保持战略定力、坚持底线思维，一步一个脚印向前迈进。

三、高质量发展：用习近平新时代中国特色社会主义经济思想指导经济实践

中央经济工作会议指出，中国特色社会主义进入了新时代，我国经济发展也进入了新时代，基本特征就是我国经济已由高速增长阶段转向高质量发展阶段。当前和未来一个时期，抓好我国经济工作的关键就在于要以习近平新时代中国特色社会主义经济思想为指导，推动中国经济从高速增长阶段转向高质量发展阶段。

第一，深化供给侧结构性改革。供给侧结构性改革①是习近平新时代中国特色社会主义经济思想的重要组成部分。继续强化供给侧结构性改革在经济发展中的主线作用，要推进中国制造向中国创造转变，中国速度向中国质量转变，制造大国向制造强国转变。深化要素市场化配置改革，重点在“破”“立”“降”上下功夫。大力破除无效供给，把处置“僵尸企业”作为重要抓手，推动化解过剩产能；大力培育新动能，强化科技创新，推动传统产业优化升级，培育一批具有创新能力的排头兵企业，积极推进军民融合深度发展；大力降低实体经济成本，降低制度性交易成本，继续清理涉企收费，加大对乱收费的查处和整治力度，深化电力、石油天然气、铁路等行业改革，降低用能、物流成本。加快推动国有企业改革（习近平，2017）。

第二，实施乡村振兴战略。乡村振兴、农业发展、农民富裕是实现高质量经济发展的

---

① 供给侧结构性改革政策的提出，实质上是将中国经济宏观调控的着力点由需求端转向供给端，这是对宏观调控理论的一次重大革新。

必然要求，也是践行习近平新时代中国特色社会主义经济思想的重要方面。无论处于什么样的发展阶段，农业、农村、农民问题始终是关系国计民生的根本性问题，必须始终把解决好“三农”问题作为全党工作的重中之重。坚持工业反哺农业、城市支持农村和多予少取放活方针，不断加大强农惠农富农政策力度，始终把“三农”工作牢牢抓住、紧紧抓好（习近平，2017）。要科学制定乡村振兴战略规划，健全城乡融合发展体制机制，清除阻碍要素下乡的各种障碍。推进农业供给侧结构性改革，坚持质量兴农、绿色兴农。农业政策从增产导向转向提质导向。深化粮食收储制度改革，让收储价格更好地反映市场供求，扩大轮作休耕制度试点。

第三，实施区域协调发展战略。推动区域协调发展是实现高质量经济发展的重要方面。要实现基本公共服务均等化，基础设施通达程度比较均衡，人民生活水平大体相当。京津冀协同发展要以疏解北京非首都功能为重点，保持合理的职业结构，高起点、高质量编制好雄安新区规划。推进长江经济带发展要以生态优先、绿色发展为引领。要围绕“一带一路”建设，创新对外投资方式，以投资带动贸易发展、产业发展。支持革命老区、民族地区、边疆地区和贫困地区改善生产生活条件。推进西部大开发，加快东北等老工业基地振兴，推动中部地区崛起，支持东部地区率先推动高质量发展。科学规划粤港澳大湾区建设。提高城市群质量，推进大中小城市网络化建设，增强对农业转移人口的吸引力和承载力，加快户籍制度改革落地步伐。引导特色小镇健康发展。

第四，推动形成全面开放新格局。开放带来进步，封闭必然落后。没有高水平的开放型经济体系，高质量的经济发展也就无从谈起。实行更加积极主动的开放战略，完善互利共赢、多元平衡、安全高效的开放型经济体系，促进沿海内陆沿边开放优势互补，形成引领国际经济合作和竞争的开放区域，培育带动区域发展的开放高地。坚持出口和进口并重，推动对外贸易平衡发展。坚持“引进来”和“走出去”并重，提高国际投资合作水平。深化涉及投资、贸易体制改革，完善法律法规，为各国在华企业创造公平经营的法治环境。统筹双边、多边、区域次区域开放合作，加快实施自由贸易区战略，推动同周边国家互联互通。更加有效地引导支持对外投资。

第五，提高保障和改善民生水平。以人为中心是习近平新时代中国特色社会主义经济思想的基本立场。要针对人民群众关心的问题精准施策，着力解决中小学生课外负担重、“择校热”、“大班额”等突出问题，解决好婴幼儿照护和儿童早期教育服务问题。注重解决结构性就业矛盾，解决好性别歧视、身份歧视问题。改革完善基本养老保险制度，加快实现养老保险全国统筹。继续解决好“看病难、看病贵”问题，鼓励社会资金进入养老、医疗等领域。着力解决网上虚假信息诈骗、倒卖个人信息等突出问题。做好民生工作，要突出问题导向，尽力而为、量力而行，找准突出问题及其症结所在，周密谋划、用心操作。加快建立多主体供应、多渠道保障、租购并举的住房制度。加快生态文明体制改革，健全自然资源资产产权制度，研究建立市场化、多元化生态补偿机制，改革生态环境监管体制。①

参考文献

[1] 中共中央关于全面深化改革若干重大问题的决定[M]. 北京:人民出版社,2013.

[2] 2014 年中央经济工作会议公报[N]. 人民日报,2014 - 12 - 12.

[3] 2017 年中央经济工作会议公报[N]. 人民日报,2017 - 12 - 21.

[4] 胡鞍钢,张新. 习近平经济思想与政策框架[J]. 天津财经大学学报,2018(3).

[5] 韩保江. 中国经济中高速增长的“多元动力”——论习近平经济发展思想的基本内核与逻辑框架[J]. 中共中央党校学报,2015(6).

[6] 王立胜. 论习近平经济思想理论体系的伟大创新[J]. 东岳论丛,2017(2).

[7] 习近平. 习近平谈治国理政(第二卷)[M]. 北京:外文出版社,2017.

[8] 习近平. 在重庆调研时的讲话[N]. 人民日报,2019 - 04 - 20.

[9] 习近平. 在参加全国政协十二届一次会议科协、科技界委员联组讨论时的讲话[EB/OL]. 新华网,2013 - 03 - 04.

[10] 习近平. 在同外国专家座谈时的讲话[N]. 人民日报,2014 - 05 - 24.

[11] 习近平. 在党的十八届二中全会第一次全体会议上的讲话[N]. 人民日报,2013.

[12] 习近平. 在中国共产党第十九次全国代表大会上的报告[M]. 北京:人民出版社,2017.

[13] 习近平. 深入学习中国特色社会主义理论体系　努力掌握马克思主义立场观点方法//习近平同志在中央党校二〇一〇年春季学期开学典礼上的讲话,2010.

[14] 习近平. 关于《中共中央关于全面深化改革若干重大问题的决定》的说明[M]//中共中央文献研究室. 十八大以来重要文献选编(上). 北京:中央文献出版社,2014.

[15] 习近平. 在二十国集团工商峰会开幕式上的主旨演讲[EB/OL]. 新华网,2016 - 09 - 03.

[16] 习近平. 在推进“一带一路”建设工作座谈会上的讲话[N]. 人民日报,2016 - 08 - 18.

[17] 杨承训. 拓展中国特色社会主义政治经济学的崭新境界——对习近平经济思想的

① 2017 年 12 月召开的中央经济工作会议,将“实现高质量发展”的具体任务列为八个方面,本文根据逻辑框架稍做了调整。

初步梳理[J]. 毛泽东邓小平理论研究,2017(5).

[18] 中共中央文献研究室. 习近平总书记重要讲话文章选编[M]. 北京:中央文献出版社,党建出版社,2016.

[19] 中共中央文献研究室. 习近平关于社会主义经济建设论述摘编[M]. 北京:中央文献出版社,党建出版社,2017.

[20] 中共中央文献研究室. 习近平关于全面深化改革论述摘编[M]. 北京:中央文献出版社,党建出版社,2017.

[21] 中央党校教务部,中央党校研究室. 习近平同志地方领导实践[M]. 北京:中共中央党校出版社,2017.

[22] 周跃辉. 以习近平新时代中国特色社会主义经济思想指导经济实践[N]. 学习时报,2017-12-22.

/第三篇/

创新驱动与中国经济发展

本篇由六篇文章构成。

《中国创新模式的演进与升级——基于三大创新主体的经济学分析》基于个人、企业和政府三种主体的创新活动对中国创新模式进行分析，以此为中国未来创新发展战略提供建议。在中国，政府在国家创新体系中发挥关键性作用。然而随着中国与先发国家差距的缩小，这种模式可能从利大于弊转向弊大于利。因此，中国经济要想走到世界经济发展的前列，必须以创新为主导，重新安排个人、企业和政府三者在创新体系中的地位，提升个人和企业在创新中的作用，降低政府的主导作用。

《进入规制强度对创业质量的影响研究——基于跨国数据的分析》研究了进入规制对创业质量的影响。研究发现，放松进入规制对创业质量提升有积极影响，且其影响效果在不同收入水平国家具有异质性。此外，政府、市场和个体因素也会显著影响创业质量。最后，文章指出进一步深化行政审批改革、放松进入规制、提高营商便利度，不仅有助于大众创业，更有助于提升创业质量，让更多有创新性的商业计划真正落地，变成优化供给侧改革、为市场提供优质产品和服务的新企业。

《成渝地区双城经济圈科技创新能力提升路径研究》基于2014—2018年成渝地区双城经济圈科技创新面板数据，测度了成渝地区科技创新水平，发现成渝地区各市科技创新水平存在着明显的两极分化。本文较有针对性地提出成渝地区双城经济圈科技创新能力提升的现实路径，以促进成渝地区双城经济圈科技创新协同发展，推动西部地区重要经济增长极的加速形成。

《中国网络创新指数研究》在对国内外创新评价指标框架及应用实践进行研究的基础上，将创新过程中投入、驱动、产出、营建环境等活动环节的能力及水平作为评测指标设计基础，构建网络创新指数，以评价全国各省份的网络创新能力及发展水平。各省区网络创新发展水平各有不同：东部地区处于领先地位，西部地区还有很大的发展空间，中部地区则是中坚力量，而东北三省发展潜力巨大。本文主要对陕西省的网络创新发展进行了分析，并从基础设施、人才发展、网络创新平台、成果转化等六个方面对陕西省网络创新发展提出建议。

《我国改革开放40多年的历程是干中学吗？——“干中学”模型对我国经济增长路径

的检验》借助“干中学”模型，分析依赖于资本的知识积累、技术创新可能导致经济增长的三种路径——稳定性均衡、非稳定性均衡和介于两者之间的半稳定性均衡。“干中学”模型将经济长期增长的源泉归结为：知识生产函数的规模报酬、人口增长率、储蓄率等因素。根据“干中学”模型的结论，本文对提高中国经济增长率提出了具体的政策建议。

《创新驱动与区域产业集群发展研究》从创新驱动发展的时代背景出发，提出加强战略性新兴产业的自主创新，需要企业内部投资和外部激励政策的支持。本文以腾讯公司的发展为例，分析论证了政府产业政策与企业创新驱动发展对区域产业集群发展的重要意义。

中国创新模式的演进与升级

——基于三大创新主体的经济学分析

沈越①

【摘要】从策动主体视角看，可把形式多样的创新活动抽象为三种理念模式，即分别由个人、企业和政府策划和实施的创新，并将其作为参照系来分析不同国家创新模式。在现实世界中，所有国家都存在这样三种主体策动的创新活动，但其中通常会有一种居于主导地位。在英美自由市场经济模式下，个人策动的创新占有先导性地位；在欧洲大陆和日本，则是企业占有这种地位；在中国，政府则在国家创新体系中发挥关键性作用。这种创新模式在过去中国经济增长和创新活动中曾发挥过积极作用。但随着中国与先发国家差距的缩小，原来模仿学习式的创新和目前在学习基础上再创新的模式在创新活动中的重要性已经逐步下降，个人和企业引领的前沿性创新的重要性则与日俱增。政府不在创新活动第一线，所掌握的技术和制度信息不如个人与企业，其引领行为可能会从利大于弊转向弊大于利。因此，政府行为应当相应地从原来给政策、立项目、配资金来主导创新活动转向为个人和企业创新营造良好的制度环境方面。

【关键词】创新的理念模式；创新的现实模式；中国创新模式的转换

受传统历史文化影响与经济发展阶段制约，各个国家的创新模式各不相同，同时这也不是一成不变的，它会随着经济社会发展而变化和演进。本文从三种不同的创新理念模式出发，探讨不同国家创新模式的特点，并在此基础上剖析中国创新模式的特点及其发展演变趋势。

---

① 沈越，北京师范大学经济与工商管理学教授。研究方向：政治经济学、中国经济改革与发展、西方经济学流派。
基金项目：国家哲学社会科学基金项目（14BJL007）、中央高校基本科研业务费专项资金项目（SKZZY2015024）。

一、研究创新的经济学分析框架：从理念模式到现实模式

经济学应该算是最早学习自然科学尤其是数学和物理学思维方式与方法的学科，因而也是最先脱离人文学科传统而自立门户的一门社会科学。它所借鉴的自然科学最重要的思维方式是，先从复杂纷繁的现实世界中抽象出影响人经济行为的关键因素，并以此作为逻辑推理的前提假说，然后通过演绎方法推导出学科的基本框架来。我们可以把这种通过推理过程所得到的结果称为理念模式。这种来自现实，又高于现实的模式是人们分析现实世界时不可或缺的参照系，因为它在设定假说和抽象推理过程中，排除了现实中相对次要的影响因素，是一种经科学方法提纯了的人类智慧的结晶，可以推广到与假说前提相一致的所有领域。不过值得注意的是，这种经过抽象思维加工形成的理念模式，已经与现实世界发生了偏离。它可以在思维中或黑板上推论世界，一般不能直接用于分析现实经济模式。对真实世界的把握还必须追加上被抽象思维暂时舍去的要素，即通常所说的历史的经验分析，才可能对现实有更真切的把握。一言蔽之，科学的假说来自真实世界→推理依靠逻辑演绎过程→结论还需有历史的经验验证。但凡能为后人继承并发扬光大的经济学理论，大都经历过这样一个从现实中来，再到逻辑演绎过程之中，最后再回到现实中的过程。这也就是马克思所提出的研究过程中历史与逻辑的一致性，而不是通常人们误以为的叙述过程中的历史与逻辑的一致。①

最经典的案例莫过于由亚当·斯密的“经济人”假说和“看不见的手”的推论所开创的近现代西方经济学体系。作为哲学教授，亚当·斯密可以算作是最早把自然科学方法引入经济生活研究之中的学者。在《国富论》中，他用讲故事的方式描述了屠夫和面包师为他人提供肉食和面包的行为，认为这并非出于服务他人的公益之心，而是出于私利，即他们通过交换来达到自己职业活动利己目的。正是基于这一私利的激励，他们才能以价廉物美的产品赢得市场，再通过市场这只“看不见的手”进行交换，最终使自己受益获利。②这一故事被后来的经济学家概括为“经济人”假说③和“看不见的手”的推论，其内涵不断被后人充实和补充：这种利己行为在自由竞争条件下，可以自行实现资源的优化配置和社会福利最大化。与此同时，亚当·斯密假说中暗含着的内容也不断被后来的经济学者揭示出来，如完全自由竞争的条件以及“经济人”的理性预期前提，等等，进而成为经济学分析市场经济的最基本理念。至于“看不见的手”的市场运行机制，在亚当·斯密

---

① 马克思.第二版跋[M]//资本论(第一卷).北京:人民出版社,1972:23.

② 亚当·斯密.国富论[M].贾拥军,译.北京:中国人民大学出版社,2016:85+98+560.

③ 这个由后人概括出来的假说不时被人误解,以为它把人的行为仅仅归结为自利动机,其实它并不否认人具有利他动机,只是这个假说把利他主义排除在研究人的市场经济行为以外。

体系中则基本上是一个未知的黑箱。为打开它，后来的经济学家奋斗了200多年，尽管成绩斐然，但这种努力迄今仍未终结。从基于这一假说和推论产生的古典经济学的客观价值论到边际学派的主观价值论①再到二者综合的供求价值论，从瓦尔拉斯一般均衡体系到阿罗—德布鲁一般均衡体系，从新古典的微观经济学再到新古典宏观经济学演绎，西方主流经济学建立起分析市场经济的庞大的理念模型体系。新古典经济学将古典经济学的制度分析排除在主流之外，而新制度经济学则试图再把制度分析重新纳入主流；从主流经济学强调均衡而忽视"竞争过程"中的具体内涵，到非主流的（新）奥地利学派和（新）熊彼特主义将企业家及其创新行为纳入经济学分析之中。如此等等，都未超出亚当·斯密开创的经济学理念体系。

马克思从古典经济学的劳动价值论出发，从资本雇佣劳动的现实着手，抽象出剩余价值理论，并把它作为分析资本主义生产方式的理念模型，进而成为150多年来分析资本主义剥削关系的标准体系。迄今，经济学且不仅仅是经济学，对资本主义剥削和收入分配不平等的所有理论都未能超过马克思。即便那些与马克思的分析路径和方法基本没有多大关系的成果，也愿借用《资本论》之名来推销自己。近年来皮凯迪名噪一时的《21世纪的资本论》就是一例。这也表明经济学理念模型的重要性和影响力。

对本文影响最大的是20世纪德国著名的经济学家瓦尔特·欧肯提出的关于经济体制的理念模式。在1940年出版的《国民经济学基础》中，他首先批评了19世纪后期以来经济学家习惯使用的资本主义概念，认为其歧义甚多且含混，不宜作为分析经济体制的工具。②基于这样的理解，他把经济体制的理念模式与现实模式区分开来。首先，他基于历史和现实，从复杂纷繁的经济现象中抽象出"交换型经济"和"集中管理型经济"两个理念类型，并将其作为分析现实经济体制的基准。③他认为在真实世界中，既不存在完全没有交换的经济体制，也不存在完全没有集中管理的经济体制，所有现实的经济体制都可以理解为这两种理念模式不同比例的组合。在此基础上，瓦尔特·欧肯对现实中可能存在的几十种经济体制进行了细致的探讨。欧肯关于经济体制的两种理念模式对后世影响很大，并且，其影响不限于经济学界。现在德国在对学生和国民进行国情教育时，也从这两种理念模式出发来解读社会市场经济这种现实的经济模式。

邓小平用中国经验验证了瓦尔特·欧肯理念模式的一般性，尽管他可能不知道瓦尔

---

① 价值在亚当·斯密体系中还是一个十分含混的概念，有多种歧义。这个概念在后来萨伊、李嘉图和马克思的经济学体系中才明晰起来。尽管亚当·斯密关于价值或价格语义不清，但从供给角度来使用这个概念却是明确的，因而被称为客观价值论。它与边际主义从主观角度和需求角度来界定的价值概念相对应。

② 瓦尔特·欧肯. 国民经济学基础[M]. 左大培，译. 北京：商务印书馆，1995：85－92.

③ 瓦尔特·欧肯. 国民经济学基础[M]. 左大培，译. 北京：商务印书馆，1995：107－122.

特·欧肯在半个多世纪前所做的研究，两者的思想内涵却有惊人的相似之处。邓小平在1992年南方谈话中说："计划多一点还是市场多一点，不是社会主义与资本主义的本质区别。计划经济不等于社会主义，资本主义也有计划；市场经济不等于资本主义，社会主义也有市场。计划和市场都是经济手段。"①这一谈话精神澄清了过去将资本主义等同于市场经济，把社会主义等同于计划经济的模糊认识，为中国确立社会主义市场经济体制、推动改革开放奠定了基础。

二、创新的三种理念模式

任何一项创新，无论是技术创新还是制度创新，都有某个经济主体作为策动者。策动者有两项最基本的职能：一是发现和提出新的创意；二是动员和组织资源将创意转化为现实。根据创新策动主体的不同，我们可以将近现代经济中的创新分为三种理念模式，即个人引领和主导的创新、企业策动的创新和国家主导的创新。

第一种理念模式是个人引领和主导的创新。具体来说，就是由个体提出创意，并通过个体在市场中动员和组织人力资本和物质资源来实现创新。这种创新模式的背景和特点是：第一，社会存在激励个人标新立异、个人成功的传统，即有崇尚个人主义的文化背景，同时还要有对个体创新成就有强烈物质的和非物质的激励制度，为这种创新提供动力。第二，具备健全的市场经济制度背景，有灵活健全的市场体系，尤其是发达的人力资本市场和风险投资市场，因为只有成熟的要素市场才能够给创新者提供创新所需要的各种资源，才能保证创新者能够把创新意愿变成现实的创新。这种模式突出的优势是，它最易于出现熊彼特意义上的革命性创新、颠覆性创新，即对原有的技术路线和组织方式所施行的摧毁性的再造。在这种创新类型下，创新收益更多为创新者获得，能够给予创新者足够的激励，这包括物质方面的激励和个人成功的精神激励，个体创新者也不像企业和政府主导的创新那样承受心理上的负担，不用担心创新风险会波及企业的正常经营，也无须顾忌创新风险可能转化为社会风险。

第二种理念模式是企业策动的创新。这种创新的创意来自企业，并通过企业组织调动资源来实施。这种模式的背景和特点是：第一，存在注重集体和组织力量的制度安排，推崇以企业为中心的集体主义文化。第二，它有成熟健全的企业组织和公司治理模式。基于对创新风险的规避，企业不大可能推出颠覆自己原有技术和组织形式的创新，所以在这种创新类型下，不易产生颠覆性和革命性的创新。不过，这种创新模式具有在原有组织框架

---

① 邓小平. 在武昌、深圳、珠海、上海等地的谈话要点[M]//中共中央文献研究室. 改革开放三十年重要文献选编(上). 北京：中央文献出版社，2008：635.

下对技术和组织不断完善和持续深化的优势，也就是把活儿干得精益求精，使产品越做越精，价值链越拉越长，有助于将创新的潜力发掘到极致。

第三种理念模式是国家主导的创新。这种模式是由政府直接提出创新倡议，并动员资源来组织实施，或者由政府提出明确的技术政策和产业政策，由个体或企业来负责执行实施。这种模式有如下背景和特点：第一，它存在国家主义的制度背景。这种国家主义是集体主义在国家范围内的表现，是集体主义的极端形式。第二，政府有动员和组织资源来推动创新的动机和能力。也就是说，政府不仅要有主导创新的意愿，还要有控制和支配资源的能力来组织实施或支持创新活动，二者缺一不可。这种创新模式的优势是，在既有的技术条件下，利用政府的力量来加快技术和制度的推广和应用。在后发国家中，通过模仿式的创新来快速实现经济技术赶超；如果政府动员和组织资源能力足够强大，其在公共基础设施建设领域中快速实现新技术应用和推广时尤其具有优势。但是，这种模式的弊端也不容忽视，政府不是创新的直接实施者，它需要通过企业和个人来实现创新，由于政府掌握的信息有限，不能及时把握最前沿的创新知识。其弊端一是革命性、颠覆性的创新活动很难在这种模式下出现，因为只有在那些不依赖市场信息或依赖程度较低的领域如在国防安全领域中，在不计投入产出效率条件下才有可能领先；二是由于政府掌握创新信息的滞后，这种模式也有可能把原来的技术和组织锁定在追赶模式之内，难以实现超越。

此外，由于这种创新的风险不由企业或个人承担而由社会承担，扭曲的信息还有可能造成政府决策失误，使风险在这种模式中被放大。相反，在个人和企业引领的创新中，因信息渠道畅通并由创新者承担创新损失而能及时纠错。同时，如果创新失败，其损失只是局部的，不会酿成灾难性的后果。例如，在 20 世纪 50 年代末 60 年代初，在“亩产万斤”、把钢铁产量提高等同于工业化等错误信息引导下，加上缺乏纠错机制，造成中国出现三年大饥荒。

三、创新的三种现实模式

在现实生活中，各个经济体中都可能同时存在由个人、企业和政府主导的创新活动。但是在不同的经济体中，三者的地位和作用却一样，总是有某种创新模式居于主导地位。一般来说，这种居于主导地位的创新模式，并不排斥其他两种模式的存在，只不过其他两个创新主体在该经济体中处于从属地位。

第一种个人引领和主导的创新模式在盎格鲁—撒克逊历史文化下的英美国家居于主导地位。如果以 1500 年大航海时代到来作为现代市场经济的起点，英国最初只是现代化先行国家中的后来者，其现代化起步晚于欧洲大陆的葡萄牙、西班牙、荷兰等国，但是英国却后来者居上。这得益于英国率先建立起更能支持个人创新的现代市场经济体制，并把比大陆法系更有利于创新的普通法体系现代化，最早制定出包括《专利法》在内的一系列新制度，保护和鼓励个人主导的创新，使在现代化进程中后来一步的英国渐渐超过欧洲大陆国家，率先实现了工业革命。此后凭借产业革命的优势，英国建立起日不落大帝国，并主导了那个时代的世界秩序。两次世界大战以后，美国取代了英国的地位，成为这种创新模式的领军者。这样就可以解释，为什么当代革命性的、颠覆性的技术创新和制度创新，绝大部分都来自美国。鉴于这种创新模式对市场成熟度要求较高，尤其是对更有利于创新的风险投资制度和吸引全球最优秀人才的人力资本市场要求很高，这又需要有盎格鲁—撒克逊民族所特有的个人主义文化来支撑，其他国家很难简单地模仿，也较难超越。

第二种企业策动的创新模式在欧洲大陆国家和日本占优势。这种创新模式虽然较难出现具有引领时代进步的重大创新，但在革命性创新出现后，它能够迅速跟进，深度挖掘原创的潜能，并能把创新推广和应用于更加广阔的领域，扩展和延伸创新的价值链。这种创新模式也与德国和日本的传统有关。它依赖于企业对行业专注，几十年甚至上百年在同一行业中生产同类产品，百年老厂老店比比皆是，甚至工业革命前的企业通过不断创新仍具有很强的生命力。企业和行业协会深度合作下的职工培训制度、个人对职业和企业的忠诚、精益求精的工匠精神，以及表现为社团主义的集体主义文化等，都是这种模式的突出优势。正是这些优势，使德国等欧洲大陆国家和日本在高附加值的精细制造业中一直走在世界前列。

第三种国家主导的创新模式的典型代表是俄罗斯和中国等后发国家。由于经济文化在一个时期一度落后，在追赶先期发展国家的过程中，为尽快缩小差距，政府发挥着重要的推动作用，进而形成国家主导的创新模式。从技术和制度的原始创新角度看，这种政府主导的行为也许算不上创新，但从引进技术和制度，并结合落后国家的国情加以应用和推广来说，却不能说没有创新。

俄罗斯自彼得大帝时代以来以及中国在洋务运动中便开启这种以模仿为主的技术创新模式。这种创新模式的形成有特定的历史背景，机器大工业体系源于现代市场经济体制及与其相适应的一整套法律、政治和文化制度，然而在俄罗斯和中国却缺乏这样的经济社会基础。俄罗斯在富国强兵和扩张的欲望推动下，中国则是在救亡图存的压力下，组建国有企业，由政府替代市场，筹集资本、引进先进的工业技术便成为当时的不二选择。

在计划经济时期，社会主义国家把这种模式进一步推向极致，干脆取消已有的尚不够成熟的市场，完全由计划取而代之，以期更快地赶超。这种模式在短期内曾一度大大缩小了与先发国家的差距。苏联用了不到 3 个五年计划的时间，建立起了自己独立的重工业体系，尤其是独立的军事工业体系。这个体系在反法西斯战争中发挥了重要作用，使苏联在第二次世界大战后成为仅次于美国的超级大国。新中国成立后，中国模仿苏联模式，在尚未解决人民温饱问题之时，也初步建立起自己独立的工业体系，尤其是在国防军事工业中的成就显著，“两弹一星”便是其标志性成果。但是随着时间的推移，这种政府主导的创新模式的弊端也逐步凸显出来。由于创新完全由政府主导并组织实施，企业和个人在这种创新模式下只是被动的执行者，没有主动性和积极性可言。因此，除了在政府关注的并不计投入产出的领域外，其他创新活动几乎消失殆尽。这种模式非但无法实现赶超发达国家的最初愿望，而且还会渐渐耗尽整个经济体的活力。到了苏联解体之时，这种由政府垄断创新的模式也走到了尽头。

改革开放以来，随着中国经济市场化进程的加快，企业和个人的创新动机被激活，相应的技术创新与制度创新机制也不断成熟起来。正是在政府、企业和个人三者创新活动的推动下，40 年来中国经济发展才取得了举世瞩目的成就。鉴于中国的市场化进程采取渐进方式，政府在经济生活中的主导作用并未因市场化改革而削减，政府干预和影响经济的行为变化主要是职能转变，从过去为计划体制服务逐步转变成为市场服务。所以，政府在创新体系中仍然占据主导地位，企业和个人的创新仍然处于从属地位，并被纳入国家创新体系之中。这种以国家为主体的创新体系既有利也有弊。在过去中国与发达国家差距很大的时期，其利大于弊；但随着中国与发达国家的差距日益缩小，其弊病就会凸显出来，并呈现出弊大于利的趋势。

四、中国经济高质量发展与创新模式选择

回顾过去，着眼现在，展望未来，我们可以根据创新的特点并按照时间序列，把中国改革开放以来创新事业概括为三个阶段：模仿学习阶段、学习借鉴基础上的再创新阶段、开放式自主创新或前沿创新阶段。这三个阶段在时间上不是截然分开的，但在某个时间段上，总有一种创新模式为主。

一是初期，中国以学习模仿外来的适用技术和制度为主。创新主要表现在结合国情对引进技术和市场制度的应用和推广上，这符合当时中国经济发展阶段和制度转轨的实际情况。因为学习和模仿比原始创新的成本更低，可以缩短赶超时间。在这个阶段，政府主导的国家创新体系发挥了十分积极的作用。在这种模式下，除了改革开放激发出来的个人和企业的创新外，再加上政府主导的创新，加快了技术和制度进步的速度，缩短了追赶发达国家的时间，其成效有目共睹。由于在这个阶段中国与先进国家和地区差距很大，政府能够把握技术发展状况和新技术应用的市场前景，政府掌握的创新信息相对比较充分。这是政府主导的国家创新体系成效显著的重要原因。

二是目前，中国的创新模式已经从单纯的模仿学习阶段过渡到在学习基础上的再创新

阶段。尽管现阶段学习外来技术和经验仍然十分重要，但学习已不再是单纯的模仿，而是在学习基础上的再创新。一方面，随着中国经济规模的扩张和产业结构的升级换代，简单地引进外来技术加以应用和推广，已不能支撑中国经济高质量发展；另一方面，在制度方面，中国已经积累了搞市场经济的丰富经验，结合中国国情实现制度再创新的任务也越来越紧迫。这使学习再创新的模式成为现今中国创新的主要形式，并取得了显著成绩。如在互联网 + 领域中，这种学习再创新模式表现尤为突出，其原创技术和基本制度安排大都来自先行国家，但在具体应用技术的开发和商业模式的创新方面，中国已经走到了世界前列。在这方面，企业和个人主导的创新发挥着越来越大的作用，其先行者大都来自民营企业家的开拓创新。在公共基础设施建设领域，政府主导的创新的业绩也不容低估，无论是高速公路和高速铁路，还是港口码头和城市基础设施建设，其原创技术都来自学习模仿，但在利用中国超大经济体量的优势方面，其再创新所取得的效果也十分突出，使中国成了世界基础设施建设的技术领先者。

三是未来，将是以开放式自主创新或前沿创新引领的创新模式阶段。这种模式并不排斥学习借鉴别人的东西，但凡别国有比我们更先进的东西，无论是技术还是制度，都应引进和学习。在这里通常所说的“自主创新”有不妥之处，这不仅会让人联想起闭关锁国、封闭自大的历史，而且还与创新形成的实际情况不符。因为任何创新都是在前人和他人的基础上形成的，开放学习和吸取别人经验必不可少，故开放式自主创新或前沿创新的表述更加周全。总之，中国经济要想走到世界经济发展的前列，必须以前沿创新为先导，否则就不可能实现超越。然而要实现这种超越，就需要重新安排个人、企业和政府三者在创新体系中的地位，提升个人和企业在创新中的作用，降低政府的主导作用。

随着中国与发达国家差距的缩小，中国可借鉴学习的空间也会越来越小，随之而来前沿创新的地位就愈加重要，而这种创新也越来越依赖个人和企业引领。例如可以预言的是，对于正在形成的5G + AI（建立在5G通信技术上的人工智能）领域中的创新，民营企业家及其企业将在开拓新技术和建立新的商业模式方面发挥越来越重要的作用。与此同时，政府在创新中的地位和作用也趋于下降，这是因为政府既不掌握技术，又不在市场第一线，不可能及时把握创新的机遇，也不完全了解创新可能带来的市场规模。一言蔽之，政府缺乏主导创新的充分信息。在这种背景下原来国家主导的创新模式就需要进行调整，过去由政府制定产业规划和技术政策，设立项目，给予政策优惠等行为，应该逐步转向营造鼓励企业和个人创新制度环境，通过提升企业和个人在创新中的地位和作用来推进中国的创新事业。

政府在创新体系中的作用下降，并不意味着政府无所作为，只是说政府应该从原先主导地位上逐步退出。中国是发展中大国，其潜在的经济规模有可能超过现在所有发达经济体的总和，在创新策动主体上，个人、企业和政府三者一个都不能少。与此同时，政府协调全社会创新资源的职能也不可少，在国土资源开发、生态和环境保护等公共领域的创新，政府也有市场所不具备的功能。

基于上述分析，对未来个人、企业和政府三者的地位和作用可做如下安排：政府主导的创新领域主要涉及三个方面：一是基础研究，包括基础科学和基础技术的研究，这是关系到长期创新的源泉和根本。即便是看不到应用前景的纯科学领域，也应保证投入进行创新。二是涉及国家安全的领域。在这个领域中创新成果不大可能通过市场方式获得，必须有自己独立的研发和应用体系。三是技术和市场前景都十分明朗的一些领域，由于这些领域信息较充分，在决策不犯错误或少犯错误的前提下，政府仍然可以在这些领域中有所作为。

除此之外，在其他领域中，政府的主要任务是通过改革来推动制度创新，营造有利于创新的外在环境，以激励个人和企业自主策动的创新。此外，政府应尽量减少通过政策来激励创新的做法，因为政策易变不稳定，同时还会激发套利式的机会主义行为，近年来在这方面的经验教训不少。

参考文献

[1] 邓小平. 在武昌、深圳、珠海、上海等地的谈话要点[M]//中共中央文献研究室. 改革开放三十年重要文献选编(上). 北京:中央文献出版社,2008.

[2] 马克思. 资本论(第1卷)(第二版)[M]. 北京:人民出版社,1972.

[3] 亚当·斯密. 国富论[M]. 贾拥军,译. 北京:中国人民大学出版社,2016.

[4] 瓦尔特·欧肯. 国民经济学基础[M]. 左大培,译. 北京:商务印书馆,1995.

进入规制强度对创业质量的影响研究

——基于跨国数据的分析

周清杰　张志芳[①]

【摘要】进入规制强度是影响市场创业活动的重要因素。科学的进入规制改革有助于优化政府职能，提高营商便利度。本文以行政审批时间和成本作为进入规制强度的代理变量，以创业发生率和创新型创业率作为创业质量的代理变量，采用世界银行和全球创业观察数据库中2009—2018年的相关调查数据，研究了进入规制强度对创业质量的影响以及在不同收入水平国家之间的异质性。研究发现，进入规制强度对创业质量有显著的抑制效应，降低行政审批成本可以显著提高创业发生率，缩短行政审批时间可以显著提高创新型创业率。这种抑制效应在不同收入水平国家之间是不同的，主要表现为：在高收入国家中开办企业的行政审批时间对创业发生率和创新型创业率有显著的负向影响；在中等收入国家中开办企业的行政审批成本对创业发生率有显著的负向影响。

【关键词】进入规制；创业质量；商事制度改革；创业发生率；创新型创业率；营商环境

2013年以来，我国政府一直致力于“放管服”工作，通过推进商事制度改革，为市场主体创造良好的营商环境。根据世界银行《全球营商环境报告》，2020年我国营商便利度得分77.9，在全球190个经济体中居于第31位，较2013年上升了65个位次。随着我国营商环境的优化，我国新市场主体出现的数量呈现快速增长态势，但创业质量并不尽如人意。一些新企业甚至属于“伪创业”，仅仅在相关部门进行了登记注册，却并未发生实质性生产经营活动。这类创业的数据只是市场的虚假繁荣，在极端情况下，甚至有可能误导相关经济政策。

---

① 周清杰，北京工商大学经济学院教授，博士生导师，研究方向为宏观经济测度、产业发展与规制。张志芳，北京工商大学经济学院硕士研究生，研究方向为产业组织理论与产业政策。

在研究中，我们注意到，放松进入规制是全球市场发展的潮流。根据《全球营商环境报告》的数据，自2003年以来，在全球范围内成立新企业的便利程度不断提升，“开办企业”指标得分的世界平均水平从60.55分提高到了83.87分。从不同收入水平来看，有着较为明显的分布规律，高收入国家的进入规制强度较低，中等收入国家的进入规制强度则相对较高。同时，高收入国家中创业发生的概率较低，但新企业的创新能力较强。

一、文献综述

进入规制是指除国家之外的民事主体进入营业领域时，在准入资格、机会、条件和审批程序等方面受到经济、行政或法律方面的限制（金玉国，2014）①。进入规制的主要手段包括发放经营许可证、实行审批制、制定高进入标准等（马庆、李萍，2016）②。2002年，Djankov在《进入规制》（*The Regulation of Entry*）一文中采用开办企业的程序、时间和成本等数据，对各国进入规制强度进行了量化分析③。此后，Djankov等的系列文章为进入规制强度的测度提供了一个基准方法，并为《全球营商环境报告》所采用。

创业质量高低是衡量放松进入规制成效的一个重要考量标准。目前，国内外学术界对“创业质量”这一标准的内涵和测度尚未达成共识。很多学者都认为，创业质量的概念应该是多元化的，不应是唯数量论的。赵向阳等（2012）根据全球创业观察研究中的划分认为，机会驱动型创业、高期望创业和高创新型创业是创业质量较高的表现④。齐玮娜、张耀辉（2015）认为，区域的创业质量取决于潜在创业者的数量、高质量创业机会的数量和资源供给以及这三者之间的匹配关系⑤。宋正刚等（2019）强调了创业活动中创新性的重要作用，创新型创业活动的增加有利于创业质量的全面提高⑥。关于创业质量的测度方法，程江（2017）对创业质量的测量变量进行了梳理，包括新企业融资、创新水平、成长能力、盈利能力等方面⑦。何兴邦（2019）从创业效益、创业规模和创业技术水平三个方面构建了一套创业质量指标体系⑧。葛宏翔（2019）认为在评价创业质量时，必须要考虑新

---

① 金玉国. 企业进入规制成本水平的内生性解释[J]. 统计研究,2014,31(6):50-56.

② 马庆,李萍. 进入规制对创业活动的影响研究——基于跨国数据的实证分析[J]. 当代财经,2016(7):68-77.

③ DJANKOV S. The Regulation of Entry [J]. Quarterly Journal of Economics,2002,117(1):1-37.

④ 赵向阳,李海,Andreas,等. 创业活动的国家差异:文化与国家经济发展水平的交互作用[J]. 管理世界,2012(8):78-90.

⑤ 齐玮娜,张耀辉. 区域环境差异与创业质量的“马太效应”——基于动态面板模型的SYS-GMM检验[J]. 经济管理,2015,37(7):35-44.

⑥ 宋正刚,张玉利,何良兴. 高质量创业:如何提高创业活动创新性?——对两家“科技小巨人”企业的跨案例研究[J]. 科技进步与对策,2019,36(5):1-10.

⑦ 程江. 创业团队异质性对创业绩效的影响研究综述[J]. 外国经济与管理,2017,39(10):3-17.

⑧ 何兴邦. 创业质量与中国经济增长质量——基于省际面板数据的实证分析[J]. 统计与信息论坛,2019,34(12):84-93.

企业的存活问题和发展潜力，因此应从生存和发展两个角度对创业质量进行测评①。

行政审批是创业过程面临的第一个制度关口。一国进入规制的强与弱在一定程度上会影响创业成本和创业者的积极性。但企业初创之后的发展、创新性、竞争力等质量指标还会受到市场结构、商业惯例、社会文化等其他环境因素的影响。

本文利用全球创业观察和世界银行两个国际性数据库的相关数据开展研究，探索进入规制对创业质量的影响。本文一方面对创业中的创新问题进行补充性说明，使进入规制对创业影响的研究成果更充分、全面；另一方面分样本讨论高收入国家和中等收入国家中进入规制对创业影响的异同，对不同发展水平地区的创业政策和监管改革有一定的指导意义或参考作用。

二、理论分析与研究假设

高强度的进入规制限制了创业活动，这一研究结论在全球范围内皆可得到验证（Chambers & Munemo，2019）②。Klapper 等（2006）选用欧洲 34 个国家的企业基础数据分析了进入规制与创业活力之间的关系，发现高强度的进入规制显著减少了新开办企业的数量③。Kaplan 等（2011）和 Bruhn（2011）研究了 2002 年墨西哥政府出台的进入规制改革对居民创业活动的影响。该项改革简化了开办企业的行政审批流程，减少了等待时间和资金成本，对居民创业活动有显著的积极影响④⑤。Branstetter 等（2014）研究了葡萄牙在开办企业方面的规制改革前后企业主和雇佣工人的变化。结果显示，降低企业进入成本可以显著激活社会创业的活力，改善就业状况，并促进经济发展⑥。张龙鹏等（2016）发现国内事前行政审批强度的降低可以提高当地居民的创业倾向和当地的创业规模，并利用跨国数据验证了进入规制对创业的负作用在全球范围内普遍存在⑦。毕青苗等（2018）发现

---

① 葛宏翔．社会资本对创业绩效的作用研究——基于资源整合的中介效应分析[J]．技术经济与管理研究，2019(12):41-45.

② Chambers D.，Munemo J. Regulations，Institutional Quality and Entrepreneurship [J]. Journal of Regulatory Economics，2019，55(1):46-66.

③ Klapper L.，Laeven L.，Rajan R. Entry Regulation as a Barrier to Entrepreneurship [J]. Journal of Financial Economics，2006，82(3):591-629.

④ Kaplan D. S.，Piedra E.，Seira E. Entry Regulation and Business Start-ups: Evidence from Mexico [J]. Journal of Public Economics，2011，95(11-12):1501-1515.

⑤ Bruhn M. License to Sell: The Effect of Business Registration Reform on Entrepreneurial Activity in Mexico [J]. Policy Research Working Paper，2011，93(1):382-386.

⑥ Branstetter L.，Lima F.，Taylor L. J.，et al. Do Entry Regulations Deter Entrepreneurship and Job Creation? Evidence from Recent Reforms in Portugal [J]. Economic Journal，2014，124(577):805-832.

⑦ 张龙鹏，蒋为，周立群．行政审批对创业的影响研究——基于企业家才能的视角[J]．中国工业经济，2016(4):57-74.

行政审批中心的建立通过加强各审批部门之间的协作显著提高了企业的市场进入率①。黄亮雄等（2020）研究了国内营商环境对当地居民创业行为的影响，发现相对宽松的政府规制环境可以激发公众的创业热情，对地区就业和经济等方面也有正向作用②。

严格的进入规制政策会从垄断市场结构和挤占生产性资源两方面阻碍企业的创新发展，降低市场创新活力，并且还会造成资源配置的低效率，使资源无法得到有效利用。明秀南等（2018）通过对中国工业企业数据的考察发现，进入规制力度的增强降低了当地新成立企业的创新能力、成长能力和生产率水平③。王永进、冯笑（2018）研究发现，行政审批中心的建立降低了企业的制度性交易成本，企业可以将节约的时间和资金投入到技术研发、产品创新活动中，进入规制改革显著提高了企业的创新水平④。

因此，提出研究假设 H1：放松进入规制可以增加新企业的数量，提高新企业的创新能力。

高收入国家与中等收入国家在经济发展水平、市场成熟程度、技术研发能力和社会文化传统等方面有许多不同，放松进入规制对创业质量的影响效果也会有所差异。在创业数量方面，通常情况下，经济较发达的国家的制度体系更加完善，市场经济发展更加成熟，创业者企图通过寻租、俘获政府官员的手段开展创业活动是行不通的。而在低收入国家中，制度环境的恶劣更容易产生贿赂、腐败等不良市场风气，通过进入规制改革来改善市场环境和促进创业发生的成效会更加明显。陈刚（2015）发现政府管制对低收入个体的创业概率有显著的抑制作用，对高收入个体影响不明显；政府管制显著阻碍了生存型创业活动的发生，但对机会型创业无显著影响⑤。吴一平、王健（2015）研究了在不同制度环境下政治网络对创业活动的影响的异质性，认为在制度环境较差的国家，创业者的政治网络对其创业起到明显的促进作用，但是随着制度环境越来越完善，这种正效应会不断减弱直至消失⑥。在创新能力方面，高收入国家中的人力资本明显优于中等收入国家，再加上繁荣的商业交易和成熟的市场经济，新思想、新技术、新管理等创新活动更加踊跃。相较而言，在中等收入国家中，创新活动受企业家自身能力、市场稳定性、市场开放程度和社会技术水平等因素的限制更强，受规制层面的作用偏弱。

因此，提出研究假设 H2：在不同收入水平国家中，进入规制强度对创业质量的影响效果存在异质性。在高收入国家中，进入规制强度对新企业创新能力的影响更强；但在中

---

① 毕青苗，陈希路，徐现祥，等．行政审批改革与企业进入[J]．经济研究，2018，53（2）：140－155.

② 黄亮雄，孙湘湘，王贤彬．商事制度改革有效激发创业了吗？——来自地级市的证据[J]．财经研究，2020，46（2）：142－155.

③ 明秀南，黄玖立，冼国明．进入管制、创新与生产率[J]．世界经济文汇，2018（1）：1－21.

④ 王永进，冯笑．行政审批制度改革与企业创新[J]．中国工业经济，2018（2）：24－42.

⑤ 陈刚．管制与创业——来自中国的微观证据[J]．管理世界，2015（5）：89－99＋187－188.

⑥ 吴一平，王健．制度环境、政治网络与创业：来自转型国家的证据[J]．经济研究，2015，50（8）：45－57.

等收入国家中，进入规制强度对创业数量的影响更强。

三、变量选取与模型构建

按照世界银行的标准，可以从开办一家新企业所需的程序、时间、成本和最低资本额四个维度综合衡量某一地区政府对创业的规制强度。本文选取“时间”（*time*）和“成本”（*cost*）指标代表一国的进入规制强度。借鉴赵向阳等从早期创业、成熟期创业、高期望创业和高创新创业四个方面研究创业质量的做法，本文选择 GEM 调查中的“创业发生率”（*tea*）和“创新型创业率”（*inn*）作为创业质量的衡量指标。创业发生率是指在 18 ~ 64 岁的人群中，打算创业的人群和已经创业但公司成立的时间短于 42 个月的人群所占的比例；创新型创业率是指创新型创业者在所有创业人群（公司成立时间短于 42 个月）中的占比。

引入控制变量可以在一定程度上解决遗漏变量造成的内生性问题，增强模型回归结果的可信度。根据已有研究成果，本文引入的控制变量有人均收入水平（ln*pgdp*）、创业融资（*finance*）、政府政策（*policy*）、市场动态性（*dynamics*）、创业机会感知（*opportunity*）和创业能力认知（*capability*），如表 1 所示。

表 1　模型中各变量具体说明

变量性质	符号	定义	来源数据库
被解释变量	*tea*	在 18 ~ 64 岁的人群中，打算创业的人群和已经创业但公司成立的时间短于 42 个月的人群所占的比例	GEM - APS
	inn	创新型创业者在所有创业人群中的占比	GEM - APS
解释变量	*time*	开办一家新企业行政审批花费的时间（天）	World Bank
	cost	开办一家新企业行政审批花费的费用（人均收入的百分比）	World Bank
控制变量	ln*pgdp*	以购买力平价计算调整后的人均 GDP 的对数	World Bank
	finance	创业（或潜在创业）企业能够在金融市场获得足够资金（1 表示完全不赞同，5 表示完全赞同）	GEM - NES
	policy	税收、监管等政策和官僚腐败不会对企业创办和发展造成负担（1 表示完全不赞同，5 表示完全赞同）	GEM - NES
	dynamics	市场每年都在发生剧烈变化（1 表示完全不赞同，5 表示完全赞同）	GEM - NES
	opportunity	在 18 ~ 64 岁的人群中，发现创业机会的人的占比	GEM - APS
	capability	在 18 ~ 64 岁的人群中，认为自己具备创业所需要的知识和能力的人的占比	GEM - APS

由于 GEM 调查在 2009 年之后才开始较多关注中等收入国家的创业情况，综合考虑各变量数据的可获得性和匹配性，所以这里研究进入规制强度对创业发生率的影响时，选取

58 个国家 2009—2018 年的相关数据，其中高收入国家 38 个，中等收入国家 20 个；研究对创新型创业率的影响时，选择 38 个国家 2011—2018 年的数据，其中包括 11 个高收入国家和 27 个中等收入国家①。

基于以上分析，构建基本的面板数据模型：

$$tea_{it} = \beta_0 + \beta_1 time_{it} + \beta_2 cost_{it} + \gamma control_{it} + a_i + u_{it} \tag{1}$$

$$inn_{it} = \rho_0 + \rho_1 time_{it} + \rho_2 cost_{it} + \varphi control_{it} + a_i + u_{it} \tag{2}$$

其中，i 代表国家，t 代表年份，$control_{it}$ 为控制变量，a_i 为不随时间推移而改变的国家异质性，u_{it} 为随国家和时间推移而变化的误差项。

四、实证结果与分析

（一）描述性统计分析

表 2 为总样本、高收入国家和中等收入国家中进入规制强度变量与创业质量变量的描述性统计数据。

表 2　变量的描述性统计数据

变量	均值			标准差		
	总样本	高收入国家	中等收入国家	总样本	高收入国家	中等收入国家
tea	11. 3607	9. 4822	15. 1177	6. 4252	4. 6739	7. 6971
inn	26. 2954	28. 7296	22. 0709	10. 2292	9. 1797	10. 6045
time	20. 5173	12. 6217	35. 4400	21. 4330	10. 1352	28. 1979
cost	9. 8739	5. 5246	18. 0940	18. 0616	6. 2359	27. 7195
ln*pgdp*	10. 1163	10. 4812	9. 4345	0. 6469	0. 4053	0. 4235
finance	2. 5443	2. 5891	2. 4581	0. 4248	0. 3944	0. 4673
policy	2. 3593	2. 4480	2. 1886	0. 5287	0. 5699	0. 3865
dynamics	3. 0084	2. 9435	3. 1332	0. 5200	0. 5036	0. 5298
openness	2. 5528	2. 6297	2. 4048	0. 3636	0. 3598	0. 3239
opportunity	40. 2837	38. 2694	44. 3123	15. 8948	16. 8783	12. 8494
capability	48. 7248	46. 4450	53. 2843	13. 6549	12. 4984	14. 7298

无论是开办企业的审批时间还是其成本，高收入国家的均值都小于中等收入国家，但是高收入国家的创业发生率却明显低于进入规制较强的中等收入国家。这是因为，发达地区的居民普遍有稳定的职业和收入来源，创业的动力较小；而在落后地区，受经济等各方

① 根据 2019 年世界银行的划分标准，人均 GNI 高于 12375 美元的国家属于高收入国家，人均 GNI 在 1026 ~ 12375 美元的属于中等收入国家，人均 GNI 低于 1026 美元的则属于低收入国家。

面的限制，就业保障不完善，很多人会选择生存型创业。高收入国家的创新型创业率均值明显高于中等收入国家，这是因为高收入国家的机会型创业比例较高，这类创业更能体现创业者的创新精神和对市场需求的敏感度。

（二）回归结果与分析

1. 进入规制强度对创业质量影响的全样本回归分析

表3给出了采用全样本数据时进入规制强度对创业质量影响的回归结果，模型（1）和模型（2）考察了进入规制强度对创业发生率的影响，模型（3）和模型（4）考察了进入规制强度对创新型创业率的影响。

表3　全样本模型的回归结果

变量	(1)	(2)	(3)	(4)
time	-0.0210 (0.0332)	-0.0040 (0.0319)	-0.0860*** (0.0292)	-0.0509* (0.0270)
cost	-0.0436*** (0.0145)	-0.0409*** (0.0144)	0.0064 (0.0332)	0.0132 (0.0381)
ln*pgdp*		8.0385*** (1.5894)		0.6987 (2.3233)
finance		-1.5138** (0.6875)		1.0615 (1.5753)
policy		-0.4502 (0.7365)		3.8921*** (1.2594)
dynamics		-0.0505 (0.4753)		-3.1243*** (1.0074)
opportunity		0.0446* (0.0233)		0.0367 (0.0848)
capability		0.1887*** (0.0523)		0.0061 (0.1062)
_cons	12.2012*** (0.6632)	-75.5543*** (16.0122)	27.4992*** (1.2690)	15.3230 (24.4734)
FE/RE	FE	FE	RE	RE
N	443	443	418	418

注：* 代表 $p<0.1$，** 代表 $p<0.05$，*** 代表 $p<0.01$；括号内为聚类稳健标准误。

关于创业发生率，根据表3中模型（1）和模型（2）的回归结果，在全样本中，加入控制变量后，行政审批时间和成本对创业发生率的影响方向和显著性均未发生明显变化。行政审批成本对创业发生率有显著的消极影响，耗费成本占人均收入的比例每增加

1%，当地的创业发生率会下降0.04%，行政审批所需时间对创业发生率的影响则不显著。人均GDP对数、创业机会和创业能力对创业发生率的影响显著为正。在人均GDP较高的地区，市场需求大，创业机会较多，同时创业者有更加充足的创业资金，因此创业发生率较高。个体对创业机会越敏感，对自身创业知识和能力越自信，当地的创业发生率就越高。但创业融资对创业的发生起到了抑制作用，这意味着新企业越容易在金融市场上获得融资，当地的创业发生率就越低，这似乎无法理解。可能的原因是，金融政策对创业活动的支持力度越大，当地居民越认为创业对个体综合能力要求越高，从而导致创业热情不高，进而致使创业发生率偏低。

关于创新创业率，根据表3中模型（3）和模型（4）的回归结果，在全样本中，加入控制变量后，行政审批时间和成本对创新型创业率的影响方向和显著性也未发生明显变化。从全样本来看，开办企业审批时间对创新型创业率有显著的消极影响，完成审批需要的时间每延长1天，当地的创新型创业率就会显著降低0.05%，但行政审批成本对创新型创业率的影响不显著。地方政府的政策对当地创新型创业率有促进作用，税收政策和官僚腐败对新企业发展造成的负担越小，则创新型创业率越高。市场动态性限制了新企业的创新能力，当市场具有较强的动态性时，潜在创业者无法准确判断未来的经济形势，也无法更多关注当下的市场需求，缺乏创新动力，因此创新型创业率较低。

因此，假设H1得到部分验证，行政审批的时间和成本对创业发生率和创新型创业率的影响效果是不同的。具体表现为，缩短行政审批的时间可以显著提高创业发生率，而降低行政审批成本可以显著提高创新型创业率。

2. 不同收入水平国家异质性的回归分析

对不同收入水平的国家进行分样本讨论，模型回归结果见表4。模型（5）和模型（7）考察了进入规制强度对创业发生率的影响，模型（6）和模型（8）考察了进入规制强度对创新型创业率的影响。

表4 分样本模型的回归结果

变量	高收入国家		中等收入国家	
	(5)	(6)	(7)	(8)
time	-0.0649*	-0.1641*	0.0178	-0.0236
	(0.0354)	(0.0883)	(0.0472)	(0.0295)
cost	0.0147	-0.0107	-0.0432**	-0.0223
	(0.0543)	(0.1062)	(0.0187)	(0.0514)
ln*pgdp*	6.9047***	-1.1660	8.2588**	-2.5886
	(1.5827)	(3.5977)	(3.4101)	(3.3845)

续表

变量	高收入国家		中等收入国家	
	(5)	(6)	(7)	(8)
finance	−0.5394 (0.5254)	−0.0926 (1.5976)	−2.6294 (1.9475)	6.1829 ** (3.0982)
policy	−0.0151 (0.6127)	3.4979 *** (1.1162)	−1.8315 (2.0140)	1.9341 (2.9243)
dynamics	0.2102 (0.4079)	−2.1033 ** (0.9961)	0.1163 (1.5592)	−5.5996 ** (2.2123)
opportunity	0.0362 (0.0270)	−0.0594 (0.0794)	0.0405 (0.0746)	0.3615 ** (0.1470)
capability	0.2120 *** (0.0589)	0.1005 (0.1140)	0.1647 (0.0985)	−0.1660 (0.1555)
_cons	−72.5135 *** (16.5616)	38.3235 (38.6595)	−63.6246 * (32.3024)	38.4260 (33.7784)
FE/RE	FE	RE	FE	RE
N	292	265	151	153

注：* 代表 $p<0.1$，** 代表 $p<0.05$，*** 代表 $p<0.01$；括号内为聚类稳健标准误。

对于高收入国家来说，根据表 4 中模型（5）和模型（6）的回归结果，行政审批时间对创业发生率和创新型创业率均有显著的抑制作用，完成审批的时间每增加 1 天，高收入国家的创业发生率将下降 0.06%，创新型创业率将下降 0.16%。但是行政审批的成本对高收入国家的创业发生率和创新型创业率没有显著影响。控制变量中，人均 GDP 对数和创业能力对高收入国家的创业发生率有显著正向影响，与全样本的回归结果一致。政府政策和市场动态性对高收入国家的创新型创业率影响显著，影响方向与全样本相同。

对于中等收入国家来说，根据表 4 中模型（7）和模型（8）的回归结果，行政审批的成本显著抑制了当地创业的发生，影响程度略高于全样本，行政审批成本占人均收入的比例每增加 1%，中等收入国家的创业发生率将下降 0.04%，但行政审批时间的影响不显著。行政审批的时间和成本变量对中等收入国家的创新型创业率的影响均不显著。控制变量中，人均 GDP 对数对中等收入国家的创业发生率也有显著正向影响，创业融资、市场动态性和创业机会对中等收入国家的创新型创业率有显著影响。创业融资对中等收入国家创新型创业率的影响显著为正，新企业可以通过融资增加研发投入，促进企业创新能力的提高。中等收入国家市场动态性的参数估计值约是高收入国家的 2.7 倍，说明市场动态性对中等收入国家中创新型创业率的影响更加明显。创业机会对中等收入国家的创新型创业率表现为显著的正向影响，当个体对市场中创业机会的感知能力增强时，创新型创业率会随之提高。

根据以上分析结果，假设 H2 得到部分验证。进入规制强度对创业质量的影响效果在不同收入水平国家之间存在异质性，但是研究发现的异质性与假设不符。具体表现为，在高收入国家中，缩短行政审批时间可以显著提高创业发生率和创新型创业率，降低行政审批成本的影响不显著；而在中等收入国家中，降低行政审批成本可以显著提高创业发生率，缩短行政审批时间的影响不显著，并且放松进入规制对中等收入国家的创新型创业率没有显著影响。

（三）稳健性检验

将模型中时间和成本变量替换为市场开放性变量（*openness*），反映了新企业自由进入现有市场的程度，数值越大代表进入规制强度越弱，稳健性检验结果如表 5 所示。模型（9）、模型（11）和模型（13）考察的是进入规制强度对创业发生率的影响，模型（10）、模型（12）和模型（14）考察的是进入规制强度对创新型创业率的影响。

表 5　稳健性检验结果

变量	全样本		高收入国家		中等收入国家	
	(9)	(10)	(11)	(12)	(13)	(14)
openness	1.9554*	3.8597**	0.1772	3.7550**	6.5876***	1.4706
	(1.0744)	(1.7768)	(0.7570)	(1.8399)	(2.2469)	(3.8026)
ln*pgdp*	8.8550***	0.9471	8.9973***	−0.0559	8.4166**	−1.7502
	(1.7982)	(2.0614)	(2.0663)	(3.3182)	(3.0752)	(3.1211)
finance	−2.2630**	0.0892	−0.7164	−0.9380	−5.6186**	5.3265**
	(0.9079)	(1.4262)	(0.5922)	(1.5306)	(2.0427)	(2.4212)
policy	−0.9502	2.7972**	0.0954	2.3310*	−4.1687*	2.1286
	(0.9266)	(1.3427)	(0.7752)	(1.2443)	(2.3896)	(3.1764)
dynamics	0.1252	−3.1991***	0.2404	−2.2635**	1.1364	−5.5837***
	(0.4608)	(1.0300)	(0.4160)	(1.0361)	(1.6502)	(2.1586)
opportunity	0.0483*	0.0424	0.0313	−0.0426	0.0579	0.3597**
	(0.0242)	(0.0846)	(0.0278)	(0.0815)	(0.0650)	(0.1504)
capability	0.1807***	−0.0052	0.2023***	0.0747	0.1409	−0.1709
	(0.0507)	(0.1063)	(0.0600)	(0.1094)	(0.0901)	(0.1617)
_cons	−86.4789***	7.7559	−94.8782***	20.8298	−71.2108**	27.8552
	(19.0926)	(21.5839)	(21.8498)	(36.0715)	(30.3568)	(30.5528)
FE/RE	FE	RE	FE	RE	FE	RE
N	443	418	292	265	151	153

注：* 代表 $p<0.1$，** 代表 $p<0.05$，*** 代表 $p<0.01$；括号内为聚类稳健标准误。

替换变量后，在全样本中，市场开放性对创业发生率和创新型创业率均有显著的积极影响；在分样本中，市场开放性对高收入国家的创新型创业率和中等收入国家的创业发生率有显著的促进作用，而对高收入国家的创业发生率和中等收入国家的创新型创业率则无显著影响。由于市场开放性与进入规制强度呈负相关关系，替换变量后，进入规制强度对创业质量的影响和国别差异与替换变量前基本一致，控制变量的影响效果也未出现明显变化。因此，可验证本文的结果具有稳健性。

五、结论与启示

（一）研究结论

通过研究，本文得出以下结论：第一，在不同收入水平的国家之间，进入规制强度和创业质量情况存在差异。高收入国家的进入规制强度普遍弱于中等收入国家。高收入国家的创业发生率低于中等收入国家，但创新型创业率高于中等收入国家，即在高收入国家中，虽然创业数量较少，但新企业的创新能力较强。

第二，放松进入规制对创业质量提升有积极影响。就创业发生率而言，开办企业的行政审批成本对创业发生率具有显著的抑制作用，行政审批成本越高，创业活动越少；但审批时间的影响不显著。就创新型创业率而言，行政审批的时间对创新型创业率有显著的消极影响，行政审批时间越短，新企业的创新能力越强；但审批成本对创新型创业率的影响不显著。

第三，进入规制强度对创业质量的影响效果具有异质性。对于高收入国家来说，创业者更注重审批时间的节约。因此，在高收入国家中，开办企业的行政审批时间对创业发生率和创新型创业率有显著的负向影响，行政审批成本的影响则不显著。对于中等收入国家来说，创业者由于资金有限更重视审批成本的节约。因此，在中等收入国家中，开办企业的行政审批成本对创业发生率有显著的负向影响，但行政审批时间的影响不显著。在中等收入国家中，行政审批的时间和成本对创新型创业率均无显著影响，放松进入规制并不能有效提高新企业的创新能力。

第四，政府、市场和个体因素也会显著影响创业质量。对创业发生率来说，初始资金和个体能力更重要，并且在中等收入国家，资金问题的影响效果更大，相比之下个人能力不太重要。对新企业的创新能力来说，政府和市场的影响更显著；但在中等收入国家，政府职能对创新的影响不大，充足的资金、稳定的市场和创业者对商业机会的感知更有利于创新活力的提升。

（二）启示

本文不仅有助于规制经济理论的丰富和完善，同时也可以为国内的行政审批改革提供一些有益的启示。

第一，进一步放松进入规制，促进创业质量的提升。当前我国正处于经济高质量发展的关键期，经济发展模式必须从劳动、资本等传统生产要素的集聚向知识、技术、创新等新动能的培育转变。众多创新型企业的涌现不仅可以缓解就业压力，更重要的是可以直接优化产业结构，提升我国经济的竞争力。因此，政府部门应进一步推进商事制度改革，放松进入规制，缩短行政审批时间，降低行政审批成本。鼓励创业的同时，政府应该合理看待创业的数量，注意剔除“伪创业”所带来的数据失真，应进一步高度关注新企业的创新能力。

第二，重视进入规制改革的长期性特征。2013 年以来，我国的商事登记制度改革已经取得了显著成效。但我们必须承认，国内的开办企业便利度与世界最先进水平还有一定差距，一些改革措施还停留在表象层次，源自传统体制的管得过严、过细的制度惯性仍然存在。因此，在未来较长一段时间内，还需从思想上树立现代市场经济的微观规制逻辑，在行政审批制度上更加彻底地贯彻“放管服”改革。目前，国内的创业类型多为生存型创业，企业规模小、资金少，对行政审批成本的承担能力较弱。应当取消不必要、不合理的行政性收费，减轻新企业的经济负担。

第三，根据不同地区的创业类型设计好进入规制改革。我国作为中等收入国家，大部分中西部地区的创业类型属于生存型创业，创业者的人均收入水平较低，创业资金来源不足，规制改革应该更多地关注行政审批成本的降低，加大经济落后地区的创业融资优惠力度，为新企业成立和发展提供资金支持。东部经济发达地区的进入规制改革，则应以缩短行政审批时间为主，取消不合理、不必要的行政审批项目，为创业者节约精力和时间，鼓励更多创新型企业的成立和发展。随着我国逐步从中等收入国家迈向高收入国家，国内的进入规制改革需要参考国际成熟经验，与时俱进，不断进行动态调整。

第四，进入规制改革需要与其他政策相结合。从政府、市场和个人等维度入手，制定相关政策，促进创业质量的提升。首先，优化政府的服务职能，为创业者提供税收、融资、法律咨询、信息、基础设施等方面的服务，帮助新企业将更多的时间、资金和人力投入到技术研发、产品创新、开拓市场、优化管理等活动中，提高企业的创新水平和市场竞争力。其次，发挥市场的激励机制功能，消除地区间要素流动的制度性壁垒，让市场更加自由，竞争更加公平，鼓励创业行为和创新精神。最后，应强化经济、管理等商科教育，提升国民的市场经济意识，增强个体对商业机会的感知，培养其创业创新能力。

综上，我们认为，进一步深化行政审批改革、放松进入规制、提高营商便利度，不仅有助于大众创业，更有助于提升创业质量，让更多有创新性的商业计划真正落地，变成优化供给侧结构性改革和为市场提供优质产品与服务的新企业。

参考文献

[1] Bruhn M. License to Sell:The Effect of Business Registration Reform on Entrepreneurial Activity in Mexico [J]. Policy Research Working Paper,2011,93(1):382 - 386.

[2] Branstetter L. ,Lima F. ,Taylor L. J. ,et al. Do Entry Regulations Deter Entrepreneurship and Job Creation? Evidence from Recent Reforms in Portugal [J]. Economic Journal,2014,124(577):805 - 832.

[3] Chambers D. ,Munemo J. Regulations,Institutional Quality and Entrepreneurship [J]. Journal of Regulatory Economics,2019,55(1):46 - 66.

[4] Djankov S. The Regulation of Entry [J]. Quarterly Journal of Economics,2002,117(1):1 - 37.

[5] Klapper L. ,Laeven L. ,Rajan R. Entry Regulation as a Barrier to Entrepreneurship [J]. Journal of Financial Economics,2006,82(3):591 - 629.

[6] Kaplan D. S. ,Piedra E. ,Seira E. Entry Regulation and Business Start - ups:Evidence from Mexico [J]. Journal of Public Economics,2011,95(11 - 12):1501 - 1515.

[7] 毕青苗,陈希路,徐现祥,等.行政审批改革与企业进入[J].经济研究,2018(2).

[8] 陈刚.管制与创业——来自中国的微观证据[J].管理世界,2015(5).

[9] 程江.创业团队异质性对创业绩效的影响研究综述[J].外国经济与管理,2017(10).

[10] 葛宏翔.社会资本对创业绩效的作用研究——基于资源整合的中介效应分析[J].技术经济与管理研究,2019(12).

[11] 何兴邦.创业质量与中国经济增长质量——基于省际面板数据的实证分析[J].统计与信息论坛,2019(12).

[12] 黄亮雄,孙湘湘,王贤彬.商事制度改革有效激发创业了吗?——来自地级市的证据[J].财经研究,2020(2).

[13] 金玉国.企业进入规制成本水平的内生性解释[J].统计研究,2014(6).

[14] 明秀南,黄玖立,冼国明.进入管制、创新与生产率[J].世界经济文汇,2018(1).

[15] 马庆,李萍.进入规制对创业活动的影响研究——基于跨国数据的实证分析[J].当代财经,2016(7).

[16] 齐玮娜,张耀辉.区域环境差异与创业质量的“马太效应”——基于动态面板模型的 SYS－GMM 检验[J].经济管理,2015(7).

[17] 宋正刚,张玉利,何良兴.高质量创业:如何提高创业活动创新性?——对两家“科技小巨人”企业的跨案例研究[J].科技进步与对策,2019(5).

[18] 王永进,冯笑.行政审批制度改革与企业创新[J].中国工业经济,2018(2).

[19] 吴一平,王健.制度环境、政治网络与创业:来自转型国家的证据[J].经济研究,2015(8).

[20] 赵向阳,李海,Andreas,等.创业活动的国家差异:文化与国家经济发展水平的交互作用[J].管理世界,2012(8).

[21] 张龙鹏,蒋为,周立群.行政审批对创业的影响研究——基于企业家才能的视角[J].中国工业经济,2016(4).

成渝地区双城经济圈科技创新能力提升路径研究

卢阳春　赵中匡[①]

【摘要】本文采用2014—2018年成渝地区16个市的面板数据，运用极值熵值法测度成渝地区双城经济圈各地区科技创新水平。结论显示，成渝地区16个市的科技创新水平存在明显差异。基于此，建议推动成渝发展主轴中部塌陷地区（德阳市、遂宁市、资阳市、眉山市、内江市）科技创新能力提升，与成都、重庆双核协同打造西部科技创新高地；增强成都、重庆双核科技创新的空间溢出效应，缩小环成渝经济圈（自贡市、泸州市、绵阳市、乐山市、南充市、宜宾市、广安市、达州市、雅安市）与成都市、重庆市科技创新水平差距，促进成渝地区双城经济圈科技创新协同发展。

【关键词】成渝地区双城经济圈；科技创新；极值熵值法

一、引言

当今世界正经历百年未有之大变局，我国发展面临的国内外环境发生深刻复杂变化，对提升科技创新能力、增强产业核心竞争力提出了更为迫切的要求。科技创新作为第一发展动力，能够影响经济社会发展的速度和方向，对区域经济社会长期的发展趋势起到关键性作用。在我国推进西部大开发形成新格局的开局关键时期，如何更高效地实现科技创新资源的区域最优配置，促进目前科技创新水平尚有较大差异地区协调发展，整体提升成渝地区双城经济圈科技创新能力和经济社会发展实力，将成渝地区逐步建设成为具有全国影响力的重要经济中心、科技创新中心、改革开放新高地和高品质生活宜居地，有助于促进我国西部地区加快形成高质量发展的重要增长极，辐射带动西部地区整体加快发展，与东

---

① 卢阳春，成都师范学院经济与管理学院副院长，教授，博士，四川省社会科学院区域经济专业硕士生导师；赵中匡，四川省社会科学院区域经济研究所硕士研究生。本文系基金项目：四川省软科学项目“四川城镇化与乡村振兴耦合协调度的时空分异及城乡融合发展路径研究”（2020JDR0308），项目负责人：卢阳春。

中部地区协调高质量发展。

从提升科技创新能力的机制来看，科技创新的主要源头是知识创新及其外溢。而随着知识的载体，亦即科技创新要素在各个区域间流动，会加快知识传播的速度，增强知识传播的广度，从而使一个空间单元的科技创新能力不仅对本单元产生一定的影响，也会对领域内产生一定的影响，即科技创新具有空间溢出效应。科技创新的空间溢出效应主要以两种方式体现：一是科技创新的空间集聚效应；二是科技创新要素的空间辐射效应。由于各空间单元的科技创新效益难免会存在差异，在科技创新空间趋优机制的引导下，科技创新要素会自发向那些具有更高科技创新水平、更高边际生产率的空间单元流动，以期获得更高的收益，从而出现空间集聚效应。同时，在我国创新驱动发展战略背景下，各地区政府在依托自身科技创新条件和要素提高本地区科技创新能力的同时，通过人才引进、项目落地优惠政策等方式吸引周边地区科技创新要素的转移，从而出现空间辐射效应。以上科技创新要素的区际流动，造就科技创新活动在区际的活动。

本文基于 2014—2018 年成渝地区双城经济圈科技创新相关面板数据，立足引领发展的第一动力——创新，测度成渝各地区科技创新水平，以发现该区域整体科技创新能力提升面临的现实问题。在此基础上，有针对性地提出成渝地区双城经济圈科技创新能力提升的现实路径，对推动西部地区重要经济增长极的加速形成具有一定意义。

二、成渝地区双城经济圈科技创新水平测度

本文数据主要来自历年《四川统计年鉴》《重庆统计年鉴》《中国县域统计年鉴》《四川科技统计年鉴》及《重庆科技统计年鉴》等。根据指标选取的科学性、系统性、可比性、可操作性及代表性原则，基于对科技创新水平主要发展指标的理解，并参考相关研究文献，结合成渝地区双城经济圈科技创新水平实际情况和数据获取上的局限性，将科技创新水平（TI）的测度指标体系分为科技创新投入、科技创新环境、科技创新产出三个方面共 8 个指标（见表 1）。缺失数据通过统计方法补齐，并通过物价指数消除物价变动对经济指标的影响。

表 1　成渝地区双城经济圈科技创新水平测度指标体系及指标权重

一级指标	二级指标	三级指标	指标解释	指标性质	指标权重
科技创新水平（TI）	科技创新投入	R&D 人员全时当量	研究与试验发展人员全时当量（人年）	+	0.141
		R&D 经费内部支出	研究与试验发展经费内部支出（万元）	+	0.141
		科学技术经费支出	一般公共预算支出：科学技术（万元）	+	0.156
	科技创新环境	教育经费支出	一般公共预算支出：教育（万元）	+	0.098
		高等学校生师比	高等学校在校生数/高等学校专任教师数	-	0.019

续表

一级指标	二级指标	三级指标	指标解释	指标性质	指标权重
科技创新水平（TI）	科技创新环境	科学研究机构数	科学研究与技术开发机构数（个）	+	0.155
		地区生产总值	地区所有常住单位在一定时期内生产活动的最终成果（亿元）	+	0.119
	科技创新产出	专利申请数	全年地区申请专利数量（件）	+	0.170

运用极值熵值法来确定各指标的权重。假定有 n 个测度单元，同时有 m 个测度指标，其原始测度值构成决策矩阵为：$X_y = \{x_{ij}\}$（$i = 1,2,\cdots,m$；$j = 1,2,\cdots,n$）。

由于指标体系存在量纲和单位差异，不能直接计算应用，采用极差标准化对数据进行无量纲处理得到标准化测度矩阵：$R_y = \{r_{ij}\}$（$i = 1,2,\cdots,m$；$j = 1,2,\cdots,n$），且 r_{ij} 的取值范围为 $[0.01,1]$。

$$r_{ij} = \begin{cases} \dfrac{x_{ij} - \min\limits_{1\leqslant j\leqslant n} x_{ij}}{\max\limits_{1\leqslant j\leqslant n} x_{ij} - \min\limits_{1\leqslant j\leqslant n} x_{ij}} \times 0.99 + 0.01, x_{ij}\text{ 为正向指标} \\ \dfrac{\max\limits_{1\leqslant j\leqslant n} x_{ij} - x_{ij}}{\max\limits_{1\leqslant j\leqslant n} x_{ij} - \min\limits_{1\leqslant j\leqslant n} x_{ij}} \times 0.99 + 0.01, x_{ij}\text{ 为负向指标} \end{cases}$$

$$(j = 1,2,\cdots,n) \tag{1}$$

计算第 j 个测度单元在第 i 个测度指标上的指标值比值，公式为：

$$y_{ij} = \frac{r_{ij}}{\sum\limits_{j=1}^{n} r_{ij}} (0 \leqslant y_{ij} \leqslant 1) \tag{2}$$

计算第 i 个测度指标的信息熵值，公式为：

$$e_i = -k\sum_{j=1}^{n} y_{ij}\ln y_{ij} (0 \leqslant e_i \leqslant 1), \text{其中 } k = \frac{1}{\ln n} \tag{3}$$

依据式（3）可知，基于给定的测度指标 i，r_{ij} 的差异越小，则信息熵值 e_i 越大。只有在 r_{ij} 全部相等时，$e_i = e_{\max} = 1$，此时测度指标 j 对测度单元之间的比较没有任何影响。而当 r_{ij} 的差异越大时，信息熵值 e_i 越小，则测度指标 j 对测度单元之间的比较作用就越大。基于此定义差异系数 $g_i = 1 - e_i$，当差异系数 g_i 的值越大时，越应当重视该指标在综合评价指标体系中的作用。

计算各测度指标的权重 w_i，公式为：

$$w_i = \frac{g_i}{\sum\limits_{i}^{m} g_i}, \text{其中}, w_i \in [0,1], \sum_{i=1}^{m} w_i = 1 \tag{4}$$

计算各测度单元的综合得分，公式为：

$$S_{ij} = w_i x_{ij} \tag{5}$$

根据上述步骤，计算出科技创新水平指标体系中各项指标的具体权重（见表1），并计算出成渝地区科技创新水平指数（见表2）。

表2　成渝地区双城经济圈产业结构优化和科技创新指数（TI）

城市	2014年	2015年	2016年	2017年	2018年	年平均值	年均增长率
成都	0.562	0.639	0.709	0.792	0.874	0.715	0.117
自贡	0.042	0.043	0.043	0.041	0.044	0.043	0.014
泸州	0.042	0.045	0.051	0.054	0.058	0.050	0.086
德阳	0.065	0.065	0.070	0.074	0.078	0.070	0.047
绵阳	0.139	0.144	0.153	0.164	0.213	0.162	0.117
遂宁	0.020	0.020	0.021	0.024	0.027	0.023	0.082
内江	0.032	0.035	0.033	0.034	0.033	0.033	0.013
乐山	0.035	0.040	0.041	0.043	0.041	0.040	0.048
南充	0.052	0.054	0.054	0.057	0.063	0.056	0.053
眉山	0.025	0.024	0.025	0.023	0.028	0.025	0.032
宜宾	0.058	0.057	0.056	0.059	0.059	0.058	0.002
广安	0.023	0.025	0.025	0.027	0.026	0.025	0.039
达州	0.034	0.036	0.037	0.041	0.039	0.037	0.036
雅安	0.034	0.031	0.024	0.027	0.028	0.029	-0.034
资阳	0.042	0.038	0.016	0.021	0.022	0.028	-0.086
重庆	0.651	0.748	0.769	0.858	0.888	0.783	0.082

三、成渝地区双城经济圈科技创新问题分析

从2014—2018年科技创新水平的平均值来看，成渝地区各市之间科技创新能力存在明显的差异。成都市（0.715）、重庆市（0.783）作为成渝地区双城经济圈的双核，遥遥领先于成渝其他地区。从科技创新水平年均增长率来看，成都市（0.117）、重庆市（0.082）均经历了快速增长阶段逐渐步入缓慢增长阶段；泸州市（0.086）、绵阳市（0.117）、南充市（0.053）处于缓慢增长阶段；自贡市（0.014）、德阳市（0.047）、遂宁市（0.082）、内江市（0.013）、乐山市（0.048）、眉山市（0.032）、宜宾市（0.002）、广安市（0.039）、达州市（0.036）处于波动中缓慢增长阶段；雅安市（-0.034）、资阳市（-0.086）处于波动中负增长阶段。

综上所述，成渝地区各市科技创新水平存在着明显的两极分化。成都和重庆具有充足的高等教育、科研院所、科技创新资金投入以及丰富的高新技术企业资源，科技和产业资

源门类相对比较齐全，科技创新水平明显高于其他地区。相对而言，成渝地区双城经济圈其他地区的科技创新水平明显落后，一方面是科技创新水平滞后于成渝地区双城经济圈科技创新整体水平，另一方面是科技创新水平提升缓慢阻碍科技创新发展。虽然成都市和重庆市具有丰富的科技创新要素、优良的科技创新环境、高质量的科技创新产出，能够吸引全球范围内优质科技创新资源的集聚，但其容量毕竟具有一定的局限性，从而使成渝地区科技创新发展处于“瓶颈期”。反观成渝地区成都市、重庆市以外的其他地区，科技创新能力的提升还具有很大的潜力，但由于其科技创新基础还较为薄弱，经济全球化背景下的竞争力尚且不足，对国内外优质的科技创新资源吸引力能力不足，对成渝地区双城经济圈科技创新的拉动作用尚且不强。此外，成渝地区双城经济圈科技创新资源的聚合度尚且不高，高端科技创新资源亟待进一步集聚与发展，科技创新爆发力有待进一步加强。同时，科技创新资源集聚的两极对周边地区的辐射带动作用尚不明显，科技创新专项研发投入不足，相比于发达地区尚且存在较大的差距；少数大型企业和传统核心支柱产业吸纳大部分的研发投入；基础科学研究短板较为突出等。

四、科技创新能力提升路径建议

推动成渝发展主轴中部塌陷地区（德阳市、遂宁市、资阳市、眉山市、内江市）科技创新能力提升，与成都、重庆双核协同打造西部科技创新高地。德阳市、遂宁市、资阳市、眉山市、内江市年均科技创新均处于较低水平，还具有很大的上升空间。从年均变化率来看，应积极推动德阳市、遂宁市、内江市、眉山市由在波动中缓慢增长阶段步入稳固增长阶段，推动资阳市由在波动中负增长阶段步入增长阶段。具体而言，以上成渝发展主轴中部塌陷地区均亟待根据本地区创新发展战略，找准契机与方向，充分利用自身比较优势加大财政投入力度。同时，要引导企业和金融机构以适当形式加大支持力度，鼓励社会以捐赠和建立基金等方式多渠道投入、扩大资金来源、形成持续稳定的投入机制。科学研究方面，在财政、金融、税收等方面给予一定的政策支持。加强人才培育、吸引海外高端科研人才、推动成渝地区创新人才团队建设。全面提升高素质人才教育质量，增强学生的创新意识和创新能力。

要增强成都、重庆双核科技创新的空间溢出效应，缩小环成渝经济圈（自贡市、泸州市、绵阳市、乐山市、南充市、宜宾市、广安市、达州市、雅安市）与成都市、重庆市科技创新水平差距，促进成渝地区双城经济圈科技创新协同发展。以上环成渝地区双城经济圈各市均亟待从加强科技创新要素投入等方面缩小差距，通过承接成都和重庆的产业转移，并吸纳随之而来的生产、技术、资金、创新等要素流出，带动环成渝地区双城经济圈科技创新能力加速提升。绵阳市、自贡市、泸州市、乐山市、南充市、宜宾市、广安市、达州市、雅安市年均科技创新处在较低水平，严重滞后于成渝地区双城经济圈科技创新平均水平。从年均变化率来看，应积极推动绵阳市、泸州市、南充市由缓慢增长阶段步入快速增长阶段，自贡市、乐山市、宜宾市、广安市、达州市由在波动中缓慢增长阶段步入稳固增长阶段，雅安市由在波动中负增长阶段步入增长阶段。

打破行政区划壁垒，协同打造成渝地区双城经济圈科技创新走廊（科技创新中心＋高科技产业化基地）。强化成渝地区双城经济圈内外之间、内部各部分的开放合作、物流强化等，增强成都、重庆“双核心”的辐射能力和区域内经济联系网络。推动成渝地区双城经济圈科技创新中心建设，依托创新链布局产业链，围绕产业链部署创新链，形成成渝地区一体化的产业链和创新链，同时促进创新要素向企业集聚，促进产学研深度融合。推动科技创新中心与外围对接，使科技创新中心为外围城市提供现代发展要素（金融要素、国际化要素、创新要素），将科技创新中心的科技成果转移到外围地区实现产业化，并且推动建设科技成果转化利益分享机制，探索适合成渝地区的利益分配机制助力科技成果转化。推动科技政策同城化，减小因行政区划壁垒而导致的阻碍和时滞，充分调动科技创新要素的区际流动。推进人才协同，各市应完善多方联动机制的人才政策，并遵从市场为主、政府为辅的原则，促进合理有序的人才流动，进一步加强关键领域、行业引智力度，积极培育、引进海内外战略科技人才、青年人才、科技领军人才和高水平科技创新团队，优化科技人才的合理配置，形成战略力量，加快知识的区域传播速度。推进平台协同，建设成渝地区双城经济圈互联共通的信息交流平台，实现科技创新信息、科技创新资源、科学创新技术的互联共享。推动成渝地区科技合作与国际接轨，建立多层次多类型国际合作网络，确保既能够吸引全球高端创新主体落户，提供人员出入境、留居手续、知识产权保护等方面的支持，也要支持成渝地区科研机构和科学家联合参与全球科技创新合作，与“一带一路”沿线国家和地区共建联合实验室和研发基地。

中国网络创新指数研究

汪小梅　万映红　岳英　文赠惠[①]

【摘要】 随着传统经济的持续低迷，网络化创新及实践应用得以长足发展，不断为全球经济复苏和社会进步注入新的活力，逐步成为创新经济增长的强大引擎。

为评价全国各省份的网络创新能力及发展水平，本文构建了网络创新指数评价体系，对全国各省域的网络创新发展水平进行整体评价和分指数评价，主要划分为东部、西部、中部和东北三省四个地区来进行分析，重点对陕西省及各地级市的网络创新水平进行深入分析。

结果表明，全国各省域网络创新发展水平各有不同：东部地区网络创新发展居于领先地位，西部地区还有很大的发展空间，中部地区是网络创新的中坚力量，东北三省则发展潜力巨大。而陕西省整体发展水平一般，各地级市网络创新发展呈现不均衡现象。对此，作者从基础设施、人才发展、网络创新平台、成果转化等六个方面对陕西省网络创新发展提出建议。

【关键词】 网络创新；指数评价体系；创新发展

一、网络创新指数评价体系构建

本文在对国内外创新评价指标框架及应用实践研究基础上，以创新过程中的投入、驱动、产出、营建环境等活动环节的能力及水平作为评测指标设计基础，设置了反映地区网络创新能力发展水平的指标体系，其中包括 5 个一级指标（网络创新基础支撑环境、网络创新资源投入、网络创新知识创造、创新知识转化赋能、网络创新产出绩效）、12 个二级

① 汪小梅，西北工业大学管理学院副教授；万映红，西安交通大学管理学院教授；岳英，西安理工大学经济与管理学院讲师；文赠惠，西北工业大学管理学院研究生。

指标（信息化社会氛围、网络化技术准备、经济宜居发展、创新研发财力资源、创新研发人力资源、创新研发平台资源、专利标准成果、科研知识成果、引导扶持政策、成果转化服务、互联网及网信企业绩效、互联网 + 产业融合）、36 个三级指标及其下属 82 个基础采集指标。

选取我国各省份 2017 年的相关数据，利用构建的网络创新指数评价体系进行测度。测度结果如表 1 和表 2 所示。

表 1　省域网络创新指数排名

排名	省份	得分	排名	省份	得分
1	北京	82.96	17	河北	42.99
2	广东	69.23	18	河南	42.21
3	江苏	65.30	19	吉林	42.14
4	上海	64.14	20	黑龙江	41.63
5	浙江	59.74	21	内蒙古	40.20
6	福建	53.99	22	广西	39.98
7	山东	52.34	23	山西	38.81
8	天津	47.71	24	新疆	38.65
9	四川	47.43	25	甘肃	37.51
10	辽宁	46.94	26	云南	37.39
11	安徽	46.29	27	宁夏	36.86
12	湖北	45.84	28	西藏	36.66
13	重庆	44.54	29	海南	36.64
14	陕西	44.05	30	贵州	36.51
15	湖南	43.60	31	青海	35.94
16	江西	43.14			

表 2　省域网络创新指数和分指数 15 强榜单

排名	网络创新指数	网络创新基础支撑环境	网络创新资源投入	网络创新知识创造	创新知识转化赋能	网络创新产出绩效
1	北京	北京	江苏	天津	北京	北京
2	广东	上海	广东	北京	广东	上海
3	江苏	浙江	北京	四川	上海	广东
4	上海	广东	浙江	安徽	福建	浙江
5	浙江	江苏	山东	江苏	江苏	江苏
6	福建	辽宁	上海	浙江	江西	福建
7	山东	天津	四川	重庆	山东	山东
8	天津	福建	湖北	湖北	吉林	西藏

续表

排名	网络创新指数	网络创新基础支撑环境	网络创新资源投入	网络创新知识创造	创新知识转化赋能	网络创新产出绩效
9	四川	重庆	河北	广东	浙江	四川
10	辽宁	山东	江苏	天津	安徽	湖北
11	安徽	陕西	福建	山东	内蒙古	陕西
12	湖北	新疆	辽宁	陕西	广西	安徽
13	重庆	四川	河南	上海	辽宁	辽宁
14	陕西	内蒙古	湖南	湖南	重庆	湖南
15	湖南	湖北	安徽	甘肃	黑龙江	重庆

二、全国地区网络创新发展水平评价

（一）东部省域的网络创新发展水平

1. 东部省域处于网络创新发展的领先地位

北京、广东、江苏、上海、浙江、福建、山东、天津稳居前 8 位，遥遥领先于其他地区。具体而言，在创新基础支撑环境、创新资源投入、创新知识创造、知识转化赋能及创新产出绩效的分指标上，东部地区的平均得分远高于其他地区。

这些领先地区在网络创新方面的表现体现在：信息化社会氛围、经济发展水平、网络化技术准备以及科技研发基础较好；教育资源较丰富且高等教育较发达；市场经济和第三产业发展快速；对外开放程度较高，包括互联网及网信企业自身、政府财政、吸引各类投资机构投入创新研发资金较多；企业信息化程度较高，对研发的投入强度大；政府对于创新创业引导、扶持、税收政策方面支持力度较大，具有服务意识和成效；产学研合作水平较高。这些关键要素通过“基础支撑—资源投入—知识转化—融合示范”创新过程链条，要素间协同发展、相互促进和加强，不断完善并呈现出可持续的创新生态体系的良好态势，共同造就了这些地区较强的网络创新水平。

2. 东部省域网络创新基础支撑环境发展与经济发展水平相一致

政府不断加强在宽带建设、信息传输、软件及信息服务业等方面的投资力度，并不断改善电商及互联网相关行业发展水平，为网络创新的持续良性发展提供经济支持，促进网络创新绩效的产出效益。而这些绩效产出效益又强有力地推动了地区经济的发展，形成良性循环。这些基础支撑环境的不断完善，吸引着各类投资机构、互联网及网信企业的创新资源投入，并带动了网络创新绩效提升及当地经济发展。

3. 东部省域网络创新发展各具特色

北京、广东、上海、河北在网络创新总指数及各分指标上的排名大体一致，在创新基础支撑环境、创新资源投入、创新知识创造、知识转化赋能及创新产出绩效等方面发展较均衡。江苏、山东、福建、天津则在网络创新某一分领域表现出色。海南网络创新总体水平较低，是东部地区唯一排名靠后的省份。

（二）西部省域的网络创新发展水平

1. 西部省域在网络创新方面具有很大的发展空间

2017 年西部省域在网络创新指数排名的榜单上排名相对靠后，与东部省域相比有较大差距，具有较大的发展空间。在创新基础支撑环境、创新资源投入、创新知识创造、知识转化赋能及创新产出绩效分指标上，西部省域的平均得分较低，整体发展水平不高。

西部省域的经济发展水平较低，地区的宽带建设水平相对较差，在信息服务、互联网及相关产业方面的投资力度还有待提高，而这些恰好是促进地区经济及网络创新水平发展的重要因素。西部省域在科学技术方面的关注程度还不足够，新型技术研发投入规模也还相对欠缺，对地区经济及网络创新水平的支持力度不大。大部分省份教育资源相对欠缺，难以发挥高校、科研机构及企业研发活动的协同作用，其专利及科研成果的实际应用存在较大阻力，软件、信息及互联网相关行业的企业、资金和人力等资源相对欠缺，甚至部分省份内互联网及相关行业的企业数量寥寥无几。这些因素均导致西部省域的网络创新发展落后，各方面均存在较大的提升空间。

2. 四川、重庆、陕西引领西部地区的网络创新发展，但具体指标表现分化严重

四川省在网络创新资源投入、知识创造方面优势明显。四川省高校云集，提供了大量的高素质互联网人才，在创新资源投入方面表现相对突出，但其在创新知识转化赋能方面表现相对较差，引导扶持政策和成果转化服务远低于全国平均水平。政府制定互联网创新引导扶持政策、网络创新税收优惠及减免政策不足，网络创新交流活跃度、双孵化器和众创空间规模表现较差。

重庆市在网络创新基础环境、知识创造方面优势明显，但其在创新资源投入方面表现较差，其中创新研发财力资源、人力资源反差较大。

（三）中部省域的网络创新发展水平

1. 中部省域为网络创新发展的中坚力量

在 2017 年的网络创新指数排名榜单上，大部分中部省域所属省份位居 10 ~ 20 名之

间，中部省域在网络创新指数方面虽然与东部省域有一定差距，但总体呈现良性态势，是我国网络创新的中坚力量。

2. 中部省域在网络创新各方面均衡发展

在网络创新指数排名的榜单中，排名最高的安徽省的网络创新指数为46.29，排名最低的山西省的网络创新指数为38.81。在创新基础支撑环境、创新资源投入、创新知识创造、知识转化赋能及创新产出绩效分指标上，中部省域的平均得分排名大部分处于中间位置，无明显落后短板。因此，中部省域网络创新各方面发展较为均衡，整体协调性较好。

3. 部分省份的网络创新发展独具特色

安徽省在专利标准成果及科研知识成果方面水平较高，网络创新知识创造实力较强。

江西省在引导扶持政策和成果转化服务方面的优势突出。湖北省则在网络创新资源投入、创新知识创造和创新产出绩效方面表现出色；凭借优质的教育资源，该省强化人才落地政策，扩大产学研基地规模，使得其知识创新实力得到增强，带动了互联网行业及其在金融、工业、农业等领域的产出绩效，使互联网创新呈现出良好态势。

（四）东北三省的网络创新发展水平

1. 东北三省在网络创新方面发展潜力大

2017年在网络创新指数排名上，辽宁遥遥领先吉林和黑龙江。在网络创新基础支撑环境、创新资源投入、创新知识创造、知识转化赋能及创新产出绩效方面，东北三省的平均得分与东部地区的差距较大，在网络创新方面发展潜力较大。

2. 东北三省网络创新水平分别处于两个梯队

从对全国网络创新聚类分析结果来看，辽宁省位于第三梯队，吉林省和黑龙江省则处于第四梯队。处于第三梯队的辽宁省网络创新总体水平较高。辽宁省近年来加强对电信基础设施的支持力度，同时积极引进国内外高端人才，利用大学科技园、电子商务园区等有利条件，鼓励和引导各类投资机构加大对互联网项目的投资。

吉林省和黑龙江省处于第四梯队，网络创新水平较低。黑龙江省互联网及网信业科研成果和发明专利交易均不足全国平均水平的60%，知识创造空间较大。可以鼓励科技人员创办“互联网+”企业，鼓励省内高校完善“互联网+”学科，加强教育与产业发展的连接，完善网络创新人才激励机制，提高网络创新知识创造能力。

三、陕西省网络创新发展水平评价

作者按照指标体系和指标测算方法进行测算，得到陕西省各地级市网络创新指数及分指数，测算结果如表3所示。

表3　陕西各地级市网络创新指数、一级分指数及排名

城市	网络创新指数		网络创新基础支撑环境		网络创新资源投入		网络创新知识创造		创新知识转化赋能		网络创新产出绩效	
	得分	排名	得分	排名	得分	排名	得分	排名	得分	排名	得分	排名
西安	68.68	1	86.31	1	87.13	1	52.97	1	36.65	1	78.66	1
铜川	24.82	9	28.93	7	21.33	10	21.29	7	22.18	7	32.33	9
宝鸡	32.83	2	37.80	3	29.59	3	26.59	2	27.94	2	45.04	3
咸阳	31.31	3	36.05	4	34.76	2	22.38	4	26.87	3	38.49	7
渭南	30.15	5	33.47	5	29.28	4	22.48	3	26.85	4	41.58	4
延安	28.44	6	28.76	8	28.80	5	21.70	6	25.80	5	39.71	6
汉中	27.75	7	30.39	6	26.42	8	21.87	5	22.24	6	40.21	5
榆林	30.76	4	38.99	2	27.72	6	20.51	9	21.76	8	48.76	2
安康	25.15	8	25.35	10	27.17	7	20.85	8	20.67	10	32.74	8
商洛	24.32	10	26.43	9	24.85	9	20.44	10	21.26	9	29.71	10

陕西省网络创新总体发展水平一般，各分指标发展不均衡。经过数年重点发展，陕西在网络创新方面已具备一定的实力，更是在电子信息产业、电子商务以及“互联网+”等方面形成了一定产业集群，带动了互联网经济及传统经济的协同发展。但在地区引导政策薄弱、基础支撑环境并不具备优势的情况下，陕西在网络创新方面还需夯实基础，加强网络基础设施投入，营造良好的网络信息氛围，出台更有力度的扶持政策、税收优惠及减免政策，大力支持创客空间、创业孵化器、校企创新基地等网络化发展。

（一）西安市在网络创新方面具有绝对优势

西安市是陕西省政治、经济和文化中心，也是省内网络创新活动的先锋。2017年西安市的网络创新总指数及分指数得分均遥遥领先于其他地级市。西安市集中了陕西省内优质的政策、科研、教育、技术和信息等方面资源，也是陕西省内资本运作的前沿阵地。这些优势使得西安市的企业创新动力足、研发投入较高、产学研合作水平较高。因而，西安在网络创新方面占据绝对优势。

（二）各地级市网络创新发展不均衡

在陕西省十大地级市创新指数排名中，西安市以超过宝鸡市2倍以上的得分遥遥领先。陕西省内各地市之间网络创新发展水平差距过大，各地级市网络创新发展极度不均衡。西安市作为陕西省的中心城市，各方面水平远超其他地级市，环抱在西安市周围的诸

如宝鸡市、咸阳市、铜川市等似乎并没有受到西安市发展进程的带动，这似乎体现出省内优质的资金、人才资源分配不平衡的现状。

（三）各地级市网络创新梯队格局与其对外开放程度有一致性

众所周知，根据地理环境特性，可将陕西省分为三个地区，分别是陕北地区、关中地区和陕南地区。陕北地区和陕南地区因其先天的地理环境因素而发展较慢，同时也并非对外开放的先锋队。陕西省内各地市对外开放程度的层次与各地级市网络创新发展的梯度层次大致相当，网络创新排序中，处于第一、第二梯队的地市为西安市、宝鸡市、咸阳市、榆林市和渭南市。排名靠前的均位于关中地区，以西安市为引领，宝鸡市、咸阳市、渭南市因环抱西安市的地理格局而相对其他地级市拥有较高的对外开放程度，同样，榆林市以自然资源为优势，也获得了较高的对外开放程度。其余地级市则在对外开放程度方面处于劣势。

（四）创新资源投入是落后地级市关键短板

2017 年关中地区尤其是西安市在创新资源投入方面表现突出，得分高达 87. 13，是第二名咸阳市的 2 倍以上。其中，创新资源投入最高分与最低分之差超过 65. 8，反映出创新资源投入在陕西省内各地级市之间的分布极不均衡。创新资源投入的差距反映了不同城市的投资环境具有差异，这是大部分城市网络创新发展水平低的重要原因。要突破创新资源投入的关键短板，既需要加大城市政府投入的力度，也需要得到国家和省级政策及财政的帮助和支持，从而突破具有先发优势的城市形成的竞争限制。

综观陕西省内各地市的网络创新发展状况，各地级市应当充分发挥自身的有利条件，因地制宜地提高自身网络创新水平。拥有丰富矿产资源、旅游资源的陕北地区，环绕西安市能够更多与优质资本靠近的关中地区，拥有林业资源、旅游资源和优越生态条件的陕南地区，都可以利用自身的优势，通过不同途径、手段以达到提高网络创新水平的目的，同时，政府政策的支持力度不可或缺，各市也同样应当关注优质资本的招揽、高素质人才的引进。

四、陕西省网络创新发展建议

（一）完善网络创新基础设施

营造良好的网络创新环境，能够为网络创新良好发展提供坚实的基础和良好的条件。陕西省的网络创新基础环境较为优秀，在西部地区省份中排名第二，人力教育素质、企业信息化水平略弱于东部地区，但互联网宽带端口数仅达到全国平均水平的一半。陕西省可以依托“互联网 +”行动的推动，落实好“宽带中国”战略，加强网络创新的基础建设。

一是加大农村宽带网络建设力度，深入开展“百兆乡村”“宽带乡村”工程的建设；二是完善商业街区、旅游景点、医院等公共服务场所和热点区域的4G/WLAN无线网络覆盖，提升用户高速移动数据服务体验。强化网络信息安全，提升网络服务能力。同时深入实施知识产权战略行动计划，加快社会征信体系建设和社会信用立法工作，加大对知识产权的保护力度，切实形成人人尊重知识产权、注重社会信誉和以诚信为荣的社会氛围，以保障从业人员和研究者保持创新活力。与此同时，发布并完善互联网安全标准，从技术安全和管理等方面，全面保护互联网用户个人敏感信息。

（二）深化网络创新人才发展

网络创新人才是核心竞争力，是竞争的根本。西部四川、陕西是网络创新人才储备大省，但是其人才大量向北上广等地流失。相比其他省份，陕西省的网信业从业人数规模庞大，但是网信业高学历人才规模仅达到平均水平的52%。陕西省需要建起与全面创新改革相适应的人才制度体系，建立健全导向鲜明、激励有效、科学规范的人才培养、引进和使用模式。制定高层次人才特殊支持办法，提供各项资助与优惠政策；完善海外人才引进政策，简化行政手续，激发创新活力；鼓励互联网企业招聘应届毕业生，并提供政府补贴、培训费用和落户等方面的优惠政策。人才评价机制也需要与时俱进，由于互联网不同于传统行业，相较于技术、资金，观念和商业模式往往更加重要，因此需要制定更加符合网络创新的人才评价标准，逐步完善人才培育体系。通过各方努力，形成规模宏大、结构优化、布局合理、富有创新精神的高层次网络创新人才队伍，实现由人才大省向人才强省转变。

（三）加强建设网络创新平台

陕西省在互联网及网信业的发展上不如北京、广东、上海、浙江和江苏等省市，缺乏强有力的当地企业对资源进行整合，信息采集、交换、共享机制尚未建立，物流设施共用、信息共享机制尚未形成，难以形成良好的平台效应。政府可以加大对网络创新平台的投入，大力扶持当地互联网企业，引进互联网领军企业，鼓励成立研究所、数据中心，打破信息孤岛，带动省域网络创新的发展。在服务平台建设期和运营初期，可通过提供办公场所、基础设施、资金和人才等方式进行扶持和引导。对于一些企业自建的网络创新平台，政府相关部门及行业协会可以调研、统计其效果，以指导企业更好地利用互联网平台。对于非互联网企业，政府应鼓励其加入网络创新平台，提供专项资金来引导它们利用互联网、信息技术提升企业产品的内涵、进行产品升级换代。利用好网络创新平台，还能够把互联网和包括传统行业在内的各行各业有机结合起来，在新的领域创造一种新的生态，政府也应该关注这些模式新颖的企业，给予必要的扶持。形成良好的网络创新平台，有助于不断涌现出互联网领军企业，而平台的集聚性和规模效应有助于省域吸引创业创意、创业人才、创投企业、行业专家等资源，建立更为完善的互联网创业与投资服务体系，形成良性循环。

（四）大力推动网络创新成果的转化

陕西省在网络创新领域实力雄厚，网络创新成果丰富、基础完善，但是并没有诞生出很多优秀的网络企业，产业转型、企业提升还有待加强。这说明陕西省的科技创新成果缺乏良好的转化渠道，互联网及网信业的经济潜能没有完全释放出来，其政府服务赋能在全国31个地区中排名落后。因此陕西省政府需要为网络创新成果的应用提供动力。政府应当建立多元化、多渠道的投入体系，对重点网络创新项目进行大力支持，主动引领前沿“互联网+”重大工程，包括“互联网+”协同制造云服务支撑平台、工业机器人智能系统、物联网管理平台和物联网广域通信网络系统等工程；落实好大学生创业引领计划，支持其到互联网行业进行创业。政府的税收减免政策可以为网络创新驱动发展的全过程营造健康的发展环境。通过各项网络创新的税收抵扣或是具体减免税额的政策法规，激励企业进行网络自主创新，应用网络创新成果，并削弱区域内的创新壁垒，激发各个行业、各个地区的创新热情。

（五）推进互联网与实体经济的有机融合

促进实体经济发展是网络创新的重要一环。电子商务、网上支付实际上是实体经济初步网络化的结果，这仅仅是实体经济的网络营销，是实体经济的一个环节。对实体经济而言，决定性的要素仍是其内涵。陕西省制造业实力雄厚，在“互联网+”时代下，传统的制造业需要进行结构调整与转型，制造业企业要学会顺应潮流、积极开展网络创新。政府需要引导企业进行互联网和制造业的深度融合，除了基于互联网进行营销外，更重要的是借助互联网，加快转型升级，提升产品的质量，降低生产成本和改善管理效率。陕西省政府可以加大对制造业与互联网融合发展的资金投入力度，充分发挥陕西省在制造业和网络创新方面的优势，采购云计算等专业化第三方服务；同时分区域、分行业建立评估体系标准，对企业的互联网融合进程进行评估，表彰和宣传优秀企业，鼓励实体企业主动对接互联网，通过互联网进行制造和生产工艺的转型升级，促进生产、管理及营销等模式的创新，提高行业的竞争力和市场占有率，使得互联网与实体经济成为一个相辅相成的共同体，相互促进和发展，达到共赢，产生“1+1>2”的效果。

（六）政府积极引导网络创新方向

在网络创新的发展过程中，市场无疑是最重要的导向与杠杆，但政府辅助推动的作用也同样不容小觑。而互联网行业有别于传统行业，不断出现新的商业机会，往往不是“大鱼吃小鱼”，而是“快鱼吃慢鱼”，并且具有很强的先发优势。大部分中西部地区由于缺乏龙头企业的带领、经济基础薄弱等在网络创新活动中暂时落后，但在瞬息万变的信息化时代，实现“弯道超车”是很有可能的。目前网络信息技术最重要的八大领域——柔性电子、人工智能、物联网、新型材料、数据科学、空间科学、能源科学、健康科学，都有可能出现技术拐点，实现颠覆性的科技创新。陕西政府应当发挥自身优势，在人工智能、物联网等领域大力推进网络创新，同时在网络创新领域加强与领先省域的对接与沟通，通过政策、资金投入等方式，加大对网络创新的扶持力度，引导科研院校和企业迅速抢占“新机会”，占领新的技术和商业的制高点。

参考文献

[1] Athereye S. Competition, Rivalry and Innovative Behavior[J]. Economics of Innovation & New Technology, 2001, 10(1): 5 - 11.

[2] Metcalfe S., Ramlogan R. Innovation Systems and the Competition Process in the Developing Economies[J]. The Quarterly Review of Economics and Finance, 2008, 48(2): 433 - 446.

[3] 陈宏伟，陈红. 我国沿海发达省份创新能力测算比较[J]. 科技与经济，2016(5).

[4] 冯静静. 甘肃省各地区社会经济发展指标体系的构建与实证分析[D]. 兰州：甘肃农业大学，2016.

[5] 黄澄清，张静，谢程利. 中国互联网行业创新能力发展指数构建与评估研究[J]. 汕头大学学报(人文社会科学版)，2016(6).

[6] 李峰，庞玉萍，金萍. 区域创新生态系统适宜度实证研究[J]. 改革与战略，2017(9).

[7] 李庆东. 技术创新能力评价指标体系与评价方法研究[J]. 现代情报，2005(9).

[8] 田志康，童恒庆. 中国科技创新能力评价与比较[J]. 中国软科学，2008(7).

[9] 柳卸林，高太山. 中国区域创新能力报告 2014[M]. 北京：知识产权出版社，2014.

[10] 赵程程. 区域创新生态系统适宜度评价及比较研究：上海、北京和深圳[M]. 上海：同济大学出版社，2017.

[11] 张贵，吕长青. 基于生态位适宜度的区域创新生态系统与创新效率研究[J]. 工业技术经济，2017(10).

[12] 中国科学技术发展战略研究院. 国家创新指数报告 2016—2017[M]. 北京：科学技术文献出版社，2017.

我国改革开放40多年的历程是干中学吗？

——“干中学”模型对我国经济增长路径的检验

张延①

【摘要】干——扩大投资，增加资本要素的投入数量，能否产生技术创新，创造出知识——即学？随着“干”所产生的“学”的数量和知识的积累，会对经济增长带来哪三种不同的影响？我国改革开放40多年所走过的历程是干中学（learning by doing）吗？这是本文要讨论的问题。

本文包括三个部分：第一部分，“干中学”模型在经济增长理论中的地位。第二部分，通过一个“干中学”模型，分析依赖于资本的知识积累、技术创新可能导致经济增长的三种路径——稳定性均衡、非稳定性均衡和介于两者之间的半稳定性均衡。第三部分，根据“干中学”模型的结论，判断我国改革开放40年来的经济增长属于哪种路径，对于如何进一步在“干”中“学”、提高我国经济增长率提出具体政策建议。

【关键词】干中学；经济增长路径；资本正的外部性；规模报酬

一、“干中学”模型在经济增长理论中的地位

经济增长理论对于资本作用的研究沿着两个方向发展：第一个发展方向是扩大资本的范围——例如将人力资本等其他资本包括进来，并继续把资本积累视为经济增长的动力（King and Rebelo，1990；Rebelo，1991）。

第二个发展方向是干中学（learning by doing），认为资本的外部性是经济增长过程中的主导力量。当个人或者厂商积累新的资本时，他们将不可避免地提高所拥有资本的生产率。这种溢出效应可能通过在实践中积累知识而发生在物质资本投资过程（Arrow，1962），或者发生在人力资本投资过程（Lucas，1988）。

① 张延，北京大学经济学院教授。

资本的一个重要作用是：在不断运用它干一件事情的过程中产生知识，这就是干中学。人们在生产产品的过程中，不可避免地会思索改进生产方式，熟能生巧。阿罗（Arrow，1962）引用了如下经验规律：在一个新的飞机设计被引入之后，建造一架飞机的机身所需的时间与已生产的该型飞机数量的立方根成反比。这一生产率的改进是在生产过程无明显创新的情况下出现的。因此，有的知识积累不是有意努力的结果，而是传统经济活动的副产品。这种依赖于资本、只要有资本的支持就可以在重复建设中产生的知识被称为干中学。资本对知识的积累、创造具有积极的影响，体现了资本正的外部性。

二、通过一个"干中学"模型，分析依赖于资本的知识积累、技术创新可能导致经济增长的三种路径

（一）"干中学"模型的构建

此处所用的生产函数是所有投入品均被用于生产产品的柯布—道格拉斯生产函数。

产品生产函数：

$$Y(t)=K(t)^{\alpha}[A(t)L(t)]^{1-\alpha}\qquad 0<\alpha<1\tag{1}$$

各变量定义如下：产量 $Y(t)$、资本的数量 $K(t)$、知识的数量 $A(t)$、劳动的数量 $L(t)$、资本占产出的份额 α。模型假定劳动、知识和资本三个存量随时间变动。在模型中，时间是连续的，也就是说，该模型中的各个变量均定义于每一时点上。

$$\dot{K}(t)=sY(t)\tag{2}$$

$\frac{\dot{L}(t)}{L(t)}=n$。一个变量上加一点表示其对时间的导数，即 $\dot{X}(t)=\frac{\mathrm{d}X(t)}{\mathrm{d}t}$ 的简写。s 表示储蓄率，n 表示人口增长率。

当干中学是技术进步之源时，知识积累依赖于传统经济活动产生了多少新知识取决于资本的数量。当知识作为资本生产的一种副产品而出现时，由于知识的增加量是资本增加量的函数，所以知识存量也是资本存量的函数。因此有：

$$A(t)=BK(t)^{\varphi}\qquad B>0,\varphi>0\tag{3}$$

其中，B 为转换系数，φ 为知识生产函数的规模报酬。

将式（3）代入式（1）得到：

$$Y(t)=K(t)^{\alpha}[BK(t)^{\varphi}]^{1-\alpha}L(t)^{1-\alpha}\tag{4}$$

可见资本的贡献大于其传统贡献：增加的资本不仅通过其对生产的直接贡献来提高产量［式（4）中的 $K(t)^{\alpha}$ 项］，而且通过其间接推动新思想发展从而使所有其他资本有更

高的生产力来提高产量［式（4）中的 $K(t)^{\varphi(1-\alpha)}$ 项］。

为分析这一经济的特性，我们求式（4）两边的增长率，得到：

$$\frac{\dot{Y}(t)}{Y(t)} = \alpha\frac{\dot{K}(t)}{K(t)} + \varphi(1-\alpha)\frac{\dot{K}(t)}{K(t)} + (1-\alpha)\frac{\dot{L}(t)}{L(t)}$$

$$= [\alpha + \varphi(1-\alpha)]\frac{\dot{K}(t)}{K(t)} + (1-\alpha)n$$

定义资本的增长率为：

$$g_K = \frac{\dot{K}(t)}{K(t)}$$

则：

$$\frac{\dot{Y}(t)}{Y(t)} = [\alpha + \varphi(1-\alpha)]g_K + (1-\alpha)n$$

定义人均产量为 $\tilde{y}(t) = \dfrac{Y(t)}{L(t)}$，所以有：

$$\frac{\dot{\tilde{y}}(t)}{\tilde{y}(t)} = \frac{\dot{Y}(t)}{Y(t)} - \frac{\dot{L}(t)}{L(t)} = [\alpha + \varphi(1-\alpha)]g_K - \alpha n$$

由上式可见，无论总产量的增长率还是人均产量的增长率都是资本增长率的增函数。

由于 $\dot{K}(t) = sY(t)$，所以 $K(t)$ 的动态学函数为：

$$\dot{K}(t) = sK(t)^{\alpha}[BK(t)^{\varphi}]^{1-\alpha}L(t)^{1-\alpha} \tag{5}$$

两边同时除以 $K(t)$，得到：

$$\frac{\dot{K}(t)}{K(t)} = sK(t)^{\alpha-1}B^{1-\alpha}K(t)^{\varphi(1-\alpha)}L(t)^{1-\alpha} = g_K$$

则：

$$\frac{\dot{g}_K}{g_K} = (\alpha-1)\frac{\dot{K}(t)}{K(t)} + \varphi(1-\alpha)\frac{\dot{K}(t)}{K(t)} + (1-\alpha)\frac{\dot{L}(t)}{L(t)} = (1-\alpha)(\varphi-1)g_K + (1-\alpha)n$$

$\dot{g}_K$ 是 g_K 的函数：$\dot{g}_K = (1-\alpha)(\varphi-1){g_K}^2 + (1-\alpha)ng_K$

$\dot{g}_K$ 的一阶导为：$\dfrac{\mathrm{d}\dot{g}_K}{\mathrm{d}g_K} = 2(1-\alpha)(\varphi-1)g_K + (1-\alpha)n$

$\dot{g}_K$ 的二阶导为：$\dfrac{\mathrm{d}^2\dot{g}_K}{\mathrm{d}{g_K}^2} = 2(1-\alpha)(\varphi-1)$

$\dot{g}_K = (1-\alpha)(\varphi-1){g_K}^2 + (1-\alpha)ng_K$

当 $g_K = \frac{n}{1-\varphi}$ 时，$\dot{g}_K = 0$，g_K 达到均衡。

g_K 的动态学取决于 φ 的大小。φ 决定知识生产函数的规模报酬，知识的生产函数为：

$$A(t) = BK(t)^{\varphi} \qquad B > 0, \varphi > 0 \tag{6}$$

$$A(\lambda K) = B[\lambda K(t)]^{\varphi} = \lambda^{\varphi} A$$

如果 $\varphi > 1$，则 $A(t)$ 规模报酬递增；如果 $\varphi = 1$，则 $A(t)$ 规模报酬不变；如果 $\varphi < 1$，则 $A(t)$ 规模报酬递减。

（二）“干中学”模型中知识生产函数的规模报酬 φ 对人均产量增长率的三种影响

1. 如果知识生产函数的规模报酬递减（即 $\varphi < 1$），则人均产量增长率将出现一个稳定性均衡

$\dot{g}_K$ 的一阶导为：$\frac{d\dot{g}_K}{dg_K} = 2(1-\alpha)(\varphi-1)g_K + (1-\alpha)n$

$\dot{g}_K$ 随 g_K 的变化方式为：

$g_K < \frac{n}{2(1-\varphi)}$ 时，$\frac{d\dot{g}_K}{dg_K} > 0$，$\dot{g}_K$ 单调上升。

$g_K = \frac{n}{2(1-\varphi)}$ 时，$\frac{d\dot{g}_K}{dg_K} = 0$，$\dot{g}_K$ 达到极值。

$g_K > \frac{n}{2(1-\varphi)}$ 时，$\frac{d\dot{g}_K}{dg_K} < 0$，$\dot{g}_K$ 单调下降。

$\dot{g}_K$ 的二阶导为：$\frac{d^2\dot{g}_K}{dg_K^{\ 2}} = 2(1-\alpha)(\varphi-1) < 0$，$\dot{g}_K$ 凹向横轴（见图1）。

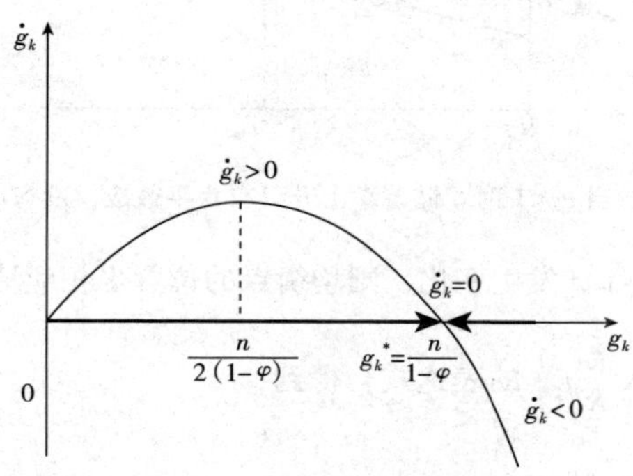

图1　“干中学”模型中，当 $\varphi<1$ 时，资本增长率的稳定性均衡

由于 $\dot{g_K} = (1-\alpha)(\varphi-1)g_K{}^2 + (1-\alpha)ng_K$，当 $g_K < \dfrac{n}{(1-\varphi)}$ 时，$(1-\alpha)(\varphi-1)g_K + (1-\alpha)n > 0$，得到 $\dot{g_K} > 0$，说明 g_K 将继续上升；当 $g_K = \dfrac{n}{(1-\varphi)}$ 时，$\dot{g_K} = 0$，g_K 存在均衡点，且 $g_K^* = \dfrac{n}{1-\varphi}$；当 $g_K > \dfrac{n}{(1-\varphi)}$ 时，$\dot{g_K} < 0$，说明 g_K 将继续下降。

从均衡的表达式来看：$g_K^* = \dfrac{n}{1-\varphi}$，均衡点 g_K^* 的位置取决于外生变量 n 、φ 。

如果外生变量不发生变化，则均衡点的位置也不会发生变化。

$$\frac{\dot{K}(t)}{K(t)} = sK(t)^{\alpha-1}B^{1-\alpha}K(t)^{\varphi(1-\alpha)}L(t)^{1-\alpha} = g_K$$

$$\frac{\dot{\tilde{y}}(t)}{\tilde{y}(t)} = \frac{\dot{Y}(t)}{Y(t)} - \frac{\dot{L}(t)}{L(t)} = [\alpha+\varphi(1-\alpha)]g_K - \alpha n$$

$\dfrac{\mathrm{d}[\ln \tilde{y}(t)]}{\mathrm{d}t} = \dfrac{\dot{\tilde{y}}(t)}{\tilde{y}(t)}$，变量的增长率等于该变量的对数对时间 t 的一阶导数。

如果其他外生变量发生变化，例如储蓄率 s 在 t_0 时点增加，所导致的结果是：g_K 上升，然后 t_1 时点之后逐渐回到其原来水平，因而人均产量的对数 $\ln\tilde{y}$ 逐渐移至一高于原来路径的平行路径。该外生变量 s 导致的冲击只是短期的增长效应 —— t_0 和 t_1 之间改变人均产量对数上升的斜率；长期来看，还是水平效应—— t_1 之后，人均产量对数上升的斜率恢复到 t_0 之前的水平，经济增长路径相当于发生了一个向上的平移，如图 2 所示。

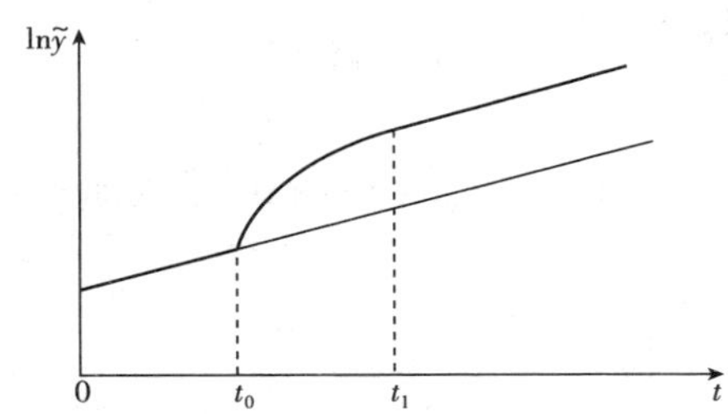

图 2　当 $\varphi<1$ 时，储蓄率上升只有水平效应，没有增长效应

如果外生变量 n 或者 φ 发生变化，则均衡点的位置也相应地发生变化。

把 $g_K^* = \dfrac{n}{1-\varphi}$ 代入 $\dfrac{\dot{K}(t)}{K(t)}$ 的表达式，得到：

$$\frac{\dot{\tilde{y}}(t)}{\tilde{y}(t)} = [\alpha+\varphi(1-\alpha)]g_K - \alpha n = \frac{\varphi}{1-\varphi}n$$

$$\frac{d\left[\frac{\dot{\tilde{y}}(t)}{\tilde{y}(t)}\right]}{dn}=\frac{\varphi}{1-\varphi}>0\ ,\ \frac{d\left[\frac{\dot{\tilde{y}}(t)}{\tilde{y}(t)}\right]}{d\varphi}=\frac{n}{(1-\varphi)^2}>0$$

如果 $\varphi<1$，那么经济的长期增长率是人口增长率 n 和 φ 的增函数。当 $\varphi<1$ 时，n 或者 φ 上升对人均产量的增长率以及对人均产量的对数带来的影响如图 3 所示，是一个增长效应。在 t_0 时点之后，伴随着 n 或者 φ 的上升，人均产量的对数以更陡峭的斜率上升。

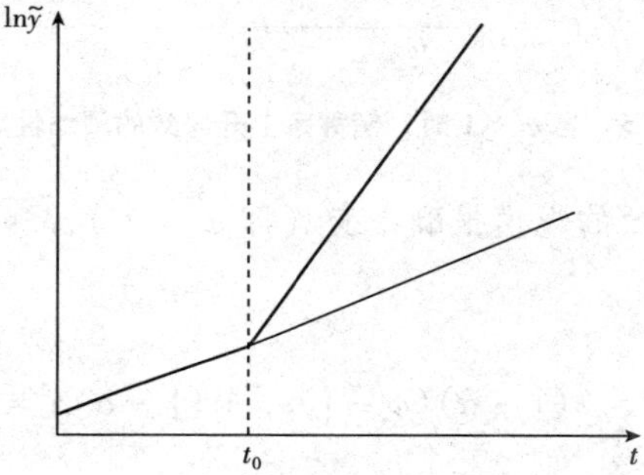

图 3　当 $\varphi<1$ 时，φ 或者 n 上升导致的增长路径

2. 如果知识生产函数的规模报酬递增（即 $\varphi>1$），则人均产量增长率将出现一个非稳定性均衡

$\dot{g}_K$ 的一阶导为：$\frac{d\dot{g}_K}{dg_K}=2(1-\alpha)(\varphi-1)g_K+(1-\alpha)n>0$，$\dot{g}_K$ 单调上升。

$\dot{g}_K$ 的二阶导为：$\frac{d^2\dot{g}_K}{d{g_K}^2}=2(1-\alpha)(\varphi-1)>0$，$\dot{g}_K$ 凸向横轴。

所以 g_K 不存在均衡点，随时间不断上升，这意味着其增长一旦开始（这是必然的），就会持续不断，并且增长的加速度将不断上升，如图 4 所示。

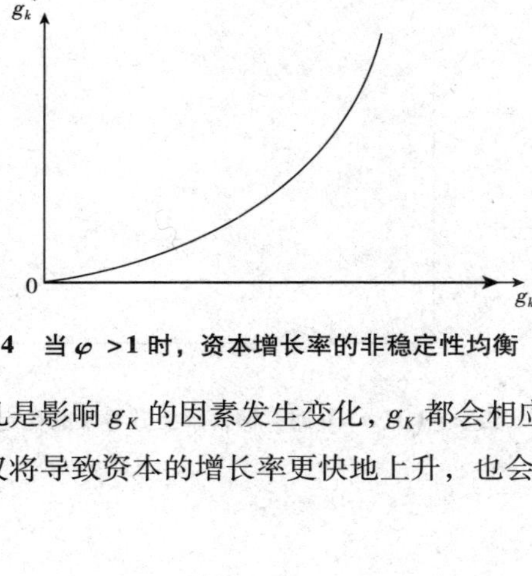

图 4　当 $\varphi>1$ 时，资本增长率的非稳定性均衡

由于不存在均衡点，凡是影响 g_K 的因素发生变化，g_K 都会相应地发生变化。

如果储蓄率上升，不仅将导致资本的增长率更快地上升，也会导致人均产量的对数更快地增加，人均产量对数上升的斜率越来越大，呈爆炸性增长，如图 5 所示。

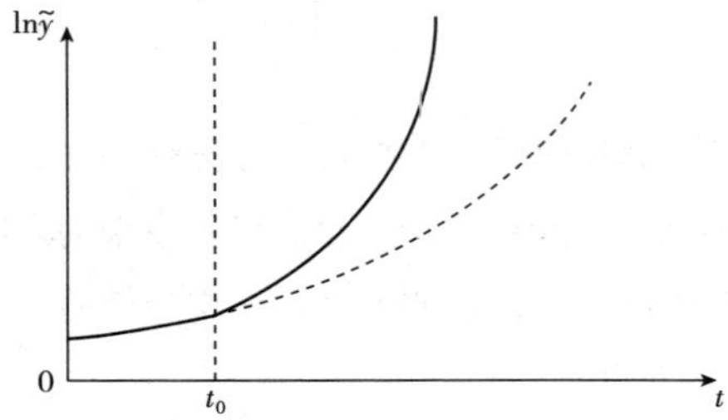

图 5　当 $\varphi > 1$ 时，储蓄率上升导致的爆炸性增长

3. 如果知识生产函数的规模报酬不变（即 $\varphi = 1$），那么人均产量增长率取决于人口的增长率

$\dot{g}_K$ 的一阶导为：$\frac{d\dot{g}_K}{dg_K} = 2(1-\alpha)(\varphi-1)g_K + (1-\alpha)n = (1-\alpha)n$。

$\dot{g}_K$ 的二阶导为：$\frac{d^2\dot{g}_K}{dg_K^{\ 2}} = 2(1-\alpha)(\varphi-1) = 0$，$\dot{g}_K$ 为线性函数。

关于人口增长率 n 的取值，具体分析如下两种情况：

情况一：$n > 0$。此时 $\frac{d\dot{g}_K}{dg_K} = (1-\alpha)n > 0$，$\dot{g}_K$ 为单调上升的直线。所以 g_K 不存在均衡点，而是随时间不断上升，如图 4 所示。

由于不存在均衡点，凡是影响 g_K 的因素发生变化，g_K 都会相应地发生变化，此时储蓄率 s 的增长将导致人均产量对数上升的斜率越来越大，出现爆炸性增长，如图 5 所示。

情况二：$n = 0$。如果人口增长为 0，则不管 g_K 的初始状况如何，其值都不变。$\dot{g}_K = (1-\alpha)ng_K = 0$，说明横轴上的每一点都可以实现均衡，$g_K$ 一旦确定，就不随时间改变，如图 6 所示。

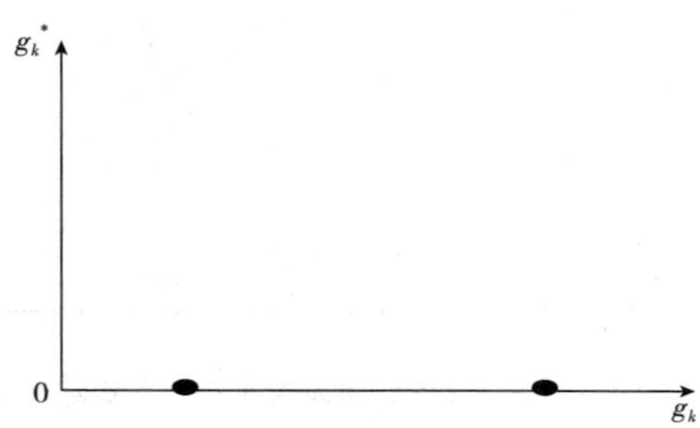

图 6　当 $\varphi = 1$ 且 $n = 0$ 时，储蓄率上升导致的稳定性均衡

在这种情况下，$\frac{\dot{Y}(t)}{Y(t)}$有一稳定增长。

$$\frac{\dot{Y}(t)}{Y(t)} = [\alpha + \varphi(1-\alpha)]g_K + (1-\alpha)n = g_K = \frac{\dot{K}(t)}{K(t)} = \frac{\dot{\tilde{y}}(t)}{\tilde{y}(t)}$$

将 $A(t) = BK(t)$ 代入 $Y(t) = K(t)^{\alpha}[A(t)L(t)]^{1-\alpha}$，生产函数变为：

$$Y(t) = bK(t),\ b \equiv B^{1-\alpha}L^{1-\alpha}$$

资本积累为：

$$\dot{K}(t) = sY(t) = sbK(t)$$

$$g_K = sb = \frac{\dot{Y}(t)}{Y(t)} = \frac{\dot{\tilde{y}}(t)}{\tilde{y}(t)}$$

这一经济的动态学是简单明了的，上述方程直接意味着 K 稳定地以速率 sb 增长，且由于产量与 K 成正比，因此产量也以这一速率增长。因此在第二种情况下，长期增长为内生，且取决于储蓄率。如果储蓄率 s 上升，则 g_K、$\frac{\dot{Y}(t)}{Y(t)}$ 和 $\frac{\dot{\tilde{y}}(t)}{\tilde{y}(t)}$ 都上升，类似图 3。

$$Y(t) = K(t)^{\alpha}[BK(t)^{\varphi}]^{1-\alpha}L(t)^{1-\alpha}$$

由于资本的贡献大于其传统贡献：增加的资本不仅通过其对生产的直接贡献来提高产量（上述方程中的 $K(t)^{\alpha}$ 项），还通过它间接推动新思想发展，从而使所有其他资本有更高的生产力来提高产量的 $K(t)^{\varphi(1-\alpha)}$ 项。在写出这些模型的生产函数时，通常用符号"A"而非"b"表示，故这些模型通常被称为"$Y = AK$"模型。开创了新增长理论的保罗·罗默（1986）模型是这一类模型中的典范。

（三）"干中学"模型的结论

在"干中学"模型中，将知识的增长率内生化，为其随时间变动建立了模型，表述为资本存量的函数。由此模型的解释能力大大增强，将经济长期增长的源泉归结于知识生产函数的规模报酬。

如果知识生产函数的规模报酬递减，则经济长期增长的源泉取决于人口的增长和提高知识生产函数的规模报酬，储蓄率的上升对经济长期增长只有水平效应，没有增长效应。

如果知识生产函数的规模报酬递增，就会形成经济长期不断增长的源泉。增长一旦开始，就会持续不断。储蓄率的上升、知识生产函数规模报酬的继续增加、人口增长率的提升都会对人均产量的增长率提升起到加速的作用。

如果知识生产函数的规模报酬不变，分两种情况讨论：在人口增长的情况下，知识生产函数规模报酬不变是经济长期增长的源泉，储蓄率的上升、人口增长率的增加对人均产量的增长率提升起到加速的作用。在人口不增长的情况下，储蓄率的上升是经济长期增长的源泉。

“干中学”模型将经济长期增长的源泉归结为：知识生产函数的规模报酬、人口增长率、储蓄率等因素。

三、根据“干中学”模型的结论，对我国经济增长路径的实证检验和政策建议

（一）我国的现实情况近似于第一种情况：知识生产函数中资本的规模报酬递减

经济学中关于消费者行为有边际效用递减规律，说明随着消费者对某种商品消费数量的增加，这种商品带给消费者主观心理上的刺激强度是递减的。研究表明生产者行为服从边际报酬递减规律以及稻田条件（Inada，1964）。边际报酬递减规律说明随着劳动要素投入数量的增加，劳动要素带来的边际产量是递减的。稻田条件说明随着资本要素投入数量的增加，资本要素带来的边际产量也是递减的。

可见在经济学中，无论是主观心理的感受，还是客观的产量都不可以无限制地增加，当它们增加到一个极大值后，必然会减少，因此盛极必衰是一个普遍规律。伴随着资本投入要素的增加，知识生产函数的规模报酬也是递减的。

经济增长理论中的绝大多数模型都建立在生产函数规模报酬递减的基础上，即使总量生产函数是规模报酬不变的，密集化以后的生产函数也是规模报酬递减的。

综上所述，规模报酬递减，即 $\varphi < 1$ 是对我国现实生活的一个合理的抽象。按照“干中学”模型，如果知识生产函数的规模报酬递减，经济长期增长就取决于人口的增长和提高知识生产函数的规模报酬，储蓄率的上升对经济长期增长只有水平效应，没有增长效应。

（二）具体的政策建议之一：提高储蓄率对长期经济增长没有持续影响

以往我们有一个错误观点：要想实现经济增长就应该增加投入，通过高投入形成高产出。常见的做法是铺摊子、上项目，认为这种方法能够实现经济增长。而“干中学”模型表明：提高储蓄率只能使人均产量的增长率有一个短期的跳升，储蓄率的一个永久性增加带来了人均产量增长率的暂时性增加。因为每单位有效劳动的资本量虽在一定时期内上升，但最终将增加到一定水平，在这一水平上增加的储蓄将全部被用于维持每单位有效劳

动的资本量的较高水平。长期来看人均产量增长率仍将回到其初始水平。储蓄率的变化对人均产量的对数有水平效应，但没有增长效应：它在短期内可能改变人均产量对数上升路径的斜率，但是长期内该指标将恢复到其初始水平。

储蓄率的变化对人均产量对数有一个短期的增长效应—— t_0 和 t_1 之间改变人均产量对数上升的斜率；而在长期—— t_1 之后，人均产量的增长率仍将回到其初始 t_0 之前的水平，经济增长路径相当于发生了一个向上的平移。

（三）具体的政策建议之二：进一步提高知识生产函数的规模报酬 φ 的数值，即提高引进技术中消化吸收、自主研发和再创新的比率

1952—2008 年我国的人均产量对数如图 7 所示。

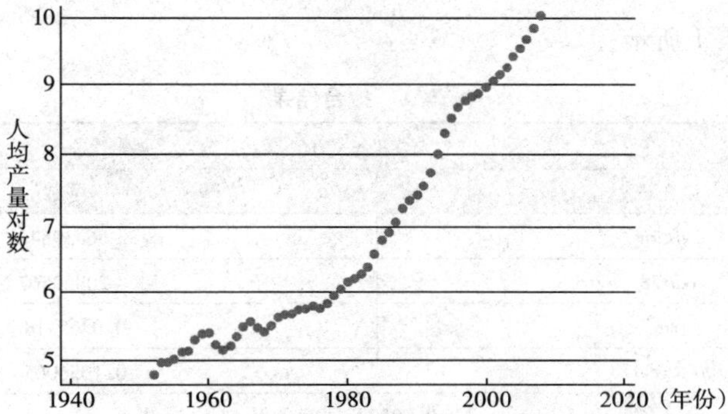

图 7　1952—2008 年我国的人均产量对数

资料来源：国家统计局。

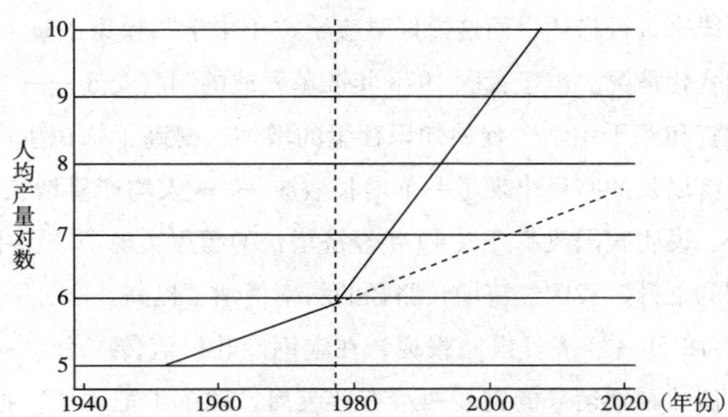

图 8　图 7 与图 3 的一一对应关系

图 7 基本上符合前文所提到的规模报酬递减条件下 φ 增加时人均产量对数的变化情

况。图 8 为图 7 与图 3 的一一对应关系。

当 $\varphi < 1$ 时，$\frac{\dot{\tilde{y}}(t)}{\tilde{y}(t)} = \frac{\dot{Y}(t)}{Y(t)} - \frac{\dot{L}(t)}{L(t)} = [\alpha + \varphi(1-\alpha)]g_K - \alpha n = \frac{\varphi}{1-\varphi}n$，$\frac{\mathrm{d}\left[\frac{\dot{\tilde{y}}(t)}{\tilde{y}(t)}\right]}{\mathrm{d}\varphi} = \frac{n}{(1-\varphi)^2} > 0$。当外生冲击导致 φ 增加时，$\frac{\dot{\tilde{y}}(t)}{\tilde{y}(t)}$ 增加，所以人均产量的对数增长更快，其图形变得更加陡峭。考虑到我国由于 1978 年改革开放导致的制度变迁 —— 大量资本投入的增加、大量引进外资，可以检验如下的模型：

$$\ln y_t = constant + \alpha \cdot year78 + \gamma_1 \cdot year + \gamma_2 \cdot year78 \cdot year + \varepsilon_t$$

其中 *year*78 为虚拟变量，1978 年之后取值为 1，之前取值为 0。

拟合结果如表 1 所示。

表 1　拟合结果

因变量：lny	
自变量	系数
constant	−66.39842 *
*year*78	−208.9567 *
year	0.0365418 *
year × *year*78	0.1056065 *
R − squared = 0.9952，回归采用 robust 方法	

注：* 表示在 1% 水平下显著。

从拟合结果来看，各变量在 1% 水平下皆显著，所以我国人均产量的对数可以近似用一条更陡峭的直线来进行描述，而这恰好对应于"干中学"模型中 $\varphi < 1$ 情况下 φ 增加时人均产量对数的变化情况。由于我国 1978 年改革开放的制度变迁 —— 大量资本投入的增加、大量引进外资和"干中学"促使知识存量的增加，提高了知识生产函数的规模报酬，最终导致我国经济增长的路径出现了一个增长效应 —— 人均产量增长率的对数以更加陡峭的路径在上升。说明我国改革开放 40 年经济增长的历程实现了"干中学"，由于知识生产函数规模报酬的上升，我国经济增长路径的斜率得到了提高。

2005 年 2 月 18 日《经济日报》报道，在宝钢冷轧厂流传一个"一把刷子"的故事。说的是一个工人偶然看到运来的钢卷两端有些废屑，就拿了把刷子，把两边给刷干净了。结果这批钢板成品率一下就上来了，汽车用钢板的成品率不高一直是冷轧厂的一个重大技术难题，可是它无意中被一个工人给解决了。从此以后，热轧钢卷两边要用刷子刷就成了标准工序。一位宝钢的工程师说："你从引进轧机中的工艺手册中绝对找不到这个操作工序，这是个诀窍。”后来他去国外轧钢厂考察，也看到了刷子，“我一看那把刷子就知道是干什么用的。”显然，如果没有实践，是不会发现这把刷子的，也许我国的汽车用钢板至今还要大量进口。

日本或德国产的设备，在德国和日本安装运行效果很好，拿到我国再安装，运行效果就是不行，而且怎么都找不到毛病。一些企业也有这样的问题。从德国买来的机器部件自己组装起来以后，开始的一段时间机器运行总是比较困难，必须经过一段时间的磨合。为此，他们后来请来德国的工程师帮助安装。他们惊奇地发现，德国工程师的高明之处仅仅在于在安装机器之前，用砂纸将每一个螺丝钉打磨一下，然后再安装，结果机器运行良好。原来事情就是这么简单，而机器原来所需要的磨合期，实际上是机器在运转过程中，通过自身的运动和摩擦来打磨螺丝钉的过程，难怪需要一段时间了。

随着中央新基建政策的实施，我国将掀起新一轮的投资、引进、建设热潮。如何努力在引进技术中获得创新的能力，以进一步提高我国经济增长的路径，是我们面临的重要课题。

日本人、韩国人也曾埋头向发达国家学习，但他们的学习从来就不是机械地模仿跟进，而是力图站到巨人的肩膀上，努力在学习技术中获得创新的能力，这是它们能够迅速崛起的重要原因。我国生产黑白显像管早于韩国 5 ~ 6 年，彩管几乎与韩国同时从日本引进，如今韩国不仅在中国建厂生产彩管，而且其等离子显示屏、液晶显示屏技术已接近或超过了日本和技术发源地美国。为什么中韩两国引进技术会有如此大的差距？这种差距从何而来？研究发现，韩国不允许成套引进生产设备，而是非常注重消化吸收和再创新，因而提高了资本要素的规模报酬，也提高了引进技术中消化吸收和再创新的比率。通过引进，使本土企业的自主开发能力得到了迅速提升。

自主研发对生产率的积极作用意味着，改善我国目前的科技活动机制，为企业自主创新营造良好的外部环境（如加强知识产权保护、增加科研资助、大力发展风险投资和孵化器等），从而激励企业开展更多的研发活动，对于我国经济可持续发展具有重要意义。毕竟，高新技术和核心技术是引进不来的。已有国际经验也表明，研发和创新的根本推动力来自民族企业。只有立足于自主创新，大力提高原始创新能力、关键技术创新能力和系统集成能力，拥有大批的专有技术和大批的自主知识产权，才能掌握经济结构调整与经济增长方式转变的主动权（吴延兵，2008）。

（四）具体的政策建议之三：我国人口增长率的下降将对未来的经济增长带来不利的影响

几乎所有内生经济增长模型都预言，技术进步是人口规模的增函数。其推理很简单：

人口越多，进行发明创造的人也越多，因而知识积累越快。我国人口红利对经济增长的贡献是有目共睹的。随着我国计划生育政策的实施，人口增长率开始显著下降，这将给未来的经济增长带来不利的影响，已经到了应该认真反思计划生育基本国策的时候了。

参考文献

[1] Arrow Kenneth J. The Economic Implications of Learning by Doing[J]. R. E. S. ,1962(29):155 -173.

[2] Aghion, Philippe, Howitt, Peter. A Model of Growth through Creative Destruction [J]. Econometrica,1992(60) :323 -351.

[3] Baumol, William. Entrepreneurship: Productive, Unproductive, and Destructive[J]. J. P. E. ,1990(98):893 -921.

[4] Barro, Robert J. Becker, Gary S. A Reformulation of the Economic Theory of Fertility [J]. Quarterly Journal of Economics ,1988(103):1 -25.

[5] Barro, Robert J. Becker, Gary S. Fertility Choice in a Model of Economic Growth [J]. Econometrica,1989 (57):481 -501.

[6] Becker G. S. ,K. Murphy, R. Tamura. Human Capital, Fertility, and Economic Growth [J]. Journal of Political Economy,1990(98):12 -37.

[7] Grossman, Gene M. , Helpman, Elhanan. Innovation and Growth in the Global Economy [M]. Cambridge: MIT Press,1991a.

[8] Jones, Charles I. Time Series Tests of Endogenous Growth Models[J]. Quarterly Journal of Economics ,1994(110):495 -525.

[9] Kremer, Michael, Thomson, Jim. Young Workers, Old Workers, and Convergence [R]. NBER Working Paper,1994.

[10] Kremer M. Population Growth and Technological Change: One Million B. C. to 1990 [J]. Quarterly Journal of Economics,1993(108):681 -716.

[11] Lucas, Robert, E. Jr. On the Mechanics of Economic Development[J]. Journal of Monetary Economics,1988(22):3 -42.

[12] Mankiw, Romer, Weil. A Contribution to the Empirics of Economic Growth[J]. Q. J. E. ,1992(107):407 -437.

[13] Mulligan, Casey B. , Sala - i - Martin, Xavier. Transitional Dynamics in Two - Sector Models of Endogenous Growth[J]. Q. J. E. ,1993 (108):739 -773.

[14] Murphy, Kevin, Shleifer, Andrei, Vishny, Robert. The Allocation of Talent: Implications

for Growth[J]. Q. J. E. ,1991(106):503 - 530.

[15] Nordhaus, William D. The Optimal Rate and Direction of Technical Change[M]. In Karl Shell, ed. , Essays on the Theory of Optimal Economic Growth 53 - 66Cambridge: MIT Press, 1967.

[16] Rebelo, Sergio. Long - Run Policy Analysis and Long - Run Growth[J]. Journal of Political Economy, 1991, 99(3):500 - 521.

[17] Romer, Paul. Endogenous Technological Change—Part 2: The Problem of Development: A Conference of the Institute for the Study of Free Enterprise Systems[J]. J. P. E. ,1990,98(5):71 - 102.

[18] Romer, Paul. Increasing Returns and Long Run Growth[J]. Journal of Political Economy, 1986(94):1002 - 1037.

[19] 吴延兵. 自主研发、技术引进与生产率——基于中国地区工业的实证研究[J]. 经济研究,2008(8).

[20] 李小平,朱钟棣. 国际贸易、R&D 溢出和生产率增长[J]. 经济研究,2006(2).

[21] 林毅夫,张鹏飞. 后发优势、技术引进和落后国家的经济增长[J]. 经济学(季刊),2005(1).

[22] 张海洋. R&D 两面性、外资活动与中国工业生产率增长[J]. 经济研究,2005(5).

[23] 中国经济增长与宏观稳定课题组. 干中学、低成本竞争和增长路径转变[J]. 经济研究,2006(4).

创新驱动与区域产业集群发展研究

张巍①

【摘要】 党的十八大明确提出“科技创新是提高社会生产力和综合国力的战略支撑，必须摆在国家发展全局的核心位置”，强调实施创新驱动发展战略。随着从发达国家引进技术的难度增大，加强战略性新兴产业的自主创新，逐渐开始需要企业内部投资和外部激励政策的支持。作者以腾讯公司为例，通过分析腾讯由本企业创新驱动发展迅速演变为成熟的生态组织，继而成为新兴产业发展的引擎，从个人到行业加深了“互联网+”的影响力，使得与其合作的所有行业都迎来了数字化转型，说明政府产业政策与企业创新驱动发展对区域产业集群发展的影响。

【关键词】 创新；产业集群；产业政策

一、创新驱动发展的时代背景

（一）引进技术难度增大

党的十八大明确提出“科技创新是提高社会生产力和综合国力的战略支撑，必须摆在国家发展全局的核心位置”。习近平总书记多次强调实施创新驱动战略，早在2012年在广东考察工作时就指出：“国际经济竞争甚至综合国力竞争，说到底就是创新能力的竞争……我们要大力实施创新驱动发展战略，加快完善创新机制，全方位推进科技创新、企业创新、产品创新、市场创新、品牌创新，加快科技成果向现实生产力转化，推动科技和经

---

① 张巍，中国政法大学商学院教授。本文系2020年中国政法大学科研创新项目资助《新时代创新驱动发展中的产业政策转型研究》（项目号：20ZFG79003）、中央高校基本业务科研业务费专项资金资助（supported by “the Fundamental Research Funds for the Central Universities”）的研究成果。

济紧密结合”。[①] 2015 年 3 月，中共中央、国务院出台《中共中央、国务院关于深化体制机制改革　加快实施创新驱动发展战略的若干意见》，指导深化体制机制改革、加快实施创新驱动发展战略，[②] 文件指出到 2020 年基本形成适应创新驱动发展要求的制度环境和政策法律体系，为进入创新型国家行列提供有力保障。2018 年 4 月 26 日上午，习近平总书记在位于湖北武汉东湖高新区的烽火科技集团考察企业创新发展情况时指出，“创新始终是推动一个国家、一个民族向前发展的重要力量”。[③] 2019 年 3 月 5 日，国务院总理李克强在 2019 年国务院政府工作报告中提出，“过去一年，深入实施创新驱动发展战略，创新能力和效率进一步提升”。[④]

改革开放以来，中国制造业通过引进技术装备、与外资合作走上了学习模仿的道路，工业技术水平大大提高。技术创新是后发国家实现持续经济增长并规避“中等收入陷阱”的关键，它已成为国际社会的普遍共识。传统观点认为，发展中国家具有技术创新的后发优势。只要增加对技术创新的投资，一旦研发成功，就可以与发达国家分享垄断利润。起步较晚的发展中国家通常缺乏技术创新的动力，并且没有对大规模创新进行投资。传统观点中所谓的技术创新的后发优势是基于这样的假设：后发国家的技术追赶公司和发达国家的技术先进的公司之间存在着产量博弈，类似于古诺竞争或斯塔尔伯格竞争。但是这种假设过于理想化，与实际情况相去甚远。与发达国家的领先企业相比，后发国家的技术创新风险相对较高，难以获得预期的利润，因为发达国家的领先企业不会轻易放弃市场垄断地位和超额利润，并可能直接利用伯特兰的价格竞争甚至掠夺性定价将新兴国家追赶企业挤出市场。即使增加了对技术创新的投入，它们仍然无法分享垄断利润，甚至可能因投入大量的人力、物力和财力来促进技术创新而陷入财务困境。从理性的角度来看，发展中国家的公司很容易预见到这一结果，因此通常很难下定决心在技术创新上投入大量的财务和物质资源，陷入了在技术引进和创新之间徘徊的困境。

值得一提的是，中国作为世界上最大的发展中国家，自 2013 年以来，研发总支出一直位居世界第二，但中国企业的科技创新势头并未跟上研发支出的步伐。根据《2014 年全国科技经费投入统计公报》的数据，2014 年我国研究与试验发展（R&D）总投资为

---

① 习近平总书记在广东考察工作时的讲话在各地干部群众中引起强烈反响[EB/OL]. 新华社，2012-12-12. http://cpc.people.com.cn/n/2012/12/12/c64387-19878300.html.

② 深化改革加快实施创新驱动发展战略[EB/OL]. 新华社，2015-03-24. http://www.gov.cn/xinwen/2015-03/23/content_2837694.htm.

③ 习近平四点意见为创新驱动发展战略“点睛”[EB/OL]. 央广网，2019-08-18. http://www.cac.gov.cn/2019-08/18/c_1124889685.htm.

④ 李克强说，过去一年深入实施创新驱动发展战略，创新能力和效率进一步提升[EB/OL]. 新华社，2019-03-05. http://www.xinhuanet.com/politics/2019lh/2019-03/05/c_1124193635.htm.

13015.6亿元，比2013年增加1169亿元，增长9.9%。研发投入为2.05%。其中，政府财政资金所占比例较高。2014年，国家财政科技支出6454.5亿元，占研究与开发总支出的49.6%，大大高于发达国家财政所占比例在20%以内的指标。科技支出2899.2亿元，地方财政科技支出3555.4亿元。如果考虑到工业企业税收减免、高新技术企业税收减免等优惠政策导致的企业科研经费的造假因素，财政支出占研发支出达50%以上，而企业研究费用则不到50%，远远低于发达国家的私营部门研发投入水平，后者通常在80%以上。另外，中国的科研经费虽然很高，但许多大学、研究机构和科技公司的项目存在虚假的创新，这也解释了为什么科技创新投入如此之大，而科技成果转化率仅为10%左右，远低于发达国家的44%左右。

在与发达国家的巨大技术差距和日益复杂的技术背景下，中国需要以各种方式引进技术。但是，能否在技术引进的过程中增强技术自主性、引导自主品牌发展，直接关系到本行业能否积极推动产业创新升级和抢占行业新的制高点。

随着与世界先进国家技术差距的缩小，以及与外资企业之间的技术与市场之间的竞争日益加剧，通过进口和许可证贸易方式进口技术变得越来越困难，而引进技术的成本却越来越高。因此，中国的工业技术发展战略需要从技术模仿型转变为技术创新型。尤其是随着全球制造服务化和智能化的迅速发展，企业完全依靠内部研发变得越来越困难，风险也越来越大，这种现状迫使中国企业获取外部知识并提高其创新能力。在企业之间的竞争已经演变为它所依赖的全球价值链竞争的情况下，技术引进不仅要针对某些环节，还需要以全球价值链为基础，以促进企业中所有环节的协调发展。为此，需要开发完整的国内价值链，为技术引进提供价值链支持和技术基础。

美国对中国的技术出口管制越来越严苛。中国从美国获得的技术逐渐减少。2001年，从美国进口的高科技产品仅占中国进口总量的16.67%，在2015年则下降到6.26%。美国的技术管制阻止中国直接从美国进口先进技术，也限制了中国从美国的西方盟友国进口技术产品。对技术的过度依赖实际上导致了国家发展战略的被动。在消除了制度性因素（对中国经济发展的主要障碍）之后，增加知识研发，特别是自主技术创新的重要性日益明显。

（二）以市场换技术是特例

中国以市场换技术最成功的是高铁。进入21世纪以来，发展高速铁路的要求更加迫切。从20世纪80年代初期开始逐步形成“以市场换技术”战略。“市场”是指国内需求，让出“市场”是指允许外资企业满足一定的国内需求。外资企业具有相对技术优势的产品供给的“市场”才能用于交换，这样才不会对本国企业构成威胁。“技术”必须是我国没有的技术，它可以用来生产我国需要的高、精、尖产品。20 世纪 80 年代，中国的铁路引入了大规模技术。长春客车厂引进了英国和加拿大的部分火车。但是，由于国内制造技术的落后和缺乏管理经验，效果不是很好，没有很好地消化引进的技术。为此，在“九五”期间，国家启动了重点科技项目“高速铁路试验工程前期研究”，致力于提高自主技术能力。2000 年又启动了“中国之星”项目，尽管该项目没有实现目标，但还是积累了很多经验和人才。

自 21 世纪初以来，高速铁路的发展变得更加紧迫。一方面，世界铁路进入了高速时代，高速铁路已经成为促进国家和地区经济快速发展的动力。另一方面，由于火车运行速度低，中国的铁路已成为严重制约经济发展的瓶颈。尽快发展大容量、低能耗、少占地的高速铁路已成为符合中国基本国情的需求。自 2004 年以来，中国积极引进了先进的高速列车制造商，例如西门子（德国）、川崎重工（日本）和阿尔斯通（法国）。这全都归功于每年 230 亿美元市场的“诱惑”；甚至一度为它们提供了 70% 的市场。但是，为了增加市场份额，这些西方公司不得不勉强将技术转让给中国合作伙伴，而中国很快就消化并吸收了这些技术。转让的技术越多，外国公司的市场份额就越低，最终跌至 20% 以下。根据技术引进合同，特别是基于特定项目合作而非股权合作的合同，中国高铁产业价值链的领导者在项目合作过程中获得了九项核心技术：动车组、车身、转向架、牵引变压器、牵引变流器、牵引电动机、牵引控制系统、火车网络控制系统和制动系统。由于高铁是非消费性产品，因此其品牌影响力较弱，产品更换速度也较慢。为了获得核心技术，当地的领先公司积极吸收技术，然后改进创新，最后它们将有足够的时间进行自主创新。此外，合同还规定必须引入和本地化 10 项配套技术，即空调系统、马桶、门、窗户、座椅、挡风玻璃、吊钩系统、受电装置、辅助电源系统和车内装饰材料。基于全球价值链的技术引进，不仅增强了龙头企业的技术能力，而且提高了配套企业的技术水平，形成了更加完整的分工，并与以当地品牌汽车为主导的大量当地供应商、制造商进行了合作。这为资源的扩散和共享提供了渠道和方式，有利于在“极化效应”形成的基础上进一步创造“扩散效应”，促进了高铁行业不同环节的协同创新，从而增强了整个价值链的自主创新能力。

中国高铁模式的成功有其独特的特点。诸如铁路具有自然垄断的特征，巨大的市场利润对外国技术转让者有极大吸引力，因此中国在博弈中占主导地位。高铁的成功经验很难推广。

（三）技术引进的路径依赖抑制企业创新

一家跨国公司与一家国内品牌公司合资后，其核心技术研发已在国外基本完成，然后将主要产品模型引入合资公司。因此，一方面，由于核心技术仍在外方手中，本地公司的技术溢出效应和学习效应有限，导致自主创新能力相对较弱；另一方面，汽车和其他产品作为消费品，升级速度更快，导致本地公司面临新产品开发的状况，并可能由于跨国公司的创新和升级速度加快而被淘汰，从而降低了它们对市场的期望并抑制了其创新动力。

多数本地公司与跨国公司的合资企业被边缘化，有的甚至被搁置，这极大地影响了本地品牌公司的技术与品牌自主发展，导致本地企业领导者在产业价值链中的竞争力较弱，无法通过核心价值链和基本设备供应商的主导价值链来协调发展。核心零部件的形成有赖于国外进口或外资企业的参与，中低端环节中本地零部件供应商的过度竞争提高了中国的国内制造能力，但整个价值链的研发能力却不尽相同，仍然很弱。

外国对技术的依赖程度是反映国家对技术引进的依赖程度的指标，是国家技术安全的核心指标，也是建设创新型国家的四个总体指标之一。长期以来，中国实施的“技术换市场”战略为工业化奠定了良好的基础，但其自主创新能力并未得到有效提高。中国的科学技术发展一直处于引进、落后和重新引进的状态。对外国技术的平均依赖程度约为60%，与国际创新国家的30%的水平仍相去甚远。对国外技术的过度依赖已成为阻碍中国自主创新能力提高的重要瓶颈。

（四）战略性新兴产业必须依靠自主创新

战略性新兴产业不仅是转型期国家的产业主导，也是产业发展方向的主导。战略性新兴产业的发展主要依靠关键核心技术，关键核心技术的研发只能依靠自主创新，而不能依靠技术引进和模仿。从发达国家的发展实践来看，战略性新兴产业都是由大量资本投资驱动的自主创新发展而成的。例如，美国在新能源、基础科学、生物科学和航空航天领域的研发投入约占 GDP 的 3%。韩国已经在绿色能源发展方面投资了约 6 万亿韩元。日本已经在能源和环境技术的研发上投资了数千亿日元。英国不仅启动了“数字国家”战略，还大力投资生物医学研究。为了提高信息和通信的竞争力，德国提出了“2020 年信息和通信技术创新研究计划”。因此，为实现战略性新兴产业的可持续发展，有必要增强战略性新兴产业的自主创新能力，促进经济增长方式从主要依靠物质资源消耗向主要依靠技术进步的转变，改善管理，提高工人素质。

为了加强战略性新兴产业的自主创新，需要企业内部投资和外部激励政策的支持。但是，目前我国战略性新兴产业的科研投资存在区域不均衡的问题，欠发达地区战略性新兴产业的研究投资显然不足。例如，一些研究表明，欠发达地区吉林省战略性新兴产业的多项科学技术投资指标低于全国平均水平，而技术改造和技术引进等重要指标则远远低于全国平均水平。战略性新兴产业的自主创新明显不足。区域科研投入的不平衡，不仅会进一步拉大区域之间的差距，而且不利于欠发达地区产业结构的升级，甚至会影响全国战略性新兴产业的布局。同时，战略性新兴产业实施激励政策存在不同程度的问题，促进自主创新的外部环境令人担忧。大多数战略性新兴产业是高科技产业，其资本投资要比劳动力投资大得多。高科技研发需要大量的人力、物力和财力，因此充足的资金是成功完成企业科研的重要保证。这些研发资金不能仅由企业本身筹集，当前，研发资金短缺已成为制约战略性新兴产业自主创新的重要因素。造成这一结果的重要原因是各地区战略性新兴产业的税收优惠政策、激励政策和融资政策被搁置，存在实施不力的问题，导致了战略性新兴产业的发展在许多地区存在“没有大米煮饭”的困境。

高端装备制造业的战略意义十分突出。除了中国相对成熟的高铁行业有完善的产业体系外，其他行业仍处于成长期，个别产业处于试验阶段。一旦正式实现大规模量产，将形成巨大的商业价值。

二、腾讯公司及各类高科技企业形成区域产业集群

从中国高新技术企业发展实践来看，与传统企业近似，头部公司的带动作用明显，无论是杭州的阿里巴巴还是深圳的腾讯，都围绕头部企业短时间内形成区域高新技术产业集群。以珠江三角洲的深圳为例，统计数据显示，2020 年上半年，深圳市重点发展的战略性新兴产业涵盖新一代信息技术、高端装备制造、绿色低碳、生物医药、数字经济、新材料、海洋经济产业，实现增加值 4498.16 亿元，增长率较第一季度回升 8.7 个百分点。新一代信息技术、高端装备制造业增加值分别增长 0.6%、0.8%，分别比第一季度回升 9.3 个、14.1 个百分点。[①] 深圳已成为中国战略性新兴产业规模最大、集聚性最强、技术创新最活跃的城市。

腾讯公司于 1998 年 11 月诞生于中国深圳，是中国最大的综合互联网服务提供商之一，也是中国最大的互联网公司之一。目前，腾讯公司的业务涵盖社交、金融和其他领域，它的开放生态带动了数千万的就业机会，相关创业公司的估值已达数千亿美元。在 2018 年 6 月 20 日发布的《中国 500 最有价值品牌》分析报告中，腾讯公司排名第二。

腾讯由本企业创新驱动发展迅速演变为成熟的生态组织。早期的腾讯组织也非常封闭，其封闭性使外部竞争者难以成长，内部竞争也越来越激烈。一些公司的内部软件和增值服务开始了混乱和低效竞争，如果不及时解决就会阻碍企业发展。当时苹果智能手机已全面进入中国，为中国互联网用户打开了通往新世界的大门。2011 年移动互联时代到来，快速发展的腾讯公司抓住机遇，发布了微信，并相继推出了语音对话、朋友圈、微信公众

---

① 上半年深圳七大战略性新兴产业实现增加值 4498 亿元[EB/OL]人民网，2020 - 08 - 04. http://sz.people.com.cn/n2/2020/0804/c202846 - 34203459.html.

平台、微信支付和游戏等功能。腾讯公布的报告显示：2019 年首季微信及 WeChat 的合并月活跃账户数达 11.12 亿。“微信之父”张晓龙曾经说过：移动互联网时代一定是图片为王的时代。微信不仅帮助腾讯成功获得了移动互联网时代的“平台票”，而且还帮助腾讯改变了创新的定义。

腾讯积极进军并购其他互联网公司，投资购买 Riot Games 的大部分股份，战略投资滴滴、搜狗；与京东（JD. com）、大众点评（Volkswagen Reviews）和 58 同城建立了战略合作伙伴关系。2013 年，马化腾率先提出了“连接一切”和“互联网 +”的新思路。腾讯平台的开放不再是简单的用户数量，而是用户之间的关系链。只要它是符合腾讯要求的产品，就可以享受腾讯的平台资源。通过开放战略，腾讯成功地将产品竞争转变为生态系统竞争。腾讯继而采取新的战略措施，即公司不介意失控，微信的主要负责人张晓龙在管理和制定微信操作系统时遵循失控原则，除了对产品结构制定一些简单的规则，其余的不加管制，在微信用户界面上的使用和体验由用户自主决定，这一创新起到了良好效果。

腾讯成为新兴产业发展的引擎。随着移动互联网的不断发展，以人工智能、云计算和大数据为代表的新一代信息技术已经进入人们的视野。腾讯从个人到行业加深了“互联网 +”的影响力，所有行业都迎来了数字化转型的浪潮。通过微信的巨大流量支持，腾讯开始在云计算等新技术方面进行创新研发。2015 年腾讯考虑如何将其创新产品融入新的滨海大厦办公楼装修；2012 年成立了专门从事人脸识别技术的优图实验室；腾讯的觅影为早期筛查肿瘤提供了很大的帮助。腾讯公司开始通过自己独特的大规模数据流量渗透各个领域。在推进智慧城市建设的过程中，腾讯就像高速引擎一样，引领着深圳新兴科技产业的飞速发展。在交通运输领域，乘车码使用率居全国之首；其在政务系统和医疗领域的举措，让深圳市民体会到就医办事的快捷；在零售领域，腾讯授权大型超市和品牌商店扫码支付，扫码付费已成为深圳市民的首选；2017 年底，拥有一系列“黑科技”的滨海大厦面世，成为国内智能建筑的先驱。

2019 年 9 月底，腾讯宣布启动新一轮战略升级，将云计算和智能产业提升到战略水平。作为深圳的七个战略性新兴产业之一，腾讯领导深圳的新兴技术公司在云和智能领域进一步发展，腾讯与深圳市国家高新技术产业创新中心（以下简称“创新中心”）和福田区政府达成战略合作，发起“腾讯云全球创新大赛”，并发布“香港高校联合实验室”“人工智能未来学院”两个载体，共同帮助建立深港科技创新合作区，由腾讯带动深圳实现了区域产业集群发展。

三、政府产业政策对企业创新驱动发展的促进作用明显

腾讯在深圳的崛起不是偶然的。深圳是我国自主创新最活跃的城市，创新发展与人才储备方面占优。深圳是首个国家创新型城市，也是首个以城市为基本单元的国家自主创新示范区和首个国家知识产权示范城市。深圳的战略性新兴产业全国领先。2019 年 8 月 18 日，中共中央、国务院发布的《关于支持深圳建设中国特色社会主义先行示范区的意见》① 明确提出，将支持深圳率先建设体现高质量发展要求的现代经济体系。在党中央、国务院的大力推动下，深圳 5G、人工智能、网络技术、生物医药、通信高端器件等行业发展迅猛。根据深圳市政府 2019 年 1 月的《政府工作报告》，2018 年，深圳的全社会研发投入占 GDP 比重、PCT 国际专利申请量均全国领先，国家级高新技术企业数量居全国第二，数字经济发展也走在全国前列。以被称为“中国硅谷”的深圳市南山区为例，据统计，目前注册地址在深圳南山区的 A 股上市公司有 114 家，且多为高新技术行业。与之对应的是北京海淀区有 116 家，上海浦东新区有 19 家。南山区这 114 家上市企业中，包含医药生物 6 家、信息设备 18 家、信息服务 19 家、电子 21 家、其他 50 家。而位于南山区中心的粤海街道，面积仅有约 20 平方公里，这片不大的地方的 GDP 高达 2509 亿元，占了南山区的半壁江山。在中美贸易摩擦中先后被美国政府针对的中兴、华为、大疆等企业，均发源于此。

以深圳为基础的粤港澳大湾区的建设是中央领导亲自策划、部署和推广的国家战略。党的十九大报告指出，有必要支持港澳地区融入国家总体发展，重点是建设粤港澳大湾区，促进粤港澳合作、泛珠三角区域合作、全面推进内地与港澳互利合作，同时要改善政策和措施以促进香港和澳门居民在内地的发展。粤港澳之间的合作已从数十年之前的前店后厂的贸易结构升级为最重要的城市集聚示范区，集金融中心、科技创新中心、先进技术于一体，从制造业和现代服务业、区域经济合作到全面开放。科技创新是提高社会生产力和综合国力的战略支撑。粤港澳大湾区是世界上最经济可行的城市群之一，拥有自己的优势，它借鉴并发展了世界上其他重要海湾地区的发展经验，结合了自己的创新能力，并进一步突破了体制障碍。应加强体制机制创新，建立高层决策机制和政策协调机制，构筑粤港澳新型合作平台，继续推进重大基础设施建设，出台促进交流的措施，为了实现全球科技创新，将三地之间的人员、资金和物资聚集在粤港澳大湾区，以帮助建设世界级的海湾地区城市群。

---

① 中共中央　国务院关于支持深圳建设中国特色社会主义先行示范区的意见［EB/OL］新华社，2019 - 08 - 18. http://www.gov.cn/zhengce/2019 - 08/18/content_5422183.htm.

参考文献

[1]习近平总书记在广东考察工作时的讲话在各地干部群众中引起强烈反响[EB/OL]. 新华社,2012-12-12. http://cpc.people.com.cn/n/2012/1212/c64387-19878300.html.

[2]深化改革加快实施创新驱动发展战略[EB/OL]. 新华社,2015-03-24. http://www.gov.cn/xinwen/2015-03/23/content_2837694.htm.

[3]习近平四点意见为创新驱动发展战略"点睛"[EB/OL]. 央广网,2019-08-18. http://www.cac.gov.cn/2019-08/18/c_1124889685.htm.

[4]李克强说,过去一年深入实施创新驱动发展战略,创新能力和效率进一步提升[EB/OL]. 新华社,2019-03-05. http://www.xinhuanet.com/politics/2019lh/2019-03/05/c_1124193635.htm.

[5]上半年深圳七大战略性新兴产业实现增加值4498亿元[EB/OL]. 人民网,2020-08-04. http://sz.people.com.cn/n2/2020/0804/c202846-34203459.html.

[6]中共中央 国务院关于支持深圳建设中国特色社会主义先行示范区的意见[EB/OL]. 新华社,2019-08-18. http://www.gov.cn/zhengce/2019-08/18/content_5422183.htm.

/第四篇/

要素市场改革与开放

本篇由六篇文章构成。

《要素市场化改革的历史回顾与当前思路》系统地回顾了中国要素市场化配置的改革历程，指出了各个要素市场中存在的要素资源错配、配置效率较低和供需结构不匹配等共性问题，并提供了完善要素市场配置改革的总体思路。在改革过程中，不应简单追求要素投入在不同部门、不同地区获取完全相同回报。要素收益的差异化是要素流动的关键激励因素，需要通过构建完备的市场体系来降低要素流动障碍。建设统一开放、竞争有序的现代市场体系，根本途径是推进要素市场化配置改革，使价格机制真正引导要素配置，提升要素配置效率。

《能源体制革命：概念与框架》借鉴 Djankov 等经济学家提出的分析方法构建体制革命的框架，分析了中国现行能源体制的形成、特征与弊端，并从三个方面提出实现从当前能源体制到目标能源体制转变的能源体制改革基本框架：一是重新界定能源市场主体的功能，区分政府作为出资人和公共管理者的不同职能。二是重塑能源市场结构，对所有市场参与主体公平开放，构建有效竞争的市场结构和市场体系。三是重建市场运行机制，让价格机制在能源资源配置中发挥决定性作用；加强对自然垄断能源企业的经济性规制，加强环境、安全和健康等领域的社会性规制，加强政府公共服务。

《我国劳动市场供给：短缺还是过剩?》探讨了中国目前劳动力供给状况及应采取何种对策。文章将中国劳动力市场分为三极市场，即农村、城市低端、城市普通，分别讨论其劳动力供给状况及其原因。从中国整体来看，至少在以后的三五十年里，除非是发生重大制度创新、技术创新，否则劳动力市场的总体态势将是劳动供给过剩，而不是劳动力短缺。

《父母的教养方式对青少年人力资本形成的影响》研究了父母的教养方式对青少年人力资本形成状况的影响。文章基于 2010—2014 年的中国家庭追踪调查数据进行回归分析，研究发现父母对孩子的要求和反应性程度都对孩子的学习成绩有显著的正向影响。同时，教养方式对孩子的心理健康也有显著影响，父母对孩子给予更多的关爱和反应有助于孩子的心理健康发展，而孩子的心理健康水平可能与父母要求的严格程度无关。文章基于教养方式这一新的视角，探索了人力资本的代际传递在家庭内部的形成机制。

《要素市场化改革与供需结构错配》构建了一个包含土地生产要素的三要素三部门动态一般均衡模型，讨论劳动力和土地等生产要素无法自由从农村地区进入城市地区对产业结构变迁以及宏观经济的整体影响。服务业部门会面临需求旺盛而供给能力不足的问题，而工业部门则会出现供给能力扩张速度超过其需求增长速度的结构性产能过剩问题。文章指出，解决这种供需结构错配及其各种派生问题，治本之策是供给侧结构性改革，主要抓手是推进和深化要素市场化改革，尽快破除生产要素无法在城乡间和产业间自由流动的各种体制性和政策性障碍。

《中国情境下企业家精神的培育机制研究综述：基于期望理论和生命周期理论视角》探讨了中国情境下企业家精神培育的动态演化机制。企业家是经济活动的重要主体，企业家精神是21世纪推动一个国家经济发展最主要的动力之一。文章引入生命周期理论和期望理论，揭示了企业家精神内涵的演化路径，以及外部环境对企业家精神培育影响的动态机制。最后文章还为企业进行企业家精神培育提供相应的管理对策和建议，为中国企业家精神培育体系的构建提供理论依据和决策指导。

要素市场化改革的历史回顾与当前思路

陈彦斌　王兆瑞[①]

【摘要】建设统一开放、竞争有序的市场体系，根本途径在于深化要素市场化配置改革和健全价格机制，使市场在资源配置中起决定性作用。本文在系统性回顾中国的土地、劳动力、资本和技术等要素市场化配置改革历程的基础上，指出了各个要素市场中存在的要素资源错配、配置效率较低和供需结构不匹配等共性问题。各界已经达成了关于进一步深化要素市场化配置改革必要性的共识，有助于遏制潜在增速过快下滑的局面、改善经济结构以及推动经济高质量发展。因此，完善要素市场化配置改革的总体思路主要从三个方面入手：一是集中力量解决各个要素市场存在的共性问题；二是按照各个要素市场化配置改革的难易程度有序推进改革；三是积极推进要素市场主体培育和配置方式创新。

【关键词】生产要素；市场化配置；经济增长；高质量发展

一、引言

生产要素是指用于生产产品（包括服务）的土地、劳动力、资本和技术等投入品。完整的市场体系不仅包括商品市场，还包括土地市场、劳动力市场、资本市场和技术市场等要素市场。改革开放以来，中国商品市场化改革有序推进。1984 年，党的十二届三中全会首次明确提出，“中国的社会主义经济不是计划经济，而是以公有制为基础的有计划的商品经济”，自此商品市场改革正式开启。在改革初期，商品市场实行的价格双轨制的确在计划经济向市场经济转型过程中发挥了一定的过渡作用，但是也造成了资源错配和配置效率较低等问题。1988 年中央提出物价“闯关”，试图改变价格双轨制格局，但物价失控程

① 陈彦斌，中国人民大学经济学院教授、国家经济学教材建设重点研究基地执行主任；王兆瑞，中国人民大学经济学院博士生。

度远超预期，改革被迫暂停。直到 1992 年，在经过一系列整顿之后，价格双轨制才逐渐实现并轨。1993 年，商品市场改革基本完成。当前，中国已经建立了比较发达的商品和服务市场，97% 以上的商品和服务价格已由市场决定，市场竞争环境也在不断优化。

然而，中国市场体系建设还不够完善，土地、劳动力、资本等生产要素市场发展还比较滞后。一是存在明显的二元结构，各类生产要素远未实现自由流动。二是生产要素价格难以真实灵活地反映市场供求关系、资源稀缺程度和使用成本，从而降低了资源要素配置效率。三是一些妨碍统一市场和公平竞争的规定和做法仍然存在，市场规则还不健全，市场监管还不到位（陈彦斌等，2015）。建设统一开放、竞争有序的现代市场体系，根本途径是推进要素市场化配置改革，使价格机制真正引导要素配置，提升要素配置效率。

二、要素市场化配置改革的历程

按照不同的要素市场划分，中国的要素市场化配置改革主要可以分为土地市场改革、劳动力市场改革、资本市场改革和技术市场改革等。以下将简要回顾每个要素市场化配置改革的历程。

（一）土地市场

土地市场化配置改革可以分为农村土地市场化和城市土地市场化两个部分。农村土地市场化的基本特征就是不断强化农民对土地的产权，逐步赋予农民土地交易权。在改革开放初期，农民享有土地承包经营权，但并不享有土地交易权。直到 1988 年 4 月，第七届全国人大常委会才在法律层面上明确了土地交易的合法地位。1993—1999 年一系列政策的出台，进一步明确了农地流转的原则，不仅极大地激发了农民的生产积极性，也在很大程度上保护了农民的合法利益（钱忠好，2002；许经勇，2008）。根据《全国农村固定观察点调查数据汇编》相关数据计算，农地流转率（转包面积与承包经营耕地面积之比）从 1993 年的 4.21% 上升至 1999 年 8.17% 的水平。21 世纪以来，中央高度关注农地制度的稳定性问题，不断从法律法规和政策制度等层面强化赋予农民的长久而有保障的土地承包经营权。在此期间，农地流转率从 2000 年的 11.63% 上升为 2008 年的 21.15%，2016 年更是达到 35.10%。

与农村土地市场化配置改革相对应的是城市土地市场化配置改革。计划经济时期为促进城市发展实行行政划拨无偿使用土地，改革开放初期则实行部分有偿划拨使用土地。1987 年 7 月深圳市首次采用公开竞投和招标的方式出让土地使用权，开了城市土地市场化配置改革的先河。之后针对土地资源配置的“双轨制”（行政划拨和有偿出让并存）、协议出让占比高以及政府对城市土地市场调控能力弱（存量土地不在政府控制范围内）等问题，1996 年上海市成立第一家土地储备机构，标志着土地“收购—储备—开发—出让”机制初步形成。21 世纪以来，政策层面对土地招拍挂出让的原则、范围、程序、法律责任进行了系统性规定，确立了市场配置土地资源的基本制度，土地招拍挂也取代无偿划拨和协议出让成为土地出让的主要方式。

目前在制度规定上基本确立了各类土地均采用招拍挂、各类市场主体均可公平参与竞拍、政府有偿出让土地使用权的制度体系，土地资源的市场化配置机制已经基本形成。

（二）劳动力市场

改革开放之后，以市场为导向的经济体制改革陆续展开，中国开始了劳动力市场的根本性变革，劳动力要素市场化配置改革主要可以分为以下五个阶段：

第一阶段为 1979—1983 年。农村实行家庭联产承包责任制，极大地提高了农民生产经营的积极性，解放了农业生产的活力。但国家对城镇劳动力依然实行“统包统配”制度，劳动力市场并未完全摆脱计划经济的痕迹。在这一时期，城镇与农村之间的屏障尚未打开，剩余劳动力仍大量存留于农村。

第二阶段为 1984—1991 年。在这一时期，劳动力市场出现了两个重要的变化：一是国家开始允许农民进城务工，农村剩余劳动力也逐步开始涌入城市。二是城镇劳动力开始试点劳动合同制。在两大变化的影响下，劳动力市场的城乡二元分割格局出现了一定的松动，但城市内部的二元分割格局依然存在（丁守海、许珊，2014）。

第三阶段为 1992—1996 年。劳动力市场加速变革，更多的农村剩余劳动力流向城市。在这一过程中，由于户籍制度等制约因素仍然存在，农民工被迫在城乡之间做“钟摆式”移动。与此同时，城镇劳动力市场改革也在继续向前推进，社保覆盖范围有所扩大，国有企业实行全员劳动合同制。

第四阶段为 1997—2002 年。东南亚金融危机的爆发对中国经济产生了显著的负向冲击，受此影响，农村剩余劳动力进城务工也遇到了一定阻碍。为了保障城镇劳动力就业，一些地方政府采取了将部分进城务工人员遣回农村等限制性措施，城乡二元分割特征出现了一定的反弹。与此同时，为了进一步减轻国有企业的负担，政府还实施了国企改革，让冗员分流下岗。截至 2002 年底，共有 6000 多万名国企职工下岗。在这一时期，劳动力市场的城乡二元分割格局出现反弹，而城市内部的二元分割格局有所缓解。

第五阶段为 2003 年至今。中国加入世界贸易组织的成效逐步显现，制造业的蓬勃发展带动了农村剩余劳动力大规模向城市转移。与此同时，随着城镇化的加速推进，长期以来制约农村劳动力转移的户籍制度开始出现松动。尽管农村剩余劳动力进城务工还不能完全享受到与城镇居民相同的社会公共服务，但与过去相比，城乡的藩篱已经出现了很大的松动。在这一时期，城市内部的二元分割格局又进一步强化（柏培文，2012）。体制内部门再次受到人们的青睐，而体制外部门（尤其是民营企业和中小微企业）则由于工作稳定性较差和福利待遇不高等，成为次优选择。

从以上历程可以看到，劳动力市场改革走的是一条先易后难、先增量（农村劳动力）后存量（城镇劳动力）的渐进式改革道路。在劳动力市场改革过程中，城乡二元分割格局明显削弱，而城市内部的二元分割格局又有所加强。

（三）资本市场

资本市场化配置改革的历程可以从债权（利率市场和债券市场）、股权（多层次股票市场）和对外融资（汇率及外汇管理体制）等三个方面进行概述。

1. 利率市场和债券市场

利率市场化就是在债权融资中，让市场对资金要素配置起决定性作用。中国利率市场化大体上可以分为以下四个阶段：

1993—2006 年是稳步推进阶段。1993 年 12 月，国务院发布《关于金融体制改革的决定》，明确指出要“建立以市场资金供求为基础，以中央银行基准利率为调控核心，由市场资金供求决定各种利率水平的市场利率体系”。此后，银行间市场利率改革率先展开，存贷款利率市场化改革紧随其后，外币利率市场化改革也在 21 世纪初期基本完成。在这一时期，利率市场化改革稳步推进，为全面实现利率市场化奠定了良好基础。

2007—2011 年是短暂放缓阶段。受全球金融危机影响，中国的利率市场化改革进程有所放缓。这一时期，中国人民银行全面启动了货币市场基准利率的培育工作，正式运行上海银行间同业拆借利率（Shibor），并且逐步放开替代性金融产品价格。该阶段的利率市场化改革尝试探索出一条有效的改革路径，但并未真正形成体系化。

2012—2015 年是加速推进阶段。在几年的沉寂之后，2012 年利率市场化改革再次启动，存贷款利率的浮动区间不断扩大。[①] 2013 年 7 月，金融机构贷款利率管制全面放开。2014 年 11 月，存款利率浮动区间的上限调整至基准利率的 1.2 倍，2015 年 5 月又进一步提升至 1.5 倍。2015 年 10 月，央行放开对商业银行、农村合作信用机构的利率浮动上限，标志着利率市场化步入新阶段。

2016 年至今是市场利率建设阶段。2019 年 8 月，中国人民银行宣布改革完善贷款市场报价利率（LPR）形成机制，这是推进利率市场化改革的重要一步，有利于进一步提高

① 2012 年 6 月，存款利率浮动区间的上限调整为基准利率的 1.1 倍，贷款利率浮动区间的下限调整为基准利率的 0.8 倍。

利率的传导效率，降低企业的融资成本。值得注意的是，简单地放开利率并不能实现完全的利率市场化，还需要在基准利率建设、利率期限结构建设、利率传导机制建设和市场主体建设等重要方面有所提升，目前上述各方面都还有较大的改进空间。[①]

2. 股票市场

股票市场是金融市场的重要组成部分，在金融市场体系中居于重要地位。中国股票市场的发展大致经历了以下五个阶段：

1986—1991 年是股票市场建立阶段。1986 年 9 月，上海建立了第一个证券柜台交易点，成为股票市场建设的开端。1990 年 12 月，上海证券交易所成立。1991 年 4 月，深圳证券交易所成立。沪深交易所的相继成立，标志着中国股票市场初步形成。

1992—1998 年是中国统一股票市场的形成阶段。1992 年 10 月，中国证券监督管理委员会（以下简称中国证监会）成立，标志着中国股票市场统一监管体制开始形成。随着一系列规章制度的发布，中国股票市场的法规体系逐步完善，投资者的合法权益也得到了更好的保护。[②] 1998 年 4 月，国务院证券委员会撤销，中国证监会的职能明显得到加强，集中统一的股票市场监管体系就此形成。

1999—2003 年是与股权相关法律体系的建设阶段。1999 年 7 月，《证券法》正式实施，股票市场基本法律框架正式形成，股票市场的法律地位也得以确认。此后，包括《证券投资基金法》（2003）在内的一系列法律法规和政策措施相继出台，进一步规范了证券投资活动，推动了上市公司治理结构的改善，有利于股票市场的健康发展。

2004—2008 年是以券商综合治理和股权分置改革为代表的深化改革阶段。2004 年 1 月，国务院发布《关于推进资本市场改革开放和稳定发展的若干意见》，对资本市场改革做出全面部署。[③] 2005 年 4 月，中国证监会发布了《关于上市公司股权分置改革试点有关问题的通知》，正式开始股权分置改革的试点工作。2007 年 7 月，中国证监会发布了《证券公司分类监管工作指引（试行）》和相关通知，对证券公司风险的分类监管进入落实阶段。

2009 年至今是多层次资本市场的建立和完善阶段。2009 年 10 月，中国创业板市场正式开市，标志着多层次资本市场体系框架的基本建立。2010 年 3 月和 4 月陆续推出的融资

---

① 2018 年发布的《关于规范金融机构资产管理业务的指导意见》进一步理顺了各种利率传导机制，规范了金融机构资产管理业务。

② 1993 年国务院先后颁布了《股票发行与交易管理暂行条例》和《企业债券管理条例》，此后又陆续出台若干法规和行政规章制度，初步构建了最基本的证券法律法规体系。

③ 按照国务院的总体部署，2004 年 8 月，中国证监会在系统内全面部署和启动了综合治理工作，包括证券公司综合治理、上市公司股权分置改革、发展机构投资者在内的一系列重大变革由此展开。

融券和股指期货进一步丰富了证券交易方式，完善了资本市场功能。[①] 2013 年 11 月，中国证监会发布《关于进一步推进新股发行体制改革的意见》，推进了新股市场化发行机制改革，提高了新股定价的市场化程度，为实行股票发行注册制奠定了良好基础。2013 年 12 月，“新三板”试点正式扩容至全国范围。2014 年 11 月，上海与香港股票市场交易互联互通机制正式启动，扩大了股票市场的开放程度。2019 年 6 月，上海证券交易所科创板市场正式开市，注册制试点也开始在该板块内进行，这是推进股票发行注册制改革的重大举措。随着多层次资本市场体系的建立和完善，中国股票市场逐步走向成熟。

3. 汇率及外汇管理体制

中国汇率及外汇管理体制改革大体上可以分为两个阶段：第一阶段是从 1978 年到 2004 年，初步构建了单一的外汇市场。改革开放初期，人民币汇率经历了官方汇率与贸易外汇内部结算价并存（1981—1984 年）和官方汇率与外汇调剂价格并存（1985—1993 年）两个汇率双轨制时期。[②] 1994 年 1 月，中国正式开始实行以市场供求为基础的、单一的、有管理的浮动汇率制。20 世纪末至 21 世纪初，中国承担了维护国际汇率稳定的重要责任，主动收窄了人民币汇率浮动区间，人民币汇率逐渐成为单一盯住美元的固定汇率。

第二阶段是 2005 年以后，中国重启汇率制度改革。2005 年 7 月，中国人民银行宣布开始实行以市场供求为基础、参考“一篮子”货币进行调节、有管理的浮动汇率制度。此后，沿着先扩大波动区间、后调整中间价形成机制的路径，人民币汇率盯住范围和价格波动区间都逐渐扩大，逐渐向市场决定的、有管理的浮动汇率体系靠近。2015 年 8 月，中国人民银行决定完善人民币兑美元汇率中间价报价，这一改革增强了人民币对美元汇率中间价的市场化程度和基准性。[③]

（四）技术市场

伴随着中国经济体制从计划经济向社会主义市场经济的转型，中国技术要素市场化配置也经历了从全面的政府计划体制向市场化配置的转型。改革开放以来，中国技术要素市场化配置改革进程可以简要概括为以下四个阶段。

1978—1994 年是科研管理下的市场化配置改革阶段。改革开放后，科学技术在国民经

① 此后，2012 年 8 月、2013 年 2 月转融资、转融券业务陆续推出，有效地扩大了融资融券发展所需的资金和证券来源。

② 1993 年 12 月，国务院正式颁布了《关于进一步改革外汇管理体制的通知》，采取了一系列重要措施，包括实现人民币官方汇率和外汇调剂价格并轨；建立以市场供求为基础的、单一的、有管理的浮动汇率制；取消外汇留成，实行结售汇制度；建立全国统一的外汇交易市场；等等。

③ 2015 年 8 月 11 日，中国人民银行发布的《关于完善人民币兑美元汇率中间价报价的声明》指出：“自 2015 年 8 月 11 日起，做市商在每日银行间外汇市场开盘前，参考上日银行间外汇市场收盘汇率，综合考虑外汇供求情况以及国际主要货币汇率变化向中国外汇交易中心提供中间价报价。”

济和社会发展中的重要性达到了广泛的共识，科技管理体制的变革也开始推行。随着改革的推进，国家不仅相继出台了多项国家计划，① 还探索了一条通过完善法治体系建设进而推进中国技术要素市场化配置改革的道路。② 这一时期中国的科技体制仍以科研机构为科技创新主体，政府主导创新活动，按计划配置科技资源，按计划调拨科研成果。虽然取得了不少科技成果，但也暴露出诸如大量科技成果无法推广等问题。

1995—2005 年是“科教兴国”战略下的技术要素市场体系建设阶段。1995 年，中共中央、国务院颁布《关于加速科学技术进步的决定》，提出“科教兴国”战略。③ 这一时期，企业的技术创新意识明显增强，创新活动明显增多，许多科研机构也经过改制变成了以盈利为目的的企业。在国家大量政策的引导下，整个国家的创新氛围得到大大增强，技术要素市场化程度大幅提高。

2006—2011 年是自主创新战略下的技术要素市场体系完善阶段。这一时期出台的相关政策为中长期中国技术要素的市场配置能力提升提供了制度保障，从市场主体、市场环境、利益相关群体等维度为实施自主创新战略提供了支撑，有效地推动了创新型国家体系的建设。④

2012 年至今是创新驱动发展战略下的技术要素市场配置深化阶段。2012 年 9 月，国家针对科技体制改革出台了《关于深化科技体制改革加快国家创新体系建设的意见》。2013 年党的十八届三中全会指出，全面深化改革的总目标是完善和发展中国特色社会主义制度，推进国家治理体系和治理能力现代化。2015 年 9 月的《深化科技体制改革实施方案》为全面深化科技体制改革做出了重要部署。当前，中国创新政策体系建设已经站在了一个新的历史起点，正在大力推进科技创新发展，不断提高自主创新能力。

通过一系列机制创新和改革深化，中国已经初步建成了与社会主义市场经济相配套的技术要素市场体系。在科技产出上，实现了科研成果从社会公共产品到有价商品的转变。在科研主体上，科研机构不仅强化了其公益主体角色，也加强了其在知识产权上的市场主体角色。在科研投入上，实现了从政府包办到政府各部门、市场各主体和产业各环节有效衔接的转型。技术要素市场的形成和完善为提高中国经济的全球竞争力和促进中国经济的

---

① 例如，国家技术改造计划（1982 年）、国家重点科技攻关计划（1982 年）、国家重点实验室建设计划（1984 年）、国家重点工业性试验计划（1984 年）等。

② 1993 年国家出台了第一部有关科学技术基本的法律——《中华人民共和国科学技术进步法》，内容涉及科研经费投入、科研机构、科技人才、科技奖励、高新技术等，标志着科技要素的市场化配置改革纳入法制化的轨道。

③ 为了落实科教兴国发展战略，1996—2005 年，国家有关部门相继出台了国家重点基础研究发展计划（973 计划）、国家大学科技园、西部开发科技专项行动、知识创新工程、社会发展科技计划、国家科技创新工程等计划和政策。

④ 2006 年 2 月，国务院发布了《国家中长期科学和技术发展规划纲要（2006—2020 年）》，明确指出要“依靠科技进步和创新，带动生产力质的飞跃，推动经济社会的全面、协调、可持续发展”。2006 年 3 月，中共中央、国务院还做出了《关于实施科技规划纲要　增强自主创新能力的决定》，明确提出增强自主创新能力、努力建设创新型国家的目标。

结构调整发挥了重要的支撑作用。

三、要素市场化配置改革的总体思路

新时代的基本矛盾决定了要素市场化配置改革的总方向，要素市场化配置改革要有利于解决人民日益增长的美好生活需要和不平衡不充分发展之间的矛盾。在改革过程中，不应简单追求要素投入在不同部门不同地区获取完全相同回报。要素收益的差异化是要素流动的关键激励因素，需要通过构建完备的市场体系来降低要素流动障碍。同时也应认识到，放开了价格、构建了市场主体和交易机制并不一定会使配置效率自动达到最优状态和解决所有相关问题。拉美要素市场化配置改革就是一个例证，完全放开、无有效政府管理的要素市场化配置并不能解决结构转型、收入分配不公平带来的效率降低等问题。有鉴于此，要素市场化配置改革的总体思路主要有以下三个方面：

一是集中力量解决各个要素市场存在的共性问题。当前，土地、劳动力、资本和技术等生产要素市场均存在要素资源错配、配置效率较低和供需结构不匹配等亟待解决的共性问题。针对各个要素市场共同存在的问题，改革的重点就是要构建更加完备的市场体系，消除资源配置的无效率。具体来讲，就是要解决各类市场分割问题，实现要素在不同部门、不同地区的无障碍流动。与此同时，要进一步赋予要素主体完备的财产选择权，提升要素市场的交易效率。

二是按照各个要素市场化配置改革的难易程度有序推进改革。根据改革的难易程度，可以将要素市场化配置改革划分为三类：第一类是以利率市场化和汇率市场化为主的资本要素市场化配置改革，这类改革的难度相对较小。虽然资本市场改革在一定程度上会触及政府、国有银行和国有企业的相关利益，但是只要下定决心，就能取得重要进展甚至率先取得成功。第二类是土地要素市场化配置改革，这类改革的难度相对较大，当前仍存在法律障碍较多和试点经验不够成熟等问题。需要进一步完善相关法律体系，有效落实土地的所有权和使用权。第三类是劳动力要素市场化配置改革，这类改革的难度最大。户籍制度改革是劳动力市场改革的重要组成部分，涉及相关利益格局的重新调整，会受到来自地方政府和城镇居民等方面的阻力。在改革过程中，为了实现公共服务的逐步均等化，既需要中央政府的顶层设计，又需要区域政策、产业政策、社保政策等与之配合，因此改革难度比较大。要素市场化配置改革应遵循由易到难的总体原则，有序向前推进。

三是积极推进要素市场主体培育和配置方式创新。市场主体的培育和配置方式的创新有助于使市场在资源配置中起决定性作用，进而冲破资源配置的体制机制障碍，更好地实现要素资源的自由流动。在这一过程中，尤其需要协调推进国有企业改革，解决预算软约束问题，建立现代企业制度，逐步剥离国有企业办社会职能并构建平等的要素市场需求主体。同时，调整政府职能，破除行政性垄断，培育多元化的要素市场供给主体。在此基础上，进一步创新配置方式、优化市场交易机制和提升资源配置效率。

参考文献

[1] Lee H. , M. Syed, X. Liu. Is China Over – Investing and Does it Matter? [R]. IMF Working Paper, 2012.

[2] 柏培文. 中国劳动要素配置扭曲程度的测量[J]. 中国工业经济, 2012(10).

[3] 陈彦斌, 刘哲希. 经济增长动力演进与“十三五”增速估算[J]. 改革, 2016(10).

[4] 陈彦斌, 马啸, 刘哲希. 要素价格扭曲、企业投资与产出水平[J]. 世界经济, 2015(9).

[5] 戴魁早, 刘友金. 要素市场扭曲与创新效率——对中国高技术产业发展的经验分析[J]. 经济研究, 2016(7).

[6] 丁守海. 中国劳动力市场的变革趋势与方向[J]. 人文杂志, 2014(10).

[7] 丁守海, 许珊. 中国劳动力市场的变革趋势与方向[J]. 教学与研究, 2014(6).

[8] 盖庆恩, 朱喜, 程名望, 史清华. 要素市场扭曲、垄断势力与全要素生产率[J]. 经济研究, 2015(5).

[9] 李稻葵, 徐欣, 江红平. 中国经济国民投资率的福利经济学分析[J]. 经济研究, 2012(9).

[10] 钱忠好. 农村土地承包经营权产权残缺与市场流转困境: 理论与政策分析[J]. 管理世界, 2002(6).

[11] 曲福田, 田光明. 城乡统筹与农村集体土地产权制度改革[J]. 管理世界, 2011(6).

[12] 王小鲁. 我国收入分配现状、趋势及改革思考[J]. 中国市场, 2010(20).

[13] 王媛, 杨广亮. 为经济增长而干预: 地方政府的土地出让策略分析[J]. 管理世界, 2016(5).

[14] 许经勇. 我国农村土地产权制度改革的回顾与前瞻——形成有利于保障农民合法权益的土地产权制度[J]. 经济学动态, 2008(7).

能源体制革命:概念与框架

林卫斌　方敏[①]

【摘要】能源体制革命是当前中国能源政策领域亟待破解的一个命题。本文突破传统的“市场—政府”二分法，采用 Djankov 等经济学家提出的“市场—法制—规制—国营”四分法，提出了体制革命的性质和分析框架。分析表明，中国现行能源体制处于国营和规制之间的制度状态空间。考虑到能源行业经济技术属性，目标能源体制应该是介于规制与法制之间的一种体制状态。据此，本文从重新界定能源市场主体功能、重塑能源市场结构和重建能源市场运行机制等三个方面提出能源体制革命的框架性内容。

【关键词】体制；市场主体；市场结构；市场运行机制

在 2014 年 6 月 13 日召开的中央财经领导小组第六次会议上，习近平总书记要求加快推动能源消费革命、能源供给革命、能源技术革命和能源体制革命。这是继党的十八大从生态文明建设的战略高度提出要“推动能源生产和消费革命”之后，中央对能源革命的进一步要求和明确。党的十八届五中全会“十三五”规划建议中再次明确要“推进能源革命，加快能源技术创新，建设清洁低碳、安全高效的现代能源体系”。革命意味着根本性的变革，而不是拾遗补阙或简单调整。在能源革命的四项内容中，体制革命是先行条件和制度保障。事实上，中国目前能源系统存在的诸多问题和发展面临的挑战，在很大程度上也反映出现行能源体制存在的局限性和弊端。如果不进行能源体制革命，能源技术革命、能源生产和消费革命将受制于体制因素而无法实现。

关于中国能源体制的已有研究从不同角度分析了中国现行能源体制的历史成因、现状及问题，对能源体制革命的必要性和目标方向等提出了不同的观点。比如，杨名舟

---

① 林卫斌，经济学博士，北京师范大学经济与资源管理研究教授、博士生导师；方敏，经济学博士，北京大学经济学院教授、博士生导师。本文首发于《学习与探索》2016 年第 3 期。

(2012)、王敏等(2014)、刘刚(2015)、景春梅和刘满平(2015)等。但是，这些研究的共同之处是基于传统的“市场与政府”二分法理解经济体制，认为市场化是能源体制革命的基本方向，同时能源领域还应当发挥政府的作用。这种认识在原则上无疑是正确的，但是，如果我们对体制的认识仅仅停留在“市场与政府”的二分法上，就难以真正划清二者的边界，界定其各自的具体作用。分析能源体制不能采取简单的二分法，而应该从更全面、更具体、更切实的角度出发。Djankov、Glaeser、La Porta、Lopez - de - Silanes 和 Shleifer 等发展起来的“新比较经济学”提供了一种比较制度分析的四分法：市场、法制、规制和国营。本文以此为参照系分析体制和体制革命的性质，并进一步结合产业组织理论，从市场主体性质、市场结构、市场运行机制等三个方面提出了体制的解析框架，用以分析中国现行能源体制的形成、特征和弊端，提出了中国能源体制革命的方向与基本内容。

一、分析框架：体制与体制革命

在分析能源体制革命之前，首先需要明确什么是体制，应该从哪些层面来解析体制。本部分突破传统的计划经济体制和市场经济体制的“二分法”，建立了一个“四分法”分析框架，分析体制的内涵、外延，以及体制革命的性质和内容。

(一) 体制的内涵：从“二分法”到“四分法”

“体制”在经济社会中广泛存在，比如经济体制、政治体制、教育体制、文化体制、管理体制等。从概念上讲，体制是指特定领域经济社会活动的系统性的组织方式或制度安排。[①] 比如，政治体制是政治活动的组织方式以及国家政权安排的制度体系，经济体制是经济活动的组织方式以及维持经济活动秩序的制度体系。

分析经济体制最有代表性的方法和视角就是“市场与计划”或“市场与政府”的二分法。市场经济体制是以市场的“无形之手”组织经济活动，计划经济体制是以政府的“有形之手”组织经济活动。这两种经济体制代表了两种极端的纯粹状况：完全自由放任的市场经济和完全按政府指令执行的计划经济。二分法为我们理解经济体制提供了一个最基本、最简单、最理想的理论视角。但是在现实中，各国采取的经济体制无一例外都不是纯粹的市场经济或者计划经济，而是处于两种状态之间，经济活动同时受到市场和政府的调节，只是二者发挥作用的领域、强度、频率和程度有所不同。就政府调节经济活动的具体方式来说，又有直接干预和间接干预之分。除了市场和政府的作用之外，法律机制对经

① 在“体制”和“机制”的一般提法中，体制通常是指组织架构，机制是指组织架构中各组成部分之间的相互作用原理。本文所说的体制包含了以上两方面的内容。

济活动也具有重要的调节作用。所以，要具体分析某个特定领域的经济体制问题，既不应该一味地强调市场化，也不应该一味地强调政府干预，而应该考虑在多种调节机制或体制共同作用的状态下，政府在哪些领域、通过哪些手段发挥调节经济活动的具体作用。

Djankov、Glaeser、La Porta、Lopez - de - Silanes 和 Shleifer 等在一系列文章中从“新比较经济学”的角度提出了分析经济体制的“四分法”，即现实经济活动存在四种不同类型的体制或组织方式，分别是市场（market discipline）、法制（private litigation）、规制（regulation）和国营（state ownership）。在只有市场起作用的纯粹状况中，经济主体不受任何政府干预甚至法律约束，完全依靠市场的竞争力量和交易秩序调节自己的行为（比如，一个想在市场中长期经营的企业可能出于对市场声誉的考虑而保证产品质量）。在完全国有国营的体制下，政府则包揽了一切经济活动，并依靠自上而下的科层制度和指令完成。法制和规制介于完全的自由化和国有化之间。在法制下，通过市场参与主体事后打官司来约束市场秩序；[①] 而在规制下，政府会事先制定规则明确市场主体应该做什么、不应该做什么，并通过专门的机构监督执行。[②] 从市场、法制到规制、国营，政府的力量和干预程度逐步提高，市场的作用则逐步减弱。当然，与市场和政府的二分法一样，在四种组织形式之间也同样存在大量的中间状态。即使是在同一经济领域，市场、法制、规制和国营等不同的组织方式也并不相互排斥，可以（通常也是必须）同时发挥作用，形成相互叠加或协同作用下的某种交织状态。

（二）体制的解析框架

由上述对体制内涵的分析可知，经济活动组织方式的差异本质上是市场与政府作用力对比的差异。这也就是为什么说“经济体制改革的核心问题是处理好政府和市场的关系”的原因。而“市场—法制—规制—国营”的四分法建立在市场与政府的二分法、政府发挥作用的具体方式和不同手段，以及政府与市场协同发挥作用的机理基础上 。

当然，市场是一个抽象的概念，从产业组织的角度看，一个真实的市场至少包含三个层面的内容，即市场主体、市场结构、市场运行机制。市场主体是指市场中产品和服务的提供者，市场结构决定了市场主体之间的竞争关系，而市场运行机制则是市场主体行为的激励约束机制。因此，分析政府和市场的关系就需要具体分析政府与市场主体的关系及政府对市场结构和市场运行机制的影响，这也就构成体制的解析框架（见图 1）。在市场、

① 这里的“法制”主要是指经济主体通过法律途径（诉讼）解决问题，对应的是英文的 rule by the law 的概念，而不是“法治”或 rule of the law 的概念。

② 实际上，规制是一种政府对企业实施干预的行为手段，政府还可以通过税收或者补贴等引导方式间接影响企业行为。

法制、规制和国营等不同的组织方式下，市场主体的性质、市场结构的决定作用和市场运行机制等也必然会存在本质的差异。

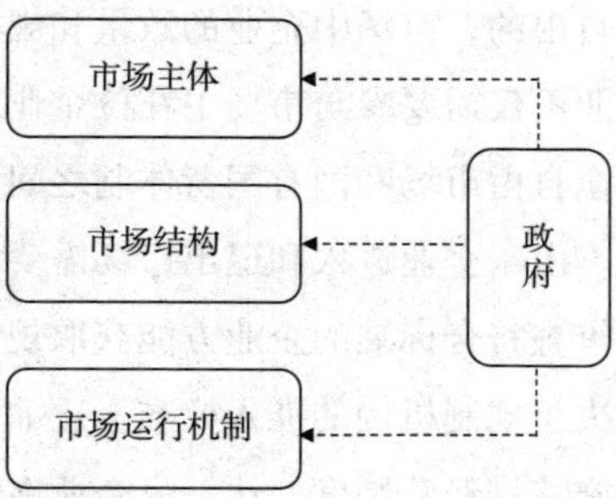

图1　经济体制的解析框架

1. 市场主体与政府

市场主体是市场上产品或者服务的提供者。在不同的经济体制下，市场主体与政府的关系也不同。在政企合一的国营体制下，提供产品或者服务的国有企业本身就是政府的组成部分，具有经济、社会和政治等多重目标和利益，既承担生产经营职能，又承担政府职能，其行为在很大程度上体现着政府的政策意图，而不是完全按照经济规律办事，政府可以直接协调和控制国营企业或者公共部门的行为，实现既定的政策目标。在市场或市场加法制和规制的经济体制下，市场主体是追求利润最大化的商业化企业。虽然政府会通过法制和规制来约束和干预企业的行为（比如，政府通过规制规定企业应该做什么、不应该做什么，并对投资和价格等企业微观行为进行干预），但是就二者的关系来讲，政企是分开的，企业专司生产经营职能，追求利润最大化，政府则基于公共利益考虑，制定相应的规章制度，规范企业行为，矫正市场失灵。

需要特别强调的是，市场体制在市场主体的所有权性质上并不必然排斥国有化。国有企业也可以作为市场主体。在这种情况下，政府与企业的关系具有双重含义：一是政府作为所有者行使股东或出资人的权利；二是政府对一般市场主体行使职能。在前一种关系中，政府的职责是确保国有资本保值增值，追求利润最大化；在后一种关系中，政府的职责是确保公共利益，克服市场失灵，追求社会福利最大化。政府的这两方面职能在国有国营体制下是不加区分的，而在国有企业进行商业化经营的市场体制下，政府的这两种角色不仅是可分的，而且必须加以区分。

2. 市场结构与政府

市场结构是影响市场主体竞争关系的市场组织特征，主要包括市场的进入条件和市场的集中度两大方面。前者决定了在位企业间的实际竞争关系，后者决定了潜在竞争关系。

在高度集中的国营体制下，整个行业都隶属于一个部门，行业的准入受严格的行政审批限制，事实上是一种行政垄断的格局。而在完全自由放任的市场经济中，政府不施加任何影响，企业进出市场都是完全自由的，市场中企业的数量和规模取决于行业的技术经济属性和企业自身的经营效率。企业不仅需要参与市场中在位企业的实际竞争，还要与潜在进入者进行潜在竞争。在介于完全自由市场和国有国营体制之间的经济体制下，政府可以通过法制或者规制影响市场结构。由于企业进入和退出市场需要满足规制规章中关于市场准入和退出的标准和要求，经过审查符合标准的企业方能获取规制机构颁发的营业许可证，因此市场结构在很大程度上取决于规制机构的准入标准。比如，在具有自然垄断技术经济属性的领域，规制机构通常实施特许经营制度，让一家企业在政府规制下垄断经营。

3. 市场运行机制与政府

作为运行机制或协调机制，国有国营体制是通过自上而下的科层式指令运行的。在议会制国家，公共部门或国营企业的投资、产量和价格等通常由议会审批；在行政主导体制下，公共部门或国营企业的投资、产量和价格等则由上级行政部门审批。

规制的运行和作用方式是规制机构在颁发给企业的营业许可证里明确规范企业在市场中应该做什么、不应该做什么。特别是在特许经营的领域，企业的投资、成本和价格等均需由规制机构决定。这种体制和国有国营体制的区别在于：企业是追求利润最大化的市场主体，政府与企业不是上下级关系或内部行政协调关系，企业间是市场竞争关系而不是国营体制下国营企业间的部门关系或“兄弟关系”。

市场运行机制是协调市场微观主体行为的作用机制。在纯粹的市场经济体制下，市场的运行机制主要是市场的竞争机制和被称为“看不见的手”的价格机制，企业生产什么、生产多少、为谁生产等都是企业根据市场竞争状况和市场价格信号决定的。完全依靠市场秩序的经济体制会产生大量的无序行为而导致过高的制度成本，因此需要通过法律或规制来维持市场秩序，比如许多不完全的合约关系需要通过普通法来调整。完善的法制是成熟市场经济必不可少的组成部分。

（三）体制革命的性质

如果说体制是经济活动的组织方式，那么，体制革命就意味着经济活动组织方式的根本性转变。根据新比较经济学理论，经济活动的任何一种组织方式都是不完美的，都有相应的组织成本、执行成本或“制度成本”。总的来看，制度成本主要包括两大类：一类是由市场失序（disorder）和市场失灵（failure）带来的损失，简称制度成本 A；另一类是由政府独断（dictatorship）和政府失灵造成的损失，简称制度成本 B。在完全自由放任的市场经济体制下，制度成本全部来自市场秩序混乱和市场机制无法起作用造成的制度成本A。在完全的国有国营体制下，制度成本全部来自政府失灵造成的制度成本B。法制通过法律机制规范和维护市场秩序，虽然有助于减轻（但不可能完全克服）市场失灵问题，但同时也存在自身的运行成本或制度成本（比如诉讼费用、谈判成本等）。与此类似，规制也可以规范市场秩序、减轻市场失灵，但同时也会增加因政府失灵而产生的制度成本。要综合考察一个经济体制的制度成本，就必须考虑其中的各种经济活动组织方式造成的制度成本组合，由制度成本组合就可以得到一条“制度可行性曲线”(Djankove et al.，2003b)。如图2所示，如果以纵轴代表市场失灵的制度成本，横轴代表政府失灵的制度成本，从完全的自由市场体制到完全的国有国营体制，随着政府的干预力度不断加大，市场失灵造成的制度成本不断降低，政府失灵造成的制度成本则不断提高。进一步讲，在某个特定的经济活动领域，如果市场秩序能够有效约束经济主体的行为，制度可行性曲线整体就会较为平坦；而市场失灵严重的领域，制度可行性曲线整体就会更加陡峭。在制度可行性曲线上，制度成本组合最小的那一点就是所谓的最优经济体制。根据优化原理，制度可行性曲线上成本最小化的点为制度可行性曲线与45°斜线相切的点，即图2中E点。[①]

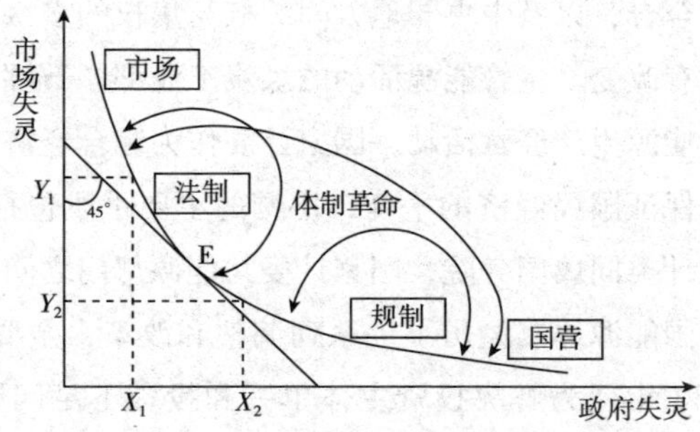

图2　制度可行性曲线与体制革命

注：横轴代表政府失灵所造成的制度成本，纵轴代表市场失灵所造成的制度成本。制度可行性曲线代表各种体制安排下的制度成本组合。

上文的分析表明，体制革命的目的是减少制度成本，而体制革命的方向则是制度成本最小化的组织方式。当然，革命就意味着根本性或者颠覆性的转变。在市场与政府的二分法视角下，体制革命意味着市场与政府作用力对比的根本性变化；而在市场、法制、规制和国营的四分法视角下，体制革命意味着经济活动主导组织方式的根本性变化，找出市场、法制、规制和国营等组织方式的最优组合，实现制度成本的最小化。如果说市场、法

---

① 该优化问题为：$\mathrm{Min}(x+y)$，s. t. $y=f(x)$，其中$y=f(x)$为制度可行性曲线。容易证明，如果45°斜线$x+y=c$与制度可行性曲线$y=f(x)$相切，则最小化的制度成本为c，除切点外，制度可行性曲线上的任意一点的制度成本都会大于c。

制、规制和国营四种纯粹的组织方式两两之间组成三个制度状态空间，那么，体制革命要求经济活动的组织方式产生跨状态空间的变化，而不仅仅是在状态空间内部变化（见图 2）。在状态空间内的组织方式变化可视为“改革”而非革命。根据体制的解析框架，体制革命主要体现在三个方面：一是政府与市场主体的关系发生根本性转变；二是政府对市场结构的作用发生根本性变化；三是在市场运行过程中，政府的作用发生根本性变化。

二、现行能源体制的形成及其特征

根据前文分析的体制的含义，能源体制是指能源生产和消费活动的组织方式。同时，我们也可以从能源市场主体、能源市场结构和能源市场运行机制三个方面分析中国能源体制的变迁和现行能源体制的主要特征。

（一）现行能源体制的形成

在改革开放以前，中国实行的是国有国营的计划经济体制，能源工业与国民经济的其他行业一样，通过政府这只“看得见的手”来组织生产和消费活动。尽管经历了煤炭、油气、电力等部门的分分合合，以及中央与地方间放权与集权的多次调整，但能源企业政企合一的根本性质始终没有改变。主管能源活动的煤炭工业部、石油工业部、电力工业部等政府部门具体负责组织能源生产经营活动，国家计委作为综合经济管理部门负责统筹协调各部门之间的关系，以保证国民经济的平衡，协调的主要手段包括投资、产量和价格等。能源生产各部门与国家计委同属国务院，国家计委与能源部门之间是一种内部协调关系。

改革开放以来，中国能源体制经历了一系列调整和改革，主要体现在以下三个方面：第一个方面是 20 世纪 80 年代为解决投资主体单一和投资不足问题而进行的投资体制改革，通过引入多元投资主体，在能源领域形成中央国有、地方国有、集体所有和民营经济等多种所有制企业并存的格局。这一轮改革深度改变了能源领域的市场结构。第二个方面是 20 世纪 90 年代以推进政企分开为核心的管理体制改革，重点是取消煤炭工业部、电力工业部和几大石油总公司，组建集团公司，使其脱离行政序列，专司生产经营职责。相关的政府管理职能则由国家经贸委和国家计委（后合并为国家发展改革委）承担。这一轮改革深度改变了政府与市场主体之间的关系。第三个方面的改革涉及市场运行机制，不过主要局限于煤炭领域。20 世纪 90 年代放开除电煤之外的煤炭市场价格，形成煤炭价格双轨制；21 世纪以来则初步放开电煤价格，形成主要由市场供求关系决定的煤炭价格，价格机制在煤炭资源配置中发挥着重要的主导作用。

（二）现行能源体制的特征

经过30多年的改革，中国能源体制已经由计划经济时期的“政企合一、高度集中、行政垄断”的国有国营模式，初步转变为“政企分开、主体多元、国企主导”的产业组织格局。

市场主体方面，打破了政企合一的格局，包括煤炭、油气和电力在内的主要能源企业都已脱离行政序列，在形式上实现了政企分开。但是由于中国能源行业以国有企业为主导，在具体实践中政府与企业的职能界限并没有完全厘清，特别是能源领域一些大型国有企业实际上仍然承担了部分政策性目标和社会职能，政企分开还没有完全实现，以企代政的现象比较突出。同时，国有企业在市场中拥有一定的行政特权和垄断地位，还没有真正成为竞争性市场主体。国有能源企业既承担生产经营职能，又承担部分政府职能；既承担政策性负担，又享受行政性特权，这是政企分开改革不到位的表现。从另一个角度看，政府对国有企业的管理又不完全符合市场经济体制的规范。政府除了作为资本所有者和公共管理者的角色管理企业之外，仍然存在以行政协调等手段干预企业经营的现象，使国有企业难以真正做到按市场经济规律办事，难以成为商业化经营的规范的市场经济主体。

市场结构方面，一方面，矿产资源开发、能源投资、贸易等领域的产权规则还不够明晰，市场准入标准不够完善，仍然存在大量的行政审批和许可，从而造成严重的行政性进入壁垒。另一方面，输配电网和天然气管网等自然垄断环节尚未做到完全独立于能源市场交易并对所有市场交易主体公平开放，从而构成了电力和天然气市场的进入壁垒。总体上，除了煤炭行业外，中国现行能源行业市场结构尚不具备有效竞争性，市场体系有待完善。

市场运行机制方面，虽然在很大程度上已经打破了国营体制下的内部统筹协调机制，但是即使在竞争性或可竞争性领域，能源企业的投资、产量和价格等仍然受到政府相关部门的普遍规制。与此同时，某些需要规制的领域却又存在严重的政府职能缺位。

具体来看，价格机制方面，油气、电力等能源产品的价格在现行体制下很大程度仍然由政府制定，而不是由企业按市场供求关系决定，市场供求变化难以及时转化为价格信号，从而不能发挥价格机制对供需的调节作用。投资方面，企业的投资决策在很大程度上还受计划管理方式的制约，各领域投资均需由政府投资主管部门审批。产量方面，调节市场供需平衡在很大程度上还要依靠行政手段，比如电力调度不是依据市场竞争的商业决策，而是由政府相关部门依靠行政手段分配电量。此外，投资项目主管部门、价格主管部门和市场运行主管部门相互独立，项目审批时未能充分考虑投资对市场运行和价格可能产生的影响，从而降低了投资审批决策的有效性和科学性。

如果说价格、投资和产量等方面的行政审批是“错装在政府身上的手”，需要换成市场的手，那么，能源市场运行在某些领域又存在政府缺位的现象，能源规制亟待加强：一是对自然垄断环节的规划、投资建设和成本价格等方面的经济性规制不足；二是对煤炭、油气交易中间环节的市场操纵、不公平竞争和破坏市场秩序等规制不足；三是对环境、健康和产品质量等方面的社会性规制不足。

综上，经过20世纪80年代的投资体制改革和90年代的管理体制改革之后，在市场主体的性质和市场结构上已经突破了国营体制下的政企合一、高度集中的格局，在运行机制上也有别于计划经济体制下的部门间内部统筹协调机制。但是现行体制在市场准入、投资、产量和价格等方面仍然保留了相当多的政府干预和行政手段，而且这种政府干预和控制不同于成熟市场经济中的政府规制：一是市场主体不是完全意义上的按经济规律办事的商业化企业；二是政府对市场准入、投资、产量和价格的干预缺乏统一的规章和标准，仍然带有行政协调的色彩；三是政府干预过度和政府规制不足并存。中国现行的能源体制总体上是一种介于国营体制与政府规制之间的状态。这一判断比依据“市场与政府”的二分法认为中国现行能源体制特征为“半市场、半计划”的判断更加准确和具体。

三、能源体制革命的方向与框架

本部分根据第二部分的分析框架，结合中国现行能源体制的现状和能源行业特定的经济技术属性，分析能源体制革命的基本方向和目标能源体制，并从三个方面提出实现从当前能源体制到目标能源体制转变的能源体制革命框架性内容。

（一）能源体制革命的基本方向

根据前文的分析，中国现行能源体制介于国营体制和政府规制之间，在这种体制下，政府在能源资源配置中仍然发挥着主导作用。用制度可行性曲线表示如图3所示，现行能源体制的总的制度成本为X_R+Y_R，其中X_R和Y_R分别代表政府失灵和市场失灵导致的制度成本B和制度成本A。现行体制的核心弊端是政府干预造成的制度成本B（大小为X_R）过于高昂。政府的深度介入虽然有助于推动中国能源工业快速发展，但是也积累了一系列突出矛盾：一是能源消费总量增长过快，在能源消费结构中“一煤独大”，国内环境污染防治和国际上应对气候变暖的压力与日俱增；二是产能过剩严重，大量设备闲置或低效运转，造成资源的极大浪费，增加消费者负担和经济社会发展成本，影响国家竞争力；三是行业内外矛盾重重，煤电矛盾长期存在，中央企业与地方时有摩擦，几大石油公司与地方炼厂相互指责，社会各界对大型国有能源企业的行政垄断以及严重的内部人控制和低效率现象普遍不满；等等。

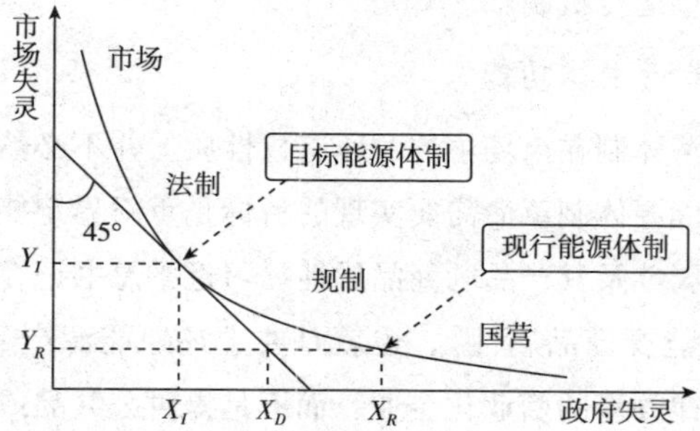

图 3　能源体制革命的方向

能源体制革命的总体方向是降低因政府干预和政府失灵造成的过高的制度成本 B，使能源资源配置由政府主导转向市场决定，同时依靠规制和法制的力量，降低因市场作用加强而提高的制度成本 A。这就要求能源体制发生跨制度状态空间的根本性转变。进一步的问题在于，目标能源体制应该是处于法制和规制间的制度状态空间还是处于市场和法制间的制度状态空间。前者意味着除了市场、法制起作用之外，规制和国营也对能源资源配置起到一定的作用。后者意味着除了市场和法制，不需要政府对能源资源配置进行直接干预。

对于大多数竞争性领域和一般商品市场来说，后者代表的体制是适合的。但是能源行业特殊的经济技术属性决定了目标体制应该是前者而不是后者。首先，能源行业中存在输配电网络、燃气管网等自然垄断环节，要求政府进行经济性规制，对垄断企业的经济性规制包括投资、成本、价格和服务质量等。其次，能源与环境、健康、安全等社会性问题息息相关，这就要求政府针对负外部性问题加强社会性规制。最后，能源行业是高技术密集型行业，政府要针对技术溢出的正外部性问题加强政策引导，甚至应在基础性研究和信息分析等方面提供充足的公共服务。基于上述理由，理想的能源体制应该是介于法制和规制的中间状态。在这一体制下，市场经济在能源资源配置中起决定性作用，法制规范市场交易秩序，政府对自然垄断环节的企业进行经济性规制并针对环境等负外部性问题施加社会性规制，同时针对技术创新、信息等正外部性和公共品提供政策引导和公共服务。如图 3 所示，目标能源体制由市场失灵所造成的制度成本由 Y_R 增加到 Y_I；由政府失灵所造成的制度成本由 X_R 减少到 X_I；总制度成本下降幅度为 X_DX_R。

（二）能源体制革命的基本内容

那么，如何实现从现行能源体制到目标能源体制的转变呢？根据第二部分体制的解析框架可知，能源体制革命主要围绕三个方面展开：重新界定能源市场主体功能、重塑能源市场结构和重建能源市场运行机制。

1. 重新界定能源市场主体功能

如前所述，市场经济体制在市场主体的所有权性质上并不必然排斥国有化。国有企业也可以作为市场主体。能源体制革命需要实现的目标是重新界定能源国有企业的功能，明确能源国有企业的市场属性及其产品的商品属性。习近平总书记在中央财经领导小组第六次会议上提出要“还原能源商品属性”，也就是要求还原能源产品生产企业的市场属性，成为真正按市场经济规律办事的商业化企业，而不是提供公共品或实现特定政策性目标的政府部门。

能源领域包括竞争性环节和自然垄断环节两大类。在竞争性环节，政府作为国有企业的所有者或股东，不应该通过行政手段行使自己的出资人权利，干预企业的经营活动。①在自然垄断环节（主要涉及电网和油气管网领域），政府不仅是能源国有企业的出资人，同时还作为公共管理者与国有企业发生关系。确保能源国有企业商业化经营属性要求政府区分两种不同的角色，作为资本所有者，政府国资主管部门从国有资产保值增值的角度对企业进行管理，但是能源国有企业需要与其他企业一样接受作为公共利益管理者的能源管理部门的经济性规制和其他管理部门的社会性规制。公共管理部门对所有市场主体的管理应该采取统一标准。

2. 重塑能源市场结构

构建有效竞争的市场结构要求破除行政性市场进入壁垒。首先，在行业准入方面，有必要对能源行业的具体管理规章和办法进行清理，消除以资本实力、企业规模和从业资历等抬高行业准入门槛的做法。消除各种隐性壁垒和“玻璃门”“弹簧门”“旋转门”等现象，在获取资源、公平竞争等方面给予所有企业平等待遇。特别是在电力生产和销售、煤炭和油气进出口等领域，应该尽量取消不必要的行政性限制。

其次，考虑到输配电网和天然气管网具有自然垄断性，为构建有效竞争的市场结构，应保证输配电网和天然气管网独立于电力和天然气市场交易，只提供传输服务，并公平开放地接入所有的市场交易主体。具有自然垄断性的环节采取特许经营的方式，接受独立规制机构的监督，按照特许协议性契约化管理。在解除自然垄断性资产和行政性限制造成的行业进入壁垒后，各种所有制类型的企业会根据市场供求关系的变化自主安排进入或者退出行业，这一方面确保了行业内有足够的竞争主体进行有效竞争，另一方面潜在进入竞争的压力也会促使行业内在位企业提高效率、降低成本以提高其竞争力。

---

① 1973 年，在阿拉伯面临国家石油禁运的情况下，虽然英国政府持有英国石油公司 30% 的股份并要求其优先向英国政府供应石油，英国石油公司仍然坚持自己是独立经营的企业，只对股东负责，政府不应干预公司的经营活动。

3. 重建能源市场运行机制

在市场运行机制方面，要充分发挥价格机制的调节作用，让市场在能源资源配置中起决定性作用，同时更好地发挥政府的作用。

首先要放松甚至取消竞争性领域的经济性规制，形成主要由市场供求关系决定能源价格的机制。党的十八届三中全会明确提出“使市场在资源配置中起决定性作用”。发挥市场配置资源的作用的前提条件是在竞争性领域取消价格规制，让企业依据自身经营成本和市场需求自主决定价格。其次要取消政府对企业投资、生产等经营决策的行政干预，充分发挥市场价格机制调节供给和需求的作用，优化资源配置。

在能源领域，除了输配电、天然气管网等自然垄断环节需要政府规制外，其他领域都可以引入市场竞争，形成由市场供求关系决定能源价格的机制，并通过价格机制这只无形的手优化能源资源配置。目前中国煤炭领域的市场竞争已经比较充分，煤炭价格受供求关系深度影响，反过来也有效调节了煤炭的生产和消费。但是在石油、天然气和电力等领域，价格依然由政府制定，企业的投资、生产、贸易等活动在很大程度上也是在政府行政手段这只有形之手的指挥下进行的。比如投资审批、电量分配、天然气进口等。这往往造成严重的“政府失灵”，比如目前能源领域出现的产能严重过剩局面。目标体制应该在形成有效竞争的市场结构和市场体系的基础上，放开政府对能源价格和投资的规制，在尚未形成有效竞争市场结构的领域尽快创造条件引入市场竞争并放开价格。具体来讲：电力方面，政府只规制输配电价，并在输配电网退出电能市场交易的基础上放开电能交易价格，由发电企业、经销商和用户自主决定；石油方面，在放开原油、成品油进口的基础上放开石油价格，由企业自主定价；天然气方面，在剥离储运领域的沉淀性资产并放开进口权的基础上，放开天然气门站价格和终端售价，政府只规制管网运费。

在放松直至取消竞争性领域的经济规制的同时，加强和完善政府的管理职能，更好地发挥政府的作用：一是加强政府公共服务，主要包括具有公共品性质和正外部性的事务，比如能源信息统计与分析、能源战略与规划、能源国际合作等行业乃至国家层面上的事务。政府也可以直接进行研发以推动能源技术创新。二是加强对电网、油气管网自然垄断环节能源国有企业的经济性规制以及对竞争性领域市场交易秩序的规制。三是加强对环境、安全、健康等领域的社会性规制。

四、结论

推动能源生产和消费革命是既定的国家能源战略，而能源革命要求体制先行。如何破解能源体制革命这一命题是当前中国能源政策领域面临的重大挑战。本文从体制的概念入手，借鉴 Djankov 等经济学家提出的分析方法，指出经济体制是经济活动的组织方式，不同的体制代表了资源配置中政府和市场作用力的不同组合，这些不同组合的效果具体体现在市场主体的性质、市场结构和市场运行机制三个方面。体制革命就是要实现制度成本组合最低的最优经济体制。

本文分析了中国现行能源体制的形成、特征与弊端。经过 30 多年的改革与调整，中国能源体制已经突破了计划经济时期“政企合一、高度集中、行政垄断”的国营体制。但是在市场主体方面，政企分开尚未彻底实现，能源国有企业还不是完全意义上的按经济规律办事的商业化企业；在市场结构方面，仍然存在行政性进入壁垒，没有形成有效竞争的市场体系；在市场运行机制方面，既存在政府对竞争性领域过度的经济性规制，又存在自然垄断环节的经济性规制不足以及环境、安全和健康等领域的社会性规制不足。作者认为，中国现行的能源体制总体上是介于国营和政府规制两种体制之间。这种体制最核心的弊端是政府干预过度，没有充分发挥市场价格机制的作用，导致能源生产和消费领域系统性的低效和扭曲。

本文根据能源行业特殊的经济技术性质提出了中国能源体制革命的基本框架：一是重新界定能源市场主体的功能，区分政府作为出资人和公共管理者的不同职能，分头行使、分类管理、相互制衡，按照还原能源商品属性的要求，还原国有能源企业商业化企业属性，使之成为真正按市场经济规律办事的合格的市场主体。二是重塑能源市场结构，放开竞争性领域的市场准入，剥离具有自然垄断性的管网环节，对所有市场参与主体公平开放，破除市场进入壁垒，构建有效竞争的市场结构和市场体系。三是重建市场运行机制，一方面放松直至取消竞争性领域的经济性规制，形成主要由市场供求关系决定的能源价格机制，让价格机制在能源资源配置中发挥决定性作用；另一方面加强对自然垄断能源企业的经济性规制以及对环境、安全和健康等领域的社会性规制，加强政府公共服务。

参考文献

[1] Djankov S. ,Glaeser E. ,La Porta R. ,et al. The New Comparative Economics[J]. Journal of Comparative Economics,2003(31):595 –619.

[2] Glaeser E. ,Shleifer A. The Rise of the Regulatory State[J]. Journal of Economic Literature,2003,41(2):401 –425.

[3] La Porta R. ,Lopez – De – Silanes F. The Benifits of Privatization:Evidence From Mexico[J]. Quarterly Journal of Economics,1999,114(4):1193 –1242.

[4] La Porta R. ,Lopez – De – Silanes F. ,Shleifer A. ,et al. The Quality of Government[J]. Journal of Law,Economics and Organization,1999,15(1):222 –279.

[5] Shleifer A. State Versus Private Ownership[J]. Journal of Economic Perspectives,1998,12(4):133-150.

[6] Shleifer A. Understanding Regulaiton[J]. European Financial Management,2005,11(4):439-451.

[7] 景春梅,刘满平. 新常态下能源体制变革路线图[N]. 上海证券报,2015-07-01.

[8]刘刚. 能源体制改革症结何在[N]. 人民日报,2015-02-02.

[9]杨名舟. 能源体制改革需顶层设计[N]. 学习时报,2012-02-27.

我国劳动市场供给：短缺还是过剩？

孙凯①

【摘要】2003 年开始出现的“民工荒”，使得许多人认为我国的劳动市场进入劳动力短缺时代，因此，一些人认为我国应大力提升生育率。可是从基本的事实来看，从 2003 年一直到第二次“民工荒”的 2010 年，我国的劳动人口不仅没有降低，反而一直在增加。这一典型事实足以说明我国的“民工荒”不是缘于人口减少，提升生育率是药不对症。从另一个基本事实看，我国的劳动力短缺，仅发生在城市低端劳动市场，而在城市普通劳动市场、在广大的农村存在着严重的劳动力过剩。而城市低端劳动力短缺，是由于我国经济、社会有所发展，农民工已不愿再从事艰苦、社会地位低的低薪工作，我国已经无法再回到以往的所谓人口红利时代。总体来看，我国的首要工作是为劳动力过剩解决出路，而不是为低端劳动市场短缺提供充沛的劳动力。

【关键词】劳动市场；过剩；短缺；人口峰谷

分析我国劳动市场的一个核心问题是判断我国劳动市场的供给究竟是过剩还是短缺。在 2003 年以前，这似乎不算个问题，几乎所有人都认为我国的劳动力可以近似看为无限供给，但是其后的“民工荒”动摇了人们的看法。如陈诗达（2004）比较早地研究了这一问题，文中写道：“今年春节过后，浙江一些城市闹起了‘民工荒’，从杭州、宁波、温州、绍兴等城市的有关数据显示，来浙江打工的民工数量比上年同期减少了 10% ~ 20%。这是 20 年来浙江城市民工第一次出现供不应求的状况。”但当时的主流思想还是认为这只不过是临时性的小问题，不影响大局，这种观念从孙立平（2004）的文章标题《劳动力供求关系不会发生根本性变化》可见一斑。当时考虑的措施只是改善待遇之类安抚性措施。2005 年起，少数研究开始考虑我国的劳动供求基本格局可能已经发生了改变，

① 孙凯，北京信息科技大学经济管理学院教授。

赵晟（2005）比较早地想到我国的人口因素可能已经影响到了农民工供给。之后，对刘易斯转折点（进一步，刘易斯第一转折点、第二转折点）的理论也逐渐进行了激烈争论与广泛传播。如王德文、蔡昉、高文书（2005），蔡昉（2007），蔡昉、王美艳（2007），舒圣祥（2007），吴要武（2007）等的研究。之后的2010年的又一场“民工荒”，使得很多人认为我国已经进入劳动力短缺时代。那么，我国的劳动力供给现状究竟如何？对此我们应采取怎样的对策？

关于刘易斯转折点的争论，很大程度上是由于对该理论的理解不同。本文努力避开刘易斯转折点争论，仅就一些基本事实提出看法。

一、“民工荒”与劳动年龄人口增加并存

在研究2004年、2010年的“民工荒”时，许多人将其归结为我国的劳动年龄人口在减少，事实恰好相反。

表1　我国历年人口年龄结构

项目	1990年（万人）	2000年（万人）	2010年（万人）	2011年（人）	2011年（万人）
总计	114333	126743	133281	1145209	134730
0～4岁	11644	6898	7553	64830	7627
5～9岁	9934	9015	7088	61279	7209
10～14岁	9723	12540	7491	62481	7351
15～19岁	12016	10303	9989	80388	9457
20～24岁	12576	9457	12741	108567	12773
25～29岁	10427	11760	10101	89259	10501
30～34岁	8388	12731	9714	82148	9664
35～39岁	8635	10915	11803	96895	11399
40～44岁	6371	8124	12475	107391	12634
45～49岁	4909	8552	10559	100853	11865
50～54岁	4562	6330	7875	62204	7318
55～59岁	4171	4637	8131	71667	8431
60～64岁	3397	4170	5867	52708	6201

资料来源：《中国卫生统计年鉴》（2013）。

表1中1990年、2000年、2010年为人口普查数据，2011年为全国人口变动情况抽样调查样本数据，抽样比为0.850‰。其中最后一列为作者根据前一列数字推算所得。

对于劳动力的起始年龄，本文取为20岁，而不是常见的15岁。虽然有很多农村孩子在初中毕业后，甚至小学毕业后就开始打工，但本文认为取20岁更合适。一方面是因为城市孩子很少从20岁就开始工作，另一方面是因为即使是农村孩子，在15岁就开始打工

的也是少数，而且即使农村孩子在19岁及以前就开始工作，其工作往往也是不稳定的。

对于工作的终止年龄，本文取55岁，而不是65岁。在我国，省部级及以上领导干部的退休年龄是65岁，其他人都低于此年龄。55岁是多数城市职工尤其是蓝领职工的退休年龄，这也差不多是农民工停止在城市打工的年龄。

经过简单的计算可知，在1990年、2000年、2010年、2011年我国20~54岁的人口数量分别为5.59亿、6.79亿、7.53亿、7.62亿。可以看到1990—2011年，我国的劳动年龄人口是不断增加的：1990—2000年我国的劳动年龄人口增长了21%，平均每年增加1200万人；2000—2010年我国的劳动年龄人口增长了11%，平均每年增加740万人；2010—2011年我国的劳动年龄人口增长了1.2%，增加了886万人。

我们可以清楚地看到，我国2004—2010年出现的招工难现象，绝对不是因为处于劳动年龄段（本文定为20~55岁）的人口减少了，因为这一时期我国的劳动年龄人口不仅没有减少，相反一直在明显地增加。[如果采用常见的15~64岁作为劳动年龄，也有相同的结论。如孙熠譞、黄少安（2017）采用15~64岁人口计算，1982年至2013年，我国15~64岁的劳动力人群一直在增加，从61.5%增加到73.9%]

二、人口峰谷：0~14岁谬误推算

与我国劳动年龄人口减少相关的一个问题是：我国的总人口是否在急剧减少？有一个广泛传播的推算是：在2010年的六普数据中，2010年的0~14岁人口比1990年的0~14岁人口减少了1/3。也就是说，短短20年，中国的0~14岁人口就减少了1/3，约1.04亿。

这种测算忽略了一个基本事实：人口在各个不同的年龄段之间不是平均分布的，而是在有的年份生育多，有的年份生育少，此外，还会受战争、饥饿、医疗条件等方面的影响。

表2　我国第六次人口普查分年龄组的人口

单位：人

0~4岁	75532610	5~9岁	70881549	10~14岁	74908462
0岁	13786434	5岁	14732137	10岁	14454357
1岁	15657955	6岁	14804470	11岁	13935714
2岁	15617375	7岁	13429161	12岁	15399559
3岁	15250805	8岁	13666956	13岁	15225032
4岁	15220041	9岁	14248825	14岁	15893800
15~19岁	99889114	20~24岁	127412518	25~29岁	101013852
15岁	18024484	20岁	28026954	25岁	19933683
16岁	18790521	21岁	26556649	26岁	19709177
17岁	20775369	22岁	24474192	27岁	19480836

续表

15~19岁	99889114	20~24岁	127412518	25~29岁	101013852
18岁	20755274	23岁	25695955	28岁	22322147
19岁	21543466	24岁	22658768	29岁	19568009
30~34岁	97138203	35~39岁	118025959	40~44岁	124753964
30岁	18928369	35岁	21186516	40岁	27397219
31岁	19866458	36岁	22906980	41岁	24956297
32岁	19474874	37岁	23990208	42岁	27032542
33岁	18179478	38岁	24730460	43岁	21355748
34岁	20689024	39岁	25211795	44岁	24012158
45~49岁	105594553	50~54岁	78753171	55~59岁	81312474
45岁	23962574	50岁	14097008	55岁	17610528
46岁	23355778	51岁	12838832	56岁	17738127
47岁	26972157	52岁	16617709	57岁	16093888
48岁	20075084	53岁	18351980	58岁	16167933
49岁	11228960	54岁	16847642	59岁	13701998
60岁及以上	177594440			总人口	1332810869

资料来源：国家统计局网站；第六次人口普查数据，第一部分，表3-1。

为了更直观地考察，将表2中数据整理为图1。

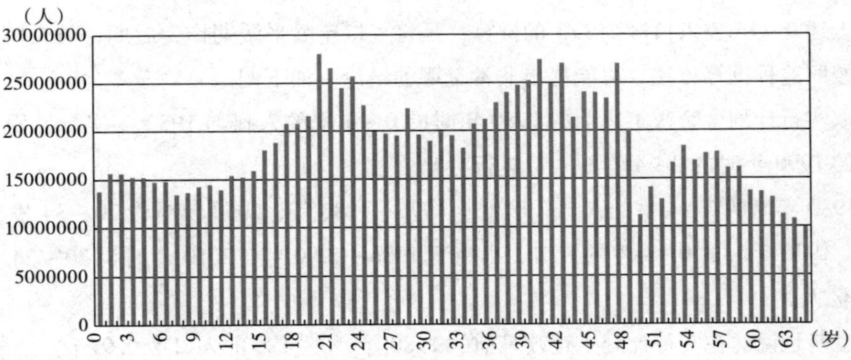

图1　我国六普各年龄人口

从图1中可以看到，我国有两个年龄段的人口高峰：一个是在2010年时的20岁（2.8千万人）、21岁（2.66千万人）和24岁（2.27千万人）。2010年为20岁的人，是在1990年出生的，而2010年为24岁的人，是在1986年出生的。也就是说，1986年至1990年出生的人口，是我国人口年龄分布段中的一个高峰。另一个是2010年的28岁（2.23千万人），也是一个小高峰，该年龄的人为1982年出生。

特别值得注意的是，1982 年我国开始实行以独生子女政策为核心的计划生育政策。即使这样，我国依然出现了 1982 年至 1990 年的人口高峰。1991 年之后我国依然有较多的人口出生，年龄段分别为 2010 年时的 19 岁（2.15 千万人，1991 年生）、18 岁（2.08 千万人，1992 年生）、17 岁（2.08 千万人，1993 年生）。

一直到了 1994 年，我国的人口生育数量才开始下降。

那么，为什么我国于 1982 年实行计划生育政策后还会出现这样的人口高峰？其主要原因在于之前的约 20 年出现了一个对应的人口高峰。可以看到 2010 年时 35 ~ 47 岁人口形成了一个高峰，当时 35 岁的人（2.12 千万人）出生于 1975 年，而当时 47 岁的人（2.7 千万人）出生于 1963 年。1963—1975 年，除个别年份 35 岁（2.12 千万人，出生于 1961 年）、43 岁（2.14 千万人，出生于 1967 年）以外，我国每年的人口增长都在 2.2 千万人以上，并且 1963—1975 年有 4 年当年人口超过 2.5 千万人。

也就是说，1963—1975 年的人口高峰，形成了约 20 年后的 1982—1993 年的人口高峰。从图 1 可以看到，后一个高峰与前一个高峰相比，已经明显减缓。仅从上述六普数据来看，1963—1975 年出生（2010 年时为 35 ~ 47 岁）的总人口为 317070432，而 1982—1994 年出生（2010 年时为 16 ~ 28 岁）的总人口为 290722991。后者与前者之比为 0.917，也就是说，实行计划生育政策后人口减少了 8.3%，而不是 1/3。减少的人口也只有 317070432 - 290722991 = 2.6 千万人，而不是 1 亿多。

上述 0 ~ 14 岁人口减少 1/3 的推算，是将人口年龄平缓期作为后期，与人口高峰期相比。按照这种推算方法，可能得出非常荒谬的结论，如下例：

取实行计划生育政策之前的 1980 年时的 0 ~ 4 岁的人口与 1982 年实行计划生育政策之后的 1990 年时的 0 ~ 4 岁的人口进行对比。

1980 年时的 0 ~ 4 岁的人口，出生于 1976—1980 年，2010 年时为 30 ~ 34 岁，有 0.97 亿人。1990 年时的 0 ~ 4 岁的人口，出生于 1986—1990 年，2010 年时为 20 ~ 24 岁，共有 1.27 亿人。

也就是说，在实行计划生育政策前的 1980 年，0 ~ 4 岁的人口为 0.97 亿。而到了实行计划生育后的 1990 年，0 ~ 4 岁的人口上升为 1.27 亿。据此，实行计划生育政策不仅没有使中国的人口降低，反而使中国的人口增加了，并且增加幅度高达 1.27/0.97 - 1 = 31%。这种推算方法显然是荒谬的（1990 年时的 0 ~ 4 岁的儿童，到 2010 年时为 20 ~ 24 岁，但 2010 年时的 20 ~ 24 岁人数并不等于 1990 年时的 0 ~ 4 岁人数，有死亡、出国等意外情况。对于将 1980 年时的 0 ~ 4 岁人数由 2010 年的 30 ~ 34 岁人数代替，也存在类似问题。由于两个年龄段都有意外情况，但数量很少，因此这种替代的误差是很小的，远远低于 30% 这样的数量级）。

三、三极市场：短缺与过剩并存

（一）三极市场

受刘易斯分析框架的较大影响，以往分析往往认为农村劳动力是劳动力的廉价后备军，从而，劳动力短缺与过剩，基本上等同于农村劳动力的短缺与过剩。这是将农村与城市劳动力区别对待的二元市场，但结合我国目前的情况，这样的划分已经不够准确。

中国现在的劳动力市场实际上是劳动力过剩与劳动力短缺并存。也许可以将我国的劳动力市场大致分为 3 块：农村、城市低端、城市普通。所谓农村市场，是指在农村从事农业生产所需要的劳动力市场。所谓城市低端市场，是指城市的收入低、社会地位低的市场。城市低端市场，大致又可分为两类：一是维持城市基本运转的部分，如城环工人、保姆；二是以制造业为代表的生产部分。所谓城市普通市场，是指除城市低端市场以外的城市市场。

农村市场在 20 世纪末已经出现严重的劳动力剩余。在城市普通市场，不仅不存在劳动力短缺，而且是劳动力严重剩余。我国的劳动力短缺实际上仅发生在城市低端劳动力市场。

（二）农村：劳动力过剩与人口减少并存

几十年来，尽管我国多次发生“民工荒”，但是在农村，从来没有发生过劳动力短缺的现象。更准确地说，由于农村对劳动力需求极低，从而形成农村劳动力过剩。

农村对劳动力需求极低，主要有两个方面原因：一是由于农田很少，人均农田更少。在有些地区，人均农田只有几分（一分地的面积大约相当于 10 米长、7 米宽）。在很多地区的农村，已经很难看出村与村之间的界限了，因为凡是有空地的地方都被用作宅基地，村与村已经连成一片了。农田很少，全家只需要一个人就可以耕种了。二是由于农业收入低。在很多地方，宁可让地荒着，也不愿意耕种，这样当然就不需要劳动力了。

这里，特别值得注意的是：近 30 多年来，我国的新增人口主要发生在农村户口家庭，而不是城市户口家庭。在这种情况下，就算农村家庭提高生育率，多生孩子，可是当孩子长大后，也将大量涌入城市，而不是留在农村。

可以说，我国农村人口不断减少，是无法违背的自然规律。

（三）城市低端市场劳动力短缺的原因

首先，20 世纪 80 年代初到 21 世纪初，我国的人均收入成倍增加，人民生活水平日益提升。随着经济的快速发展，农民工进城务工所得收入提高，家庭生活日益改善。这样，农民工就不再满足于以前那样低廉的工资，不再愿意像以前那样被人随意指责。比如以前媒体报道的一些“血汗工厂”，工人的待遇可能比现在还要低得多，可是以前工人就可以忍受，现在就不愿忍受了。

其次，随着父母、亲友或者自己进城，农村年青一代视野得到了拓展，其权利意识、自我价值意识开始提升。这表现在有一些工作的工资并不很低，但是青年人因为感到社会地位低也不愿意做。

（四）城市低端劳动力短缺：“抱薪救火”还是经济转型

回顾30年来中国的经济增长道路，重要的一条是以低廉的工资成本在国际市场上取胜。如果无法再获得像以前那样充沛的廉价劳动力，那么中国的出口竞争力就要大幅度下降，中国经济的一个主要发动机就可能停摆。针对这一问题，有很多人认为大力增加人口就可以再现“中国制造”的辉煌。但是，这是在“抱薪救火”。

从上面的分析可以看到，在我国“民工荒”的10年间，我国的劳动年龄人口不仅没有减少，反而增加。因此，增加劳动年龄人口并不能解决我国低端劳动力短缺的问题。

增加人口不仅不会增加廉价劳动力供给，而且会产生副作用。因为我国现在最需要的是经济转型、提高劳动者技能，而这些都需要资金等予以支持。可是，如果社会增加大量人口，尤其是增加婴幼儿，那就会耗费大量的人力、物力等资源，这样，就会在以后的20年里拖累、拖延我国的经济转型。

我国现在是三极劳动力市场，如果大力增加人口，那么进入城市低端劳动力市场的劳动力供给不会增加多少，反而会加重其余两个市场的劳动力剩余，加重我国现在已经存在的劳动力供给与需求之间的严重不匹配，这是在“抱薪救火”。

四、人口峰谷是移动的：老龄化与年轻人

在研究我国劳动力市场时一个值得担忧的问题是养老。中国人现在的预期寿命大约为75岁，中国进入老龄社会是必然的。

现在的五六十岁的中年人往往有众多的兄弟姐妹，因此，这些中年人的父母养老通常是由众多兄弟姐妹共同承担。可是，当这些中年人只有一两个子女时，就面临着一个问题：“谁来为自己养老?”

尤其我国现在的社会保障制度还很不完善，社会养老体系还处于起步阶段，这就更加剧了现在的一些中年人对养老问题的担忧。于是，很多人就希望复制老一辈的养老模式，希望多生养一些孩子，以便自己养老。

（一）抚养：老人与孩子

一个社会的收入的主要来源是正在工作的青壮年，但是，从我国目前社会状况来看，那些刚开始工作的年轻人基本上没有经济能力扶养老人，不仅如此，他们中的大多数人还需要父母的帮助。对于年轻人来说，“月光”已经算是好的，因为他们至少还能自己养活自己，“啃老”也是常见的。对于现在的年轻人来说，有多少人可以自己出钱结婚、买房？所以，我们可以把已经工作的青壮年分为两部分：参加工作不久的青壮年和工作多年的中青年。前者在35岁以下，还需要为结婚、买房而奋斗，他们基本属于自己顾自己。后者在35岁以上，已经基本完成了结婚、买房，开始有能力孝敬父母。

一个孩子固然可以在几十年后为赡养老人出力，但是，他先要在出生后的二三十年里由父母养育、照顾。这样，在还没解决老一辈的养老问题的情况下，出现了新的问题：养育孩子的问题。而且，养老阶段只占一个人晚年的一二十年时间（假定寿命为75岁），可是多生一个孩子，则是需要20多年的照顾。

在现在的社会里，尤其是在城市，养育一个孩子的成本很高，不仅需要大量的经济费用，而且需要投入大量的时间和精力。在城市，养育一个孩子需要花费的金钱、时间和精力很可能远远超过赡养父母的投入。

在养育孩子成本较高的前提下，多生孩子不仅不能解决养老问题，相反由于养育孩子所花费的金钱、时间和精力超过照顾老人的投入，会削弱自身的养老能力。

（二）人口峰谷是移动的

从图1中可以看到，我国存在一个出生人口的高峰期，1963—1975年出生的人在2020年时为45～57岁，十几年后，他们将全部进入老龄阶段。

由图1可以看到，1963—1975年我国存在一个人口高峰，1982—1993年还存一个人口高峰，而且这两个高峰从时间跨度上基本代表了两代人。这样，可以由上述两个人口高峰中的年青一代照顾年老一代。也就是说，从宏观上来说，在1963—1975年人口高峰时期出生的人的下一代还有较为充足的人口。

对于1982—1993年出生的人口高峰，在2020年他们处于27～38岁的育龄时期，如果在他们之后没有人口高峰，那么等他们年老时就会出现倒金字塔。

那么，怎么解决人口高峰所带来的老龄化问题？

一种思路是消除或基本消除老龄化。具体来说就是提高人口出生率，从而大幅度降低老龄人口在整个人口中的比重，使其低于或基本低于老龄社会的标准。

但是，这种思路忽略了一个重要的问题：人口高峰是移动的。也就是说，新生的大量孩子在60年后，也将进入老年。那么，怎样解决他们的老龄问题？难道也是提高人口出生率？

另一种思路是由于生活水平提升，人均寿命大幅度提高，我国将在以后较长的时期处于老龄社会。如果接受这个事实，那么我们不应该为了解决老龄化问题而刻意增加生育。从国内外经验来看，如果没有意外因素，人口高峰将在以后的年代逐渐平缓，或者说，社会将逐渐地、自然地达到一个均衡的人口结构。

回头看1982—1993年出生的人口高峰，他们面临养老已是几十年后的事情了。中国从改革开放至今，从一个极度贫穷落后的国家发展到中等收入国家，仅用了30年，那么再过30年，我国应该能解决社会养老问题。毕竟，社会老龄化现象不是中国所独有，更不是在近几年才出现的，发达国家早在多年以前就已经普遍出现社会老龄化现象。对于发达国家多年以前就能解决好的事情，我国为什么不能在几十年后解决好？发达国家普遍出现了老龄化现象，但没有一个国家采取提高人口出生率的方法解决养老问题，我国为什么要如此做呢？

五、人口红利是一次性的

可以说，目前我国的劳动市场发展到了一个重要的转折关口，与此相关，我国的经济发展模式、社会发展模式也到了一个重要的转折关口。究竟向哪方走，在很大程度上取决于怎样看待我国以往几十年来的所谓的人口红利。

一些人试图复制以往的人口红利，希望以此获得足够的廉价劳动力，从而大量出口并带动经济增长，进而解决养老问题。

但是，人口红利是一次性的，它的实现更是可遇而不可求的。第一，人口红利不可能长期存在。所谓不可能长期存在，意味着它最多在一代人前后存在，也就是说最多存在二三十年。如果长期存在，那就不是人口红利了。

第二，很难反复出现。所谓很难反复出现，是因为它的出现，除了人口因素外，还需要其他条件，例如制度条件、技术条件。只有各方面条件共同作用，才能真正使青壮年占较大比重的人口发挥人口红利作用。要同时具备这些条件很不容易，几代人能出现一次就很难得了。

基于上述认识，我们不应违背自然规律去强行干预劳动市场，不应“抱薪救火”。

六、总结与展望

以往我国将劳动力市场划分为城市、农村的二元市场的方法，已经难以解释现实问题了。将劳动力市场划分为农村、城市低端、城市普通的三极市场的方法，可能更适合解释我国的劳动力市场现状。

在这三个市场里，农村是人口减少与劳动力过剩并存。城市低端市场在一段时期内将是劳动力短缺，尤其是在生产制造业。对于城市普通市场，以后如果我国在制度和技术创新上没有大的进步，那么将表现为供给过剩。

对于城市低端劳动力市场，尤其是生产制造业，目前我国大部分制造业企业的利润已经非常低了，制造业企业在压缩用工成本方面已经走到了极限。此外，在国际市场上凡是能依靠低廉用工成本取得优势的领域，中国企业都基本覆盖。现在，中国已经很难再依靠低廉用工成本在国外进一步大举扩张。

由于低端市场劳动力短缺，相应的生产性产业将萎缩，大批企业将停产或撤出中国。这将大幅度降低对低端劳动力的需求。不过，对于维持城市运转的行业来说，例如，环卫、保姆、医院护工行业，可能不仅不会萎缩，还有可能扩大。但这部分行业规模扩大的程度有限。这是一个市场化的动态调整过程，估计还需要一二十年才可以大致完成这个调整。那时，低端劳动力市场的工资将明显增加，需求量也将远小于目前，市场的供给与需求大致相等，劳动者付出的劳动与他们得到的待遇大体相符。

也就是说，城市低端市场的劳动力短缺的消除，将不是由于劳动供给的增加，而是由于劳动需求的被迫减少。

在城市普通市场，由于垄断等因素的存在，在很长的一段时期内，还将供给过剩。

李刚（2012）提出："中国的人口分别是美国和日本的 4.3 倍和 10 倍，而 GDP 只相当于美国的 40%，和日本相当，为什么美国和日本却没有出现用工荒呢？为什么和我们人均 GDP 相当的许多发展中国家也没有出现用工荒呢？"这段话的基本思想在今天依然正确。

总之，从我国整体来看，至少在以后的三五十年里，除非是发生重大制度创新、技术创新，否则劳动力市场的总体态势都会是劳动供给过剩，而不是劳动力短缺。我们将继续看到城市里大量的中青年在艰难地找工作，其中的典型特征是大学生就业难。

参考文献

[1] 蔡昉."刘易斯转折点"近在眼前[J].中国社会保障,2007(5).

[2] 蔡昉,王美艳.农村剩余劳动力及其相关事实的重新考察—— 一个反设事实法的应用[J].中国农村经济,2007(10).

[3] 陈诗达.对"民工荒"现象的几点思考[J].劳动保障通讯,2004(6).

[4] 孙熠譞,黄少安.劳动力短缺还是过剩？——对中国基本国情之一的澄清[J].山东社会科学,2017(8).

[5] 李刚. 工资上升、劳动力短缺与刘易斯拐点幻觉[J]. 人口与经济,2012(6).

[6] 舒圣祥."刘易斯拐点":是挑战更是契机[J]. 经济研究参考,2007(42).

[7] 孙立平. 劳动力供求关系不会发生根本性变化[J]. 农村工作通讯,2004(10).

[8] 王德文,蔡昉,高文书. 全球化与中国国内劳动力流动:新趋势与政策含义[J]. 开放导报,2015(8).

[9] 吴要武."刘易斯转折点"来临:我国劳动力市场调整的机遇[J]. 开放导报,2007(3).

[10] 张宝兰,郭其友. 就业与招工"两难"矛盾解析[J]. 现代经济探讨,2005(2).

[11] 赵晟."民工荒"的人口变量因素[J]. 农村、农业、农民(B 版)("三农"中国),2005(1).

父母的教养方式对青少年人力资本形成的影响

张皓辰　秦雪征[1]

【摘要】本文基于中国家庭追踪调查（CFPS）2010—2014 年的数据，研究父母的教养方式对青少年人力资本形成状况的影响，主要的因变量为孩子的学习成绩和心理健康水平这两个人力资本的重要方面。我们借鉴心理学主流文献，从“要求”和“反应性”两个维度衡量父母的教养方式，并进一步将其划分为权威型、专制型、溺爱型和忽视型四种类型。我们发现，父母对孩子的要求程度和反应性程度都对孩子的学习成绩有正向的影响，而心理健康则只与父母的反应程度正相关。无论对于孩子的学习成绩还是心理健康而言，在四种教养方式类型中，权威型都是最好的教养方式。我们以社区内其他家庭的教养方式在两个维度上的平均值作为工具变量，对可能存在的内生性问题进行了控制。

【关键词】教养方式；人力资本；学习成绩；心理健康

一、导言

古语云：“至要莫如教子。”父母的家庭教育，对青少年人力资本的形成发挥着至关重要的作用，而后者也一直是劳动经济学关注的重要话题。不少文献从人力资本跨代传递的角度入手，考虑父母的社会经济条件等因素对子女的发展情况（如健康、教育、收入等）的影响（Goode et al.，2014；Qin et al.，2016）。而经济学中也有关于家庭对孩子的教育支出及其对孩子人力资本的塑造的相关研究（Mauldin et al.，2001；Chi and Qian，2016）。除了考察家庭环境等外部因素的影响，经济学文献对家庭内部人力资本的产生和积累机制也有关注，比如考察父母对孩子教育投入的时间与精力、父母关于养育孩子的价值观等因

① 张皓辰，北京大学新结构经济学研究院博士研究生；秦雪征，北京大学经济学院教授。本文写作的基本时间立足点为 2019 年。张皓辰、秦雪征以“父母的教养方式对青少年人力资本形成的影响”为题，将本文主要内容发表于《财经研究》2019 年第 45 卷第 2 期。

素对孩子发展的影响（Zick et al.，2001；Gniewosz and Noack，2011）。然而，在家庭内部的人力资本生产机制中，有一个因素在经济学中较少被关注，这就是父母的教养方式。对于父母的教养方式及其对孩子发展的重要作用，心理学、教育学文献有着广泛的研究（Smetana，2017；徐慧等，2008），但国内外在这方面的经济学文献尚少。本文旨在填补这一领域的研究空白，即通过对中国家庭追踪调查数据的计量经济分析，考察我国教养方式对子女发展的影响。

教养方式（parenting style）是发展心理学中的重要话题。这一概念最初由 Baumrind（1971）提出，将教养方式按照其总体特征划分为权威型（authoritative style）、专制型（authoritarian style）和溺爱型（permissive style）三种类型，后来 Maccoby 和 Martin（1983）在此基础上，用相互正交的两个维度对教养方式的定义进行扩展，即“要求”（demandingness）和“反应性”（responsiveness），进而通过两个维度的交互作用，在原有三种类型基础上新界定了第四种教养方式类型——忽视型（rejecting - neglecting style）。

其中，要求（demandingness）代表父母是否对孩子的行为建立适当的标准，并且坚持要求孩子去达到这些标准，可以体现为设立常规的任务要求、设立优秀的标准、对孩子日常活动（如睡眠、看电视时间等）的规定和限制；而反应性（responsiveness）则表示父母对孩子接受和爱的程度及对孩子需求的敏感程度，可以体现为鼓励孩子独立进行活动、鼓励孩子的语言表达、提出要求时伴随理由和解释，以及父母的利益不占统治地位等方面。

根据这两个维度的交互作用，我们可以将教养方式划分为四种类型，即权威型、专制型、溺爱型以及忽视型。权威型的教养方式，是高要求与高反应性相结合，父母对孩子的行为有明确的限定，但是在限定范围内又给孩子自主选择的权利，有较高的对孩子的接受和鼓励的程度；专制型的教养方式，是高要求与低反应性的结合，父母希望孩子对自己的要求言听计从，无条件地执行，通过严厉管教来保障要求的实施，缺少对孩子的鼓励和关爱；溺爱型的教养方式，是低要求与高反应性并存，父母对孩子行为的约束和控制较少，给孩子很大的自主权，同时给予孩子较高的关照和温暖；忽视型的教养方式，既缺乏对孩子的严格要求和限制，也很少给予孩子必要的鼓励和支持。父母教养方式四种类型的划分如图 1 所示（Lamborn et al.，1991；Steinberg et al.，1994）。

越来越多的实证研究在关注教养方式对孩子发展的影响机制，其中也包括个别的经济学文献。比如在孩子的学业发展方面，Blondal 和 Adalbjarnardottir（2009）的研究发现，权威型的教养方式下父母提高参与度有助于降低孩子的辍学率；Feinstein 和 Symons（1997）通过实证研究证明，父母教养行为是家庭社会经济条件影响孩子表现的渠道，父母参与程度与孩子的学业成绩正相关；Lizzeri 和 Siniscalchi（2008）则通过建立经济学理论模型，刻画父母监督下的孩子学习过程，并在父母保护孩子和让孩子试错的权衡中得出

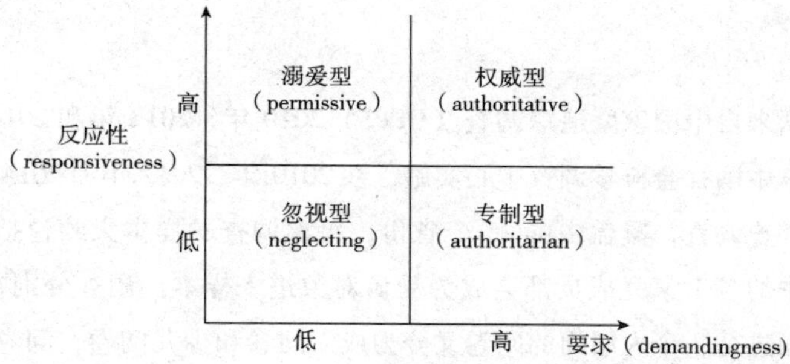

图 1　父母教养方式四种类型的划分

最优的教养方法。此外，孩子的心理健康也是衡量其人力资本的重要指标。在心理健康方面，Dooley 和 Stewart（2007）基于美国全国青少年追踪调查（NLSCY）的数据，发现当加入了父母教养方式变量之后，家庭收入对孩子的情绪—行为表现并没有显著影响，而教养方式则对孩子的表现有显著影响。

本文试图考察的结果变量是青少年的人力资本。根据现有文献，青少年时期是人力资本形成的最重要阶段（Heckman and Kautz，2014）。Heckman 和 Mosso（2014）搭建了一个家庭内人力资本形成的分析框架。其中，人力资本主要可分为认知能力（cognitive skills）和非认知能力（non – cognitive skills）两个方面（Xiang and Yeaple，2018）。认知能力主要从受教育（schooling）方面的指标表现出来，对于上学期间的青少年，文献中多用其学习成绩作为对认知能力的反映（Cunha and Heckman，2010；Heckman，1995）。非认知能力则涉及多方面的内容，如自我控制、信任、社交、情绪等（Heckman and Rubinstein，2001）。由于抑郁程度反映的心理健康水平直接影响了社会情绪（socio – emotional）表现，本文使用国际通行的 CES – D 抑郁量表来度量孩子的心理健康水平，作为非认知能力的一个方面的代理变量，对该量表将在后文做具体介绍。

本文在现有文献的基础上，用计量经济学的实证研究方法，考察父母的教养方式对青少年子女学业成绩和心理健康两方面发展水平的影响。我们用两种方法对教养方式进行衡量，一个是父母在要求和反应性这两个维度的得分值，另一种是在两个维度基础上划分出的四种教养方式类型。我们用样本所在社区内其他家庭的要求和反应性平均分值作为工具变量，解决可能存在的内生性问题，从而对教养方式对孩子发展的影响给出更好的识别。我们发现，父母在要求和反应性的得分值越高，其子女的学业成绩越好，尤其是要求维度的正向影响更为显著。而孩子的心理健康状况则只与父母的反应性得分呈正相关关系，而父母在要求维度的得分值增加则容易对孩子的心理健康造成负向的影响。根据我们的分析，教养方式可能是人力资本代际传递的一个重要渠道。

二、数据介绍

本文所用的数据来自中国家庭追踪调查（CFPS）2010 年、2012 年和 2014 年的数据。这项调查由北京大学中国社会科学调查中心实施，在 2010 年、2012 年和 2014 年依次开展了三轮全国范围的入户调查，覆盖中国 25 个省份，每次调查的样本大约包括 15000 个住户，每个样本住户中的各个家庭成员都会成为受访对象进入样本。调查分别在社区层面、家庭层面和个人层面进行，个人层面的问卷又分为成人问卷和少儿问卷，问卷问题涵盖社会经济、人口、健康等领域。

关于本文所关注的教养方式，CFPS 的少儿问卷的少儿自答部分（仅由 10 ~ 15 岁的少儿作答）中有考察父母参与度的教养方式量表，在父母代答部分中也有关于父母教养方式的问题（Parker et al. , 1979；喻文姗等，2017）。我们将这些问题与心理学文献中关于教养方式的界定方法相结合，从要求（demandingness）和反应性（responsiveness）两个维度，根据心理学主流文献给出的界定，对教养方式进行细分，选取其中的问题，制定能划分教养类型的教养方式量表。

量表中关于“要求”和“反应性”各有 5 个问题，这 10 个问题中 6 个由父母代答，4 个由少儿自答。[①] “要求”的 5 个问题反映父母对孩子的日常行为规范的标准是否够高，要求和控制是否严格，包括父母对孩子下学期考试平均成绩的期望，以及父母要求孩子完成作业、检查家庭作业、阻止或终止孩子看电视和限制孩子看的电视节目的类型和频率。我们将 5 个问题进行计分，以便后续量化。关于下学期平均成绩（满分 100 分）这个问题，我们根据样本分布特征，将小于 70 分记为 0，往后每 10 分为一档，100 分单独为一档，其值记为 1 ~ 4。[②] 涉及频率的四个问题，由低到高共有 5 个选项，将其赋值为 0 ~ 4，其中 0 = 从不，1 = 很少（每月 1 次），2 = 有时（每周 1 次），3 = 经常（每周 2 ~ 4 次），4 = 很经常（每周 5 ~ 7 次）。将 5 个问题所得答案的分值加总，得到反映父母对孩子要求程度的连续变量 *demandingness*，取值范围为 0 ~ 20。关于“反应性”的问题也有 5 个，反映父母对孩子的关爱和接受程度，对孩子需求的反应程度等，具体包括家长做以下几件事的频率：为了不影响孩子学习放弃自己喜欢看的电视节目、孩子犯错时问清楚原因并讨论怎样做、鼓励孩子独立思考问题、要求孩子做事时说明原因、喜欢和孩子说话交谈。同样

---

① 关于问卷问题的具体形式，家长代答的部分如“您经常要求这个孩子完成家庭作业吗”“当看电视与孩子学习冲突时，您会经常放弃看您自己喜欢的电视节目以免影响其学习吗”。少儿自答的部分如“请根据过去 12 个月的情况，选择家长对待你的方式……当你做得不对时，家长会问清楚原因，并与你讨论该怎样做”。

② 在 3209 个观测值中，期望为 100 分的就有 848 个，占到总体的 26.4%，因此将此单独作为一档；期望在 70 分以下的只有 73 个，因此不再细分。

地，频率答案设置均为 5 个选项，从低到高赋值为 0～4，即 0 = 从不，1 = 很少，2 = 有时，3 = 经常，4 = 很经常。将 5 个问题所得答案的分值加总，得到反应性的得分值 *responsiveness*，取值范围同样为 0～20。

我们参考 Kristjana 和 Sigrun（2009）给出的划分方法，根据 *demandingness* 和 *responsiveness* 这两个分值，得到反映样本父母所属的教养方式的类型（虚拟变量）。具体来说，我们首先依据 2010 年、2012 年和 2014 年每年的 CFPS 截面数据计算出样本父母在 *demandingness* 和 *responsiveness* 这两个变量上的中位数，然后将得分值小于或等于该中位数的样本划分为低类型，将得分值大于该中位数的样本划分为高类型，最后依据“要求”和“反应性”两个维度的类型结合给出该父母的教养方式类型（虚拟变量）。由此，高要求和高反应性的父母被划分为权威型（authoritative），高要求和低反应性的父母被划分为专制型（authoritarian），低要求和高反应性的父母被划分为溺爱型（permissive），低要求和低反应性的父母被划分为忽视型（neglecting）。在以教养方式类型为自变量的回归中，我们将专制型教养方式作为基准组，在回归中加入表示另外三种类型的虚拟变量。

关于我们关注的主要因变量，即孩子的学习成绩和心理健康状况，CFPS 问卷中也有相关的问题予以衡量。对于孩子的学习成绩，我们根据三年问卷中共有的原则，用父母对孩子的数学成绩和语文成绩的评价这两道问题进行衡量。其中，评价的等级有四个，我们由低到高赋值为 0～3（0 = 差，1 = 中，2 = 良，3 = 优），再将数学成绩和语文成绩的等级对应的数值相加，得到一个从 0 到 6 的离散变量 *academic*，该变量数值越高表示孩子的学习成绩越好。对子女的心理健康状况，我们使用 CFPS 少儿自答问卷中 CES－D 量表来衡量。CES－D 是心理学中广泛使用的抑郁量表，其问题设计贴近日常生活，形象具体，容易得到高质量的回答，能较好地反映受访者的心理健康状况。具体地，在 2010 年和 2014 年的少儿问卷中，各有 6 个问题考察孩子的心理健康状况，它们都是关于孩子在过去一个月内感到某种负面情绪的频率，[①] 每个题设置 5 个选项，将频率由高到低赋值为 0～4，其中 0 = 几乎每天，1 = 每周两三次，2 = 每月两三次，3 = 每月一次，4 = 从不。将 6 个题的分值加总，得到反映孩子心理健康的指标 *cesd*，是一个从 0 到 24 的虚拟变量，取值越高表示心理健康状况越好。在 2012 年的少儿问卷中，CES－D 问卷的呈现形式有所不同，共有 20 个问题，内容是孩子在过去一周内某种感受或行为出现的频率，其中 4 个问题针对积极情绪，16 个问题针对消极情绪。每个题设置 4 个选项，我们赋值为 0～4，对于消极情绪的部分，赋值为 0 = 大多数时候有（5～7 天），1 = 经常有（3～4 天），2 = 有些时候（1～

① 例如“最近 1 个月，你感到情绪沮丧、郁闷，做什么事情都不能振奋的频率”“最近 1 个月，你感到坐卧不安、难以保持平静的频率”。

2 天)，3 = 几乎没有（不到 1 天）；对于积极情绪的部分，赋值方式相反，为 0 = 几乎没有（不到 1 天），1 = 有些时候（1 ~2 天），2 = 经常有（3 ~4 天），3 = 大多数时候有（5 ~7 天）。将 20 个题的得分加总，得到一个从 0 到 60 的连续变量 *cesd_2012*，数值越高代表孩子的心理健康状况越好。为了便于统一三年数据中的 CES – D 指标，我们在每年的截面数据中取 CES – D 的百分位数值 *cesd_pctile*。一个样本对应的 CES – D 百分位数值，就是具有这个数值和小于这个数值的样本数量占当年截面数据中总样本数量①的百分比，这个数越大表明个体的心理健康状况相对于同年样本中的其他个体越好。

我们将样本限制在 10 ~15 岁的青少年，因为只有这个年龄段的孩子会做少儿自答问卷，而我们的教养方式和心理健康情况的度量，都离不开少儿自答问卷中的信息。另外，由于所用数据横跨 2010 年、2012 年和 2014 年三年，10 ~15 岁的样本流失比较严重，为了保证尽量大的样本量，我们将这三年的数据合并使用，形成混合截面数据。同时，我们将关键变量如教养方式指标、学习成绩指标、CES – D 指标等有信息缺失的样本去掉，最终得到 3209 个观测值作为研究样本，该样本覆盖全国 26 个省份。

按照上文所述的划分方法，我们得到四种教养方式类型在各年份截面数据中的分布情况，如表 1 所示。可以看出，四种教养方式在各年份数据中的分布结构大致均衡，权威型和忽视型的占比各在 30% 左右，而专制型和溺爱型的占比在 20% 上下。

表 1　四种教养方式类型在各年份截面数据中的分布情况

年份	权威型	专制型	溺爱型	忽视型	合计
2010	173 (31.7%)	102 (18.7%)	103 (18.9%)	168 (30.7%)	546
2012	346 (28.5%)	253 (20.8%)	253 (20.8%)	362 (29.9%)	1214
2014	410 (28.3%)	314 (21.7%)	313 (21.6%)	412 (28.4%)	1449
合计	929 (28.9%)	669 (20.8%)	669 (20.8%)	942 (29.5%)	3209

除了上文提到的核心变量（教养方式、学习成绩和心理健康）之外，我们还控制了反映家庭社会经济条件的变量，以及性别、年龄、城乡、区域等基本的变量。其中，我们用家庭年收入考察家庭的经济条件，家庭年收入的计算经过 CFPS 项目组调整，在三年的截面数据之间是可比的［具体的调整办法见许琪和张春泥（2014）］，将此收入取对数，作

① 这里的当年截面数据内总样本数量是指经过我们筛选之后的样本数量，而非整个调查数据库中的样本总数，后面将详细介绍样本选取的过程。

为反映家庭经济条件的指标。关于父母的受教育程度，我们采用父母的受教育年限来度量。这样，我们就有了 ln_*income*、*fatheredu*、*motheredu* 三个反映家庭社会经济条件的变量。此外，我们在后面的回归中还用到了如下控制变量：孩子的性别 *male*（男性为1，女性为0），孩子的年龄 *child_age*，父母双方的年龄 *father_age*、*mother_age*，家中孩子个数 *n_child*，以及表示城乡的虚拟变量 *urban*（在城市为1，在乡村为0），表示区域的虚拟变量 *east*（中国东部地区为1，其他地区为0）和 *west*（中国西部地区为1，其他地区为0）。

三、回归方法

（一）基准回归模型

1. 以学习成绩作为因变量

以学习成绩作为因变量时，我们使用如下的 OLS 模型作为基准回归的模型：

$$academic = \alpha + \beta \cdot PS + \gamma \cdot SES + \delta \cdot X + \varepsilon$$

其中，*academic* 表示孩子的真实学习成绩。*PS* 表示父母的教养方式，分别用“要求—反应性”两个维度的连续变量以及“权威型—专制型—溺爱型—忽视型”四种类型的虚拟变量表示。*SES* 代表家庭的社会经济条件，包括家庭年收入的对数和父母的受教育年限等变量。*X* 为其他控制变量，包括性别、年龄、城乡、区域信息以及年份虚拟变量。

同时，考虑到学习成绩变量 *academic* 是一个从0到6的离散排序变量，而 OLS 将排序视作基数来处理，可能导致估计的偏差，因此，我们还使用了排序响应回归（Ordered Probit）这一非线性模型，进行最大似然估计（MLE），作为对 OLS 结果的稳健性检验。①

2. 以心理健康状况作为因变量

对于心理健康指标，我们使用的是 CES－D 数值在当年截面数据中的百分位数，这是一个连续的变量，其取值在0～100。我们在基准回归中也使用了 OLS 模型进行估计：

$$cesd\_pctile = \alpha + \beta \cdot PS + \gamma \cdot SES + \delta \cdot X + \varepsilon$$

其中，*PS* 为教养方式变量，*SES* 为家庭社会经济地位变量，*X* 为其他控制变量，这些变量的定义方式与上述相应回归模型相同，此处不再赘述。

此外，考虑到会有一部分样本个体的取值都为100，对应的是在问卷回答中心理健康状况最好的样本，也就是数据的分布会在区间的上限100处有一个集聚。对于这样的数据

---

① 具体地，在 Ordered Probit 模型中，我们构造一个连续的潜变量 $academic^*$，令其为各个自变量的线性函数，并根据其取值在不同区间的概率得出实际因变量 *academic* 取不同数值的概率，从而进行极大似然估计。

特征，我们也依据文献惯例，使用 Tobit 模型进行估计，作为对 OLS 结果的稳健性检验。[①]

（二）工具变量回归

以上模型均假定父母的教养方式是外生的，但实际上相应的回归可能会受到内生性问题的影响。这种内生性来自两个方面：其一，一些不可观测的变量（家风、基因遗传、能力等）可能同时影响父母的教养方式与孩子的表现；其二，孩子的发展水平和行为表现也会促使父母对教养方式进行调整，从而出现反向因果问题，而这一点已经被心理学界和经济学界广泛认同（Burton et al. ，2005；Kerr et al. ，2012；Moilanen et al. ，2014）。

为了解决上述可能存在的内生性问题，我们使用受访者所在社区（或村落，以下统称社区）的教养方式特征作为工具变量（IV）。具体来讲，考虑到教养方式是一种文化现象，具有地域性的特征，即同一地区的教育文化很可能表现出一定的共同性，同一社区或村落里不同家庭的教养方式也有其相似之处，因此个体父母的教养方式往往受到社区共同教养方式的直接影响；另外，其他家庭父母的教养方式一般不会直接影响本家庭子女的人力资本发展水平。[②] 这种教养方式在地域上的集聚性被心理学界的大量研究所证实，如 Fukushima 等（2006）就用阿拉伯的青少年调查数据说明教养方式特征在各个地域之间具有明显的差异性，Valentino 等（2012）也从虐待儿童的视角研究了社区层面的特征与教养方式的关联。由此，我们在要求（demandingness）和反应性（responsiveness）两个维度上在社区层面取平均值，得到反映社区教养方式特征的两个变量 *c_demandingness* 和 *c_responsiveness*。其公式为：

$$c\_demandingness_{ict} = \frac{1}{n_{ct}-1}\sum_{j\neq i} demandingness_{jct}$$

$$c\_responsiveness_{ict} = \frac{1}{n_{ct}-1}\sum_{j\neq i} responsiveness_{jct}$$

其中，i 和 j 表示个体，c 表示社区，t 表示年份，n_{ct} 表示 t 年份的数据中 c 社区内的个体数量。即个体所居住的外在的社区教养方式的要求程度，就是在当年截面数据中，个体所在社区内排除该个体之外的所有样本的要求程度的算术平均，与反应性平均值的计算方法类似。为了保证工具变量的外生性，在社区层面计算平均值时，我们将个体本身的情况排除在外。

---

① 具体地，在 Tobit 模型中，我们分别针对 $cesdpctile = 100$ 和 $cesdpctile < 100$ 两种情形写出样本观测点的概率密度函数（为各个自变量的函数），从而构造样本似然函数并进行极大似然估计。

② 同时，我们也尝试了其他的模型设定方法，包括在工具变量中加入 $c\_demandingness \times c\_reponsiveness$ 这个交叉项或加入 $c\_demandingness^2$ 和 $c\_reponsiveness^2$ 两个二次项，形成过度识别的模型，其回归结果与我们展示在后文表中的恰好识别的回归结果类似。基于此过度识别的模型，我们进行了过度识别约束检验，原假设为工具变量都是外生的，检验得到的 p 值都大于 0.1，不能拒绝原假设，说明我们所使用的工具变量满足外生性假定。

四、结果与讨论

（一）教养方式对学习成绩的影响

首先关注将学习成绩作为因变量的基准回归，这部分结果呈现在表 2 中的前四列中。在前两列回归中，我们将 *demandingness* 和 *responsiveness* 两个连续变量作为核心自变量，表示父母教养方式要求和反应性的程度大小。在表 2 第（1）列，我们只加入 *demandingness* 和 *responsiveness* 两个变量和反映家庭社会经济条件的三个变量，发现要求程度和反应性程度对于孩子的学习成绩都有显著的正向影响；在表 2 第（2）列，我们又加入了其他的控制变量。随着控制因素的增多，*demandingness* 和 *responsiveness* 的系数绝对值有所减小，但依然保持高度的统计显著性，体现了结果的稳健性。在表 2 控制父母社会经济条件及其他控制变量后，*demandingness* 每提高 1 分，孩子的学习成绩 *academic* 的数值平均会上升 0.039，用描述性统计中所示的标准差进行核算，即父母的要求程度每提高 1 个标准差，孩子的学习成绩将提高约 0.08 个标准差；类似地，反应性程度每提高 1 个标准差，孩子的学习成绩就提高约 0.13 个标准差。这说明，父母对孩子设置更高的要求，给予孩子更多的关怀，都会对孩子学习成绩的提高具有明显的促进作用。

表 2　教养方式对学习成绩的影响

项目	基准回归结果（OLS）				工具变量回归结果（2SLS）	
	（1）	（2）	（3）	（4）	（5）	（6）
demandingness	0.048*** （0.0101）	0.039*** （0.0111）			0.267** （0.1165）	0.336** （0.1409）
responsiveness	0.080*** （0.0100）	0.074*** （0.0110）			−0.143 （0.1416）	−0.313 （0.2051）
authoritative			0.456*** （0.0893）	0.403*** （0.0972）		
permissive			0.186* （0.0978）	0.210** （0.1061）		
neglecting			−0.333*** （0.0923）	−0.254** （0.1006）		
fatheredu	0.005 （0.0067）	−0.005 （0.0072）	0.007 （0.0067）	−0.003 （0.0072）	0.001 （0.0083）	−0.007 （0.0096）
motheredu	0.020*** （0.0057）	0.014** （0.0063）	0.023*** （0.0057）	0.016** （0.0063）	0.026*** （0.0093）	0.024** （0.0111）

续表

项目	基准回归结果（OLS）				工具变量回归结果（2SLS）	
	(1)	(2)	(3)	(4)	(5)	(6)
ln_income	0.119 *** (0.0249)	0.130 *** (0.0267)	0.119 *** (0.0251)	0.128 *** (0.0269)	0.115 *** (0.0342)	0.113 ** (0.0448)
Other Controls	No	Yes	No	Yes	No	Yes
Observations	2856	2403	2856	2403	2299	1965

注：①表中汇报的统计量是回归系数，括号里面是异方差稳健标准误。②*、**、***分别代表10%、5%和1%的显著性水平。③前四列所用的回归模型为OLS模型，后两列为2SLS模型。④在第（2）、第（4）、第（6）列中，我们还加入了其他控制变量，包括性别、年龄、父母年龄、城乡虚拟变量。余表同。

资料来源：中国家庭追踪调查（CFPS，2010，2012，2014）。

在表2的最后两列中，我们汇报了使用前面所述的工具变量方法控制内生性之后的回归结果。这时，反应性程度 *responsiveness* 的作用不再显著，而要求程度 *demandingness* 的系数仍然显著为正。这与我们在基准回归中得到的结果有所不同，即考虑教养方式对孩子学习成绩的影响时，父母对孩子的要求严格程度是影响孩子学习成绩的主要因素。

（二）教养方式对心理健康的影响

以下，我们考察将孩子的心理健康指标（即孩子的CES－D数值在当年截面数据中的百分位）作为因变量时的回归结果（见表3）。

在表3的前两列中我们加入 *demandingness* 和 *responsiveness* 两个变量来表示父母的教养方式，其他变量添加和模型设定方法与表2的前两列相同。我们发现，对于孩子的心理健康而言，要求程度的作用不再显著，即设置更高的要求可能并不会对孩子的心理健康产生重要影响，而此时，反应性的系数则显著为正。其他条件不变时，反应性程度的值每提高1分，其对应的CES－D百分位数值上升大约0.37个百分点。随着控制变量的加入，反应性的系数有所减小，但依然保持统计显著性，父母给予孩子更多的关爱和反应有助于孩子的心理健康发展，而孩子的心理健康水平可能与父母要求的严格程度无关。

表3　教养方式对心理健康的影响

项目	基准回归结果（OLS）				工具变量回归结果（2SLS）	
	(1)	(2)	(3)	(4)	(5)	(6)
demandingness	0.107 (0.1642)	0.128 (0.1818)			－4.553 ** (2.1415)	－4.831 ** (2.3742)
responsiveness	0.488 *** (0.1714)	0.366 * (0.1908)			5.431 ** (2.6331)	5.916 * (3.5210)

续表

项目	基准回归结果（OLS）				工具变量回归结果（2SLS）	
	(1)	(2)	(3)	(4)	(5)	(6)
authoritative			3.195**	1.476		
			(1.5310)	(1.6616)		
permissive			1.925	0.280		
			(1.6500)	(1.7903)		
neglecting			-0.486	-0.954		
			(1.5718)	(1.7201)		
fatheredu	0.107	0.089	0.115	0.093	0.109	0.070
	(0.1162)	(0.1263)	(0.1162)	(0.1263)	(0.1650)	(0.1818)
motheredu	0.137	-0.010	0.152*	-0.002	-0.110	-0.187
	(0.0924)	(0.1029)	(0.0920)	(0.1026)	(0.1797)	(0.2095)
ln_ income	0.506	0.019	0.503	0.013	0.453	0.482
	(0.4214)	(0.4613)	(0.4220)	(0.4619)	(0.6203)	(0.7273)
Other Controls	No	Yes	No	Yes	No	Yes
Observations	2868	2414	2868	2414	2311	1976

与表2类似，在表3的第（3）、第（4）列中，我们将表示教养方式类型的虚拟变量 *authoritative*、*permissive* 和 *neglecting* 作为核心自变量加入回归，将专制型作为基准组，这时我们发现，就孩子的心理健康而言，权威型和溺爱型的教养方式都显著优于专制型的教养方式，而忽视型的教养方式则与专制型的教养方式无显著差异。从边际效应上看，与专制型的父母相比，在权威型和溺爱型的教养方式下成长的孩子的心理健康CES-D百分位数值平均要高出3个百分点以上。这也进一步印证了我们在表3前三列的结果分析中得到的结论，即反应性 *responsiveness* 是影响孩子心理健康的关键因素。也就是说，父母给予孩子更多关照，对孩子的表现做出更积极的反应，能够有效促进孩子的心理健康发展。①

在表3的最后两列中，我们汇报了工具变量2SLS的回归结果。一方面，*responsiveness* 的系数依然显著为正；另一方面，*demandingness* 的系数显著为负，也就是说，家长对孩子要求越严格，可能越不利于孩子的心理健康发展。在基准回归中，我们发现专制型（高要求、低反应性）教养方式下成长的孩子的心理健康表现显著低于高反应性的权威型和溺爱型，也就是说，孩子的心理健康与父母对孩子的要求程度呈负相关关系，这一结果在控制

① 此外，我们也在基准回归中对前面模型设定部分提到的非线性模型（Ordered Probit 和 Tobit 模型）进行了尝试，所得的结果与我们用OLS得到的结果在系数符号和显著性水平上基本一致。证明了结果的稳健性。由于篇幅所限，这部分结果不在正文中汇报，有兴趣者可联系作者索取。

了内生性的回归之后得到了进一步的验证。

在基准回归结果的基础上，我们还分性别、分城乡构建子样本考察对教养方式的影响，发现基准结果在各子样本中也基本稳健，同时各子样本之间也表现出一定的差异性，比如严格要求只对男孩的学习成绩有显著的正向影响，而对女孩不显著；城乡子样本中，严格要求只在农村地区对孩子的学习成绩发挥作用，且农村地区父母的反应性程度对孩子的心理健康没有显著影响。这些结果也在一定程度上反映了性别和城乡在教育资源上的不平等。①

五、结论

本文的主要贡献在于，通过教养方式这一新的视角，探索人力资本的代际传递在家庭内部的形成机制。我们将心理学和教育学中研究较为广泛的教养方式这一因素纳入青少年人力资本形成的研究框架，探索教养方式在“要求”和“反应性”这两个维度上的差异，据此区分出不同教养方式类型，并将学习成绩和心理健康这两个人力资本的重要方面作为因变量，来考察教养方式的影响。基于中国家庭追踪调查三年的混合截面数据，我们的研究结果为这一假设提供了可靠的实证支持。

研究发现，父母对孩子的要求和反应性程度都对孩子的学习成绩有显著的正向影响。权威型的教养方式能带来最好的学习成绩，溺爱型和专制型次之，忽视型的教养方式对孩子的学习成绩最为不利。同时，教养方式对孩子的心理健康也有显著影响，反应性程度与孩子的心理健康呈现显著的正相关关系，而要求的严格程度可能不利于孩子的心理健康；权威型和溺爱型下孩子的心理健康状况好于专制型和忽视型。这说明，父母一方面要加强对孩子的要求，另一方面还要加强对孩子的关爱和反应。在中国“望子成龙”、从严治家的文化背景下，父母往往更加重视前者而忽略后者，从而在教养方式的选择上对子女的发展造成不利影响。

在政策含义方面，我们的研究结论表明，在学校教育之外，要更加重视家庭教育在青少年成长中的作用，加强对父母教养方式的宣传和培养，在整个社会传播先进的家庭教育理念，树立积极和睦的家风，通过家庭教育的改善，支持青少年人力资本的积累和质量的提高；要加强家校共建，促进家庭和学校之间的信息沟通，使父母了解孩子的情况，从而科学地设置要求，适度地给予反应；要从家庭教育层面努力改善我国教育的城乡和地区不平等现象，加强对留守儿童以及落后农村地区青少年的关注和培育，提高农村地区对家庭

① 受篇幅所限，这里不再汇报分样本回归的具体结果，感兴趣的读者可以参阅作者发表在 2019 年第 2 期《财经研究》上的原文。

教育重要性的关注，使得父母的教养方式和质量随经济发展和文化普及而改善，缩小城乡教育不公平差距。

参考文献

[1] Baumrind D. Current patterns of parental authority [J]. Developmental Psychology, 1971(4):1 – 103.

[2] Blondal K. S. , Adalbjarnardottir S. Parenting practices and school dropout: A longitudinal study [J]. Adolescence, 2009(44):729 – 749.

[3] Cunha F. , Heckman J. J. Human capital formation in childhood and adolescence [J]. Cesifo Dice Report, 2010(7):22 – 28.

[4] Dooley M. , Stewart J. Family income, parenting styles and child behavioural – emotional outcomes [J]. Health Economics, 2007(16):145 – 162.

[5] Feinstein L. , Symons J. Attainment in secondary school [J]. Oxford Economic Papers, 1999(51):300 – 321.

[6] Fukushima S. , Araki T. , Sakaguchi Y. , et al. Parenting styles in Arab societies: A first cross – regional research study [J]. Journal of Cross – Cultural Psychology, 2006(37):230 – 247.

[7] Chi W. , Qian X. Human capital investment in children: An empirical study of household child education expenditure in China, 2007and 2011[J]. China Economic Review, 2016(37):52 – 65.

[8] Gniewosz B. , Noack P. The role of between – parent values agreement in parent – to – child transmission of academic values [J]. Journal of Adolescence, 2011(35):809 – 821.

[9] Goode A. , Mavromaras K. , Zhu R. Family income and child health in China [J]. China Economic Review, 2014(29):152 – 165.

[10] Heckman J. J. Lessons from the Bell Curve [J]. Journal of Political Economy, 1995(103):1091 – 1152.

[11] Heckman J. J. , Kautz T. Fostering and measuring skills interventions that improve character and cognition [A]// In J. J. Heckman, J. E. Humphries and T. Kautz (Eds.), The GED Myth: Education, Achievement Tests, and the Role of Character in American Life, Chapter9. Chicago, IL: University of Chicago Press, 2014.

[12] Heckman J. J. , Mosso S. The economics of human development and social mobility [R]. NBER Working Paper, 2014.

[13] Heckman J. J. , Rubinstein Y. The importance of non – cognitive skills: Lessons from the GED Testing Program [J]. The American Economic Review, 2001(91):145 – 149.

[14] Kerr M. ,Stattin H. ,Ozdemir M. Perceived parenting style and adolescent adjustment: Revisiting direction of effects and the role of parental knowledge [J]. Developmental Psychology, 2012(48):1540 - 1553.

[15] Lamborn S. D. ,Mounts N. S. ,Steinberg L. ,et al. Patterns of competence and adjustment among adolescents from authoritative, authoritarian, indulgent, and neglectful families [J]. Child Development,1991(62):1049 - 1065.

[16] Lizzeri A. ,Siniscalchi M. Parental guidance and supervised learning [J]. The Quarterly Journal of Economics,2008(123):1161 - 1195.

[17] Maccoby E. E. ,Martin J. A. Socialization in the context of the family: Parent - child interactions [M]. In Hetherington EM. Wiley (Ed.), Handbook of Child Psychology, Vol. 4: Socialization, Personality, and Social Development, 1983.

[18] Mauldin T. ,Mimura Y. ,Lino M. Parental expenditures on children's education [J]. Journal of Family & Economic Issues,2011(22):221 - 241.

[19] Moilanen K. L. ,Rasmussen K. E. ,Padilla - Walker L. M. Bidirectional associations between self - regulation and parenting styles in adolescence [J]. Journal of Research on Adolescence,2015(25):246 - 262.

[20] Parker G. ,Tupling H. ,Brown L. B. A parental bonding instrument [J]. British Journal of Medical Psychology,1979(52):1 - 10.

[21] Qin X. ,Wang T. ,Zhuang C. C. Intergenerational transfer of human capital and its impact on income mobility: Evidence from China [J]. China Economic Review,2016(38):306 - 321.

[22] Smetana J. G. Current research on parenting styles, dimensions, and beliefs [J]. Current Opinion in Psychology,2017(15):19 - 25.

[23] Valentino K. ,Nuttall A. K. ,Comas M. ,et al. Intergenerational continuity of child abuse among adolescent mothers: Authoritarian parenting, community violence, and race [J]. Child Maltreatment,2012(17):172 - 181.

[24] Xiang C. ,Yeaple S. The production of cognitive and non - cognitive human capital in the global economy [R]. NBER Working Peper,2018.

[25] Zick C. D. ,Bryant W. K. ,Österbacka E. Mothers' employment, parental involvement, and the implications for intermediate child outcomes [J]. Social Science Research,2001(30): 25 - 49.

[26] 徐慧,张建新,张梅玲. 家庭教养方式对儿童社会化发展影响的研究综述[J]. 心理科学,2008(4).

[27] 许琪,张春泥. 中国家庭追踪调查——2012 年家庭收入的调整办法[R]. 中国家庭追踪调查技术报告系列 CFPS - 27,2017.

[28] 喻文姗,李汪洋,谢宇. 心理量表的设计与测量[M]//中国民生发展报告 2016. 北京:北京大学出版社,2017.

要素市场化改革与供需结构错配

徐朝阳　白艳　王韡①

【摘要】我国服务业部门 GDP 占比偏低，而工业部门长期受结构性产能过剩问题困扰，这种三大产业层面上的供需结构错配是我国供给侧结构性改革面临的突出问题之一。本文构筑了一个包含土地生产要素的三要素三部门动态一般均衡模型，从要素市场改革滞后的视角对该问题提出了一个新的理论解释。本文证明，当存在某些体制性障碍导致服务业部门无法顺利地吸纳土地、劳动等生产要素流入时，那么从农业部门转移出来的生产要素就只能更多地流入管制较少的工业部门。在产品间不完全替代情况下，这种要素市场改革的滞后会导致服务业部门有效需求得不到满足和工业部门产能过剩现象并存的供需结构错配问题，并有可能引发内外部经济的失衡和宏观经济的不稳定。因而，加快要素市场化改革进程是我国进一步推进供给侧结构性改革的应有之义。

【关键词】供给侧结构性改革；产能过剩；供需结构错配；服务业；供给抑制

一、引言

自 2015 年底党中央提出加强供给侧结构性改革以来，推进供给侧结构性改革已经成为当前我国经济发展和经济工作的主线。供给侧结构性改革把提高供给体系质量作为主攻方向，需要我国进一步优化生产要素配置和组合，着力调整供给结构，增强供给结构对需求变化的适应性和灵活性，使供给体系更适应需求结构变化。

---

① 徐朝阳、王韡（通讯作者），对外经济贸易大学国际经济贸易学院，电子邮箱：xuvenite@ gmail. com，weiwangccer@ gmail. com；白艳，美国罗切斯特大学经济学系，电子邮箱：yanbai06@ gmail. com。本文得到国家自然科学基金面上项目（批准号 71573039）、国家自然科学基金青年项目（批准号 71703017）、对外经济贸易大学中央高校基本科研业务费专项资金（批准号 CXTD11 - 01）的资助。作者感谢两位匿名审稿人的建设性建议，文责自负。此文首发于《经济研究》2020 年第 2 期，再刊时在数学细节上有较多删节。

从三大产业结构角度看，我国供给体系对需求结构变化的不适应突出体现为服务业 GDP 占比过低。图 1 给出了我国自 20 世纪 90 年代以来服务业的 GDP 占比数据，作为对比，我们也给出了全球 39 个主要经济体和人口大国处在与中国同等发展阶段时期的服务业 GDP 占比数据。可以明显地看出，中国服务业 GDP 占比虽然逐年提高，但在图 1 的散点图中越来越明显地处于最下沿位置，且与其他国家平均趋势相差超过 10 个百分点并有进一步扩大的迹象。

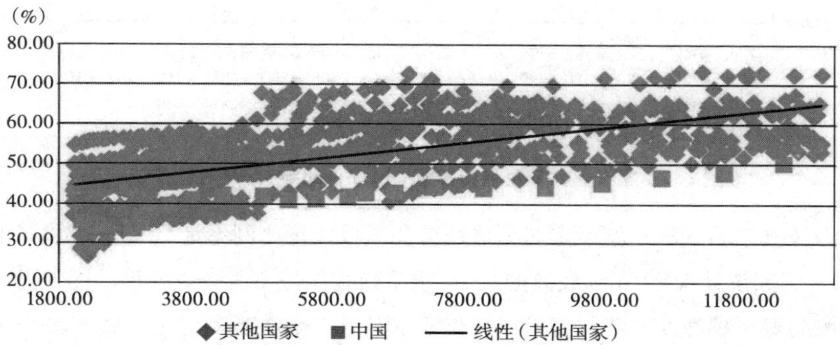

图 1　我国的服务业 GDP 占比

如何解释图 1 揭示出的我国产业结构变迁过程中的特殊现象？服务业占比过低，会对国民经济产生哪些显著的影响？对这些问题的回答，显然关系到我国如何进一步推进和深化供给侧结构性改革这一至关重要的问题。

产业结构变迁，从长期趋势看主要受需求结构变化以及产业间技术进步速度差异的驱动，同时在中短期内也受一个国家的各种体制性和政策性因素的影响。图 2 给出了我国农业、工业和服务业的劳动占比与 GDP 占比差值的数据，作为对比，我们也提取了 Groningen 产业结构数据库中其他 40 个主要经济体的对应数据。① 从图 2 我们可以看出，与世界各国的平均趋势相比，我国农业部门雇用的劳动力比重明显偏高，这必然意味着流入非农业部门的劳动力比重偏低。该数据说明，我国在三大产业间存在着明显的生产要素错配问题。

众所周知，要素市场化改革是我国当前经济体制改革的重点攻关领域。而要素市场化改革滞后，突出体现在城乡之间的生产要素（包括劳动力和土地）流动受阻，大量农村劳动力（占总劳动力的 30% 以上）滞留在 GDP 占比已不足 10% 的农业部门，而城市公共服务品供给不足以及包括户籍制度在内的各种体制性障碍，导致我国数以亿计在城市就业的

① 该数据库仅涵盖 2010 年之前的数据，人均购买力平价 GDP 数据来自 Maddison 数据库。

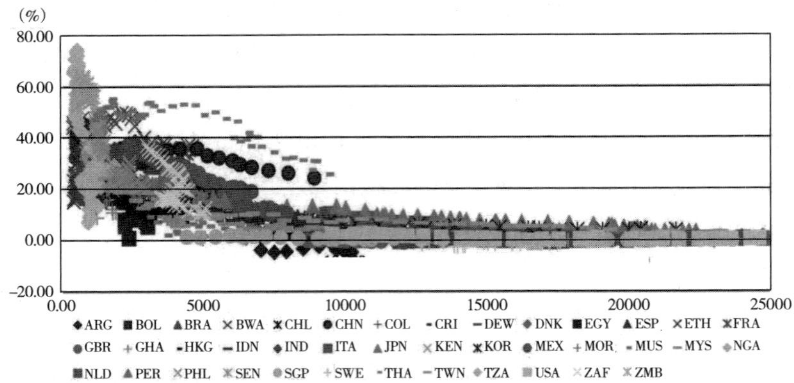

图 2　我国农业、工业和服务业的劳动占比与 GDP 占比差值

农村劳动力及其亲属无法在城市定居，这使得我国城镇化比例不足58%、户籍城镇化比例不足40%（国家统计局2016年底数据），严重阻碍我国城市服务业发展。图2揭示出的生产要素错配问题，根源在于我国要素市场化改革滞后、生产要素无法在城乡和产业间进行市场化配置。

基于上述思想，本文构建了一个要素市场化改革滞后背景下的产业结构变迁模型，讨论劳动力和土地等生产要素无法自由从农村进入城市对产业结构变迁以及宏观经济的整体影响。根据我们的模型，随着经济发展和人均收入水平的提高，人们会倾向于更多地消费服务品，但在生产要素流入受限的情况下，城市服务品供给不足，价格上涨，而由于产品间的不完全替代性，人们也不会过多地消费工业品。根据中国的实际情况，各级政府会倾向于将农村地区转移出来的生产要素特别是土地要素更多地配置到工业部门，这就容易造成工业品的供给能力扩张速度超过其消费增长速度，从而导致工业部门产能过剩和服务业部门大量有效需求得不到满足并存的供需结构错配现象，并最终导致国民经济的总体供需失衡和内外部失衡，影响宏观经济稳定。解决这种供需结构错配及其各种派生问题的根本方式是供给侧结构性改革，主要抓手是推进和深化要素市场化改革，尽快破除生产要素无法在城乡间和产业间自由流动的各种体制性和政策性障碍。

在理论模型基础上，本文还根据我国1992—2014年的宏观经济和产业结构变迁数据校准了模型的各个参数，发现在要素市场化改革滞后从而生产要素无法顺利地从农村部门向城市服务业部门流动的情况下，工业部门会出现结构性产能过剩问题，服务业部门则由于供给不足，相对价格不断上涨，同时宏观经济在整体上也会出现总需求不足的问题，这表明数学模型可以较好地模拟出我国现实经济中出现的供需结构错配问题。我们还做了一些政策实验，假设要素市场化改革得到加速，根据实验结果，我国服务品和工业品的消费占 GDP 比重均会增加，而工业部门的供给扩张速度会下降，不仅三大产业间的供需结构错配程度会得到缓解，宏观经济总需求不足的问题也能在较大程度上得到克服。

本文基本框架是一个三部门的产业结构变迁模型。产业结构变迁模型建立在多部门动态一般均衡模型基础之上，其基本机制可大致分为三类，Kongsamut 等（2001）强调收入效应，Ngai 和 Pissarides（2007）强调部门间技术进步差异引发的相对价格效应，Acemoglu 和 Guerrieri（2008）则强调部门间要素密集度差异引发的相对价格效应，Herrendorf 等（2014）对不同类型产业结构变迁模型做了比较全面的对比研究。国内徐朝阳（2010）、李飞跃（2011）和李尚骜、龚六堂（2012）等也基于基础文献研究过一些具体的产业结构变迁及其派生问题。本文主要是在 Ngai 和 Pissarides（2007）基础上引入双层 CES 函数，允许不同产业间替代弹性存在差异，可以解决后者无法描述工业部门 GDP 占比先上升后下降的倒“U”形结构变迁过程的不足。此外，为了更好地描述要素市场改革滞后的影响，本文将土地要素引入所有部门的生产函数中，建立的是三要素三部门的产业结构变迁模型，更具一般性。

本文也与研究我国产业结构变迁的文献有关。国内外研究我国产业结构的文献很多，但建立在现代产业结构变迁模型基础上的量化研究非常少。Brandt 和 Zhu（2010）、Dekle 和 Vandenbroucke（2012）、Cao 和 Birchenall（2013）、Cheremukhin 等（2017）是这类文献的代表，不过这些研究基本都侧重于研究我国农业向非农业转型的结构变迁过程，对农业、工业和服务业三大产业间完整的结构变迁过程缺乏研究。徐朝阳（2014）和张斌、矛锐（2016）基于两部门模型研究了工业和服务业部门之间的结构扭曲对我国储蓄率的影响，王勋、Anderson（2013）则从实证角度讨论了不利于服务业的金融抑制政策如何导致我国三大产业间的结构扭曲。与这几篇国内相关文献相比，本文侧重于强调要素市场化改革滞后对于结构扭曲的影响，同时本文包含的进出口的三要素三部门动态一般均衡模型也能够更完整、更清晰地阐述供需结构错配的理论机制及其对宏观经济稳定运行的负面作用。

本文后面的内容安排如下：第二部分是基准模型，给出了一个包含土地生产要素的三部门产业结构变迁模型；第三部分引入要素市场改革滞后背景下生产要素在三大产业部门之间流动受限情况下的产业结构变迁模型，推导要素市场化改革滞后如何导致供需结构错配及其派生问题；第四部分是参数校准、数值模拟和政策实验的主要结果；第五部分总结全文。

二、一个包含土地生产要素的产业结构变迁模型基准框架

本文要讨论要素市场化改革滞后对我国产业结构变迁的影响，因而我们建立了包含土地生产要素的完整的三部门产业结构变迁模型，能够描述土地、资本和劳动力三种生产要

素在城乡和产业间的流动，这需要在标准框架基础上做出较大程度的扩展。为此，本文将产出分成农村地区产出和城市地区产出，其人均形式生产函数为：

$$y_i = A_i q_i^{\alpha} k_i^{\beta} l_i^{1-\alpha-\beta}, \forall i \in [0,1] \cup \{d\} \tag{1}$$

其中，d 代表农村地区产业部门，A_i 是城市地区部门 i 的全要素生产率（TFP），它满足 $\dot{A}_i = g_i A_i$。一般而言，城市地区生产部门 TFP 增速高于农村地区，因而我们假设：

$$\text{A1}: \frac{\dot{A}_{-d}}{A_{-d}} > g_d \tag{2}$$

至于城市地区不同生产部门，我们假设部门 m 为资本品部门，其产品不仅用于消费，也用于投资和积累，其 TFP 增速为 g。

q_i 是部门 i 的人均土地面积，k_i 是部门 i 的人均资本存量，l_i 是部门 i 劳动力占总劳动力之比，它们显然满足式（3）。

$$\int_0^1 q_i di + q_d = q, \int_0^1 k_i di + k_d = k, \int_0^1 l_i di + l_d = 1 \tag{3}$$

其中，k 为人均社会总资本，q 为人均社会土地总面积。为简化分析，本文假定社会总的土地面积固定，人口总量也固定，这样人均社会土地总面积 q 也为固定的常数。

作为基准模型，假设农村和城市地区每个部门都是完全竞争的，土地、资本和劳动力在不同部门之间都可以自由流动。产品定价遵循边际法则，即

$$p_i = A_i^{-1} \alpha^{-\alpha} \beta^{-\beta} (1-\alpha-\beta)^{-(1-\alpha-\beta)} \tau^{\alpha} r^{\beta} w^{1-\alpha-\beta} \tag{4}$$

其中，τ 代表单位土地面积租金，r 代表资本回报率，w 代表工资水平。将资本品部门 m 产品价格标准化为1，即 $p_m = 1$。其他部门（含农村和城市）都仅生产消费品，根据式（4），其相对价格显然为：

$$p_j = \frac{A_m}{A_j}, j \in [0,1] \cup \{d\}, j \neq m \tag{5}$$

代表性消费者的目标函数为：

$$\int_0^{\infty} \xi/(\xi-1) \ln\{(\theta c_d)^{(\xi-1)/\xi} + [(1-\theta) c_e]^{(\xi-1)/\xi}\} \cdot e^{-\rho t} \mathrm{d}t \tag{6}$$

其中，$\rho > 0$ 代表时间偏好率，ξ 代表农村地区和城市地区之间消费品的替代弹性。c_e 是城市地区消费品，它是城市地区全部中间消费品的 CES 加总：

$$c_e = [\int_0^1 (\gamma_i c_i) di]^{1/\in}, \in (-\infty, 1)$$

这里 $\sigma = 1/(1-\in)$，代表城市地区任意两种不同中间品的替代弹性。城市地区不同中间品价格为 p_i，不难求出城市地区复合品价格为：

$$p_e = [\int_0^1 \gamma_i^{\epsilon/(1-\epsilon)} p_i^{\epsilon/(\epsilon-1)} d_i]^{(\epsilon-1)/\epsilon}$$

再根据式（4），我们可以将城市地区复合品的价格表述为：

$$p_e = A_e^{-1} \alpha^{-\alpha} \beta^{-\beta} (1-\alpha-\beta)^{-(1-\alpha-\beta)} \tau^{\alpha} r^{\beta} w^{1-\alpha-\beta}, A_e = [\int_0^1 \gamma_i^{\epsilon/(1-\epsilon)} A_i^{\epsilon/(1-\epsilon)} d_i]^{(1-\epsilon)/\epsilon}$$

其中，A_e 可视为城市地区复合品的加权平均 TFP，令其增速为 g_e，显然它由城市地区不同中间品的 A_i 的增速决定，而且它是一个可变值。

代表性消费者人均的资本存量为 k_p，其流量资本来自三部分：一部分是工资收入 w，另一部分是投资收入 $r k_p$，还有一部分是地租收入 τq。当折旧率为 δ 时，代表性消费者的预算约束方程为：

$$\dot{k}_p + \delta k_p = w + r k_p + \tau q - p_d c_d - p_e c_e \tag{7}$$

根据上述模型基本设定，我们不难看出，本文基准框架是最接近 Ngai 和 Pissarides（2007）模型的。但与后者相比，这里有两点差别：一是本文效用函数建立在双层 CES 函数基础之上，而 Ngai 和 Pissarides（2007）是标准的 Dixit 和 Stiglitz（1977）形式，建立在单层 CES 函数基础上，任何部门间替代弹性都是相同的，而我们是允许有差异的；二是本文使用三种生产要素。显然，我们的框架更具一般性和灵活性，这使得我们可以对产业结构变迁过程做出更加符合现实经济的刻画。

定义社会总的人均消费为：

$$c = p_e c_e + p_d c_d \tag{8}$$

再根据代表性消费者的最优化问题，不难得到社会人均消费 c 的增长方程：

$$\frac{\dot{c}}{c} = r - \rho - \delta \tag{9}$$

生产商利润函数为：

$$\pi_e = p_e [\int_0^1 (\gamma_i c_i)^{\epsilon} di]^{1/\epsilon} - \int_0^1 p_i c_i d_i$$

容易求得中间品 i 的需求函数为：

$$p_i = p_e \gamma_i^{\epsilon} c_i^{\epsilon-1} [\int_0^1 (\gamma_i c_i)^{\epsilon} d_i]^{(1-\epsilon)/\epsilon} \tag{10}$$

将该需求函数代入复合品生产函数易知其生产商利润为 0，即城市地区复合品价值等于其使用的中间品总价值之和，因此我们可以将社会人均总产出定义为：

$$y \equiv \int_0^1 p_i y_i di + p_d y_d$$

根据不同部门生产函数及任意产品间价格比公式，不难将 y 改写成：

$$y = A_m(q_i/l_i)^{\alpha}(k_i/l_i)^{\beta}(1 - l_d) + p_d A_d(q_d/l_d)^{\alpha}(k_d/l_d)^{\beta} l_d = A_m q^{\alpha} k^{\beta} \quad (11)$$

由于要素在城市地区和农村不同部门间可以完全自由流动，因而不同部门（含农村和城市）的土地劳动比和资本劳动比完全相同，这是推理出式（11）的关键。

由于所有部门都是完全竞争的，因此在均衡状态所有企业必须是经济利润为零，这意味着社会总产出 y 全部用于支付工资、资本租金和地租，即 $y = w + rk + \tau q$ 。其中 $k = k_p + k_g$ ，即人均社会总资本等于私人资本和政府资本之和。再令 $a = k_p + a_g$ ，即人均社会总财富是私人财富和政府财富之和，这里政府财富 a_g 由政府资本 k_g 和净国外资产 d 组成。这样，可得人均社会总财富为 $a = k + d$ 。在这些定义基础上，我们可以将代表性消费者的预算约束式改写为：

$$\dot{a} + \delta a = y + r_f(a - k) - c$$

该式可看作社会资源约束条件，其含义是：人均社会总财富由国内生产总值 y 和国外净要素支付收入 $r_f(a - k)$ 两部分构成（ r_f 是国外资产回报率），这些总收入可被用于消费和财富积累。

由于 $\dot{a} = \dot{k} + \dot{d}$ ，作为基准模型，我们假设经济体维持着内外部的平衡，即有 $d = 0$ 和 $\dot{d} = 0$ ，这样就有 $\dot{a} = \dot{k}$ ，因此社会资源约束条件可以改写为：

$$\dot{k} + \delta k = y - c \quad (12)$$

至此，我们这个多部门的动态一般均衡模型最终加总转化成一个单部门 Ramsey 模型。

关于该模型的平衡增长路径，我们有如下命题：

命题 1：在经济保持内外部平衡情况下，式（9）和式（12）组成的微分系统存在唯一的鞍点稳定路径，沿着该路径，经济将收敛到平衡增长路径上，并且在平衡增长路径上满足：

$$\frac{\dot{y}}{y} = \frac{\dot{a}}{a} = \frac{\dot{k}}{k} = \frac{\dot{c}}{c} = \frac{g}{1 - \beta}$$

在上述命题基础上，我们很容易得到如下推论：

推论 1：在平衡增长路径上，储蓄率将保持稳定，国外净资产占总产出之比等于 0，而利率则为：

$$r = g/(1 - \beta) + \rho + \delta$$

在平衡增长路径上，虽然主要宏观变量维持稳定增速 $g/(1 - \beta)$ ，但由于部门间技术进步速度以及不同部门替代弹性的差异，生产要素会在农村地区和城市地区之间流动，在城市地区不同中间品部门，也会存在技术进步差异引发的要素流动，具体可用如下命题刻画：

命题 2：在平衡增长路径上，农村地区的要素流动和城市地区任意中间品部门的要素流动可由下式刻画：

$$\frac{\dot{q}_d}{q_d} = \frac{\dot{l}_d}{l_d} = -(\xi - 1)(g - g_d),\ \frac{\dot{q}_j}{q_j} = \frac{\dot{l}_j}{l_j} = (\sigma - 1)(g_j - g_e) + (\xi - 1)(g_e - g),$$

$$\forall j \in [0,1],\ l_m = 1 - l_d - \int_0^1 l_j dj,\ \forall j \in [0,1], j \neq m \tag{13}$$

上述命题有如下推论：

推论 2：若农村地区产品和城市地区复合品替代弹性$\xi > 1$，同时农村地区 TFP 增速g_d小于城市地区复合 TFP 增速g，那么土地和劳动力等生产要素会从农村地区流向城市地区。若城市地区任意中间品之间替代弹性$\sigma < 1$，那么城市地区的土地和劳动力等生产要素会流向技术进步速度较慢的生产部门，反之则流向技术进步速度较快的生产部门。

一般而言，城市地区 TFP 增速高于农村地区，而生产要素会从农村地区流向城市地区，因而$\xi > 1$是个合理设定。在城市地区，若我们将全部产业简单划分为工业和服务业两大部门，一般而言，长期内生产要素会更多流向服务业部门，且工业部门 TFP 增速会高于服务业部门，因而$\sigma < 1$是个合理设定。

上述经济体具有良好的性质，在平衡增长路径上，不仅储蓄率和利率都为固定不变的常数，国外净资产d占 GDP 比值为 0，经济处在内外部平衡状态，而且还可以刻画生产要素不断地从农村地区流向城市地区，并在城市地区内部不断地向服务业部门增加生产要素配置比例的结构变迁过程。本文主要目的是研究要素市场化改革滞后如何扭曲产业结构变迁并导致供需结构错配和经济内外部失衡，这里处于平衡增长路径上的经济体非常适合作为我们研究的起点和参照系，后文将以它为基准框架，引入土地、劳动力等生产要素在城乡和产业间配置受到行政管制的假设，研究这些制度和政策扭曲如何改变参照经济体中的结论并阐述本文的主要观点。

三、要素市场扭曲与供需结构错配

（一）对要素市场扭曲的刻画

为简化分析，这里将基准模型中的城市地区产品部门简化成两大部门：供给抑制部门，政府严格限制土地和劳动等要素进入这些行业，导致这些行业供给增长低于正常情形，这些部门生产的产品被我们称为供给抑制产品；竞争性部门，生产要素可以自由进入这些行业，同时产品定价完全是竞争性的，它们提供的产品被我们称为竞争性产品。我们用下标u代表供给抑制部门，用下标h代表竞争性部门。这样，基准模型中的城市地区复合品生产函数需要改写为：

$$c_e = [(\gamma_u c_u)^{\varepsilon} + (\gamma_h c_h)^{\varepsilon}]^{1/\varepsilon}, \gamma_u + \gamma_h = 1$$

根据中国的实际情况，政府一方面严格限制土地从农村部门流出，另一方面还在城市地区限制土地进入供给抑制部门。为了刻画该制度特征，我们引入假设：

$$A2: \frac{\dot{q}_d}{q_d} = -(1-\mu)x_d, \frac{\dot{q}_h}{q_h} = (1-\nu)x_h$$

显然，$\mu > 0$ 刻画了政府对农村土地流出的抑制强度，$\nu > 0$ 刻画了政府对土地流入供给抑制部门的抑制强度。注意，这里的 $\bar{g}$ 和 g_e 仍然由基准模型决定。

为简化分析，本文假设农村部门和城市供给抑制部门都是非贸易品部门。在 A2 刻画的土地制度下，供给抑制部门产品必然供不应求，相对价格会趋于上涨，因此该部门回报率会高于基准模型；而农村地区产品供过于求，相对价格会趋于下降，因此该部门回报率会低于基准模型。但根据中国实际情况，供给抑制部门主要由政府直接控制或者通过国有企业间接控制。作为简化，本文假设该部门受政府高度控制，涨价带来的超额利润全部被政府以各种办法收走，这样该部门只能为土地、资本和劳动力等生产要素提供与其他部门完全相同的市场价格，也无力雇用更多的资本和劳动力等可自由流动生产要素；而农村部门则由政府给予补贴，保证农村生产要素都能得到充分利用，这意味着不同部门间的资本劳动比和土地劳动比依然遵循基准模型中的结论，因此劳动力的流动速度也由 *A2* 决定。

假设 A2 的核心是对土地和劳动力等生产要素的流动进行计划配置：从农村部门流出来的土地和劳动力等生产要素，只能按照政府指定的比例进入供给抑制部门和竞争性部门。尽管供给抑制部门供给不足，但生产要素只能进入不受管制的竞争性部门，而农村地区则会存在要素过剩的问题。

（二）扭曲性要素市场下的需求结构

引入要素市场扭曲后，本文将得到如下重要命题和推论：

推论 3：在 $\xi > 1$ 情况下，政府对农村生产要素流出速度控制得越严即 μ 越大，城市地区产品实际消费量增速相对于基准模型就越低。

推论 3 背后的逻辑不难理解，农村产品和城市产品之间替代弹性 $\xi > 1$，表明农村地区产品和城市地区产品之间是总体替代关系，若政府控制土地和劳动力等生产要素流入城市地区，提高了农村地区产品的供给增速，那么农村地区产品 p_d 相对于城市地区产品价格 p_e 涨幅减缓，这样在替代效应下，消费者对城市地区产品消费的增幅当然会减缓。政府对农村生产要素流出速度控制得越严即 μ 越大，农村地区产品供应就越充足，相对价格就越便宜，因而对城市地区产品的实际消费增速当然也就越低。

推论4：若$\mu = 0$，那么城市地区复合品实际消费 c_e 的增长率是 σ 的增函数，且它满足：

$$(\text{a})\ 若\ \sigma = \infty, 则\frac{\dot{c}_e}{c_e} = \gamma_e; (\text{b})\ 若\ \sigma = 0, 则\frac{\dot{c}_e}{c_e} = \gamma_e - v x_h$$

推论4考虑的是$\mu = 0$的情况，此时我们可以去掉城市地区生产要素流入受限的影响，专门研究城市地区内部两大产业部门之间要素配置扭曲的影响。根据推论4，我们可以看出城市地区复合品实际消费 c_e 的增速主要受竞争性部门和供给抑制部门之间替代弹性的影响：替代弹性越小，c_e 的增速就越低，若替代弹性等于0，竞争性部门产品和供给抑制部门产品完全互补，此时竞争性部门产品消费增速完全受制于供给抑制部门产品供给增速，均减少 νx_h 单位，因而复合品实际消费 c_e 增速也减少 νx_h 单位①；替代弹性越大，说明竞争性部门产品对供给抑制部门产品的替代性越强，若后者供应不足，消费者可以较多转向消费前者，因而对复合品实际消费 c_e 增速的影响就较小，极端情况下替代弹性等于 ∞，竞争性部门产品可以完全替代供给抑制部门产品，后者供应不足对复合品消费没有任何影响，因而复合品实际消费 c_e 增速就等于基准模型中的 γ_e 。

引入扭曲性要素市场以后，农村地区产品消费增速上升，相对价格涨幅缩小，城市地区产品消费增速减缓，相对价格涨幅提高，那名义总消费会怎样？我们有如下命题：

命题3：居民的名义总消费增长率为：

$$\frac{\dot{c}}{c} = \frac{g}{1 - \beta} \tag{14}$$

居民名义消费额维持 $g/(1 - \beta)$ 的增速，与基准情形完全一样，这主要是因为城市地区产品涨价抵消了居民实际消费的下降，从而使得消费额增长速度维持不变。

（三）供需结构错配

前文研究了A2刻画的扭曲性要素市场对消费需求的影响，它会对实际GDP和潜在增长速度产生何种影响呢？我们先定义实际GDP为：

$$y_r = p_u y_u + \bar{p}_h y_h + \bar{p}_d y_d$$

其中，$\bar{p}_h = A_m / A_h$ 及 $\bar{p}_d = A_m / A_d$ ，剔除掉了要素市场扭曲带来的物价变动。根据各部门生产函数，我们很容易将实际GDP改写为：

$$y_r = A_m q^{\alpha} k^{\beta} [l_u + \frac{\bar{p}_h A_h}{A_m} l_h + \frac{\bar{p}_d A_d}{A_m} l_d]$$

① 在替代弹性等于0的情况下，实际上有 $\gamma_e = \gamma_h = \gamma_u$ ，因而复合品实际消费 c_e 增速也等于 $\gamma_h - \nu x_h$ ，即供给抑制部门产品供给增速决定了城市地区消费品的增速。

再将 $\bar{p}_h$ 及 $\bar{p}_d$ 代入，不难看出实际 GDP 的潜在增速显然等于 $g/(1-\beta)$，由此可得如下命题：

命题 4：在 A2 刻画的扭曲性要素市场中，实际 GDP 的潜在增速与基准模型一致，即有：

$$\frac{\dot{y}_r}{y_r}=\frac{g}{1-\beta}$$

命题 4 的结论不难理解，尽管要素市场的扭曲会导致生产要素不能进入需求更加旺盛的部门，但是要素会进入其他部门，会带来其他部门产出的增加，并不会导致生产要素的浪费和闲置。剔除供给结构改变导致的相对价格变动因素以后，实际 GDP 的增速自然就与基准模型是一致的。

然而，要素市场的扭曲会导致城市地区供给抑制部门生产要素流入受阻，进入城市的生产要素更多流向管制较少的竞争性部门，这样城市竞争性部门产能扩张速度会明显高于基准模型。但是，由于消费品之间的不完全替代性，居民对供给相对充足的竞争性产品的消费增长赶不上其产出扩张速度，这样城市地区就出现了竞争性部门消费需求不足和供给抑制部门需求得不到满足并存的供需结构错配问题。显然，实际 GDP 要真正实现命题 4 中的潜在增速，就只能依靠外需消化掉竞争性部门的全部过剩产能了。这就有如下推论：

推论 5：实际 GDP 要实现命题 4 中的潜在增速，竞争性部门的净出口增长速度必须满足：

$$\dot{d}=y+(r_f-\delta)d-(\frac{g}{1-\beta}+\delta)k-c \tag{15}$$

推论 5 是命题 4 的补充，它进一步说明在 A2 刻画的扭曲性要素市场中，要维持潜在经济增速是需要前提条件的，即国际市场对本国出口商品有足够大的吸收能力。此时，外需在很大程度上就左右了经济周期：若外需充足，经济体就能实现潜在增速，经济进入繁荣期，供需结构错配的负面影响会被掩盖住；若外需出现衰退，则国内需求不足和部分行业结构性产能过剩的问题会立刻凸显，实际 GDP 增速低于潜在水平，经济景气度下滑。

2008 年全球金融危机爆发后，欧美主要经济体陷入经济危机之中，对我国出口商品吸收能力大幅度下降，导致我国净出口急速衰退，结束了我国自 2001 年加入世贸组织后持续近十年的高速经济增长。因而可以说，我国自 2008 年之后的经济持续下行，主要是由外部因素引发的，本文命题 4 和推论 5 也可以对此做出较好的解释。但是，如何才能摆脱经济进一步下行的压力呢？继续走外需依赖性的路子，把希望寄托在外需复苏上，显然是不行的，中国经济规模今非昔比，外需已经不大可能消化掉中国如此庞大的过剩产能。化解本国产能过剩的治本之策是要素市场化改革，要减少乃至取消对生产要素流动的限制，减缓并直至完全纠正供需结构错配现象，从根本上消除制约内需增长的制度性因素。

四、数值计算与模拟

在前文的数学模型中，我们将城市地区经济划分为供给抑制部门和竞争性部门。根据我国实际情况，要素流入工业部门相对比较容易，而服务业的要素流入则面临较多的制度性障碍和各种政策管制，因而我们将服务业部门定义为供给抑制部门，将工业部门定义为竞争性部门，并根据现实经济相关数据模拟要素市场化改革滞后对我国三大产业部门结构变迁的影响，看看本文 A2 刻画的要素市场扭曲是否会导致供需结构的错配和内外部经济的失衡，从数值模拟的角度去验证本文数学模型推理的可靠性以及理论对现实经济的解释力。

（一）数值模拟结果及讨论

基于合理的参数设定，图 3 给出了本文模型模拟出来的农产品、工业产品和服务业产品各自的最终消费额占 GDP 的比重，以及净出口产品占 GDP 的比重，其中实线部分是引入要素市场扭曲后的模拟值，虚线则是基于没有任何扭曲的基准模型得到的模拟值。

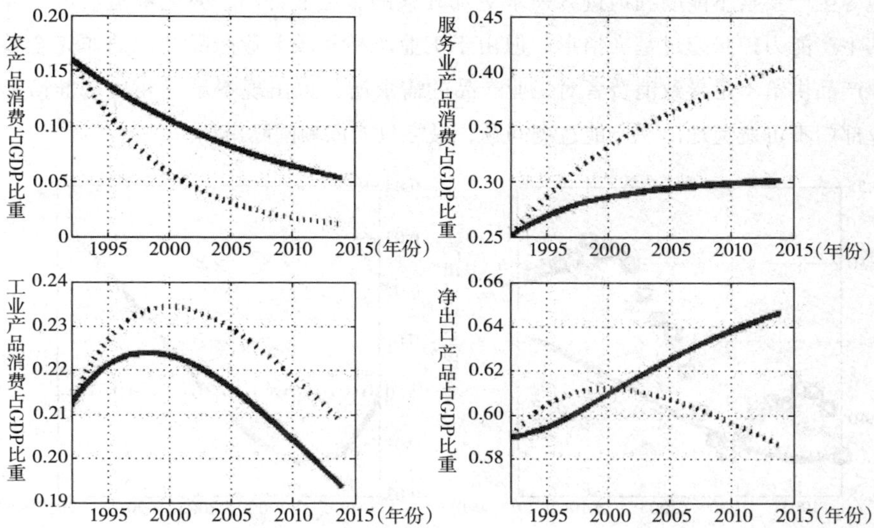

图 3　农产品、工业产品和服务业产品最终消费以及净出口产品占 GDP 的比重模拟值

本文模型初始值设定完全依据 1992 年的经济数据，因而我们要观察本文数学模型的模拟效果，只需将 2014 年的各项模拟值与现实数据进行对比即可。观察图 3 中实线部分，我们可以看到，本文模型很好地模拟出服务业产品最终消费占 GDP 比重上升、农业产品和工业产品最终消费占 GDP 比重下降这个基本经验事实。其中，服务业产品最终消费占 GDP 比重从 1992 年的约 25% 上升至 2014 年的约 30%，这几乎完美地对应了现实数据中的32.6%；农业产品最终消费占GDP的比重从1992年的约16%下降到2014年的5%以上的水平，也比较接近2014年4%左右的现实数据；模拟的工业产品最终消费占GDP比重大约下降了2个百分点，下降幅度较现实数据有一定差距，但趋势是正确的。

本文重点关注扭曲性要素市场对供需结构错配的影响，图3对此给出了直观的结果，实际上也从数值角度验证了本文提出的主要命题及其推论。由图3可以看出，当土地和劳动力等生产要素从农业部门流入城市服务业部门受到限制时，由于生产要素流入不足，服务业部门必然出现供给不足的现象，而如果没有这些抑制性政策，2014年服务业产品最终消费占GDP比重可以提高大约10个百分点。服务业消费不足是供给抑制导致的，并非其潜在需求不足，工业部门的情况则有所不同。图3显示，引入要素市场扭曲之后，工业产品增加值占GDP比重是上升的，但工业产品最终消费占GDP比重是明显低于基准情形的，两者出现了背离。而在没有扭曲的基准情形中，工业产品增加值占GDP比重和工业产品最终消费占GDP比重都呈“倒U”并最终出现下降，两者趋势是一致的。引入制度扭曲后，模拟结果出现这个显著变化的原因就是前文反复提到的供需结构错配：流入城市部门的土地等生产要素不能顺利地进入需求更加旺盛的服务业部门，只能被迫挤进工业部门，导致其生产能力扩张超过基准情形，但由于工业产品和服务业产品之间的非完全替代性，服务业产品供给不足导致消费者对工业产品的需求增长也出现不足（相对基准情形），于是工业部门不可避免地出现产能过剩问题，最终只能依赖国际市场。

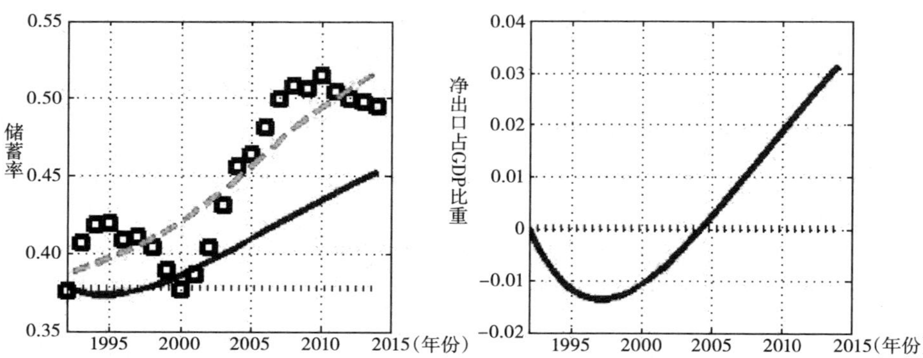

图4　储蓄率和净出口率的模拟值

本文理论部分证明，当国际市场对本国过剩产能有足够的吸纳能力时，本国经济可以维持潜在增长速度，但是会出现外需推动型的储蓄率上升现象。图4（a）中实线部分给出了本文模型对我国1992—2014年储蓄率的模拟值，作为对照，我们也给出了相应年份我国储蓄率的现实数据（包括HP滤波处理后的储蓄率，长虚线部分），同时我们还给出了基于基准模型下的储蓄率模拟值（短虚线部分）。从图 4 中我们可以看出，在没有扭曲的基准模型下，储蓄率将维持不变，而只要引入要素市场扭曲，其他所有因素不变，本文模型就可以模拟出约 7.5 个百分点的储蓄率上升，这大致解释了我国同期大约 57% 的储蓄率上升。图 4（b）还给出了净出口占 GDP 比重的模拟值，它从基准情形的 0 上升至 2014 年 3% 的水平，也很接近 2014 年的现实数据。单一政策因素可以导致如此大幅度的储蓄率和净出口率变动，这可以较好地印证本文提出的理论机制对现实经济的解释力。

（二）政策实验与稳健性讨论

对 μ 和 ν 的取值，是本文数值模拟的关键。我们根据可得数据实验性取值 $\mu = 0.65$ 和 $\nu = 0.25$，虽然这样可以较好地模拟本文试图讨论的主要经济现象，但还是有一点不足，就是对工业产品最终消费占 GDP 比重下降幅度的模拟效果较差，实际数据从 1992 年的约 21% 下降到 2014 年的约 11%，而我们仅模拟出 2 个百分点的降幅。本文对 μ 和 ν 的取值，很大程度上受部门间加权 TFP 增速 g_e 和 $\bar{g}$ 估计值的影响，实际上这两个参数是动态变化的，但由于数据的可得性，我们只能粗略地用 1992 年和 2014 年两年的静态平均值来估计它们，这不可避免地带来了偏差。为此，我们需要观察在不同取值策略下的数值模拟结果，看看本文主要命题和推论在各种政策参数组合下会出现何种变化。

我们对 μ 分别取 0.25、0.45 和 0.65，对 ν 分别取 0.05、0.25 和 0.45，而保持其他所有参数不变，这样总共会出现九种政策组合。这意味着对应图 3 和图 4，我们还可以得到 16 张图，下面我们对其结果做简要讨论：

第一，如果调高政策参数 ν 而保持 μ 不变，即进一步加大对服务业土地等要素的流入限制但依然限制农业部门的要素流出，则工业部门供给和需求背离的程度将更严重，经济对外需的依赖程度也会进一步加大，储蓄率进一步提高。反之，如果调低政策参数 ν，即减少对服务业土地等要素的流入限制，则工业部门供给和需求背离的程度会减缓，居民对工业品的需求会改善，但在农业部门要素流出受限从而导致城市地区要素整体供给不足情况下，工业品供给改善的幅度会低于其需求的改善幅度，这导致工业品供给不足，净出口率有可能变负，走向另一个极端。

第二，仅仅调低政策参数 μ 而保持 ν 不变，即降低对农业部门土地等要素的流出限制，而继续保持对服务业要素流入的限制强度，则会出现更多生产要素从农业部门流向工业部门的问题，这会进一步提高工业部门的供给能力，加剧工业部门供给和需求背离的程度，导致储蓄率和进出口率进一步提升，供需结构错配问题可能更加严重。只有当同时调低 μ 和 ν 时，工业部门的供给和需求扩张才能保持同步，推动储蓄率和净出口率双降低，从根本上缓解供需结构错配问题。

第三，工业增加值占 GDP 比重会随着人均收入水平提高呈现先上升后下降的倒“U”形形态。为了解释倒“U”形形态，多数研究产业结构的文献会引入非位似偏好的特殊效用函数，而本文在标准 CRRA 效用函数下，仅仅靠引入更加一般化也更符合现实经济的双层 CES 生产函数，也在基准情形下模拟出了我国工业增加值占比的倒“U”形形态。不过，当引入要素市场扭曲后，倒“U”形形态仅存在于政策参数 μ 较小的情况下，而 ν 的取值对其影响相对有限。这说明，我国工业增加值占 GDP 比重长期处在高位，并未呈现显著的下降趋势，其主要原因可能是服务业发展不足。

这 9 种政策组合的实验表明，从改善工业品最终消费占 GDP 比重的模拟效果的角度看，调高政策参数 ν 同时调低政策参数 μ 会产生更加接近现实经济的数据，但其结果是工业部门的需求会进一步受到抑制，同时从农业部门流出的要素会更多地进入工业部门，进一步扩大工业部门的供给能力，导致工业部门供需错配和产能过剩问题更加严重，此时净出口率必须进一步提高才能使得经济维持潜在增长速度。从现实经济角度看，我国净出口率占 GDP 比重最高时是 2007 年的 9%，大大高于 $\mu = 0.65$ 和 $\nu = 0.25$ 这对取值组合下 3% 的模拟结果，因而现实经济中我国对服务业的供给抑制程度可能高于 0.25，而对农业部门的要素流出限制程度可能低于 0.65。

五、小结

本文的理论模型、数值模拟以及政策实验表明，由于我国要素市场改革滞后，土地、劳动力等生产要素从农村地区到城市地区服务业部门流动受阻，因而产业结构变迁过程中服务业 GDP 占比不断攀升的进程会受到人为抑制，服务业部门会面临需求旺盛而供给能力不足，而工业部门则会出现供给能力扩张速度超过其需求增长的结构性产能过剩。这种三大产业层次上的供需结构错配在一定条件下还有可能导致宏观经济总需求不足，最终使得经济不得不依赖外需维持潜在增长速度。

我们的政策含义很清晰，政府应加快要素市场化改革进程，使得生产要素从农村地区流向城市地区的进程更加顺畅，同时使得生产要素向服务业的流动更加自由化，这样我国工业部门的产能过剩问题就可以得到缓解，宏观经济的总需求会得到扩大，经济内外部平衡也可以得到改善。

当前，我国服务业发展滞后已成为社会各界的共识，各级政府正在采取各种措施促进服务业发展，我国多年来一直存在的重二产、轻三产的政策倾向已得到一定程度的纠正。但需要说明的是，如果不加快推进要素市场化改革，进一步疏导妨碍生产要素自由流动的各种制度性阻塞，而仅仅依靠行政力量向服务业部门配置资源，就有可能出现“按起葫芦浮起瓢”的现象。比如说，如果生产要素从农村向城市流动的各种制约因素并没有得到有效治理和缓解，那么扶持服务业部门的代价就很可能是流入工业部门的生产要素受到人为抑制。根据我们做的数值模拟和政策实验，这会导致工业部门生产成本上升、竞争力削弱和净出口下降，在极端情况下，工业部门甚至有可能从产能过剩变成产能不足，不得不依靠净进口来满足国内需求。

参考文献

[1] Acemoglu D. , V. Guerrieri. Capital Deepening and Non – Balanced Economic Growth [J]. Journal of Political Economy, 2008, 116(3): 467 – 498.

[2] Brandt L. , C. Hsieh, X. Zhu. Growth and Structural Transformation in China, in China's Great Economic Transformation[M]. New York: Cambridge University Press, 2008: 683 – 728.

[3] Brandt L. , X. Zhu. Accounting for China's Growth [R]. IZA Discussion Paper, 2010, No. 4764.

[4] Cao K. , J. Birchenall. Agricultural Productivity, Structural Change, and Economic Growth in post – reform China[J]. Journal of Development Economics, 2013(104): 65 – 180.

[5] Cheremukhin A. , M. Golosov, S. Guriev, A. Tsyvinski. The Economy of People's Republic of China from1953[R]. Working Paper, 2017.

[6] Dekle R. , G. Vandenbroucke. A Quantitative Analysis of China's Structural Transformation[J]. Journal of Economic Dynamics and Control, 2012(36): 119 – 135.

[7] Dixit A. , J. Stiglitz. Monopolistic Competition and Optimum Product Diversity [J]. American Economic Review, 1997(67): 297 – 308.

[8] Holz C. New Capital Estimates for China[J]. China Economic Review, 2006(17): 142 – 185.

[9] Herrendorf B. , R. Rogerson, A. Valentinyi. Growth and Structural Transformation [J]. Handbook of Economic Growth, 2014.

[10] Kongsamut P. , S. Rebelo, D. Xie. Beyond Balanced Growth[J]. Review of Economic Studies, 2001(68): 869 – 882.

[11] Ngai R. , C. Pissarides. Structural Change in a Multi – Sector Model of Growth [J]. American Economic Review, 2007(97): 429 – 443.

[12] Smits J. P. , P. J. Woltjer, D. Ma. A Dataset on Comparative Historical National Accounts, ca. 1870 – 1950: A Time – Series Perspective[M]. Groningen Growth and Development Centre Research Memorandum GD – 107, Groningen: University of Groningen, 2009.

[13] 李飞跃. 结构转型与工资差距[J]. 经济学期刊, 2011(2).

[14] 李尚骜,龚六堂. 非一致性偏好、内生偏好结构与经济结构变迁[J]. 经济研究,2012(7).

[15] 徐朝阳. 工业化与后工业化:“倒 U 型”产业结构变迁[J]. 世界经济,2010(12).

[16] 徐朝阳. 供给抑制政策下的中国经济[J]. 经济研究,2014(5).

[17] 张斌,矛锐. 工业赶超与经济结构失衡[J]. 中国社会科学,2016(7).

[18] 王勋,Anderson J. 金融抑制和经济结构转型[J]. 经济研究,2013(1).

中国情境下企业家精神的培育机制研究综述：基于期望理论和生命周期理论视角

项凯标　颜锐　杨晔①

【摘要】 企业家精神是促进经济增长的主要原动力之一。在中国情境下，如何培育一个适应新时代经济社会发展的具有优秀企业家精神的企业家阶层，是当前学术界和实践领域的热点话题。本研究重点在于中国情境下企业家精神培育的动态演化机制，其研究内容如下：①探讨企业家精神培育的理论视角，揭示企业家精神培育的理论和实践价值；②探讨基于生命周期理论视角下企业家精神的内涵演化路径，阐述企业家精神"个体特征与价值观"→"行为特征与能力"→"社会责任意识"的转变过程；③探讨基于期望理论视角下外部环境（微观、中观、宏观以及非制度文化）对企业家精神的动态培育机制，阐述企业家与外部环境存在效价和期望值之间的互动关系。以期为我国企业家精神培育体系的构建提供理论依据和决策指导。

【关键词】 中国情景；企业家精神；企业家精神培育体系；演化路径；动态培育机制

一、引言

企业家精神是21世纪推动一个国家经济发展最主要的动力之一，是企业生存与发展之本，更是企业永续发展的不竭动力。习近平总书记在2017年4月18日举行的中央深化改革领导小组第三十四次会议上提出，"企业家是经济活动的重要主体，要深度挖掘优秀企业家精神特质和典型案例，弘扬企业家精神，发挥企业家示范作用，造就优秀企业家队伍"。新时代的中国经济正在从高速增长转变为高质量发展，而高质量的发展则主要依靠

① 本文首次发表于《中国文化与管理》2020年第1期。项凯标，博士，教授，贵州大学管理学院MBA教育中心主任，主要从事企业管理、组织与人力资源管理研究，E－mail：kbxiang@ gzu. edu. cn。颜锐，硕士研究生，主要从事企业管理、组织与人力资源管理研究。杨晔，硕士研究生，主要从事企业管理、组织与人力资源管理研究。

创新和效率的提高（吴敬琏，2018）。[①] 创新与效率的提高无不需要中国优秀企业家精神的激发和弘扬。刘鹤（2018）[②] 呼吁，“中国应像尊重科学家一样尊重企业家，给其以应有的回报，这样才能培养出一个企业家阶层”。2017 年 9 月，中共中央、国务院下发《关于营造企业家健康成长环境　弘扬优秀企业家精神　更好发挥企业家作用的意见》并明确指出要“树立和宣传企业家先进典型，弘扬优秀企业家精神，造就优秀企业家队伍，强化年青一代企业家的培育，让优秀企业家精神代代传承”。

然而，如何开展企业家精神的研究，怎样才能使得该研究适应新时代中国经济社会发展的特点和要求？当今世界正处于快速发展的阶段，中国实体经济的前行举步维艰，多数产业处于全球产业链末端，社会各层创新创业能力不足，生产要素成本上升，人口红利不再，传统的比较优势逐渐消失，市场经济对要素资源合理配置空间不足。为实现持续健康发展，国家实行供给侧结构性改革、互联网 +、人工智能、区块链和创新驱动发展等战略，积极鼓励微观主体对生产要素的高效配置，发挥企业家精神，实现对第四次工业革命和二次创业的准确把握。因此，新时代的中国需要具有创新精神、冒险精神和敏锐产业嗅觉的企业家去创新创业、大胆闯荡，把握新机遇、开拓新市场，把经济推向前进（Schumpeter et al.，1934）。[③] 在此中国情境下，探究企业家精神的培育机制对我国转型期的经济发展和新时代企业家队伍建设非常重要。

目前已有的文献对企业家精神培育的研究相对较少，多数研究集中于将企业家精神作为中介或调节变量来研究经济增长或创新绩效等内容，探讨摒弃寻租意识、知识产权保护、市场环境和文化环境以及从社会网络的视角讨论企业家网络对培育企业家精神的榜样作用和信息资源交换等，鲜有对企业家精神培育机制进行系统性研究。研究中还存在以下不足：一是缺乏理论基础。对于企业家精神在培育过程中会受到什么因素的影响、这些影响因素的内在机理是什么、外部环境如何影响企业家精神的培育，现有理论视角在揭示上述问题上存在一定的局限。二是缺乏动态性的研究。企业家精神是在企业成长过程中形成的，具有特定的生命周期，在企业发展的不同阶段，企业家精神发挥作用的差异如何？随着外部环境的变迁，企业家精神本身与所处的环境之间的相互影响，也使得企业家精神不断变化。因此，在社会经济变迁和企业发展的背景下，企业家精神培育是一个动态的过程。但是，已有研究中对动态性企业家精神培育的研究相对较少。三是基于中国情境的研究较少。国家的制度背景和哲学基础不同，形成了本土独特的价值观，在不同的文化背景下，企业家精神的培育有所区别。已有对企业家精神的研究中的理论基础和计量模型大多

---

① 2018 年 2 月 25 日，中国经济 50 人论坛 2018 年年会的发言。

② 节选自：太平洋证券宏观研究报告《刘鹤 30 年经济思想脉络梳理与思考》。

③ Schumpeter J.，Backhaus U. The theory of economic development [M]. New York：Springer，1934.

来源于美国模式或其他西方发达国家的成长模式，但是美国或西方发达国家和我国在制度背景和文化环境方面存在巨大差别。

二、相关概念的描述

（一）企业家精神内涵的相关研究

“企业家”，英文为 Entrepreneur，《牛津词典》里对其的解释是“创业者，企业家（尤指涉及财务风险的）”。18 世纪，法国经济学家理查德·坎蒂隆（Cantillon，1755）是最早使用“企业家”这一词语的人。他在《商业性质概论》中首先指出企业家即为“按照固定价格购买和按照不确定价格出售”的风险承担者。① 企业家来源的这一说法在较多文献中均有提到（OECD，1998；张序，2005）。②③ 企业家和企业家精神历经法国经济学家萨伊（Say，1803）④、英国经济学家马歇尔（Marshall，1890）⑤ 和美国经济学家奈特（Knight，1921）⑥ 等的研究，逐渐被学术界重视，甚至认为企业家精神是促进经济发展的重要因素。德鲁克（Drucker，1985）⑦ 承袭了熊彼特（Schumpeter，1934）⑧ 的观点，认为企业家的本质就是有目的、有组织地开展系统创新。

在我国，贾良定和周三多（2006）⑨ 认为将“Entrepreneur”翻译为“企业家”，赋予了很深的哲理，“企”，踮起脚；“业”，天职。意味着企业家就是踮起脚、怀着憧憬、希望看得更远、完成时代和社会使命的人。张维迎（1987）⑩认为企业家就是承担经营风险、从事经营管理并取得经营收入的人格代表，是作为一个责、权、利的统一体而存在的。在经历了较多学者的研究后（张维迎，1995；鲁传一和李子奈，2000；李新春等，2002 等）⑪⑫⑬，我国已经累积了关于企业家和企业家精神的相关研究的较多文献。

---

① Cantillon R. Essay on the nature of general commerce[J]. Henry Higgs, Trans, 1755.

② OECD. Fostering entrepreneurship [J]. The OECD Jobs Strategy, Organisation for Economic Co – operation and Development, 1998.

③ 张序．企业家概念及其相关问题辨析[J]．社会科学研究，2005(1)：122 – 127.

④ Jean – Baptiste S. A treatise on political economy[M]. New York: Cosimo Classics, 1803.

⑤ Marshall A. Principles of economics[M]. London: Macmillan, Reprinted by Prometheus Books, 1890.

⑥ Knight F. Risk, uncertainty, and profit[M]. Boston and New York: Houghton Mifflin, 1921.

⑦ Drucker P. F. Innovation and entrepreneurship: Practices and principles [M]. New York: Harper & Row, 1985.

⑧ Schumpeter J., Backhaus U. The theory of economic development [M]. New York: Springer, 1934.

⑨ 贾良定，周三多．论企业家精神及其五项修炼[J]．南京社会科学，2006(9)：29 – 35.

⑩ 张维迎．股份制与企业家职能的分解[J]．经济研究，1987(1)：31 – 37.

⑪ 张维迎．公有制经济中的委托人—代理人关系：理论分析和政策含义[J]．经济研究，1995，4(10).

⑫ 鲁传一，李子奈．企业家精神与经济增长理论[J]．清华大学学报（哲学社会科学版），2000(3)：42 – 49.

⑬ 李新春，王珺，丘海雄，张书军．企业家精神、企业家能力与企业成长——“企业家理论与企业成长国际研讨会”综述[J]．经济研究，2002(1)：89 – 92.

随着国内外学者对企业家及企业家精神内涵展开讨论，对企业家精神的研究方式也转向计量化和规范化。学者们在意识到无法统一企业家精神的定义后，就转向更多关注企业家精神的作用。本研究基于企业家精神的三个层面：个体特征与价值观层面、行为特征与能力层面、社会责任意识层面对文献进行总结和分析，如表 1 所示。

表 1　企业家精神内涵的层次梳理

概念层次	作者	概念/解释	概念中的关键修饰词
个体特征与价值观层面	Marshall（1890）	顽强的进取心和成功的强烈愿望	顽强、进取心、强烈愿望
	Schumpeter（1934）	驱动和激发企业家经营创新能力及其他能力的内在心理意识，是企业家的灵魂，也是对旧的均衡体系进行创造性破坏的创新精神	心理意识、灵魂、创造性破坏、创新
	李维安和王辉（2003）	在追求自身效用最大化的过程中体现出来的追求成功的强烈欲望；诚信、敬业的道德品质	强烈欲望、道德品质
	高波和吴向鹏（2007）	由文化决定的企业家群体所具有的价值观取向	企业家群体、价值观
	沙彦飞（2012）	在企业成长过程中企业家所体现的激情、理念和行为方式及其相应的精神品质	激情、理念、行为方式、精神品质
	龙海军（2017）	不断开发和利用市场机会的一种精神特质	机会开发与利用、精神特质
行为特征与能力层面	Kirzner（1973）	发现机会、捕捉机会并创造利润	发现、捕捉、创造
	Schultz（1980）	冒险精神和应变能力	冒险、应变
	Drucker（1985）	社会创新精神	创新
	Hébert 和 Link（1989）	在生产性活动方面的表现	生产性活动
	Casson（1994，1995）	协调稀缺资源时专门进行的判断性决策	协调稀缺资源、判断性决策
	Zahra（2000）	公司为达到创新、积极进取、冒险而付出努力的总和	创新、积极进取、冒险、努力的总和
	Shane 和 Venkataraman（2000）	能发现、追求新的机会，以任何新的方法去重新整合资源，并将其转换成新产品或新的服务方式	追求新机会、整合资源、新产品、新的服务方式
	Davidsson（2004）	驱动市场发展的竞争行为，也可解释为导致市场变化的新经济活动的指南	驱动市场发展、竞争行为、新经济活动、指南
	欧雪银（2009）	经济主体敢担风险创造财富的创新行为	承担风险、创造财富、创新
	丁栋虹和赵荔（2009）	创新、机会识别和冒险、远见卓识和慈善	创新、机会识别、冒险、慈善
	唐国华（2014）	一种为了追逐利润，在市场的不确定性中敏锐地发现套利机会，并勇于承担风险，通过创业或创新重新组织资源或生产要素的特殊才能	追逐利润、敏锐、承担风险、特殊才能

续表

概念层次	作者	概念/解释	概念中的关键修饰词
社会责任意识层面	沙彦飞（2012）	企业家社会责任感的日渐强大丰富了企业家精神的内涵，也使中国的企业家精神有了坚实的伦理基础	社会责任感
	卡罗尔等（2004）	企业社会责任应该包括经济、法律、伦理和慈善责任 4 个部分	企业社会责任
	段文等（2007）	企业社会责任与其组织绩效呈正相关关系，且有利于企业长期持续经营	社会责任与组织绩效正相关
	李宏彬等（2009）	经济增长的动力	动力
	熊金武（2017）	企业家精神离不开社会责任与家国情怀	社会责任

1. 企业家的个体特征与价值观层面

企业家精神在形成初期表现为内在的价值观和心理意识。由表 1 可知，在企业家精神提出的初期，Marshall（1890）① 首先把企业家精神作为心理特征看待，以不满足于现状、努力追求实现自身价值和强烈的成功欲望为表象。Schumpeter（1934）② 等则认为，企业家精神是企业家的人格特质，甚至是灵魂，是激发企业家获得更多能力的心理意识。Drucker（1985）③ 也同样认为企业家精神不仅体现在经济和技术领域，也体现在企业家的文化意识和心理上。因此，企业家精神是企业家区别于一般经理人的本质特征（李维安和王辉，2003）④，是在追求自身效用最大化的过程中体现出的成功欲望、行为偏好和道德品质，是企业家群体的一种价值观（靳卫东和高波，2008）⑤，是内在品质和理念的综合表现（沙彦飞，2012）⑥，是一种精神特质（龙海军，2017）⑦，具有无形性、个性化、成因模糊（杨利军，2016）⑧、广泛性、不稳定性和多层次性（马卫东等，2010）⑨ 等特征。因而，企业家精神在形成初期，主要通过企业家的价值观和心理意识得以体现，是促进企业家不断进步的动力。

2. 企业家的行为特征与能力层面

在已有研究中，较多学者从企业家的行为特征与能力去捕捉和衡量企业家精神。Can-

---

① Marshall A. Principles of economics[M]. London: Macmillan; Reprinted by Prometheus Books, 1890.

② Schumpeter J., Backhaus U. The theory of economic development [M]. New York: Springer, 1934.

③ Drucker P. F. Innovation and entrepreneurship: Practices and principles [M]. New York: Harper & Row, 1985.

④ 李维安，王辉．企业家创新精神培育：一个公司治理视角[J]．南开经济研究，2003(2)：56－59.

⑤ 靳卫东，高波．企业家精神与经济增长：企业家创新行为的经济学分析[J]．经济评论，2008(5)：113－120.

⑥ 沙彦飞．基于企业生命周期的企业家社会责任及精神耦合研究[J]．管理学报，2012，9(7)：1078－1083.

⑦ 龙海军．制度环境对企业家精神配置的影响：金融市场的调节作用[J]．科技进步与对策，2017，34(7)：94－99.

⑧ 杨利军．企业家契约精神的历史脉络及维度[J]．河南科技大学学报(社会科学版)，2016，34(3)：84－88.

⑨ 马卫东，曹亚，游玲杰，张雷冲．企业家精神对动态能力形成的影响研究——基于苏北地区企业的实证分析[J]．淮阴工学院学报，2010，19(4)：57－64.

tillon（1755）[①] 认为企业家精神是个人按照固定价格购买不同价格的商品并且出售这些商品的经济行为，是企业家特殊技能的集合，是企业家组织建立和经营管理企业的综合才能的表述方式。随着社会和历史的变迁，企业家精神的内涵也在发生变化，从表1中可以看出，企业家精神是企业家承担不确定性和进行各种经济决策的能力（Knight，1921）[②]，是发现机会、捕捉机会并创造利润的能力（Kirzner，1973）[③]，是对稀缺资源进行整合与协调的决策能力（Casson，1994，1995）[④⑤]。即能发现机会、以任何新的方法去重新整合资源，并转换成新产品或新服务的企业家都具有企业家精神（Shane and Venkataraman，2000）。[⑥] 因此，企业家的行为特征与能力是企业家精神的重要体现，是连接企业家的价值观与社会责任的桥梁。企业家通过竞争、冒险和创新等行为，主动承担起创造财富的重任，推动经济增长（欧雪银，2009）。[⑦]

3. 企业家的社会责任意识层面

在已有研究中，企业家精神对组织效益的提升作用已经得到了普遍的认可（Hébert，Link，1989；蒋春燕、赵曙明，2006；丁栋虹、赵荔，2009；沙彦飞，2012；何轩等，2017）[⑧⑨⑩⑪⑫]。根据企业家精神带来的不同效益，将企业家精神视为企业家个人或公司整体的社会责任，其主要体现在经济责任、法律责任和公益责任等方面。经济责任主要体现在企业家精神对经济增长的作用，是不断推动企业发展和繁荣我国经济的关键因素，是推动社会商品经济发展的主要动力。法律责任主要体现在企业家对企业内外运营的相关法律责任的认可，具体表现为企业家的遵纪守法和契约精神。公益责任主要体现在为社会提供更多的就业岗位、参与社会公益和慈善事业等，在履行责任的过程中彰显出优秀的企业家精神。

---

① Cantillon R. Essay on the nature of general commerce[J]. Henry Higgs, Trans, 1755.

② Knight F. Risk, uncertainty, and profit[M]. Boston and New York: Houghton Mifflin, 1921.

③ Kirzner I. M. Competition and entrepreneurship[M]. University of Chicago Press, 1973.

④ Casson M. The economics of business culture: Game theory, transaction costs, and economic performance[M]. Oxford University Press, 1994.

⑤ Casson M. Entrepreneurship and business culture[M]. Edward Elgar Publishing, 1995.

⑥ Shane S., Venkataraman S. The promise of entrepreneurship as a field of research[J]. Academy of Management Review, 2000, 25(1): 217-226.

⑦ 欧雪银．企业家精神对经济发展影响的理论与实证研究[D]．长沙：湖南大学，2009.

⑧ Hébert R. F., Link A. N. In search of the meaning of entrepreneurship[J]. Small Business Economics, 1989, 1(1): 39-49.

⑨ 蒋春燕，赵曙明．社会资本和公司企业家精神与绩效的关系：组织学习的中介作用——江苏与广东新兴企业的实证研究[J]．管理世界，2006(10): 90-99, 171-172.

⑩ 丁栋虹，赵荔．企业家精神的三大要素：创新、机会识别和冒险——来自企业家排行榜的证据[J]．上海管理科学，2009(3): 93-97.

⑪ 沙彦飞．基于企业生命周期的企业家社会责任及精神耦合研究[J]．管理学报，2012(7).

⑫ 何轩，马骏，李胜文．报酬结构、税收制度与企业家精神配置[J]．科研管理，2017, 38(2): 44-51.

综合国内外对企业家精神内涵的研究可以发现，学者们主要从三个方面阐释这一概念的内涵：第一，把企业家精神视为个体的心理意识和价值观体现。第二，把企业家精神视为个体的创新、冒险、开拓、诚信和契约、科学素养和产业嗅觉等行为特征与能力体现。第三，根据企业家精神带来不同的效益，将企业家精神视为企业家个人或公司整体的社会责任体现，主要体现在经济责任、法律责任、伦理责任和公益责任方面。

（二）企业家精神培育的影响因素

改革开放40多年来，中国经济快速发展，社会不断变迁，同时，对外开放程度日益加深，国际、国内竞争环境日益复杂，企业和企业家不断面临多个方面的新挑战，新时代对企业和企业家的要求也越来越高。在这样的中国情境下，企业家不仅需要提高能力素质与责任意识，而且需要具备坚强的意志和强大的精神动力，这样才能不断创新、承担重任。企业家的创业活动严重依赖于现行制度安排。

1. 外部环境变化的影响

第一，构建保护和激励企业家精神发展的宏观环境。

从当前中国市场经济的状况看，构建保护企业家权益的法治环境对做好企业家精神研究十分重要。良好的制度环境意味着更低的进入壁垒、更少的政府干预和更强的产权保护，企业家精神将更多地分配至生产性部门（何轩等，2017）①，让企业家在维护其财产权、创新权益和自主经营权时做到有法可依、有章可循。对这三方面权益的保障形成了激励企业家精神发展的宏观法治环境。权益的保障是对企业家劳动和智慧创造价值的一种肯定，也是对创新的肯定，从法律层面解决企业家的后顾之忧，保障企业家作用的有效发挥。唯有如此，企业家才能更好地发挥冒险精神、创新精神和开拓精神等，才能准确把握第四次工业革命和二次创业带来的机遇。

第二，构建促进和激发创新活力的中观环境。

地方政府通过营造“亲”“清”新型政商关系和深化“放管服”改革等措施，能够鼓励企业家积极主动地同各级地方政府等相关部门进行沟通交流。同时，鼓励政府与创新型和投资型企业家建立清白纯洁、良性互动、既“亲”又“清”的关系，对企业经营活动做到不打扰和不干预，减轻企业家负担，激发创新创业活力，迸发企业家精神（项凯标、蒋小仙，2017）。②

第三，构建企业家精神培育的微观环境。

企业家精神的培育不仅需要国家和政府提供保障，更受到企业战略、科技研发水平、

---

① 何轩，马骏，李胜文．报酬结构、税收制度与企业家精神配置[J]．科研管理，2017，38(2)：44－51.

② 项凯标，蒋小仙．探讨企业家精神研究的框架[N]．贵州日报，2017－10－29(008).

企业规模、产权性质和多元化水平等因素的影响。科技研发水平通过研发机构与投入和技术转化难易程度等影响企业家精神的形成和发展。研发机构的数量与投入水平往往伴随着创业活动的兴盛，为企业家精神的培育和发展提供了持续的技术推动。技术转化难易程度也给企业家精神培育带来直接影响。

第四，中国情境下的非制度文化对企业家精神培育的影响。

企业家精神的培育不能离开社会文化背景，文化的核心是社会传统价值观和信念的集合体（Tsui et al.，2007）①，包括个体主义与集体主义、权力距离、不确定性规避、男性气质与女性气质、长期导向与短期导向等（Hofstede，1980；Hofstede and Hofstede，2005）②③。从本研究的文献梳理来看，中国独特的文化环境主要表现为集体主义、风险规避、高权力距离和关系利用倾向性等方面，并深刻地影响着企业家精神的发挥。同时，中国传统社会受儒家文化的影响较为深远，强调对于“关系”的利用（Tsui and Farh，1997）。④ 较多学者的研究都证实中国创业者或管理者“关系”利用倾向较高，并对其经济活动产生深远的影响（Yang，1994；Li and Zhang，2007）。⑤⑥

2. 企业成长所处的阶段

企业生命周期是企业的发展与成长的动态轨迹，包括发展、成长、成熟、衰退四个阶段。企业生命周期理论的研究目的就在于为处于不同生命周期阶段的企业找到能够与其特点相适应、能不断促进其发展延续的特定组织结构形式，使得企业可以从内部管理方面找到一个相对较优的模式来保持企业的发展能力，在每个生命周期阶段内充分发挥特色优势，进而延长企业的生命周期，帮助企业实现自身的可持续发展。本研究将企业生命周期划分为潜藏期、成长期、成熟期和衰退期。在潜藏期主要是对潜在企业家的价值观和心理意识的培育。在成长期主要是对企业家的行为特征与能力的培育。在成熟期主要是对企业家的社会责任意识的培育。在衰退期主要培育企业家精神内涵中的第二层级，即成长期中

---

① Tsui A. S.，S. S. Nifadkar，A. Y. Ou. Cross – national，cross – cultural organizational behavior research：Advances，gaps，and recommendations[J]. Journal of Management，2007，33(3)：426 – 478.

② Hofstede G. Culture's consequences：International differences in work – related values[M]. Beverly Hills CA：Sage Publications，1980.

③ Hofstede G.，G. Hofstede. Cultures and organizations：Software of the mind，revised and expanded（2nd edition）[M]. New York：McGraw Hill，2005.

④ Tsui A. S.，J. L. L. Farh. Where Guanxi matters relational demography and Guanxi in the Chinese context[J]. Work and Occupations，1997，24(1)：56 – 79.

⑤ Yang M. M. Gifts，favors and banquets：The art of social relationships in China[M]. New York：Cornell University Press，1994.

⑥ Li H. Y.，Y. Zhang. The role of managers' political networking and functional experience in new venture performance：Evidence from China's transition economy[J]. Strategic Management Journal，2007，28(8)：791 – 804.

的内容，进一步发现市场中蕴藏的无限商机，以实现二次创业（厉以宁，2016）①。

（三）相关研究述评和发展动态

国内外学者对企业家精神概念的内涵进行了研究，发展了相应的测量指标，并基于企业家精神的培育，提供了很多关于外部环境的研究，并得出一些有益的成果。

第一，国内外对企业家精神的研究已较为深入，对企业家精神的内涵、企业家精神培育的影响因素和外部环境对企业家精神培育的影响结果进行了分析。近些年在国内出现的关于企业家精神及其培育的研究文献越来越多，说明国内对企业家精神的社会地位和价值的认可度越来越高。但是，尚无关于企业家精神的内涵和培育机制的系统充分的研究，得出的结论也不尽一致，因此，有必要在中国情境下以中国企业家为样本展开研究。

第二，在企业家精神的研究学术史上，学者们基于企业家创新理论、社会网络理论、资源依赖理论和高阶梯队理论等的研究在一定程度上揭示了企业家的心理反应和行为表现，以及明晰了企业家精神对组织绩效和经济增长的影响机制。但是，上述理论视角无法系统地揭示企业家精神内涵的动态演化，以及外部环境在此演化过程中的重要影响作用。即企业家精神的体现和作用发挥在企业发展的生命周期中是否具有差异性？同时，在企业发展不同阶段的企业家精神培育的侧重点是什么？政府、社会组织和企业如何根据企业的不同发展阶段所需的企业家精神营造外部环境提供保障？外部环境对企业家精神培育的影响机制是什么？以往的理论视角在揭示上述问题的内在机理方面还有欠缺。

三、研究内容与假设

企业家精神的培育是推动我国经济发展的重要因素。然而企业家精神的培育是一个具有持续性和系统性的过程，依据企业和个人的发展规律培育企业家精神能为经济发展提供更好的动力。本研究针对我国企业家精神培育问题进行研究，因而选取企业家和潜在企业家为研究对象，企业样本的筛选以具有完整的生命成长周期的企业为主要选取对象，再依据销售额和企业运营时间等划分出不同阶段的生命周期。

随着新时代中国创业创新环境的不断改善，创业创新机会不断增加，创业者和企业家群体不断壮大，企业家精神已成为我们这个社会的时尚和主流（陈宪，2016）。② 那么，企业家和潜在企业家的精神内涵是如何动态演化的？其在企业生命周期的各阶段中受到外部环境怎样的影响？本研究引入生命周期理论和期望理论，在此基础上构建了如图 1 所示

---

① 厉以宁．观念新才有新思路[J]．现代企业文化(上旬),2016(11):60－61.

② 陈宪．核心技术是人力资本加企业家精神[N]．文汇报,2016－04－27(005).

的框架，并设计了四个研究模块来回答上述问题。

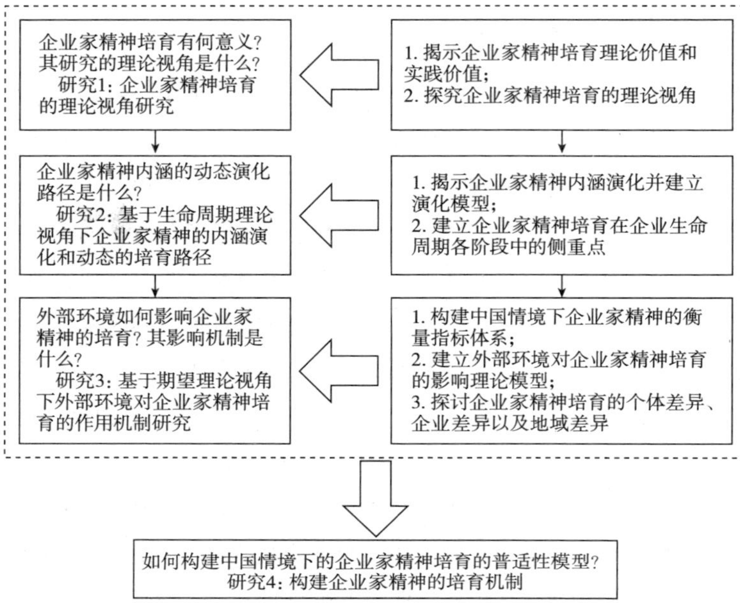

图1　本研究的整体研究模块和研究框架

（一）研究模块一：构建中国情境下企业家精神培育理念模型

1. 基于生命周期理论和期望理论构建企业家精神培育理念模型

由于中国情境下的制度、市场和文化体系与西方发达国家或经济体存在较大的差异，这种差异使得中国企业家的创业和创新活动面临着与成熟经济背景截然不同的创业环境，深刻地影响了中国企业家精神的成长和演化。然而，大多数学者的研究忽略了这些中国情境特征的影响。

本研究基于企业生命周期理论视角，对企业家精神的成长阶段进行了划分：第一层面为企业家精神的个体特征与价值观，主要包括微观个体心理特征和价值观等；第二层面为企业家的行为特征与能力，主要包括企业家的创新精神、冒险精神、开拓精神、诚信精神和契约精神等；第三层面为社会责任意识，主要包括经济责任、法律责任、伦理责任和公益责任等。

本研究基于期望理论视角揭示的企业家精神的内涵成长会受到制度环境的影响，外部环境可分为微观层面的企业战略、企业文化和经营目标等；中观环境主要包括构建“亲”“清”型政商关系、构建企业家精神的容错机制、了解和把握企业家成长的规律以及鼓励企业家参政议政的机制等；宏观环境主要包括法律环境、金融环境和市场环境等；非制度文化环境主要包括企业家个体异质性和地域文化异质性等。企业家精神培育理念模型见图 2。

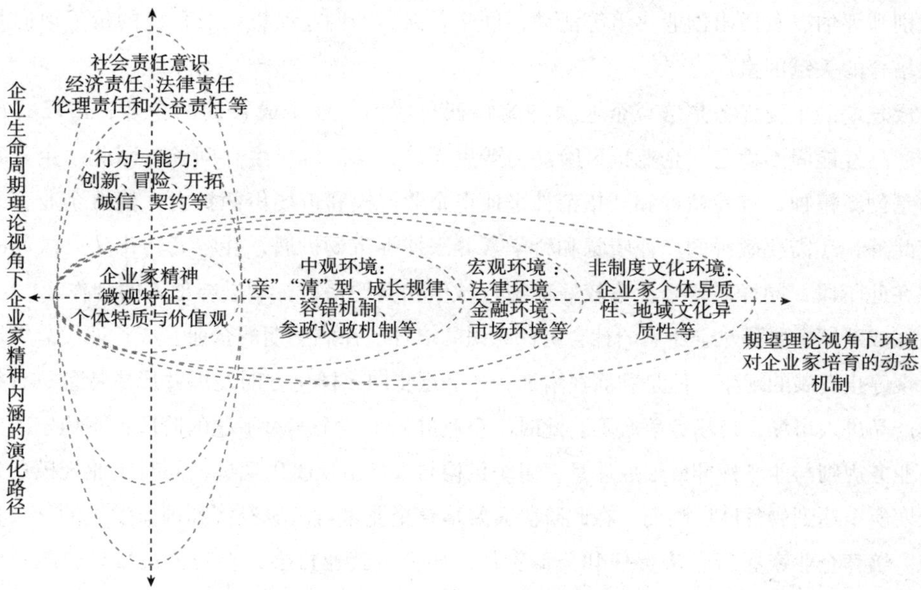

图 2　企业家精神培育理念模型

2. 中国情境下企业家精神维度及测量指标体系

本研究的研究模块二和研究模块三将通过实证方法检验基于企业生命周期理论视角下企业家精神内涵的演化路径和基于期望理论视角下的环境对企业家精神动态培育的机制，因此需要先开发适用于这两个研究模块的测量量表。在本研究模块，我们将阐释中国情境下企业家精神的内涵及其维度，并依照严格的量表开发流程，开发中国情境下企业家精神的测量量表，并对其信效度进行检验。

本研究模块将采取质化研究方法，运用深度访谈、开放式问卷调查等手段，确定中国情境下企业家精神的内涵；然后据此编写相应的测量条目，严格按照量表开发程序进行企业家精神量表的开发。

（二）研究模块二：企业生命周期理论视角下企业家精神内涵培育的演化研究

本研究引入生命周期理论，通过对企业家精神内涵演化的研究分析，我们发现，企业家精神的内涵演化呈现"个体特征与价值观"→"行为特征与能力"→"社会责任意识"的转变过程，企业家精神不同层级的内涵会出现在企业不同的阶段，而企业发展的不同阶段也会对企业家精神的作用发挥有所影响。因而，本研究将引入生命周期理论，解释企业家精神内涵的演化路径。本研究将企业生命周期划分为潜藏期、成长期、成熟期和衰退期。

潜藏期的主要任务是培育潜在企业家个体特征和价值观。主要包括创业者对创业机会的识别和评估以及做出创业决策等活动，创业者强烈的创业动机以及积极的价值取向是此阶段培育的关键因素。

成长期的主要任务是培育企业家行为特征与能力。处于成长期的企业，市场有待开发，产品性能尚不稳定，企业抗风险能力严重不足，急需解决生存问题。因此，企业家需要的是创新精神、冒险精神和开拓精神来使得企业规模和市场份额扩大，使得企业实力变强。此外，还需要敏锐的产业嗅觉和科学素养来捕捉市场机遇，并将其转化为可盈利的成果。在此阶段，同样需要企业家较好地履行诚信和契约精神，增进与他人的合作。

在成熟期主要是对企业家的社会责任意识的培育。在成熟期的企业，成长速度趋缓，甚至出现停止发展的现象，但是利润在增加；产品逐步向多样化方向发展并形成特色；有很多同类产品进入市场，市场竞争激烈。此时，企业进入了一个相对平稳的阶段，不稳定因素减少，业务规则与业务标准已形成体系，组织机构与人员出现僵化现象，同时企业规模达到了成长期所未达到的程度。因而，在此阶段需要培育企业家对区域经济和国家发展的社会责任意识。培育企业家履行经济责任和公益责任，如提供就业机会，参与公益活动、慈善事业等，为创造社会财富和促进国家发展做出努力，在实现自身价值的同时回报社会。

在衰退期，主要培育企业家精神内涵中的第二层级，即成长期中的内容。在衰退期，企业的产品渐渐不适应市场需求，设备、管理机制落后，销售利润下降，市场占有率大幅下滑。尤其是企业家的思想僵化，严重缺乏创新意识，企业人心浮动。因而，在此阶段需要再次培育企业家的创新精神、冒险精神和开拓精神，促进企业家的二次成长，推动企业的再次创业和持续发展。

基于生命周期理论的企业家精神内涵演化路径见图 3。

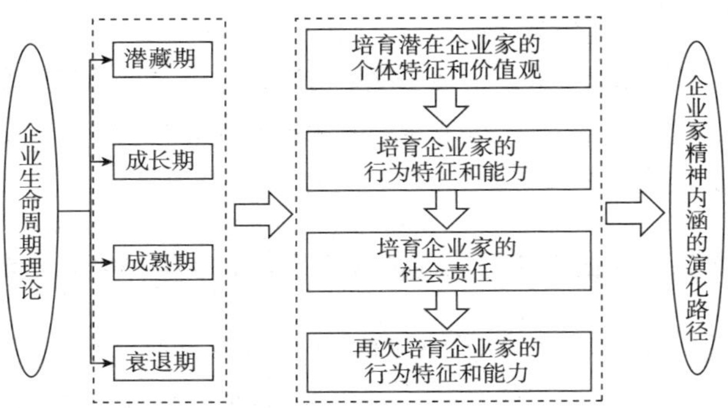

图 3　基于生命周期理论的企业家精神内涵演化路径

（三）研究模块三：期望理论视角下环境对企业家精神培育的机制研究

根据期望理论，个人期望心理通常会经历三个过程：首先是绩效期望（个人的努力会对组织绩效提升产生多大程度的影响）；其次是激励期望（组织绩效的提升又会带来组织的激励）；最后是目标期望（组织的激励会对个人目标的实现产生多大程度的影响）。期望理论的扩展模型如图 4 所示。

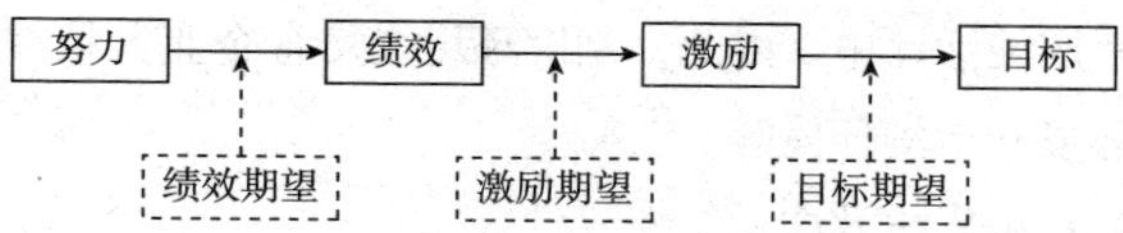

图 4　期望理论的扩展模型

绩效期望、激励期望和目标期望的乘积构成了个人行为的动机。绩效期望和目标期望是由个人的特性决定的，比如个人能力和偏好等（Vroom，1964）。[①]

此外，结合期望理论中的效价和期望值分析可知，要激发社会各界培育企业家精神，一方面要提升培育企业家精神的效价，提高企业家精神的社会地位，让企业家（潜在企业家）充分认识到培育和发挥企业家精神的意义和价值，从企业家精神的个体特征和价值观层面出发，形成绩效期望和激励期望；另一方面要增加培育企业家精神的期望值，既要增加成功培育企业家精神的概率，又要增加企业家对未来发展的预期，形成目标期望。通过绩效期望、激励期望和目标期望的激励，促进形成培育企业家精神的动机。因此，不仅需要营造适宜的微观、中观和非制度文化环境来培育企业家的个人特质和行为特征与能力，促进绩效期望和激励期望的形成，还需要营造适宜的宏观环境，最终激励企业家或潜在企业家形成目标期望，促进企业绩效和经济发展，以此构建有效的企业家精神培育的动态激励机制（黄明元，2006）。[②]

企业家精神是中国崛起的关键因素，我国近几年也在探究以创业和创新作为中心问题的公共政策，支持创新和创业的目标，使企业家对市场和未来发展有相对稳定的预期，解除他们创新创业的后顾之忧。并试图研究和创造一个适合企业家精神发展的生态系统，以培育、弘扬和传承优秀企业家精神，包括文化环境、制度环境和市场环境等基础要素。在生命周期理论视角下，市场是企业家精神培育的土壤，外部环境是针对企业不同阶段的企业家精神需求而提供的养分。

---

① Vroom V. H. Work and motivation[M]. U. S. :Jossey – Bass Inc,1964.

② 黄明元．期望理论与企业家人力资本动态激励机制研究[J]．科技管理研究,2006(5):134 – 137.

1. 宏观环境对企业家精神培育的积极影响

制度框架本质上提供了一个激励结构，决定了企业家活动的方向和密度（张海丰和杨虎涛，2015）[①]，以提升企业家的效价和期望值。将企业家精神配置到创新、创业等生产性活动中，还是更多地配置到寻租和犯罪等非生产性活动中，将决定企业绩效、区域发展和国家经济能否实现长期稳定增长（周方召和刘文革，2013）。[②] 根据期望理论，良好的制度环境有利于增加企业家对未来发展的期望值，形成目标期望，进而将企业家精神更多地配置在创新创业的生产性活动中。因此，制度环境是培育企业家精神的关键要素，具体包含法制环境、金融环境和市场环境等。

第一，法制环境的积极影响效应。

创新精神是企业家精神的重要体现，保护企业家的合法权益，如知识产权、财产权、自主经营权等，有利于从制度上保护创新创业活力。根据期望理论模型，如果企业家对未来目标有稳定的预期，激发力量会更强，个体更愿意将捕捉到的盈利机会付诸实践，同时，严格的知识产权保护会给企业家带来垄断性的利润回报，增强企业家的创新意愿（程俊杰，2016）。[③] 如果创新的成果无法得到有效的保护，甚至被恶意掠夺，期望值降低为零，再多的激励措施都无法激发企业的创新创业活力，便无法培育企业家精神。因而，法治水平无论是直接还是间接都会对企业家精神的培育和发展产生重要影响。本研究的法制环境主要包含对知识产权、财产权、自主经营权、创新权益、监督约束等权益的保障。基于期望理论的角度，法制环境主要是通过提升企业家对培育企业家精神的期望值而激发培育力量。财产权、企业家创新权益和企业家自主经营权的保护会降低创业的不确定性。因此，本研究提出如下假设：

H1a：在期望理论视角下，政府提供的法制环境（LE）越完善，企业家的各方面权益就会得到越多的保护，企业家精神培育的期望值就越高，企业家精神（EP）的体现就会越明显。

第二，金融环境的积极影响效应。

金融环境主要通过对企业家提供债权资金和股权资金来满足企业家的资金需求，进而培育企业家精神。但是，我国目前存在的金融抑制现象，会降低培育企业家精神的期望值，金融市场的滞后发展可能导致宏微观主体的创新创业发展只能依靠以垄断性的银行机构为融资渠道。以银行机构为主要通道的融资方式，只能满足模仿创新，无法维持长期且

---

① 张海丰，杨虎涛．制度、企业家精神与长期经济增长［J］．学习与实践，2015（5）：5－12.

② 周方召，刘文革．宏观视角下的企业家精神差异化配置与经济增长——一个文献述评［J］．金融研究，2013（12）：127－139.

③ 程俊杰．制度变迁、企业家精神与民营经济发展［J］．经济管理，2016（8）：39－54.

持续的自主创新活动。而发达的金融体系不仅能筛选出优秀的企业家、提供资金支持、承担风险，还能提供预期估值的金融服务，提高宏微观主体对企业发展的预期，将更多的企业家精神配置在生产性活动中，为培育企业家精神提供资金活力。因而，本研究提出如下假设：

H1b：在期望理论视角下，政府和金融机构营造的金融环境（FE）越完善，企业发展所得到的金融支持越多，企业家精神培育的期望值就越高，企业家精神就越容易培育。

第三，市场环境的积极影响效应。

培育企业家精神的外部环境是一个开放系统，市场环境也是重要的权变因素。市场环境对创业生态圈的影响主要在于营商环境、市场需求的大小以及产业集聚配套水平。完善的市场机制不仅能为企业发展提供资源，还能为企业所有者提供自由进入的公平竞争平台，培育具有企业家精神的行为特征与能力，筛选优秀企业家，激励与约束企业家行为的配置。因而市场环境既是培育企业家精神的肥沃土壤，又有对企业家的淘汰功能。应合理出清企业家精神严重衰退且经营不善的企业，使要素资源更优化地配置在具有强烈企业家精神和较高生产效率的企业，让企业家对创业机会成本有清晰的感知，提升培育企业家精神的激励力量。因而，本研究提出如下假设：

H1c：在期望理论视角下，市场环境（ME）越完善，企业各方面的发展得到更多支持，企业家精神培育的期望值就越高，企业家精神的体现就会越明显。

2. 中观环境对企业家精神培育的影响

由于中国是一个人情社会，在这样的社会中，企业发展不仅依赖生产要素资源，更依赖社会资源。根据已有文献的研究可知，政商关系对企业家精神培育的影响主要体现在政府对企业的干预程度上。在企业发展过程中，如果地方政府对企业干预和约束过度，必然形成企业领导人对政府管理机构的过分依赖，甚至为谋求有利于自己的外部环境，花费大量的时间与精力与政府打交道，并通过非市场行为和企业政治行为获得企业发展所需资源，以维持企业发展的竞争力。但是，此过程将阻碍企业领导者形成优良的道德品质（诚实守信、遵守契约），扼杀积极进取、创新冒险的能力，不利于开拓创新、冒险和进取精神的培育，最终导致企业家精神资源更多配置在非生产性活动中。基于期望理论视角，会降低培育企业家精神的效价，甚至转变为负值，影响绩效期望和激励期望的形成。对于新创企业而言，如果地方政府和相关部门在创业初期提供大量的鼓励和扶持，将提高新创企业的存活率，即提高培育企业家精神的预期。因而，营造“亲”“清”新型政商关系，才能避免企业家精神向非生产性活动进行配置。要确保企业家精神的弘扬及其功能的实现，一个必备的前置要件就在于政府与企业家之间存在良性关系。因而，本研究提出如下假设：

H2：在期望理论视角下，政商关系（GR）越完善，企业发展所得到的政府支持越多，企业家精神培育的期望值就越高，企业家的信心越足，企业家精神的体现就会越明显。

3. 微观环境对企业家精神培育的影响

根据社会网络理论，在特定的群体中，个人、团体和组织会存在特定的连接关系，这些连接关系会使得新技术、新产品、新观念更加快速地在企业家群体中传播，企业将以更低的成本获得信息和机会，提高企业运作效率、创新能力和竞争优势等。对于新创企业或潜在的创业者而言，在企业家群体中，有助于识别创业机会、增强创新创业意愿、提高培育企业家精神的期望值。企业家群体不仅能降低交易成本、增强期望值，还能提高培育企业家精神的效价。此外，在微观环境中，企业家精神的培育还将受到企业战略、企业规模和产权性质等因素的影响。因而，本研究提出如下假设：

H3：在期望理论视角下，企业家群体网络、企业规模和产权性质等微观环境（ME）越完善，企业家获得的资源就越多，企业家精神培育的期望值就越高，企业家的信心越足，企业家精神的体现就会越明显。

4. 中国情境下的非制度文化环境氛围对企业家精神培育的影响

第一，企业家个体异质性。高阶梯队理论认为，企业家的性别、年龄、学历、任期、教育背景和工作经历等背景特征的不同，会引致企业家思维方式、风险偏好以及技能和专业能力的不同，从而导致企业家信息搜集、认知和处理能力的偏差，引起企业决策和绩效的重大变化。企业家的外在背景特质与内在特质存在密切关系，进而对企业家精神的培育产生一定的影响。因此，本研究认为，企业家的个体特质会造成企业家精神培育的异质性。

第二，地域文化异质性。研究企业家精神培育的异质性必须要考虑地域文化的异质性。企业家精神的形成不能离开一定的社会文化背景，文化背景的差异将通过地域文化最终作用于企业家精神的形成与发展，使企业家精神呈现出差异化。因而，本研究提出如下假设：

H4：在期望理论视角下，中国情境下非制度文化环境（IC）能影响潜在企业家形成具有企业家精神的价值观和行为特质，不同的文化环境形成的企业家精神不同，因而，非制度文化环境对企业家精神的培育具有一定的影响。基于期望理论的外部环境对企业家精神的影响机制见图 5。

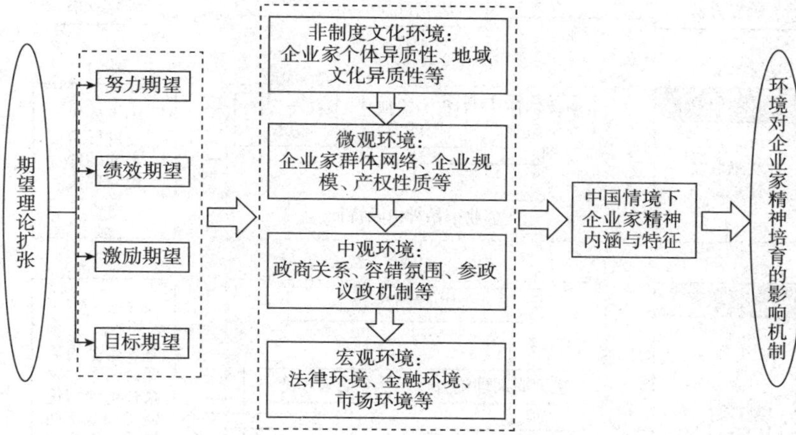

图5　基于期望理论的外部环境对企业家精神的影响机制

（四）研究模块四：中国情境下企业家精神培育机制的普适性模型研究

构建中国情境下企业家精神培育的普适性模型并开发相关量表对中国企业家精神的培育具有重要意义。构建中国情境下企业家精神培育机制的普适性模型要充分考虑个体、企业和区域的差异，设定不同的权变因素。结合生命周期理论了解企业家精神内涵演化路径，同时研究基于期望理论的外部环境对企业家精神培育的动态影响机制，以构建中国情境下的企业家精神培育模型和开发相关量表。

四、技术路线图

根据以上研究思路，再结合研究方法，本研究制定了详细的技术路线，对上述每个步骤中的研究过程、采取的关键技术手段以及将会产生的研究成果进行了详细阐述。同时，分析了如何通过具体、可操作化的研究任务，完成前面研究内容部分所描述的四个研究模块，进而实现本研究的研究目标。本研究的研究过程包括四个步骤（见图6）。

第一步，明确研究框架和依据。依据当前国内企业家精神培育实践中存在的问题，对国内外进行研究。找出理论中存在的不足，确定本研究的研究问题和研究价值，并以此为出发点构建本研究的研究框架，从而明确本研究的立项依据、研究内容和主要目标，并界定企业家精神内涵的三大主要特征，分别为个体特征与价值观、行为特征与能力和社会责任意识。

第二步，建立并修正理论模型。在对现有文献和理论进行回顾的基础上，构建基于生命周期理论的企业家精神内涵演化路径和基于期望理论的企业家精神培育的动态机制。选

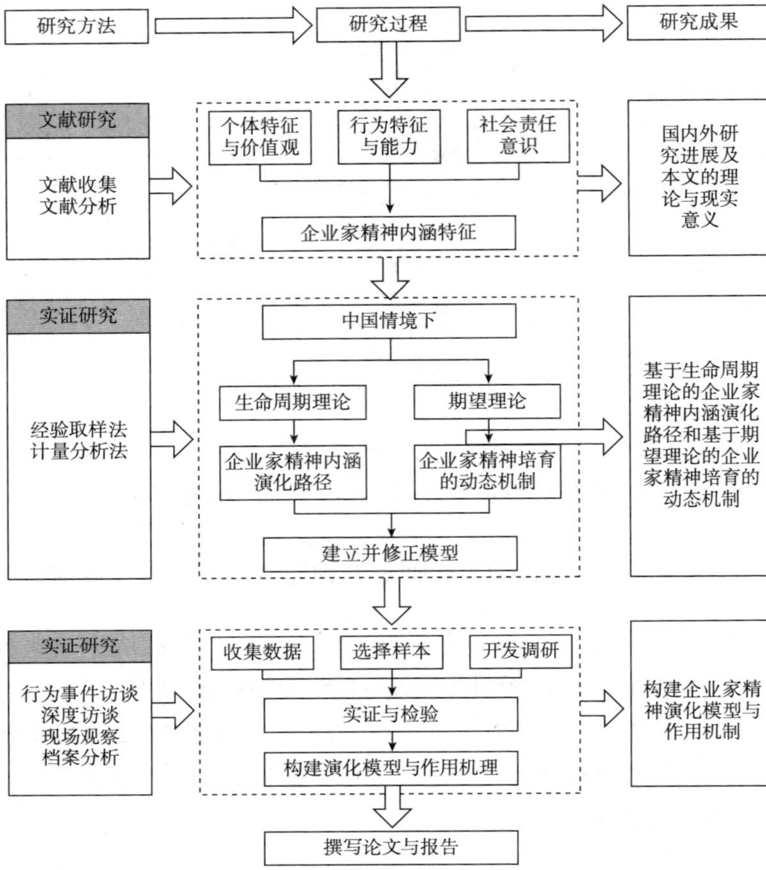

图 6　本研究的技术路线图

择中国情境下具有代表性的企业，通过数据挖掘和深度访谈，修正该模型并作为后续研究的基础。

第三步，实证分析与假设检验。依据构建的理论模型，结合现有研究中的不足提出研究假设，然后构建企业家精神的衡量指标。并通过开放的数据库平台收集数据，对数据进行统计分析，检验本研究的研究假设。

第四步，撰写研究论文与报告。在上述分析的基础上，撰写具有可操作性的研究报告，为企业家精神的培育提供对策建议；同时，根据上述步骤的研究结果，撰写高水平的研究论文。

五、研究的启示与创新

本研究最大的特色是引入生命周期理论和期望理论，揭示企业家精神内涵的演化路径以及外部环境对企业家精神培育的动态机制。本研究将进一步丰富企业家精神培育领域的研究文献，并将为企业进行企业家精神培育提供相应的管理对策和建议，具体创新之处如下：

1. 创新性地基于生命周期理论提出企业家精神内涵的演化路径

从文献回顾可以看出，大部分研究都只针对企业家精神内涵的某一方面进行研究，鲜有研究企业家精神内涵的演化路径。事实上，企业家精神的内涵是会随着个体的成长而发生变化的。因此，本研究创新性地提出企业家精神的内涵演化路径，为企业家精神的培育奠定了基础。

2. 创新性地基于期望理论分析外部环境对企业家精神培育的动态机制

在以往的研究中，较多学者都曾提出外部环境会影响企业家精神的发展，影响企业家精神对组织绩效和经济增长的作用，但是大多没有提及理论基础。因而，本研究基于期望理论探究外部环境对企业家精神培育产生影响的理论基础，揭示了培育企业家精神的关键点。

3. 开发中国情境下企业家精神量表和测量体系

本研究基于生命周期理论视角下企业家精神内涵的演化路径，可以比较全面地研究企业家精神演化的过程及各阶段的量表和测量指标，并构建动态的企业家精神测量指标体系。

4. 创新性地将外部环境与企业家精神演变相结合

本研究基于生命周期理论和期望理论视角，将企业成长所面临的外部环境与企业家精神的演变衔接，培育出不同层面的企业家精神，以适应所处不同阶段的企业发展。

参考文献

[1] Cantillon R. Essay on the nature of general commerce[J]. Henry Higgs, Trans, 1755.

[2] Casson M. Entrepreneurship and business culture[M]. Edward Elgar Publishing, 1995.

[3] Casson M. The economics of business culture: Game theory, transaction costs, and economic performance[M]. Oxford University Press, 1994.

[4] Drucker P. F. Innovation and entrepreneurship: Practices and principles [M]. New York: Harper & Row, 1985.

[5] Hébert R. F., Link A. N. In search of the meaning of entrepreneurship[J]. Small Business Economics, 1989, 1(1): 39 - 49.

[6] Hofstede G. Culture's consequences: International differences in work - related values [M]. Beverly Hills CA: Sage Publications, 1980.

[7] Hofstede G., G. Hofstede. Cultures and organizations: Software of the mind, revised and

expanded (2nd edition) [M]. New York:McGraw Hill,2005.

[8] Jean – Baptiste S. A treatise on political economy[M]. New York:Cosimo Classics,1803.

[9] Knight F. Risk,uncertainty,and profit[M]. Boston and New York:Houghton Mifflin,1921.

[10] Kirzner I. M. Competition and entrepreneurship[M]. University of Chicago press,1973.

[11] Li H. Y. ,Y. Zhang. The role of managers'political networking and functional experience in new venture performance:Evidence from China's transition economy[J]. Strategic Management Journal,2007,28(8):791 – 804.

[12] Marshall A. Principles of economics[M]. London: Macmillan; Reprinted by Prometheus Books,1920.

[13] OECD. Fostering entrepreneurship [J]. The OECD Jobs Strategy,Organisation for Economic Co – operation and Development,1998.

[14] Schumpeter J. ,Backhaus U. The theory of economic development [M]. New York: Springer,1934.

[15] Shane S. ,Venkataraman S. The promise of entrepreneurship as a field of research[J]. Academy of Management Review,2000,25(1):217 – 226.

[16] Tsui A. S. ,S. S. Nifadkar,A. Y. Ou. Cross – national,cross – cultural organizational behavior research: Advances, gaps, and recommendations [J]. Journal of Management, 2007, 33 (3):426 – 478.

[17] Tsui A. S. ,J. L. L. Farh. Where Guanxi matters relational demography and Guanxi in the Chinese context[J]. Work and Occupations,1997,24(1):56 – 79.

[18] Vroom V. H. Work and motivation[M]. U. S. :Jossey – Bass Inc. ,1964.

[19] Yang M. M. Gifts,favors and banquets:The art of social relationships in China [M]. New York:Cornell University Press,1994.

[20] 陈宪. 核心技术是人力资本加企业家精神[N]. 文汇报,2016 – 04 – 27(005).

[21] 程俊杰. 制度变迁、企业家精神与民营经济发展[J]. 经济管理,2016(8).

[22] 丁栋虹,赵荔. 企业家精神的三大要素:创新、机会识别和冒险——来自企业家排行榜的证据[J]. 上海管理科学,2009(3).

[23] 黄明元. 期望理论与企业家人力资本动态激励机制研究[J]. 科技管理研究,2006(5).

[24] 何轩,马骏,李胜文. 报酬结构、税收制度与企业家精神配置[J]. 科研管理,2017(2).

[25] 贾良定,周三多. 论企业家精神及其五项修炼[J]. 南京社会科学,2006(9).

[26] 蒋春燕,赵曙明. 社会资本和公司企业家精神与绩效的关系:组织学习的中介作用——江苏与广东新兴企业的实证研究[J]. 管理世界,2006(10).

[27] 靳卫东,高波. 企业家精神与经济增长:企业家创新行为的经济学分析[J]. 经济评论,2008(5).

[28] 李新春,王珺,丘海雄,张书军. 企业家精神、企业家能力与企业成长——"企业家理论与企业成长国际研讨会"综述[J]. 经济研究,2002(1).

[29] 李维安,王辉. 企业家创新精神培育:一个公司治理视角[J]. 南开经济研究,2003(2).

[30] 龙海军. 制度环境对企业家精神配置的影响:金融市场的调节作用[J]. 科技进步与对策,2017(7).

[31] 鲁传一,李子奈. 企业家精神与经济增长理论[J]. 清华大学学报(哲学社会科学版),2000(3).

[32] 厉以宁. 观念新才有新思路[J]. 现代企业文化(上旬),2016(11).

[33] 马卫东,曹亚,游玲杰,张雷冲. 企业家精神对动态能力形成的影响研究——基于苏北地区企业的实证分析[J]. 淮阴工学院学报,2010(4).

[34] 欧雪银. 企业家精神对经济发展影响的理论与实证研究[D]. 长沙:湖南大学,2009.

[35] 沙彦飞. 基于企业生命周期的企业家社会责任及精神耦合研究[J]. 管理学报,2012(7).

[36] 项凯标,蒋小仙. 探讨企业家精神研究的框架[N]. 贵州日报,2017-11-01.

[37] 杨利军. 企业家契约精神的历史脉络及维度[J]. 河南科技大学学报(社会科学版),2016(3).

[38] 周方召,刘文革. 宏观视角下的企业家精神差异化配置与经济增长——一个文献述评[J]. 金融研究,2013(12).

[39] 张序. 企业家概念及其相关问题辨析[J]. 社会科学研究,2005(1).

[40] 张维迎. 股份制与企业家职能的分解[J]. 经济研究,1987(1).

[41] 张维迎. 公有制经济中的委托人—代理人关系:理论分析和政策含义[J]. 经济研究,1995(10).

[42] 张海丰,杨虎涛. 制度、企业家精神与长期经济增长[J]. 学习与实践,2015(5).

/第五篇/

经济增长

本篇由六篇文章构成。

《中国经济奇迹背后的核心基础因素》分析论证了中国经济成功的核心因素。文章从中国政治经济学理论的根本立场——全心全意为人民服务出发，分别从重工业化发展战略、土地供给制度安排、人力资本准备三个方面分析中国经济社会发展背后的原因。中华民族在其漫长的历史进程中探索出来的国家治理经验和社会理念，不仅为现代中国的国家治理提供了借鉴路径，而且促使大多数民众对国家治理模式问题逐渐形成了共识。

《未来中国经济的环境变化、增长估算与政策建议》就未来如何应对内外部环境变化、发挥好中国经济增长潜力提出相关政策建议。文章分析当前中国经济面临的外部环境、内部条件变化趋势，测算出2021—2025年中国经济增速有望保持在5%左右水平。中国经济具备高质量发展的能力，但考虑外部环境更加复杂严峻，新冠肺炎疫情对经济的影响大小和影响时间仍取决于全球范围内疫情演变情况，内部结构和制度面临新的调整和转变，要做好面临复杂国际形势的准备、密切关注变化、及时应对挑战、充分发挥优势“转危为机”、保障经济高质量发展。

《财政支出对经济增长空间溢出效应研究》对财政支出总额及其构成对经济增长的空间溢出效应进行了研究，并提出了相应的政策建议。为了度量空间距离采用了空间计量方式，文章首先设定普通面板回归模型，再将经济空间权重矩阵引入模型。研究结果表明，财政支出可以有效促进经济增长，要素流动和贸易往来是财政支出溢出效应的重要渠道。此外，第三产业比重、资本存量、全要素生产率和对外开放程度的提高可以有效促进经济增长，并且有明显的正向空间溢出效应。

《天津港在中国北方海洋经济发展中的带动作用分析》以天津港发展中存在的问题为出发点，对天津港在北方海洋经济发展中的引导作用进行分析。港口资源具有重要战略意义，天津港作为中国北方最大的综合性港口，在开放经济力度、带动作用、合作交流等方面仍有发展空间。文章指出，应当学习借鉴长三角、珠三角以及世界自由贸易港的发展经验，同时结合京津冀协同发展的国家大战略，针对京津冀地区与天津港、天津自贸区的对接性发展进行研究探讨。

《长江三角洲工业绿色发展水平测度研究》测度了长江三角洲工业绿色发展水平，并通过实证分析其工业绿色发展的效率，为长江三角洲工业绿色发展提供了理论依据和决策建议。长江三角洲工业绿色发展整体趋势向好，地区间发展速度不一，在技术方面仍有很多的不足和欠缺。文章运用生产率分解指标研究发现，对绿色发展效率影响最大的是技术进步效率因素，因此，需要进一步推动技术创新，让技术进步引领工业生产的转型升级。

《中国现代制造业体系构建及全要素生产率研究》探究了中国现代制造业全要素生产率及其影响因素，为现代制造业的发展提供了政策启示。中国现代制造业的发展取得了巨大成就，形成了集约型的增长方式，但行业间、地区间的全要素生产率差异较大，行业规模仍有较大发展空间，导致其不能适应国民经济发展的要求。文章从缩小现代制造业区域差异、提高技术进步能力和提高规模效率三个方面提出改善现代制造业 TFP 的建议。

中国经济奇迹背后的核心基础因素

夏庆杰[1]

【摘要】从历史角度来看，夏商周开创的天下大一统理念、秦汉以来中国一直有效实施的郡县制、隋唐至明清的科举制等中国历史文化制度都对当代中国经济奇迹的发生做出了不可磨灭的贡献。而新中国经济奇迹最为关键的因素是20世纪70年代末以来中国政府始终坚定不移实施的改革开放政策，其实质是在以中国计划经济和国有企业为主的经济体系中不断引入市场因素。同时，尽管说新中国成立之初实施的重工业化发展战略和农村集体经济没有使中国人民完全摆脱贫困，但是改革开放前的中国为工业化准备好了基本条件，如强有力的国家治理和架构、统一市场、电力能源设施、重工业生产能力、交通通信基础设施、国家经济管理经验、工程师等受过教育的数以亿计的劳动力队伍，等等，改革开放则是把新中国成立后储备的巨大能量发挥出来，这些都是中国工业化取得成功的关键要素。

【关键词】郡县制；党的领导；市场经济

一、历史中国及其影响

每隔一两年就出现的治理大江大河需要和抵御北方游牧民族掠夺的常年压力造就了中国自西周以来的大部分时间里的统一状态。[2] 2200多年前，秦始皇依靠公元前4世纪中期秦孝公和商鞅通过商鞅变法创立的郡县制中央集权政治经济体制再次统一了中国。在自秦以来2000多年的大部分时间里，中华民族也依靠中央集权政治体制以及后来逐渐完善的科举制保持了统一国家状态，在清朝以前的大部分历史时间里保持了政治经济文化上的国

---

① 夏庆杰，北京大学经济学院教授。

② 苏力.大国宪制：历史中国的制度构成[M].北京：北京大学出版社，2018：30－90.

际领先地位。可以说，中国早在秦朝就建立了现代国家政府治理制度，如实施郡县制、普遍兵役制、常备军体制、统一税制、统一文字度量衡，在吏治上消除世袭制、任用贤能等。①

实际上，如钱穆所说，秦汉至清朝，中国已经不是封建社会，而是皇帝和士大夫（即知识分子）共同治理的社会，因为当时贵族和世袭制已基本消失（皇帝除外）。② 西汉时，为了选拔有识之士，汉武帝下令各地行政长官举孝廉到中央加以培训，通过考试从中再选拔人才去做官。后来由于举孝廉被东汉时期的门阀所把持，因而在隋唐时期逐渐开创了官员任用上的科举制。科举选拔制使得出身寒门的贤能之士也可以出任政府高官。也可以说秦汉以来的政治军事社会经济制度是一种包容性或者说开放性的制度，即消除世袭制、为出身寒门的贤能之士出任国家重要职位开启了顺畅的通道，从而大大提升了国家治理水平。通过科举制而成为入仕的知识分子不能把自己的官位传给下一代，也有不断通过苦读而获得功名的知识分子加入政府官员队伍中。因而士大夫阶层是流动的，换句话说，从秦汉至清朝的社会流动性很强，社会阶层没有固化，政府不断把一代一代的社会精英吸纳到体制中来。皇权的合法性也通过把社会精英纳入体制内得到改善和提高。③ 秦汉以来不断形成的国家治理制度是先进而有效的现代国家治理制度，即使外族统治中国的时期如三国两晋南北朝时期的北魏后周、清朝也不得不采用中国原有的国家治理体制和理念。

自秦汉起，各朝各代也注意限制各类具有经济实力的豪强的产生。商鞅变法以后，秦国实施土地国有制和授田制，因军功赐爵赐田，但田地不能成为私产传给子孙，被赐田的人死后其田地收归国有，土地不能买卖。④ 西汉实行土地私有制，地主门阀并起，因而王莽借恢复井田制而改变大地主门阀把持国家经济政治的局面，即所谓王莽新政。但是王莽新政和皇帝王莽由于遭到西汉地主阶级的联合抵制和反抗而很快走向覆灭；到了东汉依然是实行土地私有制，大地主门阀把持国家政权，⑤ 以致东汉后中国有约四百年处于分裂状态。两晋南北朝后期，北魏皇帝拓跋宏（元宏）实施土地国有制，进而实施授田制，按家庭劳动力和人口数量分配土地，兵丁户集中到一起居住并授田且免赋税，从而建立了府兵制。隋唐基本维持授田制和府兵制。后来一直到明朝府兵制度基本保持不变。尽管唐朝以

① Fukuyama F. The Origins of Political Orders: From Prehuman Times to French Revolution[M]. New York: Farrar, Straus and Giroux Press, 2012: 1-40.

② 钱穆. 中国历代政治得失[M]. 北京：九州出版社，2012：3-50.

③ 清朝末年取消科举，使得大批社会精英无法以正常渠道进入体制内，从而参加了各类组织，这些组织加速了清朝的灭亡。另外，科举制取消以前的农村治理也是以士绅制度为基础的，因为皇权不下县，而举人、秀才可以进县衙不跪，因而举人、秀才成为农村的天然领导者。

④ 江淳. 从赐田制度的变化看秦汉间土地制度的演变[J]. 广西师范大学学报（社会科学版），1987（2）：59-64.

⑤ 杨振红. 秦汉“名田宅制”说——从张家山汉简看战国秦汉的土地制度[J]. 中国史研究，2003（3）：49-72.

后在很多时候实行土地私有制，但是各朝各代始终致力于防止大地主门阀的出现。南北朝时期的北魏、隋唐都实施土地国有制，主要目的就是避免大地主门阀控制国家政权。

一个国家的政治经济社会治理是否有效，主要取决于以下四个因素：国家最高领导人的产生和执政机制是否有序稳定；政府各级官员的产生机制是否能够不断把社会精英吸纳进体制；税收是否能够源源不断征收到国库；兵源是否能够得到源源不断的补充。皇帝位置的血统继承制不过是提供了比较稳健的国家最高领导人的产生机制，在政党推举最高领导人机制形成以前，避免了因众多人竞争最高领导人而带来的动乱。中国的中央集权制度形成了较高的包容性和社会各阶层向上流动的机制，商鞅变法以后秦国根据军功晋升的制度取代了贵族世袭军官制、两汉的举孝廉、隋唐以来的科举制度等，为精英提供了进入体制的上升通道，精英们“早为田舍郎，暮登天子堂”的梦想得以实现。从经济体制上看，北魏、隋、唐乃至明朝，大都实施土地国有制和授田制，农户分为军户和民户，军户出兵但不交税（木兰从军中的木兰家就是军户，必须出兵），民户交粮但是不用出兵，从而保证了源源不断的税收和兵源。秦汉至明清不断形成和完善的中央集权国家治理体制使政府任用官员具有一定的包容性，即通过两汉时期的察举制、隋唐以后的科举制任用贤能，从而实现了国家的有效治理。而综观 17 世纪以前的其他国家，它们没有中国这样的政治经济社会制度，要么是封建制（英法德等），要么是农奴制（俄国），要么是奥斯曼帝国的奴隶兵役制。中国自秦汉到明清不断形成的治理模式更多的是为适应一家一户的小农经济而产生的，也基本适应了小农经济存在的需要。马克思说，经济基础决定上层建筑。中国的中央集权制或称郡县制是生产关系适应农业社会生产力发展需要的产物。Acemoglu 提出了政治经济社会发展过程中的“包容”理念，就其实质而言就是生产关系能够包容生产力的变化。①

17 世纪至 21 世纪初，世界各国处于 2000 多年一遇的大变革时代，这个变革就是人类从农业社会进入工业社会。成功实现工业化的国家如欧美日等被称为发达国家，这些国家具有较为完整的工业制造业体系，能够生产工农业、交通通信、化工、国防等领域需要的各种先进产品，政府治理能力较强，其国民享受着富裕的生活。20 世纪中叶以前，欧美日等发达国家为了打开落后国家的市场，掠夺原材料、土地和廉价劳动力，对落后发展中国家实施炮舰政策、野蛮侵略、掠夺和奴役。

在 17 世纪至 20 世纪初的工业化浪潮中，没能成功工业化的主要国家如中国、欧亚大国沙皇俄国、横跨欧亚北非的奥斯曼帝国相继在 20 世纪初轰然崩塌。中国在清朝时期和

① Acemoglu D.，J. Robinson. Why Nations Fail：The Origins of Power，Prosperity，and Poverty［M］. New York：Crown Business Press，2012：1－30.

后来的民国时期都没有成功实现工业化而停滞在农业社会。从 1840 年鸦片战争到 1945 年抗日战争胜利约 100 年的时间里，中国一直处于被欧美日等帝国主义国家压榨、掠夺、侵略和奴役的状态。这个事实也说明皇帝统治下的王朝政治已经很难适应工业化时期的政治社会经济发展了，软弱涣散的国民党政权也是如此。国土辽阔、人口众多的中国需要具有高度组织能力和动员能力、纪律严明的强有力的政党领导。

1917 年十月革命一声炮响，给中国送来了马列主义、列宁创建的共产党组织制度和政治制度。中国共产党把马列主义与中国革命实践相结合，领导了 1921—1936 年的反帝反封建斗争、1937—1945 年的抗日战争、1945—1949 年的解放战争。1949 年新中国成立，中国人民终于在中国共产党的坚强领导下站起来了。新中国成立前，中国基本上是一个贫穷落后的农业国。

中华民族在漫长的历史进程中探索出来的国家治理经验和社会理念（秦汉以来的现代国家治理制度即郡县制、隋唐至明清的科举制以及集中力量办大事、以儒家思想为主体的意识形态体系等）为现代中国的国家治理提供了借鉴路径，而且中国大多数民众就以上国家治理模式问题也逐渐形成了共识。

二、新中国的政治经济学理论

中国经济成功的核心因素是什么呢？老牌发达国家的经验似乎不能完全解释中国的成功，其中一个重要原因是包括日本在内的老牌工业国的发展在很大程度上是靠掠夺殖民地的土地、原材料、市场，以及压迫剥削奴役殖民地人民等，而中国的经济成功完全是和平崛起。也许有人说中国历史上拥有强大的政治社会文化，明朝、清朝没有这种文化吗？

其他发展中国家没有，甚至新中国成立以前的清朝时期、国民党时期也没有，而唯独新中国拥有的主要因素是：中国共产党的领导和中国的社会主义政治经济社会制度。换句话说，中国拥有执行力强大的政府。具体而言，新中国成立以来，党的组织遍布整个社会，政令统一，执行力强，国家拥有独立强大的国防。中国共产党是在长期革命战争中成长起来的革命政党，在战争年代造就出来的严密的组织性、纪律性是世界其他各国的政党所无法比拟的。在新中国成立后的政治经济社会发展建设中，这种高度的组织性、纪律性意味着中国政府的政令统一和高度执行力。另外，长期革命战争锻炼出来并后来发展壮大的新中国军队构成了中国国防的强大力量。党领导的新中国政府的政令统一、高执行力以及独立强大的国防保证了新中国能够稳定有序地发展政治经济社会环境。17 世纪至 19 世纪期间英国、德国、美国、日本等强国工业革命的成功无不依赖其强大的政权、强大的军队舰队以及对殖民地的掠夺和殖民地市场。中国这样的大国，如果没有强大的政权和强大的国防，就只能成为西方强国宰割的对象，根本谈不上经济发展和工业革命。《国败论》

的作者 Acemoglu 也认为现代工业社会发展需要强有力的中央政府保持社会秩序和稳定。

然而，在改革开放前，共产党领导的社会主义中国也拥有强大的执行力，尽管也实现了显著的政治经济社会的发展，但是在改革开放前[①]，70%多的农村人口和50%多的城市人口生活在贫困线以下。那么与其他发展中国家相比，甚至与改革开放前的中国相比，改革开放后的中国最为独有的特征是什么呢？我们认为只能是：改革开放以来，中国政府在政治经济社会发展上的决策大多数是正确的。接下来的问题是中国改革开放后的有为政府是依据什么理论把事情做对的呢？或者说，中国共产党领导的新中国有没有自己的政治经济学理论呢？如果有，具体又是怎样的呢？

新中国是中国共产党领导的国家，因而新中国政治经济学理论的根本立场是由中国共产党的根本宗旨决定的，即全心全意为人民服务。“全心全意为人民服务”这个宗旨体现在新中国主要政治经济社会制度安排以及政策的制定和实施上。千百年来受封建主义、帝国主义、殖民主义剥削和压迫的中国劳苦大众的核心利益不外乎安居乐业、不受冻饿之苦、子女享受良好教育和医疗。换句话说，广大中国人民的核心利益可以表述为：国家安全、经济发展、教育和医疗等社会基础设施的建设和发展。因此，这些目标成为新中国建设和发展的核心目标。能否解决这些问题就是新中国是否以“全心全意为人民服务”为宗旨的试金石。

关于社会主义的目的，革命导师们有很多论述。十月革命后列宁说：“无产阶级取得政权以后，它的最主要、最根本的利益就是增加产品数量，大大提高社会生产力。”[②] 斯大林说：“用在高度技术基础上使社会主义生产不断增长和完善的办法，来保证最大限度地满足整个社会经常增长的物质和文化的需要。”[③] 邓小平更明确地说，“贫穷不是社会主义”[④]；“只有社会主义，才能有凝聚力，才能解决大家的困难，才能避免两极分化，逐步实现共同富裕。……只有稳定，才能有发展。只有共产党的领导，才能有一个稳定的社会主义中国”[⑤]。“社会主义的本质，是解放生产力，发展生产力，消灭剥削，消除两极分化，最终达到共同富裕”[⑥]。

应该说，改革开放前后，党的立场和观点没有发生根本性的变化。但是，在改革开放

---

① 中共中央. 关于建国以来党的若干历史问题的决议（在1981年6月27日中国共产党第十一届六中全会通过）[M]. 北京：人民出版社，1981.

② 列宁. 关于工会在新经济政策条件下的作用和任务的提纲和草案[M]//列宁选集（第4卷），1921：586.

③ 斯大林. 苏联社会主义经济问题[M]. 北京：人民出版社，1961：31.

④ 邓小平. 建设有中国特色的社会主义（1984年6月30日）[M]//邓小平文选（第3卷）. 北京：人民出版社，1993.

⑤ 邓小平. 振兴中华民族（1990年4月7日）[M]//邓小平文选（第3卷）. 北京：人民出版社，1993.

⑥ 邓小平. 在武昌、深圳、珠海、上海等地的谈话要点（1992年1月18日至2月21日）[M]//邓小平文选（第3卷）. 北京：人民出版社，1993：370－383.

之初，党中央充分总结了新中国前30年的成功经验和失败教训，正确把握了世界政治经济发展的历史经验和大趋势，坚决把党的工作重心从阶级斗争扭转到经济建设上来。20世纪70年代末以来，党中央在经济建设上始终毫不动摇地坚持改革开放的基本政策。

党的工作重心的转移也引起了党的工作方法的转变。改革开放后党的具体工作方法可概括为：实事求是、具体问题具体分析、调查研究、试点、推广。西方发达国家如美国多数情况下会聘请华尔街大佬担任财政部部长、从高校的书斋里招募一些知名教授担任经济顾问和美联储高官。华尔街大佬总要考虑华尔街的利益，而高校的知名教授们很少到厂矿企业和农村去调研，不了解实际情况，总是根据头脑中的绝对市场理论去制定政策。反观中国的经济顾问们，主要由政府公务员构成，熟悉党和政府的政策、方针，经常下基层调研，受利益集团的干扰较少。出现问题，就到众多的企业和农村去调查，发现问题之所在，从具体问题出发得出解决问题的方案。[①] 在这个过程中，经济学理论总是让位于实事求是，经济学理论只是在分析具体问题时起到指导作用。

三、改革开放前的重工业化发展战略

从1840年鸦片战争到1949年新中国成立，中国人民经历了100多年的帝国主义野蛮侵略和血腥压迫之后，终于在中国共产党的坚强领导下站起来了。对于新中国而言，国家千疮百孔、百废待兴。然而面对西方列强的虎视眈眈，新中国面临的首要任务就是保证国家国防安全。只有建立起可以抵御外来侵略的有效国防力量，才能实现整个国家的政治经济社会发展。因而，新中国经济发展的重中之重就是建立自己的重工业体系（如钢铁、能源、交通和通信、航天、军工等）以及国家安全体系。

从经济发展阶段看，从新中国成立到改革开放前中国工业发展处于学习追赶型工业化阶段。该阶段的主要任务是学习现有技术，明确技术路径。很多落后国家为了快速实现工业化，往往选择以国有企业或者官商合办形式开发重大工业项目。此时的发展中国家通常基础设施落后，技术落后，资金缺乏，没有健全的金融银行体系。在这种总体落后的状况下，利用国有金融体系集中资金、通过国有企业实施工业化战略也是迫不得已的办法。从发展经济学角度看，在资金缺乏、私有企业无力开发重工业项目的情况下，通过国有企业发展重工业也不过是国家本身成为风险资本投资人。从经济学角度看，发展中国家开发技术资本密集型的重工业项目的成本一定很高，这些承担重大工业项目的国有企业没有国家补贴很难生存。国家的补贴从何而来？在改革开放前，中国主要通过计划经济和以农业补贴工业的方式为重大工业项目融资，同时为重工业企业配备得力的技术和领导力量。

---

① 杨伟民2018年7月7日在清华大学公共管理学院毕业典礼上的讲话。

20世纪五六十年代，新中国在苏联的支持下，快速建设了156个重工业项目，能够生产国民经济需要的基本工业产品，建立了基础设施体系（如交通通信、电子工业、能源工业、航天工业、军事工业体系等）。概括起来说，由于非国有企业无法在短期内发展高风险的高技术资本密集项目，新中国只好通过国有企业去发展重工业项目。

此外，初步的工业化为中国培训了大批工程师、企业家、经营管理人才、熟练技术工人等。企业家产生有各种途径。在大型先进技术企业工作无疑是潜在企业家学习企业经营管理知识的一个捷径。科斯发现：企业家拥有的核心知识之一是价格，如原材料价格、各类员工工资、贷款价格、产品销售价格、土地价格等。在国有企业工作的员工特别是管理人员，将有机会接触到企业各方面的经营管理信息（价格、内部管理、原材料供货、产品销售网络以及政府和社会各方面的关系等）。换句话说，国有企业也发挥了培训企业家的作用。

四、中国经济增长奇迹中的土地供给制度安排

在理解中国经济增长奇迹的过程中，有一个被经济学界所长期忽略的问题，就是改革开放以来中国经济高速增长所用的土地是如何有效供给的。威廉·配第说：劳动是财富之父，土地是财富之母。① 与农业社会相比，工业化社会所需土地的数量大为减少，因而很多领土面积较小的国家也可以成为富裕的工业国。但是工业发展依然需要土地，工业化社会的经济增长主要是通过众多企业家在土地上的投资来实现的，因而所有投资都需要有"地"放矢，大型制造业企业需要的厂房面积要大得多，机场、电站、港口码头、公路、铁路体系等基础设施的建设需要更大面积的土地。西方主流经济学的常识是企业家投资需要清晰的产权，特别是土地的产权。② 因而，在经济起飞过程中，一个发展中国家政府能否为各类工商业企业提供生产建设用地是该国能否实现经济起飞的首要也是必要条件。清晰明确和有案可稽的土地、房屋产权及其登记制度既有助于企业家用个人房产及其他财产抵押贷款，也有助于债权人、司法机构追索债务；美国70%的创业企业家都是用个人房产获得贷款的，资金（流动性）只有在企业家手中才能变成资本。③ 中国人口众多，可耕地和建设用地严重缺乏，但在经济高速增长期，中国实现了各类工商金融企业生产建设所用土地的适时有效供给，从而为20世纪80年代的经济起飞以及后来的高速增长提供了土地保障。那么改革开放以来中国的土地及不动产制度是如何适应经济增长需要的呢？

---

① Petty W. A Treatise of Taxes and Contributions[M]. EEBO Editions, ProQuest, 2001: 7-45.

② Coase R. H. Essays on Economics and Economists[M]. University of Chicago Press, 1995: 5-37.

③ Soto H. D. The Mystery of Capital: Why Capitalism Triumphs in the West and Fails Everywhere Else[M]. New York: Basic Books, A Member of the Perseus Book Group, 2000: 11-35.

新中国于20世纪50年代初期进行了彻底的土地改革，没收地主、资本家的土地；在农村实行土地集体所有制，在城市实行土地国有制。农村集体土地的承载主体是行政村。改革开放后的农村包产到户实际上是把村集体所有的土地的使用权分配给农民，从而给农村经济注入了巨大的活力，生产效率大幅度提高。改革开放后，城市国有土地可以由政府以收费方式提供给各类工商业企业，或出售给土地开发商用于建设住宅或商用建筑。1987年后，政府向城镇国有土地征收使用费作为地方税的一个税种，主要用于城市建设和维护。在1994年的税制改革中，将土地出让金全部归为地方政府收入。农村集体所有的土地只有通过政府征地转变为国有土地之后，才能由代表国家的各级政府向企业供给。工商业生产所用的土地使用年限是50年。2007年《物权法》规定民用住宅的使用年限是70年，但是鉴于民用住宅的使用年限涉及亿万家庭的根本利益，因而在70年使用期限期满后也会自动无偿续期。拥有住宅产权的企业家可以用住宅做抵押得到银行信贷。

改革开放以来中国坚持“发展是硬道理”。更通俗地说，中国政府的政策目标是追求经济增长，政府官员的提升主要通过在经济增长方面的政绩来实现。[①] 为实现经济增长，除发展国有企业外，还需要吸引外资、引导内资企业发展。为此，企业发展所需要的土地主要通过政府获得。各级政府为实现经济增长，为企业使用土地提供较大便利；可能很多地方政府为吸引外资，还免费为投资企业提供建设用地。此外，众多地方政府为吸引投资、便利企业投资，还使用政府划拨的土地建立工业园区、经济开发区等。自20世纪90年代中期城镇住房商品化以来，中国住宅建设用地主要由各级政府以拍卖国有土地的形式提供。由于土地拍卖收入会被纳入当地政府财政收入，所以地方政府有很强的动力去出售土地；2001年到2010年，土地出让金占地方政府财政收入的比例由16.6%上升到76%。[②] 在这种住宅建设用地制度安排下，数以亿计的城市家庭有了属于自己产权的住宅。中国政府通过这样的制度安排解决了企业的投资用地问题，也解决了土地产权不清晰情况下交易成本过高的问题。这就是福山所说的中国所拥有的足够好（good enough）的产权状况。

在中国农村把土地使用权分给亿万农户，让农户自己根据市场进行生产决策以及在农业劳动和非农业劳动之间分配劳动力，这是帕累托改进（Pareto improvement），因为在农村改革过程中亿万农户的福利得到改善，同时几乎没有利益受到损失。在中国城市通过土地拍卖形式提供商品房建设用地，使得亿万城市家庭拥有了商品住宅产权，与此同时，各级地方政府获得了极其可观的财政收入，从而可以用于发展教育、医疗、社会保障、公共设施等公共事业，这也是帕累托改进。

---

① 周黎安. 中国地方官员的晋升锦标赛模式研究[J]. 经济研究，2007(7)：36－50.

② 向春玲. 城镇化进程中的热点难点前沿问题[M]. 北京：中央党校出版社，2014：139－141.

中国独特的土地产权制度安排是中国经济起飞的首要必要条件。在中央政府对经济增长目标的追求下，中国各级地方政府通过建立经济发展区、工业园区等手段为民营企业、外资企业提供了工商业用地，通过拍卖住宅建设土地方式为城市民用住宅建设提供了土地，通过向农村征地把农村集体所有的土地转为国有，从而为公路、铁路、电站、港口码头等社会设施的建设提供了大量土地。中国政府就是用这种政府提供土地的方式，实现了企业投资、住宅建设、公共工程（公路、铁路、水库、电站、机场）建设。

改革开放以来，中国土地制度安排的独特性在于：在拒绝土地私有化的情况下，为高速经济增长有效提供了土地供给，或者说没有阻碍经济社会发展。这恐怕是人类工业化史上仅有的案例。

人多地少、土地逐渐集中在少数大地主手中而广大农民没有立足之地曾经是中国贫富严重两极分化、农民起义和王朝垮塌的主要原因，这也是北魏、隋朝、唐朝等实行土地国有化和授田制的核心原因。然而由于人口的迅速增加，唐朝、明朝等采用授田制的朝代到后期也无田可授，由于没有土地的人口越来越多，贫困也越来越普遍，天灾人祸的发生最终导致王朝的灭亡。即使是彻底消灭土地私有制的新中国，人口的迅速增加①且无法脱离土地和农业也是改革开放前中国大面积贫困的主要原因，无法逃脱马尔萨斯人口论②的魔咒。改革开放后，中国地方政府建立工业园区、无偿或低价为各类企业提供工业用地是中国迅速工业化的主要原因之一；与此同时，工业化的迅速推进导致工业劳动力需求量急剧增加，为缺乏土地的中国农村劳动力提供了大量的就业机会，也带来了大面积贫困的消失。换句话说，工业化的成功使中国逃脱了贫困和马尔萨斯陷阱。

五、中国的人力资本准备

新中国成立初期，中国农村文盲率高达 95% 以上，适龄儿童入学率只有 20% 左右。③ 为改变这种状况，新中国在教育上从两个方面入手：一是开展扫盲运动；二是实施义务教育。新中国把扫盲运动作为一项重大任务，在组织上成立了中央扫盲工作委员会指导扫盲工作有序开展，在实践上开办多种多样的扫盲班，如“冬学”“夜校”“速成

---

① 由新中国成立初期的 5.4 亿迅速增加到 1978 年的 9.6 亿。

② 马尔萨斯（Thomas Robert Malthus，1766—1834 年），英国经济学家，在《人口论》（1798 年）中指出：人口按几何级数增长而生活资源只能按算术级数增长，所以不可避免地要导致饥馑、战争和疾病；呼吁采取果断措施，遏制人口出生率（百度百科）。

③ 李德成. 创造与重构——集体化时期农村合作医疗制度和赤脚医生现象研究［M］. 北京：中国书籍出版社，2013：5 – 13.

识字法”等适合成人和就业人员的扫盲教学组织方式及方法。[①] 改革开放以来，中国政府以宪法（1982 年《宪法》）和国家教育法（1986 年《中华人民共和国义务教育法》）形式保障义务教育的实施。与印度等发展中国家相比，新中国在成立以来特别是改革开放以来的最主要成就之一是对人力资本的开发；新中国成立以来九年制义务教育的普及极大地提高了国民的识字率和受教育水平，从而为改革开放后中国经济高速增长提供了人力资源基础。对此，诺贝尔经济学奖获得者、哈佛大学教授阿马蒂亚·森于2016 年2 月 25 日在北京大学发表演讲时曾指出：“很明显，在中国，教育不仅是社会变革的重要力量，而且也是工业变革的推动力。我认为，如果不把中国工业革命与中国的教育发展成就联系起来，就不能理解中国的成功。虽然这不是关于印度的讨论，但是如果说印度发展思想中有什么错误的话，就是下面这一点：在拥有受到良好教育和身体健康的劳动力群体之前，印度实现工业化是不现实的。”从恢复高考的 1977 年到 1998 年的 22 年里中国高校累计录取了 1355 万名大学生，而从高校扩招的 1999 年到 2018 年的 20 年里中国高校的累计录取数量增加了约 7 倍即约 10700 万名大学生。按照这个速度，到 2025 年中国的大学毕业生存量将达到 2 亿人。

六、总结

从中华民族的历史发展角度看，秦汉以来不断形成的郡县制（或者说中央集权制）国家治理制度是先进的现代国家治理制度，即使外族统治中国的时期如五代十国和清朝也不得不采用中国原有的国家管理体制和文化。

改革开放前，尽管大多数城乡居民在经济上依然很贫困，但是可以把当时中国的政治社会经济发展状况总结为以下几点：首先，中国是一个由中国共产党领导的强大的统一国家，拥有随时能够贯彻、执行中央政府政令的各级地方政府以及深入乡村的基层政府组织，人民已形成对国家的普遍认同和热爱；其次，20 世纪 50 年代彻底实行土地制度改革，建立城市国有和农村集体所有的土地制度；再次，拥有遍及全国的公路、铁路网络、航运和航空体系、重化国防工业生产能力，以及电力能源交通体系和城市供水体系；复次，教育体系、科研机构、重工业企业培养出大批科学家、工程师、医生、会计师、经济管理人员等；最后，更为重要的是建立了遍及山村和贫困地区的九年制义务教育体系、高等教育和科学研究体系、医疗体系和养老保障体系。

中华民族在漫长的历史进程中探索出来的国家治理经验和社会理念（秦汉以来的现代

---

① 浅井加叶子，王国勋，刘岳兵. 1949—1966 年中国成人扫盲教育的历史回顾[J]. 当代中国史研究，1997(2)：109 – 120；彭泽平，姚琳，黄娥. 新中国义务教育普及与发展的历史经验[J]. 当代中国史研究，2016(6)：115.

国家治理制度即郡县制、隋唐至明清的科举制、集中力量办大事、以儒家思想为主体的意识形态体系等），不仅为现代中国的国家治理提供了借鉴路径，而且中国大多数民众也就以上国家治理模式问题逐渐形成了共识。

改革开放以来，中国土地制度安排的独特性在于：在拒绝土地私有化的情况下，为高速经济增长提供了有效土地供给，或者说没有阻碍经济社会发展。这恐怕是人类工业化史上仅有的案例。

人多地少、土地逐渐集中在少数大地主手中而广大农民没有立足之地曾经是中国贫富严重两极分化、农民起义和王朝垮塌的主要原因，也是北魏、隋朝、唐朝等实行土地国有化和实行授田制的核心原因。然而由于人口的迅速增加，唐朝、明朝等采用授田制的朝代到后期也无田可授，由于没有土地的人口越来越多，贫困也越来越普遍，天灾人祸的出现最终导致王朝的灭亡。即使是彻底消灭土地私有制的新中国，人口的迅速增加且无法脱离土地和农业也是改革开放前中国大面积贫困的主要原因，无法逃脱马尔萨斯人口论的魔咒。然而，改革开放后，中国地方政府建立工业园区、无偿或低价为各类企业提供工业用地是中国迅速工业化的主要原因之一；与此同时，工业化的迅速推进导致工业劳动力需求量急剧增加，为缺乏土地的中国农村劳动力提供了大量的就业机会，也带来了大面积贫困的消失。换句话说，工业化的成功使中国逃脱了贫困和马尔萨斯陷阱。

参考文献

[1] Acemoglu D., J. Robinson. Why Nations Fail: The Origins of Power, Prosperity, and Poverty[M]. New York: Crown Business Press, 2012: 1 – 30.

[2] Coase R. H. Essays on Economics and Economists[M]. University of Chicago Press, 1995: 5 – 37.

[3] Fukuyama F. The Origins of Political Orders: From Prehuman Times to French Revolution [M]. New York: Farrar, Straus and Giroux Press, 2012: 1 – 40.

[4] Petty W. A Treatise of Taxes and Contributions[J]. EEBO Editions, ProQuest, 2001: 7 – 45.

[5] Soto H. D. The Mystery of Capital: Why Capitalism Triumphs in the West and Fails Everywhere Else[M]. New York: Basic Books, A Member of the Perseus Book Group, 2000.

[6] 邓小平. 建设有中国特色的社会主义(1984 年 6 月 30 日)[M]//邓小平文选(第 3 卷). 北京:人民出版社,1993.

[7] 邓小平. 振兴中华民族(1990 年 4 月 7 日)[M]//邓小平文选(第 3 卷). 北京:人民出版社,1993.

[8] 邓小平. 在武昌、深圳、珠海、上海等地的谈话要点(1992 年 1 月 18 日至 2 月 21 日)

[M]//邓小平文选(第 3 卷). 北京:人民出版社,1993.

[9]江淳. 从赐田制度的变化看秦汉间土地制度的演变[J]. 广西师范大学学报(社会科学版),1987(2).

[10]列宁. 关于工会在新经济政策条件下的作用和任务的提纲和草案[M]. 列宁选集(第 4 卷). 1921.

[11]李德成. 创造与重构——集体化时期农村合作医疗制度和赤脚医生现象研究[M]. 北京:中国书籍出版社,2013.

[12]彭泽平,姚琳,黄娥. 新中国义务教育普及与发展的历史经验[J]. 当代中国史研究,2016(6).

[13]浅井加叶子,王国勋,刘岳兵. 1949—1966 年中国成人扫盲教育的历史回顾[J]. 当代中国史研究,1997(2).

[14]钱穆. 中国历代政治得失[M]. 北京:九州出版社,2012.

[15]斯大林. 苏联社会主义经济问题[M]. 北京:人民出版社,1961.

[16]苏力. 大国宪制:历史中国的制度构成[M]. 北京:北京大学出版社,2018.

[17]向春玲. 城镇化进程中的热点难点前沿问题[M]. 北京:中央党校出版社,2014.

[18]杨伟民 2018 年 7 月 7 日在清华大学公共管理学院毕业典礼上的讲话. 2018.

[19]杨振红. 秦汉"名田宅制"说——从张家山汉简看战国秦汉的土地制度[J]. 中国史研究,2003(3).

[20]中国共产党中央委员会关于建国以来党的若干历史问题的决议[M]. 北京:人民出版社,1981.

[21]周黎安. 中国地方官员的晋升锦标赛模式研究[J]. 经济研究,2007(7).

未来中国经济的环境变化、增长估算与政策建议

周景彤　叶银丹①

【摘要】2021—2025 年是中国全面建成小康社会后向基本实现社会主义现代化迈进的第一个五年。在外部，全球经济陷入“低增长”困局，新冠肺炎疫情加速全球经贸投资规则变化，国际产业分工格局重构，全球产业链缩短或部分断裂风险上升。在内部，疫情对经济的影响主要集中在2020 年，未来国内的市场作用将更加突出，产业转型持续升级，创新驱动作用继续增强，重大区域战略、城市群都市圈建设带动区域协调发展，“走出去”和“引进来”双向开放的水平进一步提升。本文测算表明，2021—2025 年中国经济平均潜在增长率为4.7%～5.7%，在全球经济中的比重将进一步提升至20%左右。综合考虑5G 技术等新经济领域发展、新型城镇化等重大内外部条件变化对经济增长的影响，2021—2025 年中国经济有望保持在5%左右水平。在此基础上，本文就未来如何应对内外部环境变化、发挥好中国经济增长潜力提出相关政策建议。

【关键词】中国经济；发展环境变化；增长估算；政策建议

一、2021—2025 年中国经济发展的外部环境变化趋势

（一）全球经济大概率将陷入“低增长”困局

2008 年国际金融危机以来，全球经济复苏总体上仍然疲弱，2010—2019 年全球经济增速平均为3.8%，明显低于2000—2007 年4.5%的平均水平。2020 年新冠肺炎疫情暴发，全球经济从供需两端遭受冲击，微观主体经历了严重的资产负债表衰退，预计2020年全球经济将萎缩3%，170 余个国家的经济将出现大幅衰退。

未来全球经济走势将受疫情后续演变的影响（见表1）。基准情形下，各国疫情得到

---

① 周景彤，中国银行研究院资深经济学家兼中部地区研究中心主任；叶银丹，中国银行研究院研究员。

有效控制，中美冲突限于局部，2021 年起全球经济触底恢复，增速为 5.8%（主要由于 2020 年低基数），2022—2025 年，全球经济增速恢复至 3% 左右的正常水平；悲观情形下，疫情影响趋于长期，中美冲突更加恶化，2021 年起全球经济持续低迷，在较长时间内处于 2% ~2.5% 增速区间；乐观情形下，新冠疫苗研发顺利，中美冲突有所缓和，去全球化力量逐步削减，多边主义仍居于主导地位，经济活动、商业信心、国际贸易和投资活动都逐步恢复，全球经济增速有望超过 3%。

但从目前的情况看，未来全球经济演化陷入悲观情形的概率较大，预计 2020—2025 年，全球经济年均增长 2.4%，国际贸易年均增速 1.1%，跨境直接投资年均增幅 3% 左右。

表 1　全球经济、贸易和投资增速预测　（%）

项目	指标	2019 年	2020 年	2021 年	2022 年	2023 年	2024 年	2025 年
基准情形	全球 GDP	2.9	-3.0	5.8	2.8	2.9	3.0	3.1
	全球商品贸易	-0.1	-25.0	23.0	2.0	2.1	2.2	2.2
	全球 FDI	-1.0	-35.0	20.0	5.0	8.0	10.0	10.0
悲观情形	全球 GDP	2.9	-4.5	1.8	2.0	2.2	2.2	2.4
	全球商品贸易	-0.1	0.4	10.0	1.0	1.1	1.3	1.5
	全球 FDI	-1.0	-30	10.0	0.0	5.0	8.0	8.0
乐观情形	全球 GDP	2.9	-2.5	6.0	2.9	3.0	3.1	3.2
	全球商品贸易	-0.1	0.6	23.0	2.2	2.3	2.4	2.5
	全球 FDI	-1.0	-20.0	22.0	8.0	10.0	15.0	15.0

资料来源：IMF、WTO、联合国贸发会议、中国银行研究院。

（二）国际贸易投资增长持续低迷

本轮金融危机后，全球贸易增速持续多年低于 GDP 增速；近年来全球外商直接投资（FDI）和对外直接投资（ODI）流量总体负增长。2020 年新冠肺炎疫情的全球暴发更是给全球产业链、贸易和投资带来严重冲击。2021—2025 年全球贸易投资增长动力仍然不足。一方面，各国之间经贸摩擦有所加剧。考虑到新的贸易、投资限制措施不断出台，过去的限制措施大多有效，未来全球贸易环境依然不容乐观。另一方面，越来越多的国家对外国投资采取更为审慎的立场。联合国贸发会议预计，2020 年在疫情影响下，全球的外国直接投资将同比下降 30% ~40%。未来外商投资审查特别是对于战略资产、高技术企业并购、生物技术等领域的审查将继续加强。与此同时，全球贸易投资将呈现一些新变化、新特点。一是疫情加速全球经贸投资规则重构，全球贸易将进入“碎片化”时代。二是后疫情时期服务贸易、数字贸易将成为新的竞争焦点，未来各国之间围绕服务贸易、数字贸易的国际经贸规则竞争也将更加激烈。三是信息技术发展将催生新的国际贸易方式。随着线上消费的发展和普及，跨境电商将保持快速发展。

（三）各国产业竞争更加激烈，疫情冲击加速国际产业分工格局重构

一是疫情冲击加大了全球产业链缩短或部分断裂风险。疫情让各国政府和跨国企业更深切地认识到构建自主可控产业链的重要性。未来我国传统产业领域面临的全球竞争仍将加剧。一方面发达经济体“再工业化”的实施会促进产业回流，另一方面发展中国家具有低成本优势，在中低端行业领域的竞争仍将持续。二是新一轮科技革命正在孕育和发展之中，未来各国在中高端产业的竞争将明显加剧，围绕着人工智能、新材料、生物技术、新能源、互联网等领域的创新将继续加快。

二、2021—2025 年中国经济发展的内部条件变化趋势

（一）跨越“中等收入陷阱”，中国将成为高收入国家

2020 年初，中国经济遭受新冠肺炎疫情严重冲击，但第二、第三季度经济明显好转，预计第四季度有望恢复至正常水平，疫情对我国经济的影响将控制在 2020 年内。按 2020 年和 2021 年分别增长 3% 和 8%、2022 年及以后年均增长 5% 左右计算，中国人均 GDP 有望在 2023 年前后超过 12500 美元，顺利跨越“中等收入陷阱”成为高收入国家。

（二）国内巨大市场的潜力将持续释放，内需的基础性作用将更加凸显

近年来，在外部需求低迷的情况下，中国对于发挥内需作用的政策导向愈加明显。2020 年两会《政府工作报告》提出要“实施扩大内需战略，推动经济发展方式加快转变”，首次将扩大内需确定为国家战略。2020 年以来，习近平总书记多次强调要推动形成以国内大循环为主体、国内国际双循环相互促进的新发展格局。预计未来，随着中等收入群体不断扩大，居民消费将保持升级趋势，内需市场的基础性作用将进一步凸显。

（三）产业转型升级进入重要推进期，创新驱动作用进一步增强

基于新一轮科技革命和产业革命的推动，以及中国转变经济发展方式、突围美国对华技术封锁等需要，中国将持续推进产业链向中高端水平迈进，2021—2025 年则是中国迈入制造业强国行列的关键五年。预计到 2025 年，我国制造业整体素质将有大幅提升，创新能力显著增强，全员劳动生产率明显提高，两化（工业化和信息化）融合迈上新台阶。

2021—2025 年，中国将加快向全球产业链和价值链中高端迈进，从以下几个方面重点突破：一是推动提升制造业创新能力。围绕重点行业转型升级和新兴技术领域，加强关键核心技术攻关和科技成果产业化。二是推动信息化与工业化深度融合。加快发展智能制造

装备和产品，全面提升企业研发、生产、管理和服务的智能化水平。三是加强关键零部件和基础材料自主保障，缓解受制于人的局面。针对航天、通信等产业进行重点突破。预计到 2025 年，70% 的核心基础零部件、关键基础材料要实现自主保障。

（四）重大区域战略、城市群建设带动区域发展更趋平衡与协调

2021—2025 年，中国将更注重发挥各地区比较优势，以重大区域战略为引领，以中心城市带动城市群发展，以此进一步缩小区域发展差距。一是各地区的开放和合作意识将进一步增强，粤港澳、长三角、京津冀、海南自贸区等重点区域将形成新的增长极。二是各大区域和城市群中的中心城市集聚效应继续加强，对于产业、资源的吸引力也进一步增强。三是“西快东慢”格局仍然存在，但西部与东部地区增速差将有所缩小。

（五）“引进来”与“走出去”并重，对外开放水平进一步提升

未来，中国对外开放的大门将越开越大，水平和质量也将进一步提升。一是“一带一路”建设仍将是开展国际区域合作的重点。2021—2025 年，将进一步落实已签订的政府间合作协议，项目合作将从基础设施向产业、金融等更多领域拓展。中国与“一带一路”沿线重点国家的贸易投资将保持较快增长。二是注重制度性开放，进一步推动双向开放。加强与国际规则和标准的对接，提高贸易投资便利化、自由化。在“引进来”方面，不断扩大对外开放的领域，未来服务业将是开放的重点。在“走出去”方面，加强对外产能合作，通过合作带动装备、技术、标准等“走出去”。三是注重开放与安全的平衡，在扩大开放的同时，宏观审慎政策将进一步完善。

（六）更加注重发挥市场作用、提振市场信心

2021—2025 年，我国转型升级的任务依然较重，需要关注和解决的一个重点问题是如何为企业家创新创业提供稳定、透明、可预期的政治、经济和市场环境，更好地激发市场主体活力和积极性，维护市场主体信心。这一时期中国将进一步完善制度化建设，尊重市场规律，全面推进营商环境改善，市场在资源配置中的基础性作用也将更加突出。

三、2021—2025 年中国经济增长趋势研判——潜在增长率角度

一般来说，实际经济增长率会围绕潜在增长率上下波动。潜在增长率主要取决于经济的供给潜力，包括劳动、资本、全要素生产率。本文通过对上述三方面的走势分析，测算 2021—2025 年中国经济潜在增长率。

（一）劳动力供给增长放缓，就业人口开始负增长

根据世界银行对中国未来10年分性别、分年龄组的人口预测，同时考虑不同性别及各自年龄组的劳动参与率，本文预测了2020—2030年的经济活动人口（劳动参与率×劳动年龄人口）（见图1）。同时，假定未来各年就业参与率（就业人数/经济活动人口）为前10年就业参与率的平均值，可以得到未来各年的就业人数。预计到2025年，就业人数约为75514万，比2019年末减少2000万左右（见图2）。

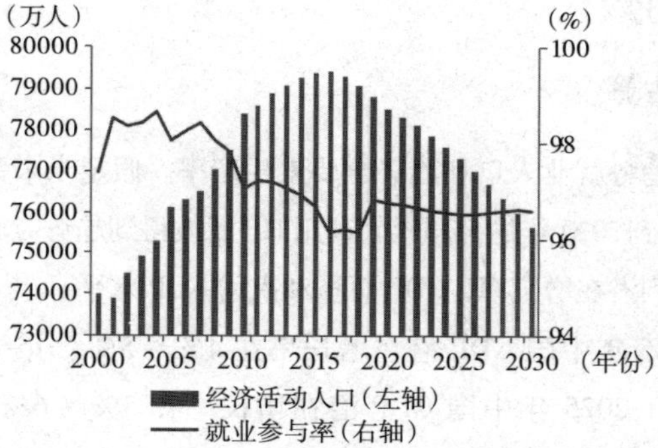

图1 2000—2030年我国经济活动人口和就业参与率

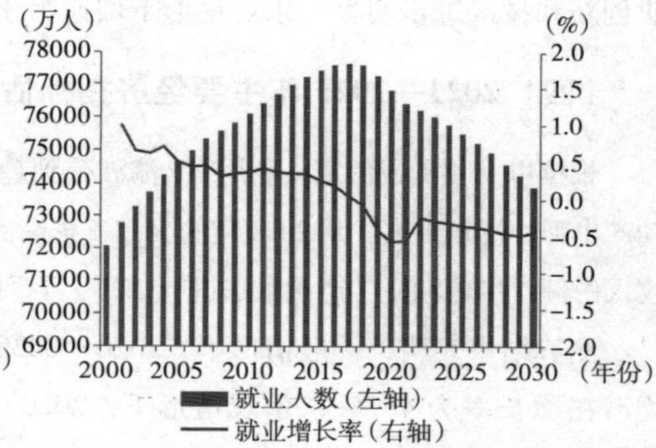

图2 2000—2030年我国就业人数和就业增长率

资料来源：中国银行研究院。

（二）资本增速趋于下降，资本存量增速为5%～8%

从投资的需求看，中国第二产业占GDP比重持续下降至2019年的39%，第三产业占GDP比重已提高到2019年的53.9%。从各国经验及未来人口结构的变化看，工业比重将继续下降，服务业比重将进一步上升，这意味着2021—2025年投资增速将进一步下降。同时，近年来中国资本效率大幅降低，资本回报率下降，这也不利于投资的快速增长。假定固定资本形成占GDP比重保持在2017年的43%，折旧为5%左右，未来资本存量增速为5%～8%（见图3）。

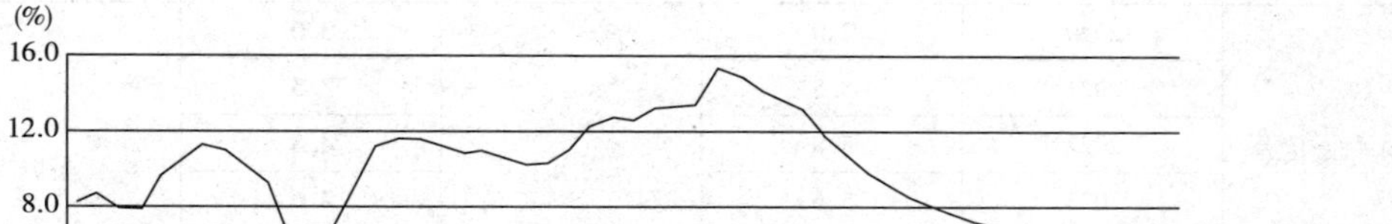

图3 1979—2030年中国资本存量增速

资料来源：中国银行研究院。

（三）全要素生产率取决于改革效果，增速为 2%～3%

在劳动力和投资增长率下降的情况下，未来全要素生产率是经济增长的一个关键。技术、教育、制度是影响全要素生产率的主要因素。2021—2025 年，在 R&D 占比、平均受教育程度持续提高，重大区域战略、城市群建设提升资源配置效率以及双向开放将倒逼内部改革推进等背景下，我们假定 2021—2025 年全要素生产率的增长存在两种情形：一般情形下增速为 2%；随着市场化进程和结构调整推进，资源配置更有效率，产业升级、企业创新和技术进步明显，乐观情形下增速为 3%。

（四）2021—2025 年主要经济指标估算

根据以上预测或假定，利用 HP 滤波得到趋势就业人口和趋势全要素生产率。假定未来劳动产出弹性逐年提高，从 2018 年的 54.1% 提高到 2030 年的 55.3%，利用 HP 滤波得到趋势劳动收入份额，接着利用生产函数法进行估计，得到潜在增长率、GDP 总量和人均 GDP 水平。

测算结果表明，一般情形下，2020—2025 年中国 GDP 潜在增长率在 4%～5%，年平均潜在增长率为 4.7%；乐观情形下，2020—2025 年中国 GDP 潜在增长率在 5%～6%，年平均增长率为 5.7%（见表 2）。潜在增长率的下降是产业结构变化过程中劳动生产率增速放缓的结果，符合经济发展规律。因此，可适当提高对经济温和下行的容忍度，更加注重经济发展质量而不是速度。

表 2　2020—2025 年中国潜在增长率和实际增长率估算

项目	年份	乐观情形		一般情形	
		预测值	平均	预测值	平均
潜在增长率（%）	2020	6.0	5.7	5.0	4.7
	2021	5.9		4.9	
	2022	5.8		4.8	
	2023	5.6		4.6	
	2024	5.4		4.4	
	2025	5.3		4.3	
实际增长率（%）	2020	2.0	5.4	3.0	4.7
	2021	8.5		7.5	
	2022	5.8		4.8	
	2023	5.6		4.6	
	2024	5.4		4.4	
	2025	5.3		4.3	

注：GDP 平减指数采用 2014—2018 年平均水平 106.7 计算；人口总数预测来自 IMF。

资料来源：中国银行研究院。

结合 IMF 关于美国和世界 GDP 增速的预测数据，本文还估算了 2021—2025 年中国经济占美国经济和世界经济比重。研究发现，2021—2025 年中国经济与美国经济的差距将进一步缩小，在全球经济中的比重持续提高（见表 3）。一般情形下，到 2025 年中国经济将达到美国经济的 73% 左右（2019 年为 67% 左右），占全球经济比重将达到 20% 左右（2019 年为 16.6% 左右）；乐观情形下，中国经济将达到美国经济的 77% 左右的水平，占全球经济比重将达到 21% 左右。

表 3　2021—2025 年中国经济占比预测

（%）

年份	乐观情形		一般情形	
	占美国经济比重	占全球经济比重	占美国经济比重	占全球经济比重
2021	72.6	18.9	71.8	18.7
2022	73.7	19.4	72.3	19.1
2023	74.8	19.9	72.7	19.3
2024	75.9	20.3	73.0	19.6
2025	76.9	20.8	73.3	19.9

资料来源：美国国会预算办公室、IMF、中国银行研究院。

2021—2025 年，中国经济结构进一步优化，消费占 GDP 比重持续提高（见表 4）。在乐观情形下，到 2025 年消费占 GDP 比重将达到 60% 左右（2018 年为 54.3%），投资占 GDP 比重平稳下降至 38% 左右（2018 年为 44.9%），净出口占 GDP 比重相对稳定在 2% 左右。

表 4　2021—2025 年经济结构预测

（%）

年份	消费占比	投资占比	净出口占比
2021	56.7	42.0	1.3
2022	57.5	41.0	1.5
2023	58.3	40.0	1.7
2024	59.1	39.0	1.9
2025	59.9	38.0	2.1

注：三大需求规模按乐观情形下的 GDP 总量计算。

资料来源：中国银行研究院。

四、2021—2025 年重点领域发展与重大内外部条件变化对经济增长的影响

（一）重点领域发展对经济的影响

1. 5G 技术

2021—2025 年，5G 对中国经济社会发展的影响包括以下三个方面：一是激发各领域加大数字化投资，加速信息和通信技术（ICT）资本深化进程。二是促进业务应用创新，

挖掘消费潜力、扩大消费总量。三是5G国际化拓展将扩大中国ICT产品的国际市场空间，提高中国科技水平的国际竞争力。预计到2025年，5G技术发展将直接拉动GDP约1.1万亿元，间接拉动GDP约2.1万亿元；将直接提供约350万个就业机会，主要来自5G相关设备制造和电信运营环节（见表5）。

表5　5G对经济社会发展的影响测算

指标		2020年	2025年	2030年	年均复合增长率（%）
相关行业产出规模	5G直接产出（万亿元）	0.48	3.3	6.3	29
	5G间接拉动产出（万亿元）	1.20	6.3	10.6	24
对GDP贡献	5G直接创造的GDP（万亿元）	0.09	1.1	2.9	41
	对GDP的直接贡献率（%）	—	3.2	5.8	—
	5G间接拉动的GDP（万亿元）	0.42	2.1	3.6	24
就业拉动	直接创造就业机会个数（万）	54	350	800	31
	间接创造就业机会个数（万）	130	650左右	1150	24

资料来源：中国信息通信研究院《5G经济社会影响白皮书》。

2. 数字、智能、生物、海洋和绿色等新经济领域

2021—2025年，数字经济、智能经济、生物经济、海洋经济和绿色经济等重点新经济领域将快速发展，成为国民经济的重要组成部分。预计到2025年，智能经济中的人工智能及高端设备制造业规模为7万亿~8万亿元，占GDP比重约为5.4%；生物经济规模有望突破10万亿元，占GDP比重约为7.2%；海洋经济总值有望超过14万亿元，占GDP比重约为10.1%；绿色经济规模有望超过12万亿元，占GDP比重约为8.7%。

3. 智能交通

智能交通建设是中国交通运输全面升级和建设交通强国的重要手段和机遇，将有利于推动经济增长。一方面，智能交通建设过程需要大量的基础设施建设，将大大拉动有效投资增加。另一方面，智能交通发展将极大地便利人们出行，促进居民消费增长。此外，智能交通发展将有效减小地理距离对于生产生活的限制，从而提高生产效率。

（二）重大内外部条件变化对经济增长的影响

1. 全球经济增速明显放缓

随着中国经济规模的增大和对外开放的持续推进，中国与世界的经济金融联系将更加密切，中国经济与全球经济表现的同步性将有所提高。根据历史数据以差分的方式测算，全球GDP增速变动对中国GDP增速变动的弹性约为0.45，即全球GDP增速提升1个百分

点，将拉升中国 GDP 增速约 0.45 个百分点。2020—2025 年，预计全球平均经济增速约为 2.89%（基准情形），较 2016—2019 年下降约 1.73 个百分点，将拉低中国实际 GDP 增速约 0.78 个百分点。

2. 高水平开放引领高质量发展

2021—2025 年，中国将不断推进更高水平的开放，促进更高质量的发展。一是高水平开放形成高水平的制度安排，有助于中国改善对外贸易结构与对外贸易条件，整合全球高端要素配置。二是有助于促进中国产业升级，拓展中国参与全球市场竞争的广度与深度，降低中国经济波动风险。三是有助于中国加快与国际经贸规则接轨，在全球经贸规则制定中拥有更大话语权，推动建立更加适应新兴经济体发展的国际经贸规则。

3. 产业外迁

未来，中美贸易摩擦持续演变、新冠肺炎疫情影响下各国“再工业化”浪潮兴起等都将在一定程度上加速我国产业外迁的进程。但我国与潜在的产业承接国家相比，综合优势仍较为突出（见表6）：产业链条完整，产业配套能力强大；基础设施完善，能有效降低生产成本；人力资本素质较高，人才红利突出；营商环境显著优于潜在的产业承接国家。因而 2021—2025 年，我国不会发生产业大规模外迁，对经济增长、产业升级、劳动就业等方面的影响总体可控。

表 6　东盟八国主要指标与中国的对比情况

指标		中国	越南	马来西亚	印度尼西亚	菲律宾	老挝	柬埔寨	缅甸	泰国
人口	15～64 岁人口占比（%）	71.2	优势	优势	优势	优势	优势	优势	优势	相当
	65 岁及以上人口占比（%）	11.2	优势	优势	优势	优势	优势	优势	优势	劣势
	0～14 岁人口占比（%）	17.6	劣势	劣势	劣势	劣势	劣势	劣势	劣势	劣势
工作效率	职业教育打分（分）	4.5	劣势	优势	优势	优势	劣势	劣势	劣势	劣势
	熟练工人获得难易程度打分（分）	4.8	劣势	优势	优势	优势	劣势	劣势	劣势	劣势
	工作时长（小时/周）	45.0	劣势	劣势	劣势	劣势	劣势	优势	优势	劣势
基础设施	基础设施综合评分（分）	78.1	劣势	劣势	劣势	劣势	劣势	劣势	劣势	劣势
投资成本	土地成本（美元/平方米）	66.5	劣势	相当	劣势	相当	劣势	相当	相当	劣势
	电价（美元/度）	0.1	劣势	劣势	优势	劣势	优势	劣势	优势	劣势
	水价（美元/立方米）	0.47	劣势	劣势	劣势	劣势	优势	劣势	优势	劣势
	人工成本（美元/月）	807.0	优势	优势	优势	优势	优势	优势	优势	优势
	实际贷款利率（%）	2.4	劣势	劣势	劣势	劣势	劣势	劣势	劣势	劣势
	税率（%）	64.9	优势	优势	优势	优势	优势	优势	优势	优势

续表

指标		中国	越南	马来西亚	印度尼西亚	菲律宾	老挝	柬埔寨	缅甸	泰国
社会稳定	每十万人杀人率（人）	0.62	劣势	劣势	优势	劣势	劣势	劣势	劣势	劣势
	警察可靠性打分（分）	4.59	劣势	优势	劣势	劣势	劣势	劣势	劣势	劣势
	腐败性打分（分）	39.0	劣势	优势	劣势	劣势	劣势	劣势	劣势	劣势
	解决争端法律框架效率打分（分）	4.10	劣势	优势	劣势	劣势	劣势	劣势	劣势	劣势

资料来源：2018 年《全球竞争力报告》，中国银行研究院。

4. 新型城镇化

2021—2025 年，中国将继续全面贯彻新发展理念，加快实施以促进人的城镇化为核心、提高质量为导向的新型城镇化战略。一方面，着力提高农业转移人口市民化质量，优化城镇化空间布局，促进城乡要素自由流动，并不断提升城乡融合发展水平。另一方面，着力提高中心城市和城市群综合承载能力和资源优化配置能力，将城市群发展为新型城镇化的主体形态。加快补齐基础设施、公共服务、生态环境等方面短板，使得城市可持续发展动力进一步增强，同时带动较大规模投资。

5. 中西部地区可持续发展模式

2021—2025 年，中国将继续大力推动区域平衡发展，积极探索中西部地区可持续发展新模式，形成中西部地区大保护、大开放、高质量发展的新格局。一方面，中西部地区将充分发挥后发优势，抓住东部地区产业升级和产能转移的机会，争取形成新的经济增长极，实现中国区域经济阶梯式轮动发展。另一方面，中西部地区可抓住“新时代西部大开发”和“一带一路”重大发展机遇，积极扩大对外开放，吸引产业、资金等资源流入。此外，未来中西部地区可依托其在自然环境与文化方面的优势，通过开展生态环境保护、大力发展旅游产业等方式，实现经济可持续发展。

6. 污染防治

2021—2025 年，中国将继续坚定不移地推进生态文明建设，绿色环保政策仍将趋严，这对经济增长的影响主要体现在资本存量方面。本文通过计量方法量化中国 2000—2017 年环境规制强度对资本存量的影响。由于烟尘排放量是影响中国“十四五”规划中细颗粒物（PM2.5）未达标地级及以上城市浓度累计下降指标的主要因素，本文主要选用全国烟尘排放量作为主要解释变量。在控制了全国工业固体废物排放量后，利用 2000—2017 年的数据测算表明，全国烟尘排放量每减少 1 个百分点（绿色环保政策强度提升），中国资本存量增加 0.387 个百分点。若“十四五”规划中的细颗粒物（PM2.5）未达标地级及以上城市浓度累计下降指标在 2025 年的目标为 22.3%（2018 年为 24.6%），根据模型结果测算，2021—2025 年，中国资本存量将增加 0.89 个百分点，使得潜在 GDP 增速上升约 0.7 个百分点。

五、启示与政策建议

2021—2025 年，中国经济具备高质量发展的能力，但考虑外部环境更加复杂严峻，新冠肺炎疫情对经济的影响大小和影响时间仍取决于全球范围内疫情演变情况，内部结构和制度面临新的调整和转变，未来政策要特别关注以下方面。

（一）从外部环境看，要做好面临复杂国际形势的准备，密切关注变化，及时应对挑战

第一，认清中美关系发生的根本性变化，积极应对大国博弈中可能出现的挑战。一是坚定不移地推动对外开放，同时谨慎处理好开放与稳定的关系。二是积极推进多边和双边经贸合作。三是坚持“以我为主”、做好自己的事，加快科技薄弱领域追赶步伐。

第二，更加深度参与国际经贸规则体系的治理与变革，提高发展中国家在国际经贸规则制定中的话语权。一是积极推动和落实 RCEP 协议，树立以发展中国家为主导的多边经贸规则典范。二是既要在传统经贸规则改革和调整中积极作为，也要在新型国际经贸规则制定中先发制人、占据主导地位。

第三，用好用足我国外贸新优势，向全球产业链中高端攀升。一是加快提升我国用好国际国内两个市场、两种资源的能力，实现资源要素在全球范围内的更优配置，推动我国经济高质量发展。二是抓住我国外贸新优势，加快向全球产业链高端攀升。

（二）从内部发展看，要充分发挥优势“转危为机”，保障经济高质量发展

第一，充分发挥中国优势，保持经济平稳增长。一方面，中国要从劳动力、资本、全要素生产率三方面积极促进潜在增长率的提升，为未来长远稳定持续增长奠定良好基础。同时，仍要注重稳定消费、投资、出口等需求，挖掘需求潜力，使实际增长达到潜在增长水平。另一方面，中国要更加充分地发挥制度优势，积极探索中西部地区可持续发展模式，不断推动区域协调发展，持续推进新型城镇化，把握高水平对外开放战略机遇，保障中国经济平稳发展。

第二，产业升级和产业转移并进，保持产业结构平衡。一是坚持我国完整产业链条的优势，加大力度推进产业结构优化调整和升级。二是多措并举改善营商环境，重点突破当前营商环境中税收规范性文件较多、纳税企业执行成本较高、中小企业获取信贷困难、跨境贸易环节众多、通关便利性不足等痛点难点。

第三，积极应对人口结构变化，增强社保基金可持续性。一是更加重视人力资本的积累，提高劳动力素质。二是继续积极推进生育政策的调整，从控制人口增长的低生育率向保持人口均衡增长的合理生育率政策转变，适度提高生育率和出生率。三是宏观政策更加注重降低周期性、结构性和摩擦性失业，促进城乡居民就业，降低失业率；进一步推进城镇化建设，深化户籍制度改革，促进农民工的市民化，提高劳动参与率。四是以改革提高社保基金可持续性。

第四，科技创新重点突破，技术水平再上台阶。一是政府加大研发投入，加强关键核心技术和基础技术的研究和开发；加大研究和试验税收抵免的力度，引导企业进行自主创新。二是加快培育高层次创新人才和高素质技能人才，加大对重点领域人才支持力度，激发各类人才的创造性和积极性。三是深化机制体制改革，健全创新制度环境。同时，建立创业保险、担保和风险分担制度，为企业创新提供保障。

第五，稳定市场主体预期，提振市场信心。一是着力依法保护企业家合法权益，完善财产、创新权益等产权保护制度。二是从行政许可、财政扶持、金融支持等方面，为非公经济提供平等的竞争环境，同时加大对中小微企业的扶持力度。三是要对地方政府官员、国有企业家等在探索创新中出现的失误建立合理的容错机制，以营造鼓励创新、宽容失败的文化氛围。

第六，优化金融结构，提高金融效率。一是大力推进资本市场基础性制度改革，打造一个规范、透明、开放、有活力、有韧性的资本市场，真正发挥资本市场高效的资源配置作用。二是构建多层次、广覆盖、有差异的银行体系，增强银行体系的专业化和差异性，为实体经济提供更加精准的金融支持，实现金融提质增效。三是扩大金融双向开放，更好地服务于高水平开放新格局的构建。四是在稳增长基础上防风险，把握好管控风险的节奏和力度，防止政策叠加带来的紧缩效应，以及“一刀切”可能带来的负面影响。

参考文献

[1] Unctad. Trade and Development Report 2019[EB/OL]. https://unctad.org/en/Pages/Publications/TradeandDevelopmentReport.aspx.

[2] Subcommittee on Advanced Manufacturing Committee on Technology of the National Science & Technology Council[M]// Strategy for American Leadership in Advanced Manufacturing. 2018.

[3] 白重恩,张琼. 中国经济增长潜力研究[J]. 新金融评论,2016(5).

[4] 陈昆亭,周炎,龚六堂. 中国经济周期波动特征分析:滤波方法的应用[J]. 世界经济,2004(10).

[5] 杜群阳,宋玉华. 东亚经济周期与次区域经济周期存在性检验[J]. 国际贸易问题, 2005(8).

[6] 金瑞庭. “十四五”时期国际环境将发生深刻复杂变化[J]. 中国发展观察,2019(8).

[7] 国务院发展研究中心“国际经济格局变化和中国战略选择”课题组,李伟,隆国强,张琦,赵晋平,王金照,赵福军. 未来15年国际经济格局变化和中国战略选择[J]. 管理世界,2018(12).

[8] 国务院发展研究中心“国际经济格局变化和中国战略选择”课题组,何建武,朱博恩. 2035年全球经济增长格局展望[J]. 中国发展观察,2019(Z1).

[9] 郭先登. 新时代大国区域经济发展空间新格局——建制市“十四五”规划期经济新方位发展研究[J]. 经济与管理评论,2018(1).

[10] 郭朝先,王宏霞. 中国制造业发展与“中国制造2025”规划[J]. 经济研究参考,2015(31).

[11] 郭周明,李杨. 中国参与重构贸易投资体系规则的思路[J]. 开放导报,2019(2).

[12] 刘伟,范欣. 中国发展仍处于重要战略机遇期——中国潜在经济增长率与增长跨越[J]. 管理世界,2019.

[13] 任继球. “十四五”产业高质量发展:阶段性判断、风险与战略任务[J]. 中国发展观察,2019(10).

[14] 邱晓华,郑京平,万东华,等. 中国经济增长动力及前景分析[J]. 经济研究,2006(5).

[15] 吴国培,王伟斌,张习宁. 新常态下的中国经济增长潜力分析[J]. 金融研究,2015(8).

[16] 中国发展研究基金会“博智宏观论坛”中长期发展课题组,刘世锦,王子豪,蔡俊韬,钱胜存. 2035:中国经济增长的潜力、结构与路径[J]. 管理世界,2018(7).

[17] 中国银行“中国经济发展新模式研究”课题组. 中国经济潜在增长率的估算与预测——新常态新在哪儿[J]. 金融监管研究,2016(8).

[18] 周景彤,梁婧. 全球格局变化将对中国宏观政策带来挑战[N]. 上海证券报,2018-01-09.

[19] 周景彤,吴卫星. 从繁荣走向辉煌——经济大国宏观调控的智慧[M]. 北京:机械工业出版社,2018.

财政支出对经济增长空间溢出效应研究

宋丽颖　张伟亮①

【摘要】由于要素流动和贸易往来的作用，财政支出会存在空间溢出效应。本文通过构建空间计量模型，对财政支出总额和其构成对经济增长的空间溢出效应进行了研究。研究发现，各省财政支出总额对本地经济增长有着显著的促进作用，并且对其他地区有明显的负向溢出效应。对其构成而言，社会文教保障支出和消费支出都可以有效促进本地经济增长，并且对其他地区具有正向溢出效应；经济建设支出对本地经济增长反而有阻碍作用，并且对其他地区有负向溢出效应。要素流动和贸易往来是溢出效应的重要渠道。根据研究结论，本文提出优化财政支出结构并充分考虑溢出效应、建立各省市统筹发展的长效机制和制定促进经济增长的配套政策等三项政策建议。

【关键词】财政支出；经济增长；空间溢出效应

一、问题提出与文献综述

财政支出作为政府影响宏观经济的主要措施之一，在促进经济增长中发挥着重要的作用。由于存在“示范效应”和“竞争效应”，伴随着生产要素的流动，政府财政支出的影响不会仅限于本地区，而是会扩散到其他地区，即产生空间溢出效应（李永友，2015）。若忽视这种影响，必定会造成财政支出估计效应和实际效应不匹配，放大财政支出对经济影响的不确定性。因此，要在供给侧结构性改革的宏观背景下提高经济发展质量、由外延式增长转变为内涵式增长，就必须考虑存在空间溢出效应时财政支出及其结构对经济增长的影响，这也构成本文研究的主题。

目前针对财政支出对于经济增长的影响的研究很多，总体而言有三种不同的观点：第

① 宋丽颖，西安交通大学经济与金融学院党委书记，教授，博导；张伟亮，西安外国语大学讲师。

一种观点认为，政府财政支出的扩大可以促进经济的增长（促进论）。Harrod（1939）和Domar（1946）对此做了开创性的研究，即著名的哈罗德—多马模型，他们认为政府通过调节财政支出可以保障经济的稳定增长。Ram（1986）采用115个国家1960—1980年的数据进行分析，发现政府财政支出对经济增长具有正向效应。Easterly和Rebelo（1993）、Goldsmith（2008）、陈建宝（2008）、史贞（2014）等的研究也得到了相似的结论。第二种观点认为，财政支出的扩大有时会对经济增长产生消极影响（促退论）。Barro（1991）采用98个国家1960—1985年的数据进行分析，发现政府支出规模上升时，经济增长率反而下降，他认为这是政府消费对经济造成了扭曲，但是同时又未能对投资提供相应的激励。Folster（2001）、Dar（2002）、Gupta（2005）、齐福全（2007）、张颖熙（2008）等也持有类似的观点。第三种观点认为，财政支出对于经济增长的影响是不确定的（不确定论）。比较有代表性的是Conte和Darrat（1988）、Bairam（1990）、范庆泉（2015）、孙静（2016）等的研究。梳理现有文献可以发现，财政支出与经济增长之间的关系尚未有一致的结论，促进论、促退论和不确定论都有相应的实证结论支持。

根据Anseli（1988）的论述，相邻空间之间某种经济现象是存在相关性的，某地政府的财政支出不仅会对当地经济产生影响，还会通过价格变化和要素流动等机制对其他地区产生影响，因此，财政支出不仅直接影响当地经济增长，而且还会对其他地区经济产生溢出效应（Boarnet，1998；Coughlin，2006；赵志耘，2007；曾淑婉，2013）。一方面，财政支出会通过经济贸易往来对相邻地区产生影响（Cohen & Morrison Paul，2007；魏下海，2010；孙文杰，2016）；另一方面，地方政府在公共物品上的投入会通过要素流动对相邻地区产生溢出效应（陆善勇，2015；赵为民，2016）。因此，如果不考虑财政支出的溢出效应，就很难对财政支出及其构成对经济增长的影响做出全面的估计。得益于近年来空间计量经济学的发展，我们可以对这种溢出效应做出定量的估计。从既有的研究看，现有研究角度多为财政支出对于全要素生产率、创新或某一产业发展的空间溢出效应（周莉，2014；汪辉平，2017；郝宏杰，2017），针对财政支出对于经济增长的空间溢出效应的研究较少，不能全面地反映财政支出对经济增长的影响。

有鉴于此，为了充实和完善对财政支出空间溢出效应的研究，为地方政府转变经济发展方式、提高经济发展质量、促进各地区间协同发展提供有价值的政策建议，作者针对财政支出对经济增长的空间溢出效应进行了研究。首先，设定省份之间的经济权重矩阵，构建财政支出总额对经济增长影响的空间计量模型。其次，根据前人的研究，将各省财政支出分为经济建设支出、社会文教保障支出和消费支出三大类，并构建包括这三类财政支出的空间计量模型。再次，将要素流动和贸易往来变量以交乘项的形式引入模型，探究财政支出产生溢出效应的渠道。最后，根据实证结果提出本文的研究结论和政策建议。

二、模型设定

进行空间计量的前提是度量空间距离。借鉴林光平（2005）、刘建民（2017）等的做法，使用地区间人均 GDP 的差额作为度量地区间经济距离的指标。设经济空间权重矩阵 $W^* = W \times E$。其中，W 为传统的地理空间权重矩阵，相邻为1，不相邻为0，主对角线为0；E 为引入的经济距离矩阵，主对角线元素均为0，非主对角元素为两地人均 GDP 之差绝对值的倒数，即 $E_{ij} = 1/|\bar{y}_i - \bar{y}_j|\ (i \neq j)$。由于海南与任何省份都不接壤，而在构建经济空间权重矩阵时用到了地理距离，因此在研究中去除了海南，这也是实践中的通行做法。

作为参照，首先设定普通面板回归模型，如式（1）所示：

$$growth_{it} = \beta_0 + \beta_1 \ln fiscal_{it} + Z_t\theta + u_{it} \tag{1}$$

然后根据本文的研究目的，将经济空间权重矩阵引入模型，如式（2）所示：

$$growth_{it} = \rho w'_i growth_{it} + w'_i \ln fiscal_{it}\beta + w'_i Z_t\theta + a_i + \gamma_t + u_{it} \tag{2}$$

其中，i 和 t 分别表示省份和年份；w'_i 为空间权重矩阵 W^* 的第 i 行；$growth$ 为实际 GDP 增长率，代表经济增长率；Z 为控制变量；a_i 为个体效应；γ_t 为时间效应；u 为随机扰动项；ρ 为空间自回归系数，这种形式的模型又被称为空间杜宾模型（SDM 模型）；$\ln fiscal$ 为关键解释变量，即财政支出总额对数。

为进一步研究不同类型财政支出对经济增长的溢出效应，借鉴陈天祥和赵慧（2016）、刘江会等（2016）的方法，将财政支出分为经济建设支出、社会文教保障支出和消费支出，具体内容和符号约定如表 1 所示。

表 1　财政支出分类

财政支出类型	支出主要内容	变量
经济建设支出	基本建设、国企改造、农林水事务支出，工业、交通、商业部门事业费，环境保护等支出	*eco_ expend*
社会文教保障支出	一般公共服务、公共安全、教育、科学技术、文化体育与传媒、社会保障和就业、医疗卫生与计划生育等支出	*soci_ expend*
消费支出	国家行政机关、事业单位等各种经费、干部培训费和其他支出	*consump_ expend*

作为参照，首先设定普通面板回归模型，如式（3）所示：

$$growth_{it} = \beta_0 + \beta_1 \ln eco\_\ expend_{it} + \beta_2 \ln soci\_\ expend_{it} + \beta_3 \ln consump\_\ expend_{it} + Z_t\theta + u_{it} \tag{3}$$

然后根据本文的研究目的，将经济空间权重矩阵引入模型，如式（4）所示：

$$growth_{it} = \rho w'_i growth_t + w'_i \ln eco\_\ expend_{it}\beta_1 + w'_i \ln soci\_\ expend_{it}\beta_2 + w'_i \ln consump\_\ expend_{it}\beta_3 + w'_i Z_t\theta + a_i + \gamma_t + u_{it} \tag{4}$$

Z 为引入的控制变量，具体内容和符号约定如表 2 所示。

表 2　控制变量

分类	变量名称	变量符号
基本生产要素	物质资本存量对数	ln_*k*
	劳动对数	ln_*l*
产业结构	第二产业比重	*second*
	第三产业比重	*third*
城市化率	城镇人口占总人口比重	*urban*
对外开放程度	FDI/GDP	*open*
生产效率	全要素生产率对数	ln_*TFP*

资本和劳动作为最基本的两种生产要素，对经济增长起着决定性的作用。对于劳动，采用就业总人口进行衡量；对于资本，借鉴单豪杰（2008）的方法，对 2007—2015 年我国 30 个省份（除海南）的物质资本存量进行测算。作为经济结构的重要组成部分，产业结构与经济增长密不可分，本文采用第二产业和第三产业的比重衡量产业结构。城市化和对外开放可以通过要素在空间上的再配置促进资本的积累，引发大规模需求，从而形成经济增长的巨大动力，此处分别采用城镇人口占总人口比重和 FDI 占 GDP 比重衡量城市化率和对外开放程度。生产效率的提高可以通过更有效地利用生产要素促进经济的内涵式增长来实现，借鉴刘秉镰（2010）的计算方法计算全要素生产率衡量各省的生产效率。① 最后，由于要素流动和贸易往来的存在，我们同时考虑所有控制变量的空间滞后。

如前所述，由于要素流动和贸易往来是影响财政支出溢出效应的重要渠道，因此使用交乘项来测度其对财政支出溢出效应的作用。总体而言，要素流动分为劳动流动和资本流动两大方面。对于劳动流动，借鉴 Fujita（2003）、林理升（2006）、张辽（2013，2016）等的做法，采用每个省份人口机械自然增长率来衡量，用 *pflow* 表示，即每个省份总人口剔除相对应的自然增长因素。当 $pflow>0$ 时，表明劳动存在净流入；当 $pflow<0$ 时，表明劳动存在净流出。对于资本流动，借鉴李小平（2007）、陆善勇（2015）等的做法，采用资本流动规模增长比重测量资本在省际的流动，用 *kflow* 表示，即各省资本形成总额占全国资本形成总额比重的增长率。当 $kflow>0$ 时，表明该省份资本流入；当 $kflow<0$ 时，表明该省份资本流出。对于贸易往来，由于目前缺乏省际的贸易数据（徐现祥，2012），因此借鉴洪占卿（2012）、黄晶（2014）等的做法，采用省份贸易潜力指标衡量省份间的贸易往来，用 *trade* 表示，即 $trade_{it}=(\sum_{j\neq i} retail_{jt}/D_{ji})/GDP_{it}$。其中，$retail_{jt}$ 表示 j 省在第

① 限于篇幅，本文不报告全要素生产率的计算过程。如有需要，可联系作者索取。

t 年的社会消费品零售总额，D_{ji} 为 j 省和 i 省省会的大圆距离。

根据以上分析，我们将交乘项代入式（2）和式（4），得式（5）、式（6）：

$$growth_{it} = \rho w'_i growth_{it} + w'_i \ln fiscal_{it} \beta_1 + w'_i Z_t \theta + w'_i \ln fiscal_{it} \times pflow_{it} \times \beta_2 + w'_i \ln fiscal_{it} \times kflow_{it} \times \beta_3 + w'_i \ln fiscal_{it} \times trade_{it} \times \beta_4 + a_i + \gamma_t + u_{it} \quad (5)$$

$$growth_{it} = \rho w'_i growth_t + w'_i \ln eco\_expend_{it} \beta_1 + w'_i \ln soci\_expend_{it} \beta_2 + w'_i \ln consump\_expend_{it} \beta_3 + w'_i (\ln eco\_expend_{it}, \ln soci\_expend_{it}, \ln consump\_expend_{it}) \times (pflow_{it}, kflow_{it}, trade_{it})' \eta + w'_i Z_t \theta a_i + \gamma_t + u_{it} \quad (6)$$

2007 年，由美国次贷危机引发的金融危机爆发并逐步蔓延全球，演变为全球性的经济危机（陈志武，2014）。由于我国是出口导向型经济体，所以可认为从 2007 年起本次经济危机就开始对我国经济产生影响，各经济数据与以前年份相比发生了突变，为保障计量结果的可靠性，本文数据采集从 2007 年开始，截至 2015 年，数据源自 CEIC 中国经济数据库、《中国统计年鉴》和各省历年统计年鉴。变量的统计性描述见表 3。

表 3　变量的统计性描述

变量	观测数	均值	标准误	最小值	最大值
growth	240	0.0215	0.0485	−0.1575	0.3001
ln*fiscal*	240	12.0027	0.5691	10.2691	13.3616
ln*eco_ expend*	240	10.7667	0.5344	9.0164	12.2532
ln*soci_ expend*	240	11.4205	0.6082	9.6864	12.6900
ln*consump_ expend*	240	8.1919	1.0000	4.9807	10.8547
third	240	0.4187	0.0927	0.2830	0.7965
second	240	0.4758	0.0744	0.1974	0.6067
urban	240	0.5244	0.1416	0.2220	0.8960
ln_ *l*	240	7.5798	0.8755	5.0968	8.8009
ln_ *k*	240	9.9166	0.9235	6.7677	11.6232
ln_ *TFP*	240	2.0726	0.6452	0.8730	3.5749
open	240	0.0216	0.0177	0.0007	0.0819
pflow	240	6.1347	71.3530	−347.2030	735.8230
kflow	240	−0.0417	0.0025	−0.0134	0.0141
trade	240	0.3437	0.4198	0.0109	2.5356

从表 3 中可以看到，各变量的统计指标与曾明（2014）、陆善勇（2015）等的计算结果类似，表明数据是可靠的。

三、实证分析

（一）空间自相关检验

在对空间计量模型进行估计前，首先需要考察数据是否存在空间依赖性。目前较为常用的做法是利用设定的空间权重矩阵计算莫兰指数 I（Moran's I）和吉尔里指数 C（Geary's C），其通常的取值范围如表 4 所示。

表 4　莫兰指数 I 和吉尔里指数 C 取值范围和空间自相关性

项目	范围	空间自相关性
莫兰指数 I	0 < I < 1	正空间自相关
	I = 0	随机分布
	−1 < I < 0	负空间自相关
吉尔里指数 C	0 < C < 1	正空间自相关
	C = 1	随机分布
	1 < C < 2	负空间自相关

表 5 报告了部分年份关键解释变量和控制变量的莫兰指数 I 和吉尔里指数 C。

表 5　关键解释变量和控制变量空间自相关检验

变量	指数	2007 年	2009 年	2011 年	2013 年	2015 年
ln*fiscal*	I	0.186 **	0.117 *	0.145 **	0.153 **	0.167 **
	C	0.624 ***	0.708 **	0.664 **	0.667 **	0.655 **
ln*eco_ expend*	I	0.105 *	0.195 **	0.107 *	0.088	0.113 *
	C	0.715 **	0.632 ***	0.722 **	0.743 *	0.706 **
ln*soci_ expend*	I	0.178 **	0.133 *	0.157 **	0.165 **	0.170 **
	C	0.642 **	0.682 ***	0.662 **	0.664 **	0.667 **
ln*consump_ expend*	I	0.266 **	0.123 *	0.177 **	0.113 *	0.055
	C	0.532 **	0.711 **	0.594 ***	0.675 **	0.737 **
third	I	0.017	0.062	0.091 *	0.086	0.042
	C	0.598 **	0.561 **	0.549 **	0.561 **	0.581 **
second	I	0.082	0.087	0.083	0.063	−0.023
	C	0.680 **	0.650 **	0.647 **	0.657 **	0.723 *
urban	I	0.290 **	0.301 **	0.278 **	0.269 **	0.278 ***
	C	0.393 ***	0.382 ***	0.404 **	0.410 ***	0.404 ***
ln_ *l*	I	0.255 **	0.261 **	0.267 ***	0.264 ***	0.265 ***
	C	0.617	0.613 ***	0.608 ***	0.611 ***	0.609 ***

续表

变量	指数	2007 年	2009 年	2011 年	2013 年	2015 年
ln_ *k*	I	0. 302 ***	0. 308 **	0. 315 **	0. 303 **	0. 283 **
	C	0. 552	0. 550 ***	0. 552 ***	0. 569 ***	0. 593 ***
ln_ *TFP*	I	0. 068	0. 068	0. 068	0. 068	0. 068
	C	0. 702 **	0. 702 **	0. 702 **	0. 702 **	0. 702 **
open	I	0. 276 ***	0. 163 **	0. 067	0. 110 *	0. 219 **
	C	0. 469 **	0. 512 **	0. 623 **	0. 556 ***	0. 427 **

注：*** 代表 $p<0.01$，** 代表 $p<0.05$，* 代表 $p<0.1$。

从表 5 中可以看出，关键解释变量和控制变量的莫兰指数 I 和吉尔里指数 C 显示出显著的正空间自相关，初步表明在计量模型中利用经济空间权重矩阵对关键解释变量和控制变量进行空间滞后是合理的，其溢出效应有赖于正式的空间计量模型的估计。

（二）空间自相关模型估计

首先对模型（1）、模型（2）进行估计，并采用豪斯曼检验对固定效应和随机效应进行检验，表 6 报告了估计结果①。

表 6　模型（1）、模型（2）估计结果

解释变量	模型（1）	模型（2）	
			空间滞后项
lntotal_ *fiscal*	0. 0272 *** (3. 69)	0. 0048 *** (4. 88)	−0. 0270 *** (−2. 74)
third	1. 4521 *** (6. 24)	1. 1793 *** (5. 35)	0. 3297 *** (7. 59)
second	−0. 6749 *** (−3. 54)	−0. 6419 *** (−3. 62)	0. 3404 *** (6. 81)
urban	0. 3027 (1. 49)	0. 1593 (0. 85)	−0. 1569 * (−1. 89)
ln_ *l*	0. 0156 (0. 25)	0. 0378 (0. 66)	−0. 0037 *** (−3. 32)
ln_ *k*	0. 1373 ** (2. 49)	0. 1311 *** (2. 60)	0. 0325 ** (2. 51)
ln_ *TFP*	0. 1025 (1. 53)	0. 1085 * (1. 74)	0. 0128 *** (3. 81)

① 限于篇幅，表 6 仅报告固定效应回归结果，后同。

续表

解释变量	模型（1）	模型（2）	
			空间滞后项
open	0.7641 (1.50)	1.6867 *** (2.97)	0.0630 *** (3.75)
_ *cons*	1.3235 ** (2.30)		
rho			0.1185 *** (21.47)
within_R^2	0.3905	0.6565	
方程显著性检验	16.1800	462.8125	
豪斯曼检验	46.01 ***	34.82 ***	

注：*** 代表 $p<0.01$，** 代表 $p<0.05$，* 代表 $p<0.1$。

表 6 显示，普通面板模型中，豪斯曼检验在 0.01 的显著水平上拒绝了随机效应的原假设，但多数变量不显著，并且可决系数只有 0.39，所以可以断定仅采用普通面板回归模型并不能很好地拟合数据。

SDM 模型中，豪斯曼检验在 0.01 的显著水平上拒绝了随机效应的原假设。可以看到，SDM 固定效应模型的计量结果表现出良好的性质。第一，关键解释变量和大部分控制变量以及其空间滞后项具有很高的统计显著性，并且估计系数符号与理论预期也较为吻合。第二，可决系数较高，并且方程显著性检验在 0.01 的水平上拒绝了所有系数等于 0 的原假设。第三，空间滞后项系数的显著性与表 3 中莫兰指数 I 和吉尔里指数 C 的检验相吻合。这说明我们构建的空间计量模型是合理的，可以较好地拟合数据。

从回归结果看，财政支出总额在 0.01 的水平上显著为正，说明财政支出可以有效促进经济增长，这与很多学者的研究结果是一致的（Goldsmith，2008；陈建宝，2008；史贞，2014）。控制变量中，第三产业比重、资本存量、全要素生产率和对外开放程度都至少在 0.1 的水平上显著为正，说明这些变量的增加可以提高经济增长率。第二产业比重在 0.01 的水平上显著为负，说明第二产业已经不能有效促进经济的增长。城市化率和劳动系数不显著，说明这两个因素对经济增长的贡献有限，我国经济已经过了通过城市化和增加劳动投入以促进经济增长的阶段。

空间滞后项中，财政支出总额的空间滞后项系数在 0.01 的水平上显著为负，说明财政支出对经济增长有着明显的负向溢出效应。第二产业比重、第三产业比重、资本存量、全要素生产率和对外开放度的空间滞后项都至少在 0.1 的水平上显著为正，说明这些变量有着明显的正向溢出效应。城市化率和劳动空间滞后项至少在 0.1 的水平上显著为负，说明城市化率和劳动有着明显的负向溢出效应。空间自回归系数 ρ 在 0.01 的水平上显著为正，说明实际 GDP 增长率本身就具有显著的正向溢出效应。

再将财政支出分为经济建设支出、社会文教保障支出和消费支出，对模型（3）、模型（4）进行估计，并采用豪斯曼检验对固定效应和随机效应进行检验，表 7 报告了估计结果。

表 7　模型（3）、模型（4）估计结果

解释变量	模型（3）	模型（4）	
			空间滞后项
lneco_expend	−0.0159*** (−3.01)	−0.0298*** (−5.58)	−0.0291*** (−4.79)
lnsoci_expend	0.0007*** (3.55)	0.0202*** (4.33)	0.0334*** (2.91)
lnconsump_expend	−0.0055*** (−4.73)	0.0069*** (4.89)	0.0070*** (3.92)
third	1.4383*** (6.12)	1.3504*** (6.19)	0.3957*** (8.09)
second	−0.6521*** (−3.39)	−0.7678*** (−4.42)	0.3659*** (7.75)
urban	0.3417 (1.64)	0.1371 (0.74)	−0.2825*** (−2.92)
ln_*l*	0.0310 (0.49)	0.0595 (1.02)	−0.0543*** (−2.84)
ln_*k*	0.1160** (2.06)	0.0803*** (3.81)	0.0563*** (4.08)
ln_*TFP*	0.0892 (1.32)	0.0581*** (4.92)	0.0096** (2.05)
open	0.7109 (1.37)	1.6626*** (3.01)	0.0098* (1.87)
_*cons*	1.5441*** (2.30)		
rho			0.1275*** (16.87)
within_R^2	0.3918	0.6438	
方程显著性检验	12.8800	475.9243	
豪斯曼检验	46.36***	40.25***	

注：*** 代表 $p<0.01$，** 代表 $p<0.05$，* 代表 $p<0.1$。

表 7 显示，普通面板模型中，豪斯曼检验在 0.01 的显著水平上拒绝了随机效应的原

假设。与表 4 的结果类似，由于可决系数较低，且很多控制变量并不显著，故可以断定仅采用普通面板回归模型并不能很好地拟合数据。

SDM 模型中，豪斯曼检验在 0.01 的显著水平上拒绝了随机效应的原假设。可以看到，与模型（2）的回归结果类似，模型（4）的计量结果同样满足上述的三点标准，表现出良好的性质，可以断定所构建的模型是合理的，可较好地拟合数据。

从回归结果看，经济建设支出在 0.01 的水平上显著为负，表明政府的经济建设财政支出会对经济增长造成负向影响。社会文教保障支出和消费支出在 0.01 的水平上显著为正，表明这两类财政支出可以有效地促进经济增长。控制变量中，与模型（2）的估计结果类似，第三产业比重、资本存量、全要素生产率和对外开放程度都在 0.01 的水平上显著为正，说明这些变量的增加可以提高经济增长率。第二产业比重在 0.01 的水平上显著为负，说明第二产业比重的上升会拖累经济发展。城市化率和劳动系数不显著，说明这两个因素已经不能有效促进经济的增长。

空间滞后项中，经济建设支出空间滞后项在 0.01 的水平上显著为负，说明经济建设支出对经济增长有明显的负向溢出效应。社会文教保障支出和消费支出的空间滞后项在 0.01 的水平上显著为正，说明这两类财政支出对经济增长有明显的正向溢出效应。其他控制变量空间滞后项都至少在 0.1 的水平上显著，符号与模型（2）的结果相同。空间自回归系数在 0.01 的水平上显著为正，说明实际 GDP 增长率本身就具有显著的正向溢出效应。

更进一步地，估计引入了交乘项的模型（5）、模型（6），表 8 报告了估计结果。

表 8　模型（5）、模型（6）估计结果

解释变量	模型（5）		解释变量	模型（6）	
		空间滞后项			空间滞后项
lntotal_fiscal	1.3527 ***	−0.0962 ***	lneco_expend	−0.5220 **	−0.0796 ***
third	2.8851 *	0.5772 ***	lnsoci_expenc	1.1821 *	0.0976 ***
second	−0.1799 **	0.0179 *	lnconsump_expend	0.2472 *	0.0039 **
urban	−1.8889	−2.2069 ***	third	0.2574 *	0.4523 ***
ln_l	−0.1955	−0.2343 ***	second	−2.2955 **	0.1732 ***
ln_k	0.2773 ***	0.1653 ***	urban	−1.6173	−2.0090 ***
ln_TFP	0.9785 *	0.4535 ***	ln_l	0.0452	−0.0847 **
open	6.8073 **	0.0164 **	ln_k	0.2242 ***	0.0481 **
fiscal#pflow	0.0001	0.0024 ***	ln_TFP	0.1436 ***	0.3466 ***
fiscal#kflow	2.2128 *	−0.1984 ***	open	10.4151 *	0.7482 ***
fiscal#trade	0.0519	0.0047 ***	eco#pflow	0.0006 **	0.0001
			eco#kflow	−4.4372 *	5.1549 *
			eco#trade	0.6026	−0.0479 **

续表

解释变量	模型（5）		解释变量	模型（6）	
		空间滞后项			空间滞后项
			soci#pflow	-0.0009**	0.0003
			soci#kflow	-6.9380*	-7.9559***
			soci#trade	-0.2325	0.0570**
			consump#pflow	0.0003*	-0.0005***
			consump#kflow	2.5267	3.6361***
			consump#trade	0.5322***	-0.0020
rho	0.2223***		*rho*	0.2226***	
within_R^2	0.6542		within_R^2	0.6673	
方程显著性检验	441.5019		方程显著性检验	432.7852	
豪斯曼检验	42.77***		豪斯曼检验	39.85***	

注：*** 代表 $p<0.01$，** 代表 $p<0.05$，* 代表 $p<0.1$。

表 8 显示，模型（5）、模型（6）的方程高度显著，满足前述的三点标准，表现出良好的性质，可以断定引入交乘项后，模型也可以较好地拟合数据，同时豪斯曼检验在 0.01 的水平上拒绝了随机效应的原假设，因此只针对固定效应模型结果进行分析。由于非交乘项符号和显著性与前文类似，此处不再赘述，并基于我们的分析目的，着重针对交乘项的空间滞后项进行分析。

从模型（5）的回归结果看，劳动流动、资本流动和贸易往来与财政支出总额的交乘项均在 0.01 的水平上显著，表明这三个因素是财政支出溢出效应的重要影响渠道。从模型（6）的回归结果看，大多数交乘项的空间滞后项至少在 0.1 的水平上显著，表明要素流动和贸易往来是分类财政支出溢出效应的重要影响渠道。表 9 报告了这三个渠道对溢出效应的影响。

表 9　要素流动和贸易往来对财政支出及其分类的溢出效应的影响

支出	渠道	对溢出效应的影响方向
财政支出总额	劳动流动	+
	资本流动	−
	贸易往来	+
经济建设支出	劳动流动	0
	资本流动	+
	贸易往来	−
社会文教保障支出	劳动流动	0
	资本流动	−
	贸易往来	+

续表

支出	渠道	对溢出效应的影响方向
消费支出	劳动流动	−
	资本流动	+
	贸易往来	0

注："+" 表示该渠道对溢出效应增强，"−" 表示该渠道对溢出效应削弱，"0" 表示该渠道对溢出效应没有显著的作用。

四、研究结论与政策建议

本文利用我国各省市 2007—2015 年的数据，对财政支出总额及其构成对经济增长的影响以及空间溢出效应进行了系统性的分析，主要研究结论如下：

第一，财政支出可以有效促进经济增长，但其不同的组成部分对经济增长产生的效应不同。其中，社会文教保障支出和消费支出都可以有效促进经济增长，经济建设支出对经济增长反而有阻碍作用。财政支出有着明显的负向溢出效应。对其构成而言，社会文教保障支出和消费支出有显著的正向溢出效应，而经济建设支出具有显著的负向溢出效应。

第二，要素流动和贸易往来是财政支出溢出效应的重要渠道。财政支出可以通过劳动流入和贸易往来缓解其负向溢出效应，资本流入则会扩大其负向溢出效应。经济建设支出可以通过资本流入缓解其负向溢出效应，贸易往来则会扩大其负向溢出效应。社会文教保障支出可以通过贸易往来扩大其正向溢出效应，资本流入则会削弱正向溢出效应。消费支出可以通过资本流入扩大其正向溢出效应，劳动流入则会削弱其正向溢出效应。

第三，第三产业比重、资本存量、全要素生产率和对外开放程度的提高可以有效促进经济增长，并且有明显的正向空间溢出效应。第二产业比重上升会阻碍经济增长，但有明显的正向空间溢出效应。劳动和城市化率对经济增长的作用不明显，但存在明显的负向空间溢出效应。此外，实际 GDP 增长率本身就存在着正向空间溢出效应。

根据以上结论，提出如下政策建议：

第一，优化财政支出结构并充分考虑溢出效应。由于社会文教保障支出和消费支出可以有效促进经济增长，地方政府可以在短期内持续增加这两类支出刺激经济，但是这依然是通过需求扩张以促进经济的增长，与供给侧结构性改革相悖。因此，地方政府需要在保障必要支出的基础上，将财政支出更多投资于符合国家产业政策、人民急需且可促进经济持续发展的项目上，提高经济建设支出的效率。由于财政支出具有明显的溢出效应，因此需要地方政府在计算某项支出的风险与收益时充分考虑到这种空间溢出效应。

第二，从制度层面建立起各省市统筹发展的长效机制。地方政府需要在破除要素流动壁垒、促进贸易畅通的基础上，充分发挥其对正向溢出效应的促进作用。不同地区的地方政府需要建立正式的交流机制、破除信息壁垒，做好各地间的政策协调，充分发挥财政支出正向空间溢出效应，减少重复建设和资源利用效率低的情况，进行广泛的财政合作，促进财政资源的合理利用和地区间的协调发展。

第三，制定促进经济增长的配套政策。由于第三产业比重、资本存量、全要素生产率和对外开放程度的提高可以有效促进经济增长，并且有明显的正向空间溢出效应，所以地方政府应充分了解本地的资源禀赋和发展现状，制定促进经济增长的配套政策，在合理配置财政支出和拓宽溢出渠道的基础上，推动产业结构优化升级，扩大对外开放，招商引资，提高当地的生产效率，并且加强地区之间合作，树立大局观念，充分发掘配套政策的正向溢出效应，尽量减小负向溢出效应，促进区域间的包容性发展。

参考文献

[1] Coughlin C. C. , Garrett T. A. , Hernandezmurillo R. Spatial dependence in models of state fiscal policy convergence[R]. Working Papers,2006:361 -384.

[2] Cohen J. P. , Paul C. M. The impacts of transportation infrastructure on property values: A higher - order spatial econometrics approach[J]. Journal of Regional Science,2007,47(3):457 -478.

[3] Fölster S. , Henrekson M. Growth effects of government expenditure and taxation in rich countries[J]. European Economic Review,2001,45(8):1501 -1520.

[4] 黄晶. 国内贸易、空间溢出与省际经济周期协同:1987—2011[J]. 财贸研究,2014(4).

[5] 林理升,王晔倩. 运输成本、劳动力流动与制造业区域分布[J]. 经济研究,2006(3).

[6] 李永友. 转移支付与地方政府间财政竞争[J]. 中国社会科学,2015(10).

[7] 陆善勇,李国英. 生产要素流动、区域外贸增长与转型升级——基于 PVAR 的实证分析[J]. 经济管理,2015(12).

[8] 刘江会,董雯,彭润中. 两次金融危机后我国财政支出结构对居民消费率影响的比较分析[J]. 财政研究,2016(1).

[9]单豪杰. 中国资本存量 K 的再估算:1952—2006 年[J]. 数量经济技术经济研究,2008(10).

[10] 孙文杰,薛幸. 财政支出、空间溢出效应与城乡收入差距演变[J]. 当代经济科学,2016(2).

[11] 魏下海. 基础设施、空间溢出与区域经济增长[J]. 经济评论,2010(4).

[12] 赵志耘,吕冰洋. 财政投资的外溢效应分析[J]. 财贸经济,2007(10).

[13]曾淑婉. 财政支出对全要素生产率的空间溢出效应研究——基于中国省际数据的

静态与动态空间计量分析[J].财经理论与实践,2013(1).

[14] 曾淑婉.财政支出、空间溢出与全要素生产率增长——基于动态空间面板模型的实证研究[J].财贸研究,2013(1).

[15] 郑万吉,叶阿忠.城乡收入差距、产业结构升级与经济增长——基于半参数空间面板 VAR 模型的研究[J].经济学家,2015(10).

[16] 赵为民,谭荣华.我国地方财政策略性行为研究及空间溢出效应估计[J].财经论丛(浙江财经大学学报),2016(2).

[17] 张辽.要素流动、产业转移与地区产业空间集聚——理论模型与实证检验[J].财经论丛(浙江财经大学学报),2016(6).

天津港在中国北方海洋经济发展中的带动作用分析

杨莉　蔡雨桦　张天鼎[①]

【摘要】 21世纪是海洋的世纪，将港口资源视为参与国际竞争的战略性资源是各国的共识，港口作为连接海洋和陆地的桥头堡，其战略意义不可替代。中国已成为全世界对海洋依赖程度最高的国家之一，“21世纪海上丝绸之路”的提出旨在陆海统筹，给中国港口发展带来新的机遇。天津港是中国北方最大的综合性港口，其定位为具有国际航运物流资源优化配置能力的北方国际航运中心。本文以天津港发展中存在的问题为出发点，对天津港在北方海洋经济发展中的引导作用进行分析。

【关键词】 京津冀；协同发展；天津港；自由贸易港口

一直以来，港口是地区经济发展的重要环节之一，大量的进出口货物都需要从港口进出，全世界经济总量多半集中在沿海岸300公里之内的地区，美国、日本、欧洲等发达经济体皆是如此。500年来，在人类现代化进程的大舞台上，相继出现了九个世界性大国，从最早的葡萄牙到今天的美国，它们无一例外地重视海洋，重视港口、航运和海外贸易。[②]

在今天的地球上，最具活力的城市都是面朝大海的，诸如纽约、中国上海、东京、新加坡、中国香港、旧金山（硅谷）、洛杉矶、首尔、中国深圳等，它们代表着新生力量和未来的方向。[③] 纽约市是位于美国纽约州东南部大西洋沿岸的一座城市，它拥有着很多“第一”和“之最”的头衔，不仅是世界第一大经济中心和世界的金融中心，同时也是美国第一大城市及第一大港。人类早已进入海洋时代，远离海洋的地方很难再产生世界级的

---

① 杨莉，外交学院国际经济学院教授、博士；蔡雨桦，外交学院国际经济学院世界经济专业研究生；张天鼎，外交学院国际经济学院世界经济专业研究生。本文在《天津港在京津冀协同发展中的引导作用分析》（摘自：外交学院2017年科学周论文集[M]．北京：世界知识出版社，2018，12）一文的基础上修改完成。

② 唐晋，等．大国崛起[M]．北京：人民出版社，2006.

③ 贾大山．国际航运中心建设两种模式及启示——利益共享[J]．中国远洋航务，2016（3）：50－52.

城市，现代的城市大多喜欢临海而建。海洋的优势，说到底是一种成本优势。毕竟，海运是人类历史上最低成本的大规模运输方式。如李嘉诚因其敏锐的商业嗅觉和注重长期收益的投资策略闻名于世。李嘉诚已在全世界布局港口，旗下的和黄集团是全世界最大的集装箱港口经营商，在26个国家拥有52个港口。其中最出名的就是巴拿马运河两端的港口，而国内比较著名的就有深圳盐田港。另外，亚太地区国家或地区，如中国香港、印度尼西亚、中国内地、马来西亚、缅甸、巴基斯坦、韩国、泰国、越南、澳大利亚，欧洲地区国家，如比利时、德国内地、波兰、西班牙、瑞典、荷兰、英国，美洲地区国家，如阿根廷、墨西哥、巴拿马、巴哈马群岛，非洲地区国家，如坦桑尼亚，中东地区国家，如埃及、阿曼、沙特、阿联酋等，均有港口投资。

一、中国的港口发展现状

改革开放以来，中国主动加入全球化，中国的经济很大程度上依靠对外贸易，而外贸依靠国际物流，国际物流很多靠海运，随着中国经济的快速发展，中国已经迈入海洋经济时代，已成为全世界对海洋依赖程度最高的国家之一，中国的许多港口也迅速地跻身世界最大的港口行列。港口的吞吐量也是一个地区经济发展的标志之一，就集装箱港口数量而言，中国早已主宰海洋。近年来在全球前50大集装箱港口中，近2/3都或多或少有中国的投资，而2010年时的这一比例只有1/5左右。

从货物吞吐量来说，上海港在2005年首次超越新加坡港，以4亿多吨的成绩成为世界第一。从集装箱吞吐量来说，上海港在2010年首次超越新加坡港，成为世界第一。

以2015—2019年数据进行分析，连续五年全球前十大集装箱港口中中国港口占七个席位[①]，见表1。

表1 2015—2019年全球前十大集装箱港口排名

年份	第一	第二	第三	第四	第五	第六	第七	第八	第九	第十
2015	上海港	新加坡港	深圳港	宁波舟山港	香港港	釜山港	青岛港	广州港	迪拜港	天津港
2016	上海港	新加坡港	深圳港	宁波舟山港	香港港	釜山港	广州港	青岛港	迪拜港	天津港
2017	上海港	新加坡港	深圳港	宁波舟山港	釜山港	香港港	广州港	青岛港	迪拜港	天津港
2018	上海港	新加坡港	宁波舟山港	深圳港	广州港	釜山港	香港港	青岛港	天津港	迪拜港
2019	上海港	新加坡港	宁波舟山港	深圳港	广州港	釜山港	香港港	青岛港	天津港	迪拜港

从表1中可以看出：

（1）连续五年全球前十大集装箱港口几乎成员不变，这些港口在参与全球经济贸易过

① 贾大山.2016年沿海港口发展回顾与2017年展望[J]. 中国港口,2017(1):8-16.

程中发挥着举足轻重的作用。

（2）连续五年全球前十大集装箱港口中中国港口占七个席位，充分说明中国已成为全世界对海洋依赖程度最高的国家之一。

（3）上海港口连续五年都是第一，而且和宁波舟山港相互促进发展，现在中国最忙碌的出海口也是在上海港—舟山港—宁波港一线。

（4）深圳港、广州港、香港港地理位置相近，比肩发展。

（5）十大集装箱港口中的中国七大港口多集中在中国的南方。从总体发展角度来看，北京和上海具有可比的地位，只是发展的侧重点不同，但天津港和上海港的发展还是有一定的差距。

（6）中国的北方大型港口只有天津港，地理位置独特，服务区域多，可排名一直在十大集装箱港口中居后，无法与珠江三角洲、长江三角洲的大型港口相比。

（7）选择三个港口进行比较，从图1中可以看出，随着中国宏观经济的发展，港口的集装箱吞吐量呈现增加的趋势，除了2008年国际金融危机外几乎没有波动。

2019年世界十大港口排名是上海港、新加坡港、宁波舟山港、深圳港、广州港、釜山港、香港港、青岛港、天津港、迪拜港。从排名来看，全球前十大集装箱港口的排位并未发生较大变化。相较2018年，中国港口集装箱吞吐量的增长速度有所放缓。其中天津港、广州港保持较快增幅，香港港依旧处于负增长态势。未来，中国集装箱运输的发展仍然是全球稳定发展的重心和基础。

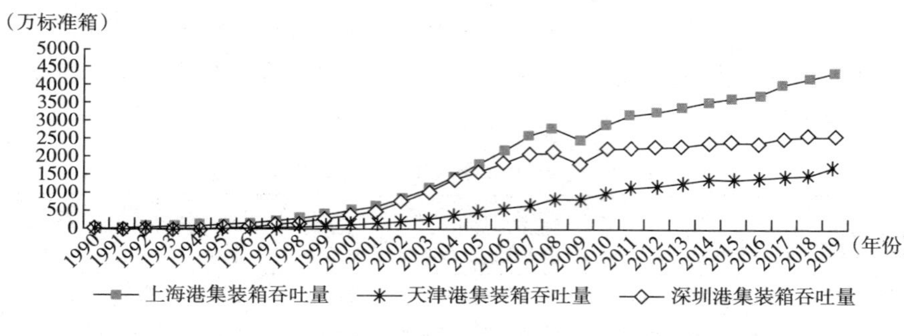

图1 上海港、天津港和深圳港集装箱吞吐量（1990—2019年）

资料来源：各省市统计年鉴、中国经济社会大数据研究平台，https：//data. cnki. net/。

中国在重视国内港口发展的同时也进行境外港口投资，仅从2016年6月到2017年6月，中资企业已宣布拟收购或投资9个境外港口，对境外港口项目投资翻番，达到201亿美元，这与之前同一时间段的99. 7亿美元投资额环比上涨了近一倍。我国在“北极航线”

上投资较少①，投资的港口均靠近三条“蓝色（海上）经济通道”，这些通道对于“一带一路”倡议实施有着重要意义②。吸引中国投资的不仅是全球大型港口，许多规模较小的港口也吸引了中国的投资或承建。如位于吉布提、斯里兰卡的汉班托塔（Hambantota）、澳大利亚的达尔文（Darwin）、缅甸的马德岛（Maday Island）等关键战略位置的港口，还有位于大西洋岛国的圣多美、普林西比（São Tomé and Príncipe）和纳米比亚沃尔维斯湾（Walvis Bay）的港口等。

二、天津港口对北方海洋经济带动作用的欠缺性分析

一般意义上的国际航运中心，是指集一流的港口硬件设施、完备的物流体系、便捷的交通网络和良好的腹地海运延伸等硬实力和先进的航运服务、发达的航运金融、创新的航运信息技术等软实力于一体的有国际影响力和一定市场占有率的海港城市。

天津港是中国北方最大的综合性港口，定位为具有国际航运物流资源优化配置能力的北方国际航运中心。天津港口拥有各类泊位 173 个，其中万吨级以上泊位 119 个。目前，天津港的货物吞吐量排名世界第四，集装箱吞吐量排名世界第十位。天津港 2019 年完成集装箱吞吐量 1730 万标准箱，同比增长 8.1%，增幅继续位居全球十大港口前列。且于 2018 年深化津冀港口对接合作，织密海上运输“新路网”。以津冀港口为主的环渤海内支线年集装箱中转吞吐量跃上 120 万标准箱，继续保持两位数强劲增长（见图 2）。

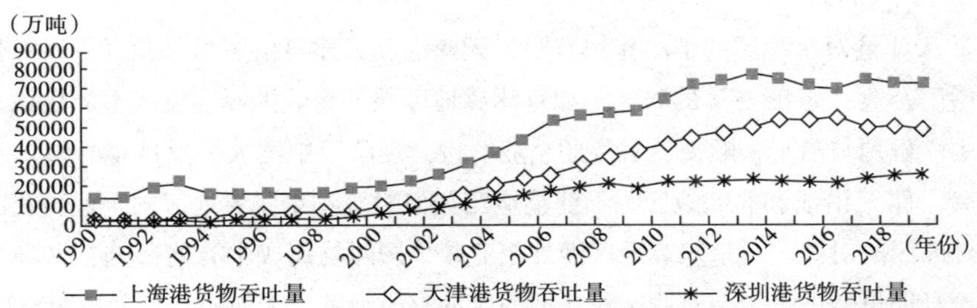

图 2　上海港、天津港和深圳港货物吞吐量（1990—2019 年）

资料来源：各省市统计年鉴，中国经济社会大数据研究平台，https://data.cnki.net/。

虽然天津港在基础设施建设等方面具有较大的优势③，但仍然有很多方面需要发展。相比于东部，北部港口整体发展落后，天津港口作为北方的“国际航运中心”，从北京、

① 港澳香港代表处，香港中国通讯社．去年中国境外港口投资翻番［EB/OL］. 2017－07－19，http://www.ccpit.org/Contents/Channel_4113/2017/0719/843436/content_843436.htm.

② 阮红伟，李晓静，赖秀云．“一带一路”沿线十五个沿海港口城市竞争力比较研究［J］．东方论坛（青岛大学学报），2016(5)：77－84.

③ 王彤. 津冀港口群整合背景下天津港集团发展对策研究［D］. 大连：大连海事大学，2016.

天津的人口聚集和产业聚集程度包括地处北京的大型物流公司的运行都可以看出天津港的发展相对落后。

（1）港口经济的开放力度不够。港口经济是开放经济，其经济辐射腹地主要集中在港口周边的内陆地带，而发达的国际航运市场也使其对国外的经济有一定的促进作用。但天津港口对带动北方，甚至带动河北地区，带动北京市的昌平、怀柔、平谷等区的开放度的作用却效果有限。

应深入分析：天津港口的运营与香港港、广州港、深圳港有何差异？中国大力发展境外港口，天津港如何对接？可学习国际港口的哪些运营经验？中欧班列的发展对天津港口有何影响，对京津冀有何带动作用？需要进一步分析中欧班列运行所需要建立发展的沿途货物聚散点与港口的关系，分析中国在境外发展跨境电商因对港口的依赖所面临的问题，以及在境外的中资企业因对港口的依赖所面临的问题，并寻找天津港及北方港口的发展机遇。

（2）京津冀的港口城市发展有待深入①。港口是国内经济面向世界经济的第一道窗口，国外有很多大型城市的形成与港口和港口经济有关，围绕港口建设，形成港口城市。但京津冀的唐山、曹妃甸都发展较慢，没有形成规划的规模和发挥应该有的效率，也没能推动港口城市的发展而使其成为中外文化交流的有效平台。应探讨唐山港、秦皇岛、曹妃甸等京津冀港口如何在不同的文化、商业交织作用下，成为新的商业模式和特色产业的诞生地。

（3）天津港对京津冀的带动作用有限。天津港和天津自由贸易试验区应该加强对京津冀地区中国企业“走出去”的服务，如京津冀地区涉外企业国际物流成本的优化，又如天津港的中欧班列与昌平、顺义、平谷的企业对接。现阶段中国大力发展境外港口，尤其是在“一带一路”沿线和非洲地区，天津港应当如何对接？京津冀地区的企业与我国境外港口与境外园区的对接，对京津冀地区涉外企业减少国际物流成本有何影响？义乌中欧班列已布局至马德里，下一步会对我国对非洲的贸易有所帮助，天津应当如何应对？

（4）未能发挥地理位置的特殊优势。天津港的间接腹地主要是陕西、甘肃、宁夏、青海、新疆、内蒙古等地，与沿海城市相比，间接腹地经济滞后，有较大的贸易和货物运输发展潜力等待挖掘，但现在带动这些区域发展的力度不够。

（5）天津港内大型国际物流企业数量有待提升。天津港负责物流的企业基本上多属于国内中小企业，70%的货代企业规模小、服务窄，物流功能较为单一，仅局限于运输、仓储。物流公司之间缺乏沟通、交流，导致区域内配合度不高。一些在北京业务量比较大的

① 李丽. 论天津港船舶物流发展的现状及对策[J]. 管理创新,2016(12).

国际物流公司更倾向于与上海港口配合，因为上海港口管理更完善①。

（6）亟须与世界上的友好港口开展更深入的合作交流。世界上的 10 个国际港口都已经和天津港结为友好港，包括日本的神户港、东京港，韩国的仁川港，澳大利亚的墨尔本港，美国的费城港、塔科玛港，意大利的德里亚斯特港，荷兰的阿姆斯特丹港，法国马赛港，比利时的布鲁日港等。天津港需要更深入地与诸国开展实质性的合作交流，更好地发挥港口的集聚、辐射作用，推动国内与国际间的海上贸易往来。

（7）天津港的物流需求不足。天津港的物流供给能力较为充盈，但需求不足。天津港连接的腹地大多为内地省市，直接腹地包括京、津、冀、晋四省，本应外贸进出口额较大，但与天津港的功能契合度有待提高，尤其需关注以轻工业为出发点的对外贸易②。

虽然天津港的货物吞吐量大于深圳港的货物吞吐量，但其需求不足，对周边经济的带动作用也不够。深圳港就做得较好，深圳港和天津港的定位不同，深圳附近港口区位相对拥挤。深圳港的定位是集装箱港，近两年也越来越注重集装箱方面，其货物吞吐职能很多都让给了广州港和附近的小港口，特别是煤炭、石油之类的大宗商品。从定位上看，广州港注重吞吐粮食，东莞港注重吞吐煤炭，珠海港注重吞吐煤炭和铁矿石，惠州港注重吞吐原油，分散下来深圳港货物吞吐量虽然下降，但也带动了周边发展。

三、学习长江三角洲、珠江三角洲港口联合发展的经验

（一）学习长江三角洲港口的发展经验

长江三角洲最重要的港口是上海港口和宁波舟山港，在一定程度上带动了长江三角洲的发展。

2019 年，上海港完成集装箱吞吐量 4330 万标准箱，同比增长 3%。这也是上海连续第十年蝉联全球最大集装箱港口桂冠，洋山港区贡献集装箱吞吐量 1980 万标准箱。虽然 2012 年上海港与新加坡港箱量差距很小，仅为 80 万标准箱，但是在中国强劲的海运增长态势中，上海港的增长进一步提升，优势得以进一步巩固。

宁波舟山港 2019 年集装箱吞吐量达到 2753 万标准箱，首次突破 2700 万标准箱大关。自 2014 年集装箱吞吐量超越韩国釜山港跃居全球第五位以来，宁波舟山港集装箱业务持续保持良好发展态势。2015 年，宁波舟山港集装箱吞吐量首破 2000 万标准箱，排名跃居全球第四位。2016 年、2017 年，宁波舟山港集装箱吞吐量增幅均保持在全球主要港口的

① 孙海宁. 加快天津港口转型升级的分析研究[J]. 天津航海，2016(2)：71－72.

② 刘瑞，高峰. 天津国际航运服务体系改革研究[J]. 城市观察，2016(5)：17－31.

首位。2018 年，宁波舟山港集装箱吞吐量首超 2600 万标准箱，首次跻身世界港口排名“前三强”。

（二）学习珠江三角洲港口深圳港、香港港、广东港的发展经验

珠江三角洲的三个世界级港口深圳港、香港港、广东港采取联动式机制发展，既竞争又合作，带动了区域经济的快速发展。

1980 年深圳特区建立后，深圳港迅速崛起，建成蛇口、赤湾、妈湾、东角头、盐田、黄田机场、沙鱼涌、内河 8 个港区。2013 年，深圳港首次超越香港港，跃居全球第三，其后逐渐扩大与第四名香港港的差距。

深圳港成功吸引三大航运联盟航线主要落户深圳，奠定华南地区对外贸易第一港的地位。截至 2019 年，深圳港共开通国际集装箱班轮航线 239 条，覆盖了世界十二大航区，通往 100 多个国家和地区的 300 多个港口。尤其凭借其拥有的 8 个 20 万吨级靠泊能力的集装箱泊位，成为华南地区超大型集装箱船舶首选港。

2019 年，广州港净增集装箱外贸班轮航线 8 条，航线总数达到 217 条。广州港在北美、新加坡、越南等地设立了境外办事处；布局了 36 个内陆港办事处，覆盖了广州港主要货源地。此外，还开通了覆盖整个珠江—西江流域的上百条水上驳船航线，仅广州港集团运营的“穿梭巴士”支线就有 67 条，实现了全港江海联运网络。

广州港、深圳港、香港港三足鼎立，虽然三个港口地理位置相对较近，存在货源竞争较强的问题，但按三个港口的货物吞吐量加总计算，2019 年总计三港吞吐量达 112733 万吨，2016 年至 2018 年三港吞吐量分别为 101473 万吨、112254 万吨、112733 万吨，总吞吐量是天津港的 2 倍以上，也是上海港的 1. 5 倍左右。

（三）京津冀港口联合发展

长江三角洲、珠江三角洲的经济发展速度超过京津冀区域经济发展，港口的国际物流发达，具有重要的支撑作用。

河北省主要有唐山港、黄骅港、秦皇岛港 3 个港口，均跻身亿吨大港行列，是河北省、北京市、华北及西北部分地区经济发展和对外开放的重要窗口之一；河北省境内的海运条件十分便捷，由南向北有黄骅港、天津港、唐山港京唐港区、秦皇岛港、唐山港曹妃甸港区等较大的出海口岸。秦皇岛港年吞吐能力达到 2 亿吨，唐山港京唐港区已形成 3 亿吨吞吐能力，唐山港曹妃甸港区吞吐能力已达到 3 亿吨，黄骅港年吞吐量也超过 1 亿吨，其中唐山港、秦皇岛港位列全国前 8 大海港。

唐山港位于河北省唐山市东南沿海，毗邻京津冀城市群，是我国沿海的地区性重要港

口，能源、原材料等大宗物资专业化运输系统的重要组成部分以及唐山市经济社会发展的重要依托，也是唐山海港经济开发区开发建设的重要基础设施及战略资源。

曹妃甸港口属于曹妃甸循环经济示范区，曹妃甸距韩国仁川400海里，距日本长崎680海里、距神户935海里，与矿石出口国澳大利亚、巴西、秘鲁、南非、印度等国海运航线顺畅。

秦皇岛港地处渤海之滨，扼东北、华北之咽喉，是我国北方著名的天然不冻港。秦皇岛港是世界最大能源输出港，也是我国以煤炭、石油输出为主的综合性港口。这里海岸曲折、港阔水深，风平浪静，泥沙淤积很少，万吨货轮可自由出入。秦皇岛港是我国“北煤南运”大通道的重要枢纽港，担负着我国南方“八省一市”的煤炭供应。

但河北省港口存在着发展劣势：现有港口经营主体多、小、散、弱，投资分散，港口运输货种单一，集装箱运输等业务发展缓慢，港口业务局限于装卸、堆存等传统领域，临港工业、物流等未形成产业集群规模，对区域经济发展的战略导向和拉动作用明显不足。

京津冀的港口应该联合发展，尤其是利用电子口岸进行联合发展。如果天津港、秦皇岛港口、唐山港京唐港区、黄骅港、唐山港曹妃甸港区等港口不能联合发展，就无法出现深圳港、香港港、广州港的布局聚集效应所产生的宏观效果的状态。

（四）与青岛港的竞争和有序合作

青岛港目前已经吸引了世界知名船公司全部登陆，开通航线150多条，航线数量和密度稳居中国北方港口之首。同为中国北方港口，天津港应与青岛港探讨竞争与合作关系，实现有序合作。

2019年，青岛港首次进入“2000万标箱俱乐部”。全年突破2100万标准箱，实现了历史性跨越。从海向来说，新增外贸集装箱航线10条，集装箱航线达173条。新开通威海、日照、岚山到青岛等多条外贸内支线。开通南沙等内贸干线，内贸干支航线达38条。陆向来说，内陆港从10个增至15个，海铁联运班列从40条增至47条，箱量突破100万标准箱，同比增长20%。

四、世界自由贸易港的发展经验对天津港的启示

党的十九大报告中提出“赋予自由贸易试验区更大改革自主权，探索建设自由贸易港”。天津港的定位是建成以自由贸易试验区为重要功能区的航运资源高度集聚、航运服务功能健全、航运市场交易活跃、国际物流服务高效，具有国际航运物流资源优化配置能力的北方国际航运中心。在建设自由贸易港的道路上，上海已走在前面，天津应很快跟上。

（一）自由贸易港

自由贸易港是指设在国家与地区境内、海关管理关卡之外的，允许境外货物、资金自由进出的港口区。对进出港区的全部或大部分货物免征关税，并且准许在自由港内，开展货物自由储存、展览、拆散、改装、重新包装、整理、加工和制造等业务活动。主要特点是：贸易自由、经营自由、资本进出自由、货币兑换自由。

自由港模式除了需要满足市场条件、硬件设施等一些最基本的硬件外，更需要软件的支持。实行自由港制度主要归功于积极扶植的政策和良好的法律环境。因此，自由贸易港的发展不仅在于硬件设施上，更主要取决于法律、政策等软环境的形成。

香港是世界上最大的、功能最多的自由港，另外，新加坡、中东的迪拜、德国的汉堡、荷兰的鹿特丹等，都发展出了符合本地特色的自贸港。目前排名世界集装箱港口中转量第一、第二位的新加坡港、中国香港港，均实施自由港政策，吸引大量集装箱前去中转，奠定其世界集装箱中心枢纽的地位。应总结这些自由贸易港的成功经验及发展特点。

新加坡自由贸易港模式。新加坡是世界上规模最大的中转港，通关手续和程序都较为简单便捷，建立了高效的政府管理体制和完善的法律体系，其海关控制权被最小化，以促进进口贸易。

迪拜自由贸易港模式。迪拜自由贸易港执行自由经济政策，无外汇管制，基本也没什么税收。港口内对海关、交通运输、公安等实行统一管理、统一办公，取消了平行多头机构。审批进出口手续、签证等，均可在 24 小时内办妥，办理投资审批手续 7 天之内即可审批。

香港自由贸易港模式。香港是自由贸易港，一般进口或出口货物均无须缴付任何关税，也不设任何增值税和一般服务费。一般货物不受进口配额或其他进口证规定所限。

（二）自由贸易港管理的特点

先进的电子化检疫监管。自由港区广泛采用线上“单一窗口”申报和线下一口受理、综合审批的“一站式”管理，进行全程电子化登记和无纸化管理。建设更加完善的信息化通关系统，实现大数据互联互通，实现通关放行信息的共享和交换。检疫业务通过区域化、网络化、电子化通关模式运作。

港口的运行监管由事前监管向事中事后监管转变。在进出口货物的检验检疫监管中，国际通行规则本职是“境内关外”，核心是“便捷自由”，这就要求检验检疫监管方式要从事前监管向事中事后监管转变，并依势调整监管组织形式，打破现有的单证与施检分离、批次检测与检测监管的现状，形成集约化的放行监管与统一的后监管方式。

进出口商品质量安全风险预警和快速反应监管。以风险管理为主线，构建风险信息共享交换机制，实施风险预警分级，快速实施质量安全风险处置，一旦发现某产品有缺陷，可快速反应，启动快速预警系统，并采取终止或限制有问题产品的进口、销售、使用等紧急控制措施，保障进出口商品质量安全。

在管理体制上，可以将部分中下游港口产业私化，交由私人公司经营。在港区之间的协作上，实施自由区管理局一站式服务。企业生产所需的原材料和设备免税进口，货物转口零关税。

（三）对天津港深入发展的启示

要赋予天津自由贸易试验区更大改革自主权①，应研究国际自由贸易港港口的建设及运营经验中，有哪些是天津港可以吸取的；应当结合京津冀协同发展的国家大战略，针对京津冀地区与天津港、天津自贸区的对接性发展进行探讨。另外，除了自贸试验区和开放型经济新体制试点之外，在我国还有跨境电商、服务贸易创新、服务业开放、市场采购、海关通关一体化、单一窗口等开放内容，都在以试点的方式推进。

（1）培育国际上先进的航运服务、发达的航运金融、创新的航运信息技术等软实力，发展航运金融，利用人工智能、云计算技术等发展创新的航运信息技术。

（2）对中国（天津）自由贸易试验区和北方国际航运中心的相互促进机制进行研究。从航运基础设施、航运服务功能、航运产业集聚、航运信息化等方面进行探讨②。

（3）具有国际航运物流资源优化配置能力，对国际物流服务高效性进行评定。

（4）加大港口经济中的流量经济。港口的功能特点自然而然地为各类流量经济要素提供了交换的平台，巨大的物流、信息流、资金流、技术流在港口经过高效、规范、有序的处理和交易后，将到达能够最大限度发挥自身价值的地方。

（5）充分利用港口经济是开放经济的特点，带动昌平、怀柔、平谷等区和河北地区的对外开放程度和对外贸易范围。

（6）天津港口运营的事后监管。港口的运行管理应该采用科学管理手段。

（7）引进“海关跨境贸易电子商务服务平台”，对接电商企业、支付企业和物流企业，实现海关与企业数据的互联互通。

（8）解决快件、邮件跨境电子商务中出现的通关、结汇、退税、产品安全及征信等系列问题，包括中英、中美、中非之间相关业务中出现的问题。

---

① 马庆强. 国外自贸区发展经验比较及上海、天津自贸区建设政策探讨[J]. 上海经济，2016(2)：35－42.

② 马娜. 天津自由贸易试验区建设研究[D]. 天津：天津财经大学，2015.

（9）实现海关对跨境电子商务出口商品的有效监管。提供跨境电商在线申报、监管、物流、支付等全流程跟踪功能，协助海关、检验检疫、国税、外汇、外经贸等部门履行监管服务职能。

五、结束语

当今中国的城市格局基本已定，即由海岸线串起来的一线城市和由高铁网络连起来的二线城市。离开海岸线，中国已经不可能再产生新的世界级城市。因此天津港不仅要带动京津冀地区的发展，同时要在带动中国北方海洋经济中发挥作用，为中国的沿海但不够发达地区的发展树立榜样作用。

高质量发展已经成为新时代港口发展的主旋律，数字化、智慧港口建设是海事行业的未来。目前一些港口和码头已开始受益于在船舶入坞、停泊和系泊过程中使用数字技术收集关键事件的实时数据，以分析数据并做出基于数据的决策，提高安全性、效率和可持续性。

中国在提高航运的软实力、参与行业规则制定、提升中国航运业整体话语权等方面，仍有很大提升空间。国际海事问题处理权、世界级的船级管理机构常驻地、世界认可的航运中心及吸引油轮租船业务、散货船业务、船舶融资业务和航运保险业务来到中国等都是中国海洋经济发展的关注点。同时，应当探讨如何避免国内港口间过多的相互竞争，以促进更有效的相互合作。

参考文献

[1]周一轩. 浅析“十四五”时期天津港建设世界一流港口的战略要点[J]. 天津经济，2020(8).

[2]封云. 天津建设北方国际航运核心区现实差距与路径分析[J]. 天津经济,2019(6).

[3]高伟凯. 国际航运中心发展趋势与实证研究——以天津北方国际航运中心建设为例[J]. 现代经济探讨,2012(7).

[4]李光春. 多重国家战略背景下天津北方国际航运中心发展定位与实现路径研究[J]. 现代城市研究,2016(6).

[5]李军. 基于服务供应链的港口服务功能组成及天津港服务功能现状分析[J]. 物流工程与管理,2020(10).

[6]武晓庆,王素青. 以建设自由贸易港区为重点加快建设北方国际航运中心[J]. 港口经济,2013(4).

[7]孙光圻. 论自由贸易港区与北方国际航运中心建设[J]. 世界海运,2013(11).

[8]国家发展和改革委员会. 推进天津北方国际航运枢纽高质量发展——解读“关于加快天津北方国际航运枢纽建设的意见”[J]. 中国经贸导刊,2020(16).

[9]唐晋,等. 大国崛起[M]. 北京:人民出版社,2006.

[10]贾大山. 国际航运中心建设两种模式及启示——利益共享[J]. 中国远洋航务,2016(3).

[11]贾大山. 2016 年沿海港口发展回顾与 2017 年展望[J]. 中国港口,2017(1).

[12]阮红伟,李晓静,赖秀云. “一带一路”沿线十五个沿海港口城市竞争力比较研究[J]. 东方论坛(青岛大学学报),2016(5).

[13]王彤. 津冀港口群整合背景下天津港集团发展对策研究[D]. 大连:大连海事大学,2016.

[14]李丽. 论天津港船舶物流发展的现状及对策[J]. 管理创新,2016(12).

[15]孙海宁. 加快天津港口转型升级的分析研究[J]. 天津航海,2016(2).

[16]刘瑞,高峰. 天津国际航运服务体系改革研究[J]. 城市观察,2016(5).

[17]马庆强. 国外自贸区发展经验比较及上海、天津自贸区建设政策探讨[J]. 上海经济,2016(2).

[18]马娜. 天津自由贸易试验区建设研究[D]. 天津:天津财经大学,2015.

长江三角洲工业绿色发展水平测度研究

童霞　万兴伟①

【摘要】作为全国经济发展的标杆，长江三角洲地区先进的制造业企业虽然已经具备了相当的全球影响力，但是其工业发展依旧面临着巨大的经济下行压力和生态环境压力，对污染治理和产业结构转型的要求日益迫切。本文在整理回顾了国内外有关工业绿色发展的相关文献后，搜集了近年来长江三角洲的经济发展和工业绿色发展水平的有关数据，将长江三角洲工业绿色发展水平作为主要研究对象，运用SE－SBM模型ML指数测度长江三角洲工业绿色发展水平，实证分析工业绿色发展效率，针对实证分析结果探讨长江三角洲工业绿色发展存在的问题，以期为长江三角洲工业绿色发展提供理论依据和决策建议。

【关键词】工业；长江三角洲地区；绿色发展；效率

一、引言

随着改革开放的深入推进，得力于政府政策的支持以及长江三角洲地区独特的资源环境和区位优势，长江三角洲城市群得以快速发展，逐步迈入世界顶尖行列。2016年，国务院审批通过《长江三角洲城市群发展规划》，其中确定的长江三角洲城市群包括：上海、南京、南通、扬州、盐城、苏州、无锡、常州、镇江、泰州、杭州、绍兴、宁波、嘉兴、金华、湖州、舟山、台州、合肥、铜陵、安庆、芜湖、宣城、池州、滁州、马鞍山，范围涵盖三省一市共26个城市，土地面积共计21.2万平方公里；2019年长江三角洲地区完成的GDP已超23.7万亿元，较上年增长6.4%，占全国GDP总量的近1/4。在26个城市中，上海、苏州、杭州、南京、无锡、宁波GDP均超万亿元，占到了全国万亿城市总数的37.5%。截至2019年末，长江三角洲地区的常住人口总数约1.6亿，约占全国总人口

① 童霞，南通大学教授；万兴伟，南通大学学生。

的11%。其中上海市2018年的非流动人口就达到了2400万。从区域划分来看，苏北、安徽第二产业占比较高，苏南和浙江第二产业、第三产业较接近。可初步勾勒出长江三角洲地区的产业结构雏形，第二产业仍占半壁江山，第三产业在主要城市发展迅速。

但是随着城镇化的推进和工业产业的快速发展，出现了一系列资源环境问题。环境污染和资源的大量消耗，严重制约了长江三角洲经济社会的健康可持续发展。2019年，习近平总书记在上海考察时强调：长江三角洲地区要贯彻落实《长江三角洲区域一体化发展规划纲要》，增强大局意识、全局观念，以实现更高质量的生态绿色一体化发展目标。要求我们在保护环境和治理污染的同时，还要注重生态文明意识的建设，营造绿色可持续发展的良好氛围。

作为区域经济的重要产业支撑，工业对于振兴实体经济具有极其重要的现实意义，工业化的转型升级迫在眉睫。近几年，西方发达国家陆续提出“工业4.0”等战略，使得我国工业竞争环境越发繁杂艰难。作为我国工业化水平最高的地区，2017年长江三角洲地区工业增加值达6.38万亿元，规模以上工业企业数90337家，占到全国的20%以上。长江三角洲地区整体正处于后工业化的阶段。然而，作为全国经济发展的支柱和标杆，长江三角洲地区工业发展依旧面临着巨大的挑战。长江三角洲地区在工业高速发展的同时，面临着较大的生态环境压力。部分地区污染问题较为严重，传统制造业等第二产业发展产生了大量的工业废水和废气。2016年长江三角洲地区工业废水和废气排放量达到了全国排放量的近1/3。2018年，党的十九大报告中明确提出了“区域协调发展战略”，要求长江三角洲地区尽快构建创新协调的绿色发展模式。但是由于各地区的资源环境水平差距较大，区域间的发展情况也各不相同。针对不同发展状况完善效率评价体系能为政府决策提供依据，所以测度长江三角洲工业绿色发展水平就显得尤为重要。

二、变量与模型选择

本文以2010—2018年长江三角洲地区数据为支撑，研究探讨长江三角洲经济发展与工业绿色发展现状及其存在的问题，建立综合指标体系，运用SE-SBM模型测度了长江三角洲工业绿色发展水平，最后基于2010—2018年面板数据计算ML指数，实证分析长江三角洲工业绿色发展水平，针对实证分析结果探讨长江三角洲工业绿色发展存在的问题，提出工业绿色发展的有关对策建议。

（一）变量与数据说明

本文研究所需的指标分为投入型指标与产出型指标两类。基于经济、社会、环境可持续发展的理念，本文共建立7个指标。其中，投入型指标包含资源、资本、劳动3个维度，分别为工业能源终端消费量、工业本年完成投资及从业人员；产出型指标包括期望产出和非期望产出，工业总产值为期望产出，废水排放量、废气排放量、固体废弃物产生量为非期望产出，投入产出型指标框架如图 1 所示。

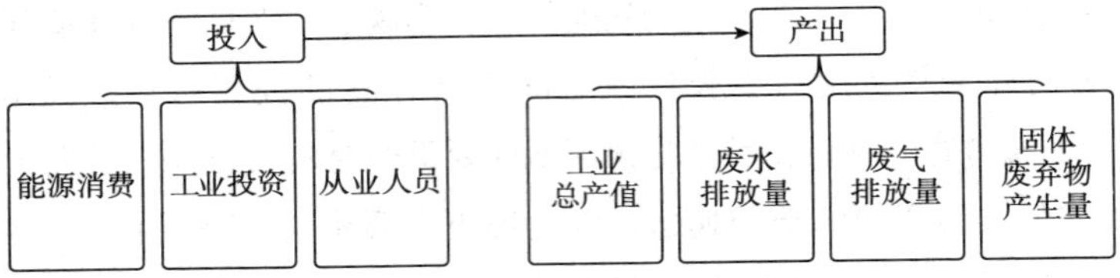

图 1　投入产出型指标框架

本文以长江三角洲地区工业绿色发展水平为研究对象，在三省一市中选取具有代表性和数据完整性的 10 个城市：上海，江苏省无锡、扬州、常州，浙江省湖州、金华、宁波，安徽省宣城、铜陵、马鞍山。研究时间选取 2010—2018 年，在这一时间段内，长江三角洲经济快速发展，城市化不断推进，大量工业企业转型升级。选取以上 10 个城市九年间的数据有助于我们研究长江三角洲工业绿色发展水平的变化情况。

（二）研究方法

1. SE – SBM 模型

数据包络分析（Data – Envelopment – Analysis，DEA）是最常用的一种非参数前沿效率分析法。由于 DEA 方法非参数的特性使得在分析的过程中可以避免人为主观因素的影响。但是传统的 DEA 模型，在运算过程中容易出现变量松弛，使得技术效率与实际情况偏差较大。为了解决要素松弛的问题，后来的学者们针对基础模型不断研究探讨，创造出超效率 DEA 模型。本文针对长江三角洲地区工业绿色发展水平的测度，选取了 SE – SBM 模型，将超效率和 SBM 模型结合到一起，相比一般的径向 DEA 模型，不仅解决了要素松弛问题，同时还综合考虑了投入、非期望产出与期望产出的关系，从而使长江三角洲地区工业绿色发展水平测度更加准确。

本文测度研究选取 SE – SBM 模型，假设存在 n 个决策单元，其中每个决策单元涵盖 m 种投入 x、r_1 种期望产出（y^g）、r^2 种非期望产出（y^b）。X、Y^g 与 Y^b 为矩阵，$X = [x,\cdots,x_n]$，$Y^g = [y_1^g,\cdots,y_n^g]$ 与 $Y^b = [y_1^b,\cdots,y_n^b]$，在规模报酬可变的情况下生产可能性集为 $P = \{(x,y^g,y^b) \mid x \leq X\lambda, y^g \leq Y^g\lambda, y^b \leq Y^b\lambda\}$，其中 λ 为权重向量。在测度长江三角洲地区工业绿色发展水平的 DEA 模型中，将长江三角洲地区 10 市作为 10 个决策单元，有资本、劳动、资源 3 种投入要素，通过生产得到期望产出以及三种环境非期望产出。本文定义决策单元为有效，具体构建模型如下：

$$\min\rho=\frac{1+\frac{1}{m}\sum_{i=1}^{m}\frac{s_i^-}{x_{ik}}}{1-\frac{1}{r_1+r_2}\left(\sum_{r=1}^{r_1}\frac{s_r^{g+}}{y_{rk}^g}+\sum_{r=1}^{r_2}\frac{s_t^{b-}}{y_{tk}^b}\right)}$$

$$\text{s.t.}\quad \sum_{j=1,j\neq k}^{n}x_{ij}\lambda_j-s_i^-\leqslant x_{ik}\quad \sum_{j=1,j\neq k}^{n}y_{rj}\lambda_j+s_r^{g+}\geqslant y_{rk}^g\quad \sum_{j=1,j\neq k}^{n}y_{tj}^b-s_i^{b-}\leqslant y_{rk}^g$$

$$1-\frac{1}{r_1+r_2)}\left(\sum_{r=1}^{r_1}\frac{s_r^{g+}}{y_{rk}^r}+\sum_{r=1}^{r_2}\frac{s_r^{b-}}{y_{rk}^b}\right)s^-,s^b,s^g,\lambda>0$$

$$i=1,2,\cdots,m;r=1,2,\cdots,q;j=1,2,\cdots,n(j\neq k)$$

其中，λ 是权重向量；x_{ij} 是第 j 个决策单元的第 i 项投入；y_{tj} 是第 j 个决策单元的第 t 项产出；k 为被评价单元；s^- 表示投入过度；s^b 表示非期望产出过多；s^g 表示期望产出不足。公式 ρ 的分子与分母分别代表投入无效率与产出无效率。当 $\rho<1$ 时，该 DMU 无效，当 $\rho\geqslant 1$ 时，该 DMU 有效。

2. ML 指数

本文兼顾投入、期望产出与非期望产出，基于非径向非角度的 SBM 函数，选取 Malmquist - Luenberger 指数测度不同时期的绿色发展水平的动态变化。每个城市作为一个决策单元，每个决策单元包含 N 种投入 $X=[x_1,\cdots,x_n]\in R_N^+$、$M$ 种期望产出 $y=[y_1,\cdots,y_M]\in R_M^+$ 及 I 种非期望产出 $b=[y^1,\cdots,y_I]\in R_I^+$，构建的 $t=1,\cdots,T$ 时期城市 $k=1,\cdots,K$ 的生产可能性集为：$p^t(x^t)=\{(y^t,b^t):\sum_{k=1}^{K}\lambda_k^t y_{km}^t\geqslant y_{km}^t,\forall m;\sum_{k=1}^{K}\lambda_k^t b_{ki}^t=b_{ki}^t,\forall i;\sum_{k=1}^{K}\lambda_k^t b_{kn}^t\leqslant x_{kn}^t,\forall n;\lambda_k^t\geqslant 0\}$。

在规模报酬不变的情况下，期望产出与非期望产出的 SBM 方向性距离函数为：

$$\vec{S}_c^t(x_k^t,y_k^t,b_k^t)=\rho^*=\min\frac{1-\left[\frac{1}{N}\sum_{n=1}^{N}\frac{s_n^x}{x_n^k}\right]}{1+\frac{1}{M+I}\left[\sum_{m=1}^{M}\frac{s_m^y}{y_m^k}+\sum_{i=1}^{I}\frac{s_i^b}{b_i^k}\right]}$$

$$\text{s.t.}\quad \sum_{k=1}^{K}\lambda_k^t x_{kn}^t+s_n^x=x_{kn}^t,\forall m\quad \sum_{k=1}^{K}\lambda_k^t y_{km}^t-s_m^y=y_{km}^t\quad \sum_{k=1}^{K}\lambda_k^t b_{ki}^t+s_i^b=b_{ki}^t$$

$$s_n^x\geqslant 0,s_m^y\geqslant 0,s_i^b\geqslant 0,\lambda_k^t\geqslant 0$$

其中，s_n^x、s_i^b、s_m^y 为投入产出的松弛量。当 $\rho^*=1$ 时，$s_n^x=s_i^b=s_m^y=0$，说明决策单元有效率，不存在投入、产出的不足。当 $\rho^*<1$ 时，则说明存在效率损失。基于 SBM 方向性距离函数，构建从 t 期至 $t+1$ 期的 ML 指数：

$$ML(x^{t+1},y^{t+1},b^{t+1};x^t,y^t,b^t)=\left[\frac{\vec{s}_c^t(x^{t+1},y^{t+1},b^{t+1})}{\vec{s}_c^t(x^t,y^t,b^t)}\right]\times\left[\frac{\vec{s}_c^{t+1}(x^{t+1},y^{t+1},b^{t+1})}{\vec{s}_c^{t+1}(x^t,y^t,b^t)}\right]^{\frac{1}{2}}=$$

$$\frac{\vec{s}_c^{t+1}(x^{t+1},y^{t+1},b^{t+1})}{\vec{s}_c^{t}(x^{t},y^{t},b^{t})} \times \left[\frac{\vec{s}_c^{t}(x^{t+1},y^{t+1},b^{t+1})}{\vec{s}_c^{t+1}(x^{t+1},y^{t+1},b^{t+1})} \times \frac{\vec{s}_c^{t}(x^{t},y^{t},b^{t})}{\vec{s}_c^{t+1}(x^{t},y^{t},b^{t})}\right]^{\frac{1}{2}} =$$

$$TEC(x^{t+1},y^{t+1},b^{t+1};x^{t},y^{t},b^{t}) \times EFF(x^{t+1},y^{t+1},b^{t+1};x^{t},y^{t},b^{t})$$

$$ML = TEC \times PEFF \times SE$$

其中，*TEC* 表示绿色技术进步，*EFF* 表示绿色技术效率，技术效率又可以分为规模效率与纯技术效率，*PEFF* 代表绿色纯技术效率，*SE* 代表绿色规模效率。

三、实证分析

（一）SE－SBM 模型

依据上述模型及方法，利用 MaxDEA，采用 SE－SBM 模型对 2010—2018 年长江三角洲 10 市的工业绿色发展水平进行测度，结果如表 1 所示（以 2018 年为例）。

表 1　2018 年长三角 10 市工业绿色发展水平

年份	DMU	DMUOrderinData	CRS	VRS	Scale	RTS
2018	上海	1	1.000	1.000	1.000	Constant
2018	无锡	2	0.621	0.719	0.864	Increasing
2018	常州	3	1.000	1.000	1.000	Constant
2018	扬州	4	1.000	1.000	1.000	Constant
2018	宁波	5	0.678	0.814	0.833	Increasing
2018	湖州	6	0.578	1.000	0.578	Increasing
2018	金华	7	0.614	1.000	0.614	Increasing
2018	马鞍山	8	0.449	0.569	0.789	Increasing
2018	铜陵	9	1.000	1.000	1.000	Constant
2018	宣城	10	1.000	1.000	1.000	Constant

注：CRS 代表技术效率，VRS 代表纯技术效率，Scale 代表规模效率。综合技术效率 = 纯技术效率 × 规模效率。

资料来源：经各市统计年鉴计算整理得出。

代入各市数据后，以综合技术效率作为绿色发展指数，经总结得出，长江三角洲工业绿色发展综合效率指数具体结果如表 2 所示。

表 2　2010—2018 年长三角工业绿色发展综合效率指数

年份	上海	无锡	常州	扬州	宁波	湖州	金华	马鞍山	铜陵	宣城
2010	1.000	1.000	1.000	1.000	0.659	0.602	0.696	0.393	1.000	0.484
2011	1.000	0.772	1.000	1.000	1.000	0.669	0.515	0.425	1.000	0.473
2012	1.000	0.743	1.000	1.000	0.677	0.813	0.597	0.442	1.000	0.518

续表

年份	上海	无锡	常州	扬州	宁波	湖州	金华	马鞍山	铜陵	宣城
2013	1.000	0.686	1.000	1.000	0.644	0.966	0.624	0.514	1.000	0.588
2014	1.000	0.617	0.828	1.000	0.780	0.858	0.688	0.466	1.000	0.612
2015	1.000	0.618	1.000	1.000	0.773	0.851	0.777	0.442	1.000	0.620
2016	1.000	0.596	1.000	1.000	0.758	1.000	1.000	0.474	1.000	0.639
2017	1.000	0.561	1.000	1.000	0.720	0.611	0.558	0.455	1.000	1.000
2018	1.000	0.621	1.000	1.000	0.678	0.578	0.614	0.449	1.000	1.000

资料来源：经各市统计年鉴计算整理得出。

由以上实证处理结果可知：从经济发展水平与绿色发展效率的关系对比可以得出，经济发展水平与绿色发展效率呈正相关，在长江三角洲 10 个城市中，上海市无论在经济发展还是绿色保护方面都处于领先地位，有着较为显著的绿色发展水平。从时间角度来看，在研究期间长江三角洲平均工业绿色发展水平呈上升趋势，表明工业绿色发展态势良好。从地区差异角度来看，上海市的工业绿色发展效率值为 1，上海市在工业发展中有效地兼顾了环境保护，其次是江苏省，再次是安徽省，浙江省近年来大力发展工业牺牲了部分生态效益，在工业绿色发展方面有很大的改善空间。从各市情况来看，2010—2018 年，上海市、扬州市、铜陵市的工业绿色发展综合效率年均值最高；常州市各年工业绿色发展综合效率均在 0.9 以上，年均值相对较高，表明常州市在工业绿色发展方面保持着较高、较稳定的水平，宁波市和湖州市工业绿色发展绩效较好，且各年发展情况相对稳定，均值在 0.7 以上。马鞍山市的工业绿色发展综合效率年均值为 0.45，除 2013 年外，其他各年工业绿色发展综合效率均小于 0.5，这说明，与其他城市相比，马鞍山市的工业绿色发展绩效相对较低，各年份之间波动变化较大。出现这种情况的原因可能在于马鞍山市发展主要依靠传统制造业，工业绿色转型升级动力不足，污染物排放量较高。2010 年，宁波市、湖州市、金华市、马鞍山市和宣城市工业绿色发展综合效率均小于 0.7，其余 5 个城市的工业绿色发展综合效率均大于 0.7；2018 年，工业绿色发展综合效率小于 0.7 的城市变为无锡市、宁波市、湖州市、金华市和马鞍山市，这说明，在 9 年间不仅工业绿色发展绩效平均水平低，且绿色发展无明显提高。从各市工业绿色发展综合效率动态变化特征看，扬州市主导产业分别为交通运输设备制造业和金属制品业等，均不属于高耗能、高污染的产业，工业废水、工业废气排放量和工业固废产生量相对其他几个城市而言处于较低的水平。而无锡同期主导产业以化学化工、金属加工为主，属于高耗能、高污染产业，工业主要污染物排放量（产生量）与其他城市相比均较高。

（二）ML 指数

为进一步分析长江三角洲工业绿色发展水平随时间的动态变化趋势，本文运用 2010—

2018年面板数据计算长江三角洲地区工业绿色发展水平的ML指数，并得出2010—2018年各省市的平均技术效率指数、技术进步指数。

根据ML模型的计算结果，得出2010—2018年长江三角洲地区10市年均工业绿色发展水平ML指数及其分解，如表3所示。

表3 2010—2018年长江三角洲地区10市年均工业绿色发展水平ML指数及其分解

地区	全要素生产率	技术效率	技术进步	纯技术效率	规模效率
上海	1.224	1.143	1.224	1.143	1.143
无锡	1.163	1.082	1.237	1.101	1.122
常州	1.204	1.148	1.205	1.143	1.148
扬州	1.170	1.143	1.170	1.143	1.143
宁波	1.351	1.174	1.314	1.165	1.142
湖州	1.276	1.161	1.259	1.143	1.161
金华	1.208	1.160	1.203	1.143	1.160
马鞍山	1.256	1.166	1.232	1.172	1.140
铜陵	1.215	1.143	1.215	1.143	1.143
宣城	1.348	1.265	1.219	1.143	1.265
均值	1.242	1.158	1.228	1.144	1.157

根据表3的计算结果可以发现，2010—2018年九年间各市的ML效率指数均超过了1.1，表明长江三角洲各市在工业绿色发展效率方面处于高效的增长态势，均值为1.242，表明各市在工业绿色发展效率方面的增长速度较快。从区域角度来看，长江三角洲工业绿色发展全要素生产率增长速度最快的是宁波和宣城，年均增长率分别为35.1%和34.8%，最慢的是无锡，年均增幅仅为16.3%，相差近20%。从分解结果来看，在长江三角洲各市工业绿色发展效率中，技术进步对于全要素生产率的效率影响最大，从表3可以发现，拥有较高的技术效率和技术进步效率的宁波，全要素生产率也是最高的，而全要素生产率最低的无锡，由于它的技术进步效率较低，限制了其全要素生产率的增长，所以应增加技术研发投入，改进技术生产效率。

表4 长江三角洲地区各年份平均ML指数及其分解

时间	全要素生产率	技术效率	技术进步	纯技术效率	规模效率
2010—2011年	1.193	1.020	1.178	1.013	1.001
2011—2012年	1.028	1.015	1.008	0.978	1.034
2012—2013年	1.120	1.040	1.077	1.003	1.038
2013—2014年	1.125	0.988	1.139	0.995	0.992
2014—2015年	1.013	1.028	0.985	0.990	1.038
2015—2016年	1.072	1.051	1.029	1.011	1.040
2016—2017年	1.079	0.959	1.126	0.983	0.977

续表

时间	全要素生产率	技术效率	技术进步	纯技术效率	规模效率
2017—2018 年	1.060	1.008	1.052	1.034	0.977
均值	1.086	1.014	1.074	1.001	1.012

长江三角洲工业绿色发展整体趋势向好。追溯效率下降的原因，可以发现在上述时间段内技术效率变化指数和技术进步变化指数均处于负增长，导致其 ML 生产率指数不高。根据表 4，在研究的时间段内平均每年的工业绿色发展全要素生产率为 1.086，技术效率、技术进步、纯技术效率和规模效率指数分别为 1.014、1.074、1.001、1.012。由此可以得出：对工业绿色发展效率的影响最大的是技术进步。长江三角洲工业绿色发展需要更加强力的技术推动，因此，对技术创新和发展的要求格外高。但是长江三角洲工业绿色发展在技术层面仍有很多的不足和欠缺，2010—2018 年技术进步持续停滞和下降，应在未来的工业转型发展中引起重视。从工业绿色发展综合效率分解变化来看，2010—2018 年，长江三角洲的工业绿色发展综合效率增长了 8.6%，其中技术效率增长 1.4%，技术进步指数增长 7.4%；绿色综合技术效率指数再分解后得出的绿色纯技术效率指数和绿色规模效率变化分别增长了 0.1% 和 1.2%。分析可见，长江三角洲地区各市工业绿色发展综合效率增长主要的贡献来自技术效率和技术进步的快速增长。一些城市的绿色技术进步指数增长缓慢，表明这些城市绿色自主技术创新动力较弱，工业企业在生产过程中对于技术的创新和改造能力都需要进一步提升。

四、结论与对策建议

（一）结论分析

本文首先对长江三角洲工业绿色发展的背景和意义进行了归纳阐述，提出研究的目的和主题。然后分析了长江三角洲近年来的工业绿色发展现状，搜集整理了长江三角洲各市的投入产出数据，对比分析各市的发展与差异，通过 SE－SBM 模型和 ML 指数进行实证分析，通过对比 2010—2018 年长江三角洲 10 市的工业绿色发展效率指数，分析长江三角洲地区各市的工业绿色发展水平。结论概括如下：

（1）现状分析。长江三角洲工业绿色发展整体向好，经济总量大，增长显著，但是随着近年来城镇化进程的加速，长江三角洲地区面临着较大的资源环境压力，工业废水、废气、固体废弃物产生量总体规模大，环境污染较为严重。不同地区工业绿色发展水平差异较大，上海绿色发展水平最高，但也面临高污染、高排放的风险，江苏和浙江发展较为平稳，安徽工业绿色发展相比之下较为落后。

（2）效率分析。长江三角洲工业绿色发展总体呈现上升趋势，个别年份略有波动，绿色发展效率总体平稳。但是不同地区间存在较大差异，不同地区经济发展水平直接影响到地区的工业绿色发展水平。差异具体体现在：经济发展水平较高的地区，如上海，其工业绿色发展水平也是最高的，而浙江、安徽部分地区，经济水平相对较差，其工业绿色发展水平也不尽如人意。

（3）动态分析。长江三角洲工业绿色发展增速不一，增长有快有慢，增长最快的地区和最慢的地区相差近20%，地区之间由于历史沿革和发展侧重不同而导致了较大差异的存在。从生产率分解指标可以得出对绿色发展效率影响最大的是技术进步效率因素，因此，需要进一步推动技术创新，让技术进步引领工业生产的转型升级。

（二）对策建议

根据上述研究结果，对长江三角洲工业绿色发展提出以下几点对策建议：

（1）推动技术创新，树立绿色发展观念。工业绿色发展离不开技术创新，政府应多鼓励工业企业进行自主创新，加大政策扶持力度，降低技术创新的门槛和成本，提高能源利用率，加快创新成果的转化，为工业企业提供较为宽松的创新环境，从而改变工业生产结构，形成良好的社会创新氛围，推动工业绿色发展。为了提高绿色创新效率，地区政府还应进一步加大资金扶持力度，充分发挥引领和激励作用，拓宽企业的融资渠道，推动创新人才资源引进，促使创新资源和成果自由地流动和交流。工业企业也要加强自身的内部管理，树立绿色发展观念，加强对绿色技术的创新及应用，加强节能减排监管工作，发挥关键技术进步对工业绿色全要素生产率增长的主导作用。提高对新兴科技的投入，不断推进技术改革创新，用高新技术取代落后传统的技术设备，实现减污增效。

（2）调整产业结构，控制能源消费总量。工业绿色发展需要大力发展生态环保产业，实现能源效率的提高，而不能通过单纯增加能源投入来实现粗放式的工业经济增长。要优化工业能源消费结构，向低碳、绿色、可循环发展。淘汰高耗能产业，减少煤炭、石油等传统能源的消费，积极发展风电、核电等新能源，积极使用天然气、电力、风能等清洁能源。同时加大企业清洁技术改造，淘汰产能落后、污染严重的工业企业，大力推广高新技术产业和先进制造业，将更多生产要素投入新兴绿色产业发展中，实现落后、过剩产能的绿色转变。充分发挥长江三角洲高端智力人才集聚优势，推广智能化、绿色化的发展模式。推动新兴绿色工业集聚化、集群化发展，打造高新产业集聚示范区。建立健全绿色制造供应链，引领长江三角洲工业绿色发展。

（3）科学规划布局，强化工业园区管理。充分利用各地区的比较优势，根据各地区不同的功能定位和资源环境承载能力，合理规划工业发展方向，构建集约高效、科学合理、可持续发展的工业发展新格局。编制出台工业产业负面清单，对污染较大的行业、工艺、产品明令禁止，健全相关工业产业绿色转移承接机制，推动沿江地区钢铁化工、有色金属、造纸产业有序搬迁或依规停办整改，确保生态环境不受破坏。促进工业集约集聚发展，建设专业化的绿色园区，完善园区内污染处理的配套设施，强化园区环境监管。引导低污染、低能耗工业企业园集中安置在高新工业园区，推动生物、新能源等高端绿色产业向园区集聚发展，严格环境审批手续，强化生态环境约束。规范市场准入机制，优化工业产业结构，引导产业绿色转移承接。

（4）强化环境规制，完善政策保障机制。充分发挥政府职能，提高地区工业污染治理投资，提升环境治理发展红利，实现经济效益、社会效益和环境效益多赢。为此，必须将环境规制政策落到实处，引导市场和公众参与环境规制、主动承担绿色发展责任，牢固树立绿色发展导向，提高公民环境保护意识，充分发挥公众的监督举报作用。建立完善的绿色发展评价体系、考核机制和奖惩办法，激励排污企业主动减少污染物排放。实施绿色发展评估，强化政绩考核，杜绝政府官员在排污管理上的寻租行为，将区域环境质量作为官员政绩考核的重要部分。加大生态环境投入力度，建立工业绿色发展预警联动机制，从而实现环境的保护，通过政府、企业和公众三方的合作努力提高长江三角洲环境保护和工业污染治理能力。

参考文献

[1] Lee H. ,M. Syed,X. Liu. Is China Over - Investing and Does it Matter? [R] . IMF Working Paper,2012.

[2] Charnes A. ,Cooper W. W. ,Rhodes E. Measuring the efficiency of decision making units [J] . European Journal of Operational Research,1978,2(6):429 - 444.

[3] Hailu A. ,Veeman T. S. Non - prametric productivity analy sis with undesirable outputs: An application to the Canadian pulp and paper Industry[J]. American Journal of Agricultural Economics,2001,83(3):605 - 616.

[4] Seiford L. M. ,Zhu J. Modeling undesirable factors in efficiency evaluation [J]. European Journal of Operational Research,2002,142(1):16 - 20.

[5] Scheel H. Undesirable outputs in efficiency valuations[J]. European Journal of Operational Research,2001,132(2):400 - 410.

[6] T. one K. A slacks - based measure of efficiency in data envelopment analysis[J]. European Journal of Operational Research,2001(130):498 - 509.

[7] 柏培文. 中国劳动要素配置扭曲程度的测量[J]. 中国工业经济,2012(10).

[8] 张波,温旭新. 我国工业绿色低碳发展水平的省际测度及比较[J]. 经济问题,2018(5).

[9] 傅为忠,徐丽君. 区域工业绿色发展成熟度动态评价——基于熵值修正 G1 法和距离协调度改进模型的实证分析[J]. 工业技术经济,2018(3).

[10] 刘晓男,张二勋,冯若昂. 山东省绿色发展水平测度及空间差异分析[J]. 国土与自然资源研究,2018(1).

[11] 高楠. 长江经济带产业升级对环境污染的影响研究[D]. 合肥:安徽财经大学,2017.

[12] 邝志鹏,魏振香. 基于熵值法的城市绿色经济发展水平评价及空间差异分析——以山东省 17 地市为例[J]. 安徽行政学院学报,2017(5).

[13] 徐成龙. 欠发达地区工业绿色发展水平及影响因素分析——以山东省临沂市为例[J]. 经济论坛,2017(8).

[14] 佚名. "关于加强长江经济带工业绿色发展的指导意见"的解读[J]. 宁波节能,2017(4).

[15] 邓明亮,仇文琦,韩慧. 长江经济带工业发展问题相关研究的梳理与展望[J]. 长江大学学报(社会科学版),2017(4).

[16] 张吉献,李波. 河南省绿色发展水平评价及空间特征分析[J]. 安阳师范学院学报,2017(3).

[17] 陈小卉,郑文含. 基于绿色发展的城市发展质量评价研究——以江苏为例[J]. 城市规划学刊,2017(3).

[18] 周小琴. 中部六省绿色发展效率及其影响因素研究[D]. 武汉:湖北省社会科学院,2017.

[19] 杨露茜,姚建. 论绿色工业及其指标体系的构建[J]. 四川环境,2016(4).

[20] 王傲雪. 中国地区工业绿色发展指数测度及影响因素研究[D]. 重庆:重庆工商大学,2016.

[21] 杨刚,张阳,宋美茹,赵丹. 陕南城市绿色发展水平的测度及综合评价[J]. 陕西理工学院学报(自然科学版),2016(2).

[22] 袁建明. 工业行业绿色发展效率测度[M]//第十届(2015)中国管理学年会论文集. 中国管理现代化研究会,复旦管理学奖励基金会,2015.

[23] 楚紫穗. 我国工业绿色发展水平评估及影响因素研究[D]. 长沙:湖南大学,2015.

[24] 苏利阳,郑红霞,王毅. 中国省际工业绿色发展评估[J]. 中国人口·资源与环境,2013(8).

[25] 袁春辉. 中国城市环境全要素生产率的估算——基于 DEA 的 Malmquist - Luenberger 指数方法[J]. 经济视角(上),2012(5).

[26] 谷绍辉,王筱萍. 黄河经济带科技创新水平测度研究——基于 DEA、SBM[J]. 技术经济,2011(1).

[27] 李伟,章上峰. 环境约束下的工业全要素生产率增长——基于 Malmquist - Luenberger 指数的行业面板数据分析[J]. 统计与信息论坛,2010(11).

[28] 杨俊,邵汉华. 环境约束下的中国工业增长状况研究——基于 Malmquist - Luenberger 指数的实证分析[J]. 数量经济技术经济研究,2009(9).

[29] 李静,程丹润. 基于 DEA - SBM 模型的中国地区环境效率研究[J]. 合肥工业大学学报(自然科学版),2009(8).

中国现代制造业体系构建及全要素生产率研究

刘艳[①]

【摘要】 本文从中国工业化进程的现实出发，界定了中国现代制造业体系，在此基础上利用2010—2018年的行业面板数据研究了中国现代制造业全要素生产率：采用随机前沿方法测度并分解了中国现代制造业全要素生产率；采用增长核算法分别计算了投入要素、全要素生产率及其四个组成部分对产出增长的贡献；采用面板回归模型分析了影响中国现代制造业全要素生产率增长的因素。发现：中国现代制造业实现了集约型的增长方式；全要素生产率的增长主要是由技术进步推动的；行业规模、研发投入和资本结构显著影响了现代制造业的全要素生产率增长。

【关键词】 中国现代制造业体系；全要素生产率；随机前沿；影响因素

一、引言

经济的增长依赖于制造业的发展。2017年8月，李克强总理主持召开推动制造强国建设、持续推进经济结构转型升级座谈会时指出："制造业是经济发展的基础。中国经济要转型升级，要实现新型工业化，还是要靠做强中国制造。"目前我国制造业仍处在国际分工的中低端，大而不强等问题突出，推动制造业提质升级任务紧迫，这也是推进供给侧结构性改革的重要内容。制造业大而不强的产业特征使经济的健康和稳定增长面临着诸多方面的挑战。因此中国需要构建生产率水平先进、推动因素合理、能够带动制造业升级和经济整体发展的现代制造业体系。

2019年9月习近平总书记在郑州煤矿机械集团股份有限公司考察调研时强调：我们现在制造业规模是世界上最大的，但要继续攀登，靠创新驱动来实现转型升级，通过技术创

① 刘艳，博士，北京信息科技大学经济管理学院经济系讲师，主要研究方向为经济统计。

新、产业创新，在产业链上不断由中低端迈向中高端。一定要把我国制造业搞上去，把实体经济搞上去，扎扎实实实现“两个一百年”奋斗目标。创新驱动是相对于要素驱动和投资驱动来讲的。研究中国现代制造业的全要素生产率可以看清现代制造业发展进步的推动因素之所在，可以看清引起全要素生产率变化的动力结构，并在此基础上探究影响现代制造业全要素生产率变动的因素，为现代制造业的发展提供政策启示。

二、现代制造业体系的构建

中国现代制造业体系的构建以非平衡发展理论为理论基础，该理论主张国家应将有限的资源有选择性地集中配置在某些产业部门和地区，首先使这些部门和地区得到发展，然后通过投资的诱导机制和产业间、地区间的联系效应与驱动效应，带动其他产业部门和地区的发展，从而实现整个国家经济的增长。

（一）现代制造业的内涵

目前国内不曾对现代制造业的概念作官方界定，每每提及现代制造业总是相对于传统制造业而言的，学界也鲜少有对现代制造业的概念、框架、体系进行专门界定的文献。王岳平（2004）认为，现代制造业对信息化水平、企业的组织形式、经营的开放性与全球性、企业的研究开发能力与产品的技术含量都有较高的要求。李金华（2010）将研究视点集中在中国制造业如何设计适应新形势、新挑战的现代制造业体系和在未来的5年间或稍长一段时间内，怎样完成中国现代制造业体系的构建目标。

根据产业经济理论并综合学者们对现代制造业相关理论的探索性研究成果，作者认为，所谓现代制造业，是指符合中国工业发展现实规律，采用当今世界适用高新技术改造和集成生产运营过程，形成以价值链为基础的高效率的生产协作模式，并建立与之相适应的企业组织形式，为国民经济各行业提供生产设备及零部件的行业总称。

（二）现代制造业行业体系界定

界定现代制造业行业体系就是从制造业中选择一些行业作为优先发展行业。参考国家统计局已经明确界定的战略性新兴产业和高技术产业行业目录，再结合作者的思考，本文界定以下15个行业为现代制造业：农副食品加工业（C13）、纺织业（C17）、化学原料及化学制品制造业（C26）、医药制造业（C27）、化学纤维制造业（C28）、橡胶制品业（C29）、塑料制品业（C30）、非金属矿物制品业（C31）、黑色金属冶炼及压延加工业（C32）、有色金属冶炼及压延加工业（C33）、通用设备制造业（C35）、专用设备制造业（C36）、交通运输设备制造业（C37）、电气机械及器材制造业（C39）及通信设备、计算机及其他电子设备制造业（C40）。入选行业中包括了劳动密集型行业、资源密集型行业、资本密集型行业和技术密集型行业。

化学原料及化学制品制造业（C26）、医药制造业（C27）、化学纤维制造业（C28）、通用设备制造业（C35）、专用设备制造业（C36）、交通运输设备制造业（C37）、电气机械及器材制造业（C39）和通信设备、计算机及其他电子设备制造业（C40）这 8 个行业属于技术密集型和资本密集型行业，是国民经济的支撑和带动行业。对比国家统计局公布的《战略性新兴行业分类目录》可知，战略性新兴行业中所包含的部分行业小类也集中于这 8 个行业，如节能环保产业中的高效节能通用设备制造业、高效节能专用设备制造业、高效节能电气机械器材制造业，生物产业中的生物药品制造业等。选择这些行业作为现代制造业符合经济发展方向和国家的产业政策方向。

橡胶制品业（C29）、黑色金属冶炼及压延加工业（C32）和有色金属冶炼及压延加工业（C33）这 3 个行业属于资源密集型行业。中国仍然处于工业化中期阶段。经济发展规律告诉我们：工业化是经济发展的必然阶段，而重化工业（资源密集型产业）的较快发展又是工业化发展的必然阶段。选择这些行业作为现代制造业，符合经济发展的规律和中国的经济发展现状。

农副食品加工业（C13）、纺织业（C17）、塑料制品业（C30）和非金属矿物制品业（C31）这 4 个行业属于劳动密集型产业，是中国的传统优势产业。廉价劳动力仍然是中国制造业主要的竞争优势，也是中国优势要素禀赋之所在。现有要素禀赋结构是构建现代制造业体系、实现产业升级的基础，实现产业升级的前提是实现要素禀赋结构的升级。鉴于此，我们仍然需要发展劳动密集型产业，随着科技的发展，大力推进传统劳动密集型产业向新型劳动密集型产业转移，创造经济发展的新引擎。选择这些行业作为中国的现代制造业符合中国要素禀赋现状和产业升级规律。

三、现代制造业全要素生产率的测度

（一）全要素生产率测度方法

全要素生产率（TFP）的测算方法有参数方法和非参数方法，其中参数方法的代表是随机前沿分析（SFA），非参数方法的代表是数据包络分析（DEA）。SFA 方法相对于 DEA 方法的优点在于可以解释噪声、可以用来研究传统的假设检验；缺点在于需要设定无效项的分布形式及生产函数的形式。然而在使用面板数据的情况下使用随机前沿方法，可以放松对无效效应和噪声的强分布假设。而且，通过设定无效项的分布形式，可以捕捉到技术效率随时间的变化；通过设定形式灵活的生产函数可以得出更多的产出关于投入要素的信息，如产出关于投入要素的弹性等。

鉴于以上原因，本文选用 SFA 方法测度中国现代制造业的全要素生产率。在介绍 SFA 方法时，依据研究内容，对其做了更有针对性的设定（本文考虑资本和劳动两种投入要素）。

1. 随机前沿生产函数

本文采用灵活的超越对数形式的随机前沿生产函数，函数形式如下：

$$\ln Y_{it} = \alpha_0 + \sum_{i=1}^{2}\alpha_j \ln x_{it} + \frac{1}{2}\sum_{j=1}^{2}\sum_{l=1}^{2}\alpha_{jl}\ln x_{itj}\ln x_{itl} + \beta_1 t + \frac{1}{2}\beta_2 t^2 + \sum_{j=1}^{2}\rho_j t\ln x_{itj} - u_{it} + v_{it} \tag{1}$$

其中，j，l 表示投入要素（j，$l=1$，2），本文使用资本和劳动两种投入，x_{itj} 和 x_{itl} 分别表示 i 行业在第 t 年的第 j、第 l 种投入要素，t 为时间趋势变量，反映技术变化，时间趋势的平方项 t^2 表示技术进步随时间的变化趋势是非线性的。要素投入与时间趋势的交叉项 $t\ln x_{itj}$ 表示非中性的技术进步，即技术进步随时间的变化趋势是固定在投入要素上的。

按照 Battese 和 Coelli（1992）设定的时变无效性随机前沿模型，假定 u_{it} 服从：

$$u_{it} = u_i\eta_{it} = u_i\exp[-\eta(t-T)] \tag{2}$$

其中，η_{it} 是决定技术无效率随时间变化的函数，η 表示技术效率指数的变化率，η 的符号决定了技术效率相对于时间是非递减的还是非递增的，$\eta>0$ 表示随着时间的推移，相对前沿的技术效率不断改善，$\eta<0$ 表示技术效率不断恶化，$\eta=0$ 则表示技术效率不随时间变化。

式（1）和式（2）确定了随机前沿模型，可以采用极大似然法（ML）估计其中的参数①。似然函数按照 $\sigma^2=\sigma_u^2+\sigma_v^2, \gamma^2=\sigma_u^2/\sigma^2$ 进行参数化。如果 $\gamma=0$，则不存在技术无效效应，并且所有相对于前沿的偏离都是由噪声引起的。

2. TFP 增长率分解

进一步地，按照 Kumbhakar（2000）的方法将 TFP 的变化分解为四个部分：技术进步（TC）、技术效率变化（TEC）、规模效率改进（SEC）和配置效率改进（AEC）。根据前沿模型参数的估计结果，这四部分的计算公式分别为：

$$TC_{it} = \partial\ln f(x_{it},t;\beta)/\partial t = \beta_1 + \beta_2 t + \sum_{j=1}^{2}\rho_j\ln x_{itj} \tag{3}$$

$$TEC_{it} = -\mathrm{d}u_{it}/\mathrm{d}t = \eta\hat{u}_{it} \tag{4}$$

① 对数似然函数的最大化通常要求出未知参数的一阶导数，并设它们为0，然而，对数似然函数的这些一次条件都是高度非线性的，而且不能从解析形式上解出待估计的参数。因而，必须通过迭代优化程序使得似然函数最大化。

$$SEC\,it = (RTS_{it} - 1)\sum_{j=1}^{2}\lambda_{itj}\dot{X}_{itj}$$

$$AEC = \left[\sum_{j=1}^{2}(\alpha_j + \sum_{l=1}^{2}\alpha_{jl}\ln x_{itj} + \rho_j t) - 1\right]\sum_{j=1}^{2}\left[\frac{\alpha_j + \sum_{l=1}^{2}\alpha_{jl}\ln x_{itj} + \rho_j t}{\sum_{j=1}^{2}(\alpha_j + \sum_{l=1}^{2}\alpha_{jl}\ln x_{itl} + \rho_{jt})}\dot{X}_{itj}\right] \quad (5)$$

$$AEC_{it} = \sum_{j=1}^{2}(\lambda_{itj} - s_{itj})\dot{X}_{itj} = \sum_{j=1}^{2}\left[\left(\frac{\alpha_j + \sum_{l=1}^{2}\ln x_{itl} + \rho_j t}{\sum_{j=1}^{2}(\alpha_j + \sum_{l=1}^{2}\alpha_{jl}\ln x_{itj} + \rho_j t} - s_{itj}\right)\dot{X}_{itj}\right] \quad (6)$$

其中，$\dot{X}_{itj} = \partial \ln x_{itj}/\partial t$ 为第 j 种要素的变化率。

（二）现代制造业随机前沿函数的估计结果及分析

1. 变量计算和数据来源

本文以现代制造业 2010—2018 年投入产出行业面板数据为样本进行分析。工业分行业产出使用工业增加值（Y）指标，投入要素使用资本存量（K）和劳动投入（L）指标，其中，资本存量（K）采用与张军等（2009）相同的永续盘存法计算得到，劳动投入（L）数据与陈诗一（2009）的基本相同。

所需原始数据和平减指标来自历年的《中国统计年鉴》《国家统计局进度数据库》《中国工业经济统计年鉴》《中国劳动统计年鉴》和《工业企业科技活动统计年鉴》。表 1 报告了测算全要素生产率所需变量的基本统计特征。

表 1　变量的统计特征

变量	均值	标准差	最小值	最大值	观测个数
增加值	4596.95	3278.29	295.25	13112.42	135
资本	5944.017	4303.465	-0.37	21230.55	135
劳动	3223289	1815530	342233	8194785	135
资本成本	32.23289	18.1553	3.42233	81.94785	135
劳动成本	879.8058	750.004	41.78129	3714.677	135

资料来源：《中国统计年鉴》《国家统计局进度数据库》《中国工业经济统计年鉴》《工业企业科技活动统计年鉴》《中国劳动统计年鉴》，由作者计算整理得出。

2. 估计结果及分析

利用“Frontier4.1”软件对式（1）和式（2）进行估计。表 2 给出了模型 1 和模型 2 的回归结果，其中模型 1 是包含了所有变量和参数的无约束模型，该模型的 t^2 项和

$(\ln x_{it1})^2$项的回归系数不显著；模型 2 剔除了系数不显著项，设定约束$\beta_2 = \alpha_{11} = 0$的受约束模型。

表 2　随机前沿超越对数极大似然估计结果

变量	系数	模型 1	模型 2
截距	α_0	−35.69（0.966）***	29.07（8.74）***
t	β_1	0.25（0.0197）***	0.24（0.015）***
t_2	$\frac{1}{2}\beta_2$	0.0016（0.0114）	0
$\ln x_{it1}$	α_1	−2.56（0.69）***	−1.72（0.46）***
$\ln x_{it2}$	α_2	6.7（1.37）***	5.32（1.27）***
$(\ln x_{it1})^2$	$\frac{1}{2}\alpha_{11}$	−0.047（0.031）	0
$(\ln x_{it2})^2$	$\frac{1}{2}\alpha_{22}$	−0.275（0.055）***	−0.197（0.047）***
$\ln x_{it1}\ln x_{it2}$	$\frac{1}{2}(\alpha_{12}+\alpha_{21})$	0.237（0.0737）***	0.128（0.032）***
$t\ln x_{it1}$	ρ_1	0.0021（0.00087）**	0.0018（0.0007）***
$t\ln x_{it2}$	ρ_2	−0.0022（0.00086）**	0.0019（0.0004）***
σ^2		0.074（0.051）	0.046（0.016）***
γ		0.917（0.06）***	0.86（0.034）***
μ		0.38（0.13）***	0.4（0.11）***
η		0.032（0.0186）*	0.045（0.016）***
对数似然函数值		118.34	116.32
LR 值		162.73	173.92

注：括号内为 t 统计量；*、**、*** 分别表示在 10%、5%、1% 的显著性水平上显著。

对于模型 2 的假定（H_0：$\beta_2 = \rho_2$），使用广义似然比（LR）统计量来进行检验：

$$LR = \sim 2\ [L(H_0)\ \sim L(H_1)] \tag{7}$$

LR 的计算结果为 4.04，此时混合X^2分布的临界值为 4.61，所以，接受原假设，即剔除t^2项和$(\ln x_{it1})^2$项的模型 2 是正确的。由此可以看出现代制造业技术进步随时间变化的趋势是线性的，现代制造业产出随资本变化的趋势也是线性的。

表 2 中模型 2 的所有估计系数都在 1% 的水平上显著，表明模型回归的整体效果非常好，同时对数似然函数值以及 LR 检验结果也表明模型具有很强的解释力。因此本文选择模型 2 为随机前沿生产函数的最终估计结果。由模型 2 的估计结果可以得到以下结论：

（1）衡量复合误差项的方差中技术无效率项的方差所占比重的γ值为 0.86，表明在控制了投入要素之后，技术无效率可以解释几乎所有的生产波动。

（2）时间趋势变量t的系数为 0.24，交叉项$t\ln x_{it1}$、$t\ln x_{it2}$的系数分别为 0.0018、0.0019，表明存在附着在资本投入和劳动投入当中的显著的非中性的技术进步。

（3）技术效率的时变参数 η 显著为正，表明在样本期间内，现代制造业的技术效率在不断提高。

（三）现代制造业 TFP 增长率的计算及分解

根据前沿生产函数的估计结果，可以计算出 2010—2018 年现代制造业各行业的 TFP 增长率，进一步按照式（3）~式（6）可以计算出技术进步（TC）、技术效率变化（TEC）、规模效率变化（SEC）和配置效率变化（AEC）。表 3 报告了 2010—2018 年现代制造业分行业全要素生产率的测算结果。表 4 报告了各年度增长核算基于所有现代制造业的平均结果，包括工业增加值、资本存量、劳动、TFP 增长率四个组成部分，还包括了各自的贡献份额。

表 3　2010—2018 年现代制造业全要素生产率

行业	2010—2011 年	2011—2012 年	2012—2013 年	2013—2014 年	2014—2015 年	2015—2016 年	2016—2017 年	2017—2018 年	均值
C13	0.142	0.157	0.161	0.141	0.169	0.142	0.165	0.154	0.154
C17	0.064	0.067	0.070	0.059	0.077	0.061	0.076	0.069	0.068
C26	0.182	0.180	0.184	0.183	0.187	0.185	0.187	0.178	0.183
C27	0.028	0.039	0.041	0.029	0.045	0.031	0.043	0.039	0.037
C28	0.074	0.076	0.075	0.073	0.103	0.074	0.098	0.089	0.083
C29	0.210	0.269	0.257	0.221	0.263	0.224	0.242	0.235	0.240
C30	0.021	0.034	0.053	0.019	0.059	0.018	0.061	0.059	0.041
C31	0.087	0.089	0.091	0.067	0.113	0.063	0.116	0.112	0.092
C32	0.198	0.211	0.234	0.197	0.267	0.184	0.277	0.239	0.226
C33	0.265	0.289	0.301	0.257	0.259	0.243	0.261	0.247	0.265
C35	0.231	0.242	0.254	0.241	0.261	0.237	0.262	0.245	0.247
C36	0.084	0.094	0.096	0.085	0.091	0.085	0.081	0.078	0.087
C37	0.203	0.209	0.231	0.232	0.241	0.236	0.231	0.230	0.227
C39	0.181	0.193	0.187	0.191	0.203	0.184	0.201	0.196	0.192
C40	0.175	0.194	0.183	0.184	0.195	0.183	0.193	0.176	0.185
均值	0.143	0.156	0.161	0.145	0.168	0.143	0.166	0.156	0.155

表 4　现代制造业增长核算和 TFP 增长分解

时间	产出增长	资本增长	劳动增长	TFP 增长	TFP 增长分解			
					TC	TEC	SEC	AEC
2010—2011 年	0.3062 100	0.0741 24	0.1539 50	0.1432 47	0.0946 66	0.0321 22	-0.0029 -2	0.0194 14

续表

时间	产出增长	资本增长	劳动增长	TFP 增长	TFP 增长分解			
					TC	TEC	SEC	AEC
2011—2012 年	0.2309 100	0.0588 25	0.0454 20	0.1563 68	0.1109 71	0.0216 14	-0.0093 -6	0.0331 21
2012—2013 年	0.2637 100	0.0887 34	0.0655 25	0.1612 61	0.1216 75	0.0347 22	-0.0252 -16	0.0301 19
2013—2014 年	0.3168 100	0.098 31	0.0841 27	0.145 46	0.1242 86	0.0146 10	-0.0279 -19	0.0341 24
2014—2015 年	0.3362 100	0.0719 21	0.1303 39	0.1681 50	0.1351 80	0.0236 14	-0.0345 -21	0.0439 26
2015—2016 年	0.2673 100	0.0678 25	0.0064 2	0.14334 54	0.1486 104	0.01784 12	0.0549 38	-0.078 -54
2016—2017 年	0.2564 100	0.0683 27	0.0701 27	0.16617 65	0.1432 86	0.01987 12	-0.0658 -40	0.0689 41
2017—2018 年	0.2796 100	0.0976 35	0.0162 6	0.1567 56	0.1532 98	0.0176 11	-0.0679 -43	0.0538 34
均值	0.2821 100	0.0782 28	0.0715 25	0.1550 55	0.1289 83	0.0227 15	-0.0223 -14	0.0257 16

注：每个单元格内第一行代表各自增长率，第二行代表各自的贡献份额（单位为%）。其中，TFP 增长等于其余四个分解成分的数值加总，而资本、劳动和 TFP 增长的加总不等于产出增长，原因是这里的 TFP 增长是由四个部分加总而得，而不是根据传统索罗余值计算得到的。

资料来源：《中国统计年鉴》(2011—2019)。

由以上实证结果得出如下结论：

1. 行业间的 TFP 变化大致相同

现代制造业行业间的 TFP 增长率差距较大，且 TFP 变化的趋势和方向大致相同。各行业生产率变动的方向和相应年份的宏观经济状况是一致的。

2. 产出增长主要由 TFP 增长推动

表 4 的增长核算和 TFP 分解结果提供了现代制造业产出持续增长中全要素生产率的变化和贡献情况：在研究期限内现代制造业全行业的增加值和 TFP 年均增长率分别达到了 28.21%、7.15%，TFP 对产出增长的贡献达到了 55%。其余的 45% 是由要素投入贡献的，其中，资本和劳动分别占 28%、25%。生产率的增长超过了要素投入的增长。现代制造业产出增长主要是靠 TFP 的增长推动的。

3. TFP 增长呈现波动上升的变化过程

2010—2018 年，现代制造业的 TFP 增长呈现波动中略微上升的变化趋势，基本维持在0.15左右。TFP在2015—2016年有所降低，在2016—2017年又基本恢复到了2014—2015年的水平。到2018年现代制造业的TFP增长率提高到了0.166的水平。

4. 技术进步稳中有升

从TC的变化趋势可以看出：现代制造业的技术进步在2010—2018年始终为正值，且变化过程呈现比较稳定的上升趋势，只在2017—2018年有所波动。

5. 技术效率不高且略有下降

从现代制造业的TEC变化趋势可以看出：现代制造业技术效率不高（始终为正值）、波动变化不大，在研究期限内略微下降，但波动幅度在逐年缩小，这也体现了实际生产点与生产前沿面的距离变化状况。

6. 规模效率较差

从现代制造业的SEC变化趋势可以看出：在研究期限内，现代制造业的规模效率较差，绝大部分年份为负值，并持续恶化。在2015—2016年出现了异常波动，在2015—2016年上升到0.0549的最高点后，立刻回落到2016—2017年的-0.0658，并在2017—2018年达到了-0.0679的最低点。2016—2017年由于国家各种经济刺激政策逐步显效，暂时遏制了规模效率的不断恶化。

7. 配置效率波动上升

从AEC的变化趋势发现：样本期间内配置效率呈现波动上升的变化过程。AEC在研究期限的后3年的波动变化较大，经历了2015—2016年的最低点-0.078之后于2016—2017年达到了0.0689的最高点。行业生产规模的缩减也在客观上调整了现代制造业的配置效率。

8. 四部分对TFP增长的贡献

TFP增长的四个构成要素中，技术进步（TC）对TFP增长的贡献最大，其次是配置效率（AEC），再次是技术效率（TEC），规模效率（SEC）则阻碍了TFP增长，其对TFP增长的贡献为负。

四、现代制造业全要素生产率的影响因素

（一）影响因素的确定

在有关全要素生产率的影响因素研究中，Denison（1967）认为全要素生产率受资源配置、规模经济、支持发展和政策的影响。Fu（2005）、李小平等（2008）认为研发投入、出口贸易及其盈利情况、行业规模影响了行业生产率水平。李春顶（2009）在研究中

国制造业全要素生产率的影响因素时认为外资具有技术溢出效应，影响了制造业的全要素生产率。结合中国实际，作者认为：行业的国有资本比重体现了行业受政府政策支持的程度，政府支持的行业可以获得更多的金融支持、技术支持，因此国有资本比重也是影响全要素生产率的因素。

基于学者们的研究视角，结合中国实际，本文从行业特征和资本结构两个方面来考察全要素生产率的影响因素。用行业规模（*scale*）和研发投入（R&D）来体现行业特征；用国有资本比重（*state*）和外资比重（*fdi*）来体现行业的资本结构。行业规模利用行业工业增加值来体现；行业研发投入利用各行业大中型企业的 R&D 投入来体现。国有资本比重即行业国有企业工业总产值占全部现代制造业工业总产值的比重；外资比重即行业外商投资和港澳台投资企业工业总产值占全部现代制造业工业总产值的比重。

将行业全要素生产率变化作为被解释变量，将以上影响因素作为解释变量得到如下计量模型：

$$TFPC_{it} = \alpha_0 + \alpha_1 \ln scale_{it} + \alpha_2 \ln R\&D_{it} + \beta_1 \ln state_{it} + \beta_2 \ln fdi_{it} + \varepsilon_{it} \tag{8}$$

其中，$TFPC_{it}$表示 i 行业 t 年的全要素生产率变化；α_0 为常数项，α_1、α_2 表示行业特征变量的系数；β_1、β_2 表示行业资本结构特征变量的系数。

各行业增加值数据同计算全要素生产率的增加值数据；各行业各年份的 R&D 投入经费、国有资本比重和外资比重来自历年的《中国科技统计年鉴》《中国统计年鉴》，缺失年份的数据采用线性插值法计算得出。感兴趣的读者可以向作者索要具体数据。

（二）影响因素的检验

从表 5 的变量相关性检验可以看出，各解释变量的相关性系数都在可以接受的范围之内，故不存在解释变量间的多重共性问题。

表 5　解释变量相关性矩阵

	scale	*R&D*	*state*	*fdi*
scale	1			
R&D	0. 0849	1		
state	0. 0109	0. 0322	1	
fdi	0. 146	0. 0737	－0. 3462	1

利用 Stata12. 0 软件，对面板数据进行迭代广义最小二乘法（FGLS）回归。经过检验得出，所构造的面板数据不存在组内异方差和截面自相关，但是存在组内一阶自相关。于是，采用解决面板数据的组内一阶自相关的 FGLS 命令对面板数据进行回归，回归结果如表 6 所示。

表 6　回归结果

解释变量	估计系数	标准差	T 统计量	P 值
常数项	0.0688 **	0.0314	2.19	0.029
ln*scale*	0.0007 ***	0.0014	3.57	0.000
In*R&D*	0.0161 ***	0.0447	3.61	0.000
ln*state*	0.4881 ***	0.0961	5.08	0.000
ln*fdi*	0.0677 *	0.0483	1.4	0.067
调整后 R^2 =0.9245				
Wald chi2（5）=127.96　　P > chi2 =0				
LRchi2（14）=137.68　　Prob > chi2 =0				
Wooldridgin　F（1，14）=0.987　　Pro > F =0.3373				
Pesaran's test of cross sectional independence = 11.750　　Pro =0				

注：*、**、*** 分别表示在 10%、5%、1% 的显著性水平上显著。

回归结果显示：

行业规模（*scale*）显著地影响了现代制造业的全要素生产率，且影响为正，说明在规模报酬递增的前提下，行业规模的扩大，有利于生产率的提高。我们注意到*scale*的系数较小（0.0007），原因是用来衡量*scale*的工业增加值的数值较大。行业增加值每增加 1 个百分点，会引起全要素生产率增加 0.0007。行业的研发投入（*R&D*）显著地影响了现代制造业的全要素生产率，且方向为正，系数为 0.0161。说明研发投入能显著地提高生产率，研发投入每增加 1 个百分点，会引起全要素生产率增加 0.0161。行业集聚度代表行业的市场结构，事实上行业的市场结构对全要素生产率的影响不能一概而论：对于资本密集型行业而言，行业集聚度的提高可以减少导致规模报酬递减的要素自由流动限制，从而提高配置效率和全要素生产率。对劳动密集型行业而言，行业集聚度的提高不能克服要素配置的局限，中小企业间的充分竞争才是保证要素有效配置的正确渠道。但就本文的回归结果而言，现代制造业的行业集聚度提高 1 个百分点会抑制现代制造业全要素生产率的增长，影响幅度为 0.2254。国有资本比重（*state*）显著地影响了现代制造业全要素生产率，影响为正向，说明在现代制造业范围内，国有企业较高的生产率对整个行业的生产率具有带动作用。我们还注意到*state*的回归系数最大（0.4881），原因是采用行业国有企业工业总产值占全部现代制造业工业总产值的比重来衡量国有资本比重，数值较小。国有资本比重每增加 1 个百分点，会引起全要素生产率增加 0.4881。外资比重（*fdi*）系数为 0.0677，远小于同样采用比重形式衡量的*state*，这说明利用外资提高了现代制造业的生产率，存在技术溢出效应，但对生产率的影响程度远小于*state*。现代制造业的外资比重每增加 1 个百分点，全要素生产率会提高 0.677。

五、结论与政策建议

现代制造业的TFP在一定程度上决定了中国的经济实力和在全球经济中的竞争与合作能力。通过本章的研究可以发现，中国现代制造业的发展取得了巨大成就，实现了集约型的增长方式，但行业间、地区间的TFP差异较大，行业规模仍有较大发展空间，这使其不能适应国民经济发展的要求。针对现代制造业TFP的种种问题，本节从缩小现代制造业区域差异、提高技术进步能力和提高规模效率3个方面提出改善建议。

（一）缩小现代制造业区域差异的建议

中国现代制造业要实现高效率的发展，离不开地方政府的政策支持，地方政府要为现代制造业的发展创造良好的外部环境，明确区域特色，制定针对各自区域特色的产业梯度转移政策，形成东、中、西部差异化发展、协调发展的产业格局。

（二）提高技术进步能力的建议

加强信息技术对现代制造业的改造，加大现代制造业技术引进和消化吸收能力并淘汰落后产能是促进现代制造业技术进步的有效途径。首先，加速企业信息化建设，用信息技术改造现代制造业。优先发展计算机、通信设备及其他电子设备制造业（C40），发挥该行业的辐射带动作用，促进信息技术和现代制造业的融合，提高现代制造业的技术和管理水平。其次，在引进先进技术的同时，更要注重对技术的消化吸收。最后，中国现代制造业要优化投资结构、淘汰落后产能。

（三）提高规模效率的建议

作者通过对TFP增长进行分解发现，规模效率变化阻碍了中国现代制造业TFP的增长。促进产业集聚效应的发挥，培育有特色的现代制造业基地、实施企业战略重组、优化组织结构、做大做强现代制造业企业是提高规模效率的有效途径。产业集群可以降低生产和交易成本，促进技术创新和组织创新，可以实现现代制造业产业规模的跨越式发展。积极引导和扶持有条件的企业组建大的企业集团，在产业价值链上以核心业务为中心向上下游业务延伸，使其成为现代制造业的领军企业。

参考文献

[1] Battese G. E. ,Coelli T. J. Frontier Production Function' Technical Efficiency and Panel Date = a: With Application to Paddy Farmers in India[J]. Journal of Productivity Analysis,1992

(3):153 –169.

[2]Denison E. F. Why Growth Rate Differ[J]. Washington, D. C. The Brookings Institution, 1967.

[3]Fu X. Exports, Technical Progress and Productivity Growth in A Transition Economy: A Non – Parametric Approach for China[J]. Applied Economics, 2005, 37(7):725 –739.

[4]Kumbhakar S. C. Estimation and Decomposition of Productivity Change when Production is not Efficient :A Panel Data Approach[J]. Econometric Reviews, 2000(19):425 –460.

[5]陈诗一. 能源消耗、二氧化碳排放与中国工业的可持续发展[J]. 经济研究, 2009(4).

[6] 李春顶. 中国制造业行业生产率的变动及影响因素研究[J]. 数量经济技术经济研究, 2009(12).

[7] 李金华. 中国制造业升级与现代制造业体系构建的行动策略[J]. 中国经贸导刊, 2010(11).

[8] 李小平, 卢现祥, 朱钟棣. 国际贸易、技术进步和中国工业行业的生产率增长[J]. 经济学季刊, 2008(2).

[9] 王岳平. 现代制造业发展的特点与趋势[J]. 宏观经济研究, 2004(12).

[10] 张军, 陈诗一. 结构改革与中国工业增长[J]. 经济研究, 2009(7).

/第六篇/

货币金融

本篇由六篇文章构成。

《中国的 M2/GDP 过高吗？理论探讨与跨国实证分析》提出了一种互补性的、基于内生货币假设的理论，并根据上述理论提炼出影响 M2/GDP 的关键基本面因素和三个待检验假说，得到了跨国数据的有力支持。文章基于中长期视角，即重点关注 M2/GDP 水平的跨国差异，实证部分以横截面回归为主，重点关注 M2/GDP 的国别差异，同时对中国的 M2/GDP 在时间维度上的变化略加讨论。

《现代货币理论视域下的国家治理体系建设——财政、金融与现代货币》着重于从厘清和辨析财政与金融在现代货币创造中的联系和区别，探讨现代货币理论对于国家治理的重要意义。文章认为在当今乃至未来的现代货币制度下，“财政”与“金融”是密切相关的，应当批判性地吸收现代货币理论有价值的洞见，加强对中国财政金融制度的研究，深化对主权货币国家的理论分析，构建一个成熟的替代传统“家庭”隐喻的政府行为框架，为推进国家治理现代化建设提供切实的理论依据。

《对外直接投资助力国家治理体系现代化》为促进对外直接投资、构建开放型经济新体制、助力国家治理体系现代化提出政策建议。开展对外投资活动是利用国内、国外两种资源进行全球资源配置和产业布局、实现国内经济健康持续发展的有效途径之一。当前中国对外直接投资已取得了长足发展，但仍面临问题与挑战，新冠肺炎疫情的冲击、外商投资审查制度收紧等因素，使中国对外投资面临的经营环境纷繁复杂，为了推动中国对外直接投资的健康可持续发展，文章提出以下政策建议：①加强涉外经贸法律和规则体系建设；②积极推动与东道国的多双边合作机制建设；③构建跨国投资权益保护体系。

《金融监管与金融业态演化发展——基于中国融资租赁产业的角度》对融资租赁产业与金融监管的演化发展过程进行阶段性分析，构建金融监管与金融业态演化发展的博弈模型，以探索推动金融监管与金融业态良性互动、稳健发展的普遍规律。研究发现，投机业务不确定、产出系数、成本等都会影响融资租赁业务的相对激励强度。文章结合融资租赁行业与监管演化发展的博弈分析，进一步研究各金融业态与监管的演化发展，在此基础上提出了相关建议。

《中国农村金融改革历程回顾与发展路径展望》回顾了中国农村金融改革历程及取得

的成就，并提出了当前中国农村金融改革存在的问题，在此基础上对中国农村金融改革路径做出探讨。中国农村金融改革处于重要的战略机遇期，如何充分运用信息技术手段实现转型和创新，充分认识和挖掘“三农”金融需求，低成本、宽领域地提供普惠性金融服务将成为未来农村金融发展的主要方向。

《竞争性需求、房价波动与宏观审慎政策》利用中国房地产市场以及宏观经济数据估计模型参数，并进行数值模拟，探究中国房地产市场波动根源以及房地产市场与宏观经济波动之间的传导机制。模型估计结果显示，房地产需求冲击是房价上涨的主要驱动力。文章指出，只有更好地理解房地产市场与宏观经济的联动机制，才能提高政策的精确度以及实际效果；深入研究中国房地产需求的本质与影响因素，将有助于房地产市场调控与健康发展。同时需要对具体的规则形式进行深入研究，以提高政策的有效性。

中国的 M2/GDP 过高吗？理论探讨与跨国实证分析

陈仪　张轶龙[①]

【摘要】近 20 年里，中国的 M2/GDP 持续上升，目前已高于绝大多数可比经济体，引发了广泛的担忧。但各国的国情及基本面因素存在差异，对 M2/GDP 进行简单的跨国比较无法断定一国的 M2/GDP 是否过高。本文对关于 M2/GDP 的代表性理论进行了述评，同时提出了一种互补性的、基于内生货币假设的理论，并根据上述理论提炼出影响 M2/GDP 的关键基本面因素和三个待检验假说。三个假说均得到了跨国数据的有力支持，所有解释变量都能解释 M2/GDP 跨国差异的 36% ~40%。

【关键词】M2/GDP；货币化；流动性偏好；内生货币

一、引言

近 20 年里，中国广义货币 M2 的增速远高于名义 GDP，两者之比（M2/GDP）出现明显的上升趋势，从 1991 年的 0.85 逐步上升至 2017 年的 2.03，累计增幅接近 140%。横向来看，截至 2016 年，中国内地的 M2/GDP 在全球主要经济体里排名第三，仅次于中国香港的 3.77、日本的 2.42，远高于英国的 1.42、美国的 0.9、印度的 0.75、墨西哥的 0.38。[②] 在众多观察者看来，中国经济的上述事实既令人困惑，又让人担忧。令人困惑之处在于为什么 M2 的快速增长——所谓的货币"超发"——在绝大多数年份里没有引发高通胀，著名经济学家帕特里克·博尔顿将此视为经典货币主义理论失效的有力例证。[③] 让人担忧是因为在这些观察者看来，持续的货币超发迟早会导致物价失控，或者引发资产价格——尤其是房价——的快速上涨，后一预测似乎已得到数据的支持。

---

① 陈仪，北京大学经济学院，副教授；张轶龙，中央国债登记结算有限责任公司中债研发中心，高级副经理。

② 如无特别说明，本文使用的数据均来自世界银行 WDI 数据库。

③ 参见博尔顿（2020）。

中国的 M2/GDP 持续上升且全球“领先”是否是一个非正常现象？在多大程度上值得担忧？回答上述问题的前提是深入了解 M2/GDP 的决定因素和机理。一国 M2/GDP 的水平理应取决于该国的国情及基本面因素，只要 M2/GDP 的决定因素存在跨国差异，M2/GDP 的均衡或合理水平便自然因国而异。仅仅根据中国的 M2/GDP 高于可比经济体便断言中国的 M2/GDP 过高无疑是缺少说服力的。在作者了解的范围内，现有文献中对中国 M2/GDP 的趋势性增长主要有三种解释，且全部基于外生货币假设，即假设货币总量外生地由中央银行控制。一是“货币化说”，认为伴随经济转型的货币化是 M2/GDP 上升的主要原因；二是“资产交易吸收说”，指出资产交易对超发货币的吸收导致 M2/GDP 不断上升；三是“流动性偏好说”，强调 M2 的快速增长未引发高通胀是因为货币发挥了价值储藏职能作用。

本文首先对上述解释进行述评，随后提出一个具有一定原创性且与上述假说互为补充的解释——“内生货币说”。内生货币说指出，中国的经济增长高度依赖投资，而投资天然地具有信贷密集的特点，因此随着经济的增长，货币源源不断地被创造出来，使得 M2/GDP 的水平偏高。我们根据上述各种理论提炼出影响 M2/GDP 的几大关键因素和三个待检验假说，进而使用跨国数据对待检验假说进行检验，并在此基础上对中国的 M2/GDP 是否过高进行评论，以期更为客观、全面地看待 M2/GDP 的跨国差异。本文基于中长期视角，即重点关注 M2/GDP 水平的跨国差异，实证部分以横截面回归为主，同时对中国的 M2/GDP 在时间维度上的变化略加讨论。

下文第二部分介绍了三种基于外生货币假设的 M2/GDP 理论，即货币化说、资产交易吸收说和流动性偏好说，并对其逐一进行分析评论；第三部分提出内生货币说；第四部分使用跨国数据对待检验假说进行检验；第五部分对全文进行总结。

二、外生货币视角下的 M2/GDP

本部分介绍三种基于外生货币假设的 M2/GDP 理论，分别是货币化说、资产交易吸收说和流动性偏好说。其中货币化说和资产交易吸收说强调的是货币的流通手段职能，流动性偏好说强调的是货币的价值储藏职能。

（一）货币化说

货币化说最早由易纲（1995）提出。其大意是，在计划经济时期，大量产品通过行政划拨的方式实现配置，并不参与以货币为媒介的交易。中国从计划经济向市场经济转型的过程同时也是货币化的过程，即以货币为媒介的交易的占比不断提高的过程。在此过程中，货币总量与总产值之比会不断上升。我们可用一个改写的费雪交易方程式来说明货币化说的逻辑：$MV = kGDP$，其中 M 代表货币总量，GDP 代表名义国内生产总值，V 代表由社会习惯和支付技术决定的货币流通速度，k 代表以货币为媒介的交易的占比且始终满足 $k<1$。由上式可得：

$$\frac{M}{GDP} = \frac{k}{V} \tag{1}$$

假设 V 的变化可以忽略，[①] 则 M/GDP 会随着 k 的上升而上升，或等价地说，GDP/M ——统计口径下的货币流通速度——会随着 k 的上升而下降。

货币化说被公认为对转型期间中国 M2/GDP 的趋势性上升具有一定的解释力。但部分评论者如彭文生（2013）指出，中国已于 20 世纪 90 年代基本完成从计划经济向市场经济的转型，而此后 M2/GDP 仍保持着上升趋势，这意味着货币化说对中国近十多年里 M2/GDP 的变化不再具有解释力。作者并不完全认同彭文生的观点。从计划到市场的转型固然可以促进货币化，但正如 Mele 和 Stefanski（2019）等文献所指出的那样，另一种意义上的转型——结构变迁——也可以促进货币化。这一判断基于两大典型性事实：第一，农业部门是国民经济中货币化程度最低的部门；第二，随着经济的增长，农业部门在国民经济中的增加值或就业量占比趋于下降。因此，只要中国经济继续增长，农业部门便会进一步相对萎缩，整个经济的货币化程度即 M2/GDP 仍有上升的动力。

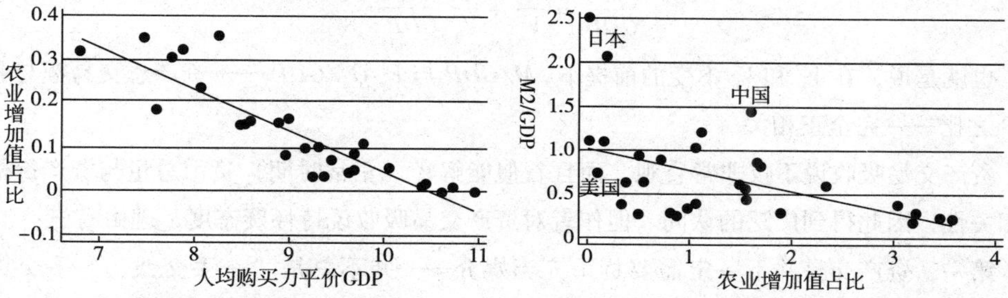

（a）农业增加值占比vs. 人均购买力平价GDP（1991—2017年均值）

（b）M2/GDP vs. 农业增加值占比（1991—2017年均值）

图 1　各国人均购买力平价 GDP、农业增加值占比与 M2/GDP

由上述两大事实可推出以下待检验假说：

假说 1：给定其他因素不变，一国人均收入水平越高，其农业部门的增加值及就业量占比越低，其 M2/GDP 越高。

图 1（a）显示的是样本[②]内各国 1991—2017 年年均农业增加值占比与人均购买力平价

① 理论上不能排除货币流通速度的外生变化对 M2/GDP 的影响。但作者想强调的是，除非我们能对货币流通速度进行独立测算并确认其发生了外生变化，否则将 M2/GDP 的变化归因于货币流通速度的变化无异于同义反复，是典型的套套逻辑（tautology）。余永定（2002，2020）持有类似的观点。

② 样本的详情见下文的实证研究部分。

GDP（对数值）的散点图，两者具有显著的负相关关系。图 1（b）显示的是各国年均 M2/GDP 与农业增加值占比的散点图，由此可见农业增加值占比更高的国家的 M2/GDP 更低。因此在下文的实证研究部分中，我们将人均购买力平价 GDP 作为 M2/GDP 的解释变量之一。

（二）资产交易吸收说

持这一看法的人认为，中国的 M2/GDP 之所以趋于上升，是因为日渐活跃的资产交易吸收了超发的货币，或者说资产市场发挥了货币“蓄水池”的作用。其潜台词是，“钱总是用来花的，不是用来买实物，就是用来买资产”。只要购买资产的动机足够强，货币总量的上升便不一定会引发通胀，而可能推高资产价格。资产交易吸收说散发着浓郁的货币数量论的气息。为了说明这一点，我们不妨对交易方程式中总交易额的定义进行扩展，将其视为实物总交易额 GDP 与资产总交易额 $P_a Q_a$ 之和，由此得到 $M = GDP/V_g + P_a Q_a/V_a$，其中 V_g 和 V_a 分别代表实物交易和资产交易的货币流通速度，两者均为常数但不一定相等。根据这一扩展的交易方程式，如果实物和资产的总供给保持不变，且新增货币全被用于购买资产，则货币扩张的结果便是资产价格的上涨而非通胀。由上式可得到一个可检验的关系式：

$$\frac{M}{GDP} = \frac{1}{V_g} + \frac{1}{V_a}\frac{P_a Q_a}{GDP} \tag{2}$$

也就是说，在 V_g 和 V_a 不变的前提下，M/GDP 与 $P_a Q_a/GDP$ ——资产总交易额与名义 GDP 之比——完全正相关。

资产交易吸收说不仅非常直观，而且看似能解释（正常时期）货币总量与资产价格的正相关性，因此得到广泛的认同。但作者对资产交易吸收说持怀疑态度，理由有三：

第一，资产交易并不一定需要货币充当媒介——并不总是“一手交钱、一手交货”。以房产交易为例，相当比例的房产交易是通过按揭贷款的方式完成的，房产买方事先需要持有的货币数量（首付款）通常远小于总交易额，两者之差实际上代表了在房产交易过程中创造出来的货币。换言之，与其说是“因有钱而买房”，不如说是“因买房而生钱”。资产交易吸收说在一定程度上颠倒了因果关系。

第二，资产交易吸收说缺少证据支持。图 2 显示了 1993—2017 年中国 M2/GDP 及资产总交易额与名义 GDP 之比的动态轨迹，其中资产总交易额被定义为上交所股票成交金额、深交所股票成交金额与全国商品房销售额之和。[①] 由图 2 可知，长期看中国的 M2/

① 股票成交金额与商品房销售额数据来自 CEIC 数据库。

GDP 及资产总交易额与名义 GDP 之比均趋于上升，但后者的短期波动远远超过前者。[①] 根据式（2），除非货币流通速度频繁变化，否则很难相信资产总交易额与名义 GDP 之比是 M2/GDP 的主要驱动因素。

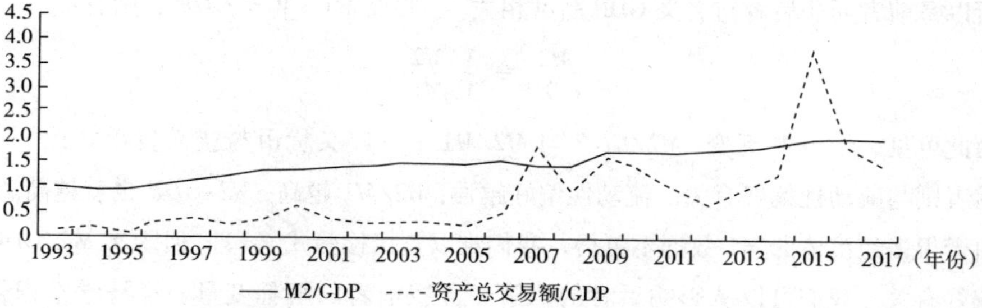

图 2　1993—2017 年中国 M2/GDP 及资产总交易额/GDP

第三，彭文生（2013）用一个漂亮的思维实验对资产交易吸收说提出了质疑，即在金融危机期间，货币总量一般会因为央行的货币宽松而上升，同时大多数市场主体均试图减持非货币资产，使得资产总交易额萎缩；[②] 按照资产交易吸收说的逻辑，除非货币流通速度同时发生变化，否则市场主体的实物支出必然增加，导致实体经济过热和（或）通胀，这显然不是我们在金融危机期间观察到的现象。

基于以上三点理由，我们在下文的实证研究部分不考虑将资产总交易额与名义 GDP 之比作为 M2/GDP 的解释变量之一。

（三）流动性偏好说

货币说和资产交易吸收说仅考虑了货币的流通手段职能，流动性偏好说则强调货币的另一种职能：价值储藏职能。也就是说，钱并不总是用来花的，也可以作为资产持有。考虑一个微观个体的优化问题，个体获得货币收入后需要做两项决策：一是实物支出决策，即花多少钱购买实物；二是资产组合决策，即将多少货币置换为非货币资产，剩下的货币便为个体所持有。货币作为一种资产具有回报率低和流动性高的特点，个体因为货币的后一特点将其纳入资产组合，这反映了（不完全金融市场下）个体对流动性的偏好。流动性偏好越强，新增货币收入中用于购买实物和非货币资产的钱数越少，作为资产持有的钱数越多。从宏观角度看，并不是所有的存量货币都在商品市场上流通，或者说并不是所有的

① 短期内两者的变化方向也并不总是一致。比如在 2009—2010 年、2011—2012 年、2015—2016 年等时期，均出现了 M2/GDP 小幅上升而资产总交易额与名义 GDP 之比大幅下降的情形。

② 这有两方面原因：一是资产价格下跌；二是资产的卖方难以找到交易对手方。

存量货币都会被落实为总需求。流动性偏好越强，进入商品市场流通的货币的占比越低。冒着过度简化的风险，我们可以将狭义货币 M1 视为进入商品市场流通的货币数量，而将准货币——M2 与 M1 之差——作为资产持有的货币数量。因为是 M1 而非 M2 对应着总需求，所以是前者而非后者与名义 GDP 高度相关。① 假设 $M1 \cdot V = GDP$，则有：

$$\frac{M2}{GDP} = \frac{1}{V}\frac{M2}{M1} \tag{3}$$

由此可见，给定 V 不变，$M2/GDP$ 与 $M2/M1$ ——广义货币与狭义货币之比——成正比，后者则与流动性偏好有关。流动性偏好越强，$M2/M1$ 越高，$M2/GDP$ 也就越高。

由于很多经济体的 M1 数据不可得，我们难以直接检验式（3）。但既然 M2/GDP 与流动性偏好有关，我们可以从影响后者的因素中寻找前者的解释变量。经济学常识告诉我们，CPI 通胀率越高，货币的实际回报率越低，对流动性的偏好也就越弱；而 CPI 通胀率又与 M2 的增长率正相关。综上可得到以下待检验假说。

假说 2：给定其他因素不变，一国 M2 增长率越高，其 CPI 通胀率越高，其 M2/GDP 越低。

图 3（a）显示的是样本内各国 1991—2017 年年均 CPI 通胀率与 M2 增长率的散点图，两者具有显著的正相关关系。图 3（b）显示的是各国年均 M2/GDP 与 CPI 通胀率的散点图，两者具有显著的负相关关系。我们因此在下文的实证部分中将 M2 增长率作为 M2/GDP 的解释变量之一。

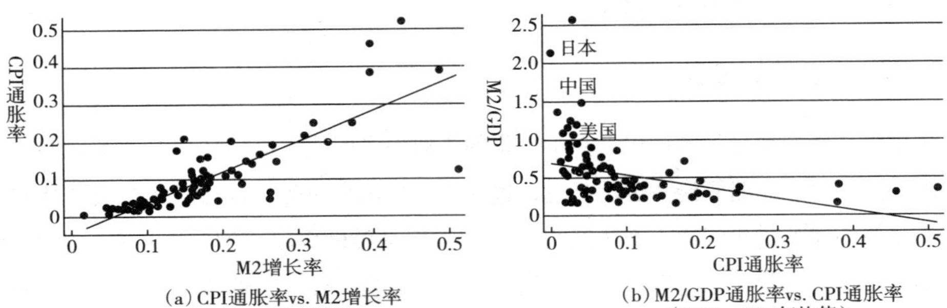

（a）CPI通胀率vs. M2增长率（1991—2017年均值）

（b）M2/GDP通胀率vs. CPI通胀率（1991—2017年均值）

图 3　各国 M2 增长率、CPI 通胀率与 M2/GDP

关于流动性偏好说，还有两点需补充说明：第一，我们经常能听到一种说法，“央行超发货币推高了中国的 M2/GDP”。这种说法其实是值得怀疑的。数据无可争议地表明，恰恰是货币发行得更慢的经济体有着更高的 M2/GDP，其背后的原因便是上文揭示的机制。

① 彭文生（2013）、盛松成和翟春（2016）均明确指出这一点。

第二，部分学者认为中国的高 M2/GDP 应归因于中国居民的高储蓄率。[①] 具体来说，大量个体因为储蓄倾向较高而仅将少量货币收入用于购买实物，相当比例的货币收入被转化为资产尤其是货币资产持有，在此情况下货币总量对名义 GDP 的传导趋弱，结果便是偏高的 M2/GDP。李斌和伍戈（2014）基于 2011 年的跨国数据发现，M2/GDP 与宏观储蓄率[②]具有显著的正相关性，并将此作为“高储蓄倾向说”的支持性证据。在作者看来，高储蓄倾向说与流动性偏好说在逻辑上并没有本质区别，但检查 M2/GDP 与宏观储蓄率的相关性并不是验证此类观点的恰当方法。此类观点强调 M2/GDP 之所以高是因为存在大量未花在任何实物上的“闲置”货币，但宏观意义上的储蓄对应的是投资，是在投资品上的支出。数据确实表明 M2/GDP 与宏观储蓄率显著正相关，下文将说明，这一事实可以在内生货币的视角下得到解释。

三、内生货币视角下的 M2/GDP

上文介绍的三种理论均假设货币总量外生地由中央银行决定，然而当代货币经济学的一个共识是，货币总量在相当程度上是内生的，并不完全受控于央行，[③] 商业银行、家户和企业的选择和行为均可能对货币总量产生影响。[④] 本文接下来便基于这一视角研究 M2/GDP 的决定问题。[⑤] 如果说外生货币视角下我们探讨的是 M2 对名义 GDP 有多大影响，那么内生货币视角下我们研究的则是名义 GDP 需要多少 M2 作为支撑。

考虑一个包含商业银行（以下简称“银行”）和非银行主体的模型经济体。货币总量恒等于银行的负债，货币总量的增加和减少分别对应银行资产的扩张和收缩（即银行的“扩表”和“缩表”）。为简单起见，假设信贷是银行唯一的资产，故当且仅当银行向非银行主体发放信贷时，货币才会被创造出来；当且仅当银行从非银行主体收回信贷时，货币才会湮灭。我们抽象掉中央银行，故银行可以无约束地满足非银行主体的信贷需求。这一分析框架有助于我们理解 M2/GDP 与储蓄率的正相关性。首先，储蓄率高的经济体往往投资率也较高。[⑥] 其次，投资在 GDP 各个需求成分中对信贷的依赖程度最高，因此投资率高意味着生产同样多的 GDP 需要新增更多的信贷，亦即创造更多的货币，这便是投资驱动型经济体 M2/GDP 偏高的原因。另外需要指出的是，投资既可以依赖间接融资，也可以依

---

① 参见樊纲和张晓晶(2000)、李斌和伍戈(2014)、张斌(2016)等。

② 在李斌和伍戈(2014)中，宏观总储蓄率被定义为 $(GDP - C - G)/GDP$。

③ 严格来说，央行能完全掌控的是作为 M2 的主体的“各类存款”的上限。该上限等于准备金与法定准备金率之比，也就是所有准备金都转化为法定准备金后的各类存款。这一约束可能是紧约束，但在很多情况下是松约束。

④ 参见 McLeay (2014)等文献。

⑤ 本节的模型构建参考了余永定(2002)。

⑥ 对封闭经济体来说，投资率恒等于储蓄率。

赖直接融资，因此储蓄率或投资率与 M2/GDP 的相关性与经济体的融资结构有关。不难理解，经济体的间接融资占比越高，储蓄率或投资率与 M2/GDP 的相关性也越高。我们将在下文中对上述思想进行建模。

模型经济体中存在四类行为主体：家户、生产商、零售商和银行以及一种产品（不区分消费品和投资品，托宾 q 恒等于 1）。简单起见，我们不考虑借贷利息和资本折旧。

期初各主体的资产负债表如表 1 所示。

表 1　期初各主体的资产负债表

<table>
<tr><th>家户</th><th>资产Ⅰ</th><th>资产Ⅱ</th><th colspan="2">权益</th></tr>
<tr><td>期初</td><td>D_{t-1}</td><td>E_{t-1}</td><td colspan="2">W_{t-1}</td></tr>
<tr><th>生产商</th><th colspan="2">资产</th><th>负债Ⅰ</th><th>负债Ⅱ</th></tr>
<tr><td>期初</td><td colspan="2">FA_{t-1}</td><td>LL_{t-1}</td><td>E_{t-1}</td></tr>
<tr><th>零售商</th><th colspan="2">资产</th><th colspan="2">负债</th></tr>
<tr><td>期初</td><td colspan="2">LA_{t-1}</td><td colspan="2">SL_{t-1}</td></tr>
<tr><th>银行</th><th colspan="2">资产</th><th colspan="2">负债</th></tr>
<tr><td>期初</td><td colspan="2">L_{t-1}</td><td colspan="2">M_{t-1}</td></tr>
</table>

表 1 中，D 代表家户的存款，E 代表其股权（等于股数乘以股价），W 代表其（净）财富，满足 $D_{t-1} + E_{t-1} = W_{t-1}$。$FA$ 代表生产商的固定资产，LL 代表其长期借款，满足 $FA_{t-1} = LL_{t-1} + E_{t-1}$。$LA$ 代表零售商的流动资产，SL 代表其短期借款，满足 $LA_{t-1} = SL_{t-1}$。L 代表银行的贷款，M 代表货币，满足 $L_{t-1} = M_{t-1}$。所有借贷均发生在银行和非银行主体之间，因此贷款等于长期借款与短期借款之和：

$$L_{t-1} = LL_{t-1} + SL_{t-1}$$

货币等于存款与流动资产之和（完全契合货币的定义）：

$$M_{t-1} = D_{t-1} + LA_{t-1}$$

由上易知：

$$W_{t-1} = D_{t-1} + E_{t-1} = LL_{t-1} + E_{t-1} = FA_{t-1}$$

这一结果非常符合直觉。由于金融债权和债务相互抵消，一个封闭经济体的（净）财富一定是实物属性的。在模型经济体中只有家户拥有（净）财富，只有生产商拥有实物属性的固定资产，故家户的（净）财富恒等于生产商的固定资产。

期内各主体的行为反映在各自的资金流量表上，具体如下：

家户获得劳动收入和分红，合计为 GDP_t。家户使用 $(1 - s_t)$ 比例的收入向零售商购买产出（消费品），其中 s_t 代表储蓄率。家户将 $(1 - v_t)\, s_t$ 比例的收入留在存款账户中，存款增加 $(1 - v_t)\, s_t\, GDP_t$，并使用 $v_t\, s_t$ 比例的收入向生产商购买股权，股权增加 $v_t\, s_t\, GDP_t$。

家户的财富增加 $s_t GDP_t$ 。

生产商完成生产并向零售商出售产出，获得销售收入 GDP_t ，销售收入被用来向家户支付劳动收入和分红。生产商从银行借入（$\Delta FA_t - v_t s_t GDP_t$），长期借款增加该数额，同时向家户出售股权 $v_t s_t GDP_t$ ，（负债项下的）股权增加该数额。生产商使用新借入的和出售股权获得的资金向零售商购买产出（投资品），固定资产增加 ΔFA_t 。

零售商从银行借入（$GDP_t - LA_{t-1}$），短期借款和流动资产同时增加该数额。零售商使用期初资金和新借入的资金向生产商购买产出：$LA_{t-1} + (GDP_t - LA_{t-1}) = GDP_t$ ，随后向家户和生产商出售产出，所获销售收入用来偿还全部短期借款，零售商随后签署新的金额相等的短期借贷协议：$LA_t = GDP_t$ 。

银行一方面向生产商追加长期贷款（$\Delta FA_t - v_t s_t GDP_t$），另一方面向零售商追加短期贷款（$GDP_t - LA_{t-1}$），贷款和货币同时增加 $[\Delta FA_t - v_t s_t GDP_t + (GDP_t - LA_{t-1})]$ 。

易知国民收入核算式或产品市场出清条件为：

$$(1 - s_t) GDP_t + \Delta FA_t = GDP_t$$

由此可得 $\Delta FA_t = s_t GDP_t$ ，故生产商长期借款的增加数额为 $(1 - v_t) s_t GDP_t$ 。另由 $LA_t = GDP_t$ 可知零售商短期借款和流动资产的增加数额为 ΔGDP_t 。对银行而言，贷款和货币的增加数额为 $\Delta GDP_t + (1 - v_t) s_t GDP_t$ 。

由上不难计算期末各主体的资产负债，结果如表 2 所示。

表 2　期末各主体资产负债表

家户	资产Ⅰ	资产Ⅱ	权益	
期末	$D_t = D_{t-1} + (1 - v_t) s_t GDP_t$	$E_t = E_{t-1} + v_t s_t GDP_t$	$W_t = W_{t-1} + s_t GDP_t$	
生产商	资产		负债Ⅰ	负债Ⅱ
期末	$FA_t = FA_{t-1} + s_t GDP_t$		$LL_t = LL_{t-1} + (1 - v_t) s_t GDP_t$	$E_t = E_{t-1} + v_t s_t GDP_t$
零售商	资产		负债	
期末	$LA_t = LA_{t-1} + \Delta GDP_t$		$SL_t = SL_{t-1} + \Delta GDP_t$	
银行	资产		负债	
期末	$L_t = L_{t-1} + \Delta GDP_t + (1 - v_t) s_t GDP_t$		$M_t = M_{t-1} + \Delta GDP_t + (1 - v_t) s_t GDP_t$	

接下来计算均衡 M2/GDP。货币的动态运动方程可改写为如下微分形式：

$$\dot{M}(t) = \{g(t) + [1 - v(t)]s(t)\} GDP(t)$$

其中，$g(t) \equiv \frac{\dot{GDP}(t)}{GDP(t)}$ 代表名义 GDP 增长率。定义 $m(t) \equiv \frac{M(t)}{GDP(t)}$，则上式可进一步改写为：

$$\dot{m}(t) = g(t) + [1 - v(t)]s(t) - g(t)m(t)$$

如果 $g(t)$、$s(t)$、$v(t)$ 均为常数，① 则上式变为：

$$\dot{m}(t) = g[1 + \frac{(1-v)s}{g} - m(t)]$$

这是一条关于 $m(t)$ 的全局稳定（globally stable）的微分方程。平衡增长路径上有：

$$m = 1 + \frac{(1-v)s}{g} \tag{4}$$

由此得到以下待检验假说。

假说 3：给定其他因素不变，一国储蓄率越高，或其居民的资产组合中银行存款的占比越高，或其名义 GDP 增长率越低，其 M2/GDP 越高。

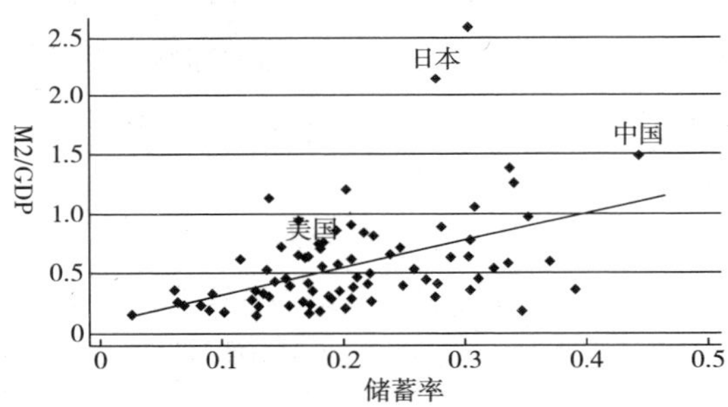

图 4　样本内各国储蓄率与 M2/GDP（1991—2017 年均值）

式（4）中的所有变量均可观测，其中 $(1-v)$ 可用银行对私人部门信贷与股市市值之比来衡量。② 为了行文方便，以下我们将 $(1-v)s/g$ 称为"复合决定项"。图 4 显示的是样本内各国 1991—2017 年年均 M2/GDP 与储蓄率的散点图，两者具有显著的正相关关系。我们因此在下文的实证部分中将储蓄率或投资率又或复合决定项作为 M2/GDP 的解释变量之一。

① 名义 GDP 以外生给定的速度匀速增长是一个比较强的假设。作者还尝试构建了一个更一般的模型，其中总供给是内生决定的，本文的主要结论在更一般的模型中依然成立。

② 世界银行全球金融发展数据库中有相关数据。

四、实证分析

本部分将使用跨国数据对上文提出的三大待检验假说进行实证检验。样本包含 84 个经济体，样本期为 1991—2017 年。数据来自世界银行 WDI 数据库和全球金融发展数据库。由于本文重点关注 M2/GDP 的国别差异，故我们对所有变量在时间维度上求均值并使用均值进行横截面回归。[①] 被解释变量为 M2/GDP（*m2y*），解释变量包括（取对数的）人均购买力平价 GDP（ln*inc*）、M2 增长率（*gm*）、储蓄率（*s2y*）、投资率（*i2y*）以及上文定义的复合决定项（*prods*）。

主要回归结果总结于表 3 中。由表 3 可见，上文的所有假说都通过了检验。给定其他因素不变，*M2/GDP* 与人均购买力平价 *GDP*、储蓄率或投资率、上文定义的复合决定项显著正相关，而与 M2 增长率显著负相关。以解释变量为｛ln*inc*，*gm*，*s2y*｝的回归 3 为例，给定其他因素不变，人均购买力平价 GDP 每上升 1 个百分点，M2/GDP 上升 0.11 个百分点；M2 增长率每增加 1 个百分点，M2/GDP 下降 1.14 个百分点；储蓄率每上升 1 个百分点，M2/GDP 上升 1.34 个百分点。回归 3 至回归 5 的结果表明，本文所选择的解释变量共能解释 36% ~40% 的 M2/GDP 跨国差异。

如果我们认可回归 3 的合理性，则可根据 M2/GDP 的预测值与观测值之比来判断 M2/GDP 是否偏高。中国内地的该比值为 44%，在 84 个经济体里排名第 11，低于中国香港的 62% 和日本的 52%，高于英国的 33%，以上这些经济体均存在 M2/GDP 偏高的情况。印度的比值为 3%，预测值与观测值十分接近。美国的比值为 -16%，说明美国的 M2/GDP 偏低。

表 3　回归结果

项目	回归 1	回归 2	回归 3	回归 4	回归 5
	m2y	*m2y*	*m2y*	*m2y*	*m2y*
ln*inc*	0.19 *** (0.03)	0.16 *** (0.03)	0.11 *** (0.04)	0.13 *** (0.03)	0.15 *** (0.05)
gm		-1.18 *** (0.39)	-1.14 *** (0.38)	-1.21 *** (0.37)	-1.25 ** (0.49)
s2y			1.34 *** (0.47)		
i2y				2.17 *** (0.70)	

① 大部分回归结果在面板回归中仍然成立，限于篇幅我们不予介绍。

续表

项目	回归 1	回归 2	回归 3	回归 4	回归 5
	m2y	*m2y*	*m2y*	*m2y*	*m2y*
prods					0.01 ** (0.00)
观测值数量	84	84	84	84	63
调整后 R^2	0.27	0.33	0.39	0.40	0.36

注：括号内为标准误；***、**、*分别表示在 1%、5%、10% 的显著性水平下显著。

五、总结

近 20 年里，中国的 M2/GDP 持续上升，目前已高于绝大多数可比经济体，引发了广泛的担忧。但各国的国情及基本面因素存在差异，对 M2/GDP 进行简单的跨国比较无法断定一国的 M2/GDP 是否过高。本文对关于 M2/GDP 的代表性理论进行了述评，同时提出了一种互补性的、基于内生货币假设的理论，并根据上述理论提炼出影响 M2/GDP 的关键基本面因素和三个待检验假说。三个假说均得到了跨国数据的有力支持，所有解释变量共能解释 M2/GDP 跨国差异的 36% ~40%。但即便考虑到基本面因素的跨国差异，实证模型关于中国 M2/GDP 的预测值仍比观测值低 44%，说明这一课题还有待更深入的探究。

参考文献

[1] McLeay M. ,et al. Money creation in the modern economy[J]. Bank of England Quarterly Bulletin,2014 (1).

[2] Mele A. ,R. Stefanski. Velocity in the long run:Money and structural transformation [J]. Review of Economic Dynamics,2017(3):393 –410.

[3] 帕特里克·博尔顿. 货币主义之困[J]. 经济学(季刊),2020(1).

[4] 樊纲,张晓晶. 面向新世纪的中国宏观经济政策[M]. 北京:首都经济贸易大学出版社,2020.

[5] 李斌,伍戈. 信用创造、货币供求与经济结构[M]. 北京:中国金融出版社,2014.

[6] 彭文生. 渐行渐远的红利:寻找中国新平衡[M]. 北京:社会科学文献出版社,2013.

[7] 盛松成,翟春. 中央银行与货币供给(第二版)[M]. 北京:中国金融出版社,2016.

[8] 易纲. 中国的货币供求与通货膨胀[J]. 经济研究,1995(5).

[9] 余永定. M2/GDP 的动态增长路径[J]. 世界经济,2002(12).

[10] 余永定. 货币主义的挽歌还是救赎? [J]. 经济学(季刊),2020(1).

[11] 张斌. 货币超发的偏见与悬案[J]. CF40 宏观经济专题研究,2016(1).

现代货币理论视域下的国家治理体系建设

——财政、金融与现代货币

李黎力[①]

【摘要】 近些年在国内外引发广泛关注和巨大争议的“现代货币理论”，为推进我国国家治理现代化建设提供了重大理论视野和启示。一方面，该理论对主权货币发行者与使用者之间的重要区分，为我们正确理解和把握国家治理与公司治理的根本差别提供了理论依据。另一方面，该理论对现代财政金融制度运行的细致分析，为我们正确认识和处理国家治理的两大支柱——财政与金融之间的辩证关系提供了理论框架。未来亟须在现代货币理论视域下深入研究我国的财政和金融制度及实践，以构建中国特色的国家治理理论体系。本文着重于从厘清和辨析财政与金融在现代货币创造中的联系和区别出发，探讨现代货币理论对于国家治理的重要意义。

【关键词】 现代货币理论；国家治理；财政；金融

自党的十八届三中全会以来，国家治理现代化已成为我国治国理政的核心概念之一，在学界产生了许多研究成果。其间，特别是在2019—2020年，西方掀起了一股新的宏观经济思潮——现代货币理论（Modern Money Theory 或 Modern Monetary Theory，MMT），在国内外引发了广泛关注和巨大争议。该理论并非新生事物，早在20世纪90年代便已产生，其思想渊源则可以追溯到20世纪初。它在十年前这场“大衰退”（Great Recession）之后便复兴流行起来，我们也正是在此期间将其引介至国内（李黎力，2011；李黎力、贾根良，2012），并一直予以关注和研究（李黎力、张红梅，2014；李黎力，2018，2019a，2019b，2019c）。多数研究将其视作极具危险性的、不负责任的“异端邪说”或“巫术经济学”。本文认为，抛开对现代货币理论的一些常见误解，该理论有助于我们深入研究国

① 李黎力，中国人民大学经济学院副教授，中国经济改革与发展研究院研究员，主要研究经济思想史和经济学流派。本文系在《学术研究》旧文（李黎力，2020）的基础之上扩展和修改而成，系国家社会科学基金青年项目“比较视野下的明斯基经济不稳定性思想研究”（18CJL004）的阶段性成果。

家治理现代化这一重大问题。下文将首先简明扼要地阐释 MMT 有关国家治理的核心洞见和要旨，然后着重从货币创造和流通角度出发，厘清和辨明财政与金融之间的复杂微妙关系，增进对国家治理的理解，最后予以简单总结和展望。

一、现代货币理论与国家治理

一种流行的观点认为，“国家治理”这一概念来自“企业（公司）治理”，是微观概念在宏观上的应用，是把私人领域或者市场领域的概念借用到公共领域（刘尚希，2015）。事实上，自经济学产生以来，人们已经习惯于将私人领域推广至公共领域，将公共部门类比于私人部门。早在“经济”一词诞生伊始，色诺芬便将其用来指代“家庭管理”。随着“政治经济学”将“家庭财富管理”拓展至“国家财富管理”，“家庭”一直作为一种隐喻被用于理解其他私人部门以及公共部门的经济活动。如家庭一样，每个消费者、企业乃至国家或政府均面临着“预算约束”，其决策必须“量入为出”，否则便会面临破产的危险。“公共（国家）财政”（public finance）活动本质上与“私人财务”（private finance）或“公司财务”（corporate finance）活动并无二致。因此，从公司治理过渡到国家治理，其根本依然是这种逻辑的延伸和应用。

然而，MMT 坚决反对这种家庭隐喻，认为这种类比具有误导性。在 MMT 看来，“公共财政”与“私人财务”具有本质性的差别。在当今现代货币体系之下，主权货币国家作为主权货币的发行者，私人部门作为主权货币的使用者，二者在行为约束、信用或偿付能力以及行为目标方面迥乎不同。主权货币国家并不会受到私人部门那样的“预算约束”，始终有能力偿还任何以该主权货币标价的债务，不应从“稳健财政”（sound finance）出发以追求收支平衡为目标，而应服务于合意的社会公共目标。推进国家治理现代化，因而必须首先意识到主权货币国家与私人部门之间，以至于国家治理与公司治理之间的根本差异。这意味着，研究国家治理必须从考察主权货币体系的运行出发，而这正是 MMT 的着眼点所在。

要想理解当今法定不兑现货币体系之下货币的运行，我们需要理解主权政府分工形成的财政部与中央银行的政策操作，厘清财政与金融之间的分工和协调。因此，财政是国家治理的基础和重要支柱，金融是国家治理的另一大支柱和重要组成部分，二者均内嵌于国家治理体系。认识和处理好财政与金融二者之间的辩证关系，是推进国家治理现代化的关键。然而，受一些先入为主的偏见以及对历史解读偏颇的影响，当前一些流行观点将财政与金融完全割裂和对立起来，片面强调二者之间的分工，忽视了二者作为国家治理不可分割的两大部分之间的内在联系和协调。这种观点不利于我们推进国家治理现代化建设。下文以辨明财政与金融的货币创造为例，通过厘清中国人民银行货币政策司司长孙国峰教授对 MMT 和现代货币体系运行的一些常见误解，正本清源，增进对国家治理的认识。

孙国峰先是在《经济研究》（2019a）撰文阐释货币创造的逻辑形成和历史演进，批判传统货币理论，顺带指出 MMT 存在“内在缺陷”，然后在此文的基础上又撰文（2019b）对 MMT 展开直接批判。孙国峰教授认为，MMT 主要在货币创造主体、创造层次和创造制度三个方面存在逻辑缺陷。但本研究却认为，在这三个方面孙国峰基本上误解了 MMT。下文着重从货币创造主体和层次对财政与金融之间的关系展开辨析。

二、货币创造主体辨析

孙国峰认为，MMT 的第一大逻辑缺陷在于对当今现代货币体系下的货币创造主体认识错误。在他看来，“现代货币理论认为货币创造的主体为政府，是一种由央行直接购买政府债务来供给货币的财政主导模式”（2019b）；它仅适用于过去的“政府信用货币体系”，因而“实际上不是‘现代’的货币理论，而是‘古代’的货币理论……违背了货币演进的历史规律……与现代经济金融的运行现实相悖，本质上是一种倒退”（2019b）。孙国峰声称：“实际上，现代货币体系是银行信用货币体系，而非‘现代货币理论’所倡导的政府信用货币体系，是一种由银行信用扩张创造货币的金融主导模式……银行的货币创造逐渐成为最主要的货币投放方式”（2019b）；“在银行信用制度下货币创造只属于银行……只有银行能够创造货币……所有货币都是银行通过贷款（资产扩张）创造的”（2019a）。因此，MMT“夸大了财政在货币创造中的作用，忽视了银行作为货币创造中枢的核心作用”（2019a，2019b）。

孙国峰的上述观点不仅对现代货币制度或体系及其货币创造主体的理解有些片面，而且对 MMT 的思想也有所误解。一方面，现代货币体系是信用货币体系，也是国家货币体系。所有货币均是信用货币（credit money），无论是政府货币还是银行货币，均是用国家确立的记账单位（记账货币）来表示。当今所谓的“银行信用货币体系”，事实上并未消除或取代过去所谓的“政府信用货币体系”当中的政府信用角色。换言之，当今银行货币和政府货币均在货币金融体系和宏观经济当中扮演着重要的角色和作用。我们不能仅仅根据当今货币统计当中“流通中的现金”（狭义货币 M0）与“银行存款”［广义货币（M1 或 M2）减去狭义货币 M0］单纯数量规模上的对比，就认定政府货币在现实中已无足轻重，认为如今是“金融主导”。我们可以具体从以下的货币创造主体和层次上厘清这种误解。

从货币创造上看，在现代货币体系下，银行业并非唯一的货币创造主体，政府同样是重要的创造主体。除了银行，政府也能创造货币。从理论和直觉角度来讲，我们所见到的法定不兑现货币（fiat money），便是由政府提供的，因而至少政府货币是由政府创造的。

就实践和操作而论，政府支出便创造了货币，正像银行贷款创造货币一样。无论是财政部的操作（财政政策），还是中央银行的操作（货币政策），政府部门对私人部门的支出（如预付款、购买金融资产以及购买商品和服务）都会创造货币。例如，当央行实施量化宽松货币政策，进行资产购买计划时，便不仅增加了银行准备金即基础货币，还同时增加了资产出售者在银行的存款，即创造了广义货币；同样，当财政部进行财政支出时，不仅会使银行持有的准备金增加，从而基础货币增加，同时还会使商品和服务销售者在银行的存款增加，即广义货币创造。① 在上述这两种情况下，银行并非作为主动的货币创造者，而只是作为政府和私人部门之间交易的被动“中介”，政府才是存款货币的创造者。由此可见，即便是银行存款货币，也并非全部通过银行“贷款创造存款”来创造。因而如上所述，仅仅依据广义货币的构成来判断货币创造主体是一种误导。事实上，孙国峰在文中指出政府支出导致通货膨胀时，其实已间接承认政府支出也创造货币。否则，如果认为政府创造的仅仅是基础货币，那么按照孙国峰“贷款创造存款”的逻辑，至少目前还没有合意的理论来解释基础货币必然导致通货膨胀，因为传统教科书式的“货币乘数”理论是错误的。②③

并且，既然承认政府和银行均创造货币，就没有充分的理由认定政府创造货币就要比银行创造货币更容易产生通胀，更无理由武断地断定“政府信用创造与生产脱节，难以满足经济活动的需求；银行可以通过贷款创造存款货币组织当下生产”（2019b）；“政府的负债主要用于消费，并不生产商品”（2019a）。这是一种赤裸裸的偏见，这种偏见很可能受政府和银行货币创造的差异所误导。银行“贷款创造存款”的货币创造，通常被认为取决于银行客户（主要是企业）的贷款需求，因而这种货币是“内生货币”；而政府“支出创造存款”的货币创造，则在很大程度上往往不受非政府部门需求的直接影响，因而对私人部门而言具有某种“外生性”。然而，我们并不能据此推断银行创造货币就一定是生产性的，能够组织企业生产，而政府创造货币就势必是非生产性的，与生产脱节。现实情况也可能恰恰相反。十多年前的美国次贷危机和“大衰退”所揭示的银行的非生产性，以及

---

① 由几位央行专家在《英格兰银行季报》上发表的介绍现代经济当中货币创造的著名报告（McLeay et al.，2014），虽然意识到央行在创造货币当中的作用，但却忽视了财政政策同样创造货币。

② 相反，孙国峰所反对的“央行直接购买政府债务来供给货币以财政主导模式”事实上并非“‘教科书’式的‘铸币税’过程，势必造成严重的通货膨胀”（2019b）。因为央行向财政部直接购买政府债务只是注入基础货币，不会向私人部门注入货币，只要财政部不支出，就与通胀或所谓的“铸币税”没有必然的联系。

③ 而在与政府支出相对的政府税收方面，孙国峰同样误解了它与货币的变化，以及与潜在通胀变化之间的关系。与政府支出相反，政府向私人部门征税恰恰类似银行收回贷款，意味着货币的回流和“销毁”，从而减少了私人部门的购买力，因而与孙国峰（2019b）认为的会造成和加速通胀相反，它会起到稳定物价和遏制通胀的作用。孙国峰在分析这一问题时，将货币与实物混淆在了一起。

这些年关于“企业家型国家”研究所揭示的政府生产性角色就是典型的例证，在此不必展开。[①]

另一方面，孙国峰对 MMT 的相关认识存在误区。MMT 并非像他认为的“忽视了银行作为货币创造中枢的核心作用”，而是在认识到和深入研究银行信用货币运行的基础上，着力于将政府货币与银行货币统一起来分析国家货币体系的运行，致力于探讨具有货币发行权的主权货币国家如何利用货币这种“公共产品”去实现合意的社会目标。事实上，“贷款创造存款”内生货币理论，是 MMT 代表大部分所隶属的后凯恩斯主义（Post Keynesianism）的标志性理论和共识性基石之一。他们（如明斯基）很早便对这一问题展开了广泛深入的研究，成为主流外生货币理论的坚定批判者。[②] MMT 不仅认同后凯恩斯主义的内生货币理论，而且，还像孙国峰所指出的“继承并扩展了……米切尔—因内斯（A. Mitchell – Innes）的内生货币理论”（2019b），将传统的国家货币理论与信用货币理论有机结合起来考察，这在下面的货币创造层次方面得到鲜明的体现。

并且，MMT 也并未主张孙国峰提出的只有政府创造货币的“政府信用货币体系（或制度）”。“大衰退”复兴了 20 世纪 30 年代西蒙斯（Henry Simons）、费雪（Irvine Fisher）等主张的基于“百分之百银行准备金制度”的“芝加哥计划”（the Chicago Plan）的讨论，推动了像“积极的货币”（positive money）这样的货币改革组织的货币改革运动。他们深刻地认识到银行“贷款创造存款”创造货币对宏观经济稳定和发展所带来的危害，因而主张改革银行体系，堵住银行“无中生有”创造货币的能力，从而实现孙国峰提出的“政府信用货币体系”（Ingham et al.，2016）。现代货币理论者尽管也意识到银行创造货币所带来的问题，但却认为“这个水龙头不能关掉”，它对于保持资本主义经济的活力和韧性十分重要，作为替代可以依靠“大政府”和“大银行”对该“水龙头”进行调控和疏导（李黎力，2018）。

三、货币创造层次剖析

孙国峰认为，MMT 的第二大逻辑缺陷在于对当今现代货币体系下的货币层次辨别不清。“现代货币理论由中央银行直接创造信用货币来购买政府债券创造货币的主张，实际上混淆了银行信用货币制度下货币创造的层次”；“现代货币理论错误地将存款货币和基础货币（不在同一层次）视为并列平行关系……将二者混为一谈”（2019b）。在他看来，“中央银行发行的基础货币和银行创造的信用货币是相互独立的……中央银行的基础货币

---

① 关于此问题，可以参见贾根良（2017）。

② 例如明斯基（Hyman Minsky），具体可参见李黎力（2018）。

创造行为对银行的货币创造行为形成支持和制约，但不能替代银行的货币创造行为”(2019a，2019b)。为此，他根据其“贷款创造存款”理论提出和阐释了体现这种货币创造层次的“信用货币金字塔”。

这一批判同样既对现代货币体系下的货币创造层次的理解有所偏差，也对MMT的债务和货币层级观不甚了解。一方面，就货币的创造层次而言，中央银行创造的基础货币与银行创造的存款货币的确分属两个不同的层次，但却并非完全“相互独立”，而是密切相关。如上所述，无论是财政部还是央行，政府对非银行私人部门的支出操作都会同时带来基础货币和广义货币的增加，因而两者的创造是同时发生的。并且此时，中央银行的基础货币创造行为也并非仅仅对银行的货币创造行为“形成支撑和制约”，而恰恰是“替代银行的货币创造行为”(2019b)。因为在这种情况下，银行充当的只是央行与非银行私人部门之间的“中介”，而不是通过“贷款创造存款”来主动创造货币。

另一方面，就对MMT的认识而言，孙国峰不仅充满误解，而且并不熟悉。如上所述，MMT清楚地认识到中央银行直接购买政府债券创造的仅仅是基础货币，而不是广义货币，因而并未将不同货币层次混为一谈。并且，MMT也从未像孙国峰所声称的“主张”这一做法，而只是通过具体而客观的剖析说明，现实当中对央行所施加的禁止直接购买的制度和政治约束并不会改变现代货币运行的逻辑，与消除这些约束所产生的结果实质上相同(雷，2017)。①

更重要的是，MMT学者很早便提出了债务和货币的层级理论（李黎力、贾根良，2012；雷，2017；李黎力，2019a)，其中的“债务与货币金字塔”比孙国峰所论述得更加系统，全面而深刻地阐释和刻画了货币创造的层次。在这种层级观中，货币本质上是一种债务而不是一种商品，因而才会有孙国峰在文中所提及的“货币购买商品，商品购买货币，但商品不购买商品”这句著名的有关货币的命题，而非他眼中“完全不符合现实的强假定”(2019a)。也正因如此，货币并不需要任何本身具有价值的物体作为载体，而是可以依靠纸张甚至电子符号来表现。但并非所有债务都是货币，只有那些具有普遍接受性的债务才能成为货币，并且，即便具有普遍接受性，货币性债务的接受程度也不尽相同，不同的债务承诺并非同等有效。它们之间会出现相互转换，因为通常一方无法用自己发行的债务欠条来偿还他对另一方的债务，而必须用第三方的债务来偿付和结清。这意味着债务及货币性债务具有层级结构体系，不同层级之间会发生转换关系。

如图1所示，债务和货币呈现出一个简化的四层级金字塔体系，从下到上依次代表家

---

① MMT论者指出，虽然中央银行并非直接从财政部购买新发行的债券，但它利用公开市场购买现有债券，为私人银行购买新证券提供所需准备金，最终结果与中央银行直接从财政部购买完全相同。并且，财政部和中央银行事实上能够轻松绕过这种自我施加的约束。

庭（或个人）、企业、银行和国家的债务及货币，接受程度也随之递增。每一层级的债务会向更高层级、接受程度更高的债务形式转换。通过转换，处于金字塔低层级的实体利用更高层级实体发行的债务来支付和偿还债务。比如我们所熟悉的企业或家庭（个人）用自己的债务换取上一层级银行的货币性债务（即存款）来支付；[①] 而银行再用自己的债务换取上一层级政府的货币性债务（即高能货币、法定货币）来清算。

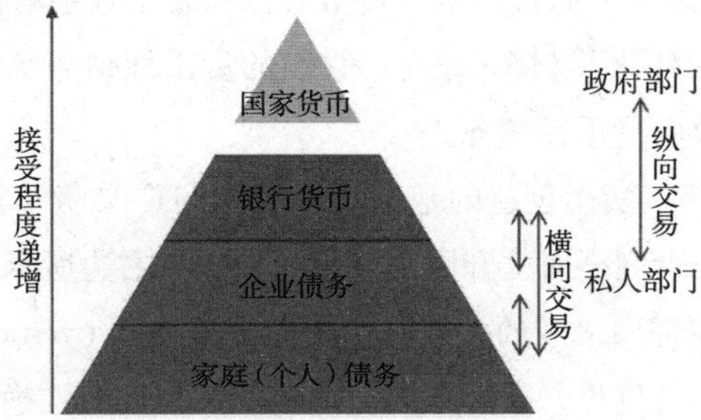

图1　货币和债务金字塔体系

资料来源：作者在李黎力（2011，2018）基础上绘制。

那么为何国家债务特别是国家法定不兑现货币位于金字塔顶端，以至于在该体系中，所有层级的债务及货币均用国家确立的记账货币（如人民币元）表示，且国家发行的货币（如人民币）均具有最高程度的普遍接受性呢？答案并非在于法币法律的规定，而是在于国家强制征税并决定接受何种方式纳税的主权权力，即所谓的“税收驱动货币”（Tax Drive Money，TDM）确保了国家货币是最令人接受的债务形式，赋予了政府创造“最后承诺”的能力，以至于使主权国家能够发行自己的货币性债务来清偿债务，其仅有的“义务”在于接受它自己的货币性债务。MMT 论者强调，税收[②]在逻辑上足以驱动货币而为人们所接受，尽管可能并无必要，并认为历史记录也确实表明这些税收义务是货币的起源（瑞，2011）。但我们要明确，MMT 并不认为税收是驱动货币的必要条件，他们等待逻辑论点或历史论据而接受其他的可能性。只不过既有的理论无法令人接受，包括主流的“鲁宾孙漂流记”式的基于交易的解释以及诉诸“无限追溯”的解释（雷，2017）。在这方面，孙国峰的批判“工业革命导致生产规模迅速扩张，货币的需求不再是自上而下由税收驱动，而是自下而上由生产驱动，交易、贮藏、支付和消费等均构成了货币需求的主体，纳税仅占其中一小部分”（2019b），显然误解了“税收驱动货币”的逻辑，没有弄清楚“必

① 我们通常称企业或家庭为“借方”，银行为“贷方”，称银行接受借方的债务欠条为“贷款”，称银行的欠条为“货币”。但事实上双方均是债务人和债权人，互为借贷关系，只是因为债务和货币层级才会产生这种“歧视”（Wray，2013）。

② 此处的“税收”是广义上的，指代任何对统治机构的非互利性义务，包括狭义税收、罚款、规费和贡赋等，参见李黎力（2011，2019c）。

要”条件与“充分”条件之间的区别，更将货币普遍接受性的来源与现实货币需求的来源混为一谈。

至于位于下一层级的银行货币为什么也被人们普遍接受，以至于成为当前占据主导地位的货币形式，其根本原因也恰恰在于国家接受用它们来纳税并对它们提供担保，而并非孙国峰所指出的“银行作为发放贷款的创造货币的专业机构，对借款经济主体有监督能力”（2019a）。从这个意义上而言，银行货币（以及整个金字塔体系下面层级的“货币”）均是对政府货币的“杠杆化”（leverage）。它们的货币性债务承诺均有赖于有需要时或在未来某种情况下支付政府货币性债务。①

此外，MMT 还分析了货币创造的基础货币层次与广义货币层次之间的相互作用，而不是像孙国峰那样将二者完全对立和隔离开来。如图 1 右边所示，他们将政府部门（包括财政部和央行）与私人部门之间的关系称为“纵向交易”（vertical transaction），包括政府支出创造基础货币和广义货币，把私人部门内部的交易称为“横向交易”（horizontal transaction），包括银行贷款创造存款和广义货币。换言之，MMT 讨论了货币创造或供给过程的纵向部分和横向部分。货币创造的纵向部分在于政府法定不兑现货币的创造，其中货币从政府经由财政部购买商品和服务以及央行购买资产而自上而下垂直注入私人部门；而货币创造的横向部分则在于银行存款货币的创造，其中货币依靠银行“贷款创造存款”内生地水平式创造，它们可被视作对政府法定不兑现货币的一种“杠杆化”（瑞，2011）。

四、部门收支分析讨论

在批判 MMT 有关货币创造和运行本质存在以上逻辑缺陷的过程中，孙国峰还认为 MMT 所采用的部门收支分析（Sectoral Financial Balances Approach，SFB）或存量—流量一致性（Stock – Flow Consistent，SFC）的分析方法是不恰当的、错误的。他认为该方法“只看到了国民经济核算账面上的平衡，而忽略了货币创造的内在机制与动态过程”（2019b）；“它们将银行的资产负债表和居民、企业、政府的资产负债表进行简单加总，从而混淆了作为货币创造主体的银行与其他主体会计记账的区别，进而模糊了信用和货币，得出了政府扩大赤字以提供货币的政策结论”（2019a），“据此得出在国际收支平衡的前提下，政府部门赤字等于私人部门盈余的结论势必是错误的……掩盖了部门名义均衡之下的隐性剥削”（2019b）。在他看来，“在分析货币创造时，对银行和中央银行应当采用资产负债表的方法来分析，而对其他主体则应采用收入支出表的方法来分析，只有这样才能正确刻画动态的货币—经济运行机制”（2019a，2019b）。

---

① 此处“杠杆化”不同于传统“货币乘数”理论中的“乘数”，具体请参见瑞（2011）第五章。

上述有关MMT部门收支分析方法的“成见”，从本质上对上一部分关于货币创造层次“独立性”的“执念”，不仅没有正确认识到这种方法的原理和适用性，而且没有意识到这种方法的价值和重要性。在当今现代货币经济中，所有经济主体和部门的收支活动均是货币收支活动，其中包括占主导地位的财政和信贷（或金融）收支（黄达，2009）。而且，它们的收支是紧密联系在一起的，“此收彼支，彼收此支，由此及彼，连绵不绝，从而形成一个割裂不了的系统。这个系统……就是我们通常说的货币流通”（黄达，2009）。MMT所运用的部门收支分析，正是从“货币流通”这一层面来分析不同部门（通常划分为国内政府部门、国内私人部门和国外部门三个部门）之间的货币流量的循环流转以及与之相对应的资产负债存量的勾连变化，因而对任何经济单位和部门均需将其资产负债表和资金流量表结合起来分析。可见，这并非在孙国峰所着眼的“货币创造”这个不同的层面来讨论问题，但的确是在前述研究了“货币创造的内在机制与动态过程”（孙国峰，2019b）的基础上开展的深入分析。

根据宏观经济学的核算原则，总支出必然等于总收入。一方的支出必然构成另一方的收入，一个部门的赤字必然对应另一个部门的盈余，一个部门的金融负债必然对应另一部门的金融资产。整个宏观经济所有部门的收支结余总和为零，因而不可能出现所有部门同时盈余或赤字的情况。按照基本的宏观核算恒等式——“本国私人部门结余 + 本国政府部门结余 + 国外部门结余 = 0”，那么“据此得出在国际收支平衡的前提下，政府部门赤字等于私人部门盈余的结论”便是自然而然的，何以“势必是错误的”（2019b）呢？“政府扩大赤字”如上所述意味着基础货币和广义货币的创造，它们作为净金融资产的积累，构成了私人部门盈余增加的对应结果。而在具体的存量—流量一致性分析当中，MMT论者也并非如孙国峰所指出的“将银行的资产负债表和居民、企业、政府的资产负债表进行简单加总”，而是更多着眼于各个部门之间存量和流量上的相互联系和动态演变（张云等，2018）。

更重要的是，由于拒绝接受这种部门收支分析进路和国民核算逻辑，孙国峰狭隘地着眼于银行和政府在货币创造层次上的差异，而忽视甚至于无法理解和区分这两种货币创造及运行方式对经济所产生的截然不同的实质性影响。[①] 根据资产负债表和资金流量表分析，银行通过“贷款创造存款”创造存款货币的同时，必然对应着企业或家庭部门债务的创造，带来的仅是私人部门内部资产负债的转换而不是净金融资产的增加。银行创造的这种“内部货币”的扩张因而在很大程度上意味着私人部门债务的累积和杠杆率的上升，从而导致金融脆弱性增加，容易滋生债务危机和金融危机。相比之下，财政部“支出创造货

① 除了上文所提及的，孙国峰教授毫无根据地、隐含地区分了这两种货币创造方式在导致通货膨胀方面的差异。

币”在导致“外部货币”扩张的同时却不会相应地带来私人部门债务的增加，而是增加了私人部门的收入和净金融资产，从而有助于降低私人部门杠杆、减少金融脆弱性。而央行货币创造虽然为私人部门提供了更为安全的金融资产，但却不会像财政政策一样改变私人部门金融资产的规模，而只是改变了私人部门金融资产的构成，因为货币政策只是涉及金融资产之间的交换，而不是如财政政策那样涉及金融资产与实物资产之间的交换。[①] 由于仅仅着眼于货币层次，并把两者人为地割裂开来，孙国峰未能认识到格利（John Gurley）和肖（Edward Shaw）所做的“外部货币”与“内部货币”区分在分析宏观经济运行中的重大价值。

相反，作为 MMT 的重要组成部分，国民经济核算恒等式及部门收支分析进路和方法的重要性和价值得到了 MMT 支持者的大力强调（Wray，2018）。该方法可以用来检验理论模型及其预测在存量—流量方面是否具有逻辑一致性，以此判断政策药方是否逻辑相容而具有可行性。如在一个封闭经济体中，政府既要推行私人部门节俭（即盈余）的政策，又想实现政府盈余，这显然是自相矛盾的。除了确保政策在理论逻辑上可行外，宏观核算恒等式还为理论的建立提供了框架，通过纳入对相互依存的不同部门之间流量与存量的因果关系，可以分析各部门收支失衡的动态演变和可持续性，预判未来宏观经济运行的可能性。如有 MMT 论者曾利用这种部门收支分析，根据美国私人部门、政府部门和国外部门收支的发展演变情况，成功预测到了 2007 年美国次贷危机的爆发（贝泽默，2012）。

诚然，MMT 所主张和青睐的这种分析方法也具有局限性，特别是考虑到 MMT 论者重点将宏观核算恒等式作为概念化政府部门与私人部门之间经济关系的手段，更多着眼于探讨政府操作对私人部门的影响。其结果是，该核算框架和部门收支分析不足以解读和判断国内私人部门内部具体子部门的动态变化（Fiebiger，2013），从而也就不足以研究像孙国峰所指出的金融财富在私人部门内部的分配。但要想深入考察这些问题，却依然离不开具体部门的资产负债表分析和资金流量分析的结合。

因此，尽管当前 MMT 所采用的部门收支分析进路有所局限，但却是一个富有价值的“透视镜”。我们不能“因噎废食”，将“货币创造”与“货币流通”混为一谈，狭隘地囿守“货币创造”层次之隔而将这种视角和方法拒之门外，而是应在充分利用该方法的基础上寻求其他更为中观和微观的棱镜和方法来予以补充。

五、总结性评论和展望

在经济思想史上存在着两大由来已久的货币研究传统（李黎力、张红梅，2014；李黎

① 明斯基从部门收支分析角度系统地阐述了政府支出和赤字对经济的影响和作用，可参见李黎力（2018）。

力，2019b）。一种是基于交易的研究传统。这种传统将货币的本质视为一种特殊的商品（交易媒介物），从交易媒介这一货币的根本职能出发去私人部门追寻货币的起源。货币是私人部门为降低物物交换的交易成本而自发形成的产物，并按这种市场的逻辑不断演化。一旦产生之后便成为实物经济的“面纱”而变为“中性”。与之截然不同，另一种是基于债务的研究传统。这种传统将货币的本质视为一种特殊的债务（信用关系），从记账单位这一货币的根本职能出发去公共部门当中探求货币的起源。货币是公共部门为了量度和偿付债务而有意发明的产物，并按这种国家的逻辑而不断演化。一旦产生后便成为货币经济的“要素”，起着“非中性”的重要作用。前一种传统自古代产生以后便得到众多著名经济学家的支持以及主流经济学流派的沿袭和发展，并被写入当代流行的经济学教科书而成为深入人心的“常识”。后一种传统虽然同样历史悠久，但却更多为各色边缘经济学家尤其是后凯恩斯主义非主流学派所继承和发展，并得到一些社会学家、人类学家和历史学家的支持。在货币创造这一问题上，这两大传统分别对应主流的“外生货币理论”传统与非主流的“内生货币理论”传统。近一个世纪前，在凯恩斯那个时代，银行“贷款创造存款”的内生货币传统便成为当时的“共识”，并被写入20世纪五六十年代的教科书。但在70年代“货币主义”等新古典反革命的影响下，持续了40年的共识逐渐失势，取而代之的是“存款创造贷款”以及政府通过基础货币和“货币乘数”控制货币供给的外生货币主流传统，该传统至今依然是大多数主流教科书的“常识”（Chick and Dow，2013）。

从以上历史视野观之，孙国峰同MMT一样，近些年均在致力于重建和复兴上述古老的基于债务的内生货币非主流研究传统。但从对MMT以及孙国峰的一些批评文章（王永利，2019）来看，主流传统依然深入人心，似乎是一种“颠扑不破”的“真理”，非主流传统复兴依然任重道远。尤其当我们目睹孙国峰在推动这种传统复兴的过程中忽视和低估了MMT恰恰重视和凸显的“国家”要素时，复兴大业亟待“厘清共识”和“统一战线”。与孙国峰所认为的MMT“夸大了财政在货币创造中的作用，忽视了银行作为货币创造中枢的作用”相反，我们恰恰认为，孙国峰夸大了银行在货币创造中的作用，忽视了国家在货币创造当中至关重要的作用。MMT所得出的结论也与孙国峰所称的“不符合现代市场经济内市场发挥资源配置决定性作用的本质”（2019a）相反，不仅符合这一本质，而且更加符合“更好地发挥政府作用”的内在要求。之所以会产生这种误解和偏差，其原因主要在于，孙国峰理想化地将“财政”与“金融”（或信贷）完全对立起来。但事实上在当今乃至未来的现代货币制度下，“财政”与“金融”是密切相关的。早在30多年前，黄达（2009）便从综合平衡问题出发，对二者关系进行了颇有价值的探索。如孙国峰教授所言，我们要倍加珍惜这些成果。

有鉴于此，我们不能盲目排斥和鄙视MMT，应当批判性地吸收MMT有价值的洞见，加强对我国财政金融制度的研究，拓展对主权货币国家的理论分析，构建一个成熟的替代传统“家庭”隐喻的政府行为框架，为推进国家治理现代化建设提供切实的理论依据。

参考文献

[1] Chick, Victoria, Sheila C. Dow. Post – Keynesian Theories of Money and Credit: Conflicts and (some) Resolutions[M]. In The Oxford Handbook of Post – Keynesian Economics, Volume1: Theory and Origins, Edited by G. C. Harcourt and Peter Kriesler, Oxford: Oxford University Press, 2015: 152 – 166.

[2] Fiebiger, Brett. A constructive critique of the Levy Sectoral Financial Balance approach: resurrecting a "Robin Hood" role for the state's taxing – and – spending functions[J]. Real – world Economics Review, 2013(64): 69 – 80.

[3] Ingham, Geoffrey, Ken Coutts, Sue Konzelmann. Introduction: "cranks" and "brave heretics": Rethinking money and banking after the Great Financial Crisis[J]. Cambridge Journal of Economics, 2016, 40(5): 1247 – 1257.

[4] McLeay, Michael, Amar Radia, Ryland Thomas. Money creation in the modern economy [J]. Bank of England Quarterly Bulletin, 2014, 54(1): 14 – 27.

[5] Wray L. Randall. Money[M]. In The Oxford Handbook of Post – Keynesian Economics, Volume1: Theory and Origins, edited by G. C. Harcourt and Peter Kriesler, Oxford: Oxford University Press, 2013: 138 – 151.

[6] Wray L. Randall. Modern Money Theory[M]. In The New Palgrave Dictionary of Economics, 3rd edition, London: Palgrave Macmillan, 2018: 8894 – 8905.

[7] 贝泽默. 信贷危机和经济衰退：一种范式检验[J]. 李黎力，等，译校. 经济资料译丛，2012(4).

[8] 黄达. 财政货币综合平衡导论[M]. 北京：中国人民大学出版社，2009.

[9] 贾根良. 开创大变革时代国家经济作用大讨论的新纲领——评马祖卡托的《企业家型国家：破除公共与私人部门的神话》[J]. 政治经济学报，2017(1).

[10] 雷. 现代货币理论[M]. 张慧玉，等，译. 北京：中信出版社，2017.

[11] 李黎力. 货币国定论：货币理论研究的新进展[D]. 北京：中国人民大学，2011.

[12] 李黎力. 明斯基经济思想研究[M]. 北京：商务印书馆，2018.

[13] 李黎力. 货币与债务经济学：现代货币理论的“历史”与“现代”[N]. 澎湃新闻，2019 – 05 – 17.

[14] 李黎力. 货币与债务经济学：交易与债务：两大货币研究传统[N]. 澎湃新闻，

2019－06－19.

［15］李黎力.现代货币理论的历史与逻辑［J］.政治经济学(季刊)，2019(3).

［16］李黎力.政府、银行与现代货币——现代货币理论真的将财政与金融混为一谈了吗［J］.学术研究，2020(2).

［17］李黎力，贾根良.货币国定论：后凯恩斯主义货币理论的新发展［J］.社会科学战线，2012(8).

［18］李黎力，张红梅.基于交易与基于债务的货币本质观之比较［J］.当代财经，2014(10).

［19］刘尚希.财政与国家治理：基于三个维度的认识［J］.经济研究参考，2015(38).

［20］瑞.解读现代货币［M］.刘新华，译.北京：中央编译出版社，2011.

［21］孙国峰.货币创造的逻辑形成和历史演进——对传统货币理论的批判［J］.经济研究，2019(4).

［22］孙国峰.对“现代货币理论”的批判［J］.中国金融，2019(15).

［23］王永利.信用货币：从何而来，谁的信用［N］.经济观察报，2019－07－16.

［24］张云，李宝伟，苗春，陈达飞.后凯恩斯存量—流量一致模型：原理与方法［J］.政治经济学评论，2018(1).

对外直接投资助力国家治理体系现代化

付韶军①

【摘要】国家治理体系现代化是坚持和发展中国特色社会主义的内在要求，也是社会主义现代化的应有之义。对外直接投资利用国内、国外两种资源，实现资源全球高效配置，是改革开放的重要领域，也是构建开放型经济新体制、推动国家治理体系现代化的重要实现途径。步入21世纪，我国对外直接投资取得了长足进步，尤其是对"一带一路"沿线国家直接投资进展迅速，但我国对外直接投资的区位分布并不均衡，主要流向了亚洲国家（地区），并且面临着诸如新冠肺炎疫情冲击、国外跨国投资审查收紧以及经营环境复杂等困难与挑战。为了促进对外直接投资的健康可持续发展，构建开放型经济新体制，助力国家治理体系现代化，我们应该采取以下政策措施：①加强涉外经贸法律和规则体系建设；②积极推动与东道国的多双边合作机制建设；③构建跨国投资权益保护体系。

【关键词】对外直接投资；国家治理体系；治理能力；现代化

国家治理体系是在党的领导下管理国家的制度体系，包括经济、政治、文化、社会、生态文明和党的建设等领域的体制机制、法律法规安排，也就是一整套紧密相连、相互协调的国家制度②。国家治理体系与治理能力现代化是坚持和发展中国特色社会主义的内在要求，也是实现社会主义现代化的应有之义。当今世界正经历百年未有之大变局，我国正处于实现中华民族伟大复兴关键时期。我们应该进一步深化改革开放，推动对外直接投资健康发展，构建开放型经济新体制，进而助力国家治理体系和治理能力现代化。

① 付韶军，经济学博士，外交学院国际经济学院副教授。主要研究方向为国际贸易与国际投资、数量经济、金融统计。

② 习近平．切实把思想统一到党的十八届三中全会精神上来[N]．人民日报，2014－01－01．

一、对外直接投资与国家治理体系现代化

（一）国家治理体系和治理能力现代化的提出与发展

国家治理现代化，即国家治理体系和治理能力现代化。2013 年 11 月 12 日，中共十八届三中全会通过的《中共中央关于全面深化改革若干重大问题的决定》提出，全面深化改革的总目标是完善和发展中国特色社会主义制度，推进国家治理体系和治理能力现代化。为适应经济全球化的新形势，《中共中央关于全面深化改革若干重大问题的决定》提出要构建开放型经济新体制，推动对内对外开放相互促进、“引进来”和“走出去”更好结合，促进国际国内要素有序自由流动、资源高效配置、市场深度融合，加快培育、参与和引领国际经济合作竞争新优势，以开放促改革。

2019 年 10 月 31 日，党的十九届四中全会通过的《中共中央关于坚持和完善中国特色社会主义制度　推进国家治理体系和治理能力现代化若干问题的决定》，对国家治理体系和治理能力现代化进行进一步阐述。我们必须坚持和完善中国特色社会主义制度，在推进国家治理体系和治理能力现代化上下大力气。建设更高水平的开放型经济新体制，实施更大范围、更宽领域、更深层次的对外开放，推动规则、管理、标准等制度型开放，健全促进对外投资的相关政策和服务体系。

（二）构建开放型经济新体制是实现国家治理现代化的重要举措

构建开放型经济新体制，是推进国家治理体系和治理能力现代化的一个重要举措。对外开放是我国的基本国策，也是实现祖国繁荣昌盛的必由之路。习近平总书记指出“中国坚持改革开放不动摇，中国越发展，就越开放”。建设高水平开放型经济新体制，就是要进一步打通国内、国际两个市场，高效利用国内、国际两种资源，形成统一开放、竞争有序的现代化市场体系，充分发挥市场在资源配置中的决定性作用，更好地发挥政府在经济建设中的作用，促进国内国际要素资源有序自由流动，实现资源的全球高效配置。

当前我国正处在产业结构转型升级的关键发展阶段，处于优化经济结构、转换增长动力的攻关期。但我国仍位于全球价值链的中低端，部分中低端产品过剩和中高端产品供给不足的现象同时存在，目前我国产业链在世界产业链体系中还做不到足够的稳固和安全，这与我国目前的开放水平不高、企业国际竞争力仍然不强有很大关系。实践经验证明，对外开放往往可以给对内改革带来新的动力，从而变被动改革为主动改革。目前我国对外开放水平总体还不够高，国际制度性话语权较弱的问题还比较突出，这非常不利于我们抓住和利用好当前的重要战略机遇期。要构建开放型经济体制就要更多地与国际规则接轨，实

现权利与责任的对等平衡，不断提高相关政策的透明度和公平性，在全球治理当中发挥更大的作用，提高世界各国人民的共同福祉。

（三）开展对外投资有利于我国经济的健康发展

开展对外投资活动是有效利用国内、国外两种资源，进行全球资源配置和产业布局，实现国内经济健康持续发展的有效途径之一，是努力形成以国内大循环为主体、国内国际双循环相互促进的新发展格局的重要手段，是构建开放型经济新体制的重要领域，也是国家治理体系现代化的内在要求和重要体现。进行对外直接投资可以带来以下几个方面的益处，进而促进我国经济的健康发展：

（1）开展对外投资可以优化全球资源配置，为产业结构转型升级创造条件。我国是世界上最大的发展中国家，对能源和资源矿产的需求量很大，而国内的能源和资源矿产很难满足我国经济快速发展的需要，资源寻求是中国开展对外直接投资（尤其是对资源丰裕国家的投资）的重要动机之一，我们可以借此实现全球资源配置，从而缓解资源约束带来的压力。另外，我国部分产业（如钢铁产业、水泥产业等）仍存在产能过剩现象，这些产能却是广大发展中国家急需的优势产能，通过开展对外投资我们可以实现“腾笼换鸟”，为国内产业结构转型升级创造条件，与此同时，也可以促进投资东道国的经济发展，双方各取所需进而达到双赢的效果。

（2）对外投资可以加强技术交流，提升国内产业的技术水平。我国是发展中国家，在生产技术方面与欧美发达国家仍存在不小的差距，仍有不少产业被“卡脖子”，芯片产业尤其明显。欧美发达国家具有明显的技术优势和人才优势，我国流入发达国家的投资以技术驱动为主。通过并购欧美发达国家的先进技术企业、与欧美企业建立联合研发中心、聘用东道国的高端技术人才等方式，提升跨国企业的生产技术水平。欧美国家市场的技术标准更高，跨国企业要想在东道国站稳脚跟，需促使跨国企业不断加大科研投入和技术研发，不断提升自身的生产效率，倒逼其不断改善产品质量，建立更高的生产技术标准，增强自身国际竞争力，提升其自身的生产技术水平。

（3）对外投资和对外贸易相辅相成、促进本国经济发展。对外投资和对外贸易都是对外开放的重要领域，很多时候两者能够相辅相成。双边经贸往来一般都是始于双边贸易，通过双边贸易增强两国彼此的了解，加深双方的经贸合作，进而为对外投资创造条件。对外投资靠近东道国市场、就地生产，更加适应日趋严格的原产地规则，可以绕过贸易壁垒的不利影响，带动母国和东道国的经济发展、增加东道国就业，从而形成更深层次的双边合作关系，因此更容易为东道国所接受，对国内相关产业也具有明显的带动作用。对外投资对扩大对外贸易规模、改善对外贸易的产品层次结构、优化改善国际贸易方式产生有益影响。

二、中国对外直接投资取得了长足发展

（一）我国对外直接投资取得了长足进步

进入21世纪，我国对外开放进入了一个新的发展阶段，2001年更是首次将“走出去”战略写入了“十五”计划纲要，之后的“十一五”“十二五”和“十三五”规划纲要也分别对“走出去”战略进行了深化和拓展。我国由全球引进外资大国逐渐转变成引进外资大国和对外投资大国并重。近年来中国经济运行总体平稳，对外开放水平不断提升，各有关部门积极引导有条件的中国企业“走出去”，尤其是自2013年“一带一路”倡议提出以来，中国对外直接投资取得了长足进步。2014年中国对外直接投资达1231.2亿美元，超越了引进的外商直接投资（1195.62亿美元），成为资本净输出国（见图1）。《2019年度中国对外直接投资统计公报》数据显示，2019年中国对外直接投资流量为1369.1亿美元，与2018年相比，同比下降4.3%，蝉联全球第二位，占到全球当年投资流量的10.4%。2019年我国海外投资存量达2.1989万亿美元，居美国与荷兰之后的世界第三位，占到全球当年投资存量的6.4%。截至2019年底，中国2.75万家境内投资者在国（境）外共设立对外直接投资企业4.4万家，分布在全球188个国家和地区，2019年末境外企业资产总额达到7.2万亿美元。

图1　2003—2019年中国对外直接投资及吸引外资情况

（二）我国对各国投资区位分布存在显著差异

我国对世界各国的直接投资区位分布很不均衡，其中绝大部分投资流向了亚洲国家。据《2019年度中国对外直接投资统计公报》统计（见表1和图2），2019年中国内地流向亚洲的投资额为1108.4亿美元，占到全部投资的80.9%，其中流向中国香港地区的投资为905.5亿美

元，占流向亚洲投资额的81.7%；其次是流向欧洲的投资额，为105.2亿美元，占全部投资的7.7%；再次为流向拉丁美洲的投资额，为63.9亿美元，占全部投资的4.7%。从中国内地对外直接投资的国别或地区流向来看，排名第一的为中国香港，2019年投资额达905.5亿美元，占全部投资额的66.14%；其次是对英属维尔京群岛的投资额，为86.80亿美元，占全部投资额的6.34%；再次是对新加坡的投资额，为48.3亿美元，占全部投资额的5.72%。中国内地对外投资额排名第4～10位的国家或地区分别为荷兰、美国、印度尼西亚、澳大利亚、瑞典、越南和德国，流向前10位国家或地区的投资额为1211亿美元，占全部投资额的88.45%。

表1　2003—2019年中国内地对外直接投资流量排名前10位的国家或地区　单位：亿美元

年份	中国香港	英属维尔京群岛	新加坡	荷兰	美国	印度尼西亚	澳大利亚	瑞典	越南	德国
2003	11.49	2.10	-0.03	0.05	0.65	0.27	0.30	0.00	0.13	0.25
2004	26.28	3.86	0.48	0.02	1.20	0.62	1.25	0.03	0.17	0.28
2005	34.20	12.26	0.20	0.04	2.32	0.12	1.93	0.01	0.21	1.29
2006	69.31	5.38	1.32	0.05	1.98	0.57	0.88	0.05	0.44	0.77
2007	137.32	18.76	3.98	1.07	1.96	0.99	5.32	0.68	1.11	2.39
2008	386.40	21.04	15.51	0.92	4.62	1.74	18.92	0.11	1.20	1.83
2009	356.01	16.12	14.14	1.01	9.09	2.26	24.36	0.08	1.12	1.79
2010	385.05	61.20	11.19	0.65	13.08	2.01	17.02	13.67	3.05	4.12
2011	356.55	62.08	32.69	1.68	18.11	5.92	31.65	0.49	1.89	5.12
2012	512.38	22.39	15.19	4.42	40.48	13.61	21.73	2.85	3.49	7.99
2013	628.24	32.22	20.33	2.38	38.73	15.63	34.58	1.71	4.81	9.11
2014	708.67	45.70	28.14	10.30	75.96	12.72	40.49	1.30	3.33	14.39
2015	897.90	18.49	104.52	134.63	80.29	14.51	34.01	3.17	5.60	4.10
2016	1142.33	122.88	31.72	11.70	169.81	14.61	41.87	1.28	12.79	23.81
2017	911.53	193.01	63.20	-2.23	64.25	16.82	42.42	12.90	7.64	27.16
2018	868.69	71.50	64.11	10.38	74.77	18.65	19.86	10.64	11.51	14.68
2019	905.50	86.80	48.30	38.90	38.10	22.20	20.90	19.20	16.50	14.60

资料来源：《中国对外直接投资统计公报》。

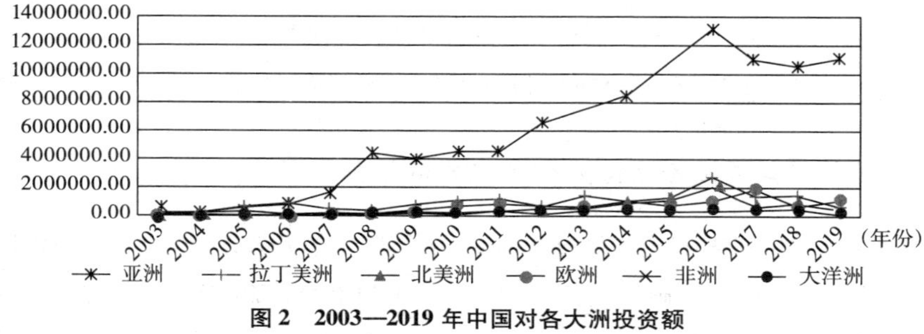

图2　2003—2019年中国对各大洲投资额

（三）我国对“一带一路”沿线国家直接投资稳步增长

2013 年习近平总书记提出的“一带一路”倡议，得到了沿线国家的积极响应，截至 2020 年 1 月底，中国已经同 138 个国家和 30 个国际组织签署了 200 份共建“一带一路”合作文件①，我国与沿线国家的经贸合作发展顺利，对沿线国家的直接投资流量稳步增长，从 2013 年的 126.3 亿美元增长到 2019 年的 186.9 亿美元，占到 2019 年中国对外直接投资流量的 13.7%（见图 3）。2013—2019 年，中国对沿线国家累计直接投资 1173.1 亿美元，年均增长 6.74%。截至 2019 年末，中国境内投资者在“一带一路”沿线 63 个国家或地区设立境外企业近 1.1 万家，涉及国民经济 18 个行业大类。中国对沿线国家的投资领域涵盖了制造业、批发和零售业、建筑业、金融业、科学研究和技术服务业以及电力生产和供应业等行业。我国对沿线国家的投资方式创新不断，从绿地投资到跨国并购等各种方式发展态势良好。从国别构成看，中国投资流向前几位的国家分别为新加坡、印度尼西亚、越南、泰国和阿联酋等。来自中国的直接投资使“一带一路”沿线各国的资金短缺状况得到了有效缓解，促进了沿线国家的经济发展，增强了沿线国家人民的共同福祉。

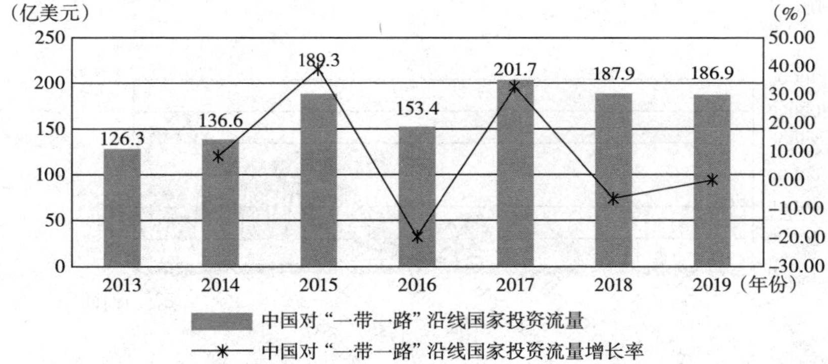

图 3　2013—2019 年中国对“一带一路”沿线国家直接投资

三、对外直接投资面临的问题和挑战

（一）新冠肺炎疫情对全球跨国投资造成严重冲击

随着全球新冠肺炎确诊人数的快速增长（见图 4），多个国家升级了新冠肺炎防控限

① 已同中国签订共建“一带一路”合作文件的国家一览[EB/OL]. 中国“一带一路”网，https://www.yidaiyilu.gov.cn/xwzx/roll/77298.htm，2020-04-19.

制措施，纷纷出台了诸如关闭公共设施、禁止或限制部分医疗物资出口、关闭边境、限制外国人入境、禁航禁运管制①等疫情防控举措，以防止新冠肺炎疫情在本国的扩散和蔓延。新冠肺炎疫情的全球蔓延对全球产业链、供应链和价值链造成了严重阻碍，无疑也会对跨国投资的便利化造成严重影响，大大制约了外商直接投资的发展。新冠肺炎疫情的全球蔓延导致部分跨国投资项目出现延迟或取消，并且由于新冠肺炎疫情引发了全球性经济衰退，进而导致企业跨国投资意愿大幅降低，另外，新冠肺炎疫情全球暴发还引致全球投资政策发生深刻变化，部分国家以国家和产业安全为由，出台了关于部分产业的外商投资限制政策，导致对这些国家的直接投资受到很大影响。据联合国贸发会议 2020 年 3 月 8 日预测，受新冠肺炎疫情影响，2020 年全球外商直接投资（FDI）总额相较上年将减少 5% ~15%，或将触及 2008 年国际金融危机以来的最低点。政治风险可能长期影响全球投资布局，疫情导致经济及金融市场动荡是跨境投资的最大不确定因素。全球供应链是疫情影响全球投资趋势的最直接路径②。新冠肺炎疫情在全球暴发后，以美国为首的一些欧美政客采取“甩锅”策略，不断突破人类底线对我国进行污名化，并妄想对我国进行天价索赔，这无疑会对我国跨国（境）投资造成不小的障碍，我国的跨国（境）投资尤其需要防范政治风险的影响。

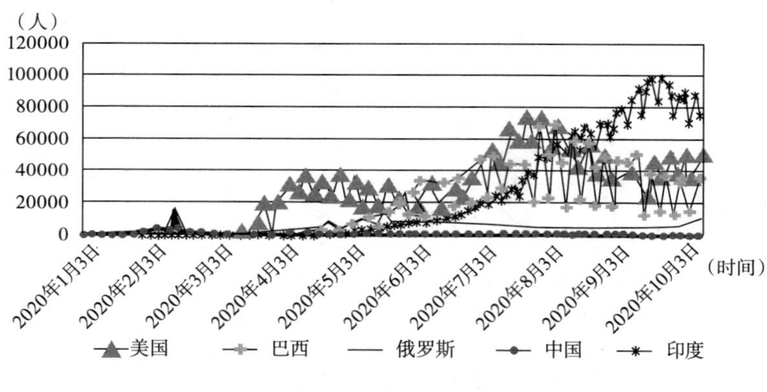

图 4 中国、美国、巴西、印度和俄罗斯每日新增新冠肺炎确诊人数

（二）外商投资审查制度收紧限制了跨境投资发展

自 2001 年我国提出“走出去”战略之后，我国对外直接投资快速发展，并于 2014 年开始发展成为资本净输出国。近年来，受全球经济发展的不平衡和不确定性增强、生产技

① 海关总署国际检验检疫标准与技术法规研究中心．各国（地区）有关新冠肺炎疫情防控限制措施[R]．2020.

② 中国出口信用保险公司．疫情对全球跨境投资影响分析[R]．2020.

术的不断发展、意识形态差异和大国竞争加剧等因素的影响，投资保护主义重新开始抬头，欧美发达国家不断收紧对外商投资的审查制度，严重限制了我国企业对欧美发达国家的投资。欧美发达国家纷纷对外商投资审查制度进行修订，如2018年8月开始实行的《美国外国投资风险评估现代化法案》（FIRRMA），大大扩展了美国外国投资委员会（CFIUS）的权利，再加上中美贸易战和科技战的双重影响，美国开始戴上有色眼镜观察来自中国的投资，不断加强对中资企业的投资监管，多方面人为设置投资障碍，对我国企业在美国投资造成了非常严重的影响。2018年8月德国修订了《对外贸易条例》（AWV），扩大了外商投资的审查范围。2019年5月日本修订《外汇及外国贸易法》，在通信和计算机技术等领域加强对外商投资的限制。2019年4月欧盟通过并实施了《欧盟外资审查框架法案》（见表2）。韩国、澳大利亚和新西兰等国家也纷纷修改了外商投资审查制度。从外资审查制度的条款内容来看，欧美发达国家外商投资审查制度的审查范围不断扩大，审查的门槛却越来越低，尤其是加强了对关键技术领域的审查力度，赋予外资审查机构的权力越来越大，普遍延长了外商投资的审查期限，并且还伴随着审查界限不清晰和审查透明度低的特点，这对我国企业在欧美国家的投资造成了严重障碍。我国跨国企业对此要足够重视，企业法务部门和国际部要加强对相关外资审查条款的了解和熟悉，投资执行部门要做好各种应急预案，未雨绸缪，以防造成不必要的经济损失。

表2　近年来修订或制定的部分外商投资相关法规

国家	时间	名称
美国	2018年8月	美国外国投资风险评估现代化法案
德国	2018年8月	对外贸易条例
日本	2019年5月	外汇及外国贸易法
欧盟	2019年4月	欧盟外资审查框架法案
澳大利亚	2020年3月	外国并购和收购法

资料来源：根据网络资料整理得出。

（三）我国对外投资面临的经营环境纷繁复杂

欧美跨国公司具有丰富的跨国投资经验，拥有国际先进管理经验和绝大多数核心技术，而我国跨国投资企业则处于国际竞争力相对较弱的不利地位，尤其对外投资经验相对比较匮乏，并且我国的对外投资存在“逆向选择”现象，有相当一部分资金投向了投资风险较高的广大发展中国家，发展中国家的地缘政治经济环境纷繁复杂，政府治理水平相对较低，传统风险和非传统风险的影响较大，致使我国企业在“走出去”的过程中面临着诸如政治风险、经济风险、政策风险、自然风险等风险和挑战。近年来，我国对外直接投资项目被搁置乃至取消的事件层出不穷，如中缅密松大坝工程、中缅莱比塘铜矿、中斯科伦坡港口城项目、中泰“高铁换大米”计划等。中国企业收购海外企业失败案例更是屡见不鲜，如中海油并购优尼科石油、中铝集团并购力拓、华为并购3com、蚂蚁金服并购速汇金等。这对我国政府和相关企业造成了严重经济损失，使我国企业“走出去”战略的顺利实施蒙上了阴影。2020年以来受新冠肺炎疫情全球大流行影响，全球经济面临衰退的危险，叠加中美贸易战和科技战的影响，全球经济增长缺乏动力，欧美发达国家不断开动印钞机来对冲疫情造成的不利影响，但目前来看发达经济体的货币政策和财政政策并没有完全达到预期目标，国际金融市场出现大幅动荡，全球经贸环境持续恶化，严重影响了全球跨境投资的发展，我国企业的跨国投资开展困难重重。

四、对外直接投资健康可持续发展政策措施建议

推动对外投资健康可持续发展、构建开放型经济新体制，既是发展中国特色社会主义的需要，也是实现国家治理体系和治理能力现代化的必要手段。为推动我国对外直接投资的健康可持续发展，我们应该采取以下政策措施：

（一）加强涉外经贸法律和规则体系建设

为实现对外直接投资的健康发展，我们需要借鉴和对标国际先进涉外经验，不断加强涉外法律法规的建设与完善，推动相关涉外规则、规制、管理和标准等制度型高水平开放，不断提升我国的软实力和国际影响力，努力营造市场化、法制化和国际化程度更高的营商环境，增强对外商投资企业的吸引力。这方面我们已经取得了一定的成效，2020年1月1日开始实行的《中华人民共和国外商投资法》，实行准入前国民待遇和负面清单管理，注重对知识产权的保护，未来必将在吸引外商投资和促进对外投资方面发挥重要作用。但与欧美发达国家相比，我国在涉外经贸法律和规则体系方面还存在不小的差距，仍需不断借鉴欧美国家先进经验，加强与国际通行规则接轨，与此同时我们还必须注重与我国经济社会发展的实际相结合，构建出一套适应我国企业实际的中国特色涉外经贸法律和规则体系，健全外商投资国家安全审查、反垄断审查、国家技术安全清单管理、不可靠实体清单等制度建设，为中国对外投资的持续健康发展保驾护航。

（二）积极推动与东道国的多双边合作机制建设

与国内投资相比，跨国投资存在更多不确定性，与东道国加强多双边机制建设非常必要，实践经验表明多双边合作机制是化解对外投资风险的有效手段之一。首先，我们应该不断提升与重要投资目的国的关系密切程度，加快同有关国家和地区商签双边投资协定（BIT）。加强与相关东道国的领导互访，充分发挥首脑外交对双边关系的重要推动作用。

其次，加强与重要投资目的国的 FTA 研究和谈判，FTA 可以在很大程度上促进双边经贸往来，目前与中国签订的 FTA 协议仅有 19 个，与 188 个投资目的国相比，还有很大的潜力可挖，我们应该加快推进与重要投资目的国的 FTA 的研究和谈判工作。再次，加强互联互通建设，这不仅是"一带一路"建设要义之所在，更是推动更深层次合作、共建人类命运共同体的重要途径，我们应在风险可控的前提下加强与重要投资目的国之间的互联互通建设，不断扩大合作范围、提升双边合作深度，逐渐形成利益共同体和命运共同体。最后，在 WTO、世界银行、IMF 等原有的国际组织当中发挥积极作用，加强与相关国家的协作，在亚投行、丝路基金、上海合作组织等新多边机制中发挥更加关键的作用，不断加深与重要投资伙伴的合作程度。

（三）构建跨国投资权益保护体系

党的十八大报告指出，坚定维护国家利益和我国公民、法人在海外的合法权益①。党的十九届四中全会指出，健全对外开放安全保障体系，构建海外利益保护和风险预警防范体系，完善领事保护工作机制，维护海外同胞安全和正当权益，保障重大项目和人员机构安全②。当前我们正经历百年未有之大变局，受逆全球化思潮影响和新冠肺炎疫情全球大流行严重冲击，全球经济面临衰退的风险；来自发达国家单方经济制裁及外商投资审查制度，叠加中美贸易战和科技战的影响，给我国的对外投资造成很大障碍。我们应从我国对外投资规模扩大的实际出发，构建具有中国特色的跨国投资权益保护体系。首先，我们要加强对外投资事前—事中—事后紧密结合的联合保护和监管，做好投资目的国的信息收集与共享，做好跨国投资前期的尽职调查，高度重视国别风险管理，驻外使领馆要加强与东道国政府的沟通，尽可能为跨国投资企业创造便利，在发生风险、遭受重大损失之后要及时采取相应保护措施。其次，要妥善应对单方面经济制裁和外资审查。近年来，以美国为首的西方国家经常挥舞经济制裁大棒，不断加大对中资企业的安全审查力度，对包括我国在内的跨国投资企业实行长臂管辖，干扰正常的国际投资活动。我们要充分重视与相关国家的沟通和交流工作，妥善应对、化解压力，当然必要时也需采取相应的反制措施。同时加强对跨国投资企业的指导和培训，切实提升跨国投资企业的合规程度。最后，加快海外投资保险法律法规和相关制度建设。目前，中国出口信用保险公司已经在开展海外投资保险业务，但保险广度和保险深度还远远不够，我们应该加快海外投资保险的相关立法工

---

① 胡锦涛．坚定不移沿着中国特色社会主义道路前进　为全面建成小康社会而奋斗——在中国共产党第十八次全国代表大会上的报告［R］．2012－11－08．

② 中国共产党第十九届中央委员会．中共中央关于坚持和完善中国特色社会主义制度　推进国家治理体系和治理能力现代化若干重大问题的决定［R］．2019－10－31．

作，有效保障跨国投资企业权益。中国出口信用保险公司也应广泛借鉴国际同行的先进经验，加大海外投资保险品种和服务的创新力度，当风险发生时，中国出口信用保险公司要积极进行干预和调节。加强与国际同行的合作，增强风险应对能力，提升风险保障水平。

参考文献

[1]肖钢,等. 国家治理新使命:构建我国海外投资权益保护体系[Z]. 西安曲江论坛发布,2020.

[2] 中华人民共和国商务部,国家统计局,国家外汇管理局. 2019 年度中国对外直接投资统计公报[M]. 北京:中国商务出版社,2020.

[3] 韩文秀. 建设更高水平开放型经济新体制[J]. 宏观经济管理,2019(12).

[4] 苏剑. 以高水平开放促进高质量发展[J]. 宣讲家网,2020.

[5] 郧彦辉. 发达国家外商投资审查新动向[J]. 中国外资,2019(11).

[6] 胡锦涛. 坚定不移沿着中国特色社会主义道路前进　为全面建成小康社会而奋斗——在中国共产党第十八次全国代表大会上的报告[R]. 2020.

[7] 中国共产党第十九届中央委员会. 中共中央关于坚持和完善中国特色社会主义制度　推进国家治理体系和治理能力现代化若干重大问题的决定[R]. 2017.

[8] 海关总署国际检验检疫标准与技术法规研究中心. 各国(地区)有关新冠肺炎疫情防控限制措施[Z]. 2020.

[9] 中国出口信用保险公司. 疫情对全球跨境投资影响分析[Z]. 2020.

金融监管与金融业态演化发展

——基于中国融资租赁产业的角度

曾旒缯[①]

【摘要】2016年底新一轮金融整顿开启后，新的金融监管体系架构正式形成，监管的逻辑逐步向职能监管、行为监管转变。金融监管如何有重点地推动金融企业进行还原反本、重回主业的转型调整，具有重要的研究意义。本文着眼于40余年来在中国金融业持续深化改革的背景下不断创新发展的融资租赁产业，对其与金融监管的演化发展过程进行分析，构建金融监管与金融业态演化发展的博弈模型，力求探索适用于推动金融监管与金融业态良性互动、稳健发展的普遍规律。

【关键词】金融监管；演化博弈；融资租赁

一、引言

2016年底，中央经济工作会议要求“把防范金融风险放到更加重要的位置”，拉开新一轮金融整治的大幕。2017年成立国务院金融稳定发展委员会，2018年银监会与保监会合并为银保监会，标志着全新的“一委一行两会”监管体系架构正式形成，相应金融监管的思路日益清晰。监管部门的监管逻辑逐步从机构监管向职能监管、行为监管转变，构建起真正的监管栅栏。在新的监管要求之下，金融体系内部需要去杠杆、去通道、去链条，减少嵌套并提高可穿透性，监管套利空间大幅压缩，各类金融业态面临还原反本、重回主业的转型调整。

从发展路径上看，中国金融业态的发展走向与金融监管实施互为影响和印证。杨汀(2019)[②] 认为中国融资租赁业经历了两轮发展历程。第一轮发展始于20世纪80年代初

① 曾旒缯，海航资本博士后工作站研究员。

② 杨汀．论承租人视角下中国融资租赁业脱离本源现象[D]．北京：对外经济贸易大学，2019.

期，后因当时法律体系不健全、租赁公司风控水平低等引发的全行业信用危机，在90年代中后期以失败告终。第二轮发展始于2007年，主要得益于“入世”推动的租赁业监管标准的放松，租赁行业展现了强劲的增长态势，但存在脱离租赁本源等问题。考察中国其他金融业态的发展，也都存在明显的阶段性特征。吴吉芳（2005）① 将中国信托业的发展进程划分为三个阶段：1979—1992年，信托业处于恢复与扩张阶段；1993—2001年，信托业处于整顿阶段；2002年以后，信托业处于规范发展阶段。邓江兰（2012）② 认为中国私募股权基金（PE）的发展，也经历了政府严重干预的艰难起步阶段（1986—1996年）、陷入互联网泡沫谷底再复苏的全面发展阶段（1997—2007年）以及政策环境逐步完善的行业繁荣时期（2008年后）。反映出在相同经济环境下，金融监管对金融业态发展产生的阶段性影响具有普遍性。

与此同时，各类型金融业态在不同的监管策略及尺度下，展现出正面的金融创新或者负面金融乱象。而金融乱象产生的主要原因是监管套利，即为达到某一经济目的，市场主体采取的最优策略是以最低净监管负担的交易策略（Donahoo，Shaffer，1991）③。商业银行的监管套利行为主要是通过提供一系列金融创新产品和服务来达到降低监管成本的目的（Taylor，2004）④。融资租赁主要监管套利行为包括利用售后回租的形式进行信贷替代、由外资租赁公司借外债政策导致的“假外资”现象、由补贴导致的“空壳公司”现象等（杨汀、史燕平，2016）⑤。陆岷峰和徐博欢（2019）⑥ 总结了改革开放40年来金融监管与治理的实践，认为由于金融逐利性的存在，金融治理与金融乱象交错，不同时期、不同背景下，金融监管的思路、方法及效果也不尽相同，但基本目标与原则是相通的。

本文着眼于40余年来在中国金融业持续深化改革的背景下不断创新发展的融资租赁产业，对其与金融监管的演化发展过程进行分析，构建金融监管与金融业态发展的博弈模型，力求探索适用于推动金融监管与金融业态良性互动、稳健发展的普遍规律。

二、中国融资租赁与监管的演化发展过程

中国的融资租赁产业与改革开放同时起步，自20世纪80年代被引入，40余年来其阶

---

① 吴吉芳．中国信托业功能演进分析[D]．上海：复旦大学，2005.

② 邓江兰．本土PE基金管理企业的中国式发展路径[D]．北京：中国社会科学院研究生院，2012.

③ Donahoo K. K.，Shaffer S. Capital Requirements and the Securitization Decision[J]. Quarterly Review of Eco-nomics and Business，1991，31(4)：12－23.

④ Taylor M. Dealing with Regulatory Arbitrage. Aligning Financial Regulatory Rrchitecture with Coutry Needs：Lessons from International Experience[R]. Paper Presented at Financial Sector Conference，2004.

⑤ 杨汀，史燕平．中外租赁业外延政策比较及启示——基于政策扶持及规避政策套利的视角[J]．现代管理科学，2016(9)：94－96.

⑥ 陆岷峰，徐博欢．金融乱象与金融治理——基于改革开放40年金融整治经验[J]．财经科学，2019(10)：60－72.

段性发展的特征映射出了中国金融监管的发展过程。

从发展规模及增速上看，其自20世纪80年代初期引入到末期业务发展达到阶段性顶点；随后的20世纪90年代，由于行业风险爆发，经过调整，其业务规模持续萎缩；以2000年为分水岭，其后逐步恢复；2007年后中国融资租赁产业在金融租赁公司的带动下出现爆发式增长，2017年后，增长速度有所回落。以下基于中国改革开放与金融改革的大背景，对融资租赁产业与金融监管的演化发展过程进行阶段性解析。

（一）粗放发展期（20世纪80年代初至90年代初）

随着改革开放的推进，中国金融体系开始恢复和重建，1979年后，中国人民银行向中央银行转型，与央行功能无关的业务被分离出来，各类银行及非银行金融机构纷纷设立，符合市场经济需求的中国金融体系逐步发展起来。

1979年10月中国国际信托投资公司（中信集团前身）通过创办国际租赁业务的形式设立；1981年，东方租赁公司和中国租赁公司的成立标志着中国融资租赁产业正式起步。此时，由于外部经济环境的变化、制度环境的不健全以及监管的缺位，行业呈现粗放发展态势，具体表现为：一是体制改革波及融资租赁产业。1988年10月，最高人民法院颁布《关于贯彻执行〈中华人民共和国民法通则〉若干问题的意见（试行）的通知》，导致了在原有计划经济体制下承做的项目风险频发，全行业面临严峻的生存困境。二是融资租赁资产规模的快速膨胀与资本金增加不匹配。1992年邓小平发表南方谈话后，融资租赁的资产规模快速膨胀起来，但是，融资租赁行业的资本金却并没有得到快速的补充，资产规模与资本金规模的不匹配，使整个融资租赁行业的资本充足率严重偏低。三是内资金融租赁公司经营脱离主业。当时内资租赁公司的投资主体有很大一部分是各级政府，这些主体拥有较多的计划政策资源，成立租赁公司的动机主要是套取政策红利。因此，出现了经营方向上偏离主营业务、经营管理混乱等较为严重的问题。

总体上，这一时期国家对融资租赁产业的监管缺位，一方面，有关租赁法律、会计、税收等制度的缺失，导致无法对租赁公司的行为进行有效约束和保障，市场风险凸显；另一方面，融资租赁公司内控制度的缺位、风险管控意识薄弱导致经营管理混乱。

（二）政策纠偏期（20世纪90年代初至2006年）

1993年12月，《国务院关于金融体制改革的决定》颁布实施，该项文件明确规定对金融业实施分业经营。1995年颁布的《商业银行法》从法律层面明确规定银行与信托、证券必须实施分业经营，标志着中国金融业的经营走上了法制化的轨道。1998年以后，中国开始深入推进金融体制改革。

与此同时，国家也开始推行对融资租赁产业的准入限制，1993 年分业经营后，人民银行重新批准的金融租赁公司数量大幅缩减，其他公司面临严峻的生存困境，甚至逐渐消亡。1995 年开始，在金融业分业经营的监管要求下，银行、信托公司开始从租赁领域撤出，而融资租赁产业发展过程中积累的风险则开始逐步显现和爆发，开始出现大面积的承租人违约现象，但由于相关法律的缺失，租赁公司诉求得不到法律支持，行业陷入了失控状态。在此背景下，中国融资租赁业开始进行全行业整顿和制度重建，也给融资租赁产业的发展带来了转机。

1999 年开始，融资租赁行业开始逐步重建，一系列法律法规陆续颁布。《合同法》设有专门的融资租赁章节，填补了融资租赁交易立法的空白。2000 年，《金融租赁公司管理办法》颁布，为金融租赁公司的发展提供了保障，2001 年，《外商投资租赁公司审批管理暂行办法》由对外经贸合作部颁布，对外商在中国境内投资租赁公司或者设立融资租赁公司的资质条件进行了明确和统一。2004 年，商务部、国家税务总局联合颁布了《关于从事内资融资租赁试点监管工作的通知》，启动了内资租赁发展融资试点工作。2005 年将《外商投资融资租赁公司管理办法》修订为《外商投资租赁业管理办法》，内资、外资租赁企业迅速恢复发展。

总体上，这一时期，融资租赁在国家整体政策环境下经历了从“政策试错”到“政策纠偏”的调整过程，融资租赁行业发展的制度环境日益完善，为行业的复苏奠定了制度基础。

（三）放松管制期（2007—2017 年）

进入 21 世纪，金融混业经营逐渐成为一种国际性潮流和趋势，2006 年 3 月发布的“十一五”规划提出“推进金融业综合经营试点”，中国金融业开始进入有限混业经营阶段。同时，为提升“入世”后境内金融机构竞争力，融资租赁的投资准入也得到放宽，2007 年原银监会修订颁布了《金融租赁公司管理办法》，提出符合条件的金融机构和大型公司获准可以直接投资融资租赁公司，自此中国的银行系租赁公司迅速崛起。2014 年 3 月，原银监会发布修订版《金融租赁公司管理办法》，放宽了金融租赁公司的准入门槛，适当扩大了业务范围，强化了股东风险责任意识，通过对相关规则的细化，为金融租赁行业繁荣发展做了重要铺垫。此外，2015 年，国务院下发《关于加快融资租赁业发展的指导意见》《关于促进金融租赁行业健康发展的指导意见》，进一步为融资租赁产业的管制合法性夯实了基础。

总体上，自 2007 年起，在较为完善的制度基础上，中国融资租赁业进入了健康高速发展的新时期，由于融资租赁集融资、融物于一身，能够有效服务实体经济的行业特征，故而受到国家高层的肯定与重视，一系列支持鼓励政策的出台，形成了监管部门与市场主体之间的良好协调互动。

（四）强化监管期（2018 年至今）

随着 2016 年底国家新一轮金融整顿的启动，"一委一行两会"监管体系架构的正式形成，以及去杠杆、去通道、严控监管套利等监管思路的落实，对融资租赁产业的监管也相应收紧。

2018 年 5 月 8 日商务部发布《关于融资租赁公司、商业保理公司和典当行管理职责调整有关事宜的通知》，称其对融资租赁公司的监管职责已于 2018 年 4 月 20 日转移至中国银保监会。至此，对金融租赁公司与融资租赁公司的监管职责统一归于银保监会。同时，银保监会制定的《融资租赁公司监督管理暂行办法》于 2018 年 5 月 26 日正式实施，在融资租赁业务规范和监管等方面做出了诸多明确与厘清，并且绝大多数条款借鉴了 2014 年《金融租赁公司管理办法》的相关规定，进而从监管规则层面使融资租赁公司的监管与金融租赁公司监管在银保监会的统一行政监管下得到相对统一。

总体上，从"融租新规"可以看出，下一步融资租赁行业的强监管已成趋势，以金融机构标准对照，统一融资租赁行业监管标准。

三、研究假设及博弈模型设计

下文将在中国融资租赁产业与监管的演化发展过程分析的基础上，运用演化博弈分析的方法，结合融资租赁产业各阶段的发展实践，对影响产业发展的监管因素进行推演分析。从融资租赁产业的发展历程可以看出，行业屡屡出现偏离主业等问题，包括早期的套取政策资源，到后期的信贷替代等政策套利行为，但由于融资租赁本身具有集融资、融物于一体的特性，具有很好的服务于实体经济的功能，这也是监管层对融资租赁产业不断规范引导，使其回归主业、服务于实体经济的最根本的原因。因为监管层的政策目的需要融资租赁公司经营行为的落实，故存在一定的委托代理关系。而融资租赁公司在经营的过程中，有经营主业和偏离主业两种选择，存在多任务委托代理关系，政府的政策引导和激励如何能够使租赁公司回归主业经营，从而更好地服务于实体经济，实现有限资源的优化配置、监管的正向引导与激励作用，是在本文所展开的博弈分析中需要重点关注的。

（一）博弈模型的基本假设设计

在 Holmstrom 和 Milgrom（1991）① 的研究中，建立了多任务委托代理关系中的激励合约，本文的博弈模型是以该模型为基础，结合融资租赁产业的特点及行业实践，对其进行改进得到的。

根据前述对融资租赁产业的研究和梳理，可以简单地将融资租赁公司的行为倾向归结为两种：经营主业和偏离主业，在不影响结论准确性的前提下，为简化研究，对模型的构建进行如下假设：

（1）在融资租赁公司经营行为的选择中，融资租赁公司不仅具有单一的经济目标，还有包括监管层认可、行业地位、政策优惠等多元化的目标。在此假设下融资租赁公司有满足监管层要求以便获得优惠政策和监管肯定的机会。

（2）融资租赁公司需要通过经营获利满足公司持续发展的需要：一是投机获利，记为任务 1，这类任务能够在短期获利，使其收入大于其付出的成本。二是主业经营获利，记为任务 2，这类任务对服务实体经济有长远的好处，但是其需要稳步经营，融资租赁公司开展主营业务、服务实体经济所取得的成果的显现，需要一定的时间。针对不同的经营任务，融资租赁公司会采取不同的经营努力 w_1 、w_2 ，融资租赁公司了解自身的经营努力程度，但监管层则无法观测到，监管层要了解融资租赁公司努力程度，只能通过融资租赁公司经营成果进行间接观测，融资租赁公司的经营成果用 L_1 和 L_2 表示，其中 $L_1 = c_1w_1 + \theta_1$，$L_2 = c_2w_2 + \theta_2$ ，θ_i 为随机变量，代表不确定因素，且 $\theta_i \sim N(0,\delta_i^2)$ ，c_1 、c_2 为投机获利业务和融资租赁业务的产出系数。

（3）融资租赁公司的努力成本为 $W = W(w_1,w_2)$ ，满足 $\frac{\partial W}{\partial w_i} > 0$ ，$\frac{\partial^2 W}{\partial w_i^2} > 0$ ，$i = 1,2$ 。即 W 为 w_1 、w_2 的严格增函数。为简化问题，假设 $W = \frac{d_1w_1^2}{2} + \frac{d_2w_2^2}{2}$ 。其中 d_1 、d_2 为融资租赁公司在投机业务和融资租赁业务中所付出努力的成本系数。

（4）监管层的收益，取决于融资租赁公司所进行的投机业务和主营业务的完成情况，即 $F = f(L_1,L_2)$ 。

（5）监管层对融资租赁公司的报酬，通常假设为采用线性激励函数方式支付，由此可以得到，融资租赁公司在开展业务过程中所获得的报酬为：$S(L) = S(L_1,L_2) = \alpha + \beta_1L_1 + \beta_2L_2$ ，其中，α 为监管层对融资租赁公司的政策优惠，β_1 、β_2 分别为融资租赁公司对努力成

---

① Holmstrom B. , P. Milgrom. Multitask Principal - Agent Analyses: Incentive Contracts, Asset Ownership, and Job Design [J]. Journal of Law, Economics, & Organization (Special Issue), 1991: 24 - 52.

果 L_1 和 L_2 的分享份额。

（6）针对模型中参与主体的风险偏好，假设监管层是风险中性的，融资租赁公司则由于在企业经营中具有风险厌恶的特性而属于风险规避的。由此，可以对融资租赁公司的效用函数进行其具有不变绝对风险规避特征的假设，进一步得出，融资租赁公司的效用函数为：$U = -\exp(-\rho L_a)$，其中，L_a 为融资租赁公司在实践中所获得的实际收益，这种收益包括两个层面，即经济层面和政策层面，ρ 为融资租赁公司的风险系数。

（7）在融资租赁产业中，各融资租赁公司之间存在着一定的竞争关系，为简化研究，假设其业务能力差别较小，具有同质特征。融资租赁公司的收益，既取决于自身的经营，也与其他融资租赁公司的经营有关。

（二）博弈模型设计

根据假设条件，利用委托代理理论，能够建立融资租赁产业的优化合约，其优化合约条件为：

（1）监管层效用合约。对监管层的收益，采用不变替代弹性函数（Constant Elasticity of Substitution，CES）来进行相关的描述与表示：

$$F_p = [\omega L_1^{1-\lambda} + (1-\omega)L_2^{1-\gamma}]^{\frac{1}{1-\lambda}} - S(L_1, L_2)$$

其中，ω 表示融资租赁公司完成政策不规范时监管层的偏好（如关注融资租赁公司的盈利水平、资金充足情况，不关注是否经营主业，或者是期望融资租赁公司经营主业服务实体经济）对监管层收益的影响程度；$(1-\omega)$ 表示融资租赁公司经营服务实体经济的融资租赁业务对监管层收益的影响程度，假设融资租赁公司从事投机业务和融资租赁业务对于监管层的影响程度都不为负（因为从事投机业务企业经营效益良好，而从事融资租赁业务则能服务实体经济），所以 $\omega \in [0,1]$；λ 是投机业务与融资租赁业务的可替代弹性参数；用下标 p 来代表监管层。

当 $\lambda = 0$ 时，$\frac{1}{1-\lambda} = 1$，不变替代弹性函数转化为线性的完全替代效用函数，这种情况表示，融资租赁公司开展的投机业务与主营的融资租赁业务可以完全相互替代。

当 $\lambda = 1$ 时，$\frac{1}{1-\lambda} \to 0$，不变替代弹性函数转化为柯布—道格拉斯效用函数，这种情况表示，融资租赁公司开展的投机业务与主营的融资租赁业务相互依赖，完全不能被替代。

根据假设，监管层是风险中性的，由此可以得出，监管层的期望效用与期望收益是相等的。即：

$$E(U_p) = E(F_P) = E\{[\omega L_1^{1-\lambda} + (1-\omega)L_1^{1-\lambda}]^{\frac{1}{1-\lambda}} - S(L_1, L_2)\} = [\omega(c_1w_1)^{1-\lambda} + (1-\omega)(c_2w_2)^{1-\lambda}]^{\frac{1}{1-\lambda}} - (\alpha + \beta_1c_1w_1 + \beta_2c_2w_2) \tag{1}$$

（2）融资租赁公司的确定性等价收益合约。根据前述的假设条件，可以将融资租赁公司的收益表示为：$L_a = (\alpha + \beta_1L_1 + \beta_2L_2) - W(w_1, w_2)$，其中下标 a 表示融资租赁公司。若 $U(L_a) = E(L_a)$，则称确定性收益 $\overline{L}_a$ 为融资租赁公司随机收益的等价收益。此时融资租赁公司的等价收益表示为：

$$\overline{L}_a = E(L_a) - (\frac{1}{2}\rho\beta_1^2\delta_1^2 + \frac{1}{2}\rho\beta_2^2\delta_2^2) = (\alpha + \beta_1c_1w_1 + \beta_2c_2w_2) - (\frac{d_1w_1^2}{2} + \frac{d_2w_2^2}{2}) - (\frac{1}{2}\rho\beta_1^2\delta_1^2 + \frac{1}{2}\rho\beta_2^2\delta_2^2) \tag{2}$$

其中，$\frac{1}{2}\rho\beta_1^2\sigma_1^2 + \frac{1}{2}\rho\beta_2^2\sigma_2^2$ 为融资租赁公司的风险成本，其含义为融资租赁公司在 L_a 中放弃的收益，以换取确定性收益 $\overline{L}_a$。

在确定了激励合约后，融资租赁公司的最优努力水平为 w_1^* 与 w_2^*，融资租赁公司为确保其确定性收益达到最大化，会倾向于选择最优努力水平，因此，激励合约的优化设计模型为：

$$\max E(U_p) = [\omega(r_1w_1)^{1-\lambda} + (1-\omega)(r_2w_2)^{1-\lambda}]^{\frac{1}{1-\lambda}} - (\alpha + \beta_1r_1w_1 + \beta_2r_2w_2)$$

$$\text{s.t.}\begin{cases}\alpha + \beta_1c_1w_1 + \beta_2c_2w_2 - (\frac{d_1w_1^2}{2} + \frac{d_2w_2^2}{2}) - (\frac{1}{2}\rho\beta_1^2\delta_1^2 + \frac{1}{2}\rho\beta_2^2\delta_2^2) \geqslant \overline{Y}_a(\text{IR}) \\ w_1, w_2 \in \operatorname{argmax}[(\alpha + \beta_1c_1w_1 + \beta_2c_2w_2) - (\frac{d_1w_1^2}{2} + \frac{d_2w_2^2}{2}) - (\frac{1}{2}\rho\beta_1^2\delta_1^2 + \frac{1}{2}\rho\beta_2^2\delta_2^2)](\text{IC})\end{cases} \tag{3}$$

（三）博弈模型求解

根据式（3）中给出的激励相容约束的条件（IC）的一阶条件 $\begin{cases}\beta_1c_1 - d_1w_1 = 0 \\ \beta_2c_2 - d_2w_2 = 0\end{cases}$，可以推导出 $w_1^* = \frac{\beta_1c_1}{d_1}, w_2^* = \frac{\beta_2c_2}{d_2}$；再根据 Kuhn – Tucker 法则，将式（3）中的参与约束条件（IR）取等式，则可以得到：

$$\alpha = \overline{L}_a + [\frac{(d_1w_1)^2}{2} + \frac{(d_2w_2)^2}{2}] + (\frac{1}{2}\rho\beta_1^2\delta_1^2 + \frac{1}{2}\rho\beta_2^2\delta_2^2) - \beta_1c_1w_1 - \beta_2c_2w_2 \tag{4}$$

将式（4）及 $w_1^* = \dfrac{\beta_1 c_1}{d_1}, w_2^* = \dfrac{\beta_2 c_2}{d_2}$ 代入式（1）可得：

$$E(U_p) = [\alpha(c_1 w_1)^{1-\lambda} + (1-\alpha)(c_2 w_2)^{1-\lambda}]^{\frac{1}{1-\lambda}} - (\alpha + \beta_1 c_1 w_1 + \beta_2 c_2 w_2) =$$

$$[\alpha(\frac{\beta_1 c_1^2}{d_1})^{1-\lambda} + (1-\alpha)(\frac{\beta_2 c_2^2}{d_2})^{1-\lambda}]^{\frac{1}{1-\lambda}} = \bar{L}_a - \frac{\beta_1^2 c_1^2}{2} - \frac{\beta_2^2 c_2^2}{2} - (\frac{1}{2}\rho\beta_1^2\sigma_1^2 + \frac{1}{2}\rho\beta_2^2\sigma_2^2) \tag{5}$$

根据式（5）的一阶条件：

$$\begin{cases} \dfrac{\partial E(U_p)}{\partial \beta_1} = \dfrac{1}{1-\lambda}[\omega(\dfrac{\beta_1 c_1^2}{d_1})^{1-\lambda} + (1-\omega)(\dfrac{\beta_2 c_2^2}{d_2})^{1-\lambda}]^{\frac{\lambda}{1-\lambda}} \times \\ \qquad \omega(\dfrac{c_1^2}{d_1})^{1-\lambda}(1-\lambda)\beta_1^{-\lambda} - (c_1^2 + \rho\sigma_1^2)\beta_1 = 0 \\ \dfrac{\partial E(U_p)}{\partial \beta_2} = \dfrac{1}{1-\lambda}[\omega(\dfrac{\beta_1 c_1^2}{d_1})^{1-\lambda} + (1-\omega)(\dfrac{\beta_2 c_2^2}{d_2})^{1-\lambda}]^{\frac{\lambda}{1-\lambda}} \times \\ \qquad (1-\omega)(\dfrac{c_2^2}{d_2})^{1-\lambda}(1-\lambda)\beta_2^{-\lambda} - (c_2^2 + \rho\sigma_2^2)\beta_2 = 0 \end{cases} \tag{6}$$

整理式（6）可得：

$$\begin{cases} \dfrac{1}{1-\lambda}[\omega(\dfrac{\beta_1 c_1^2}{d_1})^{1-\lambda} + (1-\omega)(\dfrac{\beta_2 c_2^2}{d_2})^{1-\lambda}]^{\frac{\lambda}{1-\lambda}} = \dfrac{c_1^2 + \rho\sigma_1^2}{\omega(1-\lambda)}(\dfrac{d_1}{c_1^2})^{1-\lambda}\beta_1^{1+\lambda} \\ \dfrac{1}{1-\lambda}[\omega(\dfrac{\beta_1 c_1^2}{d_1})^{1-\lambda} + (1-\omega)(\dfrac{\beta_2 c_2^2}{d_2})^{1-\lambda}]^{\frac{\lambda}{1-\lambda}} = \dfrac{c_2^2 + \rho\sigma_2^2}{(1-\omega)(1-\lambda)}(\dfrac{d_2}{c_2^2})^{1-\lambda}\beta_2^{1+\lambda} \end{cases}$$

进一步可得出：

$$\frac{c_1^2 + \rho\sigma_1^2}{\omega(1-\lambda)}(\frac{d_1}{c_1^2})^{1-\lambda}\beta_1^{1+\lambda} = \frac{c_2^2 + \rho\sigma_2^2}{(1-\omega)(1-\lambda)}(\frac{d_2}{c_2^2})^{1-\lambda}\beta_2^{1+\lambda}$$

即有：

$$\frac{\beta_1^*}{\beta_2^*} = \left(\frac{\omega}{1-\omega} \cdot \frac{c_2 + \rho\sigma_2^2}{c_1 + \rho\sigma_1^2}\right)^{\frac{1}{1+\lambda}} (\frac{d_2 c_1^2}{d_1 c_2^2})^{\frac{1-\lambda}{1+\lambda}} \tag{7}$$

四、金融监管与金融业态发展的博弈分析

设 $\dfrac{\beta_1^*}{\beta_2^*} = h$，该假设表示融资租赁公司从事的投机业务与其从事主营融资租赁业务的相对激励强度。由此可以得出：

$$h = \frac{\beta_1^*}{\beta_2^*} = \left(\frac{\omega}{1-\omega} \cdot \frac{c_2 + \rho\delta_2^2}{c_1 + \rho\delta_1^2}\right)^{\frac{1}{1+\lambda}} (\frac{d_2 c_1^2}{d_1 c_2^2})^{\frac{1-\lambda}{1+\lambda}} \tag{8}$$

对 h 进行分析，可以看出：

（1）当监管层对融资租赁企业经营能力，如规模、收入、利润等指标的重视程度提高时，激励强度 h 增强。由式（8）可以推出：

$$\frac{\partial h}{\partial \lambda}=\frac{1}{1+\lambda}\left(\frac{\omega}{1-\omega}\cdot\frac{c_2+\rho\delta_2^2}{c_1+\rho\delta_1^2}\right)^{\frac{-\lambda}{1+\lambda}}\frac{c_2+\rho\delta_2^2}{(1-\omega)^2(c_1+\rho\delta_1^2)}\left(\frac{d_2c_1^2}{d_1c_2^2}\right)^{\frac{1-\lambda}{1+\lambda}}>0 \tag{9}$$

由此可见，在其他条件相同的情况下，监管层仅关注融资租赁公司的经济效益，即会产生对融资租赁公司从事投机业务的较强的激励，导致融资租赁公司从事投机业务相对于从事主营的融资租赁业务的相对激励强度增强，如果要改善这种局面，就需要提高对融资租赁公司从事主营融资租赁业务的激励程度，只有这样，才能使融资租赁公司回归主营的融资租赁业务，使整个融资租赁产业回归健康发展的状态，从而为实体经济的发展提供有效的服务，具体为，采取相应措施对积极开展主营融资租赁业务、主动服务实体经济的融资租赁公司予以政策支持，而减少对融资租赁公司的企业规模和短期盈利能力等短期指标的关注和重视。

（2）如果融资租赁公司开展投机业务的不确定性增加，则相对激励强度 h 会降低，如果融资租赁公司开展主营的融资租赁业务的不确定性增加，则相对激励强度 h 会增强。由式（8）可得：

$$\frac{\partial h}{\partial \delta_1}=\frac{1}{1+\lambda}\left(\frac{\omega}{1-\omega}\cdot\frac{c_2+\rho\delta_2^2}{c_1+\rho\delta_1^2}\right)^{\frac{-\lambda}{1+\lambda}}\left[-\frac{\omega}{1-\omega}\frac{(c_2+\rho\delta_2^2)2\rho\delta_1}{c_1+\rho\delta_1^2}\right]\left(\frac{d_2c_1^2}{d_1c_2^2}\right)^{\frac{1-\lambda}{1+\lambda}}<0 \tag{10}$$

由式（10）可以看出，在融资租赁公司开展投机业务时，若其收益的不确定性增加，融资租赁公司就会主动减少对该类业务的拓展和投放。因此，监管层可以通过加强监管等举措，使得融资租赁公司开展投机业务的不确定性增加，从而减少合约中对融资租赁公司开展投机业务的激励。

$$\frac{\partial h}{\partial \delta_2}=\frac{1}{1+\lambda}\left(\frac{\omega}{1-\omega}\cdot\frac{c_2+\rho\sigma_2^2}{c_1+\rho\sigma_1^2}\right)^{\frac{-\lambda}{1+\lambda}}\left(\frac{\omega}{1-\omega}\frac{2\rho\delta_2}{c_1+\rho\sigma_1^2}\right)\left(\frac{d_2c_1^2}{d_1c_2^2}\right)^{\frac{1-\lambda}{1+\lambda}}>0 \tag{11}$$

由式（11）可以看出，在融资租赁开展其主营的融资租赁业务时，若其收益的不确定性增加，开展投机业务的激励性就会增强，融资租赁公司倾向于缩减主营业务，转而开展投机业务。因此，应通过加强监管和出台相应的政策，为融资租赁行业的发展提供稳定的政策环境，减少其面临的不确定性。

（3）在融资租赁公司从事投机业务的产出系数加大时，相对激励强度 h 会降低，由式（8）可以推出：

$$\frac{\partial h}{\partial c_1} = -\frac{1}{1+\lambda}\left(\frac{\omega}{1-\omega}\cdot\frac{c_2+\rho\sigma_2^2}{c_1+\rho\sigma_1^2}\right)^{\frac{-\lambda}{1+\lambda}}\left[\frac{\omega}{1-\omega}\frac{c_2+\rho\sigma_2^2}{(c_1+\rho\sigma_1^2)^2}\right](\frac{d_2c_1^2}{d_1c_2^2})^{\frac{-2\gamma}{1+\gamma}}\left[\frac{2d_2c_1}{d_1c_2^2}\frac{1-\lambda}{1+\lambda}\right] = -\frac{2(1-\lambda)}{(1+\lambda)^2}(\frac{1}{1+\lambda})\left(\frac{c_2+\rho\sigma_2^2}{c_1+\rho\sigma_1^2}\right)^{\frac{-\lambda}{1+\lambda}}\left[\frac{c_2+\rho\sigma_2^2}{(c_1+\rho\sigma_1^2)^2}\right](\frac{d_2c_1^2}{d_1c_2^2})^{\frac{-2\gamma}{1+\gamma}}(\frac{d_2c_1}{d_1c_2^2}) < 0 \tag{12}$$

由式（12）可以看出，如果融资租赁公司从事投机业务的产出系数大，则监管层应采取相应措施，降低对投机业务的激励，提高对融资租赁公司开展主营融资租赁业务的激励系数。

$$\frac{\partial h}{\partial c_2} = -\frac{1}{1+\lambda}\left(\frac{\omega}{1-\omega}\cdot\frac{c_2+\rho\sigma_2^2}{c_1+\rho\sigma_1^2}\right)^{\frac{-\lambda}{1+\lambda}}(\frac{\omega}{1-\omega}\frac{1}{r_1+\rho\sigma_1^2})(\frac{d_2c_1^2}{d_1c_2^2})^{\frac{-2\gamma}{1+\gamma}}(\frac{2d_2c_1}{d_1}\frac{1}{c_2^3}) = -\frac{2(1-\lambda)}{(1+\lambda)^2}(\frac{\omega}{1-\omega})^{\frac{1}{1+\lambda}}\left(\frac{c_2+\rho\sigma_2^2}{c_1+\rho\sigma_1^2}\right)^{\frac{-\lambda}{1+\lambda}}(\frac{1}{c_1+\rho\sigma_1^2})(\frac{d_2c_1^2}{d_1c_2^2})^{\frac{-2\gamma}{1+\gamma}}(\frac{d_2c_1^2}{d_1c_2^3}) < 0 \tag{13}$$

由式（13）可以看出，如果融资租赁公司开展主营融资租赁业务的产出系数大，则说明整体行业处于一个较为健康的发展环境，但要防止融资租赁行业过热带来的隐性风险，在观测到可能存在的风险隐患时，监管层可降低对其的激励强度。

通过对中国融资租赁产业的发展实践的回顾和梳理，可以看到，在融资租赁行业的发展初期，由于监管层缺乏相应的监管经验，主要关注企业的规模、效益等，融资租赁产业发展受当时外部环境的影响，导致融资租赁业务开展困难，投机业务的产出系数较大，而通常政府会在融资租赁公司经营投机业务中，获得比开展融资租赁主业更大的收益，所以融资租赁产业整体出现了偏离主业的现象。

（4）在融资租赁公司从事投机业务的成本增加时，其相对激励强度 h 降低；而当融资租赁公司从事主营融资租赁业务的成本增加时，其相对激励强度 h 增加。式（8）可被进一步推导如下：

$$\frac{\partial h}{\partial d_1} = -\frac{(1-\lambda)}{(1+\lambda)}(\frac{\omega}{1-\omega})^{\frac{1}{1+\lambda}}\left(\frac{c_2+\rho\sigma_2^2}{c_1+\rho\sigma_1^2}\right)^{\frac{1}{1+\lambda}}(\frac{d_2c_1^2}{d_1c_2^2})^{\frac{-2\lambda}{1+\lambda}}(\frac{d_2c_1^2}{d_1^2c_2^2}) < 0 \tag{14}$$

由式（14）可以看出，如果投机业务的成本增加，则融资租赁公司自然有减少投机业务的动机。随着监管层监管经验的日益成熟，以及对融资租赁产业服务实体经济效用认识的逐步提高，在融资租赁产业不断规范发展的过程中，监管层可通过加大对投机业务的惩罚和监管力度，提高融资租赁公司从事投机业务的成本，从而达到引导和规范融资租赁产业发展的目的。

$$\frac{\partial h}{\partial d_2} = \frac{(1-\lambda)}{(1+\lambda)}(\frac{\omega}{1-\omega})^{\frac{1}{1+\lambda}}\left(\frac{c_2+\rho\sigma_2^2}{c_1+\rho\sigma_1^2}\right)^{\frac{1}{1+\lambda}}(\frac{d_2c_1^2}{d_1c_2^2})^{\frac{-2\lambda}{1+\lambda}}(\frac{c_1^2}{d_1c_2^2}) > 0 \tag{15}$$

由式（15）可以看出，如果融资租赁公司开展主营融资租赁业务的成本加大，则相对激励强度 h 增加，因为在融资租赁业务成本加大而市场容量又有限的情况下，融资租赁公司会倾向于减少业务的拓展，寻找利润更高的新业务，此时，如果监管层不能及时激励融资租赁公司开展主营融资租赁业务、降低其业务成本，则融资租赁产业将会由于融资租赁公司收缩主营融资租赁业务而产生供给短缺的情况，因此，当融资租赁产业中融资租赁公司拓展主营融资租赁业务的成本增加时，监管层则应当适时推行鼓励融资租赁产业发展的政策，如通过减少税负、减少行政审批环节等措施，降低融资租赁公司开展主营融资租赁业务的成本，促进融资租赁产业的健康发展。

总体而言，在融资租赁产业发展过程中，正是由于监管层通过加大对融资租赁公司开展投机业务的打击力度，以及为融资租赁产业营造良好、健康的政策环境，增加投机业务的开展成本，减少融资租赁业务拓展的成本，才使得融资租赁公司逐步回归主业经营，服务实体经济。

五、结论

结合上述对融资租赁行业及其监管演化发展的博弈分析，可拓展到各金融业态与监管的演化发展，得出具有普遍参考价值的结论如下：

第一，鉴于金融企业的逐利性，若投机业务的激励程度高于主营业务，企业会具有较强的开展投机业务的冲动，此时应从监管角度适当加强对其从事主营业务的动力，具体出台支持主营业务发展的鼓励政策，例如，在融资租赁行业针对开展服务战略性产业发展的租赁业务，出台相应的优惠政策，从根本上给予其回归本源的动力。

第二，由于在进行业务选择时，若一类业务收益的不确定性增加，金融企业会主动减少对该类业务的拓展和投放。因此，监管层可以通过加强监管等举措，使得融资租赁公司开展投机业务的政策风险增加，并积极为服务主营业务的发展提供稳定的政策环境，例如，融资租赁行业在政策纠偏期出台的一系列法律法规，为其后行业的快速发展奠定了制度基础，后续又在租赁物范围界定、租赁物权登记等方面积极推进，从根本上减小推行主营业务面临的不确定性。

第三，从开展业务的产出系数角度看，若开展主营业务的产出系数大，则说明整体行业处于一个较为健康的发展环境，但要防止融资租赁行业过热带来的隐性风险，在观测到可能存在的风险隐患时，监管层可适当降低对其的激励强度。因此，监管部门应当积极转变监管逻辑，例如，在租赁新规中，增加了审慎监管指标内容，包括融资租赁资产比例、固定收益类证券投资业务比例、业务集中度和关联度等，推动融资租赁公司专注主业，提升风险防控能力，真正向以职能监管、行为监管为主导转变。

第四，从对金融业务开展成本进行干预着手，一方面，监管层可通过加大对投机业务的惩罚和监管力度、增加其成本达到引导和规范融资租赁产业发展的目的；另一方面，可针对市场容量有限的情况，及时对金融企业开展主营业务进行激励，避免其寻找用于替代的投机业务，进而防范主营业务供给规模不足、质量不高的情况发生。因此，当金融产业拓展主营业务的成本增加时，监管层应该适时推行减少税负、减少行政审批环节等措施，降低金融企业开展主营业务的成本，促进产业的健康发展，服务实体经济。

参考文献

[1] Donahoo K. K. , Shaffer S. Capital Requirements and the Securitization Decision[J]. Quarterly Review of Eco-nomics and Business,1991,31(4):12 - 23.

[2] Holmstrom B. , P. Milgrom. Multitask Principal - Agent Analyses:Incentive Contracts, Asset Ownership, and Job Design[J]. Journal of Law, Economics, & Organization(Special Issue), 1991:24 - 52.

[3] Taylor M. Dealing with Regulatory Arbitrage. Aligning Financial Regulatory Rrchitecture with Coutry Needs:Lessons from International Experience[R]. Paper Presented at Financial Sector Conference,2004.

[4] 邓江兰. 本土 PE 基金管理企业的中国式发展路径[D]. 北京:中国社会科学院研究生院,2012.

[5] 陆岷峰,徐博欢. 金融乱象与金融治理——基于改革开放 40 年金融整治经验[J]. 财经科学,2019(10).

[6] 吴吉芳. 中国信托业功能演进分析[D]. 上海:复旦大学,2005.

[7] 杨汀,史燕平. 中外租赁业外延政策比较及启示——基于政策扶持及规避政策套利的视角[J]. 现代管理科学,2016(9).

[8] 杨汀. 论承租人视角下中国融资租赁业脱离本源现象[D]. 北京:对外经济贸易大学,2019.

中国农村金融改革历程回顾与发展路径展望

范昕墨①

【摘要】 改革开放以来，农村金融已成为促进现代农业发展、缩小城乡收入差距和消除农村贫困的重要推动力量。通过回顾中国农村金融改革不同阶段的思路、政策指引、改革实践及阶段成果发现，中国农村金融的改革取得了思路实现较大突破、多层次的农村金融生态基本形成、金融扶贫作用日益突出等成就，但也存在着政策意图不连贯、供给效率不高、交易成本较高、民间信用监管缺失等问题。在此基础上，本文进一步探讨了中国农村金融改革的路径。

【关键词】 农村金融改革；农村经济发展；金融扶贫

金融业是国民经济的重要组成部分，发展农村经济、解决“三农”问题、促进城乡融合发展离不开金融的支持。改革开放以来，中国农村经济由自给自足的自然经济向商品经济过渡，农村金融得到了一定的发展，但由于长期存在的城乡二元结构限制②，在广大农村地区普遍存在的“融资难”“融资贵”和“融资慢”等难题仍未从根本上得到解决。因此，必须立足当前农村经济发展实际，充分尊重市场规律，在城乡融合、乡村振兴的战略背景下，构建农村金融新生态，探索适应符合“三农”发展需求和规律的农村金融改革路径。

一、中国农村金融改革历程回顾

1978 年底，党的十一届三中全会发出了解放思想、实事求是的号召，新经济体制的建立，将土地公有、家庭承包的双层经营制，定性为社会主义所有制的一种实现形式③。统

---

① 范昕墨，海航资本博士后工作站研究员。

② 王劲屹．农村金融发展、资本存量提升与农村经济增长[J]．数量经济技术经济研究，2018(2)：64－81.

③ 杜润生．中国农村改革决策纪事[M]．北京：中央文献出版社，1999.

分结合、双层经营的家庭联产承包责任制激发了农村经济的活力，农村金融需求逐步产生。农村经济改革向深层次推进，必然使农村商品经济货币化程度加深，计划经济体制下僵化的资金筹集和使用办法，已不适应市场经济的发展需求，迫切需要进行农村金融改革[①]。本文从资金融通的角度，以为“三农”提供资金支持的金融机构组织形态变化为依据，将改革开放以来的农村金融改革划分为五个阶段，如图 1 所示。

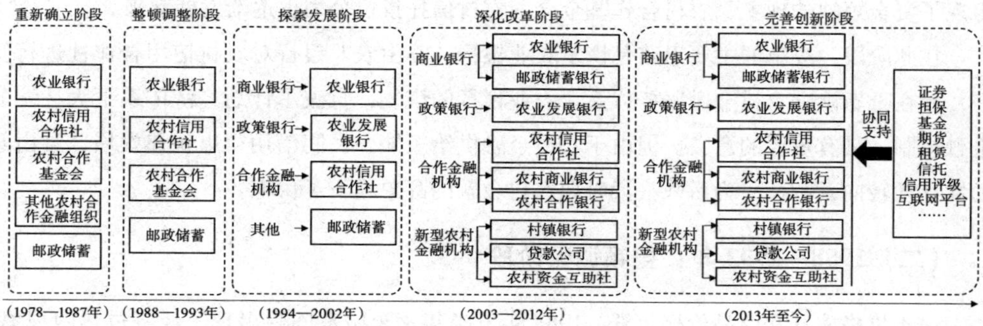

图 1　改革开放以来农村金融改革历程阶段划分

（一）1978—1987 年：重新确立阶段

党的十一届三中全会以后，统分结合、双层经营的家庭联产承包责任制开始推行，计划经济体制逐步过渡到社会主义市场经济体制，金融需求逐步产生，农村金融作为支持农村发展商品经济、帮助农村和农民共同致富的重要手段，亟待获得发展。在此背景下，农村金融改革重新启动，农村金融制度得以重新确立。

1978 年 12 月，党的十一届三中全会把恢复中国农业银行提上日程。1979 年 2 月，国务院落实党的十一届三中全会会议精神，在《关于恢复中国农业银行的通知》中，明确农业银行的机构性质为国务院直属机构，并授权由其管理农村信用合作社，业务范围从单一的农村存贷款业务，拓展到农村经济的多个领域[②]。1984 年，按照中央一号文件关于“信用社要进行改革，真正办成群众性的合作金融组织”的精神，农业银行理顺了与农信社的行社关系，农信社开始实行经营责任制，自主经营、独立核算，逐渐恢复了“三性”及经营活力。1985 年 1 月，题为《中共中央、国务院关于进一步活跃农村经济的十项政策》的中央一号文件提出，要放活农村金融政策，提高资金的融通效益，为农村金融的改革增强了动力。1987 年 1 月，党中央在《把农村改革引向深入》的通知中，提出了搞活

① 李树生. 改革中的农村金融体制[J]. 管理世界,1988(4):127 - 134.

② 赵海宽,郭田勇. 中国金融体制改革 20 年[M]. 郑州:中州古籍出版社,1998.

农村金融、开拓生产要素市场的农村金融改革思路。

在农村金融发展的实践中，1986 年，邮政储蓄开始办理农村存款业务，以弥补专业银行储蓄网点不足的缺陷。而从 20 世纪 70 年代末开始，非正规金融（大致上相当于民间信用）在农村迅速崛起，包括自由借贷、合会、个人信用中介、社会集资、私人钱庄以及一些非金融机构的信用活动①。1984 年以后，由于农业银行和农信社的信贷规模受到限制，出现了资金短缺的现象，农村合作基金会、农村信托投资公司也逐渐发展起来。

在此阶段，改革的主要思路是恢复农业银行，并由农业银行对农村信用合作社进行管理，旨在重新确立农村金融服务体系。农业银行的恢复，打破了计划经济体系下大一统的金融体制，具有重要的意义。但由于农村金融供给短缺，民间信用得以快速发展，且由互助性逐渐转向营利性，为后来一段时期农村金融的乱象埋下了伏笔。

（二）1988—1993 年：整顿调整阶段

由于价格放开和商品价格上涨，1988 年下半年，全国范围内出现了经济过热的现象，通胀严重。国家开始实行“双紧”政策，严格控制财政、信贷投放，中国进入了以治理经济环境、整顿经济秩序为主题的整顿调整阶段。在此背景下，以农业银行为主的农村金融机构开始通过信贷资金调节抑制过热现象②，农村金融改革进入整顿调整阶段。

1988 年 9 月，党中央召开十三届三中全会，做出了治理经济环境、整顿经济秩序、全面深化改革的决定和战略部署，国务院发出《关于进一步控制货币稳定金融的决定》，要求各级政府稳定金融、稳定经济。1988 年 10 月，农业银行总行通知各地信托投资公司停办信托贷款和投资业务。1989 年 9 月，国务院发布《关于进一步清理整顿金融性公司的通知》，进一步对信托投资公司和其他金融机构进行清理整顿，禁止私人设立金融机构、办理金融业务。1993 年 7 月，全国金融工作和全国农村金融会议后，各地农村信用社停止了违章拆借活动，同时对自办经济实体进行了清理，经济案件进一步减少③。

在此阶段，国家层面开始清理整顿金融秩序，农村金融改革也遵循了同样的思路。以农业银行为主的农村金融机构转向企业化经营，贯彻“控制总量、调整结构、扶优限劣、提高效益”的方针，农信社则着重解决历史包袱重、资产质量差、经营管理不善等问题。对农村金融秩序的清理和整顿初见成效。

---

① 周万阜．论非正规金融市场的利率形成［J］．农村金融研究，1989（1）：11－15.

② 伍成基．中国农业银行史［M］．北京：经济科学出版社，2000.

③ 马永伟．加强宏观调控　整顿金融秩序　深化农村金融改革［J］．中国金融，1993（5）：4.

（三）1994—2002 年：探索发展阶段

为了优化农村金融供给结构，明晰各农村金融机构的职能，开始着手将政策性金融与商业性金融分离；促进农业银行由专业银行向商业银行转型；解除农村信用社与农业银行隶属关系，初步形成了政策金融、商业金融、合作金融共同发展的格局。

1993 年 12 月，国务院启动金融体制改革，提出组建 3 家政策性银行（国家开发银行、中国农业发展银行、进出口信贷银行）；1996 年 8 月，国务院在《关于农村金融体制改革的决定》中，提出了合作金融、政策金融、商业金融的发展思路，具体包括改革农信社管理体制，农信社与中国农业银行解除行政隶属关系；办好国有商业银行，建立农村合作银行；按照精简、高效原则适当增设中国农业发展银行的分支机构；清理整顿农村合作基金会。1998 年 7 月，国务院对非法金融机构和非法金融业务活动进行了明确的界定，并给出了具体的取缔程序。2002 年 3 月，党中央、国务院再次推进农信社改革，把明确产权关系和管理责任作为农信社改革的重点。

在农村金融改革的实践中，1994 年 4 月，中国农业发展银行作为国务院直属的政策性金融机构获准组建，并于当年 11 月在北京正式成立，接管了原国有商业银行的农业政策性贷款业务。由于中国农业发展银行省以下的分支机构尚未建立，其相关业务暂由中国农业银行代理。1996 年 8 月，《中国农业发展银行增设分支机构实施方案》出台，结束了农业银行代理农业发展银行业务的局面，农业银行开始探索向商业银行转型的路径。与此同时，1996 年 9 月开始，农村信用社与农业银行的行政隶属关系逐步解除，成为具有独立法人地位的合作金融组织。此后，围绕农信社产权关系、管理体制、经营机制的改革逐步深入。2000 年 7 月，国务院批准在江苏省进行农村信用社改革试点，成立江苏省联社。2001 年 11 月底 12 月初，全国首批农村商业银行在江苏张家港、常熟、江阴相继设立。此外，农村合作基金会由于在产权、管理、监管方面存在着较为复杂的问题，出现了大面积的兑付风险，也开始被清理整顿，到 1999 年 1 月，农村合作基金会被全面取缔①。

在此阶段，农村金融机构实现了专业化分工：农业政策性银行从无到有，提供涉农政策性金融服务；农业银行确定了转型目标和步骤，由专业银行向商业银行转型；农村信用社按照合作制原则真正成为合作金融组织，成为农村金融的主要力量。与此同时，民间信用从法律许可的角度上退出了历史舞台。

---

① 温铁军．农村合作基金会的兴衰史[J]．中国老区建设，2009(9)：17－19.

（四）2003—2012 年：深化改革阶段

经过一定时期的探索发展，虽然政策金融、商业金融、合作金融共同发展的格局初步形成，但由于农村信用社治理结构不完善、资产质量差，国有商业银行企业化发展致使业务重心偏离农村，粮棉流通体制改革的深化使农业发展银行的政策性金融业务空间越来越窄等一系列原因，农村金融对“三农”发展的支持陷入瓶颈期。农村金融改革的方向由存量机构的调整转向存量机构调整和增加农村金融市场供给主体并重，新型农村金融机构开始蓬勃兴起。

2003 年 6 月，国务院出台《深化农村信用社改革试点方案》，对农信社构建新的产权关系、完善法人治理结构等方面进行了部署，将农信社的管理交由省级地方政府负责，并提出由银监会（现为银保监会）承担对农信社的金融监管职能，启动新一轮的农信社改革。2004 年 1 月，题为《关于促进农民增加收入若干政策的意见》的中央一号文件，对社会资本、外资开办服务“三农”持鼓励、支持态度，开启了农村金融发展的新篇章。2006 年 2 月，题为《关于推进社会主义新农村建设的若干意见》中央一号文件，要求加快推进农村金融改革，提出要巩固和发展农信社改革试点成果、引导邮储资金回流农村、调整农业发展银行职能定位。同时，允许私有资本、外资等参股在县域内设立的社区金融机构。2006 年 12 月，原银监会出台政策，放宽了农村地区银行业金融机构准入的条件，鼓励各类资本参与新型农村金融机构的设立，并配套出台了《村镇银行管理暂行规定》。2007 年 1 月，全国第三次金融工作会议对发展农村地区多种所有制的金融组织进行了部署，放宽农村地区金融机构准入政策。同时，制定了农业银行“面向‘三农’、整体改制、商业运作、择机上市”的改革原则。2008 年 10 月，党的十七届三中全会讨论了推进农村改革发展的若干重大问题，提出进一步推进改革并建立现代农村金融制度。同年，中国人民银行、原银监会联合发布文件，对推进农村金融产品和服务方式创新进行部署。2009 年 6 月，原银监会出台政策，允许符合条件的小额贷款公司改制为村镇银行。2010 年 5 月，国务院发布文件，对民间资本参与设立村镇银行持鼓励和支持的态度。2010 年 11 月，原银监会在《关于加快推进农村合作金融机构股权改造的指导意见》中，提出从产权关系、股权结构、公司治理等方面将农村合作金融机构改制为股份制金融企业，为建立现代农村金融制度奠定了基础。

在农村金融改革的实践中，根据《深化农村信用社改革试点方案》中提出的股份制、股份合作制、合作制等信用社产权改革的方向，2003 年吉林、山东等 8 省（市）开展了农村信用社改革试点工作。2004 年 5 月，贵州省花溪农村合作银行挂牌，成为新一轮农村信用社改革启动后首家挂牌的农村合作银行。农村商业银行改革则率先在江苏开展，常熟、东吴、吴江、昆山等农村商业银行相继成立；同年 8 月，《国务院办公厅关于进一步深化农村信用社改革试点的意见》中，新增北京、天津、河北等 21 个省（区、市）为农村信用社改革试点地区，试点范围扩大到 29 个省份。与此同时，新型农村金融机构也诞生和发展起来。2007 年 3 月，全国首家村镇银行——四川仪陇惠民村镇银行和全国首家农村资金互助社——吉林梨树闫家村百信农村资金互助社正式挂牌成立，标志着新型农村金融机构在农村地区正式诞生。同时，中国邮政储蓄银行也以有限责任公司形式在北京挂牌成立，改变了原来只存不贷的机制，为“三农”发展提供资金支持。2008 年 8 月，农行总行设立“三农”金融事业部，全面推行“三农”金融事业部制改革。与此同时，汇丰银行获准在湖北筹建村镇银行，成为第一家获准进入农村地区的外资银行。此外，农村金融机构也积极对接资本市场，2009 年 1 月，中国农业银行完成股改。2010 年 7 月，农业银行在 A 股和 H 股上市，2010 年 12 月，重庆农村商业银行在香港交易所上市，成为首家在香港上市的内地地方性银行和农村商业银行。

在此阶段，农村金融改革更加强调市场化导向，农村信用社改革路线逐步清晰，符合条件的农信社逐步改制为农村商业银行（股份制）或农村合作银行（股份合作制），以村镇银行为代表的新型金融机构作为对农村金融体系的有益补充，也实现了飞速发展。“三农”面临的金融抑制得到一定的缓解。

（五）2013 年至今：完善创新阶段

党的十八大以来，国家对“三农”问题的关注更加深入和广泛，党的十九大将解决好“三农”问题作为全党工作重中之重，提出了乡村振兴战略。农村金融迎来了新的发展机遇，农村金融改革获得了更广阔的空间。改革方向从以单一的机构改革转向机构建设、制度完善、营商环境改善、金融产品创新等全方位改革。

2013 年 1 月，题为《关于加快发展现代农业进一步增强农村发展活力的若干意见》的中央一号文件，从商业金融支农、农村信用社改革、政策银行职能定位、支持社会资本参与设立新型农村金融机构、农村支付服务条件的改善等角度提出了农村金融发展手段。2013 年 11 月，党的十八届三中全会就全面深化改革的若干重大问题做出决定，赋予了农户承包土地的抵押和担保权能，为进一步开展农村产权抵押融资试验提供了政策依据。2013 年 12 月，中共中央办公厅、国务院办公厅印发《关于创新机制扎实推进农村扶贫开发工作的意见》，提出了做好扶贫开发工作的 6 项创新机制和 10 项重点工作，为农村金融扶贫指明了方向。此后，各类农村金融机构纷纷推出金融扶贫产品，学术界也对金融扶贫的作用展开了深入的研讨。2014 年 1 月，中央一号文件部署加快农村金融制度创新，要求切实发挥金融“支农”功能；2015 年题为《关于加大改革创新力度 加快农业现代化建设的若干意见》的中央一号文件，鼓励创新“三农”金融服务，开展“三农”融资担保业务及大型农机具融资租赁试点，并提出推动农村金融立法；同年，国务院启动了“两权”抵押贷款试点工作，解决了农村金融因缺少抵押物而难以发展的关键问题。2016 年 3 月，中国人民银行等七部门联合印发《关于金融助推脱贫攻坚的实施意见》，对金融扶贫工作进一步进行了具体安排。2017 年中央一号文件提出要加快农村金融创新，并再次强调积极推动农村金融立法。2018 年 2 月，题为《中共中央　国务院关于实施乡村振兴战略的意见》的中央一号文件，对实施乡村振兴战略进行了总体部署。2018 年 9 月，《乡村振兴战略规划（2018—2022 年）》就实施乡村振兴战略第一个五年工作进行了全面部署，要求加大金融扶贫、金融支农力度，鼓励证券、保险、担保、基金、期货、租赁、信托等金融资源聚焦服务乡村振兴。农村金融领域开启了全方位、系统化的改革进程。2019 年 1 月，中国人民银行、银保监会、证监会、财政部、农业农村部联合印发了《关于金融服务乡村振兴的指导意见》，分阶段提出了金融服务乡村振兴的目标，并围绕坚持农村金融改革发展的正确方向，健全适合乡村振兴发展的金融服务组织体系进行了系统全面的部署。2020 年 2 月，题为《关于抓好“三农”领域重点工作确保如期实现全面小康的意见》的中央一号文件，继续聚焦“三农”问题，提出扩大支农支小再贷款额度；深化农村信用社改革；鼓励发行专项金融债券；做大面向新型农业经营主体的担保业务；加快构建线上线下相结合、“银保担”风险共担的普惠金融服务体系；优化“保险 + 期货”试点模式等系列举措。

在政策对农村金融不断加大支持力度的同时，农村金融实践领域的创新也不断推进，信息技术的应用加大了农村金融产品的创新力度，提高了农村金融服务的效率，扩大了覆盖范围，在促进“三农”发展过程中发挥了更加重要的作用。随着信息技术的普及和应用，银行等传统金融机构也开始重新审视发展模式，结合新技术的应用和客户群体的变化，积极进行渠道和产品的创新，为农村金融提供更便捷的服务；京东、阿里巴巴等互联网企业也积极布局农村金融领域，发展农村普惠金融。

在此阶段，农村金融改革已经突破了以往对金融机构组织形态改革的局限，转向鼓励农村金融产品创新、改善农村金融法制环境等方面，中国的农村金融改革的思路实现了从“行政干预”到“市场引导”的转变，农村金融市场的多元化供给模式已经基本形成，农村金融制度环境得到极大改善。

二、中国农村金融改革取得的成就

改革开放以来，共有 21 个中央一号文件论及“三农”问题，2004 年至今，已连续有 16 个指导“三农”工作的一号文件出台，充分体现了党和国家对“三农”工作的重视。经过不断的探索和实践，农村金融改革取得了很大的成就。

（一）改革思路实现较大突破

2013 年以前的农村金融改革，以政府主导的自上而下的行政干预、推动为主，重点仍放在对涉农金融机构组织形态的改革上，2013 年以后，改革思路逐渐转向适应新时代“三农”发展需要、顺应不同区域农村经济的发展规律等方面，改革重点转为对农村金融法律及制度环境的改善、农村金融产品创新的支持上来。

（二）多层次的农村金融生态基本形成

改革开放以来，农村金融机构数量增长、类型多样，形成了商业银行、政策银行、合作金融机构、新兴农村金融机构以及服务支持农村金融发展的其他金融机构协作共生的多层次农村金融生态。此外，证券、保险、担保、基金、期货、租赁、信托等金融资源也聚焦服务“三农”，开始向农村地区部署。

（三）金融扶贫作用日益突出

改革开放以来，农村居民的收入大幅提升，生活水平得到了很大程度的改善①，金融扶贫的作用日益突出。随着信息技术的发展，互联网金融出现了新形态，金融机构充分利用互联网技术，依托产业链信息化获取数据和用户，进入农村金融领域，创新农村金融产品，提高“三农”金融服务水平。农村金融在促进农村经济发展和金融扶贫方面起到了非常重要的作用。

三、中国农村金融改革存在的问题

改革开放以来，中国农村金融改革一直在探索一条通过制度创新切实提高金融资源产出潜力的发展道路，取得了丰硕的成果。但农村金融需求与有效供给不足的矛盾仍然存在，金融抑制特征仍然十分明显。

（一）农村金融政策意图不连贯

改革开放以后，由于缺乏对农村金融市场基础条件的深入分析，以政府为主导推动的农村金融改革没有形成一以贯之的顶层设计，部分农村金融机构的频繁调整，造成了有限资源的浪费。

---

① 张荣．中国农村金融发展对农民收入增长的影响研究——基于 2003—2014 年数据的实证分析[J]．技术经济与管理研究，2017(2)：119－123.

（二）农村金融供给效率不高

从目前的情况来看，涉农金融机构的供给效率仍然不高，主要表现为农业银行商业化发展、基层网点减少且地区分布不均；农信社受产权关系、治理结构等历史遗留问题的限制，难以有效地提供农村金融服务；新型农村金融机构规模小、资金实力弱、运营成本高企、盈利能力不强；涉农金融机构普遍存在创新能力不足、金融服务同质化的现象。

（三）农村金融需求识别不足

中国农村金融改革的路径显示，由政府主导、以银行类金融机构为主体，自上而下推动的改革方式，在某种程度上未能充分考虑和满足农民群众的真实金融需求和农村经济发展的现实情况，农村金融的供给相对于需求存在一定的偏差和滞后性。当前，由于经济、地理条件的限制，中国农村的发展已经出现了巨大的差异，既有劳动力流失严重、空心化的农村，也有高度工业化、商业化的农村。不同类型的农村，其金融需求必将有巨大的差异，如果不考虑其差异性，则农村金融的供给一定是局限的和无效的。

（四）农村金融交易成本较高

现代金融是建立在信用制度之上的，出于历史的原因，长期以来农地所有权模糊，土地的财产抵押权得不到体现，在农村金融领域缺少有效的抵押品，导致金融部门很难有效评估农村借款人的信用和贷款风险，且农村金融需求呈现小额分散等特点，使得农村金融的交易成本要远高于城市金融，金融机构服务农村金融的动力不足，也在一定程度上制约了农村金融的发展。

（五）农村民间信用监管缺失

体制内金融服务严重不足，造成体制外民间信用的兴起，例如，在改革开放以后，福建地区的民间标会活动也盛行起来①，国务院发展研究中心发布的《中国农村金融发展报告（2014）》数据表明，农村民间借贷参与率高达 43.8%，而正规信贷可得性约为 27.6%，低于 40.5% 的全国平均水平。由于没有合法的地位，民间信用在运行上缺乏法律的监督与控制，游离于监管之外，容易导致金融风险事件的发生。

① 应震林，赵恩光，高坚，等．开拓农村金融市场　深化农村金融改革[J]．福建金融，1987(10)：30－31．

四、中国农村金融改革的路径探讨

当前，在城乡融合、乡村振兴等国家大战略的背景下，“三农”的发展环境已经产生了巨大的变化，因此，必须在农村经济的全局发展框架下考虑农村金融改革，经济下行、新冠肺炎疫情影响、强监管持续、金融科技崛起等因素也必将对农村金融改革产生深刻的影响，农村金融的改革不能就金融论金融，而是要充分考虑农村金融的发展环境和现实需求，从根本上突破农村金融改革的困境，为“三农”提供更好的金融服务和产品。

（一）制度健全与环境改善相结合

改革开放以来的农村金融发展实践表明，农村金融需要向法制化建设层面推进，建立健全相关法律、法规是降低农村金融市场交易成本、维护交易秩序的根本举措。农村金融改革不应停留在单一环节、单一领域的改革，而是要推动全环节、全要素、全领域的集成改革。在健全农村金融各项制度的同时，要注重农村金融生态环境的改善，从加大资本市场对涉农企业的支持、培育农村金融市场供给主体、增强金融机构服务动力、改善征信环境等角度推动农村金融改革。把农村金融放在整体的金融体系框架内进行审视，构建有利于资金要素在城乡间自由流动、相互协作的制度环境，为农村金融市场的各类机构创造良好的营商环境。

（二）政策指引与需求识别相结合

随着农村经济的发展、农民生活水平的提高以及信息技术的应用，农村已出现新的经济行为，部分发达地区的农村新产业新业态蓬勃发展，大量人员留乡、返乡创业，这必将不断催生新的农村金融需求，农村金融改革过程中，要充分重视、主动识别这部分农村地区金融服务需求，积极发挥财政资金、政策性信贷资金的政策导向作用，充分满足金融需求。而对于部分劳动力流失严重、空心化的农村，则要在推行农村实行土地产权制度改革的基础上，通过财政政策的引导、农村金融的支持，吸引资金进入，大力发展农业，为农业产业化提供金融支持。

（三）产品创新与加强监管相结合

随着农村产业化进程的加速和农民收入的增加，农民在农村信贷、投资理财、证券、委托代理等方面出现了新的需求。此前，信用信息难以获取一直是制约农村金融发展的主要因素，随着信息、互联网技术的发展，使得掌握农民信用情况、监控资金情况和还贷情况，加强涉农信贷风险识别，完善农村信用体系成为可能。云计算、区块链、人工智能等信息技术的应用，能够大幅降低金融服务成本，也为农村金融产品的创新提供了条件。但产品创新也可能带来一定的金融风险，由此也对监管部门提出了新的要求。充分运用技术手段，深入了解农村金融机构的经营实践，在保证企业自主经营的前提下防控风险，将成为农村金融机构和监管部门需要共同面对的重要课题。

（四）正规金融与民间信用相结合

民间信用的规模与经济的发展程度息息相关，经济越发达的地方，民间信用越活跃。监管层面从防控风险的角度将民间信用排除在农村正规金融体制外，没有赋予其合法的地位，但其事实上一直存在。长期以来，由于正规金融网点分布不合理、金融工具单一、体制僵化等问题的现实存在，民间信用有一定的生存空间。虽然民间信用有负面作用，但总体而言，能够在一定程度上缓解农村金融供给短缺、供需不平衡的问题，因此，应正视和重视正规金融与民间信用的协调性与互补性，采用疏而非堵的方式，将民间信用纳入农村金融改革框架，促进民间信用健康发展，引导民间信用在风险可控的前提下发挥作用，使之成为农村金融支持“三农”发展的有益补充。

五、结语

改革开放以来，在党和国家的高度重视下，中国的农村金融改革取得了很大的成就，但也遇到了瓶颈和问题，农村金融有着潜在巨大的市场规模和显著的社会效益，随着农村经济和社会的发展，新时代的农村金融需求正在发生变化。当前，中国农村金融改革处于重要的战略机遇期，如何充分运用信息技术手段实现转型和创新，充分认识和挖掘“三农”金融需求，低成本、宽领域地提供普惠性金融服务将成为未来农村金融发展的主要方向。深化农村金融改革，必须立足当前农村经济发展实际，破除传统思维定式，充分尊重市场规律，构建符合“三农”发展需求的农村金融生态。坚持以服务“三农”为目标，完善农村金融机构组织形态，通过科技赋能来提升农村金融服务效率，创新农村金融产品，差异化满足农村金融服务需求，以支持产业主体为抓手加大金融扶贫力度，不断探索金融促进农村经济发展的有效方式，是深化农村金融改革的应有之义。

参考文献

［1］杜润生. 中国农村改革决策纪事［M］. 北京：中央文献出版社，1990.

［2］李树生. 改革中的农村金融体制［J］. 管理世界，1988（4）.

［3］马永伟. 加强宏观调控　整顿金融秩序　深化农村金融改革［J］. 中国金融，1993（5）.

［4］温铁军. 农村合作基金会的兴衰史［J］. 中国老区建设,2009(9).

［5］伍成基. 中国农业银行史［M］. 北京:经济科学出版社,2000.

［6］王劲屹. 农村金融发展、资本存量提升与农村经济增长［J］. 数量经济技术经济研究,2008(2).

［7］应震林,赵恩光,高坚,等. 开拓农村金融市场　深化农村金融改革［J］. 福建金融,1987(10).

［8］赵海宽,郭田勇. 中国金融体制改革 20 年［M］. 郑州:中州古籍出版社,1998.

［9］周万阜. 论非正规金融市场的利率形成［J］. 农村金融研究,1989(1).

［10］张荣. 中国农村金融发展对农民收入增长的影响研究——基于 2003—2014 年数据的实证分析［J］. 技术经济与管理研究,2017(2).

竞争性需求、房价波动与宏观审慎政策

翟乃森①

【摘要】本文通过构建包含房地产资产、信贷约束、名义黏性的动态随机一般均衡模型研究中国房地产市场波动根源以及房地产市场与宏观经济波动之间的传导机制。模型估计结果显示，房地产需求冲击是房价上涨的主要驱动力。数值模拟发现，竞争性需求与内生信贷约束机制支撑房价不断上涨，并且放大了房地产市场波动对于宏观经济的影响。在此基础上的政策分析表明，从宏观审慎的角度来看，盯住房价的贷款价值比规则能够有效地缓解房地产市场波动带来的系统性金融风险。

【关键词】竞争性需求；内生信贷约束；宏观经济波动

一、引言

在大萧条时期的研究中，Irving （1933）② 认为金融摩擦因素是经济周期的重要部分，资产价格下跌不仅是经济衰退的被动反映，而且是宏观经济波动的源头之一，肇始于21世纪初的金融危机再次验证了学者们的观点。中国经济的快速增长伴随着房地产市场的不断扩张，中国房地产市场与宏观经济之间的联系越来越紧密。当前中国经济正处于降速换挡、产业结构调整期，所以准确识别房价上涨机制，分析房地产市场影响宏观经济的路径，对于防控系统性金融风险、缓解经济波动有重要的意义。

美联储的数据显示，1952—2010年有形资产占到非金融类厂商部门总资产的2/3份额，其中房地产占到有形资产的58%，是美国社会最重要的有形资产；房地产也是家庭财富的重要组成部分，美国家庭的房地产财富平均占家庭财富份额的25%，中产阶级群体的

---

① 翟乃森，北京大学经济学院博士后，经济学博士；研究方向为宏观经济学。

② Fisher I. The Debt - Deflation Theory of Great Depressions[J]. Econometrica, 1933, 1(4): 337 - 357.

房地产财富份额更是高达75%。再者，抵押贷款是美国经济主要的融资形式，70%的贷款由房地产作为担保（Berger & Udell，1988[①]）。对于中国经济来说，房地产是家庭部门与厂商部门最重要的资产，加之金融市场发展不完善，主要通过抵押房地产的方式进行间接融资，所以房地产市场对于中国宏观经济来说尤为重要。

美国房地产市场的繁荣—衰退伴随宏观经济的周期性波动，房地产市场崩盘会导致消费支出减少、投资水平下降和失业率上升，并且引起全球经济连锁反应，为了解释这一现象，学者将金融摩擦纳入厂商部门的动态模型中，研究表明厂商投资决定受其净值影响明显（Glenn Hubbard，1998[②]；Liu et al.，2013[③]）；同时有一系列的研究将信贷约束机制加入家庭部门的动态宏观模型中（Iacoviello & Neri，2010[④]；Favilukis et al.，2017[⑤]），其中土地价格或者房地产价格波动会通过家庭部门的信贷约束机制影响家庭部门的跨期最优选择，模型能够很好地解释房地产价格与消费之间的协同运动。具体地，对于厂商投资来说，Chaney（2012）[⑥] 发现，1993—2007年房地产资产价值增加1美元会导致6美分的投资上涨，并且在厂商部门面临信贷约束的情况下，房地产价格冲击对于投资波动的影响更显著，Gan（2007）[⑦]研究20世纪90年代日本房地产泡沫破裂的宏观经济效应，以及伴随房地产市场崩盘，抵押品价值下跌对厂商部门借贷能力的影响和进一步对厂商部门投资产生的不利影响，结果显示10%的厂商部门净值下跌使得厂商投资下降0.8%。再者，由于资产价格下跌引起的两次经济衰退（大衰退时期与大萧条时期），家庭消费支出受到明显影响，在房地产市场繁荣时期，家庭消费支出会随之提高，在大衰退时期，家庭消费支出急剧下降，仅2008年第二季度至2009年第二季度，美国总体消费水平就下跌了3%，1929—1933年大萧条时期消费水平下跌更是高达18%，欧盟国家从2008年至2011年消费

---

① Berger A. N. , Udell G. F. Collateral, Loan Quality, and Bank Risk[J]. Finance and Economics Discussion Series, 1988, 25(1): 21 - 42.

② Hubbard R. G. Capital - Market Imperfections and Investment[J]. Journal of Economic Literature, 1998, 36(1): 193 - 225.

③ Liu Z. , Wang P. , Zha T. Land - Price Dynamics and Macroeconomic Fluctuations[J]. Econometrica, 2013, 81(3): 1147 - 1184.

④ Iacoviello M. , Neri S. Housing Market Spillovers: Evidence from an Estimated DSGE Model[J]. American Economic Journal: Macroeconomics, 2010, 2(2): 125 - 164.

⑤ Favilukis J. , Ludvigson S. C. , Van Nieuwerburgh S. The Macroeconomic Effects of Housing Wealth, Housing Finance, and Limited Risk Sharing in General Equilibrium[J]. Journal of Political Economy, 2017, 125(1): 140 - 223.

⑥ Chaney T. , Thesmar S. D. The Collateral Channel: How Real Estate Shocks Affect Corporate Investment[J]. The American Economic Review, 2012, 102(6): 2381 - 2409.

⑦ Gan J. Collateral, Debt Capacity, and Corporate Investment: Evidence from a Natural Experiment[J]. Journal of Financial Economics, 2007, 85(3): 709 - 734.

下跌约为 5%，有学者利用微观数据进行研究，如 Mian 等（2013）① 利用大衰退期间家庭微观消费数据、信贷数据，从房屋净值、杠杆水平的角度分析家庭消费变动，发现房地产价格波动对消费支出的影响取决于家庭的净值与杠杆水平；在宏观模型层面，Kaplan 等（2017）② 在结构一般均衡模型中研究房地产市场繁荣—萧条时期的宏观经济波动，文章从财富效应解释房地产价格对消费的传递机制，说明大衰退时期消费的下降与房地产财富占总财富的份额成比例。

国内对于房地产市场的研究还处于起步阶段。大多数观点认为房地产价格上涨已经与经济基本面脱钩，而转为从货币政策、信贷政策、土地政策以及相关房地产调控政策切入。对于中国房地产市场快速发展背后的原因、房地产市场与宏观经济之间的传递机制的研究虽然有一定的进步，但是还不够完善与系统。安辉和王瑞东（2013）③ 采用 2002—2011 年季度数据构建向量自回归模型研究影响中国房地产价格的主要因素，研究表明，长期内土地政策、调控政策对房地产价格影响明显，货币政策与信贷政策影响程度较小。唐云锋和马春华（2017）④ 则从地方政府的角度解释房价上涨的驱动力，发现地方财政压力不仅直接提升了房地产价格，还通过土地财政固化了“房地产价格的棘轮效应”。王频和侯成琪（2017）⑤ 从预期的角度，引入住房交易成本预期冲击、住房价格加成预期冲击，研究预期对房地产价格与宏观经济的影响，发现公众预期因素能很好地解释房地产价格以及宏观经济的波动。

本文在 Iacoviello（2005）⑥、Liu 等（2013）⑦ 模型的基础上进行扩展，利用中国房地产市场以及宏观经济数据估计模型参数，并进行数值模拟，探究中国房价上涨的根源以及房地产市场与宏观经济波动之间的传导机制。模型估计结果显示，房地产需求冲击是房价上涨的主要驱动力，能够解释 50% 以上的房价波动。数值模拟发现，房地产需求冲击引起的竞争性需求通过内生信贷约束机制支撑房价不断上涨，并且放大了房地产市场波动对于宏观经济的影响。在此基础上的政策分析表明，从宏观审慎的角度来看，盯住房价的贷款

① Mian A. , Rao K. , Sufi A. Household Balance Sheets, Consumption, and the Economic Slump[J]. The Quarterly Journal of Economics, 2013, 128(4): 1687 - 1726.

② Kaplan Mitman K. , Violante G. L. The Housing Boom and Bust: Model Meets Evidence[J]. Social Science Electronic Publishing, 2017.

③ 安辉，王瑞东. 我国房地产价格影响因素的实证分析——兼论当前房地产调控政策[J]. 财经科学，2013(3): 115 - 124.

④ 唐云锋，马春华. 财政压力、土地财政与“房价棘轮效应”[J]. 财贸经济，2017(11): 39 - 54.

⑤ 王频，侯成琪. 预期冲击、房价波动与经济波动[J]. 经济研究，2017(4): 48 - 63.

⑥ Iacoviello M. House Prices, Borrowing Constraints, and Monetary Policy in the Business Cycle[J]. American Economic Review, 2005(95).

⑦ Liu Z. , Wang P. , Zha T. Land - Price Dynamics and Macroeconomic Fluctuations[J]. Econometrica, 2013, 81(3): 1147 - 1184.

价值比规则能够有效地缓解房地产市场波动带来的系统性金融风险，降低社会福利损失。

本文余下部分安排如下：第二部分构建一个包括代表性家庭部门、代表性厂商部门、零售部门、中央银行部门的动态随机一般均衡模型；第三部分对模型的参数进行校准与贝叶斯估计；第四部分进行冲击识别以及模型机制分析；第五部分为基于宏观审慎的最优政策选择；第六部分为结论。

二、基准模型环境

设定一个离散、无限期界经济体，该经济体包括五类经济部门：代表性耐心家庭部门、代表性非耐心家庭部门、代表性厂商部门、零售部门、中央银行。代表性耐心家庭部门的效用取决于消费水平、房地产服务、休闲。代表性厂商部门的效用仅取决于消费水平，并且利用劳动、房地产、资本要素生产中间品，零售部门购买中间产品转化为最终产品进行销售，引入名义价格黏性，正如 Bernanke 等（1999）[①] 设置垄断竞争的零售部门，用于评估货币政策的实际效应。代表性非耐心家庭部门、代表性厂商部门面临信贷约束，房地产价格波动会影响抵押品价值，从而影响两部门的最优决策行为。中央银行通过实施货币政策来实现其经济目标。假设所有部门投资房地产，并且房地产总量不变，但是房地产价格可以变动。

（一）代表性耐心家庭部门

设定一个由大量同质耐心家庭组成的经济，代表性耐心家庭部门最大化贴现效用流的期望的效用函数具体形式如下：

$$E_0 \sum_{t=0}^{\infty} \beta^t \left[\ln c'_t + j_t \ln h'_t - \frac{L'^{\eta}_t}{\eta} \right] \tag{1}$$

其中，j_t 表示耐心家庭部门的房地产偏好冲击，η 表示劳动供给的 Frisch 弹性的倒数。

代表性耐心家庭部门预算约束为：

$$c'_t + q_t h'_t + \frac{R_{t-1} b'_{t-1}}{\pi_t} = b'_t + w'_t L'_t + \prod_t + q_t h'_{t-1} + \xi_{h',t} \tag{2}$$

其中，$q_t \equiv Q_t/P_t$ 为房地产实际价格，R_{t-1} 为债券名义利率，$b'_t \equiv B'_t/P_t$ 为家庭部门以实际债券形式持有的资产，$w'_t \equiv W'_t/P_t$ 为实际工资率，$\prod_t$ 为家庭部门从零售商部门得到的利润，$\pi_t \equiv P_t/P_{t-1}$ 为通货膨胀水平，$\xi_{h',t} = \varphi(\Delta h'_t/h'_{t-1})^2 q_t h'_{t-1}/2$ 表示耐心家庭部门的房地产

① Bernanke, Ben, M. Gertler, S. Gilchrist. The Financial Accelerator in a Quantitative Business Cycle Framework[R]. NBER Working Papers, 1999.

调整成本，其中 $\Delta h'_t = h'_t - h'_{t-1}$ ，代表房地产持有量变动产生的交易成本或者转换成本（下同）。

代表性耐心家庭部门在预算约束下，通过选择 $\{c'_t、L'_t、b'_t、h'_t\}$ 最大化目标效用函数，一阶条件为：

$$\frac{1}{c'_t} = \beta E_t \frac{R_t}{\pi_{t+1} c'_{t+1}} \tag{3}$$

$$w'_t = L_t^{'\eta-1} c'_t \tag{4}$$

$$\frac{q_t}{c'_t}\left[1 + \varphi\left(\frac{\Delta h'_t}{h'_{t-1}}\right)\right] = \frac{j_t}{h'_t} + \beta E_t \frac{q_{t+1}}{c'_{t+1}}\left[1 + \frac{\varphi}{2}\left(\frac{\Delta h_{t+1}^{'2}}{h_t^{'2}}\right)\right] \tag{5}$$

式（3）为代表性耐心家庭部门债务的欧拉方程，表示当期效用损失可以由债务利息带来的未来消费增加弥补。式（4）为代表性耐心家庭部门劳动供给方程，表示闲暇与消费之间存在替代关系，闲暇的效用损失由未来收入增加进行补偿。式（5）为代表性耐心家庭部门房地产需求的欧拉方程，房地产价格等于房地产服务的边际效用与未来房价的折现值之和。

（二）代表性非耐心家庭部门

代表性非耐心家庭部门最大化以下效用函数：

$$E_0 \sum_{t=0}^{\infty} (\beta'')^t \left[\ln c_t'' + j''_t \ln h''_t - \frac{(L'')_t^{\eta}}{\eta}\right] \tag{6}$$

相比代表性耐心家庭部门，代表性非耐心家庭部门更倾向于现期消费，所以 $\beta'' < \beta'$ ，c''_t 表示 t 时刻的消费，h''_t 表示 t 时刻的房地产持有量，L''_t 表示代表性非耐心家庭部门在代表性厂商部门的劳动时间，j''_t 表示房地产需求冲击，η 表示劳动供给弹性。

非耐心家庭部门面临如下预算约束：

$$c''_t + q_t h''_t + \frac{R_{t-1} b''_{t-1}}{\pi_t} = b''_t + w''_t L''_t + q_t h''_{t-1} + \xi_{h'',t} \tag{7}$$

$b''_t \equiv B''_t / P_t$ 表示非耐心家庭部门持有债券的实际价值，t 时刻利息支出 $R_{t-1} B''_{t-1} / P_t$ ，$w''_t \equiv W''_t / P_t$ 表示非耐心家庭部门的实际工资率，$\xi_{h'',t} = \varphi(\Delta h''_t / h''_{t-1})^2 q_t h''_{t-1} / 2$ 表示非耐心家庭部门的房地产调整成本。

不同于代表性耐心家庭部门，代表性非耐心家庭部门面临信贷约束，所以其房地产价值为：

$$b''_t \leqslant m_h E_t(q_{t+1} h''_t \pi_{t+1} / R_t) \zeta_t \tag{8}$$

其中，m_h 表示厂商部门的抵押率，ζ_t 表示抵押率冲击，正如 Kiyotaki 和 Moore (1997)① 所设定的，当借款人违约时，贷款人也可以收回部分贷款的价值，而抵押率冲击则反映与金融管制或者金融创新相关的金融市场的松紧程度，此设定用于刻画信贷政策变化对代表性非耐心家庭部门最优决策行为的影响。

非耐心家庭部门在预算约束下，通过选择最优路径 $\{c''_t、L''_t、b''_t、h''_t\}_{t=0}^{\infty}$ 来最大化其效用函数，得到一阶条件：

$$\frac{1}{c''_t} = E_t \frac{\beta'' R_t}{\pi_{t+1} c''_{t+1}} + \lambda_{h,t} R_t \tag{9}$$

$$w''_t = (L''_t)^{\eta-1} c''_t \tag{10}$$

$$\frac{q_t}{c''_t}\left[1 + \varphi\left(\frac{\Delta h''_t}{h''_{t-1}}\right)\right] = \frac{j_t}{h''_t} + \beta'' E_t \frac{q_{t+1}}{c''_{t+1}}\left[1 + \frac{\varphi}{2}\left(\frac{\Delta h''^2_{t+1}}{h''^2_t}\right)\right] + \lambda''_t m_h q_{t+1} \pi_{t+1} \tag{11}$$

不同于耐心家庭部门，其中式（9）为非耐心家庭部门债务的欧拉方程，λ''_t 为信贷约束的拉格朗日乘子，等于 R_t 单位信贷量的效用变化。式（10）为非耐心家庭部门劳动供给方程，表示消费与闲暇之间的替代关系。式（11）为非耐心家庭部门房地产需求的欧拉方程。

（三）代表性厂商部门

代表性厂商部门利用规模报酬不变的 Cobb – Douglas 技术投入劳动、房地产、资本要素生产中间产品 Y_t 。生产函数如下：

$$Y_t = A_t K_{t-1}^{\mu} h_{t-1}^{\nu} L'^{\alpha(1-\mu-\nu)}_t L''^{(1-\alpha)(1-\mu-\nu)}_t \tag{12}$$

其中，Y_t 表示中间产品产出，A_t 表示技术冲击为一阶随机过程，h_t、K_t、L'_t、L''_t 分别表示投入的生产性房地产、资本、耐心家庭部门劳动、非耐心家庭部门劳动要素，α、μ、ν 度量各类生产要素的产出弹性。我们假设零售部门以价格 P_t^w 购买中间产品，将其转化为最终产品出售。

代表性厂商部门的资本积累方程如下：

$$I_t = K_t - (1-\delta) K_{t-1} \tag{13}$$

其中，I_t 表示 t 时刻厂商投资，在零期，厂商部门拥有 K_{t-1} 单位资本禀赋。

代表性厂商部门面临的预算约束：

$$\frac{Y_t}{X_t} + b_t = c_{e,t} + q_t h_t - q_t h_{t-1} + \frac{R_{t-1} b_{t-1}}{\pi_t} + w'_t L'_t + w''_t L''_t + I_t + \xi_{k,t} + \xi_{h,t} \tag{14}$$

---

① Kiyotaki N. , Moore J. Credit Cycles[J]. Journal of Political Economy, 1997, 105(2): 211 – 248.

其中，$c_{e,t}$ 表示厂商部门的消费支出，b_t 表示厂商部门的债务水平，$\frac{R_{t-1}b_{t-1}}{\pi_t}$ 表示上一期债务的利息支出，$X_t = P_t/P_t^w$ 表示最终产品相对于中间产品的价格加成，$\xi_{k,t} = \psi(I_t/K_{t-1}-\delta)^2K_{t-1}/(2\delta)$ 表示资本调整成本，$\xi_{h,t} = \varphi(\Delta h_t/h_{t-1})^2q_th_{t-1}/2$ 表示房地产调整成本。

和代表性非耐心家庭部门一样，代表性厂商部门以房地产作为抵押品进行借贷，借贷约束形式如下：

$$b_t \leqslant m_eE_t\left(\frac{q_{t+1}h_t\pi_{t+1}}{R_t}\right)\xi_t \tag{15}$$

其中，m_e 为代表性厂商面临的抵押率，ξ_t 为抵押率冲击，在信贷约束下，厂商能够举债的数量受限于其抵押品价值的一个比例。

代表性厂商部门在预算约束下，最大化其贴现效用和：

$$E_0\sum_{t=0}^{\infty}\gamma^t\ln c_{e,t} \tag{16}$$

其中，γ 是主观贴现因子，表示代表性厂商部门的耐心程度。

代表性厂商部门通过选择 $\{c_{e,t},I_t,K_t,b_t,h_t,L'_t,L''_t\}$ 最大化效用，得到以下一阶条件：

$$\frac{1}{c_{e,t}} = E_t\frac{\gamma R_t}{\pi_{t+1}c_{e,t+1}} + \lambda_{e,t}R_t \tag{17}$$

$$\frac{q_t}{c_{e,t}}\left[1+\varphi\left(\frac{\Delta h_t}{h_{t-1}}\right)\right] = \frac{j_t}{h_t} + \gamma E_t\frac{1}{c_{e,t+1}}\left[q_{t+1}+\frac{\varphi q_{t+1}}{2}\left(\frac{\Delta h_{t+1}^2}{h_t^2}\right)+\nu\frac{Y_{t+1}}{h_tX_{t+1}}\right] + \lambda_{e,t}m_eq_{t+1}\pi_{t+1} \tag{18}$$

$$w'_t = \frac{\alpha(1-\mu-\nu-\omega)Y_t}{X_tL'_t} \tag{19}$$

$$w''_t = \frac{(1-\alpha)(1-\mu-\nu-\omega)Y_t}{X_tL''_t} \tag{20}$$

$$u_t = \frac{1}{c_{e,t}}\left[1+\frac{\psi}{\delta}\left(\frac{I_t}{K_{t-1}}-\delta\right)\right] \tag{21}$$

$$u_t = \frac{\gamma}{c_{e,t+1}}\left[\frac{\psi}{\delta}\left(\frac{I_{t+1}}{K_t}-\delta\right)\frac{I_{t+1}}{K_t}-\frac{\psi}{2\delta}\left(\frac{I_{t+1}}{K_t}-\delta\right)^2\right]+\gamma E_t\left[\frac{\mu Y_{t+1}}{K_tX_{t+1}c_{e,t+1}}+u_{t+1}(1-\delta)\right] \tag{22}$$

其中，式（17）为厂商部门债务的欧拉方程，$\lambda_{e,t}$ 为信贷约束的拉格朗日乘子。式（18）为生产性房地产价格的欧拉方程，生产性房地产的价格不仅包括其边际效用与未来房价的折现值之和，而且还有房地产抵押值的影子价格。式（19）、式（20）为厂商的劳动需求方程，工资等于劳动的边际产出，式（21）、式（22）为资本与投资的一阶条件。

（四）零售部门

参照 Bernanke 等（1999）[①] 的方法，设置处于垄断竞争状态的零售部门连续 $z \in (0,1)$，引入价格黏性展现货币政策的实际效应。零售部门以价格 P_t^w 从完全竞争的厂商购买中间产品 Y_t，无成本地转化为 $Y_t(z)$，生产最终产品 $Y_t^f = \left[\int_0^1 Y_t(z)^{\varepsilon-1/\varepsilon}dz\right]^{\varepsilon/\varepsilon-1}$，假设每一期只有 θ 比例的零售商不能改变价格，$1-\theta$ 比例的零售商将价格调至 $P_t^*(z)$，从下式中得到最优价格：

$$\sum_{k=0}^{\infty}\theta^k E_t\left\{\frac{\beta^k c'_t}{c'_{t+1}}\left(\frac{P_t^*(z)}{P_{t+k}}-\frac{X}{X_{t+k}}\right)Y_{t+k}^*(z)\right\}=0 \tag{23}$$

结合总价格方程 $P_t^{1-\varepsilon}=[\theta P_{t-1}^{1-\varepsilon}+(1-\theta)P_t^{*1-\varepsilon}]$，得到线性化的 Phillips 曲线：

$$\hat{\pi}_t=\beta E_t\hat{\pi}_{t+1}-\frac{(1-\theta)(1-\beta\theta)}{\theta}\hat{X}_t \tag{24}$$

（五）中央银行

根据中国货币政策的实践事实，设定中央银行实施泰勒规则的货币政策实现其目标，短期利率取决于通货膨胀与产出缺口对它们各自稳态的偏离。具体形式如下：

$$R_t=R_{t-1}^{r_R}\left[\pi_{t-1}^{1+r_\pi}(Y_{t-1}/Y)^{r_Y}\overline{rr}\right]^{1-r_R}e_{R,t} \tag{25}$$

其中，$\overline{rr}$ 与 Y 分别表示利率与产出的稳态水平，R_t 表示 t 时刻央行设定的名义利率，R_{t-1}，π_{t-1} 分别表示 $t-1$ 时刻的名义利率与通胀水平，r_R 表示名义利率平滑参数或者持续参数（Persistence Parameter），表示政策规则的平滑程度，货币政策冲击由零均值、方差为 σ_R^2 的高斯白噪声过程 $e_{R,t}$ 表示。

（六）市场均衡与外生冲击过程

在宏观层面，劳动力市场、债券市场、产品市场以及房地产市场满足市场出清条件：

$$L_t=L'_t+L''_t \tag{26}$$

$$b_t+b'_t+b''_t=0 \tag{27}$$

$$c_{e,t}+c'_t+c''_t+I_t=Y_t \tag{28}$$

$$h_t+h'_t+h''_t=1 \tag{29}$$

其中，式（26）表示劳动力市场均衡，式（27）表示债券市场均衡，式（28）表示

① Bernanke, Ben, M. Gertler, S. Gilchrist. The Financial Accelerator in a Quantitative Business Cycle Framework[R]. NBER Working Papers, 1999.

商品市场均衡，式（29）表示房地产市场均衡。

模型中含有四个外生冲击，分别为技术冲击、房地产偏好冲击、抵押率冲击以及货币政策冲击，假定各冲击皆服从一阶自回归过程：

$$\hat{A}_t = \rho_a \hat{A}_{t-1} + \hat{e}_{a,t} \tag{30}$$

$$\hat{j}_t = \rho_j \hat{j}_{t-1} + \hat{e}_{j,t} \tag{31}$$

$$\hat{\zeta}_t = \rho_\xi \hat{\zeta}_{t-1} + \hat{e}_{\zeta,t} \tag{32}$$

$$\hat{R}_t = (1 - r_R)[(1 + r_\pi)\hat{\pi}_t - r_Y \hat{Y}_{t-1}] + r_R \hat{R}_{t-1} + \hat{e}_{R,t} \tag{33}$$

其中，ρ_a、ρ_j、ρ_ζ 分别是外生冲击的一阶自相关系数，扰动项 $\hat{e}_{a,t}$、$\hat{e}_{j,t}$、$\hat{e}_{\zeta,t}$、$\hat{e}_{R,t}$ 的方差分别是 σ_a^2、σ_j^2、σ_ζ^2、σ_R^2，其中 $0 < \rho < 1$、$e_t \sim i.i.d(0,\sigma^2)$ 均服从均值为0、标准差为 σ 的高斯白噪声过程。

三、模型参数校准与估计

将模型参数估计分为两部分：第一部分为与模型稳态相关的参数，主要通过校准法设定；第二部分为与冲击过程相关的动态参数，通过贝叶斯方法进行估计。

（一）模型参数校准估计

根据中国宏观经济的特征以及以往研究的结论对部分参数进行校准。参考何青等（2015）① 的研究，设定耐心家庭部门的贴现因子为 0.99，相比耐心家庭部门，非耐心家庭部门、厂商部门耐心程度较低，设定非耐心家庭部门贴现因子为 0.95，厂商部门的贴现因子为 0.98。尽管商品存在异质性，但是对于大多数商品来说，平均调整价格期为 6 个月，所以 Calvo 价格调整概率大约为 0.5，为使货币冲击的实际效应更明显，需要更大的 θ 值，本文取值为 0.80。对于非耐心家庭部门抵押率来说，根据中国商业银行贷款的实际情况，设定非耐心家庭的抵押率为 0.7，参照 Liu 等（2013）② 的研究，我们设定厂商部门通过抵押房地产借款的比率为 0.75。根据以往研究的结论来看，厂商部门的房地产要素产出弹性值大致小于 0.10，我们将其设定为 0.03，设定资本要素产出弹性为 0.3，劳动收入总份额为 $1 - \mu - \nu = 0.67$。参照以往研究，设定价格加成率为 1.1，季度资本折旧率为 0.025，劳动供给弹性在 1 附近，正如 Gary Hanson（2010）③ 所述，这时效用函数对于休

---

① 何青，钱宗鑫，郭俊杰．房地产驱动了中国经济周期吗？[J]．经济研究，2015（12）：43－55.

② Liu Z., Wang P., Zha T. Land－Price Dynamics and Macroeconomic Fluctuations[J]. Econometrica, 2013, 81(3): 1147－1184.

③ Hansen G. D. Indivisible Labor and the Business Cycle[J]. Journal of Monetary Economics, 2010, 16(3): 309－327.

闲是线性的，此处设定为 1.01。校准参数见表 1。

表 1　校准参数

参数描述	参数	参数值
耐心家庭折现因子	β	0.99
非耐心家庭折现因子	β''	0.95
厂商折现因子	γ	0.98
房地产权重	j	0.10
Calvo 价格调整概率	$1-\theta$	0.20
非耐心家庭抵押率	m_h	0.70
厂商抵押率	m_e	0.75
房地产要素产出弹性	ν	0.03
资本要素产出弹性	μ	0.30
稳态价格加成	X	1.10
资本折旧率	δ	0.025
劳动供给的 Frisch 弹性的倒数	η	1.01

（二）部分模型参数的贝叶斯估计

参照 Smets 和 Wouters（2007）① 的做法，采用基于 Metropolis – Hastings 的贝叶斯方法估计模型的其余参数。为使模型更符合中国房地产市场与宏观经济波动特征，选择的宏观经济指标分别为通货膨胀率（π）、房地产价格（q）、固定投资（I）、国内生产总值（Y），指标构建所需要的主要数据包括房地产名义价格指数、国内生产名义总值、固定投资名义值、政府支出名义值、净出口名义值、GDP 平减指数以及人口总数的季度时间序列数据，所有数据均来自中国宏观经济数据库、Wind 数据库以及 Chang 等（2016）②整理的中国宏观数据库，样本区间为 2004 年第一季度至 2017 年第四季度。

由于模型处于封闭经济中，所以名义国内生产总值为去除净出口、政府支出后的名义值，实际国内生产总值、实际投资通过名义值除以 GDP 平减指数得到，再除以人口指数，即可得到单位实际产出、单位实际投资，通胀水平则由 GDP 平减指数取对数差分换算得到，房地产实际价格指数则由房地产名义指数除以 GDP 平减指数换算得到。除通胀外，所有数据均通过美国国家统计局 X12 方法进行季节调整，取对数并且进行 HP 滤波去趋势处理。参数估计见表 2。

---

① Smets F. ,R. Wouters. Shocks and Frictions in US Business Cycles:A Bayesian DSGE Approach[J]. American Economic Review,2007(97):586 – 606.

② Chang C. ,Chen K. ,Waggoner D. F. ,Zha T. Trends and Cycles in China's Macroeconomy[J]. NBER Macroeconomics Annual,2016,30(1):1 – 84.

表 2　参数估计：参数先验分布及后验分布

参数描述	先验分布			后验分布	
	分布	均值	方差	均值	95% 置信区间
耐心家庭部门工资份额 α	Beta	0.64	0.05	0.7506	0.7039　0.7846
资本调整成本 ψ	Gamma	2.00	0.10	2.1119	2.0704　2.1585
通胀缺口货币政策参数 r_{π}	Normal	0.60	0.10	0.2915	0.1404　0.4164
产出缺口货币政策参数 r_Y	Normal	0.60	0.05	0.6689	0.6516　0.6874
名义利率货币政策参数 r_R	Beta	0.75	0.10	0.5823	0.4839　0.6652
技术冲击系数 ρ_a	Beta	0.80	0.10	0.7913	0.7263　0.8565
房地产需求冲击系数 ρ_j	Beta	0.80	0.10	0.9782	0.9620　0.9969
抵押率冲击系数 ρ_{ξ}	Beta	0.80	0.10	0.9501	0.9284　0.9717
技术冲击标准差 σ_a	Invg	0.010	2.00	0.0105	0.0080　0.0128
房地产需求冲击标准差 σ_j	Invg	0.10	2.00	0.0494	0.0222　0.0734
抵押率冲击标准差 σ_{ζ}	Invg	0.010	2.00	0.0081	0.0073　0.0089
货币政策冲击标准差 σ_R	Invg	0.010	2.00	0.0075	0.0065　0.0128

四、模型传递机制分析

（一）房地产价格波动根源

由方差分解的结果可知，房地产需求冲击是房地产价格波动的主要驱动力。房地产需求冲击能够解释接近 60% 的房价波动，抵押率冲击和货币政策冲击能够共同解释 30% 以上的房地产价格波动，这与 Davis 和 Heathcote（2007）①、Liu 等（2013）②③ 的结论一致，其均认为房地产价格波动的主要驱动力是与房地产需求相关的因素，以往研究对于房地产需求冲击的理解可以有两种：一种是将其简单地理解为房地产偏好的改变；另一种是将其理解为模型中所包含摩擦的简化形式、未涉及的影响房地产需求的外生冲击（购买其他商品的倾向或者偏好房地产的制度变化）。Liu 等认为提高家庭部门借贷能力、放松信贷约束的金融创新或者政府去管制政策，都会转化为正向的房地产需求冲击。

为了分析房地产需求冲击影响房地产价格的机制，考虑代表性家庭部门的效用函数为消费与房地产的线性函数即 $U(c_t, h_t) = c_t + j_t h_t$，假设偏好参数 j_t 为常数。家庭部门最优决策得到的一阶条件为房地产资产的欧拉方程，意味着房地产价格是房地产资产与消费之间

① Davis M. A., Heathcote J. The Price and Quantity of Residential Land in the United States[J]. Social Science Electronic Publishing, 2007.

②③ Liu Z., Wang P., Zha T. Land - Price Dynamics and Macroeconomic Fluctuations[J]. Econometrica, 2013, 81(3): 1147 - 1184.

边际替代率（MRS）的折现加总值，在这种情况下边际替代率（MRS）为常数并且等于 j 。由于短期利率为常数，所以房地产价格 $q_t = j/(1-\beta)$ 也为定值，因此房地产价格不会对任何外生冲击产生反应。在本文模型的设定下，通过对数效用函数得到的房地产的欧拉方程为 $q_t = \frac{j_t c'_t}{h'_t} + \beta E_t \frac{q_{t+1} c'_t}{c'_{t+1}}$，房地产需求冲击会直接影响消费与房地产的边际替代率（MRS），因此在不影响消费波动性的情况下，可以对房价波动形成显著影响。方差分解见表3。

表3 方差分解

（%）

项目	抵押率冲击	房地产需求冲击	技术冲击	货币政策冲击
耐心家庭部门消费	23.91	28.26	14.74	33.09
非耐心家庭部门消费	36.85	22.95	6.52	33.67
产出	25.10	26.16	20.86	27.87
投资	21.25	48.56	13.28	16.91
利率	11.40	6.21	2.85	79.54
通货膨胀	26.60	23.30	18.65	31.45
房地产价格	15.43	58.43	5.32	20.81

（二）模型动态传导机制分析

为了更好地理解房价波动路径以及房地产价格与宏观经济波动之间的传导机制，从耐心家庭、非耐心家庭、厂商部门的房地产最优持有量（房地产欧拉方程）来看，与耐心家庭部门不同的是，非耐心家庭部门与厂商部门的欧拉方程中还有信贷约束的影子价格项，并且严格大于零（当且仅当信贷约束为紧时）。

$$\frac{q_t}{c''_t} = \frac{j''_t}{h''_t} + E_t\left(\beta'' \frac{q_{t+1}}{c''_{t+1}} + \lambda''_t m_h q_{t+1} \pi_{t+1}\right) \tag{34}$$

$$\frac{q_t}{c_{e,t}} = E_t \frac{\gamma}{c_{e,t+1}}\left(\frac{\nu Y_{t+1}}{X_{t+1} h_t} + q_{t+1}\right) + \lambda_{e,t} m_e \pi_{t+1} q_{t+1} \tag{35}$$

在加入房地产的标准实际经济周期模型（RBC）中，面对房地产需求冲击，家庭部门的房地产需求上升，引起房地产在家庭与厂商之间重新分配，导致厂商的投资水平下降，出现房地产价格与投资水平呈反方向运动的情况，与实际数据不符。而从本文模型中非耐心家庭部门与厂商部门的房地产欧拉方程式（35）、式（36）看，由于信贷约束的存在，1单位房地产的现期价格不仅受到未来的房地产边际产品以及预期转售价值的影响，还会受到房地产作为抵押品的影子价格因素的影响，当面临外生冲击时，房地产价格波动会影响抵押品的价值，还会对非耐心家庭部门的消费行为、厂商部门的生产行为造成影响，从而将外生冲击从金融市场传导到实际经济，并且放大外生冲击对宏观经济的实际效应，形成“小冲击，大波动”现象。

基于以上分析，外生冲击会通过以下机制对宏观经济产生影响：当面临房地产需求冲击时，家庭部门对于房地产需求上升，房地产价格上涨放松厂商部门的信贷约束，净值提高、借贷能力增强，引致部门之间对于房地产资产的竞争性需求，引起房地产价格的进一步上涨。由于厂商部门的利润归耐心家庭部门所有，财富扩张提高了家庭部门的房地产需求，进一步推高了房地产价格。从生产端分析，厂商部门净值提高引起生产扩张，现期投资的增加导致未来资本存量上升，由于生产要素的互补性，房地产资产边际产出提高，引起房地产价格上涨，也进一步放松了厂商部门的信贷约束，引起投资的提高。

（三）信贷约束的传导与放大机制

上文对房地产价格波动以及房地产市场与宏观经济波动之间的传递机制进行分析，并且认为信贷约束机制对于外生冲击存在放大效应，我们通过反事实经济（信贷约束外生固定）模拟对比主要宏观经济变量的脉冲响应图来检验模型传递机制的有效性，定量研究信贷约束机制的重要性。

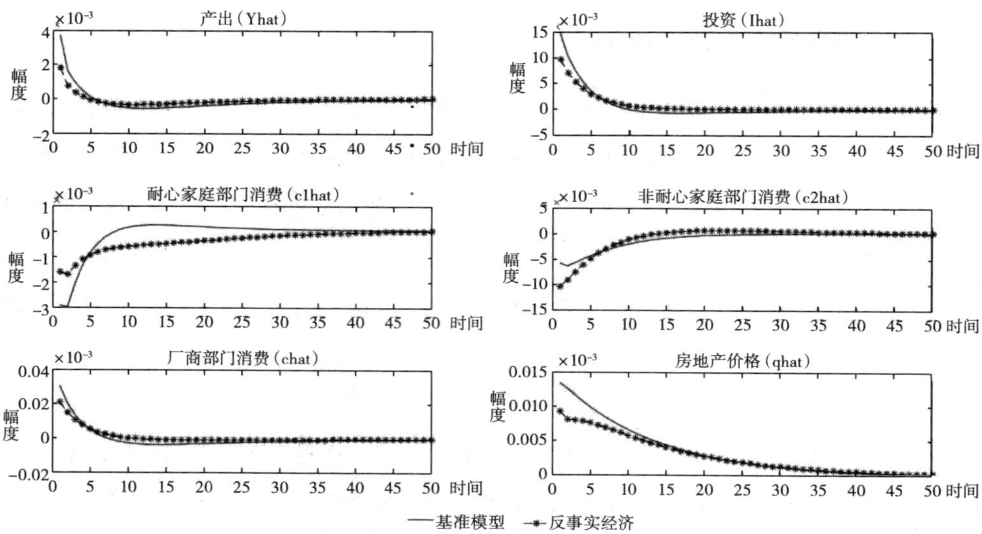

图1　正向房地产需求冲击下不同模型的脉冲反应

注：细线为基准模型结果，带星号黑色虚线为反事实经济模型结果。

图1显示了正向房地产需求冲击下房地产价格以及主要宏观经济变量的反事实仿真模拟结果。在基准模型中，房价以及主要宏观经济变量的波动都要大于反事实经济，说明信

贷约束能够有效地传导并放大房地产需求冲击对宏观经济的影响，从而引起房价与宏观经济的协同波动。

五、基于宏观审慎的政策规则：最优贷款价值比

国际金融危机以来，宏观审慎政策已经成为各国监管部门的重点关注方面，如宏观经济政策规则，宏观审慎政策也有基于规则与相机抉择的争议。为了考察宏观审慎政策对于宏观经济波动抑制的有效性，我们延续 Suh（2012）①、Rubin 和 Carrasco（2013）② 的做法，在模型中加入宏观审慎政策管理部门，将静态的贷款价值比工具改为动态调整的形式，并考虑加入房地产价格的贷款价值比规则，从降低系统性金融风险的角度，对比不同规则下的宏观经济变量的变动率，考察最优的贷款价值比政策规则。

基准规则：

$$m_{e,t} = \left(\frac{m_{e,t-1}}{m_e}\right)^{\rho_m} e^{\varepsilon_{m,t}} \tag{36}$$

加入房地产价格的规则：

$$m_{e,t} = \left(\frac{m_{e,t-1}}{m_e}\right)^{\rho_m} \left(\frac{q_t}{\bar{q}}\right)^{\rho_q} e^{\varepsilon_{m,t}} \tag{37}$$

通过 DSGE 模型计算基准规则和加入房地产价格规则下主要宏观经济变量的波动率结果如表 4 所示。

表 4　不同规则下的波动率比较

	消费	产出	投资	通胀
基准规则	0.0568	0.2429	0.4672	0.0032
加入房价规则	0.0545	0.2360	0.4428	0.0021

从表 4 中可以看出，相比基准款价值比的宏观审慎规则，锚定房地产价格的宏观审慎规则能够有效地降低主要宏观经济变量的波动，因此最优的贷款价值比规则应该盯住房地产价格，这样能最大限度地维护金融稳定，防范和化解系统性风险，降低社会福利损失。

① Suh H. Macroprudential Policy: Its effects and Relationship to Monetary Policy[R]. FRBP Working Paper, No. 28, 2012.

② Rubio M., Carrasco – Gallego A. Macroprudential Measures, Housing Markets, and Monetary Policy [R]. CEPREMAP, 2013.

六、结论

本文在 Iacoviello（2005）①、Liu 等（2013）② 模型的基础上进行扩展，利用中国房地产市场以及宏观经济数据估计模型参数，并进行数值模拟，探究中国房价上涨的根源以及房地产市场与宏观经济波动之间的传导机制。模型估计结果显示，房地产需求冲击是房价上涨的主要驱动力，能够解释 50% 以上的房价波动。数值模拟发现，房地产需求冲击引起的竞争性需求通过内生信贷约束机制支撑房价不断上涨，并且放大了房地产市场波动对于宏观经济的影响。在此基础上的政策分析表明，从宏观审慎的角度来看，盯住房价的贷款价值能够比规则更有效地缓解房地产市场波动带来的系统性金融风险，降低社会福利损失。

金融危机使得学术界与政策制定者意识到，只有更好地理解房地产市场与宏观经济的联动机制，才能提高政策的精确度以及实际效果。基于本文研究结论，有以下需要关注的方面、首先，房地产需求冲击是房价波动以及房地产市场与宏观经济波动传导机制的主要驱动力，所以对这类金融冲击进行讨论，深入研究中国房地产需求的本质与影响因素，将有助于房地产市场调控与健康发展。其次，盯住房价的宏观审慎政策能够有效地缓解房地产市场波动对于宏观经济的影响，有必要对具体的规则形式进行深入研究，以提高政策的有效性。

参考文献

[1] Berger A. N. ,Udell G. F. Collateral,Loan Quality,and Bank Risk[J]. Finance and Economics Discussion Series,1988,25(1):21 -42.

[2] Bernanke,Ben,M. Gertler,S. Gilchrist. The Financial Accelerator in a Quantitative Business Cycle Framework[R]. NBER Working Papers,1999.

[3] Chang C. ,Chen K. ,Waggoner D. F. ,Zha T. Trends and Cycles in China's Macroeconomy[J]. NBER Macroeconomics Annual,2016,30(1):1 -84.

[4] Chaney T. ,Thesmar S. D. The Collateral Channel:How Real Estate Shocks Affect Corporate Investment[J]. The American Economic Review,2012,102(6):2381 -2409.

[5] Davis M. A. ,Heathcote J. The Price and Quantity of Residential Land in the United

① Iacoviello M. House Prices,Borrowing Constraints,and Monetary Policy in the Business Cycle[J]. American Economic Review,2005(95).

② Liu Z. ,Wang P. ,Zha T. Land - Price Dynamics and Macroeconomic Fluctuations[J]. Econometrica,2013,81(3):1147 -1184.

States[J]. Social Science Electronic Publishing.

[6] Favilukis J. ,Ludvigson S. C. ,Van Nieuwerburgh S. The Macroeconomic Effects of Housing Wealth,Housing Finance,and Limited Risk Sharing in General Equilibrium[J]. Journal of Political Economy,2017,125(1):140 – 223.

[7] Fisher I. The Debt – Deflation Theory of Great Depressions[J]. Econometrica,1933,1(4):337 – 357.

[8] Gan J. Collateral,Debt Capacity,and Corporate Investment:Evidence from a Natural Experiment[J]. Journal of Financial Economics,2007,85(3):709 – 734.

[9] Hansen G. D. Indivisible Labor and the Business Cycle[J]. Journal of Monetary Economics,2010,16(3):309 – 327.

[10] Hubbard R. G. Capital – Market Imperfections and Investment[J]. Journal of Economic Literature,1998,36(1):193 – 225.

[11] Iacoviello M. ,Neri S. Housing Market Spillovers:Evidence from an Estimated DSGE Model[J]. American Economic Journal:Macroeconomics,2010,2(2):125 – 164.

[12] Iacoviello M. House Prices,Borrowing Constraints,and Monetary Policy in the Business Cycle[J]. American Economic Review,2005(95).

[13] Kaplan. ,Mitman K. ,Violante G. L. The Housing Boom and Bust:Model Meets Evidence[J]. Social Science Electronic Publishing,2017.

[14] Kiyotaki N. ,Moore J. Credit Cycles[J]. Journal of Political Economy,1997,105(2):211 – 248.

[15] Liu Z. ,Wang P. ,Zha T. Land – Price Dynamics and Macroeconomic Fluctuations[J]. Econometrica,2013,81(3):1147 – 1184.

[16] Mian A. ,Rao K. ,Sufi A. Household Balance Sheets,Consumption,and the Economic Slump[J]. The Quarterly Journal of Economics,2013,128(4):1687 – 1726.

[17] Rubio M. ,Carrasco – Gallego A. Macroprudential Measures,Housing Markets,and Monetary Policy [R]. CEPREMAP,2013.

[18] Smets F. ,R. Wouters. Shocks and Frictions in US Business Cycles:A Bayesian DSGE Approach[J]. American Economic Review,2007(97):586 – 606.

[19] Suh H. Macroprudential Policy:Its Effects and Relationship to Monetary Policy[R]. FRBP Working Paper,No. 28,2012.

[20] 安辉,王瑞东. 我国房地产价格影响因素的实证分析——兼论当前房地产调控政策[J]. 财经科学,2013(3).

[21] 何青,钱宗鑫,郭俊杰.房地产驱动了中国经济周期吗?[J].经济研究,2015(12).

[22] 唐云锋,马春华.财政压力、土地财政与“房价棘轮效应,[J].财贸经济,2017(11).

[23] 王频,侯成琪.预期冲击、房价波动与经济波动[J].经济研究,2017(4).